POINTS FORTS II
DE TROIS À SIX ANS

LE DÉVELOPPEMENT ÉMOTIONNEL ET COMPORTEMENTAL DE VOTRE ENFANT

Du même auteur

LA NAISSANCE D'UNE FAMILLE. Comment se tissent les liens
Stock-Laurence Pernoud, 1983
Seuil, 1985

TROIS BÉBÉS DANS LEUR FAMILLE, Laura, Daniel et Louis.
Les différences du développement
Stock-Laurence Pernoud, 1985
Le Livre de poche, 1987

ÉCOUTEZ VOTRE ENFANT. Comprendre les problèmes normaux de la croissance
Payot, 1985

« À CE SOIR »… Concilier travail et vie de famille
Stock-Laurence Pernoud, 1986
Marabout, 2000

T. BERRY BRAZELTON VOUS PARLE DE VOS ENFANTS
Stock-Laurence Pernoud, 1988
Le Livre de poche, 1990

FAMILLES EN CRISES
Stock-Laurence Pernoud, 1989
Le Livre de poche, 1991

L'ÂGE DES PREMIERS PAS. Une déclaration d'indépendance
Payot, 1989

LES PREMIERS LIENS, ou l'attachement parents-bébé vu par un pédiatre et un psychiatre.
En collaboration avec Bertrand Cramer
Stock, en co-édition avec Calmann-Lévy, 1991
Le Livre de poche, 1992

L'ENFANT ET SON MÉDECIN
Payot, 1993

ALLONS CHEZ LE DOCTEUR
Odile Jacob, 1997

POINTS FORTS, Les moments essentiels du développement de votre enfant
Stock-Laurence Pernoud, 1998
Le Livre de poche, 1999

CE QU'UN ENFANT DOIT AVOIR.
Ses sept besoins incontournables pour grandir, apprendre et s'épanouir
En collaboration avec Stanley I. Greenspan
Stock-Laurence Pernoud, 2001

Dr T. Berry Brazelton
Dr Joshua D. Sparrow

POINTS FORTS II

Le développement émotionnel et comportemental de votre enfant

TRADUIT DE L'ANGLAIS (ÉTATS-UNIS)
PAR ISABELLA MOREL

Stock/Laurence Pernoud

Titre original :

TOUCHPOINTS THREE TO SIX
Your Child's Emotional and Behavioral Development
PERSEUS PUBLISHING
A Merloyd Lawrence Book

Ce livre est dédié aux
petits-enfants du Dr Brazelton,
à la femme et aux enfants du Dr Sparrow.

Introduction

Depuis que je leur ai présenté, dans le premier *Points forts, les moments essentiels du développement de votre enfant*, une carte du développement infantile pour les deux premières années, mes lecteurs me demandent d'étendre mon analyse aux années suivantes. Le présent ouvrage prolonge le concept des points forts jusqu'à l'année décisive qui est celle de l'entrée à l'école primaire. En écrivant cette suite, j'ai travaillé avec le Dr Joshua Sparrow, pédopsychiatre à l'hôpital des Enfants de Boston qui m'a permis d'approfondir ma perception et ma compréhension des enfants de cet âge. Il est exceptionnel de pouvoir ainsi associer deux points de vue, et j'espère que les lecteurs apprécieront les résultats de notre collaboration ; ensemble, nous avons eu grand plaisir à explorer le développement de l'enfant et son potentiel.

Le concept des points forts. Les lecteurs du premier livre ont été soulagés de découvrir que les régressions se manifestant dans le comportement des bébés, juste avant une poussée de développement, étaient saines et constructives. Il est rassurant de voir les périodes de régression comme des occasions de se réorganiser, en préparation d'un développement rapide dans un domaine donné. Chaque nouvelle poussée de développement moteur, cognitif ou émotionnel, est souvent annoncée par une désorganisation et une régression dans le comportement de l'enfant : comprendre ces séquences d'événements et les prévoir s'est révélé utile aux personnes qui s'occupent de jeunes enfants.

Nous appelons ces périodes de vulnérabilité potentielle «points forts» parce qu'elles représentent un moment optimal pour que les professionnels entrent en contact avec les parents afin de comprendre les progrès de l'enfant. Les parents se sentent soutenus lorsque les professionnels leur font remarquer la raison de ces périodes perturbatrices ; de cette façon, les points forts deviennent une occasion positive pour cimenter les liens enfants-parents et les liens parents-médecin. Ce livre traite des points forts prévisibles au cours des troisième, quatrième, cinquième et sixième années.

Ces dernières années, dans plus de trente sites des États-Unis, nous avons formé des professionnels de la santé ou de la prévention médicale, leur apprenant à considérer ces points forts du développement comme des occasions pour renforcer leurs relations avec les parents. Quand les soignants partagent leurs moments d'inquiétude ou d'espoir, les parents gagnent en confiance et parviennent à prendre plaisir au développement de leurs enfants. Les obstacles propres au « phénomène de barrière », c'est-à-dire à la compétition entre parents et autres adultes responsables de l'enfant, sont facilement surmontés lorsque les professionnels s'adressent aux parents pour leur expliquer les problèmes de la croissance. Les points forts représentent des occasions majeures de communication sur le tempérament de l'enfant, les étapes du développement et les dispositions ou les besoins particuliers qui favorisent ou entravent les progrès.

Les points forts sont fondés sur un concept qui implique de l'énergie. Si un surcroît d'énergie est nécessaire pour alimenter un nouveau développement rapide, d'où cette énergie provient-elle? Prenons l'exemple de l'apprentissage de la marche : c'est un effort coûteux; il requiert toutes les forces de l'enfant. Durant la nuit, l'enfant est agité, il pleure toutes les deux, trois heures, en se cramponnant aux barreaux de son lit. Dans la journée, il hurle chaque fois qu'on ne l'aide pas. Ses efforts sont déterminés et constants, ils épuisent l'énergie de la famille. L'enfant est frustré, furieux, au bord de la crise coléreuse, de jour comme de nuit. Mais, quand il parvient à ses fins, tout change. Il marche, encore et encore, les bras écartés bien haut, le visage illuminé de bonheur, avec des gloussements de triomphe, son but accompli ! Tout le monde retrouve le sommeil. Chacun se détend et admire cet exploit – après avoir inspecté la maison pour en bannir tout danger potentiel.

Chaque nouvelle étape, quel que soit le domaine du développement, représente un véritable coût – mais quelle récompense ! Si les parents réussissent à anticiper les points forts de leurs enfants, le souci provoqué par les régressions et le désarroi qui les accompagnent peut se transformer en une joyeuse attente, dans l'appréciation des efforts que fait l'enfant pour aller de l'avant. Si les parents partagent ces moments avec des professionnels bienveillants et des membres de leur famille, ils tireront une plus grande joie de ces étapes. Leur appréciation, à son tour, transformera chaque étape en une base solide pour la confiance en soi de leurs enfants et leur foi dans l'avenir. Enfants et parents se sentiront plus forts.

Quatre enfants. Dans ce volume, nous avons imaginé quatre enfants qui représentent toute la gamme des différences de tempérament. Le concept du tempérament, défini à l'origine par Stella Chess et Alexander Thomas en 1951 et approfondi par la recherche au cours des années suivantes, s'est élargi en un système de compréhension des différences individuelles. Le tempérament détermine la façon dont chaque enfant reçoit et assimile les *stimuli* importants et comment il y réagit. Ce qui reflète la manière dont l'esprit et le corps de l'enfant travaillent à gérer les objectifs, les rêves et les poussées du développement – ainsi qu'à réagir aux événements épanouissants ou stressants. Nos quatre enfants imaginaires, uniques, réagissent différemment à chaque point fort. Nous espérons qu'ils traduisent toute la gamme des réactions potentielles et qu'ils personnifient le style, le tempérament et la façon de réagir au monde de votre enfant. Ce dernier peut être un mélange de deux ou trois d'entre eux, ou éventuellement ne s'identifier à aucun. Si vous ne reconnaissez aucun trait de votre enfant dans nos portraits, c'est nous qui sommes en défaut, pas lui. Mais nous espérons que les quatre personnages que nous présentons vous donneront une idée de la manière dont des enfants aux tempéraments très différents s'adaptent à leur monde et progressent. Nous espérons également que chaque histoire évoquera la magie et l'excitation de la croissance, ainsi que les vicissitudes et les efforts d'adaptation liés à chaque nouvelle étape.

Billy, regard vif et boucles au vent, semble né pour gagner. Quand il entre dans une pièce, il entre en conquérant. Il regarde autour de lui, observe suffisamment longtemps pour évaluer la situation et se mêle à la conversation avec la conviction qu'il doit y participer. Il manifeste sa sensibilité aux autres par ses gestes et ses paroles. Ses manières, sa façon directe de solliciter l'attention de la voix et du geste quand il regarde un autre enfant ou un adulte, tout cela est pétri d'assurance. Cette approche tend à faire de lui un «leader». Les autres enfants l'aiment immédiatement et recherchent sa compagnie. Les adultes raffolent de lui, car ses yeux brillants cachent une sensibilité plus profonde qu'il manifeste chaque fois que les événements l'y incitent.

Au cours de sa deuxième année, Billy s'est trouvé confronté à une situation difficile : un père maltraitant et une mère en proie aux conflits et à la dépression. Mme Stone s'est remariée depuis ; son nouveau mari est un homme très attentif qui élève Billy comme s'il était son propre fils. Les deux parents sont des Américains de race blanche, appartenant à la classe moyenne. Quand Billy a eu trois ans, une petite sœur, Abby, est arrivée. Nous verrons comment il va s'adapter à elle et apprendre à être à la fois compétitif et affectueux dans ses réactions à son égard. Leur relation est un indicateur de l'état émotionnel de Billy : en effet, ses yeux deviennent tristes quand il ressent autre chose que de l'affection pour Abby. Par moments, la douleur qu'il éprouve encore d'avoir perdu son propre père remonte à la surface. Billy est coordonné et musclé. Il est intelligent et apprécie l'école ; il y exerce certaines responsabilités en aidant l'institutrice à obtenir l'attention des enfants et à maintenir l'ordre dans la classe. Il inspire du respect à ses pairs.

À beaucoup d'égards, Billy est un garçon typique, sain et attirant. Ses efforts pour gérer les agressions dont il a été victime, ses frayeurs et sa sensibilité lui confèrent un statut supérieur. Tout le monde voudrait avoir un tel fils !

Minnie est une enfant dynamique, pleine de vivacité, à la limite de l'hyperactivité. Quand elle se précipite vers ses objectifs, elle peut paraître quelque peu insensible à son entourage. Ce sont le plus souvent des objectifs moteurs ; en effet, elle est une véritable athlète, intrépide, ce qui ravit son père. M. Lee (un Asiatique, lui aussi un athlète) et Minnie ont une relation fervente, envahissante. La mère de Minnie (une femme blanche) trouve Minnie difficile. Mme Lee a eu dès le début le sentiment que Minnie n'avait pas besoin d'elle. La sœur aînée de Minnie, May (de cinq ans plus âgée), a toujours été proche de sa mère. Elle a été facile, «féminine» ; elle a donné à Mme Lee le sentiment d'être irremplaçable. Les propres sœurs de Mme Lee l'avaient rejetée pendant leur enfance et Minnie fait revivre cette situation à sa mère. Les garçons apprécient Minnie, mais elle doit faire beaucoup d'efforts pour se faire accepter des autres filles. Son intense attachement à son père semble lui apporter un soutien qui lui suffit. Mme Lee s'inquiète au sujet de l'adaptation de sa fille à l'école, et se demande si les enseignants trouveront eux aussi Minnie distante et agitée. Minnie va aborder avec exubérance le cours préparatoire ; nous la verrons s'intéresser aux sports et s'adapter peu à peu aux règles et aux impératifs scolaires.

La nature énergique et assurée de Minnie sera pour elle un grand atout quand elle apprendra à la canaliser vers les travaux scolaires et les activités physiques.

Marcy est une grande fille gracieuse et extravertie. C'est une Afro-Américaine, appartenant à une famille étroitement unie dont les membres se soutiennent les uns les autres. Les deux parents ont une vie professionnelle réussie. Le frère aîné de Marcy, calme et sensible, a un tempérament très différent qui inquiète sa mère, elle-même très sociable. Marcy s'attend à être acceptée par ses pairs et elle est, en effet, très populaire parmi eux. Elle gagne l'affection des autres enfants extravertis (Billy est un de ses amis) et manifeste une sensibilité tranquille à l'égard de Tim, un enfant timide. En tant qu'Afro-Américaine grandissant dans une communauté majoritairement blanche, Marcy va devoir affronter les réactions des enfants devant l'aspect de ses cheveux et sa couleur de peau.

Pour obtenir ce qu'elle veut, Marcy se montre ouvertement exigeante. Mais il lui arrive d'avoir peur quand elle a gain de cause. Pour apprendre à réfréner ses exigences, elle a recours à l'aide de son amie imaginaire. En classe de grande section, Marcy devient l'élève préférée de l'institutrice. Et c'est une surprise complète pour ses parents quand on leur annonce qu'elle a des problèmes d'apprentissage. Personne ne pouvait le prévoir, et eux, comme elle, sont secoués par la nouvelle. Pendant un temps, tous ont les nerfs à vif et se sentent vulnérables, puis ils se mobilisent. Marcy est forte, on ne la décourage pas facilement. Son ressort, son ascendant et son charme lui permettent de faire face à tous les obstacles.

Tim est un garçon timide, calme, très intelligent. Il est facilement dépassé, surtout en société. Il tente de s'isoler sur les genoux de sa mère; il est dépendant de son pouce et de son «doudou». Son frère aîné, Philip, se moque de lui; il a honte de lui devant ses amis. Le père de Tim a eu des difficultés à le comprendre et à l'accepter, mais ils ont fini par se rapprocher par le biais des jeux sur ordinateur. Tim est si intelligent que son père est incapable de gagner à tous les coups.

Tim s'efforce courageusement de surmonter la souffrance presque accablante qu'il éprouve en société. Sa mère se comporte de façon indécise avec lui et elle risque d'exacerber sa vulnérabilité d'enfant peureux qui ne sait comment s'entendre avec ses pairs. Mais Billy et Marcy acceptent Tim comme il est : c'est de bon augure pour son entrée en classe.

Tim sent qu'il déçoit son père et sa mère. Sa mère répond instinctivement à ses besoins, ce qui l'aide à supporter ses interactions avec son environnement. Quand Tim parvient à l'âge de trois ans, Mme McCormick se met à travailler; Tim doit s'adapter à la séparation et s'intégrer dans un groupe d'autres enfants. Grâce à l'aide d'une petite fille aussi timide que lui, il apprend à s'adapter à un groupe, en l'observant d'abord de l'extérieur. Il apprend à participer visuellement, et non activement. Lui aussi a un ami imaginaire qui devient le dépositaire de ses sentiments après de tels efforts.

La fierté que le père de Tim éprouve devant la vive intelligence de son fils aide le petit garçon à sentir qu'il peut se débrouiller sans avoir sans cesse besoin de sa mère. Parce qu'il sait déjà lire à son entrée au cours préparatoire, les enfants de la classe sont impressionnés, en particulier Billy. Tous deux se lient d'une solide amitié, se soutenant l'un l'autre, partageant leurs forces. Des parents dévoués et des dispositions intellectuelles évidentes procurent à Tim de bonnes bases pour acquérir confiance en soi.

L'individualité dès les débuts de la vie. Nos connaissances sur l'individualité des petits enfants proviennent des travaux effectués sur les nouveau-nés et de l'Échelle d'évaluation du comportement néonatal. Chez les nourrissons, on peut observer des états de conscience qui recouvrent les adaptations que nous faisons tous, même à l'âge adulte, sur le plan physiologique et psychologique. Nos réactions à notre environnement dépendent des états de conscience dans lesquels nous nous trouvons. La capacité à accepter et à utiliser des stimuli du monde extérieur est en rapport avec certains états alertes chez les bébés et les enfants. Chaque bébé, chaque enfant a un seuil en dessous duquel il est capable de recevoir stimuli et expériences, de les assimiler, d'y réagir. Au-dessus de ce seuil, l'enfant est indisponible. Très au-dessus du seuil, il est surchargé, dépassé. Le seuil varie – il est très bas chez un enfant fragile (comme Tim), élevé chez un enfant agité (comme Minnie). Reconnaître et respecter ce seuil devient pour les parents une tâche essentielle ; sinon les événements de la vie risquent d'être trop stressants ou alors les enfants peuvent paraître difficiles à atteindre. Les seuils peuvent varier dans le temps, mais ils demeurent individuels.

L'individualité du tempérament n'est pas simplement génétique ; beaucoup de variables de l'environnement façonnent l'expérience, et l'expérience façonne le tempérament. «Nature» et «nourriture» (la part de l'hérédité et les apports de l'environnement) sont rarement séparables. Les données génétiques sont déjà influencées par les expériences intra-utérines : nutriments, drogues, santé maternelle, infections et autres facteurs affectant la mère touchent également le fœtus en plein développement. Ainsi, le comportement du nouveau-né n'est pas déterminé seulement génétiquement, il a déjà été façonné par son environnement initial. Les parents doivent s'adapter au tempérament individuel formé à la fois par les gènes et par l'expérience.

L'équilibre entre «nature» et «nourriture» varie quand l'enfant grandit. Au cours des deux premières années, les forces biologiques influencent fortement une grande partie de ce qu'accomplit l'enfant. Beaucoup de ces progrès, mais pas tous, loin de là, impliquent des développements visibles (station assise, debout, marche) ou audibles (langage) qui sont fondés, au moins en partie, sur une activité motrice. Bien que l'enfant opère des acquisitions aussi évidentes au cours des quelques années suivantes (faire de la bicyclette, nouer ses lacets), d'autres plus subtiles prennent place dans les pensées et les sentiments. Le moment où les cellules cérébrales développent le plus d'interconnections entre elles débute au cours des deux premières années et se poursuit jusqu'à six ans au moins, s'arrêtant vers dix ans, selon nos connaissances actuelles sur le développement cérébral. Cependant les points forts entre trois et six ans sont peut-être plus sujets à l'influence d'autres facteurs, ce qui induit une grande variabilité. Il est exact que certains enfants commencent par marcher, et d'autres par parler. Concernant les enfants de trois à six ans, pourtant, le calendrier des progrès a tendance à être encore plus individuel. Des éléments externes, comme la naissance d'un petit frère, l'influence d'une sœur aînée ou le retour d'un parent au travail ne peuvent qu'affecter l'arrivée et le cours des points forts pendant ces années. L'évolution d'une famille dépend de la connexion étroite entre les stades de développement de chacun de ses membres, de la réorganisation qui leur est nécessaire dans ces moments et de l'énergie qui en découle.

Les fantômes de la nursery. Quand des parents sérieux et passionnés commencent à s'occuper de leur enfant, ils essayent généralement de créer autour de lui un environnement qui soit favorable à son tempérament et à son individualité. Ce faisant, ils sont influencés par leurs propres expériences passées. Chaque fois que des parents se sentent heurtés ou angoissés par le comportement d'un petit enfant, c'est le moment de se pencher sur les fantômes de leur nursery. L'expression «fantômes de la nursery» a été utilisée par Selma Fraiberg entre autres, pour évoquer les expériences importantes du passé susceptibles de dominer la conduite des parents. Ces fantômes influencent les idées et les approches des parents. Il s'agit des expériences que les parents ont vécues avec leurs propres parents ou de problèmes du passé semblables à ceux auxquels ils sont confrontés avec leur propre enfant. Les partis pris dominent plus complètement notre comportement quand nous n'en avons pas conscience. En prendre conscience nous donne un choix : nous conformer ou résister. Les fantômes de la nursery sont différents pour chacun. Il vaut mieux les affronter ouvertement, afin que chaque parent puisse soutenir l'autre dans les domaines aussi importants que la discipline, l'alimentation, le sommeil et l'apprentissage de la propreté.

L'objectif de ce livre. Dans ce second *Points forts*, nous passerons d'abord en revue les problèmes spécifiques du développement normal entre trois et six ans. Rivalité entre frères et sœurs, pleurs, colères, réveils nocturnes, frayeurs, problèmes émotionnels, mensonges, énurésie, tout cela arrive souvent quand les parents tentent de contrôler des situations qui appartiennent en réalité à l'enfant. Généralement, ces comportements font partie de la lutte pour l'autonomie. Nous suggérons des techniques auxquelles les parents peuvent recourir pour se retirer du conflit et ainsi le désamorcer.

Les parents se trouvent bloqués dans un affrontement avec leurs enfants non parce qu'ils manquent d'affection, mais parce qu'ils en ont trop. Quand les enfants expérimentent les réactions des adultes et se débattent pour accéder à l'autonomie, ils vont forcément aborder des domaines sensibles pour les parents. Quand les parents s'aperçoivent qu'ils réagissent avec exagération, c'est le moment de faire machine arrière et de reconsidérer la raison qui a provoqué la tension associée au comportement de l'enfant : ce comportement correspond-il au stade de développement de l'enfant? Quel message se cache derrière? Le comportement représente-t-il la lutte de l'enfant avec une compétence développementale émergente? En d'autres termes, la première tâche d'un parent est de comprendre l'enfant; alors, les parents peuvent réévaluer leurs propres réactions. Cela fait, ils se trouvent dans une meilleure position pour encourager l'enfant tout en lui fixant les limites nécessaires. Ces problèmes surviennent dans toutes les familles. Si ce livre peut aider les parents à comprendre les problèmes sous-jacents, les leurs et ceux de leur enfant, il aidera les familles à éviter les «blocages».

Les personnages de la première partie de ce livre sont tous des amalgames. Ils servent à représenter les nombreux enfants que nous avons soignés depuis des années – en tant que pédiatre (T. Berry Brazelton) et en tant que pédopsychiatre (Joshua Sparrow) –, mais ne sont en aucun cas inspirés par un seul enfant. Les observations sont les nôtres. Les idées sur le développement au-delà du concept des points forts sont empruntées à de nombreux spécialistes (Freud, Erikson, Benjamin, Winnicott, Piaget, Fraiberg et bien d'autres plus contemporains). Les parents, les enseignants et les personnes s'occupant d'enfants que l'on trouvera dans ce livre ont tous, du moins la plupart, été décrits avec les meilleurs comportements possibles. Nous espérons qu'ils serviront de modèles, sans pour autant paraître hors de portée pour les parents.

Dans la deuxième partie, les sujets apparaissent par ordre alphabétique ; ce sont soit des questions générales, soit des problèmes spécifiques sur lesquels nous sommes interrogés avec insistance par les parents que nous voyons en consultation, ou chaque fois que nous prenons la parole devant des groupes. Les sujets sont abordés dans le contexte de la théorie des points forts sur le développement. Cette partie est destinée aux parents qui se voient, eux ou leur enfant, courir le risque de s'enfoncer dans une difficulté particulière. Elle a pour objectif d'aider les familles à trouver leurs propres solutions, à recouvrer des forces, à éviter de se bloquer dans des schémas destructeurs ou dans une angoisse paralysante. Aucun des thèmes spécifiques – comme la dépression, les problèmes de développement, de langage, d'audition – n'est traité exhaustivement. Ils n'ont pour objectif que d'aider les parents à faire la distinction entre les variations normales du comportement et les problèmes qui exigent l'aide d'un expert.

Première partie

De trois à six ans

1
Trois ans :
«Ce que je fais est important!»

Sur le terrain de jeu

Le terrain grouillait de monde : enfants courant dans tous les sens avec leurs nourrices, mères rassemblées en groupes sur les bancs. La plupart des enfants avaient moins de quatre ans. Leurs frères et sœurs étaient à l'école – maternelle et «grande» école. Libérés de la domination pesante de leurs aînés, ces enfants se précipitaient d'une activité à l'autre. Parents et gardes attentives allaient et venaient en courant depuis les bancs, pour les surveiller sans perdre le fil de leur conversation. On incitait les enfants à jouer les uns avec les autres. Les bacs à sable étaient les endroits calmes. Les toboggans et le tourniquet les lieux agités. Quatre enfants, deux garçons et deux filles – nos quatre personnages principaux dans ce livre –, faisaient partie de la mêlée. Deux garçons, Billy et Tim, l'un actif, l'autre calme, et deux fillettes, Minnie et Marcy, la première passionnée, infatigable, la deuxième gaie et extravertie, jouaient avec les autres enfants.

Billy, petit garçon plein d'entrain, était arrivé sur la scène avec sa mère. Son visage rond avait un air angélique. Avec ses joues pleines et douces, ses grands yeux, ses cheveux bouclés, son doigt à la bouche et sa conversation animée, il semblait destiné à l'affection et aux câlins. Bien difficile de résister à l'envie de l'embrasser. Quand il était bien disposé, les choses se passaient bien. Mais quand il ne l'était pas, il se débattait pour se dégager. Il voulait être libre de se balader, de poser des questions, de découvrir son univers. Debout, il se tenait encore les jambes écartées, mais avec davantage de stabilité. Parfois, il trébuchait. Il se déplaçait avec hâte. Il n'avait pas encore maîtrisé la planification motrice, ne savait pas prévoir comment bouger son corps à temps pour aller où il voulait. À trois ans, arriver quelque part était plus important que trouver comment y parvenir. En général, cependant, son développement moteur lui permettait de se déplacer avec assez d'exactitude et d'assurance. En conséquence, il voulait *être* avec tout le monde, mais pas obligatoirement avec des gens qui lui feraient des câlins. Il avait besoin d'explorer le monde ; et, pour lui, dans le monde, le plus important c'étaient les gens.

Billy était toujours souriant et sociable. Il se précipita vers un groupe d'enfants de trois ans dans le bac à sable. « Salut. Je m'appelle Billy. » Personne ne leva la tête. Nullement intimidé, il s'assit à côté d'un garçon qui construisait un château de sable. Comme par imitation, il se mit à faire un château tout à fait semblable. Sans se regarder, les garçons devinrent de plus en plus conscients de leurs gestes respectifs. Billy prit un seau, le remplit de sable et tassa bien le tout ; quand il retourna son seau, il obtint une tour. L'autre enfant fut visiblement impressionné. Ils se rapprochèrent tous deux et se mirent à construire ensemble. La mère de Billy fut frappée par l'habileté de son fils à « s'intégrer ».

Billy s'était fait un ami, et immédiatement les autres enfants parurent reconnaître la force que représentait leur « couple ».

« Billy, regarde.

– Tommy, tu peux m'aider ? »

Ils se rapprochèrent. Une fillette vit en Billy une âme sœur.

« Tu as des cheveux frisés. C'est ta maman qui l'a fait ?

– Fait quoi ?

– Qui t'a frisé comme ça ? Moi aussi j'ai des cheveux frisés, et les autres se moquent de moi. »

Billy retourna à son château de sable, comme si cette réflexion ne méritait aucune attention. La fillette le suivit.

« Tu veux faire un tour sur mon tricycle ? »

Billy leva les yeux, l'air ravi.

« Oui. »

Elle se précipita vers son tricycle. Billy la suivit aussi vite qu'il le put. Elle tenait le guidon tandis qu'il grimpait. Dès qu'il fut installé, il essaya de pédaler. Au début, son pied glissa. La petite fille sourit. Billy regarda autour de lui, embarrassé. Il plaça ses pieds plus d'aplomb sur les pédales, commença à se déplacer, mais en marche arrière. Elle éclata de rire :

«Pas comme ça.»

Billy comprit son erreur et se mit à pédaler en avant. Fier de sa réussite, il s'exclama :

«Regardez!»

Les autres enfants s'arrêtèrent de jouer pour l'observer avec admiration.

Apprendre à pédaler sur un tricycle représente un véritable progrès. Marcher, courir, pousser une petite voiture, voilà les étapes que doivent franchir des enfants de deux ans. Un an plus tard, parvenir à poser un pied devant l'autre, à pédaler avec ses propres jambes, et enfin être capable d'inverser le mouvement, c'est la plus grande victoire d'un enfant de trois ans. Pas étonnant que Billy fût fier. Son aptitude à maîtriser son comportement pour l'accorder à celui des autres enfants et pour participer à leurs jeux donne la mesure de ses dons d'adaptation. Il a très envie de plaire à ces enfants pour jouer avec eux. Son insistance et sa détermination à réussir dans les situations d'interaction sociale sont une caractéristique de son tempérament.

La mère de Billy était assise sur un banc avec les autres mères. Elle était sûre que Billy saurait se débrouiller. Est-ce qu'il savait déjà qu'il la rassurait en démontrant ses compétences? Comme elle l'observait agir avec les autres enfants de trois ans, elle constatait son côté chaleureux. Un enfant lui lança une poignée de sable. «Non! Tu jettes pas!» Mme Stone fut frappée qu'il ait assimilé une de ses propres remontrances et qu'il soit capable de l'utiliser pour se protéger. Au lieu de lancer du sable à son tour, il avait utilisé des mots déjà entendus. Les autres enfants ont levé les yeux, surpris, se sont arrêtés pour écouter.

Marcy se trouvait déjà dans la «cage à écureuil». Par moments, elle manquait encore d'assurance – elle recommençait à écarter les jambes, à marcher avec maladresse; elle était néanmoins ravissante à regarder. Quand elle trébuchait, elle tombait et se relevait sans marquer d'arrêt. Ses yeux étincelaient. Son sourire était contagieux. Elle grimpait avec une grande concentration, mais perdait l'équilibre si on la distrayait. Elle montait et descendait du toboggan en un éclair. Elle se déplaçait avec dextérité sur son tricycle. À la maison, elle savait placer les pièces de ses puzzles, bien qu'en tâtonnant, et défaire les lacets de ses chaussures. Elle réussissait à empiler jusqu'à dix cubes les uns sur les autres pour construire une tour, en posant chaque coin exactement au-dessus du coin précédent.

Comme sa mère, Marcy était grande – grande pour son âge. Sa peau était d'un ton chocolat clair, ses boucles serrées d'un noir brillant. Ses manières lui valaient beaucoup de succès. Son joli visage et ses beaux yeux sombres reflétaient la confiance. Quand elle se mettait à sourire, on ne pouvait que fondre. Elle était ouverte aux autres qui, en retour, paraissaient s'ouvrir à elle.

En arrivant sur le terrain de jeu, elle sautillait. Ses membres étaient souples et forts, avec encore des fossettes aux coudes et aux genoux; elle se mettait à courir. Alors, le léger écartement de sa démarche disparaissait ou presque. Cette légère trace d'immaturité provoque chez les adultes un sentiment protecteur, qui diminuera quand elle atteindra quatre et cinq ans. Mais ses mouvements étaient si volontaires, si enthousiastes ! Turbulence et hardiesse mêlées; dans tout ce qu'elle faisait Marcy semblait chercher à s'amuser.

Chaque nouvel objet doit être examiné, expérimenté. Une grande feuille doit être arrachée et retournée pour inspection. Une pierre devient un sujet de curiosité – « C'est lourd ? C'est dur ? C'est boueux ? Qu'est-ce qu'il y a dessous ? » Le ver de terre qui se tortille doit être ramassé et observé. Chaque expérience est accompagnée d'un vif étonnement. Chaque feuille est une première.

Marcy a couru vers chacun des enfants. « Je suis là ! » attendant une réponse avant d'aller vers le suivant. En s'approchant d'un petit garçon assis sur les genoux de sa mère, elle lui a dit bonjour. Comme il se détournait et se serrait contre sa mère, elle accompagna son bonjour d'une phrase destinée à la mère. Avec délicatesse, elle baissa la voix pour dire : « Je m'appelle Marcy. Moi aussi je suis timide. » De toute évidence, elle ne l'était pas.

Bien sûr, les autres enfants de deux et trois ans prirent conscience de sa présence. Plusieurs se mirent à la suivre. Elle devint rapidement le chef de ceux qui avaient son âge. Un rôle qu'elle prit très au sérieux. « On va jouer dans la cage. » Les autres suivirent. « On va grimper dans le tunnel. » Ils suivirent. « On va monter sur mon tricycle.» Ils suivirent. Tous essayèrent de grimper en même temps sur le tricycle. Qui se renversa. Personne ne put faire le moindre tour.

Tous les progrès de Marcy étaient marqués par son heureux caractère. Il lui fallait souvent travailler dur pour parvenir à accomplir une tâche, mais elle terminait avec le sourire. On aurait dit qu'elle n'était pas seulement contente d'elle-même, mais qu'elle désirait partager sa joie avec les autres. Elle ne faisait pas cela par bravade, mais plutôt pour dire : «N'est-ce pas amusant de vivre?» Pas étonnant qu'elle fût populaire auprès de ses amis et des adultes qui la rencontraient.

«Est-ce qu'elle est toujours comme cela? demandaient les gens.

– Elle a toujours été incroyablement facile, répondait sa mère. Quand elle était bébé, elle paraissait aimer tout ce que nous faisions pour elle. Son frère était tout le contraire. Il est devenu plus facile, mais au début il ne l'était pas. Tout le monde adore Marcy. Son frère fait tout pour lui gâcher la vie, mais elle lui voue une véritable vénération; elle apprend tant de choses grâce à lui. D'ailleurs il ne peut pas rester fâché avec elle bien longtemps.»

Assis sur les genoux de sa mère, Tim observait les autres enfants. Il était déjà venu une fois sur le terrain de jeu, un jour où il n'y avait qu'un seul enfant. En arrivant, il s'était agrippé à sa mère, se cachant le visage contre son épaule. Au bout de quelques minutes, il avait risqué un coup d'œil en direction de l'autre enfant. Sa mère sentait combien il avait envie de connaître et de comprendre d'autres enfants. Elle avait à nouveau emmené Tim aujourd'hui, s'attendant à ce qu'il se montre timide. Car il l'était. Même en présence de son frère aîné, il s'agrippait à sa mère ou à son père. Tout le monde à la maison était conscient de sa timidité. Tout le monde en était gêné. Nouveau-né, Tim était trop tranquille, trop accablé par le bruit ou les gens. Ses parents se sentaient obligés de le protéger, parce qu'il leur était trop difficile de le pousser. S'ils l'emmenaient à une fête bruyante ou parmi une foule, il tremblait. Il évitait ceux qui s'approchaient de lui, détournant le visage et les yeux. À la maison, il était tout simplement tranquille et réservé. Cependant, il était très clair en ce qui concernait ses besoins – alimentation et sommeil – et ne réclamait que rarement. À cet égard, ses parents avaient le sentiment qu'il était facile. Au début, ils l'avaient emmené partout avec eux, comme ils l'avaient fait pour son frère aîné. Mais il était trop calme, sans réaction, quand ils se trouvaient à l'extérieur avec lui. Les gens se demandaient pourquoi il restait si tranquille. Quand la famille rentrait à la maison, Tim pleurait beaucoup, avec de longs sanglots qui fendaient le cœur de ses parents. Il était plus simple de se contenter de rester à la maison avec lui.

Tim avait marché à l'âge normal. Il n'était pas en retard. À chaque étape de son développement, ses parents se sentaient rassurés, voyant que tout allait bien. Cet enfant calme était si gentil. Quand un inconnu arrivait à la maison, il cachait son visage ou se mettait les mains sur les oreilles. Dès qu'il sut marcher, il disparaissait silencieusement. La mère de Mme McCormick la rassurait ; elle appelait son petit-fils « mon tendre petit ».

Le frère aîné de Tim, Philip, le taquinait. Quand il s'intéressait à lui, Tim rayonnait. Ses intentions n'étaient pourtant pas si innocentes. Il recherchait ses points faibles. Quand Philip voyait que Tim s'ouvrait à lui, il redoublait de taquineries. « Nian, nian, nian. Regardez Tim. C'est un bébé. » Tim paraissait inquiet. Philip se saisissait alors de son doudou. Ce que Tim ne pouvait supporter. Il se mettait à pleurnicher et à sucer bruyamment son pouce – sa manière la plus directe d'appeler sa mère à l'aide. Mme McCormick se précipitait vers lui pour le prendre dans ses bras. Elle s'asseyait avec lui dans le fauteuil à bascule, le berçait en chantant doucement. Tim se détendait à vue d'œil. Son visage s'illuminait. Il regardait autour de lui et manifestait de l'intérêt pour tout ce qu'il voyait, mais seulement tant qu'il se trouvait en sécurité dans les bras de sa mère. Mme McCormick se sentait nécessaire. Alors, le frère aîné de Tim s'éclipsait, furieux, frustré : « C'est toujours lui qui gagne ! »

Le jour où Mme McCormick tenait Tim sur ses genoux, sur le terrain de jeu, elle était assise seule sur un banc, en face des autres mères, comme si elle avait honte de la façon dont son fils s'accrochait à elle. Elle savait que si elle était allée s'asseoir avec les autres, elles lui auraient toutes donné des conseils :

« Posez-le par terre et laissez-le pleurer, ça lui passera.

– Ma petite fille était exactement comme ça, mais elle a fini par s'habituer aux autres enfants.

– Invitez un enfant pour jouer avec lui. Comme ça, il pourra s'habituer aux autres. »

Ils regardaient les autres enfants jouer et tandis que Mme McCormick se détendait, Tim relâcha sa vigilance. Il tendit la main pour prendre son doudou. Celui-ci était resté à la maison, il attrapa donc la robe de sa mère, la serra dans une main et se mit à sucer son pouce. Ce faisant, il se décontracta. Il observait sans relâche. Il se mit même à parler des enfants qu'il voyait. «Il aime pas ce toboggan. Il veut pas y monter.» Il ne s'adressait pas à sa mère et elle sentait que c'était une tentative pour participer aux jeux des autres enfants.

Certains autres enfants de son âge manifestaient de la curiosité envers Tim et sa mère. Ils les regardaient du coin de l'œil. Une petite fille se fit mal dans la cage et se réfugia sur les genoux de sa mère; elle se mit à sucer son pouce et à tripoter la robe de sa mère, comme pour imiter Tim. Les autres enfants observaient la scène, regardant tour à tour Tim et la petite fille. Ils avaient compris le rapprochement. L'extrême dépendance de Tim représentait une menace pour tous, parce qu'ils ne volaient de leurs propres ailes que depuis très peu de temps. Un petit garçon se précipita vers Mme McCormick : «Lâchez-le! Laissez-le jouer!» À cet âge, tous les enfants font des efforts pour accéder à l'indépendance. Ils sont effrayés de voir quelqu'un exprimer ouvertement leur lutte interne.

Minnie courut vers le terrain de jeu. Légère et pleine d'impatience. Son corps était penché en avant, comme si ses jambes ne pouvaient aller assez vite là où elle voulait les mener. «Allez! On y va!» criait-elle, sans s'adresser à personne en particulier. Sa mère marchait silencieusement derrière elle. Sans espoir de la rattraper. Depuis trois ans, la mère de Minnie se demandait d'où elle tenait cette fille. La sœur aînée de Minnie, douce, patiente, charmante, n'avait pas préparé ses parents à l'arrivée d'une telle enfant. Sa mère n'avait jamais rencontré quelqu'un comme Minnie. Véritable rouleau compresseur, celle-ci était sans cesse en mouvement. Elle grimpait, elle sautait, elle essayait tous les meubles, tous les bords de trottoir, toutes les cages à écureuil, tous les toboggans. Sa mère l'observait, médusée par son audace. «Minnie, ne monte pas jusqu'en haut avant que j'arrive!» Minnie faisait la sourde oreille. Elle semblait enivrée par l'excitation physique du mouvement. Elle faisait preuve d'une témérité qui mettait les nerfs de sa mère à vif. Au moment où Mme Lee arriva au «grand» toboggan, Minnie était montée tout en haut et avait glissé de l'autre côté. Plus Mme Lee faisait d'efforts pour rattraper sa fille, plus celle-ci paraissait pressée. Comme Minnie revenait pour monter à nouveau, sa mère lui prit le bras pour essayer de la calmer; Minnie se dégagea et continua à grimper. Son insouciance et ses aptitudes pour ces activités physiques donnaient à sa mère le sentiment d'être exclue et, en quelque sorte, inutile.

Le père de Minnie raffolait des prouesses athlétiques de sa fille cadette. Il admirait sa détermination. Il appréciait qu'elle parvienne à aller jusqu'au bout, et elle le sentait bien. Il y avait entre eux un lien inexprimé par les mots. De temps en temps, il disait : «Minnie, tu es stupéfiante! C'est incroyable la vitesse à laquelle tu as grimpé à ce toboggan!» Elle semblait ne jamais réagir, bien qu'il ait eu l'impression de surprendre un petit sourire après ses paroles d'encouragement. Minnie ne prêtait guère d'attention à son père quand il essayait de la persuader d'aller un peu moins vite. Au contraire, quand il la prenait pour la faire sauter en l'air, elle poussait des cris de ravissement. Il devenait de plus en plus audacieux et elle était enchantée. Ils inventaient toutes sortes de jeux ensemble. Elle réclamait souvent la «brouette». Il la prenait par les chevilles, la projetait au sol et, les mains par terre, elle partait à toute allure. Puis, épuisée, elle se laissait tomber si lourdement que son père se demandait si elle ne s'était pas fait mal. Pas du tout. Elle gloussait de joie : «Encore! Encore!»

En désespoir de cause, Mme Lee avait recours à son mari pour faire obéir Minnie, mais il n'avait pas plus de succès qu'elle dans ses tentatives d'autorité. Essayer d'arrêter cette énergique petite fille était comme essayer de construire un barrage sur un torrent impétueux.

Le terrain de jeu est souvent la première expédition dans le vaste monde. Là, les enfants effectuent un apprentissage sur les autres enfants et par leur intermédiaire ils découvrent l'individualité de chacun. Les humains sont des animaux sociables dès le début. Les petits enfants sont «programmés» au départ pour rechercher et engager des relations. À trois ans, non seulement ils ont découvert l'importance de la communication et des relations, mais encore ils sont capables d'y réfléchir. « Tu es mon meilleur ami. » Des relations chaleureuses avec leurs parents donnent le ton. L'enfant sait combien il est gratifiant de regarder un adulte important de son entourage, de lui parler, de l'écouter, de le toucher, de réclamer son attention. Les frères et sœurs sont des modèles qui enseignent les relations ambivalentes – parfois rivales, parfois affectueuses, mais toujours stimulantes. Frères et sœurs apportent les côtés positifs et négatifs d'une relation passionnée, et, en même temps, l'occasion séduisante d'impliquer un parent, qui essaiera de faire cesser cette rivalité !

Les pairs offrent aux enfants une fenêtre par laquelle ils peuvent se voir eux-mêmes. Ils sont souvent au même stade de développement, en proie aux mêmes problèmes, confrontés aux exigences des étapes de développement suivantes. Pourtant, ils sont également différents. Les différences présentent un kaléidoscope d'expériences, une façon de tester ce que pourraient être leurs propres sentiments. Un enfant se voit dans un miroir quand il découvre les réactions d'un autre enfant. Quand il a la chance de jouer avec des pairs, d'imiter leurs réactions et leurs façons d'apprendre, il a l'occasion de faire plus ample connaissance avec lui-même.

Les enfants de trois ans sont désormais moins dominés par un négativisme torturé. Ils ne sont plus voués au jeu parallèle des enfants de deux ans (bien que, même à cet âge, les enfants soient en fait plus interactifs qu'on ne le pensait autrefois), ils sont à présent capables de prêter attention à l'autre enfant d'une façon plus complexe – déchiffrant les signaux, s'adaptant au rythme de la réponse, attendant et observant une autre réponse –, ils respectent la cadence de l'interaction. Ils apprennent à comprendre les cris de l'autre et à y réagir de façon appropriée. Dès le début, le nouveau-né progresse à partir de ses interactions avec des adultes chaleureux ; mais apprendre à entrer en relation avec des pairs et à leur répondre, selon leur rituel propre, représente un progrès majeur.

Avec des pairs, l'enfant peut faire l'expérience de son influence sur son environnement. Il a la possibilité de découvrir comment il se comporte en tant que véritable participant au monde et pas seulement en tant que membre de sa famille.

Le tempérament

Sur le terrain de jeu, les enfants manifestent très clairement leurs différences individuelles dans leur façon de jouer et de nouer des relations entre eux. La manière dont les enfants vont aborder les étapes développementales variera selon leur individualité, obligeant leurs parents à affronter chaque point fort différemment. Le tempérament, un concept précieux pour les parents, décrit les diverses manières dont les enfants reçoivent, assimilent et expriment leurs différences. Comprendre les variations dans le tempérament de chaque enfant nous éclaire sur la façon dont l'enfant doit gérer les nouvelles expériences, sur ses réactions face à tous les problèmes qu'il rencontre au cours de son développement.

Certains changements, certains points forts ont tendance à être déstabilisants non seulement pour les parents, mais pour toute la famille. Cependant, les parents qui ont appris à comprendre le tempérament des enfants peuvent se fier à la façon personnelle dont chaque enfant va affronter un problème, et donc interpréter le bouleversement comme un événement plus prévisible. Le tempérament est constitué de nombreux facteurs : niveau d'activité, concentration, persévérance, approche/recul, intensité, adaptabilité, régularité, seuil sensoriel, humeur. Ces traits sont probablement, dans une large mesure, innés. Stella Chess et Alexander Thomas ont identifié ces éléments du tempérament enfantin et ont montré avec quelle force ils affectaient les relations parent-enfant. Chess et Thomas ont forgé le terme d'« accordage affectif » (*goodness of fit*) pour décrire comment le tempérament de l'enfant et celui du parent peuvent parvenir à correspondre dans une relation intime et solidaire. Mon premier livre, *Trois bébés dans leur famille*[1], montre comment le style et le tempérament du bébé affectent les réactions de ses parents dès les premiers jours. Au cours du processus d'adaptation mutuelle, le bébé et le parent deviennent peu à peu capables de prévoir leurs attentes réciproques. La compréhension par les parents du tempérament de leur enfant limite l'imprévisibilité des changements développementaux à venir.

Quand les parents parviennent à accepter et à apprécier la façon dont leur enfant aborde et maîtrise sa vie, ils renforcent

1. Stock, Laurence Pernoud, 1985.

positivement chez lui son goût de la conquête et son estime de soi. Quand les parents parviennent à aimer la façon dont leur enfant se protège des sentiments ou des expériences qui le dépassent, ils peuvent soutenir son sens de la sécurité. La première tâche pour un parent, et la plus importante, est de comprendre son enfant en tant qu'individu. Ce qui signifie le regarder, l'écouter, observer chaque changement dans son développement ainsi que sa manière de maîtriser son environnement. L'enfant trouve l'énergie nécessaire à chaque nouvelle tâche quand il a découvert ses propres stratégies pour affronter le changement. Les aspects stables dans le tempérament de l'enfant constituent la base à partir de laquelle celui-ci peut apprendre à gérer l'instabilité et l'excitation qu'apporte chaque nouveau point fort.

Le tempérament est-il défini? Est-il prévisible pour l'avenir? Oui, dans une certaine mesure. Mais il est soumis à beaucoup d'influences; parmi celles-ci, la façon dont les parents comprennent leur enfant et se comportent avec lui, et les expériences (positives et négatives) qui mettent au défi les stratégies d'adaptation de l'enfant.

À l'âge de trois ans, le tempérament est devenu une part reconnaissable et fiable des relations parent-enfant. On ne peut plus l'ignorer. On ne peut plus espérer le changer. L'enfant apporte une contribution considérable à chaque aspect de la relation : communication, domaine affectif, domaine des soins et discipline. Si le poids de cette contribution n'est pas reconnu, les parents risquent facilement de se sentir impuissants et manipulés.

Les parents comprennent plus aisément le tempérament de leur enfant quand ils considèrent celui-ci comme un partenaire actif de leur relation. Les chances d'adaptation aux rythmes et au langage comportemental de cet enfant particulier – l'«accordage affectif» – augmentent alors de façon significative. De même quand les parents parviennent à comprendre leur propre style et à percevoir la subjectivité de leurs propres relations.

Trois ensembles de caractéristiques varient chez chaque enfant et affectent la façon dont celui-ci se comporte dans son univers. Ces ensembles, en corrélation avec les rythmes individuels de sommeil, d'appétit et autres fonctions physiques, définissent le tempérament :

1. Attitude vis-à-vis des tâches – durée d'attention et persévérance, concentration et niveau d'activité.

2. Flexibilité sociale – approche/recul (comment un enfant gère les stimuli extérieurs) et adaptabilité.

3. Réactivité – seuil sensoriel de réactivité (élevé ou bas), qualité d'humeur et intensité des réactions.

Imaginons comment les quatre enfants dont nous venons de faire la connaissance se comporteraient au moment d'entrer dans une piscine. Marcy, par exemple, aborderait cette tâche avec l'assurance de réussir. Si elle avait des craintes à surmonter avant de se lancer, elle observerait les autres enfants de son âge. Elle s'approcherait d'eux en disant :

« C'est amusant ? L'eau est froide ? »

Une fois qu'elle aurait obtenu une réponse, quelle qu'elle soit, elle sentirait une sorte d'engagement qui l'aiderait à maîtriser son angoisse. Elle regarderait son frère, Amos, et ses parents pour voir s'ils se trouvent derrière elle. Elle mettrait un pied dans l'eau pour la tester. Le laisserait là jusqu'à ce qu'elle soit habituée à l'eau et à la température, et puis elle se laisserait glisser dans le petit bain. Elle chercherait du regard l'approbation des autres. Si personne ne réagissait, elle se dirigerait vers un autre enfant. Et bientôt, tous deux se poursuivraient en s'éclaboussant.

Le tempérament de Tim se révélerait immédiatement : il éviterait de s'approcher du bassin. Il ne pourrait pas supporter les multiples effets de réverbération : l'odeur du chlore, les cris stridents et les échos des éclaboussements, la joyeuse excitation. S'agrippant encore plus fort aux bras de sa mère, il se cacherait sans doute le visage dans son chemisier. Cependant, après s'être peu à peu calmé sur ses genoux, il pourrait jeter un coup d'œil par-dessous le rideau qu'il se serait lui-même tiré. D'un œil, il observerait les autres enfants. À chaque cri, il sursauterait. Si quelqu'un s'asseyait à côté de sa mère, il se collerait un peu plus à elle. Si son père ou son frère essayait par des cajoleries de l'arracher à son paradis, son visage se crisperait. Il se roulerait en position fœtale, laissant voir aussi peu de peau que possible. Sa mère, sans le vouloir, renforcerait ce comportement en le protégeant de la pression que son père ou son frère exercerait sur lui. « Il n'est pas prêt. Il est trop sensible. » Pendant ce temps, du coin de l'œil, Tim ne perdrait pas une miette des activités des autres enfants dans la piscine.

Billy, quant à lui, se précipiterait vers le bassin: «Eh! Salut!» Debout sur le bord, il chercherait du regard un ami. Il serait fasciné par toute cette activité, à tel point qu'il pourrait se pencher exagérément et tomber à l'eau. Si cela arrivait, sa mère s'empresserait de le repêcher. Crachant, suffoquant, le visage tout rouge, Billy laisserait échapper un gémissement, puis, un moment plus tard, s'exclamerait : «Laisse-moi y aller, je suis prêt!» Et bientôt il mènerait le jeu, en éclaboussant tout autour de lui, dans la partie la plus profonde du petit bain. En riant, il pourrait asperger sa mère. «Billy, arrête. N'oublie pas de garder la tête hors de l'eau! Mais fais attention! Tu vas manquer d'air.» Comme s'il se remémorait sa récente aventure, Billy prendrait un air anxieux l'espace d'un moment, puis se tournerait vers les autres enfants: «Allez, on joue!»

Minnie, naturellement, ferait la course jusqu'au bassin, sans se soucier de sa mère, inquiète et haletante derrière elle. «Minnie, attention! Ce n'est pas une pataugeoire! C'est une vraie piscine. Ne te précipite pas dedans. Attends que je t'aide!» Mais Minnie voudrait tout simplement se mesurer avec l'eau. Et c'est l'eau qui aurait le dessus. Éclaboussant, recrachant, elle s'avancerait debout, en se propulsant en avant. Ignorant les autres enfants, elle battrait des mains dans l'eau avec excitation. Plus elle éclabousserait, plus elle avalerait de l'eau. Comme si de rien n'était, elle s'agiterait dans tous les sens, sans écouter sa mère, excitée pourtant par ses prières angoissées pour la calmer. Minnie serait bien capable de faire un tel remue-ménage dans l'eau que les autres enfants s'éloigneraient d'elle.

Chacun de ces enfants, avec leur tempérament différent, exerce autant d'influence sur ses parents que ses parents en exercent sur lui. Ils façonnent le style d'éducation qu'ils reçoivent de leurs parents, tout comme celui qu'ils donneront à leurs propres enfants. L'inquiétude inévitable des parents vis-à-vis de l'avenir s'apaise souvent si ceux-ci réussissent à accepter – et même à apprécier – le tempérament de leur enfant et sa façon de réagir devant les difficultés et les nouvelles expériences.

Un enfant « difficile ». Les parents de Minnie se sont trouvés confrontés tôt à des problèmes de tempérament. Enfant passionnée, dépensant continuellement son énergie dans des activités motrices, Minnie ne cessait d'avoir des ennuis. À l'âge de trois ans, elle avait déjà fait trois chutes graves – une fois elle s'en était sortie avec une commotion cérébrale, une autre, avec une fracture du bras ; la troisième fois, elle était tombée dans un tas de gravier et s'était écorché le visage et les bras. Elle s'était toujours remise, stoïque et prête à recommencer. C'était sa mère qui gardait les séquelles des mésaventures de Minnie.

L'énergie de Minnie la mettait souvent hors de portée des adultes, car il était difficile de la suivre. Mais même quand elle était près d'eux, elle réussissait à avoir des problèmes. Un jour, elle avait alors quinze mois, sa mère était occupée à la cuisine. Minnie était tranquille. Quand elle y repensait, sa mère reconnaissait que ce calme aurait dû l'alerter, mais Minnie l'avait tellement harcelée juste avant qu'elle était soulagée de se trouver un peu seule. Minnie jouait dans un coin et, à première vue, il n'y avait pas de danger. Quand Mme Lee jeta un coup d'œil, elle vit que sa fille était gentiment occupée à boire une bouteille de détergent. Terrifiée, Mme Lee appela les urgences. Quand les secours arrivèrent, Minnie faisait tant de bulles qu'elle pouvait à peine respirer. On l'emmena au plus vite à l'hôpital, et elle passa le reste de la semaine en soins intensifs, continuant à faire des bulles. Il avait fallu la placer sous respiration artificielle pour faire passer l'oxygène jusqu'à ses poumons. Elle s'en était tirée de justesse.

Les parents de Minnie avaient eu l'impression de se trouver au pied du mur. Avait-elle appris quelque chose de cet incident ? Non. Et ses parents, en avaient-ils tiré une leçon ? Oui. Ils avaient appris à ne jamais lui faire confiance. Ils savaient qu'ils ne pouvaient pas la lâcher des yeux une seconde. Ils firent alors le tour de la maison, recensant tous les pièges et les substances toxiques, et prirent des précautions qui n'avaient pas été nécessaires pour leur première fille, May. Ils fermèrent les placards à clef. Ils débarrassèrent les étagères. Ils protégèrent les prises électriques. Ils suivirent les conseils d'un livret rédigé par un hôpital pour enfants sur les accidents domestiques. Ils se mirent à genoux pour observer leur environnement du point de vue d'un enfant. Malgré tous ces efforts, Minnie continuait à trouver le moyen de se mettre en danger.

Les parents de Minnie considéraient que leur fille était «vouée aux accidents». Quand elle se trouvait avec elle, Mme Lee se sentait à cran. Toutes les tentatives pour la discipliner – supprimer ses jeux, la consigner dans sa chambre, la disputer, la priver de récompenses –, tout échouait. Minnie était trop pleine de vie pour que des punitions aussi brèves la touchent. Quand on l'obligeait à rester sans rien faire, elle essayait d'attendre patiemment, mais bientôt, repartait comme si de rien n'était. Ses parents se rendirent compte que Minnie ne prêtait que peu d'attention à leur refrain usé : «Attention! Tu vas encore te faire mal!» Ils voyaient que leur tâche consistait à lui faire prendre conscience de la réalité et à lui donner le sens des responsabilités.

Le danger de cette situation – devoir surveiller un enfant tout le temps jusqu'à ce qu'il puisse être responsable de lui-même – est que toute cette attention de la part des parents entretient les imprudences. Comment les parents pourraient-ils constamment anticiper les catastrophes sans y pousser involontairement leur enfant? L'enfant finit par sentir que ses activités risquées lui valent l'attention de ses parents. C'était particulièrement le cas de Minnie, qui voyait bien que ses parents obtenaient plus de satisfactions avec sa sœur aînée.

Minnie n'était pas seulement imprudente. Elle était très douée pour les activités physiques. On pouvait lui rendre justice sur ce point. Les autres enfants l'admiraient. Mais elle ne répondait que rarement à leurs invitations. Un garçon de son âge pouvait bien lui dire : «Eh! On fait du toboggan ensemble?» Elle l'ignorait. «Eh! Tu veux jouer avec moi?» Elle l'ignorait. Les parents de Minnie se demandèrent même si leur fille entendait bien, tellement elle paraissait inaccessible. Mais ils voyaient que lorsqu'il n'y avait qu'un seul enfant de son âge avec lequel jouer, elle était tout à fait consciente de cette présence. Pourtant, elle ne semblait pas intéressée par ce compagnon de jeu. Peut-être ne savait-elle pas manifester son intérêt envers un autre enfant. Car lorsque son père lui faisait essayer une activité nouvelle, comme lancer une balle, il était évident qu'elle le regardait attentivement. Elle apprenait comment il lançait la balle en l'observant. Pas étonnant que M. Lee fût conquis.

Minnie n'avait que peu de talents de société ce qui éloignait d'elle ses pairs. Elle se retrouvait isolée. Les autres enfants, par exemple, avaient déjà compris qu'ils devaient faire la queue et attendre leur tour pour le toboggan. Leurs parents le leur rappelaient et les retenaient. Ils avaient besoin de la présence de leurs parents pour oser se lancer sur le grand toboggan. Pas Minnie. Elle se précipitait en bousculant les enfants pour les écarter. Mme Lee se sentait incapable de la contrôler et en éprouvait de la gêne. Elle essayait de dire : « Minnie ! Ce n'est pas ton tour ! Viens ici, j'attendrai avec toi. » Aucune réaction. Mme Lee se sentait perdre contenance. Elle voyait que Minnie lui imposait un rôle d'observateur et non de participant. Elle observait le visage des autres enfants de trois ans, enviant la façon dont ils acceptaient les directives de leurs parents. Lorsqu'un parent disait : « Non, tu fais la queue », l'enfant s'arrêtait gentiment, donnait la main à l'adulte, mettant parfois le pouce à la bouche. On voyait entre eux une sorte de compréhension et d'intimité à laquelle Mme Lee aspirait.

Minnie recommença à monter au toboggan. Une petite maladresse fit tressaillir Mme Lee. Minnie avait glissé sur un barreau, mais rapidement remis son pied en place et recouvré son équilibre. Sa mère ne pouvait qu'admirer sa ténacité. Elle avait regardé sa fille marcher dès neuf mois. Elle l'avait regardée monter les marches de l'escalier et se laisser adroitement redescendre dès douze mois. Elle l'avait regardée grimper hors de son lit à barreaux dès dix-huit mois. Minnie avait été si contente que Mme Lee s'était réjouie pour elle. Mais le fait qu'elle soit si distante inquiétait sa mère. Est-ce que Minnie avait réellement besoin d'elle ? Elle était toujours tellement absorbée par sa soif d'activités.

N'importe quel autre parent aurait conseillé à Mme Lee d'être ferme et résolue. Pourquoi n'y parvenait-elle pas ? Minnie l'aurait écoutée, à sa façon ; elle aurait compris certaines choses, même s'il était prématuré pour elle de les mettre en pratique. Mais Mme Lee avait du mal à se rendre compte de cela, parce que Minnie était une enfant qui communiquait sur ses progrès par l'intermédiaire de ses activités beaucoup plus que par des mots. Les parents des enfants de trois ans commencent à compter sur le langage pour savoir quand leurs enfants apprennent. Les apprentissages de Minnie étaient encore exprimés par son comportement moteur. Tout cela, ajouté au fait que Minnie l'ignorait, donnait à

Mme Lee l'impression d'être inutile. Ce sentiment d'inutilité chez un parent engendre une sorte de désespoir furieux qui peut le rendre encore moins efficace. Mme Lee avait l'habitude de se retenir ou de réagir seulement avec hésitation parce qu'elle avait peur d'exprimer de la colère à l'égard de Minnie. Leur relation n'était pas facile.

Les apprentissages

La curiosité. Pourquoi les étoiles restent-elles réveillées dans le ciel? L'excitation que lui cause la découverte de son univers est une évidence dans les questions qu'un enfant de trois ans pose à propos de tout. Sa curiosité ne semble jamais satisfaite. «Pourquoi?» est un thème récurrent, qui revient encore et encore, toute la journée et même la nuit.

À cet âge, le problème pour les parents est sans doute de trouver des réponses compréhensibles. Essayer d'expliquer pourquoi une voiture roule peut se révéler une tâche difficile. Vous souvenez-vous du sens de la causalité des enfants de deux ans? «Si tu remontes un jouet, il va marcher. Si tu ne le remontes pas, il ne marchera pas.» Transposée à la question : «Pourquoi les voitures roulent?», la réponse pourrait être simple : «Parce qu'on tourne la clef.» Mais le beau-père de Billy ajoute maintenant : «Tu entends le bruit du moteur? Ça commence quand je tourne la clef. La clef fait démarrer le moteur. C'est le moteur qui fait rouler la voiture. Tu entends? Quand je tourne dans l'autre sens, le moteur s'arrête.» Le visage de Billy est sidéré. «Oohh.» Son beau-père voit quand Billy comprend. Il reconnaît le pouvoir de la clef, de la main qui la fait tourner, du moteur caché à ses yeux, et de l'adulte qui connaît tout cela. Billy regarde son beau-père comme s'il allait demander : «Mais pourquoi est-ce que ça démarre quand tu tournes la clef?» Comment pourrait-il comprendre cela? En fait, il bafouille : «Je veux tourner la clef.» Après quelques tentatives, il quitte les genoux de son beau-père pour aller jouer avec sa voiture à pédales. Il saute sur le siège et fait avancer l'engin. Comme si cela n'était pas suffisant, et ça ne l'est pas, il monte sur son tricycle, le pousse et essaie de pédaler pour le faire «rouler». Le rapport entre le «pourquoi» initial et le démarrage du tricycle peut échapper à l'adulte. Mais pas à l'enfant. Au lieu de rester dépassé par ce qu'il est incapable de comprendre, Billy a appliqué ce simple renseignement à une action qu'il peut réaliser lui-même.

Billy doit assimiler la relation de cause à effet entre la clef et le démarrage de la voiture. Son désir de comprendre ces étapes et les explications ambitieuses de son beau-père le conduisent à son tricycle qu'il peut contrôler. Il s'applique à essayer d'en établir le rapport, à sa façon. Billy sait qu'il peut le faire par l'intermédiaire d'une action. Il ne questionne pas son beau-père plus avant, parce qu'il sent les limites de ses capacités pédagogiques. M. Stone est soulagé de pouvoir en rester là.

Une autre façon d'apprendre consiste à faire des essais : « Laisse-moi faire tout seul ! » Accompagné de l'irrésistible requête : « Aide-moi ! Montre-moi ! » Billy et sa mère se trouvaient dans le parking d'un grand centre commercial proche de leur maison. Billy était épuisé, et Mme Stone se dépêchait de le ramener à la maison avant qu'il ne s'énerve. Elle le tira jusqu'à l'ascenseur, il trébucha et tomba en avant. Elle le ramassa. « Allez, Billy. On rentre. » Il se mit à gémir. Sans réfléchir, Mme Stone appuya sur le bouton : son petit garçon entra alors dans une colère noire : « C'est moi qui voulais appuyer. » Billy hurlait. Sa mère était, elle aussi, fatiguée. « La prochaine fois. » Billy continua de crier. Elle reconnut qu'elle avait manqué une occasion. Ils descendirent jusqu'au niveau où se trouvait sa voiture. Elle laissa alors Billy appuyer sur le bouton pour remonter; il avait retrouvé le contrôle de la situation, et appuya à plusieurs reprises avec ravissement.

Ayant pris conscience du fait que le bouton « fait marcher » l'ascenseur, Billy passa au stade suivant, et voulut voir si « quand moi j'appuie sur le bouton, ça le fait marcher ». Sensation de pouvoir ! Un enfant de trois ans exige ce pouvoir et a des difficultés à y renoncer. S'étant demandé : « Pourquoi cet ascenseur marche ? », il trouve la réponse : « C'est moi ! Je l'ai fait marcher ! »

Le désir intense de maîtrise des enfants de trois ans représente un point fort de leur développement et n'est pas sans apporter de nouvelles complications à leurs parents. Parallèlement à ce nouveau désir tout neuf de comprendre « pourquoi » et « qu'est-ce qui fait marcher les choses », l'enfant développe une nouvelle capacité pour tester ces questions. Et en même temps, il ressent de la frustration et du désespoir, quand il voit qu'il est incapable de comprendre ou qu'on ne lui permet pas de faire ce qu'il veut pour comprendre et pour expérimenter ses compétences.

Le dilemme suivant pour Mme Stone fut de décider combien de temps elle allait laisser Billy piloter l'ascenseur. Une autre famille y entra. La petite fille essaya de pousser Billy, et une deuxième colère faillit éclater. La mère de la petite fille voulut la retenir. Billy triomphait. Mais la mère de Billy sentit qu'il était important d'imposer une limite à ses actes. Elle le prit contre elle.

«Billy, tu as eu ton tour. C'est à la petite fille, maintenant.

– Je veux le faire! Je veux le faire!»

L'autre famille était intimidée par ses revendications véhémentes. Mme Stone le tenait fermement.

«Je suis désolée, Billy. C'est à son tour.»

Pour le parent, il y a un nouvel équilibre à trouver. Quand faut-il encourager les explorations? Comment savoir quand l'exploration va trop loin et doit être arrêtée? Un parent peut être tenté par la tranquillité que confère le fait de limiter les explorations, mais l'autre – de peur d'endormir la curiosité si importante pour les apprentissages – peut prendre des risques, en acceptant l'éventualité de problèmes assez graves pour effrayer l'enfant. L'un et l'autre craignent peut-être de perdre une certaine intimité.

L'enfant doit-il avoir la permission de tout essayer? Est-ce qu'il faut répondre à toutes ses questions? Les parents voudraient encourager la recherche de la connaissance, mais sans noyer l'enfant dans des réponses compliquées. Le plus important est de se rappeler que l'enfant désire ressentir une certaine maîtrise personnelle. Son monde n'a une signification pour lui que dans la mesure où il est en rapport avec lui. Pour comprendre, il lui faut agir, utiliser son corps, voir son corps faire marcher les choses et, aussi, entendre des réponses à ses questions. Limiter les explorations, pas plus que laisser la bride sur le cou, ne sont de bonnes solutions à temps complet. Les parents devront essayer de trouver un équilibre qui leur convienne et qui convienne à la façon dont leur enfant apprend.

Un jour, Marcy demanda à son père :

«Comment les gens vont dans le téléviseur? Est-ce que ce sont des vraies personnes?»

M. Jackson ne savait pas vraiment comment lui répondre.

« Quelle bonne question ! Appuie sur la télécommande et voilà une image de ces gens. Appuie encore et ils ne sont plus là. Ils jouent pour nous, quelque part, loin d'ici, et la télévision nous montre ce qu'ils font par une image. Ce sont de véritables personnes, mais elles ne sont pas à l'intérieur du poste. »

Marcy alluma puis éteignit le téléviseur.

« Où est-ce qu'ils vont ? »

Le père :

« Ils sont toujours là. Tu vois leur image. Quand tu éteins l'image, on ne les voit plus. Mais ils sont toujours là, quelque part. Ils continuent à jouer. Mais nous ne pouvons plus les voir. »

Qui pourrait comprendre cette explication ? Cette réponse hésitante ne semblait pas satisfaisante à M. Jackson. À Marcy non plus. Mais il voulait l'encourager à poser de telles questions. Que faire ? Son objectif n'était pas d'essayer de lui faire tout comprendre, mais de la pousser à s'interroger. Beaucoup d'aspects de nos vies sont complexes et difficiles à comprendre, quel que soit notre âge. Si le père de Marcy partage son étonnement, elle ne renoncera pas à sa curiosité. Allumer et éteindre le téléviseur l'aida à maîtriser le sujet. Les réponses n'étaient qu'une sorte de stimulant.

(Enfant, à l'époque où la télévision n'existait pas, je me demandais où étaient les gens qui parlaient dans la radio familiale. Un jour, avec mon jeune frère, nous avons complètement démonté le poste pour les chercher. Quand ma mère est revenue à la maison et a découvert dans quel état se trouvait son précieux poste, nous lui avons expliqué avec embarras : « On voulait trouver le présentateur. » Je me rappelle qu'elle faisait des efforts pour cacher son sourire.)

Tim était assis sous le porche avec son père. Une chenille tomba d'un arbre sur la table devant eux. Tous deux l'observèrent traverser la table en se tortillant.

« Regarde comment il marche », murmura Tim tout excité.

M. McCormick admira le sens de l'observation de son fils et lui dit d'un ton dégagé :

« Tim, comment sais-tu que cette chenille est un garçon ? »

Tim répondit immédiatement :

«C'est un garçon.
– À quoi tu vois ça?
– Ses cheveux sont dressés sur sa tête – exactement comme moi.»

Les différences entre garçons et filles. Les enfants de trois ans comprennent les choses en des termes concrets, fondés sur leurs perceptions; une caractéristique visible suffit pour faire entrer quelque chose dans une catégorie. Les différences génitales sont la plupart du temps cachées au regard, et ne sont donc pas ce qu'il y a de plus important à l'esprit des enfants de cet âge. Si on le poussait à énoncer les différences entre un garçon et une fille, Tim se référerait aux attributs les plus évidents pour lui : «Les cheveux longs. Les filles ont des robes, pas les garçons. Les filles jouent avec des poupées, pas les garçons.» Des caractéristiques simples marquent les différences importantes.

À trois ans, se rendre compte que chacun est un garçon ou une fille, et que c'est différent, représente une étape importante.

«Comment sais-tu que c'est une fille?
– Parce que ce n'est pas un garçon.
– Mais comment le sais-tu?
– Je le vois.
– Est-ce que maman est une fille?
– Non, c'est une maman!
– Alors, qui est une fille?
– Susie.
– Est-ce que papa est un garçon?
– Mais non. C'est un papa.
– Qui est un garçon?
– Moi.»

Un enfant de trois ans sait que filles et garçons ne sont pas pareils et qu'ils ne le seront jamais. Pourtant il peut dire timidement :

«Quand je serai grand, je veux être une fille.»

Il sait, et il sait que nous savons.

Qui présente les différences les plus évidentes en chair et en os? Maman et papa. Pas étonnant qu'une des premières tâches d'un enfant de trois ans dans sa quête d'identité sexuelle soit d'en apprendre plus sur maman et papa, et de discerner ce que chacun signifie pour lui.

Les différences existent depuis le commencement. Les pères et les mères ont des rythmes différents. Dès deux mois les bébés apprennent les différences entre leurs parents dans la communication et le jeu. Dès la petite enfance, les bébés réagissent avec surprise et ravissement devant un changement dans leurs attentes en ce qui concerne le rythme des interactions déjà apprises. Ils peuvent distinguer leur mère de leur père par les schémas rythmiques d'interaction.

Quand son bébé a entre six et huit semaines, la mère agira de certaines façons en jouant avec lui. S'il est assis dans une petite chaise, elle s'assiéra tranquillement devant lui, se penchera vers lui pour tisser autour de lui un cocon de douceur, avec le son de sa voix, l'image de son visage et même le contact de ses mains. Elle va dire :

« Coucou ! Tu peux me dire coucou ?

– Cou.

– Oui. Encore.

– Cou.

– Encore une fois. »

Le bébé la regarde gentiment. Le visage radieux, il tend bras et jambes en avant, puis les replie, avec un rythme calme et aisé. Ces rythmes apaisants deviennent ce que le bébé attend de sa mère.

Pas de son père. Un père est naturellement excitant. Quand les pères s'asseyent devant un bébé, ils se penchent en arrière, comme s'ils se mettaient à l'aise. Puis, comme pour réveiller cet enfant trop tranquille, ils se mettent à le toucher vivement du doigt. Ils le touchent des pieds à la tête. L'enfant de deux mois sursaute, puis s'anime, l'air surpris et attentif. Son visage devient alerte, ses épaules se dressent, mains et pieds se tendent vers le père. Le père recommence à le titiller du doigt – des pieds à la tête. Trois fois. Le bébé glousse de joie à chaque fois. Tout son corps démontre les différentes attentes instaurées par les différences prévisibles dans les rituels de jeu. À huit semaines, le bébé manifestera une anticipation plus vive quand il verra le visage de son père ou entendra sa voix. Dès ce moment, son père l'abordera d'une manière enjouée et énergique.

La transgression des rythmes, des attentes construites sur les interactions rythmiques depuis la petite enfance, est une source de joie. Même avec les bébés, nous pouvons commencer par créer un rythme quand nous jouons à «coucou le voilà». Le rythme façonne l'attente. Alors, quand nous passons outre à l'attente en brisant le rythme, le bébé glousse de joie. Ces jeux vont être plus fréquents vers la fin de la première année.

Les transgressions deviennent pour le bébé des occasions d'en apprendre plus sur les attentes. Les transgressions poussent le bébé à des comportements propres à provoquer à nouveau ce qu'il attendait. La joie provient d'un savoir commun : le bébé sait que nous savons qu'il sait que ce à quoi il s'attendait a changé. Les pères font une utilisation répétitive de ce procédé parce qu'il leur vaut toujours une réaction. Tous les bébés reconnaissent là une des différences existant entre leur père et leur mère. Les pères ont naturellement tendance à apporter de la joie. Dès les débuts, ils offrent à l'enfant une «transgression» de ce qu'il attend. Les mères sont là pour roucouler, pour nourrir et pour tout ce qui est sérieux. Les pères servent à jouer – même quand le bébé n'a que deux mois!

M. Lee adorait jouer avec Minnie. Quand elle était toute petite, il découvrit qu'elle réagissait quand il la surprenait. Ils passaient d'un jeu de «coucou le voilà» à des séances de chant avec des exclamations destinées à causer la surprise chez l'autre; le soir, ils faisaient des parties de «balançoire» avec le berceau. Il la berçait, encore et encore, jusqu'à ce qu'elle semble tranquille. Puis, il arrêtait pour la taquiner. Cela l'excitait tellement qu'elle ne pouvait plus dormir. Sa mère dut les faire renoncer à ce jeu.

Dès qu'elle sut marcher, Minnie prit l'habitude de grimper sur les genoux de son père, chaque fois qu'il s'asseyait.

«Dada! Dada!

– Au pas, au pas. Au trot, au trot. Au galop, au galop, au galop! Et hop par terre!»

À «hop par terre!», il lançait Minnie en l'air avec son pied. Il la rattrapait au moment où elle s'écroulait. Elle adorait tous ces jeux. Lui aussi.

Les attentes sont apprises, et il est important de les apprendre à tout âge; elles sont faites pour être testées et transgressées. De cette façon, l'enfant découvre l'importance des règles dans la vie.

Sans aucun doute, la joie aide. Un enfant s'habitue à ces rituels quotidiens. Ils sont rassurants, et quand on les enfreint, c'est quand même amusant. Les pères comme M. Lee ont un rôle spécial dans cet apprentissage.

M. Lee découvrit que la balançoire était idéale dans ce domaine. Il s'asseyait en face de sa fille et créait l'attente en allant régulièrement de haut en bas. Puis, il cassait le rythme en arrêtant la balançoire à mi-course ou en heurtant son extrémité par terre. Les gesticulations de Minnie et ses accès de fou rire le rendaient heureux comme un roi.

Il est aisé de voir comment chaque enfant assimile les différences de sexe. Vers deux ans, le petit garçon a la même démarche que son père, en balançant les bras. Non seulement la fille marche comme sa mère – regardez une fille et sa mère marcher ensemble devant vous – mais encore, elle penche doucement la tête quand elle veut se montrer séduisante. Ses gestes (et surtout quand elle est nerveuse) imitent facilement ceux des femmes de la famille, y compris de ses sœurs aînées. J'ai toujours été fasciné de voir avec quelle rapidité un petit enfant calque son comportement sur celui d'un aîné. Tandis qu'un enfant de deux ou trois ans maîtrise une tâche étape par étape en présence d'un adulte, il assimile d'emblée la totalité de la tâche s'il voit un autre enfant de quatre ou cinq ans l'accomplir devant lui. Qu'est-ce qui influence alors une fillette comme Marcy pour apprendre à se conduire d'une façon «féminine», alors que son frère aîné représente un modèle aussi fort pour elle? La conscience qu'elle a d'elle-même comme fille doit déjà constituer un puissant élément. Par exemple, quand elle imite maman, papa devient plus intéressé et disponible. Mais personne n'apprécie qu'elle tape des pieds en se déplaçant. Dans beaucoup de familles, on n'exprime pas cela ouvertement, mais plutôt de façon subtile. Les différences d'attentes subtiles, mais claires dès la naissance, peuvent également représenter la réaction des parents à des différences elles aussi subtiles, mais réelles, dans le comportement du bébé.

À trois ans, les petites différences de comportement sont déjà traitées différemment par les parents. Quand Marcy imitait les gestes ou la façon de parler de sa mère, ses deux parents manifestaient une réaction gratifiante : «Marcy, tu parles exactement comme ta maman.» La remarque de son père pouvait s'accompagner d'une tape chaleureuse, d'un ton de voix approbateur. Marcy reconnaissait alors un mode de communication qu'il lui serait difficile de susciter autrement avec lui.

Sur le terrain de jeu, Marcy fut heureuse de se joindre à d'autres enfants de son âge pour faire une maison. Ils se servirent des jouets du bac à sable pour bâtir leur maison qu'ils dotèrent d'une cuisinière imaginaire. Chaque enfant y alla de sa propre recette. Marcy dit : «Voilà ton thé, mon chou. Bois-le.» Elle imitait en cela sa mère. Mme Jackson ne pouvait s'empêcher de rire en regardant et en écoutant de loin. Les gestes de Marcy étaient exacts. Quand Marcy remit de la main ses cheveux en place, Mme Jackson se reconnut.

M. Jackson arriva sur les lieux et le comportement de Marcy changea. Ses mouvements jusque-là empreints de douceur, de fluidité, devinrent plus vigoureux, plus énergiques. Elle courut jusqu'au grand toboggan. «Regarde, papa. C'est le plus dangereux. J'arrive à y monter.» Elle se hissa maladroitement jusqu'en haut de l'échelle. M. Jackson se précipita pour la rattraper au cas où elle tomberait. Elle lui jeta un regard accompagné d'un sourire contraint. «Je n'ai pas peur. Tu me vois?» Elle se pencha au-dessus de la dernière marche, se mit sur le ventre et se laissa glisser. C'était la première fois qu'elle essayait cette technique et elle n'avait pas conscience qu'elle risquait de se heurter le visage à l'arrivée. M. Jackson se précipita pour l'attraper. Comme il la saisissait, elle le regarda avec reconnaissance. Pour avoir l'air triomphant, elle répéta : «Je n'ai pas eu peur.» Mais son père, lui, avait eu peur.

La bravoure de Marcy attira une autre petite fille. Minnie fonça vers le toboggan pour imiter cet exploit. Mme Lee bondit de son banc pour protéger son enfant d'un de ces accidents dont elle avait l'habitude. Minnie escalada l'échelle comme une flèche, s'assit et glissa. Ce fut alors au tour de Marcy de l'imiter. M. Jackson espérait pouvoir l'entraîner loin du toboggan. Pas de chance! Marcy grimpa, trébuchant une fois. M. Jackson sentit son cœur s'arrêter. En marmonnant, elle s'assit et se laissa glisser. «Voilà, Marcy. Tu l'as fait. On va essayer autre chose.» Marcy lança à Minnie un regard d'adieu, et suivit son papa vers une autre partie du terrain de jeu. Sa démarche ressemblait à la sienne. Ses gestes mêmes devenaient semblables aux siens. Elle le regardait avec adoration. Elle avait utilisé des mots pour vaincre sa peur. Elle avait presque convaincu son père – et s'était presque convaincue elle-même.

La parole et le langage. L'apprentissage du langage est une nouvelle aventure passionnante pour un enfant de trois ans. À cet âge, on essaie de provoquer des réactions en parlant. On découvre que les paroles influencent les autres. Le langage développe aussi la compréhension de l'environnement et il aide à l'élaboration de la pensée. Les mots donnent à l'enfant un nouveau pouvoir sur lui-même et sur le monde, au moment où il prend conscience de la puissance de son environnement.

Quand elle fut un peu plus avancée dans sa troisième année, Minnie fit un nouveau progrès qui prit Mme Lee par surprise. Celle-ci n'avait jamais imaginé qu'à un moment l'énergie de Minnie pourrait diminuer pour céder la place à un intérêt grandissant pour le langage. À présent, en disant certains mots, sa mère parvenait à obtenir son attention. Minnie réagissait souvent à des suggestions comme : « Peux-tu faire du grand toboggan ? » Minnie répondait par une démonstration, à la stupéfaction de sa mère. Mais si la queue en bas de l'échelle était trop longue ou s'il se présentait une quelconque distraction, Minnie filait, comme si elle n'avait pas entendu la question. Quand la demande impliquait quelque chose de moins tentant, Minnie pouvait donner l'impression qu'elle avait à peine remarqué qu'on s'était adressé à elle. Mme Lee voyait que Minnie était capable de comprendre des directives verbales et de les suivre et elle était intriguée parce que tantôt cela marchait, tantôt cela ne donnait rien. Elle ne pouvait s'empêcher de ressentir une sorte de rejet chaque fois qu'elle n'obtenait pas de résultat. Elle ne comprenait pas encore que les capacités de Minnie pour suivre des directives dépendaient de ce qui se passait autour d'elle et de ce qu'elle avait envie de faire.

Minnie était prête à filer, alors Mme Lee essaya différentes tactiques :

« On va jouer à la balle.

– Ramasse ta poupée et tiens-la dans tes bras.»

Elle dit quelque chose d'autre pour susciter son intérêt :

«Regarde comme ce petit garçon court! Je parie que tu peux courir encore plus vite que lui!»

Minnie se mit à l'imiter :

«Garçon court.

– C'est vrai, Minnie. Le garçon court.»

Minnie se calma suffisamment pour dire quelques mots sur ce garçon qui courait si vite. Puis elle se précipita à sa suite. Elle continuait à s'exprimer plus par des actes que par des mots.

Mais la mère de Minnie commençait à utiliser les nouvelles dispositions de sa fille à l'égard du langage pour influencer son comportement. Si elle avait ouvertement corrigé les paroles de Minnie, celle-ci se serait dérobée et aurait refusé d'écouter. Mais en répétant ses phrases en leur apportant une légère correction, elle lui faisait sentir qu'elle avait été entendue et que ses mots étaient importants : ainsi, elle lui envoyait un message de respect. Minnie se mit à écouter davantage, parce qu'il était gratifiant pour elle de se sentir écoutée.

La parole et la capacité d'utiliser les mots avec autorité sont choses cruciales pour les enfants de trois ans. Instinctivement, les parents les aident à se sentir plus compétents en accroissant leur vocabulaire. Après avoir maladroitement prononcé un nom et un verbe, l'enfant de cet âge devient capable de faire une phrase. Il est avide d'ajouter les nouveaux mots qui prouvent qu'on le comprend. C'est ainsi que les enfants apprennent à faire des phrases et à enrichir leur vocabulaire. Il faut être confronté au langage pour l'apprendre. Tout aussi importantes sont les émotions qui vont de pair avec la communication. La satisfaction intérieure d'être compris et le renforcement extérieur provenant du pouvoir des mots font avancer l'apprentissage du langage. À trois ans, on est ravi par les deux aspects de la chose, tous deux soutenus par l'étonnante capacité des enfants de cet âge à assimiler de nouveaux mots, une capacité qui excède de loin celle de leurs parents!

Les enfants de cet âge réussissent presque toujours à saisir les mots essentiels dans la phrase d'un adulte. «Va enlever ton pantalon» peut se transformer en : «Enlever pantalon.» «Va mettre tes chaussures» en : «Chaussures.» On peut aboutir à un ordre tel que : «Assis ceinture, grand-père.» L'enfant apprend de nombreux mots et, en même temps, il apprend toutes sortes de nouvelles façons de les agencer dans des phrases. Le rythme et les inflexions de son discours vont également imiter ceux des adultes qui l'entourent. «Je n'en veux PAS» ou : «ARRÊTE de me pousser.» C'est un progrès majeur par rapport aux productions monotones des enfants de deux ans et, pourtant, il passe facilement inaperçu. C'est un signe supplémentaire du grand besoin de communication de l'enfant. Le sentiment de contrôler le monde à travers le langage est excitant pour lui. Quand il réussit à parler et à imiter le discours et les gestes des autres, il commence à faire partie de leur univers.

Les rapides progrès de langage, à partir de la deuxième année, constituent un autre point fort pour les enfants de trois ans. Apprendre à attirer et à séduire les gens est pour eux une vraie motivation. La découverte que le langage peut faire se produire des choses est absolument capitale. Ils connaissent désormais le pouvoir des mots non seulement pour s'exprimer, mais également pour contrôler ce qui arrive autour d'eux. Cependant la frustration de n'avoir qu'une capacité limitée dans l'utilisation de ce pouvoir peut provoquer des bafouillages, des bégaiements et même des colères. L'enfant sait ce qu'il veut dire, ce qui rend le fait de ne pas y parvenir encore plus insupportable. Quand il s'effondre en larmes, c'est cette conscience de ne pouvoir atteindre ce pouvoir qui le rend si malheureux. Les parents croient parfois protéger leur enfant de sa frustration en disant les mots à sa place ou en faisant ce qu'il désire avant même qu'il ne l'ait exprimé. Dans ces occasions, les parents doivent rester en dehors et compter sur la frustration pour motiver l'enfant à franchir ce cap par lui-même.

Billy désirait tellement communiquer avec les adultes pour les séduire qu'il en bégayait souvent. Il se lançait avec des : «Je-e-e-e peux pas.» Parfois, il était tellement frustré qu'il se jetait à terre en hurlant : «Je peux pas le dire.» Il était déterminé, mais ses idées étaient en avance sur ses capacités. Son visage se crispait, ses mains s'agitaient. Il avait l'air angoissé, misérable. Mme Stone essayait de l'aider : «Calme-toi, Billy. Tu vas y arriver.» Il la suppliait des yeux. Elle cherchait ce qu'il pouvait bien vouloir. Il sentait son impuissance aussi bien que la sienne. Et quand enfin il se détendait, les mots sortaient à toute vitesse.

Beaucoup d'enfants de trois ans passent par une phase de bégaiement ou de problèmes d'élocution (difficultés pour commencer un mot ou une phrase). Est-ce que leur désir de parler est au-dessus de leurs capacités? Si personne ne s'implique trop dans ce processus, si personne n'ajoute encore plus de pression à une situation déjà stressante, bégaiement et problèmes d'élocution devraient disparaître en quelques mois.

Le bégaiement de Billy semblait perdurer alors même que son langage progressait. C'était comme si les mots ne pouvaient rattraper les idées et les questions nouvelles qui tournaient dans sa tête. Il dansait en parlant; il se servait de ses mains, de son visage, de tout son corps. Quand il insistait sur un nom dans son discours, ses épaules se levaient, ses mains paraissaient presque représenter ce nom. Mme Stone était stupéfaite par l'enrichissement soudain du vocabulaire de son fils et par les nouveaux concepts qu'il parvenait à exprimer. «La vache a sauté par-dessus la lune» – Billy sautait et montrait le ciel du doigt. Où Billy avait-il appris cela? Avait-il acquis ces concepts théâtraux à l'école? Tous les parents d'enfants de trois ans sont à la fois admiratifs et impressionnés par cette faculté d'absorber, comme une éponge, toutes les nouveautés. Quand l'enfant assimile quelque chose grâce à eux, les parents se rendent compte de leur importance.

Billy apprit à séduire tout le monde. «Salut. Je m'appelle Billy.» Quand cette formule ne suffisait pas, il tendait la main, pour plaire aux adultes. Il sut bientôt utiliser dans ses jeux les mots qui plaisaient à ses pairs. Le langage corporel lui procurait un autre ensemble de signes pour appuyer l'effet de ses paroles. Par exemple, en réclamant un jouet à un autre enfant : «Je peux le prendre?» Pas de réponse. «Je le veux maintenant.» Pas de réponse. «C'est à moi. Je le prends.» Pas de réponse. Billy ferma les poings, se pencha en avant, et fixa l'enfant du regard. Celui-ci fondit en larmes. Billy fut capable de dire : «Pardon» et même de caresser l'enfant en pleurs pour le consoler. Mais il repartit avec son jouet à la main.

Mme Stone était une mère douée d'éloquence et elle influença son fils au moins de trois façons : (1) elle présenta des modèles de concepts attractifs à travers son comportement; (2) elle proposa des méthodes pour exprimer et se rappeler ses idées, cela en faisant la lecture à Billy (la vache et la lune) ; (3) à travers ses questions elle l'encouragea à parler, ajoutant son propre enthousiasme à tout ce qu'ils lisaient ou disaient.

En ce qui concerne Tim, langage et parole étaient à la fois excitants et effrayants. Tim restait silencieux en société. Il se protégeait contre tout environnement bruyant et, dans un groupe, il demeurait muet. Mais quand il se trouvait chez lui, son langage était bien développé. Il parlait avec des phrases construites, avec des noms et des verbes correctement placés. Il savait utiliser des mots et des concepts sophistiqués : «Maman, j'ai observé la lune. Pourquoi est-ce qu'elle est allumée?»

Après avoir parlé pendant plusieurs mois, il se mit à bégayer. «J-j-j-je v-v-v-veux aller aux t-t-t-toilettes.» Ses parents furent interloqués.

«Tim, ralentis. Tu n'as pas besoin de parler si vite. Ça t'évitera de bégayer.

– J-j-j-je peux p-p-p-pas.

– Très bien. Mais si tu ralentis, ce sera plus facile.»

C'était presque comme si Tim voulait faire la démonstration de son problème : il bavardait à chaque occasion. Il était même un peu plus extraverti. Mais chaque fois le bégaiement revenait.

Mme McCormick s'impatienta : «Tim, fais un effort. Arrête de bégayer.» Plus elle s'inquiétait, plus elle le laissait paraître et plus Tim bégayait. Son visage se crispait, ses épaules se haussaient, tout son corps se tendait avant de se mettre à parler. Ces gestes de «maturité» aggravaient l'inquiétude de Mme McCormick. Le bégaiement lui rappelait en permanence les différences déconcertantes qu'elle avait déjà eu du mal à accepter chez son fils. Elle consulta le médecin, qui voulut la rassurer. Mais sans succès. Elle ne pouvait se raisonner. Tim continuait à se débattre. Enfin, M. McCormick tenta de remédier à la situation.

«N'en rajoute pas. Il est déjà assez ennuyé comme ça. Je crois que ton inquiétude est contagieuse.

– Mais qu'est-ce qui arrivera s'il continue à bégayer? Comment sais-tu que je ne l'aide pas en essayant de le faire parler moins vite?

– Parce que, quand tu essaies, il a l'air encore plus mal et il bégaie encore plus.»

M. McCormick avait raison; la pression n'aide en rien un enfant qui bégaie. Il est sage d'être patient, d'attendre (avant de recourir à l'aide d'un orthophoniste) pour voir si les choses ne s'arrangent pas d'elles-mêmes. Le bégaiement disparaît souvent quand les capacités motrices orales de l'enfant rattrapent ses capacités mentales.

«Quel moulin à paroles!» À présent, Marcy n'arrête pas de parler. Son discours incessant montre combien elle a envie d'apprendre à bien communiquer. Elle est presque acharnée à amener ses nouvelles capacités langagières au niveau des choses qu'elle parvient à faire, ou presque, ou qu'elle souhaite faire. Chaque phrase représente un énorme saut en avant dans sa découverte du monde et de la façon dont elle peut exercer une influence sur lui. Parfois le fait de dire la console de ne pas encore être prête à faire.

«Ne me dis pas d'aller au pot!» dit Marcy pour empêcher sa mère de la forcer à aller aux toilettes. Désormais, sa mère va devoir réfléchir à deux fois avant de le lui demander. Marcy découvre à quel point son discours peut influencer les autres. Mais elle va découvrir que, lorsqu'elle dit quelque chose, il faut le faire. Elle peut lâcher : «Je n'ai pas besoin d'y aller maintenant», en réponse à l'insistance de sa mère. Mais une fois cette déclaration faite, elle est bien attrapée. Elle ne peut plus aller aux toilettes tout de suite sans risquer de se dédire. La parole devient une façon redoutable de créer des attentes et des obligations pour soi.

Mme Jackson remarqua que Marcy utilisait des inflexions différentes selon les personnes. Avec un pair : «Je veux ça.» Avec sa mère : «Donne-le-moi, maman.» Avec son père, ce n'était jamais un ordre, mais plutôt une sorte d'appel : «Est-ce que je peux l'avoir, papa?» Et, à la surprise de sa mère, elle disait à sa grand-mère : «Grand-mère, est-ce que je peux jouer avec ça, s'il te plaît?» Marcy commençait à apprendre les bonnes manières. Mme Jackson se rendit compte que sa fille différenciait déjà les personnes et adaptait à chacune sa façon de parler.

Marcy découvrait que les mots pouvaient pousser ses parents à l'action. Elle réussissait à utiliser avec efficacité sa capacité à imiter les discours. En appelant son père, elle employait le même rythme, la même intonation que sa mère. M. Jackson répondait comme s'il s'adressait à sa femme. Marcy disait : « Viens, chéri. » Il arrivait. Et tous deux s'esclaffaient.

Un enfant de trois ans peut trouver d'autres façons d'utiliser le pouvoir des mots. La baby-sitter raconta que Marcy avait dit « merde » un soir où ses parents étaient sortis. Une fois réprimandée Marcy dit : « Maman et papa ne me laissent pas dire ce mot non plus. » Marcy essayait de nouveaux mots appris de son frère, testant leur pouvoir, testant la baby-sitter. Elle avait à sa portée une toute nouvelle façon d'atteindre les adultes. Sa curiosité envers ces mots dont le pouvoir était évident, même si leur signification lui échappait, la poussait à en faire l'apprentissage et l'usage.

Un enfant de trois ans découvre également le pouvoir des mots écrits, surtout s'il a été habitué aux livres. À cet âge, les livres ne sont plus depuis longtemps des objets que l'on mâche, que l'on déchire ou que l'on traîne. À trois ans, l'enfant qui a été familiarisé avec les livres sait qu'ils racontent des histoires, que les histoires ont un début et que, s'il sait écouter et attendre, elles ont aussi une fin. Il commence même à comprendre que les signes noirs sur les pages sont appelés des lettres et que « lire » c'est quand un parent regarde les lettres et sait ce qu'elles disent. L'enfant de trois ans se rend compte qu'il est incapable de lire, mais il peut être captivé par le pouvoir de ces mystérieux symboles au point de répéter une histoire en affirmant qu'il est train de la lire lui-même. Si on les lui lit plusieurs fois, il essaye parfois d'apprendre par cœur des histoires simples, comme pour réaliser son rêve de savoir lire. Un tel enfant n'aura pas besoin d'être poussé; sa motivation – qui peut trop facilement se transformer en frustration – doit être préservée.

Le temps et l'espace. Incapable de lire l'heure, l'enfant de trois ans sait employer des mots pour organiser le temps. Il peut faire l'expérience de ses idées au sujet du temps avec des mots et voir si ces mots fonctionnent ou s'ils entraînent des objections de la part des parents. Les habitudes de la journée contribuent également à enseigner le temps à l'enfant. L'heure du goûter, l'heure de la sieste, l'heure du dîner, l'heure du bain, l'heure d'aller au lit

– voilà les repères chronologiques sur l'horloge d'un enfant de trois ans. Il les attend. Leur nature prévisible, fiable, est une aide pour quitter une activité prenante et pour passer à la suivante. En rendant ces moments invariables, tout en montrant qu'ils se terminent inévitablement, les parents peuvent réduire les conflits engendrés par les horaires réguliers qui ne sont pas souhaités.

« Tu fais toujours la sieste après le déjeuner.

– Pourquoi ?

– Parce que c'est l'heure de la sieste.

– Mais je suis pas fatigué.

– Tu pourras te lever quand l'heure de la sieste sera passée. »

Ces réponses ne satisferont pas un enfant de trois ans ; il a besoin de savoir pourquoi l'heure est importante : « C'est le jour, mais la nuit arrive. » « C'est l'heure où papa rentre à la maison. » Un jour, alors que Marcy et son frère jouaient dehors, elle leva les yeux vers le ciel :

« Quand les nuages sont sortis, c'est le jour. On ne peut pas les voir la nuit. Quand les nuages sont sortis, je ne suis pas obligée d'aller au lit. »

Le temps, comme d'autres nouveaux concepts, acquiert une signification quand il se rapporte à la vie de l'enfant. L'enfant ressent différemment le même laps de temps selon les circonstances. « Dans quinze minutes, nous irons au magasin » peut sembler une éternité. Mais : « Dans quinze minutes, je dois aller au lit » paraît bien trop court.

Minnie faisait du toboggan sans s'arrêter une seconde. Mme Lee l'avertit :

« Minnie, dans un quart d'heure, il va falloir partir. Je dois rentrer pour faire le dîner. Papa est peut-être déjà à la maison. »

Minnie ignora ces paroles.

« Les quinze minutes sont passées, maintenant », dit Mme Lee, arrêtant Minnie dans son élan.

Minnie fit comme si elle s'était blessée et tomba par terre en hurlant. Mme Lee se trouva embarrassée. Fallait-il lui céder ou l'obliger à respecter ce qui lui avait été annoncé ? Bien entendu, c'est la seconde option qui paraissait la plus appropriée. On ne pouvait s'attendre à ce que Minnie renonce au toboggan de son plein gré, mais Mme Lee lui avait donné beaucoup de temps pour s'y préparer. Il était temps de partir. Minnie commençait juste à découvrir les limites en matière de temps. Le temps signifie qu'une chose se termine et qu'une autre commence. Le changement est problématique pour tous les enfants de trois ans. Bien que la préparation aide à surmonter les transitions, celles-ci ne seront pas forcément aisées.

Pour un enfant de trois ans, le temps obéit à une horloge interne subjective qui est beaucoup plus contraignante que les pendules accrochées au mur, mystérieuses et indéchiffrables. Un jour où Minnie et son papa se promenaient dans les bois, Minnie s'exclama :

« Regarde ! Un crocus !

– Tu savais que c'est aujourd'hui le premier jour du printemps ? »

Minnie regarda intensément son père et demanda :

« Et demain, c'est le premier jour de l'été ? »

Le temps interne – plus indépendant du monde environnant – s'allonge et se contracte avec les sentiments de l'instant. Le temps externe reste tellement long, tellement court, si difficile à comprendre.

Enfin, le temps – bien compliqué à mesurer – sert à dire quand il faut anticiper des séparations et quand on en verra la fin. Une séparation peut sembler durer éternellement, mais le sens du temps et de son importance apporte bientôt de l'aide. La mère de Billy travaillait à mi-temps et tout le monde s'attendait à ce que Billy pleure quand elle le mit à l'école. C'est ce qu'il fit. Au début. Mais il eut bientôt une idée qui l'aida à accepter la situation. Un matin, il demanda à sa mère (tout en essayant de se retenir de pleurer devant elle) :

« Quel jour on est ?

– Mardi, Billy.

– Non. Je veux savoir si c'est un jour de travail ou un jour de maison ?

– Tu veux dire, pour moi ? »

Il acquiesça de la tête.

« C'est un jour de travail.

– Quand on aura un jour de maison ?

– Demain.

– Oh. »

Billy apprenait à mesurer le temps d'une façon qui convenait à son âge, c'est-à-dire en fonction du moment où se produisaient les événements importants pour lui. Perdre sa mère était un peu plus facile s'il savait qu'il pouvait anticiper les séparations et compter sur les retrouvailles.

L'apprentissage de l'espace débute à l'âge de trois ans, trois ans et demi. « Maman est partie. Mais elle revient. » Est-ce qu'un enfant de cet âge peut se représenter où elle est allée ? « Maman est allée chercher des livres à la bibliothèque. » Il est difficile de savoir quelles images cela évoque pour un enfant de trois ans.

L'espace est organisé autour de ce qu'un enfant peut atteindre ou de ce qui est trop haut pour lui, de ce qu'il voit ou de ce qui est juste de l'autre côté. L'espace comprend l'implication d'une action de sa part.

« Où est-ce que tu dors ?

– Dans ma chambre, bien sûr.

– Mais où est-ce ?

– À côté de la chambre de papa-maman.

– Et c'est où ?

– Je marche dans l'entrée. Je vais plus loin que leur porte. Et c'est ma porte. Si tu vas à la salle de bains, c'est trop loin. »

Il visualise sa porte en se représentant lui-même en train d'y aller. L'activité et l'espace sont étroitement liés – l'enfant a besoin de se déplacer pour apprendre ce qu'est l'espace ; il peut alors désigner les endroits et les relations dans l'espace qu'il a découverts grâce à son activité.

L'utilisation du langage pour explorer les idées façonne également le sens de l'espace de l'enfant. Dessus, dessous, en haut, en bas, dedans, dehors, et surtout « trop haut » sont des termes qu'il commence à comprendre.

« Le jouet est sous la table.

– Peux-tu le mettre sur la table ?

– Bien sûr.

– Quand tu fais cela, est-ce que le jouet change ?

– Maintenant je peux le voir.

– C'est un jouet différent ?

– Non, mais maintenant je peux jouer avec. »

Un enfant de trois ans utilise le langage pour prévoir comment il va se servir de son corps, où il va placer son corps dans l'espace pour arriver là où il a décidé d'aller. Observez cet enfant qui dit tout doucement : « Plus haut, plus haut, plus haut », en montant à un toboggan. Les pensées et les mots qui vont avec pour guider nos mouvements dans l'espace en direction de nos objectifs, tout cela nous paraît aller de soi. Ce n'est pas encore le cas pour un enfant de trois ans.

Les explorations actives de l'espace aident le jeune enfant à apprendre la permanence objectale, la causalité et la planification des mouvements de son corps. « Si je vais de l'autre côté du mur, je sais que tu seras toujours là, de ce côté. » « Si je ferme cette porte, je ne pourrai plus voir cette pièce. » « Si je veux ouvrir cette porte vers moi, il faut que je me pousse d'abord. » Tout ce qu'un enfant apprend par l'intermédiaire de ces investigations spatiales l'amènera à trouver son chemin et à découvrir sa place dans le monde.

Le développement moral

L'empathie. À quoi ressemble le monde aux yeux d'un garçon comme Billy ? Il fait la moitié de la taille des adultes qui l'entourent. Il doit lever la tête pour regarder les autres et faire des efforts pour les imiter. Il lui faut commencer à renoncer à ses propres impulsions pour correspondre à ce qu'on attend de lui. Il peut apprendre par imitation ou en faisant des expériences. Il a sorti ses antennes. Il doit aussi découvrir la signification de ses actions – un grand pas en avant.

Étant donné que Billy trouve mystérieux la plus grande partie de son univers, il doit ou bien se fermer à lui (l'ignorer) ou bien ne pas se laisser déstabiliser par son incompréhension. Il essaie d'expliquer ce qu'il peut à partir de références à lui-même, parce qu'il ne peut pas encore imaginer le monde à travers le regard de quelqu'un d'autre. Il connaît son propre point de vue – ce qu'il voit, entend, ressent, ce qu'il peut faire – et c'est ce sur quoi il doit s'appuyer. Ses questions incessantes : « Pourquoi, maman ? » « Qu'est-ce que c'est, papa ? » « Quand est-ce qu'on peut aller faire quelque chose ? », paraissent à ses parents une façon de meubler la conversation plus qu'une quête de réponses. Billy veut explorer et trouver des réponses tout seul. Les réponses de ses parents ne sont que partiellement satisfaisantes. Ses propres investigations sont bien plus amusantes.

Le grand toboggan, objet de son intérêt du moment, est «trop haut». Tous les toboggans retiennent l'attention de Billy, mais celui-ci, celui qui se trouve juste là maintenant, a pour lui une signification supplémentaire. «Il est trop haut pour *moi.*» Il commence à utiliser son jugement pour mesurer son monde, pour décider ce qui est utile ou dangereux pour lui. Un enfant lance du sable et Billy se souvient d'un moment où un autre enfant lui a violemment jeté du sable, lui écorchant la peau. Il a eu mal et, depuis, il sait que c'est une chose à éviter. Il se souvient et compare : «Ce toboggan est différent. Cet enfant fait la même chose.»

Mme Stone a recommandé à Billy de n'aller que sur les balançoires équipées de barres de sécurité «pour ne pas tomber». Il a toujours tenu compte de son conseil sur «leur» terrain de jeu. Mais, un jour, ils se rendirent sur un autre terrain de jeu et Billy se précipita vers une balançoire – sans barre.

«Billy, seulement les balançoires avec des barres!»

Il prit un air surpris et triste.

«Ici aussi?»

Billy doit maintenant apprendre à «généraliser» d'un environnement à l'autre, d'une interdiction à l'autre. À trois ans, il y en a tellement. Mais Billy apprend qu'il peut mesurer chaque nouvelle expérience à l'aune des expériences antérieures et qu'il peut les juger sur leurs différences, sur leur danger, sur le plaisir qu'elles lui apportent.

Cette même mémoire des faits passés aide l'enfant à apprendre ce qui est bien et ce qui est mal. Il utilise les réactions antérieures de ses parents comme guide. Mais peut-il généraliser, appliquer une expérience à l'autre?

Billy arracha une pelle en plastique des mains d'un autre petit garçon sous les yeux de leurs mères respectives.

«Rends-lui sa pelle! dit Mme Stone.

– Elle est à moi.»

C'était prendre ses désirs pour la réalité. L'autre garçon se mit à pleurer.

«Pas du tout, dit Mme Stone. Je t'ai vu, tu la lui as prise des mains.

– Je l'ai prise parce que je la voulais. Elle est à moi.»

La sincérité désarmante de Billy montra à sa mère qu'il était incapable de tromperie. Fallait-il le punir et l'inciter à mentir à l'avenir? Ou lui laisser l'occasion de se repentir? Billy était trop excité par la pelle pour pouvoir prendre en considération les sentiments de l'autre garçon. Il ne le ferait qu'au moment où il commencerait à accorder plus d'importance à un ami qu'à une pelle.

En jouant avec ses pairs, l'enfant de trois ans prend peu à peu conscience de les vouloir en tant qu'« amis ». Ce sont les débuts de l'empathie. Il sait désormais qu'il a besoin d'amis. Il commence tout juste à vouloir faire plaisir aux autres enfants pour pouvoir rester à côté d'eux. Il sait que ses pairs ont des sentiments et qu'il doit respecter ces sentiments s'il veut gagner leur amitié.

Billy jouait dans le sable près de nouveaux amis. Ensemble, ils construisaient un château; Billy voulait le décorer avec un petit moule rouge et jaune qui appartenait à une petite fille. Il l'observa tandis qu'elle remplissait et vidait son moule. Il attendit qu'elle soit distraite. Avec précaution, il se glissa vers elle et lui vola son moule. L'air coupable, il cacha l'objet sous sa chemise et revint sans faire de bruit à sa place. L'enfant dupée se retourna pour reprendre son jouet et se remettre à creuser. Quand elle se rendit compte que le moule avait disparu, elle éclata en sanglots : « Où il est passé? Où est mon moule? » Elle regarda autour d'elle dans tout le bac à sable; Billy cacha à nouveau le moule sous sa chemise, puis, constatant le désespoir de la fillette, il le reprit et le lui tendit. « Le voilà. Je l'ai trouvé. » La petite lui jeta un regard de gratitude. Il lui sourit. Il se tourna vers sa mère qui avait tout vu : « C'est à elle, maman – pas à moi. » Mme Stone se détendit; elle constata qu'une conscience morale émergeait en Billy.

Billy avait l'air de savoir ce qu'il avait accompli. Il avait maîtrisé une forte impulsion. Ce pas vers un développement moral peut sembler modeste à un observateur extérieur. Mais pour un parent, c'est un progrès majeur. L'entourage de Billy va bientôt pouvoir compter sur lui. Il commence à comprendre que son univers implique les besoins et les sentiments des autres et pas seulement les siens. Il se rend compte qu'il a le pouvoir d'affecter les autres.

Cela dit, Billy continue à penser à son monde avant tout en fonction de lui. Il évalue les gens et les choses à partir de leurs rapports avec lui. Quand ils lui font des avances pour jouer avec lui, il les aime. Il est le centre de son monde et il comprend ce monde à travers sa propre expérience. Il n'est pas vraiment capable de connaître le monde au-delà de son expérience immédiate, au-delà de ce que saisissent ses sens. Mais ce monde inconnu l'emplit d'enthousiasme et il a grande hâte de le découvrir.

L'agressivité : bagarres et morsures. Une nouvelle poussée de sentiments agressifs apparaît au cours de la troisième année. Contrairement aux colères de la deuxième année, cette agressivité est dirigée davantage vers les autres. Elle contrarie généralement tout le monde – les parents comme l'enfant. Elle a un prix : l'angoisse que ces comportements font naître en l'enfant lui-même. Frayeurs et cauchemars, toutefois moins élaborés que dans l'année à venir, sont l'expression de cette angoisse. L'agressivité et les frayeurs qui en découlent sont le point fort de la troisième année. Comment un parent peut-il aider son enfant à affronter son agressivité avec moins d'appréhension, en le préparant à la tâche ultérieure de la maîtriser ?

Minnie écarta une petite fille pour aller vers la table du goûter à l'école. Elle la bouscula violemment. La fillette tomba et se cogna la tête contre un cube. Un bleu apparut rapidement. Mme Thompson avait vu toute la scène. Elle s'affola et courut réconforter la victime en lui appliquant un linge humide sur le front. La fillette hurlait : « Méchante ! » Ce qui rappela à Mme Thompson que Minnie était la responsable. Elle confia l'enfant blessée à une aide et alla prendre Minnie dans ses bras. Cette dernière se raidit en se détournant. Mais Mme Thompson lui parla et Minnie se mit à l'écouter :

« Minnie, je sais que tu es désolée, et peut-être que la petite fille que tu as poussée le sait aussi. Mais il faut que tu ailles le lui dire. Et seulement quand tu en seras bien sûre. »

Minnie leva un regard inquiet sur Mme Thompson et laissa échapper :

« Je suis désolée. »

Et c'était vrai. En réconfortant l'agresseur, Mme Thompson lui avait donné une chance de se sentir désolée en toute sécurité – au lieu d'être bouleversée pour avoir perdu son contrôle. Quand un enfant est bouleversé, il lui faut se défendre – en se comportant de façon irresponsable vis-à-vis de l'autre enfant ou vis-à-vis de lui-même. L'approche de Mme Thompson avait permis à Minnie d'affronter sa frayeur pour s'être mise hors d'elle et de se sentir désolée des conséquences de son acte. Elle parvint à s'excuser et constata que ses excuses lui faisaient du bien.

Au moment où elle bousculait la petite fille assez fort pour la faire tomber, il était évident, à voir ses yeux et son visage, que Minnie avait conscience de ce qu'elle faisait. Était-elle désolée? Bien sûr qu'elle l'était. Mais il lui fallait du temps pour l'admettre. Sa peur de perdre son contrôle la poussait à une activité encore plus acharnée. Elle avait autant besoin de réconfort que l'enfant qu'elle avait attaquée. Réconfort qui ne signifiait pas acceptation de ce qu'elle avait fait. Le but était plutôt de la rassurer, de lui montrer qu'elle n'était plus hors de contrôle, de lui redonner de l'espoir. Il fallait prendre grand soin de la réconforter – non pas pour qu'elle répète son forfait, mais pour lui faire comprendre qu'elle allait apprendre à se contrôler.

Un enfant qui est laissé seul dans ces moments court le risque de croire qu'il est vraiment méchant et d'agir en conséquence. L'adulte doit se demander : l'enfant est-il prêt à assumer ses réactions de culpabilité? Ou va-t-il se détourner de cette expérience pour se protéger? L'enfant doit être conscient de ses actions et de leurs conséquences, mais s'il est bouleversé, il n'apprendra rien. Bien au contraire, il sera forcé de se défendre contre le sentiment douloureux d'être coupable et effrayé, ce qu'il fera en choisissant de croire qu'il est vraiment «pas gentil». C'est alors que la «mauvaise conduite» s'installe, que les méfaits s'accumulent et que l'enfant en vient à penser qu'il est toujours «méchant». L'objectif est de l'aider à reconnaître qu'il se sent coupable et qu'il est capable de s'arrêter. Dans l'intervalle, il aura besoin du concours des adultes pour espérer réussir.

Les morsures et les coups représentent parfois un comportement persistant. Pendant la première année, tous les enfants passent par une période où ils mordent les personnes qui s'occupent d'eux. L'année suivante, ils mordent un ami. Les deux mères sont horrifiées. L'enfant mordu hurle. Tout le monde se précipite. L'enfant coupable est surpris, bouleversé, peut-être même un peu fasciné de constater l'excitation générale. Il y a peu de chance qu'il apprenne à se contrôler dans cette situation. Les réactions violentes des parents ne peuvent qu'aggraver son comportement.

Tout comportement impulsif, comme les morsures et les coups, est effrayant pour l'enfant. Il ne sait pas comment s'arrêter. Il le répète encore et encore comme s'il cherchait à découvrir pourquoi il entraîne des réactions aussi violentes. Morsures, griffures et coups commencent tous comme des comportements d'exploration normaux. Lorsque les adultes réagissent avec exagération ou n'accordent pas d'importance à ces comportements, l'enfant va les reproduire comme pour dire : « Je ne me contrôle plus. Aidez-moi ! »

Voici une bonne stratégie : proposer à l'enfant une technique à laquelle recourir quand il a une envie urgente de mordre : « Tu pourrais prendre ton doudou, quand tu es furieux ? » La mère d'un habitué de la morsure déjà grand (trois ans) lui avait attaché autour du cou un os pour chien en caoutchouc. Quand il ressentait le besoin de mordre, il s'attaquait à son os.

Dans le bac à sable, Billy venait de frapper une petite fille qui portait encore des couches. Mme Stone entendit son gémissement.

« Tu l'as frappée ?

– Bien sûr. Elle m'avait énervé.

– Pourquoi la frapper ? Tu lui as fait mal.

– Oui, c'est exprès. »

La mère de Billy fut sidérée par la sincérité naïve de son fils. Devait-elle le punir ? Est-ce que la punition allait l'inciter à mentir à l'avenir ? Il avait besoin de l'autorité de sa mère, mais le bouleverser tout de suite risquait d'étouffer tout sentiment de responsabilité : « Maman est méchante. C'est sa faute si j'ai tapé cette fille. » Devait-elle laisser Billy trouver seul le chemin du remords ? Car c'est la source de la moralité future – mais elle n'émergera pas avant une année environ. Pour le moment, les limites étaient nécessaires. Billy avait montré qu'il en avait besoin.

Des réactions trop vives ont peu de chances d'être d'une quelconque utilité. Les limites doivent être fermes et constantes. Après un épisode tel que celui-là, la réaction de l'adulte devrait être claire et efficace pour arrêter l'enfant. Un « arrêt de jeu », un câlin sont une solution. L'expression du visage et le ton de la voix doivent être dépourvus de toute ambiguïté car c'est la source d'information à partir de laquelle l'enfant va apprendre. Aider l'enfant à trouver les mots pour exprimer les sentiments qu'il a traduits en acte peut l'aider pour la prochaine fois. Mais l'abandonner à un tel moment ne l'aide en rien. Au contraire, il faut le prendre et le réconforter. Lui rappeler combien c'est effrayant de perdre tout contrôle. « Je suis désolée et tu es désolé. » Dites-lui que vous allez lui fixer des limites tant qu'il n'arrivera pas à le faire lui-même. Pour le rassurer, dites-lui qu'il apprendra à se dominer. Donnez-lui l'exemple de quelqu'un qu'il aime. Utilisez votre propre exemple. Quand il vous voit, vous, son parent, sur le point de perdre votre contrôle, expliquez-lui ce que vous faites. Les enfants apprennent la maîtrise de soi avant tout en imitant le comportement de leurs parents.

Le débat actuel qui oppose autorité et permissivité est à côté de la question. Un enfant a besoin de limites et d'affection ; il lui faut les deux ensemble pour pouvoir s'épanouir. À trois ans, il se peut qu'un enfant ne soit ni prêt à comprendre les limites, ni à s'en souvenir, ni à savoir quand les anticiper. Il a généralement besoin qu'on les lui rappelle de temps en temps. Petit à petit, avec de la patience et beaucoup de répétitions, les parents l'aideront à les assimiler et à les retenir.

La discipline. Discipliner signifie enseigner. Cela n'est pas la même chose que punir, et on ne devrait pas confondre les deux. La discipline est tournée vers un objectif d'importance – l'autodiscipline. Arrêter un enfant est essentiel, mais ce n'est pas suffisant : le but est d'enseigner à l'enfant à s'arrêter tout seul. Fixer des limites à son comportement, apprendre à contrôler ses désirs et ses impulsions est le travail d'une vie. Un enfant qui reconnaît ses propres limites et parvient à agir conformément à elles est déjà un enfant en sécurité. Celui qui n'arrive pas à s'arrêter a tendance à être angoissé, exigeant, avide d'entendre quelqu'un lui dire : « Arrête ! Ça suffit ! »

Au cours de la troisième année, l'acquisition de la discipline se fera efficacement si les parents, avec calme et persistance, brisent le cycle de perte de contrôle de l'enfant. On peut y parvenir en prenant l'enfant dans les bras, en l'éloignant des situations trop excitantes, en le berçant, mais également en l'ignorant ou en l'isolant un court moment jusqu'à ce qu'il se soit calmé. Alors, il faut le prendre pour le rassurer : « Je suis désolé, je dois t'obliger à t'arrêter – tant que tu es incapable de t'arrêter tout seul. Chaque fois que tu referas cela, je t'en empêcherai.» Il est difficile pour les parents d'adopter cette approche calme avec constance, mais c'est un objectif important. La réussite de leur éducation sera leur récompense. Un enfant qui a été discipliné de façon positive ressentira de la gratitude envers ses parents, comme s'il voulait leur dire : «Je suis content que quelqu'un soit capable de m'arrêter!»

Frapper un enfant, même si c'est dans un accès de colère, n'est pas respectueux à son égard; cela revient à lui montrer que le parent, lui aussi, a perdu le contrôle de soi. Ce comportement force l'enfant à réprimer sa propre colère parce qu'il a peur – toute maîtrise a disparu. On lui dit, en fait : «Je suis plus grand que toi et je peux te contrôler (pour l'instant).» Les châtiments corporels font passer un message : la violence est une façon de régler les problèmes. Dans une société en proie à la violence comme la nôtre, il n'est plus admissible de transmettre ce message à nos enfants.

Certains parents actuels ont été élevés dans des familles excessivement permissives où l'on essayait de ne pas discipliner les enfants. Les adultes pensaient qu'ainsi les enfants deviendraient responsables et parviendraient à se maîtriser. Mais c'est impossible pour un enfant de trois ans. À la fin du jour, il est normal que, dans une telle famille, un enfant de cet âge ait envie de grimper aux murs. Dîner revient alors à partager un repas avec un enfant sauvage, déchaîné. Un enfant auquel on n'a pas fixé de limites va se précipiter dans tous les sens, jeter sa nourriture, jusqu'à épuisement. J'ai vu, dans une situation semblable, un enfant finir par se coucher au milieu de la pièce, le pouce à la bouche, les yeux fixes. Toute tentative pour le réconforter ne provoquait que des hurlements : «Non! Non! Non!» Cela peut devenir un véritable cauchemar.

Bien avant que ne se produisent de telles crises, un parent qui est maître de lui dira : «Non! Tu exagères! C'est l'heure d'aller au lit et tout ce que tu fais nous montre à quel point tu as besoin d'aller te coucher pour te calmer.» Un enfant «gâté» est désespéré – désespérément à la recherche de compréhension et de structure. Un tel enfant sait qu'il est incapable de se maîtriser. Son angoisse monte quand il ne parvient pas à obtenir de contrôle de la part de son entourage. L'aspect le plus grave de cette éducation inefficace est que l'enfant n'a jamais aucune chance d'apprendre à contrôler ses propres frustrations. L'enseignement du contrôle de soi et des façons de supporter la frustration représente pour un enfant un cadeau inestimable.

Certains parents pensent qu'ils doivent réagir contre leur propre éducation. Ils ont peut-être grandi dans des familles ambitieuses et rigides. On leur en demandait trop, donc ils en demandent trop peu à leurs enfants. Aucun des deux extrêmes n'est efficace. Quand un parent dit : «Non!», l'enfant a souvent besoin de découvrir si c'est vraiment sérieux. Une réaction faible ou incohérente est une invitation à essayer encore. Une punition exagérée va bloquer l'enfant dans la souffrance et le ressentiment : il n'éprouvera aucun intérêt pour la leçon qu'il devrait apprendre ni aucune motivation pour mieux faire la fois suivante. On peut dire que les parents marchent sur la corde raide.

Au supermarché, Minnie donnait toujours du fil à retordre à sa mère. Alors que toutes deux se déplaçaient entre les différents rayons, Minnie essayait sans cesse d'attraper quelque chose. Jusque-là, Mme Lee ne s'était pas rendu compte que c'était plus facile quand elle était plus petite et qu'elle acceptait de rester dans le caddie. À présent, Minnie prenait des objets dans les rayons, ignorant sa mère qui la priait désespérément de ne pas les toucher. Elle fit tomber une boîte de riz qui s'écrasa sur le sol avec grand bruit. Mme Lee tenta d'arrêter sa fille; celle-ci fila de l'autre côté du rayon. Le responsable du magasin la ramena en jetant un regard désapprobateur à Mme Lee. À la fin de ses courses, Mme Lee était exténuée, épuisée par la colère qu'elle ressentait. À la caisse, quand Minnie recommença provocations et tentatives de fuite, Mme Lee s'en remit aux friandises : «Minnie, si tu restes à côté de moi jusqu'à ce que j'aie fini, je t'achèterai des bonbons.» Minnie leva les yeux vers les bonbons, en prit un paquet et s'enfuit. Mme Lee était à bout.

Mme Lee savait que son autorité était chancelante. Ni Minnie ni elle-même ne la prenaient au sérieux. Pourquoi cela? Hésitait-elle de peur de passer sa colère sur Minnie, pas seulement à cause de ce qui venait d'arriver, mais pour toutes les fois où sa fille lui avait donné le sentiment d'être dépassée et incapable? D'autres considérations gênent Mme Lee dans sa quête de discipline. Il y a un malaise dans sa relation avec Minnie.

Plus tard, le même jour, Minnie jouait à la balle avec son père. Comme ils se trouvaient à l'intérieur de la maison, ils se servaient d'une balle légère, faite de coton rempli de mousse. Dans son enthousiasme, Minnie lança la balle trop haut. Celle-ci passa au-dessus de la tête de son père pour atterrir dans le salon – pièce interdite. La balle heurta la porcelaine préférée de sa mère. La figurine tomba, se brisa en mille morceaux. M. Lee fut frappé de stupeur. Minnie parut ébranlée. Elle courut se cacher en hurlant : « C'est la faute de papa. C'est lui qui l'a cassée. C'est pas moi. » M. Lee était abasourdi. Il savait qu'il était aussi coupable que Minnie, mais pourquoi ne pouvait-elle pas affronter sa responsabilité dans ce désastre ? Quand Mme Lee se précipita dans la pièce pour voir son joli bibelot en pièces, elle s'effondra en larmes sur une chaise. M. Lee se sentit obligé de sévir. Minnie s'était cachée dans la buanderie, et quand il la trouva, M. Lee était vraiment en colère. Il l'extirpa de derrière le lave-linge et se mit à la fesser.

Alors des souvenirs de son enfance remontèrent en lui. Il avait détesté les fessées que lui donnaient ses parents. Il s'était juré qu'il ne frapperait jamais ses enfants. Minnie tressaillait comme si elle sentait la colère de son père, comme si elle comprenait qu'il avait presque perdu son contrôle. M. Lee s'adoucit et la prit dans ses bras.

« Je suis désolé, Minnie. Nous avons fait ça tous les deux – et j'ai failli te rendre seule responsable. Ce n'est pas juste, n'est-ce pas ? »

Mme Lee se sentait blessée.

« Minnie et toi, vous passez votre temps à faire des bêtises. Je ne peux vous faire confiance ni à l'un ni à l'autre. D'abord tu me laisses prendre Minnie pour faire les courses, alors que tu sais combien c'est difficile pour moi comme pour elle. Et puis, tu ne peux même pas la punir quand elle en a besoin. Et c'est sur moi que ça retombe ! »

Bien qu'il ait été aussi coupable que Minnie cette fois-ci, il savait que sa femme avait raison. Il ne pouvait se résoudre à être autoritaire. Sa propre enfance revenait toujours à la surface et il se dérobait.

Les parents tirent d'importantes ressources, entre autres, des expériences de leur propre enfance. Cela dit, il est extrêmement douloureux d'être dirigé, sans le vouloir, par le passé. Il est bien difficile d'enseigner la discipline quand leurs propres « fantômes de la nursery» donnent aux parents le sentiment d'être eux-mêmes des petits enfants qui désirent se dégager de la responsabilité d'éduquer ou qui ont peur d'être incapables de se retenir de frapper.

La discipline est sans doute la tâche la plus difficile pour beaucoup de parents. C'est trop évocateur de leur propre éducation. Par exemple, des parents qui ont été maltraités dans leur enfance risquent d'avoir des difficultés dans leurs tentatives pour renoncer à des châtiments abusifs. Ils peuvent n'avoir jamais appris d'alternatives à la violence de leurs parents.

Déclarer des «temps morts», isoler l'enfant, le maintenir dans les bras ou l'envoyer dans sa chambre, voilà autant de réactions immédiates et efficaces à des comportements hors de contrôle – venant de l'enfant ou de ses parents. Mais ces réponses doivent être rapidement suivies par une explication de l'adulte, destinée à rassurer l'enfant, à lui affirmer qu'il est capable de reprendre son contrôle et de regarder en face ce qu'il a fait. Après cela, le parent peut offrir à l'enfant une chance de s'excuser, de réparer le dommage et de se sentir pardonné. Je ne crois pas que les fessées soient une bonne solution. Les enfants n'apprennent pas grand-chose d'une fessée, sinon la douleur et la colère.

Les colères. Billy désirait plus que tout ressembler à son beau-père. Un jour, il se mit à l'ordinateur de M. Stone pour y chercher son jeu favori. Il avait observé son beau-père mettre en marche le jeu le soir précédent et se sentait capable de l'imiter. Sans succès. Il essaya différentes touches, pensant faire comme son beau-père. Quand sa mère finit par arriver, Billy était dans tous ses états. Non seulement il était furieux, mais il s'attaquait à l'ordinateur. Sa mère fut sidérée. Qu'avait-il fait aux précieux fichiers de son beau-père? «Je voulais faire comme papa!» Elle appela M. Stone qui se hâta de rentrer à la maison pour constater l'étendue des dégâts. Il parvint heureusement à récupérer ses fichiers. Mais quel sort réserver à Billy?

M. Stone savait qu'il lui fallait tenir compte du désir que Billy avait de l'imiter en manipulant l'ordinateur. Mais, bien sûr, Billy avait besoin de discipline, il devait comprendre ce qu'il avait fait. M. Stone se rendait compte qu'il lui faudrait mettre son ordinateur sous clef et ne le sortir pour Billy qu'en sa présence. En cet instant, Billy était en proie à une véritable colère. Effrayé de ce qu'il avait fait, prévoyant la fureur de son beau-père, il se jeta par terre pour taper des pieds et des mains.

M. Stone resta assis. Quand Billy eut fini de hurler, il leva les yeux pour s'assurer que son beau-père était toujours là. M. Stone déclara tranquillement : «Billy il faut que je t'arrête. Tu sais que ce n'est pas un jouet pour toi. C'est mon ordinateur, il a de la valeur. Je veux être sûr que tu n'y toucheras jamais en mon absence.» Pendant quelques instants Billy se mit à rire, visiblement soulagé. «Qu'est-ce qui te fait rire? Est-ce que tu ne vois pas que c'est sérieux?» Alors Billy s'effondra, en sanglotant. Il savait que c'était sérieux et il avait du mal à le reconnaître. Il se roula en boule par terre, accablé. M. Stone demeura immobile. Après ce qui parut un très long moment, il prit Billy dans ses bras. «Je sais que tu as essayé de refaire ce que nous avons fait hier soir, mais c'est beaucoup trop compliqué. Tu ne peux pas encore faire tout ce que je fais, même si tu en as envie. Un jour tu pourras – mais pour l'instant cela ne te donne rien. Comment est-ce que je peux être sûr que tu ne vas plus jamais abîmer mon ordinateur?» M. Stone n'avait pas de souci à se faire. Son approche calme était beaucoup plus efficace que si elle avait été violente. Billy n'oublia jamais cette leçon.

Plus tard, son beau-père utilisa l'ordinateur pour aider Billy à se comprendre lui-même. Il lui montra comment mettre en marche un jeu, puis s'éloigna pour observer. Billy essaya de répéter le processus, échoua et s'énerva :

«Montre-moi encore, papa.» Encore deux fois et Billy réussit. Il découvrit qu'il était important de dominer sa frustration pour parvenir à maîtriser une tâche. Pour son beau-père, c'était amusant et rassurant de voir comment le petit garçon se remettait au travail. C'était aussi pour lui l'occasion d'aider Billy à supporter sa frustration et de lui apprendre à se calmer. M. Stone conserva son calme pendant tout l'épisode, un précieux atout pour tous deux. S'il avait ajouté sa propre frustration à celle de son fils, la tension aurait été bien plus grande. Elle aurait interféré avec les chances de réussite de l'enfant; il n'y aurait pas eu la magie apportée par ce sentiment : «Je l'ai fait tout seul.»

Les parents qui, comme M. Stone, sont absents toute la journée et qui ont tendance au surmenage, peuvent trouver qu'il est difficile de laisser un enfant apprendre tout seul. C'est parfois pénible pour eux de supporter la frustration de l'enfant. Lui montrer et le laisser voir s'il peut se débrouiller tout seul leur est plus difficile que de venir faire la chose pour l'enfant. Après avoir été absent toute la journée, le père peut préférer être «gentil» et régler les problèmes sans attendre.

Un samedi, Billy alla à l'épicerie avec son beau-père. Pendant un long moment, il prit des boîtes en suivant les indications. Finalement, il se lassa et se mit à faire ses propres choix. M. Stone fut contrarié. «Billy, il va falloir que je paie tout ça ou bien que je remette tes achats sur les étagères.» Étant donné que Billy avait pris des boîtes de céréales et une cannette de soda que M. Stone n'aurait jamais choisies, celui-ci n'avait pas de mal à les remarquer.

Arrivé à la caisse, Billy commença à geindre.

«Je veux des bonbons.

– Billy, tu sais bien que je ne veux pas te donner de bonbons.»

Le petit garçon, en colère, se jeta à terre.

«J'en veux! J'en veux!»

M. Stone ne savait que faire. Tout le monde le regardait comme pour dire : «Vous n'êtes pas capable de tenir cet enfant?» Il avait envie de le frapper, de l'étouffer. Billy sentit la colère de son beau-père. Ce qui le rendit encore plus furieux.

«Papa, papa, je veux des bonbons! Tout de suite!»

Que pouvait faire M. Stone?

Il pouvait s'éloigner de Billy, ce qui aurait certainement arrêté sa colère. Mais il se trouvait au milieu de la queue pour la caisse, il était pressé et Billy le savait. Un autre parent lui témoigna de la compassion : «Pourquoi faut-il qu'ils vendent les bonbons juste à la caisse?» La colère de M. Stone diminua et Billy se calma lui aussi. La crise était passée. Mais au moment où ils s'éloignaient, M. Stone entendit la caissière murmurer : «Quel horrible enfant gâté!»

Une fois tout terminé, Billy était gêné. Il eut un petit rire nerveux : «Je suis bête, papa.» Il se mit à faire des cabrioles sur le parking, dansant et chantant d'une façon embarrassée : «Ah, ah, ah!»

M. Stone sentit que Billy perdait à nouveau son contrôle et que c'était aussi son cas. Il prit Billy par le bras et le souleva brusquement. L'expression effrayée du petit garçon l'arrêta net. Il le serra dans ses bras.

«C'est bien difficile d'aller faire les courses, n'est-ce pas?»

Billy se détendit et dit :

«Je vais m'arrêter, papa. Pardon.»

Et il s'arrêta. Il prit la main de son beau-père, tout fier de ses nouvelles capacités de contrôle.

En montrant qu'il était sensible à sa frustration, M. Stone avait aidé Billy à comprendre ce qui lui arrivait. Il lui avait également procuré l'occasion de briser le cycle et de s'arrêter. Si M. Stone s'était énervé contre Billy, il aurait détourné celui-ci de sa propre responsabilité et le cycle se serait poursuivi. Les enfants de trois ans sont avides de limites fermes, fiables, tant qu'elles sont accompagnées d'un peu d'amour. Le besoin de discipline (inculquée) et de limites fermes se retrouve chez tous les enfants de cet âge. L'amour aide non seulement l'enfant à ne pas refuser les limites, mais aussi à se sentir à l'aise avec elles et à être prêt à les faire siennes.

Au cours de la troisième année, les parents confrontent leurs enfants aux attentes et aux normes extérieures. M. Stone savait que Billy en avait assez. Il aurait toléré son comportement «hors de contrôle», et l'avait en fait toléré, jusqu'à ce qu'il ait vu le visage des autres clients. Il voulait protéger Billy de telles réactions, mais il voulait également se protéger lui-même. Billy a besoin de contrôler sa frustration et, à trois ans, par chance, il est prêt à cela. L'approche de M. Stone, tenir Billy pour le calmer, lui expliquer ce qu'il venait de vivre et lui donner l'exemple en se calmant lui-même, est une approche efficace. Elle a donné des résultats à la satisfaction générale.

Quand des parents savent laisser passer une crise de colère et se retenir de réagir immédiatement, pour ensuite s'occuper de l'enfant surexcité et l'aider à reprendre le contrôle de soi, l'enfant apprend à mieux se comporter par la suite. Après une brève période d'isolement ou un «temps mort», le parent peut prendre l'enfant calmé et lui dire : «Je suis désolé, mais tu ne peux pas faire cela. Chaque fois il faudra que je t'arrête – jusqu'à ce que tu sois capable de t'arrêter toi-même.» Si les parents évitent d'effrayer davantage l'enfant, en contenant leur propre colère et en l'aidant à se calmer, celui-ci aura de bien meilleures chances de regarder en face son rôle dans l'épisode. La colère des parents n'a comme conséquence que de le détourner de ce problème fondamental.

N'insistez pas trop sur la leçon à apprendre. Laissez de l'espace à l'enfant. L'objectif de la discipline est la maîtrise de soi. Cela prend des années – souvent toute la vie.

Quelques conseils pour la discipline. Les parents d'enfants de trois ans doivent s'attendre à davantage de frustration au fur et à mesure que leur enfant grandit et qu'il est confronté aux attentes croissantes de son environnement; voici quelques conseils pour aider l'enfant à se rendre compte des erreurs qu'il a faites tout en tenant compte de ses sentiments :

– La tâche première pour établir la discipline est de ne pas céder à la crise de l'enfant, puis de rassurer ce dernier : vous serez là pour l'arrêter tant qu'il ne pourra s'arrêter lui-même. Demandez-vous s'il semble avoir retiré quelque chose de cette expérience.

– Développez des techniques d'apaisement : prendre l'enfant dans les bras, le contenir, lui imposer un «temps mort», l'isoler, cela pour le réfréner et pour lui donner l'occasion de se reprendre. Fixer des limites de cette façon va lui sembler rassurant.

– Intervenez avant que l'enfant ne soit hors de lui. Savoir à quel moment intervenir ne s'apprend qu'au bout d'un certain temps. Dressez l'inventaire des causes de stress (transition, frustration, sur-stimulation) et du comportement non-verbal qui surviennent de façon récurrente avant les crises.

– La frustration est une force saine pour l'apprentissage tant que l'enfant a l'occasion de la maîtriser. Lorsqu'il y parvient enfin, il a davantage le sentiment «d'avoir réussi tout seul».

– Supporter la frustration représente un progrès majeur pour un enfant. Il est difficile pour les parents de regarder un enfant frustré; cela déclenche en eux aussi une frustration que l'enfant ressent et à laquelle il réagit. Il faut être prêt aux rechutes et à des progrès lents. Restez fixés sur le résultat final – l'autodiscipline.

Vous ne pourrez éviter les erreurs en matière de discipline. Avec pour conséquence éventuelle des colères, mais ce n'est pas la fin du monde. L'enfant et vous en tirerez tous deux des enseignements. Les parents sont souvent stupéfaits de constater l'indulgence de leurs enfants : les occasions de bien faire ne manquent pas !

Les relations au sein de la famille

Le nouveau bébé : la réaction des parents. À deux ans et demi, Billy fut emmené chez le docteur par sa mère pour sa visite de contrôle. Chaque fois qu'il se penchait en avant, Billy laissait échapper un petit grognement. Le médecin se demanda d'abord si Billy ne souffrait pas de constipation (non, son abdomen était souple), s'il avait mal à la hanche ou au dos. Rien de tout cela ne semblait expliquer les plaintes de l'enfant. Finalement, le médecin trouva une explication. Au milieu de l'examen, il demanda à Mme Stone :

«Êtes-vous enceinte?

– Non. Billy n'a que deux ans et je veux attendre qu'il ait quatre ou cinq ans avant d'avoir un autre bébé. Pourquoi me demandez-vous cela?

– Je me posais la question», répondit le docteur.

Lorsque Mme Stone découvrit quelques jours plus tard qu'elle était bel et bien enceinte, elle appela le pédiatre qui dit :

«Billy l'a su avant vous. Je parie que vous n'avez pas besoin de lui apprendre que vous attendez un bébé.»

Le petit garçon n'avait fait qu'imiter sa mère! Ils partageaient une si grande intimité que Billy savait qu'il y avait quelque chose de changé chez sa mère, même si ce n'était que le début. Il s'était mis à imiter son comportement et Mme Stone ne s'en était pas rendu compte.

«Quand devrions-nous le dire à notre enfant?» demandent les parents. Ma réponse est : «Ne le lui cachez jamais. Il l'apprendra par ce qui va changer dans votre comportement. Parlez-en aussi tôt que vous le désirez, mais n'insistez pas avant le terme. Sinon, l'attente sera longue.» Même un enfant de trois ans veut savoir : «Comment le bébé est arrivé là? Comment va-t-il faire pour sortir? Est-ce qu'il va sortir comme mon caca?» Il y a là une nouvelle raison d'importance pour retenir ses selles, pour faire «comme maman».

Plus tard pendant la grossesse de sa mère, quand Billy imitait sa démarche, l'estomac pointé en avant, les jambes largement écartées, les bras ballants, tout le monde riait. «Regardez Billy! Il imite sa mère. Mais Billy, les petits garçons n'ont pas de bébé!» Billy sentait de la réprobation dans les rires. Pourquoi ne pouvait-il avoir un bébé ? Et en fait, c'était quoi un bébé ? Tout le monde lui montrait des bébés en ce moment. Ils n'avaient rien d'intéressant. Ils se tortillaient, vagissaient, pleuraient et faisaient des saletés. Après avoir été forcé à observer le bébé d'une voisine, il se jeta par terre en poussant des cris aigus. « Billy, lève-toi ! Tu es un grand garçon. » Rien de ce qu'il faisait ne leur plaisait.

Une nouvelle grossesse chez la mère peut représenter un point fort – non seulement pour l'enfant, mais aussi pour les parents qui ont le sentiment « d'abandonner » le premier enfant et « de le pousser à grandir trop vite ».

Billy va se poser des questions. « D'où vient le bébé ? » « Comment est-ce qu'il est entré dans toi ? » « Est-ce que je pourrais en avoir un dans moi ? » « Comment on va le faire sortir ? »

Et il va avoir besoin de réponses. Répondez toujours aux questions. Ne laissez jamais passer l'occasion de garder ouverte la communication. Éviter ses questions au moment où il les pose ne peut que rendre les explications plus difficiles et malaisées plus tard. Les réponses peuvent être courtes, comme des sortes de sondages pour sentir si l'enfant est satisfait ou s'il est prêt pour plus d'explications. Billy ressent certainement l'excitation et la fierté de ses parents.

Avant que le bébé ne soit « là-dedans », les parents de Billy répondaient chaque fois qu'il insistait pour obtenir leur attention. Mais à présent, il sentait que sa mère était partie dans un autre monde. Il commença lui aussi à rêver et à se préoccuper de ce bébé. Personne n'en avait conscience, mais Billy se sentait un peu « poussé hors du nid ». Il appréciait encore plus qu'avant la moindre occasion d'être pris dans les bras et câliné.

Un jour, Mme Stone aperçut par hasard Billy assis sur sa chaise, en train de sucer son pouce. Ce spectacle lui serra le cœur. Elle le prit dans ses bras pour lui témoigner son amour, mais son gros ventre la fit hésiter au moment où elle se baissait vers lui. Le petit garçon sentit que quelque chose avait changé.

Être obligé d'entrer en contact avec le ventre de sa mère était le pire. Elle était grosse et tendue. Elle semblait mal à l'aise. Qu'allait-il se passer ? Le beau-père de Billy paraissait tellement inquiet à son sujet. « Elle ne veut plus me prendre dans les bras. Elle va éclater ? » Tout le monde disait qu'il était « un si grand garçon ». Mais il voulait simplement qu'on lui fasse un câlin. « Est-ce que Maman est malade? Elle va à l'hôpital. Est-ce que je peux y aller avec elle?» Il se demandait qui allait s'occuper de lui.

Pourquoi les parents ont-ils tant de mal à parler de la grossesse et du nouveau bébé? Je crois que tous les parents ressentent l'arrivée du deuxième enfant comme un abandon du premier. Les mères qui, à mon cabinet, annoncent : «Devinez! J'attends mon deuxième!» se mettent souvent à pleurer quand je leur demande si elles ont l'impression d'abandonner le premier. Les parents ont besoin de reconnaître ce sentiment avant d'affronter ouvertement les réactions obligatoirement mitigées du premier enfant vis-à-vis du nouveau bébé.

«Billy a encore besoin de moi.» Mme Stone serra Billy fort contre elle. Billy fut surpris, déconcerté. Il se dégagea brusquement. Mme Stone le regarda avec tristesse. «Je ferai en sorte qu'il demeure le centre de notre univers.» Il le sera – jusqu'à l'arrivée du nouveau bébé. Alors – en dépit de toutes les bonnes intentions – quand une mère se tourne vers son nouveau-né, elle s'éloigne imperceptiblement de son premier enfant. Même pendant la grossesse, une mère commence à prendre du recul pour se préparer.

Mme Stone peut aider Billy à se préparer en lui parlant et en insistant sur le fait qu'elle a besoin de lui. Mais il risque malgré tout de sentir une certaine distance; il va essayer de découvrir si elle lui appartient toujours. Il peut même la repousser. Une mère est vulnérable à ce moment, parce qu'elle se sent coupable d'abandonner l'aîné. L'enfant va vouloir la tester. Je conseillerais vivement à Mme Stone de passer plus de temps avec Billy. D'être avec lui au cours de cette période. «Toi et moi, on peut faire des choses ensemble.» Voilà une phrase qui contient un message : «Nous pouvons surmonter ensemble cette séparation.» En affrontant ces sentiments, les parents découvrent qu'un nouveau bébé dans la famille peut aussi représenter un cadeau pour l'aîné.

Une fois que les parents ont reconnu les sentiments «égoïstes» qu'ils éprouvent en désirant un deuxième enfant, ils sont mieux à même d'aider efficacement le premier enfant à admettre que la naissance est un événement important. Leurs efforts pour soutenir l'aîné devraient lui permettre d'éprouver à la fois du ressentiment et de l'amour vis-à-vis du nouveau bébé. L'objectif sera de l'aider à sentir que «c'est mon bébé», tout autant que le bébé de ses parents.

Vers la fin de la grossesse, il est capital de parler ensemble de ce qui va se passer. Le grand souci de l'aîné est la séparation. «Si maman va à l'hôpital, c'est qu'elle est malade? Est-ce qu'elle va rester là-bas? Est-ce qu'elle reviendra à la maison?» La question sous-jacente étant toujours : «Qui va rester avec moi?» C'est le moment de prêter attention à ces questions.

Un problème de propreté. Les Stone avaient attendu que Billy ait deux ans pour l'aider à apprendre la propreté. Ils croyaient lui avoir laissé l'initiative, avoir tout fait «correctement». Au début, Billy avait démontré qu'il était prêt grâce à trois importantes acquisitions cognitives : il savait dire «non» s'il ne voulait pas y aller; il était prêt à s'asseoir et à imiter les autres; et il avait même découvert le concept de «mettre les choses à leur place». Parfois, quand il avait fini de jouer, il lui arrivait de ramasser l'un de ses petits jouets et de le ranger dans sa chambre, dans le panier. Mme Stone était stupéfaite par son petit garçon de deux ans : il avait le sens de l'ordre et comprenait ce que les autres attendaient de lui. Elle se demandait : «Est-ce que je l'ai trop poussé? Il était si intelligent et si désireux de nous faire plaisir.» Mais elle savait sans doute intuitivement que ces signes montraient qu'il était prêt.

Elle avait suivi les étapes que ses lectures lui avaient indiquées :

1. Elle lui avait acheté un pot bien à lui et lui avait dit que c'était le sien. Billy avait été très fier. Il s'asseyait dessus. Il y mettait ses camions. Il asseyait son ours dessus. Il rassurait son ours en singeant sa mère : «Un jour tu feras comme nous, tu t'assiéras dessus.»

2. Mme Stone l'avait fait asseoir une fois par jour tout habillé sur son pot, tandis qu'elle s'asseyait sur le siège des toilettes. Il se penchait contre elle tandis qu'elle lui lisait quelques pages de : *Mr Bear Goes to the Potty* (*M. Ours va sur le pot*). Cependant, il se lassait rapidement et partait en courant. Mais, le jour suivant, il était prêt à recommencer.

3. Au bout d'une semaine, Billy avait paru prêt à s'asseoir sur son pot sans sa couche. Chaque jour sa mère lui disait : «Tu vois ce que papa et maman doivent faire pour aller aux toilettes faire pipi et caca.» Il semblait bien disposé. Un jour, une fois assis, il se mit à grogner. Rien ne se produisit.

4. La troisième semaine, elle avait emmené Billy avec sa couche sale jusqu'au pot, et y avait laissé tomber la couche. Il dit :

« Maman, ne salis pas mon pot !

– Mais Billy, c'est là qu'il faudra mettre ton caca un jour, répondit-elle. Un jour tu pourras même faire pipi dans le pot.

– Non ! Non ! C'est pour mon ours.

– C'est aussi pour toi. Tu vois, celui-ci est pour papa et pour moi. Celui-ci est pour toi. Ton ours peut s'en servir aussi. »

Billy :

« Et si son caca sent mauvais comme le mien ?

– Ça sent toujours mauvais. C'est pourquoi on utilise un pot. Un jour tu pourras y aller tout seul. »

Le visage de Billy s'éclaira.

« Comme ton nounours. Comme papa, et oncle John, et maman. Est-ce que tu aimerais te servir du nôtre ? »

Billy jeta les yeux sur le grand siège des toilettes. Il voulut monter dessus. Mais il regarda le trou plein d'eau avec une certaine horreur : « Je pourrais tomber dedans ! » Il essaya de tremper une de ses jambes dans l'eau. Sa mère se précipita pour l'en empêcher.

« Il faudrait t'asseoir dans l'autre sens. C'est trop grand pour toi. Ton pot a juste la bonne taille. Essaie-le. »

Il considéra les deux options. Il la regarda.

« D'accord. Je vais l'essayer. »

5. Deux semaines plus tard, Mme Stone avait tenté à nouveau d'asseoir Billy sur son pot sans ses vêtements. Elle avait placé le pot dans la salle de jeux, pour qu'il y pense. « Billy, je peux te rappeler d'essayer ? » Il acquiesça de la tête. La première fois, quand elle revint, il s'était assis pour uriner ; son urine éclaboussait le rebord et le sol tout autour, mais une petite quantité coula dans le pot.

« Nettoie, maman ! Nettoie ! »

Il paraissait hors de lui. Elle essuya le sol, mais laissa les quelques gouttes dans le pot, pour le montrer à son beau-père. Tous trois admirèrent la production de Billy. La fois suivante, son beau-père dit :

« Billy, tiens ton zizi vers le bas et ça coulera dans le pot. Ça fait un bruit génial quand ça coule à l'intérieur ! »

Billy baissa les yeux pour se concentrer et essaya de suivre la suggestion. Il tint son pénis, le dirigea vers le pot en plastique et fut enthousiasmé par le bruit qu'il réussit à faire. Chaque fois qu'il urinait, il le faisait avec joie et fierté. Quand il finit par produire une selle dans le pot, il y avait de quoi se féliciter. Mais il y jeta un regard et dit :

«Maman, maman, nettoie! Ça salit mon pot!»

Mme Stone alla vers les toilettes pour y vider le pot.

«Non, pas là! On va le perdre!»

Elle vit son angoisse. Elle se retint. Elle le réconforta. Elle lui demanda :

«Billy, c'est à toi. Qu'est-ce que tu veux que j'en fasse?

– Laisse-le là. Je vais le recouvrir.»

Il prit du papier-toilette et couvrit le pot.

«Ça sent mauvais.

– Tu as raison, Billy. Allons nous laver les mains.»

Elle eut la finesse de ne pas toucher au pot avant que Billy s'en désintéresse et reparte jouer. Il avait reporté son attention sur autre chose, elle vida donc le pot et actionna la chasse d'eau. Billy revint au bout de quelques minutes. Il récompensa sa mère de sa sensibilité en la regardant bien en face après avoir remarqué que le pot était vide. Elle se rendit compte combien il était inquiet d'avoir perdu une partie de lui-même, le produit de ses intestins. Au bout de quelques jours, il s'intéressa moins à l'évacuation de ses selles. Il se lavait les mains chaque fois. Il ne demandait pas où ses selles partaient, mais Mme Stone savait que la question le tracassait. Elle demanda à son mari s'il fallait le lui dire. M. Stone parut surpris et confus.

«Je pense que nous pouvons lui dire que c'est là où part ce que nous faisons tous. C'est là que tout part.

– Où?

– Eh bien! Je pense qu'on peut lui dire : aux égouts.

– Comment un enfant de deux ans peut-il comprendre cela?

– Je ne sais pas. Comment pouvons-nous le comprendre nous-mêmes? Essaie seulement de ne pas être trop hésitante. Il est inquiet. Nous pouvons le rassurer en lui disant que c'est une inquiétude qui nous touche tous.»

6. Comme il approchait de ses trois ans, l'apprentissage de la propreté semblait acquis pendant la journée. Il parlait de sa réussite à l'école. Il demandait à ses amis : «Tu es propre?» Tous répondaient : «Oui», bien que la moitié seulement le fussent.

L'apprentissage de la propreté de jour avait été si facile pour

Billy, que ce fut une surprise pour Mme Stone quand, vers la fin de sa grossesse, il arrêta d'utiliser les toilettes. Tout avait paru si aisé et gratifiant quand il avait deux ans. Pourquoi régressait-il maintenant qu'il avait trois ans ? Est-ce que cela pouvait venir du bébé ? Ou de ses débuts à la maternelle ? Avait-il été victime d'un traumatisme ? Toutes ces questions trottaient dans la tête de ses parents. Billy était aussi contrarié qu'eux. « Maman, maman, je suis mouillé. » Les accidents arrivèrent plusieurs fois, mais le plus inquiétant était qu'il se retenait d'aller à la selle.

Quelques jours passèrent avant que Mme Stone ne se rendît compte qu'ils étaient tous dans une situation difficile. Les selles étaient retenues en otage. Elle appela le médecin :

« Que dois-je faire ?

– Donnez-lui du jus de pruneau deux fois par jour et un laxatif si cela continue. »

Après quelques doses de jus de pruneau, Billy produisit une selle dure qui lui fit mal. Il était assis sur son pot, rouge de ses efforts. Il gémissait. À un moment, il sauta sur ses jambes et courut en rond dans la pièce : « Pas caca ! Pas caca ! » Il avait l'air à la torture. Il se coucha par terre, ramena ses jambes ensemble et les replia. À la façon dont il tendait tout son corps, sa mère pouvait voir qu'il se retenait. Elle essaya à nouveau de soulager son angoisse : « Assieds-toi sur ton pot. Cela va t'aider. »

Billy était vraiment inquiet à propos de sa mère et du futur bébé. Et il était furieux. Avant même que ses parents aient parlé avec lui de la grossesse de Mme Stone, Billy avait commencé à se retenir, et cela quand il avait eu le sentiment que sa mère s'éloignait de lui. Il n'était pas vraiment conscient de retenir ses selles, mais c'est ce qu'il faisait et son ventre enfla. Il avait l'impression que sa mère se retirait imperceptiblement en elle-même, dans sa grossesse. Se rendre pareil à elle représentait sa façon à lui de s'accrocher à elle.

À la maison, l'inquiétude se dirigeait à présent sur Billy et ses intestins, et non plus sur la grossesse de sa mère. « Tu ne pourrais pas faire, juste pour maman ? Tu sais que tu n'es pas bien. » Personne ne paraissait comprendre ce qui l'inquiétait à propos de ses selles et pourquoi il devait les retenir. C'était un point fort – Billy essayait de gérer l'excitation et l'angoisse de la grossesse maternelle. Son besoin de régresser dans un domaine qu'il venait de maîtriser était prévisible. Au moment où les parents de Billy se demandaient comment ils allaient se débrouiller avec un nouveau bébé, Billy les poussait à se rendre compte combien il avait encore besoin d'eux. Les tensions chez ses parents et leur colère devant sa régression renforçaient son angoisse. Billy réclamait leur compréhension et leur aide.

Très inquiète, Mme Stone rappela le médecin :

« Est-ce qu'il risque d'absorber des toxines ? Devrais-je lui donner un lavement ?

– Non, je ne pense pas. Au moment de l'apprentissage de la propreté, beaucoup de garçons se mettent à se retenir. C'est presque comme s'ils disaient : "Je veux un contrôle complet." Le seul danger c'est qu'ils se retiennent au point d'avoir des selles dures qui les feront souffrir. Alors, on a un double problème. Le sphincter douloureux sent venir une selle. Il se contracte. S'il recommence à souffrir, Billy peut se retenir encore plus longtemps – par appréhension.

– Que devrais-je faire ?

– Tout d'abord, faites-lui vos excuses. Dites-lui que c'est lui qui décide. Dites-lui que vous êtes désolée de vous en être mêlée. Vous savez que l'apprentissage de la propreté est son problème.

– Mais je ne l'ai pas forcé. Je lui ai seulement rappelé toutes les deux heures environ d'aller essayer. Je ne l'ai jamais puni. Il a toujours fait comme il le voulait.

– Beaucoup d'enfants qui admettent l'idée de mettre leur urine et leurs selles là où tout le monde les met et qui apprennent à le faire progressivement, d'une façon détendue, comme avec vous, ont quand même besoin de prouver qu'ils contrôlent le processus. Ils le font en se retenant. Ils ne peuvent le prouver à leurs propres yeux (ni aux autres) d'aucune autre manière. C'est le moment de lui dire : "C'est toi qui décides. Je ne m'en mêle pas. Si tu veux porter une couche pour la sieste ou la nuit, tu peux t'en servir pour ton caca. Tu fais quand tu veux." »

Mme Stone savait cela depuis longtemps. Mais à cause de sa grossesse et de la réaction de Billy, elle avait du mal à appliquer ce qu'elle savait.

Elle voulait se défendre. « Mais je ne suis pas intervenue. J'ai été détendue ! Comment peut-il s'imaginer que je le pousse ? » Mme Stone et les parents qui lui ressemblent ont du mal à croire qu'un enfant soit sensible à cet apprentissage au point de prendre pour une intrusion le moindre propos de ses parents. Il est si désireux que ce succès lui revienne à *lui*, et non à qui que ce soit d'autre.

Le médecin sentait que Mme Stone était sur la défensive à propos de ce problème :

« Un autre conseil. En ce moment, ne tirez pas la chasse d'eau sur ses selles avant qu'il ne s'en soit complètement désintéressé. Il risque de sentir qu'il perd une partie de son corps.

– Mais il a l'air ravi de tirer la chasse d'eau, et même de les voir partir, répondit-elle. Il m'a même dit hier, au moment où l'eau du bain s'écoulait : "Tu vois, maman ? Tu vois comme l'eau s'en va ? Si mon caca était dedans, il partirait aussi."

– Peut-être qu'il a l'air d'adorer ça, avança le médecin, mais beaucoup d'enfants ont des sentiments conflictuels à ce propos. Après tout, rappelez-vous que les enfants considèrent leur production comme une partie de leur corps et que de la voir partir représente pour eux une perte irrémédiable.

– Dois-je lui dire à quel moment il faut qu'il y aille ? Est-ce qu'il n'essaiera pas tout seul ?

– Absolument pas. Restez complètement en dehors. Laissez-le libre et dites-lui que vous le laissez faire comme il veut. Je suis sûr que le problème disparaîtra quand il se sentira prêt à reprendre le contrôle. »

Et c'est ce qui arriva. Une semaine plus tard Billy utilisait fièrement sa couche pour ses selles. Il était fier d'en faire de si grosses. Et de fait, il ne voulait pas les jeter immédiatement. La semaine suivante, quand il ne souffrit plus en allant à la selle, tout revint dans l'ordre. Il ne fallut pas plus d'un mois pour qu'il retournât sur son pot. Il était vraiment fier. (Voir : « Propreté : les problèmes après trois ans », dans la deuxième partie.)

Le nouveau bébé : l'aîné s'adapte. Quand la petite Abby et ses parents revinrent de la maternité, Billy était avec eux. Les Stone avaient fait tout ce qu'ils avaient pu pour l'aider à s'adapter facilement à sa petite sœur. Il avait rendu visite à sa mère à l'hôpital. Sa grand-mère était venue s'occuper de lui et de son beau-père. Son beau-père s'était rendu aussi disponible que possible. Il répétait à Billy : « Je suis tout à toi », et c'était vrai. Ils s'étaient amusés ensemble. Ils avaient trouvé une intimité que chacun avait appréciée. Ils avaient besoin l'un de l'autre.

Pour les moments où il serait moins disponible, M. Stone avait acheté à Billy un «bébé panda» qu'il pouvait nourrir, qui se mouillait et qui avait besoin de couches. On pouvait le faire pleurer. Ce fut une grande réussite. Billy osait à présent poser des questions, car il avait «perdu» son véritable père et, maintenant, il avait l'impression d'avoir perdu sa mère.

«Pourquoi maman est-elle partie avec le nouveau bébé?

– Il fallait qu'on sorte le bébé de son ventre pour qu'il puisse venir jouer ici avec nous. Ce bébé sera *ta* sœur.

– C'est quoi une sœur?

– C'est quelqu'un que tu peux aimer et qui grandit avec toi. Et elle aussi va t'aimer.

– Mais je n'en veux pas. Je veux maman.

– Tu auras ta maman. Nous voulons tous qu'elle revienne. Je sais qu'elle te manque. Elle va revenir dans un jour ou deux. Nous irons la chercher ensemble.»

Billy se tenait recroquevillé, les yeux baissés. Il n'y avait plus personne qui l'écoutait. Il ne voulait pas de ce bébé.

Billy souffrait de l'absence de sa mère. Il restait assis à côté de sa chaise en suçant son pouce et en tripotant son doudou. Sa grand-mère vint le trouver.

«Billy, ta maman te manque, n'est-ce pas?

– Peut-être qu'elle ne reviendra pas.

– Oh, Billy, elle reviendra. Tu lui manques aussi. Viens dans mes bras faire un câlin. Tu lis des histoires avec ta maman? Choisis celle que tu préfères et nous allons la lire ensemble.»

Billy alla chercher un livre. D'abord il choisit *Good Night, Moon* (*Bonne nuit, lune*). Puis, comme s'il avait trouvé une meilleure idée, il jeta le livre et en prit un autre au hasard. Tandis qu'elle le berçait en lisant, les yeux de Billy regardaient dans le vague. Il n'avait pas pu prendre le livre «préféré» de sa mère. Il lui rappelait des souvenirs trop douloureux.

Quand vint le moment d'aller à la maternité pour chercher le nouveau bébé, le beau-père de Billy dit : «Il est l'heure d'aller chercher Abby et ta maman.» Billy disparut. Il courut vers son lit, rampa dessous, se mit en boule le pouce à la bouche. M. Stone : «Billy, sors de là. C'est l'heure!» Pas de réponse. Sa grand-mère fit un essai : «Billy, ta maman va nous attendre. Elle a envie de te voir. Tu peux emmener Panda avec toi.»

Pas de réponse. Personne ne comprenait combien Billy souffrait d'avoir été abandonné et remplacé. Finalement, M. Stone tira son beau-fils de force par une jambe, lui enfila son anorak malgré ses hurlements et le porta à la voiture en évitant ses coups de pied. «Billy, ça suffit! Tu devrais être content de ramener ta mère à la maison.»

Billy se sentit tout petit et tout seul tandis que les infirmières habillaient «son» bébé et que sa mère se préparait. Tout le monde se pressait autour du nourrisson. «Comme elle est mignonne!» Ce n'était pas son avis. Elle avait l'air tellement petite, avec un gros ventre et elle se tortillait. Elle ne lui avait pas accordé un seul regard. Elle ne faisait que pousser des couinements. Il avait pensé qu'elle pourrait être sa «sœur», comme on le lui avait dit. Une sœur devrait pouvoir jouer avec vous, vous regarder, vous parler. Elle ne faisait rien de tout cela. Il se sentait rejeté par elle et, dès qu'il la vit, il sentit qu'il ne l'aimait pas. Tout le monde voulait qu'il l'aime. Les infirmières lui tournaient autour en disant : «Tu ne la trouves pas mignonne? C'est *ta* sœur et un jour tu l'aimeras.» Un jour, mais quand?

Billy se retira dans un coin avec son panda. Il pouvait faire faire tout ce qu'il voulait à ce panda. Il pouvait le faire pleurer – et l'arrêter aussi. Il pouvait tout lui faire faire sans avoir tout le monde sur son dos. Le panda était à lui et lui procurait une chaleur et une intimité qu'il ne ressentait pas avec Abby. Les adultes faillirent l'oublier en partant. Il était accroupi dans son coin pour ne pas être dans leurs jambes. M. et Mme Stone se dirigèrent vers la porte avec le bébé. Puis ils se retournèrent pour trouver Billy. «Viens, Billy. Maintenant on rentre à la maison.»

Billy se sentait triste. Il se jeta par terre comme s'il était sur le point d'avoir une colère. Son beau-père se détourna avec accablement. Billy se remit debout d'un bond et les suivit dans le hall. Il vit la main de sa mère, qui pendait de côté. Il tendit la sienne pour la prendre. Mme Stone le regarda : «Billy, tu m'as manqué. Je suis si heureuse que tu sois venu me chercher. J'espère que tu aimeras Abby. Elle va être tellement fière de toi. Les petites sœurs sont toujours fières des grands frères comme toi.»

Billy parut s'apaiser, mais il ressentit la pression contenue dans cette phrase. Tout le monde voulait qu'il grandisse!

Quand ils arrivèrent à la maison, il fut à nouveau oublié de tous. On se précipita dans la chambre du bébé. Et ce furent des caresses, des roucoulements, des bruits stupides. Grand-mère ne valait pas mieux que ses parents. Mais il lui restait son panda, et il essaya de s'y intéresser. Il lui adressa quelques «Oooh» et «Iiih», mais il se sentait bien vide à l'intérieur – et bien seul. Finalement, son beau-père sortit de «la» chambre pour le chercher. Il eut envie de se cacher; il s'était mis au lit, roulé en boule contre son panda. Quand M. Stone essaya de le prendre, il laissa échapper une plainte et voulut se dégager pour se réfugier dans un coin. «Oh! Billy, je t'en prie, ne sois pas si négatif. Nous t'aimons tous, mais il faut que nous installions le bébé.»

La voix de son beau-père était trop terre à terre. Lui aussi avait cessé de s'intéresser à Billy. Que pouvait faire le petit garçon sinon se pelotonner et espérer? Il n'avait jamais prévu qu'on l'oublierait. Sa mère ne lui avait même pas accordé un regard quand elle était arrivée à la maison. Sa grand-mère finit par arriver, s'assit sur son lit, le réconforta et il se sentit mieux. «Billy, je vais lire ton livre avec toi.» Et elle ne parla ni du bébé, ni de la nécessité de grandir!

Quand Billy vit Abby téter, il voulut essayer lui aussi.

«Les grands frères ne boivent pas le lait des mamans», dit nerveusement M. Stone.

«Je ne veux pas être un grand frère, papa. Je veux être un bébé.»

Il se pencha vers sa mère. Il fit mine de téter bruyamment comme Abby. Ses parents se mirent à rire.

«Tu veux essayer de téter à mon sein, Billy?»

Il mit sa bouche sur le téton. Rien ne se passa. Il se mit à sucer comme il le faisait avec son pouce. Le téton se dressa dans sa bouche et il sentit un goût sucré. Il eut un mouvement de recul. «Berk!» dit-il et il retourna à son pouce. Après cela, il observa Abby, sans vouloir téter à nouveau. Sa mère le serra contre elle. «Comme c'est bon de te sentir contre moi.» Il grogna un peu et se glissa confortablement entre le bras et la poitrine de sa mère.

Par la suite, ses parents et sa grand-mère s'occupèrent beaucoup de lui. Ils le prenaient souvent dans leurs bras. Ils le laissaient aider quand ils changeaient Abby. Ils lui demandaient d'apporter les couches. Quand il recommença à se mouiller, ils lui laissèrent même porter à nouveau des couches «comme Abby». Il entendit sa mère dire : «Oh, j'espère que Billy ne va pas encore se retenir d'aller à la selle!» Mais il n'avait pas vraiment besoin de couches. Il se mouilla à quelques reprises sans couche. Mais étant donné que ses parents reconnaissaient à présent que c'était *son* problème, il reprit vite le contrôle. Il se sentit alors comme le grand frère qu'ils désiraient tous. Pourtant, il continuait à mettre des couches la nuit, mais cela ne semblait pas troubler qui que ce soit.

Maintenant, quand sa mère nourrissait Abby, Billy avait une nouvelle méthode pour affronter la situation. Il prenait ses distances et se rapprochait de son beau-père. Un matin, alors que sa mère était encore au lit, Abby au sein, Billy enfila les chaussures de son beau-père et marcha bruyamment jusqu'à la porte d'entrée. Il s'assit sur le seuil en parlant de toutes les choses qu'il ferait quand il serait «grand comme papa.»

Billy essayait de toutes ses forces de renoncer à son rôle de bébé dans la famille. Sa récompense, parfois stimulante, parfois insuffisante, consistait à être «grand comme papa». «Être comme papa ou maman» représente une façon d'être proches des parents quand ils sont occupés et paraissent lointains. L'adaptation à un frère ou une sœur constitue un point fort pour un enfant de trois ans. Aucun enfant n'a jamais *envie d'apprendre* à partager. Aucun enfant ne veut apprendre à partager ses parents, ni laisser à un autre son rôle spécial de bébé dans la famille. Mais l'aîné est obligé de le faire. Il ne peut que se sentir abandonné. Les leçons sur le partage apprises quand arrive un nouvel enfant sont difficiles et douloureuses, mais nécessaires et, finalement, inestimables.

Chaque parent rêve de faire en sorte que l'aîné réussisse à «aimer le nouveau». C'est très important pour les parents parce qu'ils souffrent de se «détourner» de leur premier enfant pour s'occuper du suivant. En devenant parents pour la deuxième fois, ils se sentent coupables de l'intrusion du nouveau bébé dans la famille. Ils doivent se confronter à la séparation, à leur culpabilité d'avoir voulu un autre enfant. Les parents se demandent s'ils vont, leur aîné et eux, supporter cette situation. Et en même temps, ils savent qu'ils n'ont pas le choix. Seront-ils capables d'élever deux enfants – trois? Il faut envisager qu'ils n'auront peut-être pas assez à donner à chaque enfant. Sont-ils capables de sauvegarder suffisamment de temps et d'énergie pour l'aîné?

La préparation du départ de la mère pour l'accouchement est très importante. Il faut présenter à l'enfant les personnes qui vont la remplacer : son père, sa grand-mère, sa tante. L'assurer qu'on ne l'abandonne pas, que la séparation est temporaire. Utiliser le téléphone pour l'aider; lui faire faire des cartes à donner à sa mère et au nouveau bébé; et le laisser aller à la maternité.

Quand le bébé arrive, donnez à l'aîné un nouveau jouet, poupée ou animal en peluche à aimer et à soigner pendant que ses parents s'occupent de leur nouvel enfant. Dès que possible, laissez l'aîné aider pendant les changes; laissez-le tenir et bercer le bébé, participer aux repas avec un biberon d'eau. Montrez-lui qu'il peut lui aussi prendre soin du bébé. Mais permettez-lui de rechercher la solitude et considérez comme normales les manifestations de ressentiment.

Chaque jour, pendant la sieste du bébé ou au moment de coucher l'aîné, les parents peuvent prévoir de passer un moment en tête à tête avec l'aîné, en reprenant les anciennes habitudes ou en en créant de nouvelles. Il est bon de programmer de tels moments au moins une fois par semaine. Entre-temps, parlez de ces rendez-vous avec conviction et joie. Pendant, accordez toute votre attention à l'enfant. Écoutez-le, observez-le. Soyez attentif à son comportement, car c'est sa façon de s'exprimer.

Faites participer l'aîné aux soins du bébé, sans le forcer à prendre plus de responsabilités qu'il ne le peut. Félicitez-le quand il aide, mais acceptez son indifférence ou sa rancœur vis-à-vis du bébé quand il l'exprime. Encouragez-le quand il s'intéresse à vous et à la façon dont vous vous occupez du bébé. Dans ces moments-là, il peut ressentir que vous vous occupez de lui par procuration. Mais il a aussi besoin que vous vous occupiez personnellement de lui, même au moment où vous devez prendre le bébé; respectez ce besoin.

Quand Abby se mit à ramper, vers huit ou neuf mois, Billy redevint difficile. Les nouvelles capacités de sa sœur – se déplacer, provoquer des cris dès qu'elle s'approchait d'une table ou d'une prise électrique – représentaient un autre point fort. Billy se mit à lui enlever ses jouets. Il les plaçait hors de sa portée et sa mère devait venir à son secours. Quand elle rampait, il se mettait devant elle pour l'empêcher de bouger. «Billy, tu gênes ta sœur!» ou : «Ne lui prends pas ses jouets. Joue avec les tiens.» Il découvrit qu'en tourmentant sa sœur il était sûr d'arracher sa mère à son téléphone ou à son ordinateur. En se comportant de la sorte, il se faisait du bien. Peut-être avait-il même plaisir à contrarier ses parents, pour qu'ils éprouvent la même chose que lui face aux intrusions d'Abby. Il ressentait de l'excitation et même de la puissance. Mais il devinait la colère dans la voix de sa mère avant même qu'elle ne s'exprime. C'était comme s'il était *obligé* de mettre sa mère en colère, comme s'il était *obligé* de faire pleurer Abby. Comme s'il était devenu un petit garçon bruyant et agressif afin d'affronter plus facilement ses problèmes pour «grandir».

Billy avait besoin de découvrir comment s'accommoder de cette intrusion dans son univers. Tout le monde réagissait devant la mobilité toute neuve d'Abby comme si c'était une sorte de miracle. Les «Oooh» et les «Aaah» qu'elle provoquait lui rappelaient tous les compliments qu'il avait eu l'habitude de recevoir. Plus personne ne prenait sa défense. Sa grand-mère était repartie chez elle. Son beau-père se dirigeait vers Abby pour dire «comme elle est mignonne» quand il revenait à la maison. Plus jamais il ne rentrait tôt. Mme Stone paraissait la plupart du temps furieuse contre Billy. «Billy, ne touche pas à ça! Ne laisse pas traîner d'objets. Abby pourrait se faire mal. Si tu lui prends encore un jouet, tu vas aller une bonne fois pour toutes dans ta chambre!» Le petit garçon se sentait trahi. Il souffrait.

Pour aider un aîné malheureux, les parents peuvent diriger vers lui un peu de leur attention en lui permettant d'aider à distraire le bébé. S'il est capable d'amuser le bébé, l'aîné peut ressentir de la fierté. Quand il désirait jouer avec Abby, Billy avait appris à parler d'une voix plus aiguë. Il criaillait : «Eh, Abby! On joue!» Abby est toujours prête à jouer avec Billy. Quand il imite la voix de leur mère, Abby s'attend davantage à du maternage. Elle s'adoucit et adopte un comportement plus «bébé». Il lui tapote la tête, lui propose un biberon. Il chante pour elle. Mais rapidement, il perd tout intérêt pour ce genre de jeu. Il devient plus agité, plus brutal. Abby change elle aussi. Elle est plus réservée, prête à se défendre. Elle reconnaît le vieux Billy.

Tous les membres de la famille se rendaient compte que Billy avait besoin de régresser et de défier son entourage. Mais jusqu'où pouvait-on le laisser aller? Il passait beaucoup de temps à taquiner Abby et à provoquer sa mère. Celle-ci était épuisée à la fin de la journée. Quand M. Stone rentrait à la maison, elle se tournait vers lui en disant : « Il est à toi ! Prends la relève – je ne peux plus le supporter. » Billy cherchait auprès de son beau-père un regard approbateur. En vain. « Billy, pourquoi faut-il que tu nous rendes à tous la vie si difficile ? Nous savons que tu es jaloux d'Abby, mais nous sommes furieux que tu passes ton temps à asticoter ta mère et ta sœur. » Billy voulait demander : « Qu'est-ce que c'est, jaloux ? » mais il ne ressentait que du vide et de la solitude. Personne n'essayait de se mettre à sa place. Lui aussi avait envie d'être gentil – mais ça ratait toujours. Il n'y pouvait rien.

La rivalité entre frères et sœurs est comme un nœud de sentiments positifs et négatifs. L'arrivée d'un bébé va constituer pour l'aîné un point fort ou même un ensemble de points forts ; ce sont des moments de régression et de réorganisation. L'aîné va régresser, même s'il ne le fait pas d'emblée. Souvent la régression se produit au moment où le bébé a une poussée de développement – quand le point fort du bébé le rend encore plus attirant à son entourage : vers quatre ou cinq mois, au moment où il devient extraverti, vers sept ou huit mois quand il se met à ramper, à un an quand il va s'intéresser aux jouets de son aîné et envahir son territoire. L'aîné régresse habituellement à un stade de développement précédent : il recommence à parler « bébé », il n'est plus propre, il se réveille plus souvent la nuit, il mange moins et avec difficulté, il a besoin de discipline à des moments particuliers. Attendez-vous à ce comportement. L'aîné (1) régresse afin de rassembler l'énergie nécessaire pour effectuer la transition ; (2) tente de s'identifier à l'intrus en parlant et en se comportant comme un bébé ; (3) essaie de récupérer à son profit un peu de l'énergie de ses parents ; (4) fait savoir à ses parents ce que cela lui coûte d'assumer de nouvelles responsabilités, de renoncer à son ancien rôle et de partager son père et sa mère avec un autre enfant. Ce comportement lui garantit d'affecter ses parents, les poussant à se demander s'ils en sont responsables.

Les parents doivent mettre de côté ces sentiments de culpabilité qui les mènent à n'offrir que quelques paroles expéditives pour rassurer l'enfant. Prenez le temps d'écouter les questions et les craintes de l'enfant ; accueillez favorablement ses propos. Répondez simplement, mais de façon réaliste. Ne soyez pas trop optimiste – il lui faudra des années pour se rendre compte qu'avec un autre enfant vous lui avez donné une nouvelle relation presque aussi importante que sa relation avec vous. Cependant, quand les parents comprennent et apprécient tout ce que les frères et sœurs peuvent s'apporter mutuellement, ils procurent plus facilement espoir et encouragements à l'aîné, tout en acceptant ses sentiments négatifs.

Essayez de ne pas vous sentir personnellement visé par ce comportement régressif, ne réagissez pas trop rapidement; considérez qu'il est nécessaire pour l'adaptation. Soutenez l'enfant en comprenant ses souffrances. Bien qu'il soit nécessaire de surveiller l'aîné quand il se trouve avec le bébé, essayez de rester en dehors de leur relation. La rivalité et l'affection entre frères et sœurs sont les deux faces d'une même médaille – à condition que les enfants puissent développer une relation sans intrusion des parents. L'occasion d'apprendre à surmonter la perte de la relation exclusive avec les parents peut être le cadeau le plus précieux fait à un enfant par ses parents.

Se détourner d'un parent pour aller vers l'autre. Le père de Minnie se rendit au terrain de jeu après sa partie de baseball. Son équipe avait gagné et ce succès l'avait enchanté. Il était d'excellente humeur et se sentait d'attaque pour l'activité enthousiaste de Minnie. Quand il arriva, sa fille se précipita vers lui. Sans le regarder, sans l'appeler, elle lui fonça dessus. Fièrement, il la fit tourner en l'air. Ils s'étaient tous deux remis de l'incident du bibelot. Mme Lee vit tout de suite qu'il avait gagné son match. «Tu peux t'occuper de Minnie, maintenant. Je suis à bout de nerfs. Et fais attention à ce toboggan! Elle se balance en haut!» M. Lee serra sa fille dans ses bras. «Mais tu es une petite fille très courageuse! Regarde ce toboggan! Il est trop grand pour moi!» À peine avait-il terminé son compliment qu'elle repartait en flèche vers le toboggan. Dans sa précipitation, elle fut maladroite. Son pied glissa entre deux barreaux. Elle se heurta à l'aine. Elle tressaillit un instant et son père se dirigea vers elle. Mais ignorant la douleur, elle continua à grimper. En haut, elle se mit debout. Elle était aussi prudente que possible, mais sa bravoure mettait sa mère hors d'elle. Son père continuait à la regarder avec fierté. Sa mère retint son souffle jusqu'à ce qu'elle se soit assise.

Le désir de réussite de Minnie lui donne une certaine insensibilité à la douleur. La douleur est une façon qu'a son environnement lui de dire : « Calme-toi – tu n'as pas fait assez attention. » Il y a un parallèle entre le manque d'attention de Minnie pour les messages des autres et sa relative insensibilité à ses propres messages intérieurs. Elle parvient à les ignorer. C'est bien tant que la douleur ne signale pas un véritable danger. Les encouragements de son père ont contribué à affirmer sa témérité.

Minnie est dépendante des compliments, comme tout enfant de cet âge. Elle s'en nourrit, elle en tire du courage. Trop de compliments et de deux choses l'une : ou bien on submerge l'enfant, on crée une sorte de dépendance, ou bien ces compliments n'ont plus aucune signification. « Maman dit toujours que je suis gentille ! » Les compliments doivent être réservés pour d'importantes réussites afin de conserver un sens et d'encourager la poursuite des progrès. Ils peuvent être un guide efficace pour déterminer ce qui est acceptable et ce qui ne l'est pas ; cependant, ils peuvent aussi enlever à l'enfant sa propre motivation, sa capacité à prendre ses propres décisions.

Bien que Minnie parût accorder peu d'attention à la présence de son père, on voyait aisément que cette présence la rendait plus active. À présent, elle voulait qu'il joue à la balle avec elle. Elle parvenait à lancer avec précision si son père ne s'éloignait pas trop. Elle n'avait pas encore maîtrisé la façon d'attraper, mais M. Lee essayait de lui montrer comment joindre ses mains pour attendre la balle. Cela ne marchait pas souvent. Minnie voulait faire participer son père à toutes les activités du terrain de jeu. Elle le supplia de venir s'asseoir en face d'elle sur la balançoire. Il accepta avec empressement. Il se sentait redevenir enfant. Il monta, elle descendit. Il monta, elle heurta le sol. En jouant, il augmenta l'excitation en heurtant le sol avec son côté de la balançoire. Minnie éclata de rire. Il ajouta des surprises en tapant son côté en avance, puis en retard. Il s'immobilisa en bas. Elle s'immobilisa en haut. Elle riait à chaque fois. Il l'arrêta à mi-course. Elle rit très fort. Il adorait la façon dont elle réagissait. Chaque fois il essayait une nouvelle surprise. Elle riait de bon cœur et il riait avec elle. Ils prenaient grand plaisir à être ensemble. Aucun d'eux ne faisait attention au fait que Mme Lee devait se sentir bien exclue.

Le père de Tim arriva aussi sur le terrain de jeu pour remplacer sa femme. Mme McCormick se leva rapidement et Tim se cramponna encore plus fort à elle. Il était comme un bébé singe accroché à la fourrure de sa mère. Elle tenta de l'arracher à elle pour le passer à son père.

Il s'agrippa avec frénésie. Il voulut recourir à son fidèle pouce, mais pour le sucer, il lui fallait lâcher une main. Il y renonça vite pour s'agripper de plus belle, cachant sa tête au creux de l'épaule maternelle.

M. McCormick était gêné devant les autres parents par cette manifestation de dépendance. Il fit une brève tentative pour attirer l'attention de Tim : « Timmy ! Je suis venu pour être avec toi. Je veux jouer avec toi. Tu ne veux pas venir avec moi ? » Aucune réponse. Le père laissa tomber ses bras, résigné. Est-ce que sa femme tenait Timmy un peu plus serré ? Est-ce qu'elle l'avait encouragé à s'accrocher ainsi à elle ? Rien ne le démontrait.

Tim peut avoir le sentiment que plus il s'accroche et moins sa mère le laissera. Peut-être le tient-elle d'une façon qui signifie : « Je ne veux pas te laisser. Tu as besoin de moi. » Pendant ce temps, le père de Tim se sent exclu et impuissant ; il ne peut que développer un sentiment de rancœur envers Tim et sa mère. Quand deux parents s'occupent d'un enfant, ils vont entrer en compétition ; cela fait partie de l'affection. M. McCormick pourrait facilement penser en lui-même : « Si elle me le laissait, il ne serait pas aussi gnangnan. » La dépendance de Tim augmente la tension chez ses parents. Ils risquent de s'en prendre l'un à l'autre. Mais Tim pourrait le payer encore plus cher – perdre l'occasion de découvrir son identité masculine, perdre l'occasion de se libérer de la tutelle de sa mère.

Indépendance et séparation

Les structures d'accueil[1]**.** De nos jours, rechercher la meilleure structure d'accueil, à un prix abordable, est ce qu'il y a de plus stressant pour les parents de jeunes enfants. La mère de

1. Nous employons dans les pages qui suivent les mots « structures d'accueil » et « établissements », parce que les endroits qui accueillent les enfants américains de trois ans se situent à mi-chemin entre les garderies et les écoles maternelles. Par commodité, ensuite, nous utiliserons le mot « école maternelle », pour permettre au lecteur français d'établir des équivalences. Dans les chapitres suivants, quand il s'agira d'enfants de quatre et cinq ans, les modalités de fonctionnement et les objectifs pédagogiques seront plus semblables au modèle français, et les termes de « maternelle » ou « grande section » seront alors adaptés.

Tim devait retourner au travail parce que la famille avait besoin de deux salaires. Pour son mari, la situation était trop éprouvante. Mme McCormick sentait qu'il lui fallait arrêter de n'être « qu'une mère au foyer ». Parfois elle craignait de devenir folle. Elle aimait beaucoup se trouver avec Tim et voir fonctionner son esprit curieux et observateur. Mais au bout de trois années d'observations d'attente – et d'inquiétude – elle ressentait le besoin de se retrouver avec des adultes. Il lui fallait retourner au travail – pour son bien propre autant que pour le supplément de revenus.

Mais alors qu'elle envisageait son retour au travail, Mme McCormick se faisait de nouveaux soucis pour Tim. Allait-il être bien? Est-ce que les personnes qui s'en occuperaient allaient le comprendre? Est-ce qu'il souffrirait? Elle se rendit bientôt compte de l'étendue de sa propre angoisse et même de sa douleur à la perspective de le laisser à quelqu'un d'autre. Elle essaya de s'y préparer. Tous les parents passent par ces affres quand ils confient un enfant aux soins d'autres personnes.

Elle chercha l'endroit idéal pour Tim. Elle prit conseil auprès d'amis, dans des livres. Elle passa en revue chaque établissement possible, examinant la propreté, le pourcentage d'enfants par adulte, les dangers potentiels. (Voir : « École et autres structures d'accueil », dans la deuxième partie.) Elle essaya de juger l'atmosphère à partir du comportement des enfants. Les aides maternelles paraissaient-elles les aimer? Est-ce qu'elles se mettaient à leur niveau pour communiquer et jouer? Les enfants étaient-ils occupés et heureux? L'établissement avait-il un programme tourné vers les acquisitions? Mais chaque fois, elle se rendait compte qu'elle revenait à la question principale : « Tim allait-il être aimé? » Tim paraissait différent des autres enfants de trois ans. Dans chaque endroit, elle recherchait chez le personnel des preuves de sensibilité, des signes de capacité à s'occuper d'enfants timides. Beaucoup des établissements étaient ouvertement destinés à des enfants extravertis qui s'intégraient bien et se débrouillaient seuls. Elle n'avait aucune idée de la façon dont Tim se débrouillerait et même peu d'espoir qu'il en soit capable.

Quand, finalement, elle fit son choix, Mme McCormick se sentit capable de regarder à nouveau son mari en face. Il avait été agacé par le temps que ces démarches avaient pris. Une fois décidée pour un établissement, elle emmena son mari le visiter.

«Penses-tu qu'il s'habituera ici?» lui demanda-t-elle.

M. McCormick répondit vivement :

«Ça lui fera du bien. Il doit devenir comme les autres. Nous l'avons trop gâté.»

Mais, en lui-même, il se sentait tout aussi mal à l'aise. Ces aides maternelles allaient-elles pouvoir aimer Tim? Dès le début, les parents de Tim s'étaient demandé s'il valait mieux choisir de le faire garder chez une nourrice. En réalité, ils ne pouvaient se permettre les frais d'une nourrice; ou alors, ce serait une personne peu qualifiée, ce qui était trop risqué. L'entrée dans cette petite école pousserait peut-être Tim à être comme les autres enfants. Les parents rêvaient tous deux jour et nuit de cette possibilité.

Quand vint le moment d'emmener Tim à la petite école, Mme McCormick se sentit presque paralysée par une sensation de mauvais augure. Elle ne cessait de répéter à son fils qu'elle viendrait toujours le rechercher. Elle vit son regard devenir plus grave. Elle sentit son cœur s'arrêter de battre devant ce visage sérieux. Elle se rendit compte qu'elle pouvait à peine supporter l'idée de se séparer de lui. Quand elle partit avec lui ce matin-là, sa voix était si étranglée qu'elle renonça à dire au revoir à son mari et au frère de Tim. Tim s'assit calmement, presque stoïquement dans son siège de voiture. Il ne dit pas un mot, ne fit pas un mouvement. Il paraissait ressentir la douleur de sa mère et la respecter. Mais son immobilité effraya Mme McCormick. Et s'il ne réussissait pas à s'habituer? Il semblait tellement vulnérable.

En entrant à la petite école, Tim se contracta, mais marcha à côté de Mme McCormick. Elle serra sa petite main. Elle sentait les larmes lui monter aux yeux. La directrice, Mme Thompson, vint à leur rencontre pour les saluer. «Bienvenue! Bonjour Tim. J'espère que tu vas te plaire ici!» Tim se recula, détourna le regard, refusa tout contact; rien de cela n'échappa à Mme Thompson. Elle cessa de bavarder et attendit que Mme McCormick fasse le pas suivant. Mme McCormick dit :

«Je pense qu'il vaudrait mieux que je reste un moment jusqu'à ce que Tim s'habitue.

– Je vous en prie.»

Pendant trois jours, Tim et sa mère restèrent accrochés l'un à l'autre à regarder jouer les autres enfants. Finalement, Mme Thompson dit : «Pourquoi ne laissez-vous pas Tim juste pour une heure ? Vous partez. Et moi, je reste assise avec lui pour regarder les autres enfants. » Elle pensait : « Peut-être se détendra-t-il un peu si sa mère s'en va. » Mme McCormick répéta plusieurs fois à Tim qu'elle partait. Pas un mot, pas un mouvement, pas une réaction de sa part. Quand elle se leva pour partir, elle ne put aller bien loin. Elle se cacha de l'autre côté du mur, attendant que Tim réclame son retour. Pas un mot, pas un mouvement. Il restait assis stoïquement là où elle l'avait laissé. Mme Thompson fit plusieurs tentatives pour l'encourager à jouer avec les autres enfants. Ceux-ci vinrent le chercher. Pas un mot, pas un mouvement. En désespoir de cause, Mme Thompson s'éloigna pour travailler avec les autres. Tim resta tranquille, immobile. Au bout d'un moment, les autres enfants s'étaient habitués à l'absence de réaction de Tim ; il restait dans son coin, à observer. Les autres jouaient autour de lui, pratiquement en l'ignorant. De temps en temps, un enfant faisait encore une tentative : « Viens jouer avec nous. » Mais ils sentaient que Tim préférait qu'on le laisse regarder tout seul. Pas un mot, pas un mouvement de sa part.

Quand sa mère revint, au bout d'une heure, Tim se trouvait toujours assis là où elle l'avait laissé. Il la regarda sans une parole. Mme Thompson affirma à la mère de Tim qu'il avait été content, mais qu'il n'avait pas bougé. Elle ne savait pas quoi faire pour obtenir son attention. Mme McCormick répondit que cela n'avait rien d'étonnant. Mme Thompson assura que beaucoup d'enfants ont besoin qu'un parent reste avec eux au moins pendant la première semaine.

À la surprise de Mme McCormick, et à son soulagement, dès qu'ils eurent quitté l'établissement pour rentrer à la maison, Tim s'épancha. Il parla des deux garçons qui s'étaient disputés ; de la petite fille qui avait joué à la maman en nourrissant ses poupées ; du garçon qui avait grimpé dans la cage à écureuil et était resté là en hurlant pour qu'on vienne l'aider à en descendre. Tandis qu'il parlait, son visage s'éclairait, il s'animait. Mme McCormick se rendit compte que Tim avait vécu tous ces épisodes de loin. Il avait participé en regardant. Elle était impatiente de raconter cela à Mme Thompson, pour qu'elle se sente rassurée, comme elle l'était, elle, à présent.

Pour Mme McCormick, c'était un premier pas vers la « normalité ». La sensibilité de Tim à ce qu'il voyait était le signe qu'il avait réussi à se débrouiller sans elle. Elle n'aurait pas pu supporter un signe d'échec. Elle avait besoin qu'il la rassure, qu'il lui fasse comprendre qu'elle pouvait le laisser dans cet établissement.

La séparation du matin est toujours un problème quand les enfants commencent à aller à la petite école. Beaucoup d'enfants ne la supportent pas. Ils grognent et pleurent chaque jour. Quand ils ont une bonne relation avec une aide maternelle, c'est plus facile. Mais la séparation tend à rester pénible et douloureuse. Cette protestation est saine pour les enfants, mais éprouvante pour les parents. Tous les parents doivent s'armer de courage pour partir après des adieux pleins de larmes. S'ils ont besoin d'être rassurés, ils peuvent attendre et observer leur enfant sans être vus. La plupart des enfants se reprennent. Ils acceptent d'être réconfortés par les aides maternelles. Et ils finissent par se tourner vers les autres enfants pour remplir le vide laissé par les parents. Les enfants apprennent vraiment des compétences sociales et découvrent le plaisir d'être avec leurs pairs tandis qu'ils passent par cette phase d'adaptation.

Les parents de Minnie avaient également cherché tous les renseignements sur la qualité des établissements pour jeunes enfants avant de se décider à inscrire Minnie. Ils avaient étudié la sécurité, la diététique, l'hygiène (est-ce que les aides maternelles se lavaient les mains entre deux changes?). Ils avaient recherché les meilleurs rapports entre le nombre d'adultes et d'enfants (pas plus de quatre enfants par adulte) et s'étaient assurés que les responsables avaient de l'expérience avec les jeunes enfants. Certains établissements mieux dotés sont deux fois plus chers. Ils se rendirent compte que le coût serait presque prohibitif si l'on envisageait d'y mettre plus d'un enfant à la fois. Ce qui eut des conséquences incontestables sur le désir des Lee d'avoir d'autres enfants.

Mme Lee n'était pas retournée au travail tant que Minnie n'avait pas atteint un an. Pendant cette période, elle avait ressenti une forte culpabilité chaque fois qu'elle devait laisser sa fille. Elle savait que Minnie ne serait pas facile à garder. Ses accidents en étaient la preuve. Elle sentait que Minnie ne se souciait guère des relations sociales et elle craignait de la rendre encore plus distante en la laissant. Toutes les mères se demandent si les aides maternelles vont aimer leur enfant «autant qu'elles» et si elles vont lui assurer un développement optimal. L'indifférence de Minnie pouvait représenter un problème.

Mme Lee regarda l'institutrice interroger Minnie en essayant de savoir comment cette dernière se comportait avec sa fille. Au début, les Lee avaient trouvé stupide qu'on interrogeât un enfant d'un an pour une place dans un établissement, mais, ensuite, ils furent satisfaits de cette entrevue. Mme Lee vit que la directrice s'était installée sur le sol, au niveau de Minnie. Elle essayait de parler en regardant Minnie en face. Cela ne fut pas une réussite. Minnie devint de plus en plus agitée. Mme Lee s'inquiéta. Minnie était-elle vraiment une enfant difficile ? Elle vit que Mme Thompson fronçait légèrement les sourcils en se posant la même question. Alors, Mme Thompson resta assise sans bouger, se détournant un peu de la fillette. Elle abandonna rapidement sa tentative de contact direct. Au lieu de cela, elle prit une poupée et empila des cubes pour y faire grimper la poupée, tout en chantonnant doucement pour elle-même. Puis elle déplaça la poupée et dit : «Maintenant elle veut marcher et aller sur les cubes. Elle veut grimper comme une grande fille.» Dès que Mme Thompson eut réduit sa vigilance et dressé une barrière de sécurité avec les jouets entre elles deux, Minnie se mit à faire attention. Quand Mme Thompson prit la parole, l'intérêt de Minnie grandit. Elle bougea pour s'asseoir juste à côté de Mme Thompson. Celle-ci poussa quelques cubes vers la fillette, sans rien dire. Minnie essaya de poursuivre la construction de la maison. Bientôt elles jouaient toutes les deux. Minnie maintenait son intérêt. Au bout de quinze minutes de jeu, Mme Thompson déclara : «Je pense que maintenant je comprends Minnie et qu'elle me comprend. Nous pouvons nous entendre et c'est cela que je voulais savoir. Elle est active et n'aime pas les propositions sociales intrusives, mais elle peut s'investir dans une tâche. Elle peut avoir des relations avec quelqu'un comme moi, à condition que je lui laisse l'initiative. Je trouve Minnie très gentille et je pense que c'est réciproque. Je pense que nous allons très bien nous entendre.» Mme Lee était presque en larmes, tant elle éprouvait de reconnaissance. Quel soulagement de voir une personne d'autorité se donner autant de mal qu'elle pour comprendre Minnie ! Elle sentait même que Mme Thompson pourrait l'aider à mieux comprendre Minnie.

À présent que Minnie avait trois ans, l'habiller le matin était devenu une véritable épreuve de force. Si Mme Lee n'avait pas préparé tous les vêtements à l'avance, Minnie ne manquait pas de foncer d'un endroit à l'autre tandis que sa mère s'interrompait pour choisir ses dessous, ses chaussettes, son pantalon, sa chemise. À peine avait-elle tourné le dos que Minnie était partie. Le temps de trouver les chaussures, et Minnie avait à nouveau disparu. Il fallait boutonner le pantalon en courant parce que Minnie ne cessait jamais de bouger. Les chaussures venaient en dernier. Étant donné qu'elles s'attachaient avec des bandes de Velcro, Minnie adorait les enlever, les remettre et les enlever à nouveau. Pendant tout le petit déjeuner, le bruit des Velcro arrachés couvrait les « pops », « cracks » et autres « snaps » des céréales. À chaque repas, Minnie provoquait sa mère. Surtout au petit déjeuner, elle lambinait, elle pleurnichait, elle se levait et se rasseyait, elle jouait avec ses chaussures. Il paraissait évident à Mme Lee qu'elle voulait retarder l'inévitable départ. Mais celle-ci n'avait pas pour autant l'impression d'être importante pour sa fille. Elle qui désirait tellement des témoignages de tendresse.

Minnie avait découvert qu'elle était capable de se déshabiller sur le chemin de l'école, pendant que sa mère conduisait. À l'arrivée, elle était complètement nue. Mme Lee était submergée par la honte. Les aides maternelles lui disaient en riant : « Donnez-nous ses vêtements. Nous l'habillerons. Ce n'est pas à nous qu'elle ferait ce genre d'histoire. » Mais Mme Lee était trop embarrassée pour continuer. Son mari la remplaça pour les conduites. Avec lui, Minnie ne se déshabilla pas. Son père et elle ne cessèrent de parler et de rire tout le long du chemin. Il lui racontait des histoires absurdes ; elle riait et ajoutait une phrase ou deux. « La vache sauta par-dessus le monde et atterrit sur le dos ! » Minnie gloussait de joie : « Et son lait sortit d'elle ! » Rires.

Arrivés à l'école, ils s'étaient tellement amusés qu'il fut difficile d'extraire Minnie de la voiture. Elle donnait des coups de pied tandis que son père essayait de défaire sa ceinture de sécurité. Il la chatouilla. Ensemble ils entrèrent en sautillant dans le bâtiment.

Quand Minnie arriva, son institutrice, Mme Thompson dit : « Regardez qui arrive ! Minnie et son papa ! Bonjour. » Mme Thompson laissa M. Lee enlever la veste et les bottes de Minnie. Il le fit sous forme de jeu : « Enlève tes bottes, mais pas ta chemise ! Enlève tes bottes, mais n'enlève pas tes pieds ! »

Minnie se précipita à l'intérieur de la pièce, déjà pleine d'enfants. Plusieurs vinrent lui dire bonjour et M. Lee resta pour regarder. Il était fasciné de voir que Minnie prenait un rôle de « leader » avec ses pairs. Elle sautillait, elle dansait, elle les conduisait vers la cage à écureuil. « Minnie ! Minnie ! » Il était ravi. Il ne pouvait s'arracher à ce spectacle. Il jeta un coup d'œil à sa montre : il était l'heure d'aller travailler. Il haussa les épaules.

Mme Thompson déclara :

« C'est le moment de se mettre tous en rond ! »

Tous les enfants quittèrent leur activité, comme d'un commun accord. Ils descendirent de la cage. Ils se bousculèrent pour trouver une place dans le cercle. Ce moment était le meilleur de chaque nouvelle journée. Ils étaient tous assis. « Bonjour, Takiesha ! Bonjour, Aaron ! Bonjour Rosa ! » Chacun se levait bien droit quand on appelait son nom.

« Maintenant nous allons chanter notre chanson du matin !

– Nous sommes contents d'être là ! Vous nous avez manqué, hier soir ! »

En chantant avec enthousiasme, les enfants se prirent par la main. L'atmosphère était chargée de sentiments chaleureux. Chaque enfant rayonnait. Minnie adressa un petit sourire à son père, qui ne pouvait toujours pas se résoudre à partir.

Mme Thompson déclara :

« Maintenant, vous allez tous raconter quelque chose d'intéressant ! Mais chacun à son tour ! »

Aaron parla de son nouveau cochon d'Inde appelé Woodrow.

« Il a bien voulu que je le prenne. Et il m'a complètement arrosé ! »

Tout le monde rit. Cette anecdote leur rappelait combien leurs propres progrès étaient récents. Certains mirent la main à leur pantalon pour sentir s'ils étaient encore secs.

« Minnie, raconte-nous ton histoire !

– Eh bien ! Mon papa m'a accompagnée à l'école. Et il est resté ! »

M. Lee rayonnait. Tous les enfants dirigèrent leur regard vers lui. Sa présence ajoutait quelque chose d'excitant. Mais elle rappelait également aux autres enfants leur maison et leur père qu'ils avaient quitté.

Mme Thompson sentit cela et se hâta de continuer.

« Carlos, c'est à toi ! »

La petite école avait été une réussite dès le début. M. et Mme Lee étaient sûrs que Minnie se trouvait en de bonnes mains. Ils participaient à tous les événements auxquels les parents étaient invités, par gratitude. Mme Lee s'adressa à chacune des aides maternelles pour essayer de mieux comprendre Minnie, et pour expier le sentiment qu'elle avait de ne pas être sur la même « longueur d'onde » que sa fille. Il y avait eu des hauts et des bas, mais dans l'ensemble, les choses s'étaient bien passées.

Pourtant, un jour, Minnie s'était déchaînée, juste au moment de rentrer chez elle. Quand Mme Lee arriva pour la chercher, la fillette se mit en rage. Elle se jeta à terre en se débattant des mains et des pieds avec des gémissements. Lorsque sa mère essaya de la ramasser, elle lui envoya un coup de pied dans le visage. Mme Lee fut mortifiée de cet accès de fureur. « Est-elle fâchée parce que je la laisse ici ? » se demanda-t-elle. L'incident fit renaître toutes ses inquiétudes. À cause de ces sentiments de culpabilité, il lui était encore plus difficile de résister à la colère de Minnie et de rester neutre. L'aide maternelle mit de l'huile sur le feu : « Je ne comprends rien. Minnie ne se comporte jamais de cette façon avec nous. » Quel coup ! Bien sûr que Minnie n'agit jamais ainsi avec elle – la personne qui garde un enfant ne peut jamais compenser l'absence des parents. Il y a une chose à laquelle aucun parent qui travaille n'est jamais bien préparé : l'effondrement de son enfant au moment où il franchit la porte à la fin de la journée. Les parents qui doivent laisser leurs enfants toute la journée ont peur de ne pouvoir se comparer aux institutrices. C'était le pire cauchemar de Mme Lee, et le comportement de Minnie semblait lui conférer une réalité. Mais la remarque de l'aide maternelle n'était qu'un exemple du « phénomène de barrière », de la compétition entre garde et parent ; c'était une chose à laquelle Mme Lee devait s'attendre.

L'effondrement de Minnie en fin de journée à l'école est un comportement très courant. Un enfant garde en lui toute la frustration, toute la pression de la journée. Il les garde jusqu'au moment où il se trouve dans la zone de sécurité procurée par ses parents ; là il peut lâcher la vapeur. Il conserve tout cela en lui, parce que cela représente ses sentiments les plus profonds, les plus importants. C'est comme s'il disait : « Heureusement, vous êtes là. Je peux vous ouvrir mon cœur, vous confier toutes mes misères. » Mme Lee avait besoin d'entendre cela pour comprendre ce qui arrivait. Mais, ce n'était pas le cas, et elle se sentait déchirée et coupable en laissant Minnie. Elle se demandait dans quelle sorte d'environnement sa fille passait ses journées : « Est-ce qu'on la punit pour la faire tenir tranquille ? Va-t-elle tirer un enseignement de cette expérience ou est-ce que je la condamne à une existence rétrécie en la laissant à quelqu'un d'autre ? Ma mère est toujours restée à la maison pour moi. »

Les parents sont fatalement assaillis de mauvais pressentiments ; c'est le reflet de la souffrance qu'ils ressentent quand ils partagent leur enfant avec une autre personne. Pour affronter la douleur provoquée par la séparation, Mme Lee a besoin de savoir comment surmonter ses sentiments.

Voici les défenses auxquelles un parent peut recourir pour surmonter son chagrin :

1. Le déni – dénier l'importance du problème pour soi ou pour l'enfant, essayer de se convaincre que ce n'est pas important.

2. La projection – projeter toutes les qualités sur la personne qui garde l'enfant et ne ressentir soi-même que culpabilité – ou le contraire : faire porter la responsabilité de tout ce qui arrive à l'autre.

3. Le détachement – une distance émotionnelle, un besoin de se sentir moins impliqué avec l'enfant ; ne pas s'en faire parce que ce serait trop douloureux.

Ce sont des défenses universelles et jusqu'à un certain point elles sont nécessaires pour affronter une séparation déchirante. Cependant, quand elles interfèrent avec la confiance qui est nécessaire entre parent et garde, il faut les exprimer ouvertement et les partager. Autrement il est trop facile de ressentir de la rancœur à l'égard de l'aide maternelle ou de l'institutrice de votre enfant. Le « phénomène de barrière » et une relation stressée pourraient en être le résultat.

La mère de Marcy retourna tôt au travail. Elle ressentait trop de pression muette de la part de ses employeurs pour aller jusqu'au bout de ses trois mois de congé sans solde. Marcy n'avait que deux mois. Mme Jackson s'inquiétait depuis des mois, même pendant sa grossesse, à l'idée de laisser sa fille à quelqu'un d'autre. Son fils aîné avait eu tant de problèmes quand elle avait repris le travail – il y avait des moments où elle sentait qu'elle l'avait perdu et se demandait si elle le retrouverait un jour.

À présent il fallait faire garder Marcy pour que Mme Jackson puisse travailler à plein temps sans se faire trop de souci. Elle choisit ce qu'elle jugea être un établissement bien tenu. Mais les Jackson découvrirent ce que tout le monde sait : le salaire des aides maternelles est tellement insuffisant qu'il y a un gros problème de changement de personnel. En un an, Marcy eut quatre aides maternelles différentes! Comment un bébé pourrait-il s'adapter à autant de personnes différentes? Chaque fois, Marcy manifestait son stress à la maison. Son sommeil était perturbé, son appétit irrégulier, elle recommençait à sucer son pouce. Les Jackson la trouvaient plus dépendante, plus accrochée à eux à chaque changement de personnel. Mais Marcy avait du ressort. Il ne lui fallait que quelques semaines pour se remettre. Elle redevenait elle-même, enjouée et extravertie après chaque épisode. Elle témoignait d'un excellent développement social en grandissant. Elle traversa chaque période de peur des étrangers, huit, douze et dix-huit mois, avec une certaine difficulté, mais pas de véritable effondrement. Elle apprenait à rechercher du réconfort auprès de ses pairs. Chaque fois qu'elle avait une nouvelle aide maternelle, Marcy avait besoin de plus de temps pour jouer avec les autres enfants de son groupe. Mme Jackson le remarqua et invita des enfants à venir jouer à la maison après ses heures de bureau.

Mme Jackson avait eu un autre souci : «Est-ce qu'ils aiment vraiment les enfants noirs? Leur amabilité n'est-elle que superficielle? J'ai besoin de savoir s'ils ne vont pas s'en prendre à Marcy une fois que j'aurai le dos tourné.» Les Jackson avaient cherché un établissement accueillant des enfants de différentes origines raciales et ethniques. À trois ans, Marcy paraissait satisfaite et elle bénéficiait d'un grand choix d'amis. Mme Jackson prit cela pour le signe qu'ils avaient fait d'emblée le bon choix.

Pourtant, Mme Jackson continuait à se demander ce qu'étaient les journées de Marcy. Elle avait besoin de voir par elle-même. Au lieu d'imposer des heures de visite fixes aux parents, ce centre les accueillait à n'importe quel moment. Quand les établissements n'ont pas d'horaires de visite flexibles, ce n'est pas bon signe. Mais les parents doivent comprendre que leur présence peut déranger des enfants qui travaillent à se débrouiller sans eux. Les enfants témoignent de ce dérangement en se tournant avidement vers n'importe quel parent. La séparation et l'indépendance sont sans doute leurs plus grands problèmes à ce stade.

Mme Jackson fit une visite au centre, non sans se sentir coupable d'éprouver une telle méfiance. On lui montra la pièce où se trouvait Marcy et elle put observer sa fille à travers une glace sans tain. Marcy entraînait fièrement deux autres enfants dans une marche. Quand ses compagnons voulurent s'arrêter, elle déclara : «Non, vous continuez : je vous dirai quand ce sera l'heure d'arrêter!» «Elle est vraiment autoritaire», pensa sa mère. Un enfant commença à manifester des signes de lassitude. Marcy alla le trouver et le réconforta d'une petite tape : «Pardon, John.» Mme Jackson fut surprise d'une telle compassion.

Rassérénée, Mme Jackson entra dans la pièce. «Maman! Maman! Tu es là!» s'exclama Marcy. Tous les enfants se pressèrent autour d'elle. Marcy dit : «C'est ma maman! Elle fait une visite.» Mme Jackson s'assit sur une grande chaise. Les enfants se battaient pour grimper sur ses genoux. Marcy était exclue. Mme Jackson s'en rendit compte quand elle vit sa fille occupée à sucer son pouce de l'autre côté de la pièce. «Marcy, viens ici. C'est toi que je suis venue voir!» Elle chercha du regard les aides maternelles pour qu'elles l'aident à se débarrasser des enfants qui avaient investi ses genoux.

Mme Thompson vint demander aux enfants de laisser la place à Marcy. «Quand il y a un parent dans la pièce, dit-elle, ils font comme si nous n'étions plus là ou comme si nous faisions partie du mobilier. N'importe quel parent leur fait cet effet; il n'a pas besoin d'être leur propre parent.» Mme Jackson fut frappée de tout ce dont les enfants avaient besoin pour affronter de telles situations. Mme Jackson prit Marcy dans ses bras et la fillette s'y blottit douillettement; tous les autres enfants les observaient avec des yeux avides. Beaucoup avaient eu recours à leur pouce. Un petit garçon portait épinglé sur sa chemise un morceau de tissu. Il le saisit et le caressa. C'était son «doudou».

Ces enfants paraissaient d'un côté si heureux, si bien adaptés et, de l'autre, manifestaient un tel désir : Mme Jackson en fut attristée. Elle se retrouva à nouveau en train de se demander si c'était vraiment bien de les laisser ainsi. (Voir aussi : «Travailler et s'occuper de ses enfants», dans la deuxième partie.)

Se préparer à la séparation. Comment les parents peuvent-ils adoucir l'adaptation de leurs enfants au moment où ils reprennent le travail? La première tâche est d'affronter leurs propres sentiments de perte. Tant qu'ils ne parviendront pas à reconnaître et à accepter leurs sentiments personnels, ils ne seront pas assez libres pour aider leur enfant à surmonter les siens.

L'étape suivante consiste à préparer l'enfant. On peut lui dire : «Tu sais, je suis obligé de te laisser au centre. Tu vas me manquer et je vais te manquer pendant la journée. Mais l'aide maternelle sera là pour s'occuper de toi. Et quand je reviendrai le soir, tu pourras me raconter toutes les choses amusantes que tu auras faites.» Une préparation de ce genre donne à l'enfant l'occasion d'anticiper la séparation.

Ensuite, tout parent doit s'attendre à une réaction de la part de l'enfant; ce sera probablement un point fort dans son développement. Avec la probabilité d'une régression qui rendra le parent encore plus sensible à la séparation.

L'enfant ne manquera pas de ressentir l'angoisse de sa mère, angoisse qui se mêlera à la sienne en l'intensifiant. Le comportement visible de l'extérieur représente une tentative pour surmonter ce que lui coûte la séparation. Ce sera fatalement difficile, car c'est habituellement la première fois qu'un enfant doit passer un long moment sans aucun de ses parents. Il se retrouve face à un adulte qui désire se rapprocher de lui – s'introduire dans sa dépendance vis-à-vis de ses parents. Ses réactions – s'accrocher, protester, régresser à la maison – sont toutes des expressions de ses efforts pour se faire à la situation. Les schémas de réaction qui correspondent à son tempérament vont s'intensifier avec le stress. L'enfant peut devenir hypersensible aux stimuli ou bien se retirer en lui-même pour les éliminer, et cette attitude n'est pas sans conséquences. L'activité motrice risque d'être affectée – un enfant aussi actif que Minnie pourrait devenir encore plus actif et plus insensible ; un enfant tranquille comme Tim risque d'être encore plus calme et immobile.

Couvertures, doudous et pouce. Beaucoup d'enfants ont besoin d'un objet transitionnel, surtout pendant les séparations. Un enfant qui a su trouver une consolation avec son pouce ou avec un doudou a déjà des ressources propres. Les parents malheureux auront peut-être de la difficulté à voir leur enfant les remplacer avec un objet. C'est un point fort du développement infantile – apprendre à devenir encore plus indépendant. Régression et réorganisation sont nécessaires pour les parents autant que pour l'enfant. Dans ces périodes, l'enfant a besoin de quelque chose de réconfortant qui lui rappelle son foyer et les relations familiales. Marcy s'était tournée vers un ami imaginaire. « Quand maman s'en ira, on va parler. » Elle disait cela à la maison et à l'extérieur, toujours quand sa mère pouvait l'entendre. Mme Jackson tressaillait chaque fois que Marcy parlait à son ami imaginaire. Mais Marcy se sentait en sécurité quand elle lui confiait ses chagrins. « Maman est toujours fâchée. Papa dit de ne pas faire attention. »

La couverture de Billy prit une importance nouvelle quand il entra au centre. Il la tripotait, il la suçait, il s'en couvrait la tête. Elle était sale et malodorante et Mme Stone souhaitait vivement pouvoir la laver. Un soir, alors que Billy dormait, elle la lui enleva des mains pour la laver avant son réveil. Un peu plus tard, on entendit un cri perçant. Son beau-père se précipita. « Mon doudou ! Mon doudou ! » M. Stone se rendit compte de son angoisse et alla vite retirer la couverture du sèche-linge. Il la rendit à Billy qui l'examina attentivement pour s'assurer que c'était bien son vieux doudou. Ses sanglots s'espaçaient. Le doudou avait changé. M. Stone s'excusa : « Billy, c'est bien ton bon vieux doudou. Maman pensait qu'il fallait le laver, mais c'est le même. » Billy le regarda avec des yeux de chien battu, comme pour dire : « Comment a-t-elle pu faire une chose pareille sans rien me dire ? » M. Stone ajouta : « Je suis désolé qu'on ait fait ça pendant la nuit. Nous n'avons pas compris combien tu aimais ton doudou dans l'état où il était. Tu vas nous pardonner, à maman et à moi ? » Il prit Billy pour lui faire un câlin. Il le berça pendant un long moment et les pleurs de Billy s'arrêtèrent. Il serrait fort dans ses doigts son cher doudou, tripotant la bordure de soie comme si elle lui apportait un réconfort particulier. Les gémissements de Billy, les plaintes qu'il adressait à voix basse à son doudou, montraient combien son attachement était profond. Enfin il s'endormit, tenant toujours sa couverture.

Le matin suivant, lorsqu'il sortit du lit, Billy annonça triomphalement : «Maman a essayé de voler ma couverture, mais papa l'a retrouvée.» Ce fut un coup bas pour Mme Stone et un triomphe à double tranchant pour le beau-père de Billy. Une erreur qu'ils allaient devoir réparer ensemble.

Quand on reconnaît ce besoin accru de dépendance, qu'on lui accorde de la valeur, on soutient avec efficacité un enfant dans les périodes de changements et de stress. Le beau-père de Billy respectait le besoin que celui-ci avait d'un doudou. En le câlinant avec sa couverture, il renforçait ses efforts vers l'indépendance. En encourageant sa femme à faire de même, il diminuait les risques de «phénomène de barrière» entre eux.

La grand-mère de Tim s'était rendu compte tôt de la fragilité du petit garçon et désirait apporter son concours. Elle pensait qu'un «doudou» pourrait aider Tim à se protéger dans les situations difficiles. Bébé, Tim avait été un suceur de pouce actif. Il avait l'habitude de recourir à son pouce lorsqu'il était agité. Il le suçait bruyamment, comme avec volupté. Ses yeux se révulsaient. Au début, les McCormick ne s'étaient pas inquiétés, mais leur fils se repliait de plus en plus sur lui-même et ils essayèrent de lui faire perdre l'habitude de sucer son pouce. Quand il eut neuf mois, ils lui mirent un gant. Puis, ils enduisirent le pouce d'un produit qui lui donnait mauvais goût. Tim se frotta les yeux avec et y gagna une grave conjonctivite. Finalement, à la suggestion de sa grand-mère, ils lui offrirent une petite couverture. Il la mit en boule, l'appela son «bébé» et l'emporta partout avec lui. Désormais, quand il suçait son pouce et que ses parents le disputaient, il était capable d'y renoncer pour son «bébé». Quand il s'essayait à une nouvelle acquisition – se tenir debout, marcher, prononcer de nouveaux mots ou de nouvelles phrases –, il avait besoin de son «bébé» dès qu'il atteignait un point de frustration.

Mme McCormick finit par détester autant la couverture que le pouce. Elle désirait que Tim soit plus extraverti. Elle considérait la couverture comme rien d'autre qu'une béquille qui l'encourageait dans son repli sur lui-même. Elle était furieuse de le voir s'effondrer quand il ne l'avait pas. Souvent, elle oubliait volontairement sa couverture quand ils sortaient. Il était encore plus fragile sans doudou. Il le cherchait partout en gémissant : « Bébé. » Si elle ne pouvait le lui donner, il devenait triste, retournait à son pouce sonore en fermant les yeux ou encore il enfouissait sa tête dans son épaule. Il pâlissait, tremblait, se raidissait. Elle sentait combien il était contrarié et finit par céder à son comportement dépendant. Plus la couverture devenait sale et usée, plus Tim lui était attaché.

Les parents peuvent croire que parce que leur enfant va à l'école, il est capable de renoncer à sa couverture, à sa tétine ou à son pouce. Ce n'est pas le moment de lui faire franchir ce pas. C'est le moment où il faut accepter son besoin de régression, car l'enfant lutte pour devenir indépendant. Comme l'ont montré Billy et Tim, c'est un moment de dépendance accrue – non seulement vis-à-vis des parents, mais aussi de l'objet transitionnel qui a fini par les représenter.

Un doudou aide l'enfant à se calmer après un événement traumatisant. Un jour, Minnie tomba en courant pour entrer à l'école et s'écorcha le genou. C'était une blessure un peu impressionnante, mais superficielle. Mme Lee savait qu'il n'était pas nécessaire d'y mettre des points de suture, mais elle savait aussi que c'était douloureux. Elle rentra précipitamment chez elle avec Minnie pour laver son genou au savon et à l'eau et y appliquer un pansement.

« Non ! Non ! Non ! hurlait Minnie.

– Mais je dois te nettoyer et te mettre un pansement !

– Non ! Non ! Non ! Ne me touche pas ! Ça fait mal ! »

Saisie d'une subite inspiration, Mme Lee songea à Googie, la poupée chérie.

« Googie est tombée, elle aussi, Minnie. Elle sait combien ton genou te fait mal. Regarde, elle pleure, elle aussi. Est-ce que nous pouvons lui laver le genou et lui mettre un pansement ? »

Le regard de Minnie s'illumina. « Oh ! » Elle s'empara de Googie, la berça avec ardeur. Mme Lee apporta de l'eau tiède et savonneuse. Elle lava le genou de Googie, puis celui de Minnie, en soupirant de soulagement. Voilà une bataille qu'elles avaient gagnée ensemble – Googie et elle!

Retrouvailles et rituels. Les parents qui doivent partir pour toute la journée veulent désespérément rattraper le temps perdu. Se retrouver tous ensemble, voilà ce qu'il faut souhaiter. Les parents qui travaillent devraient essayer, pendant la journée, de garder de l'énergie pour pouvoir affronter le déchaînement de l'enfant sans se laisser eux-mêmes gagner par l'excitation. Ils pourront alors prendre l'enfant pour lui faire un câlin et rassembler la famille à la fin de la journée.

Je recommande un grand fauteuil à bascule. Quand les parents rentrent du travail le soir, il ou elle ne devrait pas disparaître dans la cuisine pour vaquer aux tâches ménagères. Réservez-les pour plus tard. Le plus important c'est de se rassembler et de retrouver l'intimité familiale. En berçant l'enfant, regardez-le.

«Tu m'as manqué. Comment s'est passée ta journée?

– Bah!

– Moi aussi, mais maintenant nous sommes ensemble.»

Une fois que le parent sent que l'enfant se calme dans ses bras, il sait que la famille s'est reformée. À ce moment, il peut emmener l'enfant avec lui à la cuisine. Même un petit enfant est capable d'aider pour les repas; il peut mettre les serviettes sur la table, tourner quelque chose, débarrasser les assiettes (incassables). Cela donnera peut-être plus de travail aux parents, mais il est important que l'enfant collabore aux rituels quotidiens. Il se sentira fier de lui et saura qu'il compte dans la famille. Il sentira qu'il participe au travail de la famille.

Faites en sorte de trouver dans votre emploi du temps des moments où vous vous rendrez totalement disponible pour être avec votre enfant et faire ce qu'il veut, *lui.* Il est difficile de renoncer à ce qui est important pour vous – beepers, mails, coups de téléphone, soucis professionnels qui encombrent votre esprit. Ne pas le faire, c'est dire à votre enfant qu'il passe en second. Ce message n'est pas un message avec lequel il peut vivre, vous non plus. Les parents ont besoin que la famille passe en premier, tout autant que les enfants.

D'autres rituels envoient aux enfants le message suivant : «Maintenant je suis tout à toi. Tu me manques quand je ne peux pas être à toi», et, par exemple :

– Du temps le matin pour partager des moments d'intimité avant de partir au travail. Cela veut dire se lever plus tôt pour s'organiser. Donnez à vos enfants leur jus d'orange au lit avant; ils en tireront de l'énergie. Profitez du petit déjeuner pour communiquer.

– Du temps le soir au coucher pour lire des histoires, faire des câlins ou chanter des chansons ensemble : ce sont des moments de réunion essentiels. Souvent, la répétition incessante des mêmes histoires devient une façon de se rappeler que «c'est comme cela qu'on fait toujours. On reste ensemble, on se lit des histoires, c'est notre habitude».

– Du temps pendant le bain : rester assis à regarder les enfants jouer dans l'eau, rien de plus amusant. Et vous confirmez à l'enfant que ses propres rituels sont aussi importants pour vous que pour lui. Sans compter l'importance de pouvoir se livrer à des investigations sur soi sans danger et poser des questions sur son corps, d'avoir l'occasion de partager cela avec vous, alors que vous êtes assis tout près.

Affronter les séparations est plus facile pour parents et enfants quand ils savent les uns et les autres qu'ils peuvent compter redevenir proches quand ils se retrouvent. Les «moments de tapis» sont un concept du Dr Stanley Greenspan. L'adulte s'assied par terre avec l'enfant, pour se mettre à son niveau. L'enfant s'en rend compte immédiatement. «Il est à moi. Il veut jouer avec *moi.*» Un parent très occupé peut immédiatement donner à l'enfant le sentiment qu'il se consacre entièrement à lui. Les moments de tapis sont d'authentiques moments de qualité.

Marcy jouait avec ses poupées.

«Là, c'est la maman. Elle me dit : "Va te coucher!" Mon papa, il dit : "Dans un moment."»

Amos, le frère de Marcy, l'observait depuis sa chaise devant l'ordinateur.

«C'est nul de jouer à la poupée, berk!»

M. Jackson entra dans la pièce et regarda Marcy de loin. Intrigué, il vint s'asseoir près d'elle et Marcy sentit qu'il était intéressé. «Papa dit : "Quelle gentille fille! Elle sait faire des sauts périlleux!"» La poupée tourna plusieurs fois sur elle-même. Marcy rapprocha petit à petit la poupée de son père. «Voilà la maison. Ils jouent dans le jardin. Elle aime quand son papa la pousse.» Marcy mit la poupée sur une balançoire. M. Jackson était séduit. Il tendit la main pour pousser la balançoire. Ensemble, Marcy et lui se mirent à chanter.

M. Jackson avait la sagesse de ne pas prendre l'initiative, ni d'utiliser l'occasion pour essayer d'apprendre quelque chose à sa fille. Il avait observé et s'était rendu disponible pour jouer. Il n'est pas facile pour les parents de renoncer à leur rôle parental. Vouloir donner des «leçons» d'existence ou faire faire des progrès n'est que trop naturel; l'enfant préfère sentir qu'il a le contrôle et ressent davantage de satisfaction quand le parent accepte de se «consacrer» à lui.

«Tu serais le papa et je serais la maman, dit Marcy. Maintenant, tu es le bébé et tu pleures. Non, pleure fort.» Après avoir testé sa capacité à contrôler son père, Marcy peut le faire entrer dans le jeu. «Maintenant, maman va te mettre au lit. Couche-toi.» Une fois M. Jackson étendu de tout son long sur le tapis, Marcy eut envie de lui sauter sur le ventre. Puis, elle alla chercher un livre pour lui faire la lecture et imiter leurs habitudes du soir. Jouer, c'était pour Marcy avoir son père tout à elle.

La mère de Marcy trouvait difficile de se détendre de cette façon. Elle se sentait épuisée par son travail. Son trajet était pénible – rien que des embouteillages. Son directeur la surveillait pour savoir si elle arrivait à l'heure. Ses collègues n'étaient pas aussi aimables qu'elle l'aurait souhaité. Tout cela augmentait le stress des préparatifs chaque matin. Mme Jackson laissait le petit déjeuner et l'habillage des enfants à son mari. Un jour Marcy s'exclama :

«Maman, je ne te vois jamais!»

Mme Jackson répondit vivement :

«Tu m'as tous les soirs – et les week-ends.

– Mais je ne te vois pas le matin.»

Mme Jackson commença par se défendre :

«Je suis beaucoup trop pressée.»

Mais quelque chose en elle dit : «C'est important. Je dois l'écouter.» Quand c'était elle qui levait Marcy, il y avait habituellement une longue discussion à propos des vêtements qu'elle allait porter. Marcy traînait et arrivait toujours en retard pour le petit déjeuner. Ce qui finissait par une dispute; Mme Jackson trouvait que cela n'en valait pas la peine. D'autant qu'alors, elle arrivait au travail toute prête à se quereller avec ses collègues.

Mais la remarque de Marcy suscita son attention. Elle décida de changer les habitudes matinales et d'établir un nouveau rituel qui les aiderait tous : elle régla le réveil une demi-heure plus tôt, pour ne pas avoir besoin de se presser autant; elle sortit les vêtements de Marcy la veille – avec la possibilité de choisir entre deux, pas plus; elle donna à sa fille un verre de jus d'orange à boire avant de la lever. Certains enfants souffrent d'hypoglycémie (insuffisance de sucre dans le sang) au réveil. Leur donner du sucre avant qu'ils n'en aient besoin pour s'activer peut éviter mauvaise humeur et agressivité. Les enfants qui ont une glycémie normale apprécient ce geste d'affection pour commencer leur journée. Ce rapide moment d'intimité peut également avoir pour conséquence que les enfants traînent moins en s'habillant et que les parents ont moins besoin de s'en mêler. Ensuite, Mme Jackson s'arrangea pour que tout le monde prenne son petit déjeuner ensemble. À table, elle supprima les choix; c'était trop difficile à ce moment de la journée. Il était plus simple d'avoir une sorte de céréales, une sorte de pain et on en mangeait ou pas. Mme Jackson encouragea la famille à parler de la journée à venir et à s'y préparer : «Tu vas retrouver Billy et Minnie, Marcy. Ils t'aiment bien.» À la fin du repas, ils s'embrassaient tous pour se dire au revoir. «On se retrouve ce soir.»

On peut aussi offrir une compensation pour les séparations inévitables en fixant un «rendez-vous» régulier et sacré – chacun des parents avec chacun des enfants; les parents ont besoin d'une telle rencontre autant pour eux-mêmes que pour les enfants. Ce «rendez-vous» n'est pas nécessairement long (pas plus de deux heures), mais il doit être prévisible et fiable. L'enfant peut décider quoi faire pendant ce temps. Parlez-en au cours de la semaine : «Nous ne pouvons pas passer suffisamment de temps ensemble pour l'instant, mais ce sera pour bientôt. Tu te rappelles notre rendez-vous. C'est toi qui me diras quoi faire, pour changer.»

Respectez tous les rituels – habitudes quotidiennes, horaires des repas, retrouvailles à l'école, dîners en famille, occasions de réunir les familles. Les fêtes – Noël, Hanoukka, Pâques – prennent une valeur plus grande que jamais. Ce sont des circonstances pour se retrouver et pour partager les valeurs familiales. Des occasions de rassembler la famille éloignée. Quand les deux parents travaillent, les enfants ont plus que jamais besoin de la structure d'expériences partagées et prévisibles.

Chaque moment du rituel a le pouvoir d'invoquer tous les autres, ceux qui sont passés et ceux qui vont arriver. Les rituels transmis de génération en génération aident l'enfant à avoir une meilleure notion de sa place dans la famille. Un enfant se sent en sécurité dans son univers quand il peut se rattacher à un parent et à un grand-parent. Nous avions l'habitude d'aller dîner chez ma belle-mère chaque dimanche. En chemin, tout le monde se plaignait de devoir «renoncer à une si belle journée». Mais après nous être réunis – trois générations – chacun d'entre nous ressentait une paix intérieure. Mes enfants n'ont jamais oublié ces rencontres rituelles. De nos jours, les parents peuvent avoir envie de mettre en place ou de faire revivre de tels rituels ou même d'en inventer de nouveaux. C'est une façon de nous «ancrer» dans notre monde chaotique.

Les repas. À trois ans, s'il subsiste un problème d'alimentation hérité des deux premières années – mauvais appétit et faible gain de poids, vomissements après les repas, habitude de cacher la nourriture ou de refuser un plat après l'autre – il est temps pour les parents de réévaluer la situation. Tous ces problèmes annoncent un possible risque de problème alimentaire pour l'avenir. Pour un enfant de trois ans, cela peut être une façon de réclamer plus de structure au moment des repas. Est-ce que le comportement de l'enfant indique qu'il ne se sent pas maître de la situation et qu'il doit recourir à un comportement déviant pour satisfaire son besoin de contrôle de soi? «Je veux» ou «Je ne veux pas», les jeux ou les provocations au moment des repas sont le signe que la nourriture n'est plus qu'un objet de troc. Plus grave, le repas a perdu tout sens familial de communication et d'intimité.

À trois ans, l'enfant sort d'une lutte éprouvante vers l'indépendance. Il a appris à dire «oui» ou «non», mais n'a pas encore appris quand chercher un moyen terme. Il vient tout juste de ressentir qu'il est capable de faire ses propres choix et de prendre ses propres décisions. Il peut dire : «Je vais faire cela» en toute connaissance de cause; cela peut lui monter à la tête. Chaque pas vers l'indépendance représente un combat. Alimentation, vêtements et bains, tout y participe. Pour les parents, cela peut paraître une lutte pour le pouvoir. Pour un enfant de trois ans, c'est une lutte pour mieux se connaître.

Minnie refusait catégoriquement les légumes. Mme Lee ne pouvait l'accepter. Elle appela sa mère à la rescousse, parce qu'elle se rappelait tous les légumes frais qu'on lui avait servis quand elle-même était enfant. Elle gardait presque le goût des brocolis à la bouche. Elle les détestait alors, mais on lui avait appris à les manger. «Les brocolis ont les vitamines les plus importantes. Ils te feront des cheveux et des yeux magnifiques.» Elle attendait toujours le résultat. Elle avait de bons yeux et des cheveux corrects, mais rien qui la récompense d'avoir mangé à contrecœur autant de brocolis! À présent, sa fille se moquait bien des brocolis et des tentatives pour les lui faire manger. Fallait-il la forcer? Sa mère, au téléphone, l'encouragea dans ce sens. «Bien sûr que Minnie doit manger des légumes. Des populations entières ne vivent que de légumes et se portent très bien. Comment un enfant pourrait-il vivre sans légumes? Tu as toujours mangé tes légumes. J'y ai veillé.» Sans en avoir conscience, Mme Lee avait fait sortir un «fantôme de sa nursery» : voilà pourquoi il est si important pour elle de pousser Minnie à manger des légumes.

La nourriture et les repas sont susceptibles de devenir une source de conflits au cours de la troisième année. Les enfants ont fait des progrès sur l'essentiel et les parents peuvent s'attendre à une plus grande docilité. Quand un enfant refuse de manger, il a de bonnes chances de faire apparaître les propres problèmes de ses parents – l'obligation de nourrir leur enfant se confronte alors à leur expérience personnelle dans les domaines alimentaire et familial. C'est la raison pour laquelle il est essentiel de désamorcer le conflit et de le transformer en une expérience positive partagée.

Apprendre à manger avec la famille – en s'asseyant, en se tenant bien – se fait par imitation.

1. Les repas sont des moments que les familles doivent passer ensemble. Le petit déjeuner et le dîner sont d'importantes occasions qui créent des habitudes.
2. Aucun enfant de trois ans ne se conformera facilement aux attentes de ses parents, mais il faut considérer qu'elles sont importantes pour apprendre à vivre avec les autres et pour accepter leurs valeurs. Ne vous disputez pas pour les imposer, mais n'encouragez pas non plus la rébellion.
3. Si nécessaire, commencez à faire manger l'enfant de trois ans avant le reste de la famille : ainsi il pourra s'asseoir à table et parler.
4. Ne faites pas de la nourriture un problème.
5. Proposez de petites portions – plus petites que ce que l'enfant est susceptible de vouloir.
6. Dès que l'enfant devient provocateur, quand il jette sa nourriture, qu'il la laisse tomber ou qu'il se met à aller et venir dans la pièce, son dîner est terminé. Ignorez son comportement quand il s'égosille pour être le centre de l'attention.
7. Une fois que l'enfant a la permission de sortir de table, personne ne l'encourage à poursuivre ses sottises en plaisantant ou en jouant avec lui.
8. Ne proposez rien à manger entre les repas. Aucun grignotage en dehors des heures habituelles. Quand le repas est terminé, on ne peut plus avoir de nourriture.
9. Ne parlez pas des bonnes manières à table, ne les enseignez pas. Bien se tenir à table s'apprend vers quatre, cinq ans par imitation.
10. Conservez vos propres bonnes manières durant tout le repas – quoi qu'il se passe !

(Voir également « Alimentation et problèmes alimentaires », dans la deuxième partie.)

Les problèmes de sommeil. Le sommeil est un problème de séparation entre les parents et l'enfant. La séparation pendant la nuit est difficile pour tous les parents qui sont absents pendant la journée. Les parents qui travaillent ne parviennent pas à renoncer à l'enfant le soir et l'enfant ne veut pas laisser ses parents. Le coucher et les épisodes de réveil léger la nuit deviennent des «occasions» de réunion. Le sommeil est une séparation plus sérieuse qu'il n'y paraît.

Le soir, Tim réclamait une histoire après l'autre. À un moment, il manifesta un besoin nouveau pour de la musique au coucher. Ses parents cédèrent. Ils pensaient que la musique pourrait être apaisante pour un enfant qui dormait mal. Ils essayèrent la musique classique. Tim pleurnicha. Ils essayèrent du rock. Avec pour seul résultat de l'émoustiller – ce que n'importe qui aurait pu prédire. Finalement, ils firent une tentative avec des chansons d'amour d'Ella Fitzgerald. Tim fut conquis. Il se mettait en chien de fusil, le pouce à la bouche, sa petite couverture roulée en boule pour figurer «son bébé». Mais M. et Mme McCormick découvrirent que Tim exigeait qu'on change le disque dès que la musique s'arrêtait. Au début, ils s'exécutèrent. Finalement, un soir, après trois changements, M. McCormick se révolta. «Pourquoi a-t-il besoin de toute cette musique? On ne pourrait pas arrêter au bout du premier disque?» Mme McCormick était sur le point de résister. Elle se rappela comme il avait été difficile de renoncer à aller voir Tim toutes les trois ou quatre heures quand il était plus petit. Celui-ci avait eu de graves problèmes de sommeil pendant sa première année. Elle l'avait nourri au sein, puis bercé jusqu'à ce qu'il s'endorme dans ses bras. Elle le déposait doucement dans son berceau et il continuait gentiment à dormir. Mais toutes les trois ou quatre heures, à chaque cycle de sommeil léger quand il s'éveillait en pleurant et en s'agitant dans tous les sens, elle se précipitait. Elle le berçait, chantait pour lui, lui donnait le sein jusqu'à ce qu'il se rendorme. M. McCormick s'était fâché : «Tu n'as jamais fait ça pour Philip. Laisse-le tranquille.» La tension était montée, étant donné que Tim continuait à se réveiller toutes les quatre heures.

Finalement, en désespoir de cause, l'année précédente, Mme McCormick avait cherché de l'aide pour résoudre les problèmes de sommeil de son fils. Celui-ci restait éveillé, la réclamant jusqu'à six heures chaque nuit. Elle était épuisée par manque de sommeil. Le spécialiste lui fit remarquer qu'elle n'avait jamais aidé Tim à apprendre à s'endormir. En l'apaisant, elle était devenue partie intégrante de son schéma d'endormissement. Elle le berçait dans ses bras jusqu'à ce qu'il s'endorme, inquiète de sa sensibilité. Si elle le mettait au lit avant qu'il ne soit endormi, il s'agitait et pleurait. Chaque fois qu'il arrivait à un cycle de sommeil léger – toutes les trois ou quatre heures –, il s'excitait et n'avait, pour se calmer, aucun schéma qui n'implique sa mère. «Vous devez le laisser se débrouiller. Si c'est trop difficile pour vous, pourquoi ne pas laisser votre mari l'aider à apprendre à dormir?» Elle n'avait pas pensé à cela. Elle avait peur que le père de Tim ne dise : «Laisse-le pleurer jusqu'à ce qu'il se calme.» En fait, le spécialiste suggéra : «Il n'est pas question d'abandonner Tim; mais vous devez lui laisser apprendre qu'il peut se rendormir tout seul. Commencez au moment où vous le couchez pour la première fois. Bercez-le, chantez, lisez des histoires comme vous en avez l'habitude. Puis mettez-le au lit une fois qu'il s'est calmé, mais avant qu'il soit endormi. Asseyez-vous à côté de lui, caressez-le en lui disant : "Tu es capable de le faire, tout à fait capable." Donnez-lui son doudou et montrez-lui son pouce. Qu'il sache que ce sont des substituts pour vous.» Mme McCormick fit une grimace.

Le spécialiste prédit que ce processus prendrait plusieurs semaines. Et c'est ce qui se passa, mais bientôt Tim réussit à ne se réveiller qu'une fois dans la nuit. Sa mère était reconnaissante. Son père, soulagé. Tim, quant à lui, se sentait tout fier.

À présent, au moment de son entrée en maternelle, Tim recommençait à manifester des difficultés pour se séparer de ses parents et pour s'endormir; les craintes de ses parents surgirent à nouveau. Tim semblait même plus fragile en cette période. Sa mère et son père étaient si sensibles à la fragilité de leur fils qu'ils craignaient une régression aux problèmes de sommeil antérieurs. Cela devint un nouveau point fort.

Les parents de Tim examinèrent les changements survenus dans sa vie. Sa mère travaillait et le petit garçon commençait juste à sentir qu'il était nécessaire – pour lui et pour les autres – d'avoir des relations avec les enfants de son âge. Il y avait peut-être aussi d'autres stress non identifiés, mais ceux-là étaient suffisants pour entraîner une régression la nuit.

Fixer des objectifs et mettre un terme ferme aux exigences, voilà deux façons de rassurer Tim, comme n'importe quel autre enfant. Son père lui dit : «Deux disques suffisent. Nous reviendrons pour remettre le deuxième et t'embrasser. En attendant, tu as ton pouce et ton "bébé". Tu te débrouilles pour t'endormir tout seul.»

Tim avait besoin de cette sorte de fermeté pour être rassuré. Prolonger son besoin apparent par un conflit familial ne pouvait que lui envoyer le mauvais message et renforcer son sentiment de vulnérabilité.

Trois ans et après...

L'enfant de trois ans vient juste de prendre conscience des différentes façons dont il peut découvrir son monde – et se découvrir lui-même. À deux ans, il était pris à l'intérieur de lui-même, tout occupé à faire la différence entre «oui» et «non», «je vais?» et «je ne vais pas?» Le trouble est toujours présent, mais il a davantage de contrôle sur le moment où il va le manifester et la raison pour laquelle il le ressent. Il a appris que s'il a besoin d'attention, il peut se livrer à une colère délibérée, différente de celles qui paraissaient venir de nulle part il y a seulement un an. S'il désire de l'affection, il sait se comporter de façon à l'obtenir – et habituellement avec succès. Il commence juste à sentir le pouvoir de son comportement. Avec cette sensation de pouvoir, est arrivée la parole; il peut façonner le monde avec le langage. Il se façonne lui-même également, et cela élargit son champ de conscience.

Il commence à comprendre le temps, l'espace et la responsabilité envers les autres. Responsabilité, parce qu'il se rend compte que les autres ont de l'importance pour lui – beaucoup d'importance. Il veut s'accrocher à maman et à papa – souvent en même temps. La prise de conscience de son sexe – le fait que chaque parent appartienne à un sexe différent – émerge. Il s'est rendu compte qu'il a besoin d'autres personnes – frères et sœurs, enfants du même âge – et il commence à comprendre qu'il peut avoir un effet sur eux. Il prend conscience d'être capable de blesser les autres comme de leur faire plaisir. Le plus important de toutes ces nouveautés est qu'il se découvre lui-même : il apprend son sexe, son individualité, ses compétences, ses sentiments à l'égard du monde.

Trois ans : « Ce que je fais est important ! »

Tous ces progrès seront accompagnés de « points forts » qui comprennent des régressions et des désorganisations. Il n'est pas étonnant que ces périodes de régressions soient tellement dramatiques – pour le parent et pour l'enfant. Quand il parvient à se réorganiser, l'enfant ressent énormément de fierté et de puissance. Il réussit à affecter son monde – et il commence à s'en rendre compte. Bientôt, son monde va lui apprendre qui il devient.

2

Quatre ans : nouveau pouvoir, nouvelles frayeurs

Un goûter pour Halloween

C'est l'occasion de se déguiser ! De jouer à devenir la personne qu'on souhaite être depuis toujours. Les parents de Minnie ont invité des enfants pour Halloween. Ils ont demandé que chacun se déguise. Les lutins et les superhéros vont pouvoir exprimer au grand jour les sentiments de frayeur, de fureur et de rivalité auxquels les enfants de quatre ans sont confrontés. Les Lee rassurent les autres parents : pas d'inquiétude pour le costume, il n'a pas à être parfait. « Utilisez ce que vous avez chez vous. »

Marcy sut tout de suite ce qu'elle voulait :

« Je vais être Cendrillon, une danseuse. »

Sa mère avait un point de vue différent :

« Cendrillon n'était pas une danseuse. Elle était une servante qui aidait sa belle-mère en lavant les assiettes et en balayant le sol, jusqu'à ce qu'elle rencontre le prince !

– Je ne veux pas être cette Cendrillon-là. Je veux être la Cendrillon avec une grande robe et des chaussures à talons. Je veux être une belle princesse. »

Elle se mit à tournoyer encore et encore. Mme Jackson essaya de la calmer. Sans résultat. Elle trouva de quoi satisfaire les envies de sa fille avec un jupon de taffetas et de vieilles chaussures rouges à talons hauts. Marcy voulait aussi une couronne ; elles en confectionnèrent une en carton et y collèrent du riz en guise de diamants. Mme Jackson acheta un vernis qu'elle appliqua sur la couronne et les chaussures. Marcy était rayonnante : « Je suis la reine ! Je suis si belle – le prince sera obligé de se marier avec moi ! »

L'invitation frappa Tim de terreur. Au début, il refusa de s'y rendre. Mais sa mère insistait avec obstination pour qu'il y aille.

« Tu verras ton copain Billy. Et je ne partirai pas. Je resterai avec toi.

– Mais je ne veux pas y aller.

– Mais ça sera amusant de te déguiser. Qu'est-ce que tu voudrais être ?

– Un spationaute.

– Qu'est-ce que porte un spationaute ?

– Une combinaison de l'espace. Tout le monde sait cela ! Avec un casque et un masque par-dessus pour respirer. Une combinaison qui ne laisse pas sortir d'air et qui ne laisse pas passer les sons. »

Mme McCormick se sentit découragée. Tim voulait l'aider à réaliser le costume, mais il était persuadé qu'il allait être raté. Encore quelques efforts pour l'amadouer. Finalement, il prit le casque de vélo de son frère et y colla un masque de plastique. Personne ne pouvait apercevoir son visage, et lui pouvait à peine y voir. Mme McCormick dut s'assurer que son fils pourrait au moins respirer. Pour son habit, Tim prit un survêtement et demanda à sa mère de l'ajuster soigneusement avec du ruban adhésif argent. Chaque ouverture – pour la tête, les mains, les pieds – fut bien serrée avec du ruban, afin que ne puissent pénétrer ni « air », ni sons, ni quoi que ce soit d'autre. Tim était prêt – et bien protégé du monde environnant.

Minnie s'habilla en joueuse de base-ball. Sa sœur aînée connaissait un garçon qui jouait dans une équipe. Elle emprunta son équipement pour Minnie. Minnie attacha ses cheveux pour qu'ils tiennent dans la casquette. Elle supplia sa mère de lui acheter une paire de chaussures de base-ball. Celle-ci perdit patience en confectionnant un masque de receveur – avec oreillette – à partir d'une passoire de cuisine. Le père de Minnie lui laissa emprunter son gant. Une fois habillée, la fillette courut dans toute la maison – en laissant des marques sur le parquet. Elle persuada son père de la faire jouer, se révélant incroyablement douée, aussi bien en lançant qu'en rattrapant. M. Lee aurait voulu qu'elle montre ses capacités lors du goûter. Sa femme s'y opposa : « Tu ne veux quand même pas que Minnie se donne en spectacle. »

Billy était en pirate. Il portait plusieurs cannes en guise d'épées et de fusils. Avec l'aide de sa mère, il avait trouvé un bandana, un masque de nuit conservé d'un voyage en avion – coupé en deux pour faire un bandeau de borgne – une écharpe de sa mère à nouer autour de la taille et un short ample appartenant à son beau-père. Il étudia longuement le portrait du Capitaine Crochet dans son livre *Peter Pan*. «Les pirates sont vraiment méchants, hein? Ils peuvent même enlever les filles?» Tout le monde lui assura que les pirates étaient assez méchants pour cela. Il demanda à sa mère de lui faire une barbe. Elle lui mit du mascara sur les joues et le menton. Quand il alla se pavaner jusqu'au miroir, il s'arrêta net. Il se regarda, perdit toute assurance, se mit à gémir et se réfugia vers sa mère. «Pas un pirate trop méchant!» De terreur, il laissa tomber ses «épées et fusils» et les oublia en partant pour le goûter. Sa mère remarqua qu'il était plus timide que d'habitude à leur arrivée. Peu à peu, devant ses amis, son assurance revint, mais il refusa de se regarder à nouveau dans un miroir. Les autres enfants lui redonnèrent de l'entrain et il parut se remettre. Il devint alors le centre de l'attention, car il était vraiment magnifique en fougueux pirate, et finit par retrouver toute sa bravade.

Le goûter eut un grand succès. Chacun des enfants put vivre un moment dans son monde imaginaire.

Les enfants de quatre ans entrent dans une nouvelle phase de développements passionnants :

1. Le langage est à présent capable de suivre les idées plus complexes de l'enfant et de le conduire vers de nouveaux concepts. Le sentiment d'une excitation intérieure est exprimé comme une idée et peut devenir une réalité. Cela va de pair avec un nouveau pouvoir sur tout l'entourage. Quand une fillette réussit à formuler ses propres impulsions avec assez de force pour dire : «Je veux me marier avec papa», tout le monde est frappé. Quelle que soit la réponse, elle découvrira que ses mots ont eu un fort impact. Elle aura le sentiment de pouvoir contrôler son univers. Elle sait maintenant qu'elle compte.

2. Il y a de nouvelles satisfactions émotionnelles : un enfant de quatre ans commence à voir les avantages que lui apporte le fait de grandir. Sa capacité à s'identifier à ses parents et à son entourage

le pousse à acquérir de nouvelles compétences. Il peut aussi imiter leurs façons de supporter les stress, adopter leurs valeurs – ou les rejeter énergiquement. Il n'est plus submergé par son négativisme, il est capable de le mettre en marche et de l'arrêter. Il est même capable de rechercher une solution tout seul. Ses réactions ne sont plus du «tout ou rien». Il a conscience que ses décisions ont de l'importance, même quand il faut y renoncer.

3. Cette conscience de son propre pouvoir apporte de nouvelles frayeurs. L'enfant devient plus conscient du fait qu'il est petit, une petite partie d'un monde plus grand, du fait qu'il dépend de ses parents ou des autres dans les moments critiques. Cette compréhension émergente lui donne conscience de ses limites.

Un enfant de cet âge se sent tiraillé entre ce sens de la dépendance et un désir de maîtriser son monde qui le propulse en avant. Le jeu et l'imagination sont des façons efficaces de résoudre ce dilemme et de construire un monde qui marchera pour *lui*. Ses capacités d'expression verbale et de raisonnement rendent ses inventions plus élaborées et détaillées. Mais cette vive imagination entraîne des frayeurs et des cauchemars. «J'ai rêvé qu'il y avait une sorcière dans mon placard.» «Je sais qu'il n'y a pas de monstres dans ma chambre, mais je sens qu'il y en a un, quand même.»

Les monstres et les sorcières qui apparaissent la nuit dans ses rêves peuvent aussi traduire les difficultés devant les «nouveaux» sentiments. Quand on devient conscient de forts sentiments négatifs et agressifs, on peut en être effrayé. L'enfant a besoin de l'aide d'un parent pour les accepter. Pour les maîtriser, il doit aussi apprendre, peu à peu, la différence entre ressentir une émotion et passer à l'acte.

1. L'enfant de quatre ans est également confronté à la sensation nouvelle d'être un garçon ou une fille. Cette conscience des différences entre lui et ses amis, entre ses parents et les autres parents est construite sur un développement des aptitudes cognitives. Ces observations entraînent de nouvelles questions, de nouvelles incertitudes.

2. Les débuts de la conscience morale, savoir qu'on est capable de décider entre le bien et le mal, cela implique une responsabilité accrue.

Ce sont autant de potentialités chez ce petit enfant. Toutes sont passionnantes quand elles apparaissent. Mais elles peuvent être épuisantes tant pour les parents que pour l'enfant. Les parents doivent apprendre à s'adapter aux changements qui vont affecter leur capacité à contrôler et à protéger leur enfant. Ils ont besoin d'observer et d'écouter, de parvenir à comprendre les objectifs de ces périodes de régression afin de voir l'autre face de la tourmente. Chacun de ces moments devient l'occasion de comprendre l'individualité de l'enfant et peut rapprocher parents et enfants. Les nouveaux soucis doivent être compensés par la découverte de la compétence de l'enfant de quatre ans. Les parents vont avoir beaucoup à faire pour suivre ces développements passionnants et constamment surprenants.

Le tempérament

Les différences individuelles. Quand un enfant fête un anniversaire, tout le monde se figure qu'il franchit une étape. Certes, l'enfant s'attend à se sentir différent ; et les adultes ont tendance à attendre davantage de lui, même s'ils ne le manifestent que de façon subtile. La façon individuelle dont chaque enfant de quatre ans réagit face à un nouvel accomplissement est aussi importante que son âge. Chaque enfant est différent et sa manière d'accueillir chaque stade de son développement est encore un témoignage de son « tempérament ».

À trois ans, Minnie ressemblait à une marionnette dont les ficelles auraient été attachées à un moteur tournant sans arrêt. Elle était perpétuellement en action et engagée avec passion dans ce qu'elle faisait. En fait, elle avait eu quelque peine à survivre. Elle avait mis la main sur toutes les bouteilles accessibles, détergent, liquide vaisselle, sirop pour la toux, les goûtant chaque fois qu'elle le pouvait. Elle était allée inspecter la surface de tout ce sur quoi elle pouvait grimper. Ses parents étaient devenus hyperactifs dans leurs efforts pour la protéger. À présent, son activité incessante devenait peu à peu plus coordonnée, moins brutale et plus gracieuse. Elle était plus amusante à observer, moins inquiétante. Elle savait grimper avec sûreté et sauter au sol sans se blesser. Elle parvenait presque à faire des dribbles en jouant au basket. Elle s'entraînait à donner des coups de pied dans un ballon et étonnait son père par son adresse ; il se prenait déjà à rêver pour elle d'une carrière d'athlète. Il passait de plus en plus de temps avec elle pour essayer de lui enseigner les techniques sportives qui l'intéressaient tant. Minnie apprenait facilement et tous deux étaient enchantés.

Minnie avait souvent des problèmes avec les autres enfants. Sans leur prêter attention, elle les bousculait pour passer devant eux, allant souvent jusqu'à les faire tomber. Mme Lee laissait Minnie lui marcher dessus – et marcher sur tous ceux qui l'entouraient. Les autres parents lui disaient d'être ferme, de montrer davantage d'autorité. Pourquoi n'y arrivait-elle pas ?

La mère de Minnie avait conscience que plusieurs raisons lui rendaient la tâche vraiment difficile. Minnie n'avait jamais écouté (contrairement à sa sœur aînée qui avait toujours été plus facile). Minnie avait toujours été difficile à comprendre. Bébé, elle regardait ailleurs quand on tentait de lui parler. Dès qu'elle avait commencé à se déplacer, son but semblait être de s'échapper. Cette indifférence avait toujours donné à sa mère l'impression d'être une incapable, quelque chose dont cette dernière avait souvent souffert durant sa propre enfance. Ce sentiment s'accompagnait d'un curieux ressentiment ; Mme Lee était aussi contrariée par ses sentiments que par le pouvoir de Minnie de les susciter. La sœur aînée de Minnie ne lui avait jamais fait cela. Elles avaient eu des affinités dès le début. Mais pas Minnie et elle.

Mme Lee disait à ses amies : « Minnie me donne l'impression d'être inutile. Elle semble ne pas avoir besoin de moi. Elle est si différente de ma première fille. Je me sens proche de May. » Les parents d'un enfant difficile à comprendre ou qui fait resurgir leur passé, ont tendance à ressentir ces choses. « Est-ce ma faute si elle est comme cela ? Et si je n'arrive pas à m'entendre avec elle, à quoi est-ce que je sers ? » Les sentiments de Mme Lee à l'égard de Minnie étaient prévisibles. Les problèmes d'entente font resurgir les sentiments d'impuissance éprouvés par les parents pendant leur enfance, et c'est ce qui arrive avec Minnie.

« Elle me fait le même effet que ma mère quand elle me critiquait. Elle avait toujours l'air de penser que j'étais un cas désespéré. Et ma sœur aînée était toujours la meilleure en sport. Je n'étais pas bonne et, chaque fois que je voulais me mettre avec elle,

elle disait : “Je ne veux pas d’elle dans mon équipe.” Maintenant, avec Minnie, je ressens la même chose qu’avec ma sœur. »

Quand une difficulté survient dans une relation parent-enfant, le parent se sent toujours coupable. C’est une des occasions où les « fantômes de la nursery », comme les appelle Selma Fraiberg, s’attachent aux sentiments « d’incapacité » des parents ; ces fantômes minent les forces des parents. Minnie et sa mère n’avaient pas ce que Stella Chess et Alexander Thomas appellent un « accordage affectif ». Il faudra qu’elles apprennent à vivre avec leur accord problématique.

Au cours de sa troisième année, les efforts de toute la famille avaient eu pour objectif d’éviter que Minnie n’ait un accident. Sa sœur en avait souffert, parce que l’activité de Minnie imposait des contraintes incessantes à ses parents. Maintenant, à quatre ans, Minnie avait placé ses exigences sur un autre plan. Son langage s’était enrichi. Son désir d’explorer tout ce qu’elle pouvait toucher s’était étendu à l’univers entier. Elle utilisait le langage aussi bien que le mouvement pour ses investigations. Dès qu’elle obtenait l’attention de ses parents, elle entamait sans relâche une longue série de questions. « Pourquoi l’herbe est verte ? La rosée vient d’où ? Qu’est-ce qui fait battre et sonner l’horloge ? Comment elle sait quand il faut sonner ? Pourquoi tu deviens rouge quand tu es fâchée ? »

Quand ses parents essayaient d’apporter des réponses scientifiques aux questions de Minnie, ils se rendaient compte que cette approche lui passait au-dessus de la tête. Il était difficile de trouver la façon adéquate d’expliquer les choses. Ils étaient parfois épuisés par le harcèlement de leur fille. Ils se donnaient du mal pour imaginer des réponses compréhensibles pour un enfant de quatre ans.

La curiosité apparemment insatiable de Minnie semblait avoir une motivation intérieure ; en fait, elle attendait à peine les réponses. Cette curiosité lui donnait une emprise efficace sur l’attention de ses parents. Elle avait également besoin de désigner à haute voix les choses qui suscitaient son intérêt – ce qui voulait dire pratiquement toutes les choses. Son monde était un flot d’informations indifférenciées. Minnie essayait de s’intéresser à tout ce qui l’entourait en même temps. Elle en faisait trop.

À quatre ans, Billy, approchait chaque nouvelle chose comme s'il fallait la conquérir. Tout l'intéressait et il voulait comprendre et maîtriser tout ce qu'il voyait. Il s'embarquait avec enthousiasme pour tout projet nouveau et excitant. Il paraissait inconscient des limites. Il se mettait à poser des questions à tue-tête sans égard pour les personnes qui étaient en train de converser : «Pourquoi c'est si dur d'ouvrir cette porte? Il y a le verrou? Viens l'ouvrir pour moi.» Tout cela à toute allure. Il parlait ou interrogeait constamment. Étant donné que sa mère parlait beaucoup elle aussi, il lui avait fallu apprendre à s'immiscer dans ses longues conversations. Mais il semblait également suivre ses propres motivations. En conséquence, il oubliait souvent d'attendre une réponse. Il paraissait plus avide d'exprimer la question que d'obtenir la réponse. On aurait dit qu'il façonnait son monde avec son langage. On pouvait l'entendre évaluer une nouvelle situation : «Il y a trois enfants là-bas. Je me demande qui c'est. Est-ce que je peux jouer avec eux? C'est nouveau là-bas. Je ne vois aucun jouet.» La plupart de ces paroles n'étaient adressées à personne; elles étaient comme une façon de s'orienter et de se fixer de nouveaux objectifs.

Billy savait courir et frapper du pied dans un ballon. Il pouvait lancer une balle avec précision. Quand il se déplaçait, ses bras et ses jambes étaient synchronisés. Ces capacités physiques le rapprochèrent de son beau-père. Ils jouaient à la balle à chaque occasion – chacun la lançant à son tour. Billy n'arrivait pas encore à l'attraper, bien qu'il essayât en tendant les deux mains devant lui. Il ne comprenait pas qu'il fallait faire une sorte de nid avec ses mains et ses bras. Mais son beau-père faisait preuve d'une patience sans limites pour lui donner des leçons. Mme Stone fit ce commentaire : «Tu n'as jamais eu autant de patience pour m'apprendre quoi que ce soit.» Billy et son beau-père se ressemblaient beaucoup, ce qui avait facilité le développement de leur relation.

Billy essayait de se promener d'un air conquérant, en imitant son beau-père. Il parlait comme lui. Il l'observait à table et copiait son comportement. Tout cela de façon subtile, mais il était clair qu'en ce moment, Billy était le fils de son beau-père.

Tous les enfants du voisinage aimaient beaucoup Billy. Des enfants plus âgés venaient le chercher à la maison : «Est-ce que Billy peut venir jouer?» Lorsqu'un garçon de neuf ans le réclama,

Mme Stone trouva cela étrange. Elle les observa pour voir pourquoi cet enfant plus âgé avait envie de la compagnie de son fils. Sa vivacité, son rire contagieux, voilà ce qui avait séduit un enfant de neuf ans. Même la maladresse de ses quatre ans était attirante pour ses aînés. Ils le mettaient en valeur. « Regarde comment Billy lance ! Il est petit et il est meilleur que toi ! » Les enfants de son âge avaient presque de la vénération pour lui. Il était déjà un « leader » dans son groupe d'amis, il occupait le devant de la scène : « Fais ci ! Fais ça ! Essaie, ça va te plaire ! » « De qui Billy tient-il ? » répétaient ses parents. Personne ne pouvait résister à leur charmant petit garçon.

Billy avait conscience de son pouvoir de séduction. Avec ses cheveux bouclés et son visage plein de curiosité, il pouvait aborder hardiment un groupe d'adultes en disant : « Salut ! Je m'appelle Billy. » Il n'avait pas besoin de faire l'intéressant, ni de bousculer les autres. Il avait trop d'assurance pour ça. Mais il était gâté par toute l'attention et l'adulation dont il était l'objet. Quand sa mère le priait de l'aider, il arrivait qu'il dise : « Tu n'as qu'à demander à Abby. » Mme Stone se rendait compte qu'il lui fallait être plus autoritaire et exigeante avec son fils. Elle se sentait souvent coupable de sa faiblesse. Parfois, elle craignait d'être trop sévère avec lui, mais la plupart du temps elle savait qu'il avait besoin de discipline. Son autorité était cependant intermittente parce qu'elle était trop amusée et fière de la gaieté et du charme de Billy. Deux qualités qu'elle lui enviait.

À la fin de chaque jour, cependant, la mère de Billy était épuisée. « Billy, laisse-moi tranquille ! » Quand M. Stone rentrait du travail, elle le suppliait : « Débarrasse-moi de lui. J'ai le dîner à préparer ! » Mais dès que M. Stone et Billy commençaient à s'amuser ensemble, Mme Stone réclamait son fils. Elle ne s'était pas encore rendu compte qu'elle avait un grand besoin de lui pour tenir le coup. Le bébé était exigeant et même gratifiant, mais Billy était toujours amusant.

Billy apprenait à utiliser le langage pour se contrôler lui-même. Quand il devenait furieux ou trop excité, il se disait : « Elle me met trop en colère, je vais lui taper dessus ! » En traduisant en mots cette pensée, il recherchait l'aide d'un adulte. Le discours était important pour lui non seulement pour s'exprimer, mais aussi pour se comprendre. Sa mère avait essayé de lui enseigner à « utiliser ses mots, pas ses actes». Il essayait. Quand il se sentait prêt à se bagarrer avec un pair, il disait : «Tu m'énerves. J'ai envie de te frapper.» L'autre enfant faisait marche arrière et se rendait sans condition.

À quatre ans, Tim était toujours un petit garçon calme et pensif. Il avait été d'emblée un adepte de la position assise et il abordait chaque nouvelle étape avec prudence. Il observait constamment son frère aîné, un enfant bruyant. Tim était si absorbé qu'il sursautait à chaque changement dans l'expression ou le comportement de son frère. Jamais il ne parut immunisé contre les façons tapageuses de Philip et il se reculait quand celui-ci l'approchait de trop près. Bien qu'il n'ait pas été en retard par rapport à la norme, Tim avait attendu plusieurs mois pour marcher, alors qu'il en était capable sur le plan physique. Ses parents avaient remarqué qu'il avait acquis la capacité de se tenir debout, de trouver son équilibre en s'agrippant au mobilier et de se déplacer autour d'une table. Mais il s'asseyait toujours lorsque Philip s'approchait, comme s'il savait que ses nouvelles compétences étaient loin d'égaler celles de son frère.

Les parents de Tim pensaient que leur fils avait été plus lent et plus circonspect dans chacun de ses progrès à cause de son frère aîné. Bien que le spectacle de Philip lui donnât envie de découvrir chaque nouvelle étape, ses appréhensions avant d'oser le retenaient. Les parents de Tim s'étaient adaptés instinctivement à sa sensibilité sans reconnaître en eux ce qui paraissait différent en lui. Ils devaient l'aborder avec douceur, le câliner, le bercer avant de le nourrir ou de le mettre au lit pour sa sieste ou pour la nuit. Il continuait à sursauter facilement. C'était une telle surprise après Philip qui était tout son contraire. Tim était facile tant qu'on respectait sa sensibilité, mais il lui en coûtait. Chaque journée se terminait par un épisode de désorganisation. Quand il «explosait», ses cris étaient insupportables. Personne ne s'était rendu compte qu'ils les utilisaient pour se protéger contre toute stimulation supplémentaire.

Au cours de sa deuxième année, Tim parvint rapidement à enchaîner des mots. Dans les moments où il se sentait en sécurité, lorsqu'il était seul avec un de ses parents, il montrait de l'empressement à s'exprimer. Ses parents furent enchantés quand il put montrer et nommer son nez et ses oreilles, compter jusqu'à dix. Son intelligence semblait tout à fait vive – c'était rassurant pour les McCormick. Ils ne s'étaient pas rendu compte à quel point son développement les avait inquiétés.

La troisième année de Tim s'était déroulée, d'une certaine façon, trop facilement. Ses parents se souciaient de le voir accepter son environnement de façon si studieuse et tranquille. Il observait. Il restait assis. Il osait tenter quelques nouvelles expériences, mais la plupart du temps il était accroché à sa mère. Il semblait attendre. Ses parents avaient besoin que le pédiatre leur assure régulièrement que Tim se développait «normalement».

Les amis de Philip avaient appris à éviter Tim. Les adultes essayaient de l'approcher et renonçaient vite à lui parler. Mais rien n'échappait à ses grands yeux ronds. Si on l'approchait calmement, il était prêt à répondre et désireux de parler. «Pourquoi papa et maman vont travailler? Pourquoi papa se met en colère? Pourquoi grand-mère a tellement de rides? Est-ce qu'elle les dessine? Ses yeux ont des marques tout autour et sa bouche a plein de peinture rouge. Pourquoi?» Si on l'approchait trop vite ou trop bruyamment, il se repliait sur lui-même. Il tournait la tête de côté et se mettait à sucer son pouce.

À la maison, Tim était plus libre. Il explorait, trouvait des jeux tranquilles. Il adorait l'ordinateur. Il avait appris à le mettre en marche et à y trouver des jeux. Il essayait d'apprendre à lire sur l'écran, prononçant tout haut son propre nom quand celui-ci apparaissait. Il parvenait même à dessiner quelques lettres. Tim semblait rechercher des occasions d'apprendre et M. McCormick était tout à fait disposé à communiquer de cette façon avec lui. Chaque jour, quand il rentrait à la maison, Tim et lui passaient une demi-heure devant l'ordinateur, à tester les compétences du petit garçon. Mme McCormick mettait son mari en garde : «Tu ne fais que renforcer son besoin de solitude et d'indépendance. Comment l'ordinateur va-t-il l'aider à mieux connaître les autres enfants?»

Ses parents essayaient de ne pas trop s'inquiéter de l'isolement de Tim à l'école. La plupart des enfants l'évitaient parce qu'il était si tranquille. Étant donné qu'il avait quatre ans, sa mère se résolut à écouter l'avis d'une amie : «Il est tout simplement timide.

Trouve-lui un ami timide. Laisse-les jouer souvent ensemble. De cette façon, il apprendra comment se comporter avec d'autres enfants.» L'amie avait raison : affronter un groupe quand on est deux timides, c'est bien plus facile que d'y entrer tout seul. Mme McCormick l'écouta donc, surprise de n'avoir pas eu l'idée elle-même. Elle trouva à l'école une petite fille qui paraissait aussi dépassée que Tim. Elle organisa trois rencontres par semaine, qui devinrent une habitude attendue des deux enfants. Ils s'asseyaient pour parler comme des adultes. Ils parlaient de tous les autres enfants de l'école. Rien ne leur avait échappé. L'observation était leur façon de participer. Après quelques visites, ils s'entraînèrent l'un l'autre à prendre davantage part aux activités de l'école. Ils faisaient des dessins. Ils chantaient des chansons. Ils dansaient en ronde.

Mme McCormick n'imaginait pas que Tim savait déjà sauter à cloche-pied. Il le faisait – pour Lizzy, son amie timide. Tous deux devinrent de plus en plus aventureux – tant qu'ils étaient ensemble et seuls. À l'école, ils restaient sur leur réserve. L'une des institutrices utilisa leur relation naissante en leur demandant de prendre chacun la tête des deux rangs formés tous les matins. S'observant l'un l'autre avec soin, ils se tinrent bien droit, la tête timidement tournée en direction de l'autre, puis, avec hésitation, ils conduisirent leur rang à l'intérieur de l'école. À partir de ce moment, Lizzy et Tim furent tolérés dans le groupe. Cette expérience les avait fait progresser, mais leur tempérament n'avait pas changé. Leur sensibilité et leur timidité persistaient. Ils ne pouvaient pas vraiment devenir aussi extravertis que les autres enfants de la classe. Cela dit, ils avaient prouvé leur capacité à surmonter leur sensibilité et le poids qu'elle faisait peser sur leur entrée dans le groupe. Les deux mères furent ravies et soulagées.

Si on essaie de changer le tempérament d'un enfant, on échoue. En agissant ainsi, on dit à l'enfant : «Je n'aime pas ce que tu es.» La timidité est considérée comme un handicap dans notre société. Un enfant timide a des chances d'être pris pour un perdant. La timidité touche sérieusement les parents, elle fait remonter toutes les inhibitions de leur propre jeunesse. Beaucoup des parents de ces petits timides ont été eux-mêmes timides dans leur enfance. Ce qu'ils ressentent à l'égard de la timidité de leur fils ou de leur fille peut se mélanger avec leurs propres souvenirs. Encore des «fantômes de la nursery». Les parents peuvent se mettre à s'inquiéter de l'avenir de leur enfant. Va-t-il réussir en société ? Ces craintes font que les parents ont souvent plus de difficultés à répondre aux besoins d'un enfant timide.

Souvent, les parents sont plus influencés qu'ils ne le pensent par les souffrances inévitables qui subsistent de leur enfance. Ils désirent protéger leur enfant des coups qu'ils ont encore en mémoire. Mais au lieu d'essayer de changer le tempérament de l'enfant, il vaut mieux accepter sa sensibilité et l'aider à trouver des façons de s'y adapter, de l'utiliser à son avantage. En montrant qu'on a conscience des sentiments de l'enfant, qu'on approuve ses efforts pour aller vers les autres *et* pour se replier et se protéger, on se comporte de façon thérapeutique. Bien que l'attitude réservée de Tim protégeât sa vive sensibilité, il avait la possibilité de participer visuellement bien avant de se laisser aller à participer activement. Il était essentiel d'apprécier son utilisation de l'observation ainsi que son rythme personnel. D'apprécier également sa prudence. Comprendre sa façon particulière d'aborder son monde revenait à lui donner confiance et à l'aider à se découvrir lui-même.

Mon conseil pour les parents est d'accepter autant que possible le tempérament de l'enfant. Au moment où il perd tout contrôle ou si son comportement devient inacceptable, il peut être nécessaire d'intervenir. Autrement, reconnaissez son embarras, soutenez-le, c'est ce qui lui sera le plus utile. «Je comprends combien il est difficile pour toi de te sentir à l'aise avec les autres enfants. Ils sont affreusement bruyants et agités, n'est-ce pas ? Peut-être pouvons-nous trouver des façons de t'aider – tous les deux ensemble. C'est bien que tu aies un œil sur tout le monde. Lizzy se sent probablement exactement comme toi. Moi aussi j'étais comme ça quand j'étais petite, mais j'ai trouvé des amis qui aimaient les mêmes choses que moi.»

Apprendre à se contrôler. Quand un enfant perd le contrôle de soi, la compréhension de ce que nous appelons «régulation des états» peut aider un parent à réagir de façon positive. Tous les états, du sommeil profond à l'observation alerte et aux pleurs incontrôlés, ont une utilité. Mais un enfant doit apprendre à les gérer ; il doit prolonger un état quand il sert ses besoins et en changer quand ce n'est pas le cas. Aux extrémités de l'échelle des états (sommeil profond d'un côté; pleurs, colères, activité sans objet de l'autre), l'environnement et l'apprentissage sont exclus. La capacité de l'enfant à se sortir de ces états varie avec son tempérament. Les parents s'inquiètent surtout de la capacité à maintenir l'attention nécessaire pour écouter et apprendre. Mais ils sont également profondément affectés par la façon dont l'enfant peut se calmer ou se consoler. La plupart des enfants ont besoin de leurs parents pour cela, mais ils montrent des différences dans leur façon de recevoir et d'utiliser le réconfort que ceux-ci leur offrent.

Chacun des quatre enfants de ce livre est doté d'un ensemble de traits particulier. Ces différences de tempérament apparaissent dès les premières semaines de vie. La première tâche du bébé consiste à apprendre des façons de gérer ses réactions internes (rythme cardiaque, respiration, activité motrice réflexe) afin de pouvoir maîtriser le plus important : maintenir des états de veille et de sommeil tout au long de la journée. Au fur et à mesure que les bébés deviennent plus compétents, ils apprennent à contrôler les mouvements et les sursauts interférents et à maintenir des états d'attention de plus en plus longs. Dans cet état, les bébés sont capables de reconnaître certains signaux de leur environnement – le visage de leur mère, sa voix, son odeur, ses attitudes. Quand les enfants gagnent en maturité, les états alertes dans lesquels ils peuvent découvrir leur environnement deviennent de plus en plus importants. Ce sont les fenêtres par lesquelles l'enfant peut s'adapter au monde. Une activité intense et une capacité d'attention réduite risquent de rendre tout cela très difficile. Une hypersensibilité extrême risque également de faire sortir l'enfant de l'état interactif d'apprentissage. Tous les enfants ont la tâche de gérer ces traits de tempérament qui interfèrent quand ils apprennent à s'adapter au monde et à y entrer. Sans une compréhension des états et des tempéraments, les parents peuvent facilement submerger un enfant avec une pression excessive, stérile. Avec le risque d'un cercle vicieux de culpabilité et d'inefficacité, menant à une image de soi destructrice. Comprendre les mécanismes du tempérament de chaque enfant est donc un travail vital pour chaque parent.

Quand Minnie multipliait les exigences jusqu'à l'extrême, ses parents accablés devaient apprendre à la faire redescendre sur terre. Parfois ils essayaient de s'asseoir avec elle pour parler de ce qu'elle voulait. S'ils lui accordaient toute leur attention, cela pouvait marcher. Quand elle était très active, souvent ils la prenaient dans leurs bras et s'installaient dans un fauteuil à bascule pour la bercer. Avec, de temps en temps, un effet miraculeux. Mais, à certains moments, on aurait dit que la fillette avait en elle un moteur, avec un mécanisme sur lequel elle n'avait que peu de contrôle. Elle se mettait à tournoyer dans tous les sens, fonçant d'un bout de la maison à l'autre comme si quelque chose la poussait de l'intérieur. Finalement, après un tir de barrage verbal ou un excès d'activité, elle s'effondrait misérablement. Elle pleurait et se débattait sur le sol; elle n'entendait plus personne. Elle exprimait son angoisse par ses cris. Ses parents sentaient qu'ils avaient perdu contact avec leur fille. Sa perte de contrôle de soi était tellement douloureuse qu'ils se demandaient si elle n'était pas hyperactive ou même atteinte de troubles mentaux. Ce comportement les effrayait et l'effrayait elle aussi.

Petit à petit, les parents de Minnie découvrirent des façons de la calmer. Elle avait besoin d'être traitée avec sensibilité. Mme Lee prit conscience qu'elle devait aller voir Minnie en avance pour la préparer aux changements : «Nous irons au magasin dans quinze minutes.» «Nous partons dans dix minutes. Peux-tu commencer à chercher ton manteau et ton ours ou ce que tu veux emporter?» «Il faut partir dans cinq minutes. Viens t'asseoir avec moi pour décider ce que nous allons faire.»

Si Mme Lee parvenait à montrer à Minnie comment se calmer, l'enfant parvenait progressivement à prendre le contrôle sur son état hyperactif et la transition devenait plus aisée. Minnie avait des difficultés à opérer les changements; contrôler son excitation et son besoin d'activité était pour elle une tâche ardue.

Billy était toujours prêt à la bagarre. Il était tellement agité que Mme Stone aurait pu passer toute la journée à le reprendre, sauf que ses mots lui passaient au-dessus de la tête. Quand elle commençait à le sermonner, il prenait un regard vague. Il avait appris à l'ignorer. Ce qui, naturellement, agaçait encore plus sa mère. Elle essayait de forcer son attention :

«Billy, est-ce que tu m'écoutes?

– Hum ! hum !
– Qu'est-ce que j'ai dit ?
– Rien.
– Billy tu n'as même pas écouté. »

Pour un observateur, il aurait été évident qu'elle aurait mieux fait de garder pour elle son mécontentement. Quand elle s'asseyait tranquillement avec Billy, il changeait. S'ils restaient ensemble tous deux sans parler, il devenait attentif. Qu'allait-il se passer? Ses yeux, son visage s'éclairaient.

« Billy, que faut-il faire quand tu t'excites comme ça ?
– Une pause, maman.
– Mais tu ne m'écoutes pas pendant les pauses. »

Mme Stone n'avait pas compris l'intérêt des pauses. Billy, lui, oui. Une pause casse le cycle de l'excitation ; elle donne à l'enfant le temps de reprendre le contrôle de soi – et de s'en rendre compte. Alors il devient capable d'écouter et même de vous entendre quand vous dites : « Billy, chaque fois que tu feras cela, il faudra que je t'arrête, jusqu'à ce que tu puisses t'arrêter toi-même. »

Quand Billy avait été repris avec succès, il s'en montrait presque reconnaissant. Ses yeux étincelaient. Quand on le remettait sur le droit chemin, il récupérait l'énergie qu'il avait perdue. Après une discussion positive avec sa mère, il s'éloignait presque en dansant. Quand M. Stone devait le corriger, c'était une tout autre affaire. Un seul regard déçu de la part de son beau-père suffisait. Billy était tellement désireux de plaire à M. Stone que celui-ci n'avait qu'à hausser les sourcils.

Quand Tim était agressé par trop de remue-ménage, quand il se trouvait au milieu d'un nouveau groupe de personnes excitantes, quand on lui demandait de bien se tenir pour des occasions spéciales ou importantes, il se repliait dans une espèce d'hébétude. Le repli sur lui-même était sa façon de perdre son contrôle. S'il le pouvait, il se précipitait dans sa chambre en fermant la porte. S'il se trouvait dans un endroit public, il se retirait physiquement et émotionnellement. Dans une pièce encombrée, il s'asseyait ou se cachait dans un coin ; ses yeux devenaient vagues, son visage inexpressif. Parfois, il se tordait les mains ou même s'arrachait les cheveux. Ces épisodes effrayaient ses parents qui se demandaient avec inquiétude si ce comportement n'était pas de nature autistique. Tim semblait hors d'atteinte – pour eux et pour lui-même. Heureusement, ils apprirent comment aider leur fils à supporter ces situations stressantes qui le dépassaient; ils savaient qu'il fallait lui enseigner comment résister au bruit et à l'activité environnante avant d'entrer à la «grande» école.

Comme les parents de Minnie, ils découvrirent qu'il était efficace de préparer leur fils à une situation nouvelle et difficile. Ils trouvèrent qu'il se détendait un peu quand ils l'encourageaient à se reposer sur sa stratégie personnelle : rester en dehors et observer attentivement. Demeurer auprès de lui pour le protéger d'un excès de stimuli accablants l'aidait également. Le féliciter quand il se tirait d'une situation lui permettait de prendre conscience de sa sensibilité et de la façon dont il l'avait surmontée. Ses parents savaient qu'ils ne pouvaient pas l'aider en le prenant dans leurs bras ou en le disputant. Ils se rendaient aussi compte que leur propre angoisse ne faisait qu'augmenter son repli sur lui-même. Un moment ils envisagèrent de rechercher de l'aide pour lui. Mais cette perspective leur était difficile à affronter.

La timidité de Tim était une réaction à un système nerveux hypersensible. Beaucoup d'enfants sont, comme Tim, facilement submergés par les stimuli. Chaque contact, chaque son, chaque abord direct est deux fois plus envahissant pour eux que pour un enfant moins sensible. Toute leur énergie est mobilisée pour apprendre comment se garder des stimuli accablants. Les recherches sur les prématurés et autres bébés fragiles nous ont montré que, nouveau-nés, ces enfants peuvent supporter soit le contact soit le son, soit qu'on les prenne soit qu'on les regarde en face. Mais une seule chose à la fois. À partir du moment où ils sont à l'aise dans une modalité, qu'ils se sont adaptés physiologiquement, ils peuvent alors accepter deux inputs sensoriels en même temps, puis trois et finalement quatre. Mais c'est au prix d'un énorme effort. Leur système nerveux sera submergé tant qu'ils n'auront pas trouvé de moyens de défense. La timidité aide à limiter le nombre et l'intensité des stimuli auxquels un enfant est confronté.

Beaucoup des enfants manifestant une telle hypersensibilité ne sont pas nés prématurés ou fragiles. Nous pensons que cela peut représenter une immaturité du système nerveux qui souvent s'améliore avec le temps ou une désorganisation temporaire qu'un environnement compréhensif peut aider à corriger. Mais les réactions immédiates utilisées par un enfant qui se cache ainsi derrière sa timidité peuvent troubler ses parents; comprendre ces défenses, aider l'enfant à trouver d'autres façons de venir à bout de ce problème, constituent une tâche majeure pour les parents.

Chaque enfant a sa propre façon de négocier un environnement stressant. Il y a dans le tempérament de chacun un trait important : sa façon personnelle de «se brancher» ou de «se débrancher» pour amortir les sensations et les exigences environnantes. Tous les enfants doivent apprendre à s'adapter à leur sensibilité et à contrôler la désorganisation sensorielle ou motrice qui suit un excès de stimulation. Les parents peuvent montrer à l'enfant qu'ils comprennent comment son état d'esprit et sa sensibilité particulière affectent sa capacité à supporter cet excès. Si on réussit à prévoir les explosions, les enfants apprendront comment les garder sous contrôle. Il se révèle souvent utile de noter : (1) ce qui se passe quand tout va bien; (2) le genre de comportement qui précède une explosion; (3) ce qui caractérise une explosion et (4) ce dont l'enfant a besoin de la part des autres pour se reprendre; ce qu'il peut faire par lui-même; comment il se comporte par la suite.

La version de l'explosion pour Tim est le repli sur lui-même. Il lui faut gérer un système nerveux hypersensible. Pour un enfant impulsif, actif sur le plan moteur comme Minnie, la surcharge se transforme en comportement agressif. En dépit de ces différences, chacun de ces enfants manifeste un schéma parallèle : vulnérabilité, excès de stimulation et boum! Après l'explosion, que ce soit une colère ou un repli sur soi, l'enfant manifeste une apparente réorganisation et se montre capable d'affronter à nouveau l'environnement stressant.

À partir de ces notes, on comprendra le schéma du comportement de l'enfant. On peut même expliquer à l'enfant le comportement qui précède l'explosion, pour lui donner la possibilité d'éviter la phase aiguë.

La tendance de Tim à se replier sur lui et sa timidité peuvent être considérées comme des façons de contrôler les côtés déstabilisants de son monde. Ses «béquilles» – son pouce, sa couverture – sont des moyens efficaces pour contrôler ses réactions à sa sensibilité. Tim démontre une capacité grandissante à affronter les stimuli. À trois ans, par exemple, il avait été dépassé sur le terrain de jeu. En se repliant contre l'épaule de sa mère, il s'était suffisamment réorganisé pour regarder en cachette les autres enfants. Alors qu'il les observait, sa mère sentait son intérêt pour leurs activités et son désir de participer. Une fois Tim capable d'observer les enfants et de les imiter, il pourra peu à peu s'ouvrir aux autres. C'est un processus qui peut prendre du temps et qui sera difficile pour Mme McCormick. Pour des parents d'enfants timides comme Tim (ou excités comme Minnie), il n'est pas facile d'attendre le réconfort que le temps ne manquera pas d'apporter.

Les parents apprendront que chaque enfant est plus enclin à perdre le contrôle de soi dans un état d'esprit (anxiété, peur, frustration) ou dans un état physiologique (faim, froid, fatigue) particuliers. L'enfant peut apprendre à contrôler ces états avant d'exploser en utilisant les moyens qui lui viennent naturellement, les ressources de son tempérament – mais il a souvent besoin des indications et du soutien de ses parents. La contribution de ces derniers doit être accompagnée de respect, de patience et de la conscience que tout changement va prendre du temps. Il n'est pas facile pour un enfant de modifier ses schémas. Si vous incitez l'enfant à trouver ses propres façons de contrôler son comportement, vous lui envoyez trois messages : vous respectez son tempérament; il peut regarder son comportement avec vous sans honte; et il peut partager la responsabilité de ses actions. Les parents se sentent moins désespérés quand ils se rendent compte qu'ils ont les moyens d'intervenir. L'enfant se sent mieux quand il découvre qu'il est capable de maîtriser ses propres difficultés.

Apprendre à gérer son tempérament est une tâche qui dure toute la vie. Les parents qui acceptent et apprécient le tempérament de leur enfant en tirent un avantage : l'anticipation de chaque changement dans le développement. Ils peuvent utiliser cette connaissance du tempérament de leur enfant pour comprendre un comportement difficile et ne pas le considérer comme un trouble intentionnel. S'ils réussissent à affronter les fantômes de leur propre vulnérabilité passée, ils auront moins tendance à réagir exagérément au comportement vulnérable de leur enfant, moins tendance à renforcer ce comportement par une surprotection ou des pressions pour le faire changer. Si les parents y parviennent, ils peuvent envisager de consolider trois atouts importants pour leur enfant : conscience de soi, acceptation de soi et estime de soi.

Un retour en arrière devient un pas en avant. Quand Marcy eut quatre ans, tout le monde remarqua qu'elle avait changé. Son visage était un peu plus long, plus mûr. Moins «bébé», pensait sa mère. Son regard paraissait plus avisé. Elle avait l'air plus réfléchi. Elle se posait des questions à propos de tout : «Qu'est-ce qui fait flotter les nuages dans le ciel?» «Pourquoi est-ce que mes ongles poussent?»

Marcy grandissait. Mais après l'excitation de son goûter d'anniversaire, elle mouilla son lit pour la première fois depuis longtemps. Son apprentissage de la propreté avait été facile : elle l'avait fait à son rythme. Elle avait été propre la nuit depuis presque un an. Elle avait même demandé à ne plus porter de couches la nuit «pour pouvoir aller sur le pot quand j'en ai besoin». Alors quand elle recommença à faire au lit, sa mère s'inquiéta. Marcy aussi. «Je suis une grande fille, maintenant. J'ai quatre ans. Je ne veux pas faire au lit comme un bébé. Pourquoi c'est arrivé?»

Le jour suivant, elle était grognonne. Elle pleurait pour rien. Sa mère se demandait ce que cachait cette fragilité, tout en espérant que cela allait passer. La nuit suivante, Marcy se mouilla à nouveau. Elle se glissa dans la chambre de ses parents : «J'ai pas fait exprès!» Elle était tellement perturbée qu'ils la laissèrent coucher dans leur lit. Personne ne dormit bien. Le matin, Marcy était encore contrariée. Ses parents avaient espéré que le problème se résoudrait de lui-même, mais à présent il leur fallait y faire face. Elle raconta à sa mère qu'elle avait fait des cauchemars, qu'un monstre l'avait effrayée et que c'était à cause de lui qu'elle avait mouillé son lit. Marcy semblait avoir besoin que ses parents prennent son problème plus au sérieux. Mme Jackson essaya de la rassurer en lui disant que ces monstres n'existaient pas. Marcy pleura. Elle avait l'impression que ses parents ne la soutenaient pas.

Deux heures plus tard, Marcy alla trouver sa mère. Ses boucles brunes dansaient, ses yeux pétillaient : «Je sais ce qu'il faut faire, maman. Mets-moi des grandes couches. Celles pour les enfants qui n'arrivent pas à se réveiller et qui font pipi au lit.» Mme Jackson fut choquée. Mais également impressionnée par la détermination de sa fille pour trouver une solution à son problème. Elles allèrent toutes les deux au magasin. Marcy choisit elle-même ses couches. Fièrement, elle les montra à son père et à son frère aîné au cours du dîner. Son frère, Amos, ricana. Marcy devint toute rouge quand elle se rendit compte qu'il se moquait d'elle. «C'est pour m'aider.» Mme Jackson réprima d'un regard sévère le rire d'Amos. Elle se demanda s'il ne se conduisait pas plus méchamment que ne l'autorisait la rivalité entre frère et sœur.

Au moment du coucher, Marcy paraissait particulièrement inquiète. Elle réclama ses couches. Elle les tâta avec soin. Elle était plus «collante» que d'habitude. Après avoir écouté une histoire, comme tous les soirs, elle demanda à son père de l'aider à chercher les monstres qui étaient restés depuis la veille. M. Jackson regarda dans le placard et sous le lit – pas de monstres. Marcy se blottit dans son lit en présence de ses deux parents. Elle demanda Missy, sa chère poupée, vers qui elle se tournait quand son pouce et sa couverture ne suffisaient pas à la réconforter; il fallut envelopper Missy dans la vieille couverture usée. Étant donné que Marcy avait renoncé depuis plusieurs mois à sa couverture, ses parents durent aller la chercher. Ils la lui donnèrent et elle emmaillota Missy avec. «Ne t'inquiète pas, Missy. Tu vas pas faire pipi au lit cette nuit.» Elle tira sur ses couches comme pour se réconforter. Et s'endormit profondément.

Le matin, Mme Jackson avait hâte de savoir. Marcy sortit triomphalement de sa chambre.

«Ça a marché!

– Oh, Marcy, tu dois être fière!

– C'est les couches, maman. Elles m'ont aidé à grandir jusqu'à quatre ans», dit la fillette en levant la main avec le pouce replié et quatre doigts tendus.

Au début, Mme Jackson n'était pas certaine que ce soit une bonne idée de laisser Marcy remettre des couches la nuit, mais la fierté de sa fille la rassura. Elle paraissait assez sûre d'elle à présent pour affronter son problème. Comme tous les parents, les Jackson auraient préféré ignorer le premier accident de Marcy. Au début, ils avaient pensé que cela passerait, mais Marcy était trop bouleversée pour ne pas y prêter attention. «Pourquoi est-ce arrivé? Pourquoi juste après son anniversaire? Marcy n'allait quand même pas avoir ce genre de problème?» Les Jackson avaient eu assez d'ennuis avec Amos, dernièrement; il leur était difficile d'en supporter davantage, surtout de la part de Marcy qui avait été si facile. Mais il aurait été dangereux de s'abstenir d'intervenir le plus longtemps possible et puis d'être trop sévère avec Marcy, de la pousser au-delà de ses capacités pour reprendre le contrôle de la situation. Cette sorte de pression insensible aurait créé un problème pour chacun d'eux. Au lieu de cela, les Jackson avaient écouté Marcy et lui avaient permis de trouver sa propre solution.

Marcy ne mouilla plus son lit. Elle était vraiment fière d'elle-même. Pendant quinze jours, chaque soir, son père et elle avaient cherché les monstres, mais ceux-ci n'étaient pas revenus. Au bout de quelques semaines, Marcy se sentit assez sûre d'elle-même pour renoncer aux couches. Par la suite, la mère de Marcy repassa en mémoire le déroulement des événements; elle prit alors conscience des attentes qui s'étaient formées autour du quatrième anniversaire de sa fille. Marcy voulait tellement grandir. Elle voulait égaler son frère aîné. Elle s'attendait à ce que ses quatre ans représentent un tournant dans sa vie. Comme ses parents. Et ils ne lui avaient laissé aucune marge pour un besoin bien compréhensible de régresser, de redevenir un bébé. Les «accidents» étaient une sorte de protestation contre les attentes de ses parents et les siennes propres. En trouvant un symbole de réconfort (les couches) et en s'autorisant un retour à la vieille couverture et autres doudous, elle s'était donné la force d'affronter cette étape, difficile pour elle. Elle avait eu recours à ce qui l'avait aidée auparavant. Elle s'était assurée du secours de ses parents pour affronter les «monstres». Ces accomplissements étaient un exemple frappant des ressources dont disposait Marcy pour faire face à la tâche qui l'avait tout d'abord submergée : devenir un enfant de quatre ans!

Les parents confrontés à un recul dans le développement de leur enfant peuvent réagir de trois façons. Nier le problème, ce qui fait retomber toute la responsabilité sur l'enfant. Quand les difficultés rappellent aux parents des moments sensibles de leur propre enfance, ils réagissent parfois avec excès. Il faudra sans doute qu'ils se demandent pourquoi ce problème les bouleverse autant, en tant que parents, avant de pouvoir répondre avec sensibilité aux besoins de leur enfant. Les points forts correspondent précisément aux événements du développement d'un enfant qui touchent profondément les parents, ramenant à la surface des sentiments pénibles à affronter, provoquant des réactions impulsives difficiles à refréner. La troisième approche, la plus constructive, consiste à se demander : «Pourquoi maintenant» et : «Qu'est-ce que ce recul signifie pour l'enfant?»

Il y a beaucoup de progrès excitants qui submergent les enfants de quatre ans. Le développement intellectuel rapide et l'utilisation de plus en plus compliquée du langage pour s'exprimer constituent une étape énorme pour eux et pour leurs parents. L'enfant devient plus conscient de son impact sur les personnes qui l'entourent. Il s'étonne davantage, son imagination est de plus en plus élaborée. Il prend tout juste conscience qu'il existe un monde plus grand au-delà de celui qui se trouve à sa portée. Au même moment, il trouve plus facilement ses propres solutions aux énigmes de la vie ou, du moins, il imagine certaines possibilités. Le pouvoir magique que Marcy avait conféré aux couches l'avait aidée à se libérer de la pression qu'elle ressentait à l'idée d'avoir quatre ans, pression qui l'avait temporairement submergée. Son besoin de revenir à la sécurité de schémas antérieurs montre bien combien chaque poussée vers un stade majeur du développement exige d'efforts de la part de l'enfant. Les passionnants progrès du développement ou points forts sont toujours stressants et coûteux. La capacité des enfants à revenir en arrière pour rassembler l'énergie nécessaire pour franchir une étape difficile m'a toujours impressionné par son efficacité.

Quand un enfant trouve sa propre solution, il peut affronter d'autres occasions de stress avec l'assurance de savoir découvrir les moyens de s'en sortir. Si les parents de Marcy n'avaient pas respecté ses idées, elle n'aurait jamais pris la mesure de ses propres forces. Instinctivement, elle savait comment recourir à ce qui lui avait déjà réussi pour affronter de nouveaux défis. Marcy avait été tellement claire dans son comportement qu'elle avait littéralement conduit ses parents vers la solution.

Le domaine cognitif – du langage, et avec lui, de la capacité à élaborer et à verbaliser des idées de plus en plus complexes – donne du pouvoir à un enfant de quatre ans. Marcy pouvait voir que sa solution était efficace – pour elle et pour son entourage. Elle avait de quoi répondre à son frère aîné. Son intérêt tout neuf pour les avantages apportés par le fait de grandir la poussait à s'identifier à ses parents. Sa fierté d'avoir trouvé elle-même la solution l'aidait à contrebalancer le sentiment naissant de devoir recourir à ses parents dans les moments critiques.

Les apprentissages

De la pensée magique à la réalité. Chez Billy, la pensée magique envahissait tout. Quand il alla chez le pédiatre pour sa visite de contrôle, on le déshabilla et il eut une érection. Il dit fièrement :

« Regarde mon pénis. Il est comme ça parce que je mange tous mes légumes. »

Le pédiatre lui demanda :

« C'est vrai ?

– Ouais ! Un jour il va être plus gros que tout l'univers. »

Il suffit d'y croire.

Billy avait un hamster. L'animal, baptisé Afraid (Peureux), adorait Billy et abandonnait sa roue dès que celui-ci s'avançait vers la cage. Billy avait appris à prendre Afraid avec douceur, à le laisser trotter sur ses épaules et ses bras. Il savait qu'il devait fermer les portes au cas où Afraid essaierait de se sauver ; sa mère ne s'inquiétait donc pas de le perdre. Un jour où Billy tenait son hamster, un grand bruit le fit sursauter, il serra le hamster trop fort et se fit mordre. Billy était inconsolable. « Il m'a mordu le doigt ! Ça fait mal ! Il aurait pu m'enlever un bout de doigt ! Pourquoi est-ce qu'il m'a mordu ? » Sous cette réaction, il y avait la perte de la confiance placée en Afraid. À cet âge, Billy commençait juste à se rendre compte que son comportement pouvait avoir été responsable de la morsure. Mais sa réaction exagérée par rapport à la légèreté de la douleur ressentie était, elle aussi, prévisible : elle provenait d'une nouvelle conscience de son corps et des idées apparemment innombrables qu'il avait à sa disposition pour expliquer ce qui pouvait lui arriver.

Un garçon de quatre ans, habitant la côte Ouest des États-Unis, me demanda d'écrire un livre pour les enfants. Je répondis que je ne saurais vraiment pas quoi y mettre et il me dit : « Je peux te dire quoi écrire. Raconte pourquoi je vais chez le docteur. » Il fit une pause en me regardant sérieusement. « Qu'est-ce que les docteurs veulent voir ? Ils veulent savoir si je suis méchant ? » L'enfant prononça cette dernière phrase avec prudence et je compris pour la première fois de ma vie pourquoi les enfants sont si vulnérables pendant les visites médicales de contrôle. Aucune douleur, aucun examen invasif n'est aussi terrible que leurs frayeurs et leurs idées à propos de ce que le docteur pourrait découvrir. Parmi ces peurs, souvent l'inquiétude que le docteur ne trouve la « méchanceté ». Voilà pourquoi préparer les enfants de cet âge en les rassurant donne de bons résultats. S'il y a « quelque chose qui ne va pas », la pensée magique les pousse à croire que c'est leur faute. Ils savent qu'ils sont susceptibles de commettre des fautes et, à cet âge, ils ne se sentent que trop responsables quand ils se trompent.

Marcy se donne du mal pour essayer de contrôler le monde dans sa tête. Quand elle n'obtient pas ce qu'elle veut, son visage s'assombrit. Elle se retire dans une humeur silencieuse et pensive. Elle devient presque immobile en se mettant à réfléchir. Dans cet état, elle peut rêver de son propre monde et faire en sorte qu'il corresponde à ses désirs. Un jour, elle dit :

« Amos a cassé le verre, maman. »

Sa mère voulait la croire, mais elle n'était pas dupe. Amos n'était pas à la maison.

« Marcy, tu sais bien que ce n'est pas lui. Pourquoi me mens-tu ?

– Mais je voudrais que ce soit Amos. »

Sa mère se sentit beaucoup moins inquiète ; elle était habituée à ce que sa fille prenne ses désirs pour la réalité quand elle devait expliquer certaines fautes.

Une fois, Marcy perdit sa poupée. Elle éclata en sanglots et se jeta sur le sol pour avoir une colère, certaine que son attitude pousserait sa mère à chercher la poupée pour elle. Quand sa mère s'éloigna en disant avec lassitude : «Cette fois-ci tu la cherches toute seule. J'ai autre chose à faire», Marcy comprit qu'elle n'avait pas eu gain de cause. Elle n'avait jamais bien su chercher et elle le savait. Elle eut donc recours à l'aide de son frère aîné. Amos chercha et trouva la poupée. Marcy entra triomphalement dans la cuisine : «C'est moi... c'est nous... c'est Amos qui a trouvé ma poupée!» La réalité avait pesé sur le souhait. Marcy n'était plus l'origine de toutes choses. Elle commençait à reconnaître le rôle que jouaient les autres.

Billy se réveilla au matin tant attendu de son quatrième anniversaire. Ses parents entrèrent dans sa chambre en lui chantant : «Joyeux anniversaire». Ils furent sidérés de le voir éclater en sanglots.

«Mais, Billy, c'est ton anniversaire! Pourquoi es-tu triste?»

Il leur jeta un regard touchant :

«Je voulais éviter d'avoir quatre ans et me réveiller en étant directement un papa.»

Il s'arrêta et baissa les yeux :

«Je suis vraiment un petit garçon idiot.»

Son rêve était brisé : sa tristesse désola ses parents. Ils firent tout pour consoler leur fils, mais son anniversaire fut lourd de déception. Les cadeaux et le goûter le déridèrent pendant l'après-midi. Au coucher, tous parlèrent de la tristesse de Billy qui ne pouvait pas réaliser son rêve de se transformer en papa. Ils essayèrent de le raisonner :

«Personne ne peut avoir tout ce qu'il souhaite, Billy.

– Mais je le voulais si *fort*.

– Mais si tu t'étais transformé en papa, tu n'aurais plus eu d'amis. Ils seraient restés petits. Ils auraient été tristes sans toi.»

À cette réflexion, le visage de Billy s'éclaira :

«Et je n'aurais pas pu avoir un goûter d'anniversaire.»

Il hésita un moment, puis ajouta :

«Mais les papas aussi ont des anniversaires.

– Oui, mais avec d'autres papas et d'autres mamans. Ils n'ont pas de petits enfants de leur âge pour jouer avec eux. Rappelle-toi comme c'était amusant de taquiner Afraid, cet après-midi! Et tu as couru derrière Céline à travers tout le jardin. Les papas ne peuvent pas jouer comme ça. »

Billy semblait perplexe. Il se mit en boule dans son lit, avec son nounours et sa vieille couverture. Comme il s'installait en serrant ses doudous contre lui, il jeta à ses parents un regard qui signifiait : « Je suppose qu'il va bien falloir se contenter de cela. »

Bien que gagné par la résignation, Billy ne parvenait pas à renoncer complètement à ses rêves. C'était un spectacle douloureux pour ses parents, car il les ramenait à d'anciens rêves et à des souhaits abandonnés. Tous les parents voudraient protéger leurs enfants des désillusions. Billy s'efforçait d'accepter leurs tentatives pour substituer une réalité à leurs rêves. Mais affronter la réalité exigeait des stratégies pour accepter la limite de ses pouvoirs et pour supporter la tristesse : cela était encore au-delà de ses capacités.

Le jour suivant son anniversaire, Billy déclara :

« Maman, je veux un morceau de gâteau. »

Elle répondit :

« Non. Tu en as déjà eu un.

– Mais je le mérite.

– Pourquoi ?

– Parce que j'en ai très envie. »

Elle refusa et il se jeta à terre, en proie à une violente colère. Sa mère était furieuse jusqu'à ce qu'elle se rendît compte que son fils n'était plus capable de supporter la moindre frustration. Elle voyait qu'il recourait à la pensée magique pour essayer de se procurer une satisfaction. Une fois la colère retombée, il dit d'une voix plaintive : « Mais j'en avais tellement envie. » Il se calma, elle le prit dans ses bras :

« Je suis désolée, Billy, mais il ne suffit pas d'avoir très envie de quelque chose pour l'obtenir. »

Il la regarde : « Pourquoi ? »

Et, en effet, pourquoi ? Nous souhaitons tous pouvoir donner à nos enfants tout ce qu'ils désirent. Nous souhaitons tous pouvoir leur épargner les tourments que l'on éprouve en grandissant, quand il faut abandonner ses rêves. Étant donné que nous en sommes incapables, que pouvons-nous faire ? Les éclats, les colères traduisent les efforts passionnés que font les enfants pour rendre le monde semblable à leurs souhaits. Si les parents se moquent d'eux ou les répriment d'une façon ou d'une autre, cela revient à leur dire : « En fin de compte, ce monde n'est pas le tien. » Quand on reconnaît la frustration et la tristesse de renoncer à ses souhaits, on partage cette tristesse avec l'enfant. Ainsi il ne se sent pas seul, il sait qu'on le respecte comme il le mérite dans cette lutte. L'enfant apprend à vivre dans la réalité. Quand il y sera parvenu, il aura rejoint notre monde. S'il n'y arrive pas, il aura les pires difficultés. Il a besoin de l'aide de ses parents.

Quand l'enfant se bat pour garder son rêve, il peut être amené à recourir à des comportements périmés. Il a besoin de « décrocher », d'abandonner tout contrôle, de se réorganiser. La régression lui donnera la force de se reprendre et de reconnaître la nécessité d'accepter une approche plus raisonnable. Si les parents comprennent l'importance de cette lutte, ils pourront aider l'enfant à vivre dans un monde qui le force à renoncer à beaucoup de ses souhaits. Il finira par comprendre pourquoi il ne lui est pas possible de façonner un monde tout à fait semblable à ce qu'il voudrait.

Sur le plan intellectuel, un enfant de quatre ans est déjà plus à même d'appréhender la réalité. Les colères sont différentes à cet âge, parce que l'enfant est capable de comprendre plus qu'un simple oui ou non. Les parents peuvent expliquer pourquoi quelque chose est impossible. Les colères sont une lutte contre la dure réalité et non plus le conflit du « Je vais ? » ou « Je ne vais pas ? » qui agite les enfants de deux ou trois ans. C'est un point fort à quatre ans : l'enfant recule devant ce que ses nouvelles compétences cognitives le forcent à affronter, à propos de lui ou de son monde. C'est également un point fort pour les parents qui endossent un nouveau rôle. Il ne suffit plus de satisfaire les besoins de leur enfant, ils doivent aussi l'aider à renoncer aux désirs qui ne peuvent être satisfaits.

Gendarmes et voleurs, sorcières et reines. Quel est le rôle de la pensée magique qui envahit les rêves des enfants de quatre ans ? Un enfant apprend à affronter son propre monde. Il a besoin d'imaginer et de souhaiter un univers qui serait contrôlé par lui et non par ses parents. La pensée magique est une avancée vers l'indépendance, à un niveau de plus en plus réfléchi.

Quand on observe un enfant qui joue, on remarque qu'il imite le comportement qu'il a vu chez les adultes. Mais il le modifie pour l'adapter à ses désirs, pour satisfaire ses rêves. À cet âge, l'enfant est à la recherche de solutions à d'intolérables sentiments de frustration, d'amour, de colère, et de moyens pour avoir la part supplémentaire de gâteau qu'on lui a refusée, pour être capable de contrôler son monde, pour ne pas être exactement semblable aux adultes qui l'entourent. Quand il arrête de jouer, il doit affronter la réalité du monde adulte environnant.

Billy observa les policiers qui arrivèrent après que l'alarme se fut déclenchée chez le voisin. L'un d'eux s'accroupit devant lui pour lui adresser la parole :

« Qu'est-ce que tu veux être, plus tard ? »

Billy restait silencieux, les yeux grands ouverts, stupéfait.

« Tu voudrais être policier ? Viens – monte dans le fourgon avec moi. »

Billy était complètement séduit.

« Mon papa est policier – comme toi. Il attrape aussi les voleurs. »

Il regarda tranquillement sa mère, qui détourna les yeux.

« Il vole dans un avion pour chercher les voleurs. Quand il en voit un, il lui court après.

– Alors, c'est un vrai policier ? Ça te plairait de déclencher la sirène ? »

Billy était aux anges. L'intensité de la sirène le fit d'abord frémir, puis il se redressa.

« Je suis un vrai policier, hein ? »

Le policier dit :

« Tu peux faire semblant d'en être un maintenant. Et quand tu seras grand, tu pourras en devenir un vrai et rouler avec moi dans le fourgon et faire hurler la sirène. »

Billy était parti dans de nouveaux rêves. À partir de ce moment, il fanfaronnait devant tous ceux qu'il rencontrait : « Je suis un policier et je sais faire hurler la sirène. » Au bout de quelques jours, il se mit à enrichir son rêve. « J'ai attrapé cent voleurs. À chaque fois, j'ai branché la sirène pour que les petits garçons regardent. » Quelques jours plus tard : « J'ai grandi. Je me suis marié avec maman et on est partis en avion.» Plus tard encore : «Maman et moi, on cherche les voleurs. On les met en prison.» Enfin : «Je suis aussi grand que papa et il veut être policier, comme moi. J'ai cent ans!»

L'univers d'un enfant de quatre ans est rempli d'imaginaire. La pensée magique apporte une explication à toutes sortes de mystères – comment le dernier morceau de gâteau a disparu, entre autres. Bien qu'à cet âge l'enfant commence à ne plus être dupe, il continue à représenter ses souhaits dans sa vie imaginaire. L'imagination protège ses rêves, ses souhaits, sa capacité à considérer le futur. Mais il va devoir cesser d'explorer ce monde potentiel pour accepter la réalité qui l'entoure. Quels qu'en soient les avantages, quand on prend conscience de soi et de son influence sur les autres, on ne peut plus rêver aussi librement d'avoir plus de pouvoir qu'on en a en réalité. Un enfant de quatre ans va obligatoirement opérer des allers et retours chancelants entre le monde tel qu'il est et le monde dont il rêve. Le jeu auquel Billy avait commencé à se livrer au cours de sa deuxième, puis de sa troisième année – une sorte de représentation ludique qui faisait d'une poupée un pompier capable de conduire un engin de lutte contre le feu, qui permettait de faire grimper un dinosaure sur la table du dîner, en gâchant le repas familial –, ce jeu le mène vers une vie plus riche.

Les amis imaginaires. Billy n'est jamais seul. Un ami imaginaire appelé Buddy (Copain) peut lui parler dans la voiture, quand il s'ennuie. Buddy l'aide à affronter papa quand celui-ci est fâché. Billy peut transférer sa «méchanceté» sur son ami. «Buddy a essayé de voler ton ordinateur, parce qu'il l'aime beaucoup. Je lui ai dit que la police viendrait pour l'attraper et le mettre en prison. Mais il n'a pas écouté.» Billy a besoin de se préparer à subir la colère de son beau-père devant ce qu'il appelle un mensonge. «Je sais que c'est toi qui as encore détraqué mon ordinateur. Je t'ai dit de ne pas jouer avec. Pourquoi est-ce que tu me mens avec cette histoire de Buddy?» Perdre confiance dans son fils de quatre ans représente un point fort potentiel pour le beau-père de Billy; ou il réagit trop fort ou il identifie une étape du développement prévisible. Peut-être pourrait-il même s'amuser de la candeur et du charme qui sous-tendent le «mensonge» de son fils. Billy est entré dans une phase de pensée magique qui lui donne un pouvoir d'une nouvelle sorte. Il peut imaginer que Buddy est le méchant. Lui, il sera le garçon sage. Il peut disputer Buddy : «Tu as abîmé l'ordinateur de mon papa. Il nous a dit de ne pas jouer avec. Pourquoi tu m'as menti?» Comme Buddy s'effondre devant tant de reproches, Billy peut le prendre dans ses bras pour lui manifester son affection : «Je sais que tu ne voulais pas l'abîmer. Tu voulais juste jouer avec, comme mon papa.»

Quel effet la désapprobation de son beau-père produit-elle sur les mensonges de Billy? Pour le moment, Billy la met de côté. Il continue à construire des situations dans lesquelles Buddy joue le rôle d'un personnage qui a le pouvoir absolu. Mais il évite de partager cela avec son beau-père, si sévère et déçu. Car sa pensée magique est trop importante pour lui. Il n'a que peu d'autres recours pour retomber sur ses pieds. Les défenses dont il dispose, comme le déni ou l'évitement, ne sont efficaces que s'il se cache de la réalité. Il souffre trop pour pouvoir affronter sa déception vis-à-vis de lui-même pour avoir abîmé l'ordinateur de son beau-père. Ce dernier finit par le comprendre et essaya de réparer les torts qu'il avait causés aux sentiments de Billy; il lui dit, plus tard : «Pauvre vieux Buddy. Il doit avoir horreur que je te bouscule. Je voulais juste lui dire de faire plus attention la prochaine fois et de ne pas toucher à mon ordinateur avant d'avoir appris à s'en servir.»

La mère de Billy accueillit volontiers le nouveau monde imaginaire de Billy et s'amusa de ses histoires sur les exploits de Buddy. «Buddy a joué avec mes amis aujourd'hui. C'était lui le plus grand et le plus rapide. Il a gagné toutes les courses.» Billy était arrivé avant-dernier à la course, dans son école maternelle. Il courait avec énergie et détermination, mais de façon maladroite. Buddy était agile et rapide – tout ce que Billy rêvait d'être. Ce compagnon était devenu vraiment très stimulant pour le petit garçon!

Malheureusement, seul un premier enfant a la possibilité de parler ouvertement de ses amis imaginaires. Un deuxième ou troisième enfant peuvent en avoir, mais leurs frères ou sœurs se moqueront d'eux et les renverront d'où ils viennent. C'est probablement la raison pour laquelle la plupart des cadets ne racontent jamais leurs aventures avec leurs amis imaginaires.

Quel plaisir d'imaginer la personne que vous voudriez être – quelle qu'elle soit – et de devenir temporairement cette personne ; de pouvoir emmener avec vous votre fidèle ami, toujours prêt à vous soutenir, à vous encourager, à fuir avec vous ! Les souhaits sont réalisés, les angoisses deviennent tangibles. Quand d'autres pénètrent dans ce monde, ils y apportent la réalité et la magie est menacée. J'incite les parents à apprécier ce monde imaginaire créé par leurs enfants, mais à ne pas l'envahir en le rendant trop explicite. Les histoires imaginaires doivent rester imaginaires.

Marcy avait deux amies imaginaires, Happen Orter et Guessus. Guessus était une reine, et Happen Orter, une sorcière. Quand ses parents tentaient d'en savoir plus, elle se fermait comme une huître. Elle ne voulait pas d'eux dans son monde personnel. Ils faisaient preuve (devant elle et ses amies imaginaires) d'un trop grand réalisme. « Comment Guessus s'est-elle habillée pour la fête ? Qu'est-ce qu'elle portait ? » Marcy se renfrogna tout en essayant de trouver une réponse à ces questions mondaines. Ils sentaient que cela lui posait un problème. Elle n'avait pas vraiment envie d'exposer ses idées. Elle finit par répondre : « Avec un grand manteau de diamants – comme la bague de maman ! » Elle observait leur visage, pour voir jusqu'où ils étaient prêts à la suivre. Elle se rendait compte que leur participation retenait ses rêves à terre. Les parents doivent avoir le pas léger quand ils entrent avec leur enfant dans son monde magique. Il est magique et merveilleux à contempler pour un adulte – mais il faut le respecter comme appartenant à l'enfant.

Les adultes entrent dans le jeu de ce monde magique avec des traditions comme la Petite Souris, le Père Noël ou les Cloches de Pâques. Essayons-nous de participer ou voulons-nous confirmer l'importance de la pensée magique ? Les parents me demandent quand révéler à leur enfant que le Père Noël n'existe pas. Ma réponse est : « Jamais. » Ne voulons-nous pas tous y croire ? Avons-nous vraiment besoin de le leur dire ? Est-ce qu'ils ne le savent pas déjà ? Vous sentirez bien quand ils sauront faire la différence entre ce qui peut être su et ce qu'ils veulent croire. Mon petit-fils de six ans ramassa ses douze œufs de Pâques et dit : « Où sont les autres ? » Ses parents répondirent sévèrement : « Il n'y en a pas d'autres.» Il déclara alors d'un ton plaintif : «Il devrait y en avoir plus. Je suis un fils unique.» Ce fut sa façon de dire qu'il savait déjà la vérité sur les Cloches de Pâques et sur ses limites. Il testait ses parents pour savoir s'ils allaient partager leur réalité avec lui. Ils n'avaient pas eu besoin de lui «dire» la vérité sur les Cloches de Pâques. S'ils avaient compris ce que cachait sa question, ils se seraient réjouis qu'il s'interroge sur leur point de vue. La capacité de l'enfant à jouer avec la pensée magique est souvent troublante pour les adultes. Il y a longtemps que nous avons dû y renoncer. En observant nos enfants passer par ce processus de renoncement, nous nous demandons si nous ne les privons pas de quelque chose en ne les protégeant pas de la réalité.

«Faire semblant». Billy passait ses journées à changer de costume. Il s'attachait un bandana autour du front et il devenait un voleur. «Haut les mains!» disait-il d'une grosse voix éraillée. Si l'on n'obtempérait pas, il vous plantait les doigts dans les côtes : «J'ai dit : "Haut les mains!" C'est pas pour rire. Tu es mort!» Une vieille cape de sa grand-mère avec une paire de lunettes et c'était un vampire.

«Où as-tu vu des vampires?

– À la télé.

– C'est quoi, un vampire?

– Un vampire ça vole partout et ça saute sur les gens. Si les gens pleurent, ils sont perdus. S'ils se défendent, le vampire s'envole.»

Cela se passait juste après une bagarre avec un enfant brutal à l'école maternelle.

Beaucoup de ces déguisements transformaient Billy en superhéros. «Qui est le plus fort? Qui est le plus rapide? Je peux te frapper tellement fort que tu ne pourras plus te relever.» Un jour, Billy voulut essayer du vernis à ongles «comme maman». Sa mère le laissa faire, et il contempla ses mains avec satisfaction. «Tu dis rien à papa.» Mme Stone se demanda d'où il savait que c'était «un truc de filles».

Tom, sept ans, cousin de Billy, vint chez lui pour jouer. Ils s'habillèrent avec des capes, des chapeaux et des masques. Ils étaient des pirates sur l'océan, prêts à couler tout navire en vue. Dans le jardin, ils trouvèrent des bâtons qui leur servirent d'épées pour se battre en duel. Tom était bien meilleur. Il fut rapidement évident qu'un simple duel entre eux ne leur suffirait pas. Ils se mirent donc à faire des moulinets en l'air, contre des spadassins imaginaires. «Nous essayons de sauver Abby contre d'autres pirates.» La petite Abby, un an, fut terrifiée. Elle s'éloigna en poussant des hurlements pour échapper à ces deux fous. «Abby si tu ne veux pas qu'on te sauve, on ne jouera plus jamais avec toi.» Abby se calma et leur lança un regard sérieux. Billy et Tom se jetèrent sur un banc couvert de coussins en se remuant dans tous les sens. «C'est un bateau qui bouge sur la mer. Nous avons échappé aux autres pirates et Abby est sauvée.» Abby, grimpée sur le banc, regardait à présent ces deux grands garçons avec tranquillité.

Les parents de Minnie lui offrirent un cochon d'Inde pour Noël, pensant qu'un petit animal pourrait la rendre plus chaleureuse. Il ne fallut pas longtemps à sa mère pour se rendre compte que Minnie adressait plus souvent la parole à Agula qu'à elle. Agula devint le sujet des jeux et des rêves de Minnie. Plus d'une fois, Mme Lee surprit Minnie courant à travers la maison avec Agula, lui murmurant à voix basse : «Ensemble, on peut aller jusque dans la lune.» Un jour, Minnie laissa tomber le cochon d'Inde. Après cela, l'animal effrayé se cachait dans un coin de sa cage dès que la fillette s'approchait. La mère de Minnie la sermonna sérieusement sur la nécessité d'être gentil avec les animaux. Alors Minnie revint en rampant vers la cage et déclara : «Méchante Agula, t'es nulle comme astor-naute.»

Marcy était fascinée par les bébés. Elle accompagna sa mère pour une visite à sa tante qui avait accouché deux semaines auparavant. Marcy observa tout ce que faisait le bébé. «Regarde, il bouge ses jambes. Il a des mains et des doigts, tout à fait comme nous!» Elle voulut prendre le bébé. Elle s'assit sur une chaise et on le lui donna. Elle resta immobile, en extase, pendant trente minutes, comme si elle devinait combien il était fragile. Quand on changea la couche du bébé, Marcy ne perdit pas une miette de l'opération. Elle posa des questions sur son «zizi». Elle semblait particulièrement intéressée par l'endroit d'où sortaient son urine et ses selles. «C'est par là qu'il fait pipi? Je voudrais tellement voir comment ça se passe – juste une fois! Tu veux bien, maman? Regarde son caca. C'est vraiment collant. C'est la même chose pour moi? Est-ce que ça vient de son ventre – ou est-ce que ça vient du zizi pour les garçons?»

«Est-ce que je peux avoir un bébé comme lui?» Pendant les semaines qui suivirent, Marcy mettait son ventre en avant quand elle se promenait. Elle rêvait d'avoir un bébé. Elle habillait ses poupées. Elle leur mettait des couches. Elle les serrait contre sa poitrine et les nourrissait. Elle parlait à chacune avec une voix haut perchée et pleine de gentillesse. Elle avait vraiment envie que son rêve se réalise et s'attachait à trouver une forme acceptable au souhait qui demeurait en elle : être bébé à nouveau. Elle pouvait facilement s'effondrer si on dénigrait ses efforts : «Tu ne peux pas avoir de bébé avant d'être grande.» Le désir de Marcy était trop important pour elle.

Les contes de fées ont toujours été, pour les parents et les enfants, une façon de partager le monde merveilleux de la magie. Les thèmes qui font partie de la vie des enfants à cet âge – sentiments de colère, différences entre filles et garçons, désir d'être un bébé, d'être marié ou d'être parent – tous ces thèmes sont abordés dans les contes de fées. Cendrillon et le prince, les méchantes belles-sœurs et la méchante belle-mère, reflètent des idées imaginaires sous-jacentes communes à tous les enfants. Quand les parents lisent ces contes à leurs enfants de quatre, cinq ou six ans, eux aussi se complaisent dans les fantaisies, les horreurs, les sentiments profonds qui en émanent. Les histoires dépourvues de conflits, les personnages doux et attendrissants d'un grand nombre de récits contemporains, ne peuvent pas parvenir à cette profondeur de sentiments; en revanche, les cassettes vidéo bourrées de scènes d'action surchargent l'imagination des enfants de cet âge.

Cendrillon peut devenir une princesse au lieu du souffre-douleur *obligé* d'aider ses parents. La méchante belle-mère de Cendrillon peut représenter le côté obscur de la propre mère de l'enfant. Ou encore la mère indigne que Cendrillon voudrait voir rejetée par son père. Cendrillon peut devenir l'héroïne triomphante qui l'emporte sur toutes ses rivales. Les méchantes belles-sœurs évoquent tous les problèmes entre frères et sœurs, toute la compétition qui les oppose. L'histoire de Cendrillon permet de les détester et de rivaliser avec eux en toute sécurité. Les sentiments ambivalents ou apparemment contradictoires sont universels, mais ils sont aussi source de confusion et difficiles à concilier. Après avoir triomphé comme princesse, Cendrillon peut même pardonner à ses belles-sœurs et leur donner des princes à épouser. Quel monde s'ouvre devant un enfant qui lit cette histoire avec ses parents ! Il est important pour nous, en tant que parents, de partager ces contes, mais il est aussi important de laisser les enfants les savourer à leur façon – en respectant leur intimité. Nous enlèverions facilement tout sentiment de sécurité aux enfants si nous rendions trop explicites les thèmes des histoires enfantines. Protégé par le «faire semblant», l'enfant peut oser rêver.

Gendarmes et voleurs. Sorcières et reines. Le bon enfant et l'enfant méchant. Dans l'imagination et dans le jeu, ces contraires peuvent se concilier.

La curiosité à l'égard des différences. Les enfants de quatre ans prennent conscience de leur influence sur le monde et, en même temps, ils découvrent qu'ils sont différents des autres. En jouant ensemble, en se familiarisant les uns avec les autres, ils commencent à faire des remarques : «Pourquoi tes cheveux frisent ?» «Pourquoi ma peau est foncée ?» «Est-ce que ça peut partir avec du savon ?» Des questions et des commentaires de ce genre sont typiques des enfants de quatre ans au moment où ils apprennent ce qui les différencie des autres. Cette curiosité, ces questions révèlent les inquiétudes qui vont de pair avec la nouvelle prise de conscience. Un enfant de cet âge va souhaiter que ses différences le rendent plus fort, tout en craignant qu'elles ne le rendent en fait plus vulnérable.

La sœur aînée de Minnie, May avait sur la joue une tache de vin, couleur fraise. Les autres enfants voulaient la toucher, pour voir si on ne pouvait pas l'enlever. Une amie de Minnie demanda : «Est-ce que c'est de la sauce tomate ?» Toutes les filles étaient frappées par cette tache. Elles taquinaient même Minnie à son sujet : «C'est toi qui l'as faite à ta sœur ? C'est parce que vous êtes d'origine asiatique ? Pourquoi tu vas pas l'enlever quand elle dort ?» Une d'entre elles déclara : «C'est vilain. Je ne veux pas jouer avec elle. Je suis obligée d'aller chez Minnie ?» À partir de toutes ces remarques, Minnie se mit à voir sa sœur comme étant « différente ». Elle avait toujours regardé May avec admiration, avait même eu peur d'elle, lui en avait voulu de sa force naturelle. Au fur et à mesure que les réactions de ses amies se multipliaient, Minnie changea. Elle se mit à protéger May. Elle répliquait : « C'est ma sœur et elle est très jolie. Cette tache part pas, mais c'est pas important. Elle s'en fiche si on en parle. » Ou : « Tu es méchante. Tu mérites d'avoir la même chose sur ta figure. Tu fais de la peine à ma sœur. » Elle se mit à entourer sa sœur d'affection, d'une façon qui ne lui était jamais arrivée auparavant. Elle marchait avec elle jusqu'à l'école. Elle tressaillait quand un autre enfant s'approchait. Elle anticipait les questions en changeant de sujet. Mme Lee était stupéfaite du changement intervenu chez Minnie. Elle qui n'avait jamais paru faire attention aux autres. À présent, elle paraissait parler d'une façon maternelle à sa sœur aînée. Ce qui ne voulait pas dire que c'était un succès. May comprenait trop la raison de la sollicitude de Minnie, elle savait que c'était lié à sa marque de naissance. Elle devint plus agressive avec sa sœur. Elle tenta même de l'éviter. On ne pouvait par parler d'amour entre elles.

Minnie ne parvenait pas à répondre à toutes les questions sur la marque de naissance de May et sur leur appartenance ethnique à toutes deux. Un jour que Minnie et son père se promenaient ensemble, elle lui demanda tranquillement :

« Papa, si May a une tache rouge parce qu'elle est à moitié asiatique, où est ta marque à toi ? Est-ce que je vais en avoir une ? »

Son père fut stupéfait. Il ne s'attendait pas à une telle association.

« Qui a dit que c'était parce qu'elle est à moitié asiatique ?

– Tous mes amis.

– Eh bien ! ils se trompent. Cela n'a rien à voir avec le fait d'être à moitié coréenne. May est très jolie, comme toi. Et comme moi, vous avez la peau jaune. Je suis fier d'être coréen. Je suis fier de vous. J'espère que toi aussi tu en es fière. »

Minnie le regarda, un peu interloquée par la chaleur de sa réaction. Être différent n'était pas quelque chose dont un enfant de l'âge de Minnie pouvait être fier. Elle voulait trop être comme tout le monde. Pourquoi sa sœur n'était-elle pas comme tout le monde ? Était-ce à cause de sa « méchanceté » ? Sa mère ne cessait de répéter que Minnie était «trop» active, et «trop» voulait dire que c'était mal. Minnie avait peur d'avoir elle aussi une marque de naissance si elle ne s'efforçait pas de devenir plus gentille.

Quand Billy aperçut un enfant dans un fauteuil roulant, il saisit la main de sa mère. La serrant fort, comme s'il avait peur, il dit :

«Pourquoi le petit garçon ne peut pas marcher?»

Sa mère essaya de le calmer, car il avait laissé échapper sa question tout haut :

«Je ne sais pas, répondit-elle, tout doucement, mais tu ne dois pas le gêner. Il est sûrement très malheureux de ne pas pouvoir marcher.»

Billy s'arrêta, sans détacher les yeux du petit handicapé. Tandis qu'il fixait le fauteuil roulant, sa mère sentait sa peur et sa fascination.

«Il doit avoir à peu près ton âge. Tu ne veux pas aller lui parler? Il se sentirait peut-être mieux si tu devenais son ami.»

Billy éclata en sanglots sonores.

«Non! Non! Non!»

Sa mère, très embarrassée, l'emmena rapidement ailleurs. En s'éloignant, Billy ne cessait de regarder en arrière l'enfant dans son fauteuil qui s'était mis lui aussi à pleurer.

Mme Stone s'assit et prit Billy sur ses genoux. Elle n'arrivait pas à comprendre pourquoi il était si bouleversé.

«Billy, mais qu'est-ce qui se passe?

– Je ne veux pas, gémit-il. Je ne veux pas lui parler!

– Tu n'es pas obligé de le faire, mais tu dois te contrôler. Tu m'as mise dans l'embarras et tu as sûrement fait de la peine à ce pauvre enfant dans son fauteuil roulant. C'est un petit garçon comme toi.

– Qu'est-ce qu'il a fait?

– Quoi? Je ne comprends pas ce que tu veux dire.

– Pourquoi ses jambes ont arrêté de marcher?

– Je ne sais pas, Billy. Il t'a fait peur?»

Il sanglotait fort et hocha la tête vigoureusement.

«Mais cela ne t'arrivera pas.»

Pas rassuré, Billy murmura :

«Et si je ne peux plus marcher?»

Ce que Billy ne pouvait exprimer était combien il s'identifiait à l'autre enfant, combien il était effrayé à la pensée qu'il serait exposé à la même punition s'il était «méchant». Il s'inquiétait de la possibilité d'être puni de cette façon. À cet âge, la pensée magique de «cause à effet» le poussait à considérer une infirmité comme le résultat inévitable d'un acte condamnable. Pour Billy, la «contagion» d'une telle infirmité n'était que trop probable. Il rapportait tout ce qui l'entourait à lui-même – un enfant de quatre ans part de lui-même pour comprendre les autres.

La mère de Billy voulait le pousser à surmonter ces sentiments. «Va lui dire bonjour. Il aimerait tant pouvoir courir et jouer comme toi. Il veut connaître quelqu'un comme toi, même s'il ne peut pas être pareil. Tu ne peux pas lui faire plaisir?»

Billy hochait la tête tristement.

«Non, non, non.»

Il n'était pas prêt à maîtriser sa frayeur; c'était trop lui demander. Mme Stone se rendit compte qu'elle l'avait traité trop durement.

Les infirmités effrayent (et fascinent en même temps) les enfants de cet âge. Les marques portées par d'autres corps leur rappellent leurs propres craintes. «Il a une jambe cassée. Est-ce que je vais avoir la même chose? «Elle a une tache sur la joue. C'est vilain. Est-ce que ça va m'arriver si je renverse mon jus de fruits?». Ils pensent dans des termes si concrets que toute bêtise est susceptible de provoquer la peur de devenir infirme. Donc, la première tâche des parents consiste à aider l'enfant à voir que l'infirmité touche une autre personne et non lui. L'assurer qu'il ne deviendra pas infirme par contagion ou à la suite d'une «méchanceté». En même temps, les parents peuvent encourager la compréhension et l'empathie chez l'enfant, même à cet âge. Si l'enfant se montre trop récalcitrant, cependant, ne soyez pas surpris et ne le forcez pas. (Voir : «Différences», dans la deuxième partie.)

Les différences entre garçons et filles. Dans son livre *The Magic Years* (*Les Années magiques*), Selma Fraiberg, décrit l'approche du jeune enfant vis-à-vis de son monde et s'émerveille de ses talents de scientifique et d'explorateur. Car il est capable de comparer, d'opposer, de faire des catégories; il utilise ses talents d'investigateur pour les appliquer aux différences qu'il commence à remarquer autour de lui.

L'occasion de s'identifier avec chaque parent procure aux enfants des comportements, des sentiments, des défenses et des images d'eux-mêmes qui accompagnent le long processus de différenciation sexuelle. Ils vont, bien entendu, adopter une démarche avantageuse pour imiter le comportement masculin. Elles vont, bien entendu, vouloir mettre les écharpes et les talons hauts de leur mère. Et prendre ses bijoux, son rouge à lèvres, sa poudre. Halloween et autres occasions de se déguiser jouent un rôle important pour ce genre d'exploration. Les parents l'acceptent plus facilement quand ils comprennent ce qu'il y a dessous.

Que se passe-t-il quand un enfant imite le comportement et la façon de s'habiller du sexe opposé? J'ai reçu beaucoup de lettres de parents (et de grands-parents) inquiets parce que leur fils désirait jouer à la poupée. «Il veut mettre les sous-vêtements de sa mère. Il marche avec affectation et fait toutes sortes de gestes féminins. Est-ce qu'il risque de devenir homosexuel?» Les craintes ne donneront rien de bon. Les enfants découvrent leur orientation sexuelle à leur propre rythme. Quelle que soit la sexualité vers laquelle ils se tourneront, vous n'y pourrez rien changer et vous devrez l'accepter. La plupart du temps, cependant, le goût du déguisement ne dure pas bien longtemps à cet âge et n'a pas grand-chose à voir avec l'identité ou l'orientation sexuelles.

Étant donné que beaucoup d'enfants de quatre ans passent par une période d'incertitude sur leur sexe, je recommande aux parents de «jouer le jeu». C'est-à-dire d'encourager l'enfant dans ses recherches sur lui-même. C'est comme accepter la vie imaginaire dans d'autres domaines : «Regarde-toi avec du rouge à joues et du rouge à lèvres! Les chaussures de maman sont plutôt grandes pour toi. Comment penses-tu qu'elle puisse courir avec?»

Quand les parents m'écrivent pour me dire que leur garçon s'essaie à des comportements «féminins», ils précisent que si on se moque de lui, si on le corrige, sa figure s'allonge. Les garçons ne comprennent pas pourquoi ils ne peuvent pas jouer à la poupée. Quand on le leur permet, ils deviennent chaleureux, gentils – ils imitent la façon dont leurs parents s'occupent d'eux. Ces parents comprennent alors que c'est la façon dont les garçons apprennent les comportements de maternage. J'ai ainsi pu faire remarquer à un homme anxieux que son fils apprenait à devenir une personne chaleureuse, attentive et agréable exactement comme son père. Si l'enfant ne s'identifiait qu'au côté rude de son père, ne lui manquerait-il pas ce côté affectueux ? Cet argument parut avoir raison de toutes les craintes de cet homme.

Quand un père s'inquiète à propos de la «virilité» de son fils, c'est peut-être le signe qu'il doit jouer un rôle plus actif dans la vie de celui-ci. Il pourrait prévoir de passer plus de temps avec lui, d'avoir plus souvent l'occasion de lui témoigner son approbation et son admiration. Ils peuvent faire ensemble des activités qui leur plaisent à tous deux. Si l'enfant est intimidé par les activités sportives, il ne faut pas trop le pousser. Laissez-le apprendre à son rythme et selon son style. Des occasions régulières d'expérimenter ses possibilités, en toute sécurité, sans pression, peuvent donner de bons résultats. Mon petit-fils de quatre ans finit par taper une balle de tennis – après vingt essais infructueux. Il s'exclama : «Ouah ! Maintenant je suis un champion de tennis ! » Depuis, il réussit plus ou moins. Mais nous rêvons ensemble qu'il va bientôt devenir un champion.

Déjà à cet âge, il y a des forces qui travaillent à mener les enfants vers un comportement sexué. La pression qu'exercent les parents, consciemment et inconsciemment, est un facteur majeur – sans compter leurs idées à propos des rôles féminin et masculin. «Tu es tellement jolie quand tu marches comme ça» ou : «Te voilà vraiment grand, debout devant ton pot, juste comme papa ! » Au fur et à mesure que le besoin de se séparer de ces deux personnes, d'acquérir de l'indépendance, augmente, l'enfant se tourne vers d'autres modèles – frères et sœurs, camarades de jeu plus âgés et même vers un adulte important, comme une nourrice. Il imite, il assimile, il joue à devenir cet adulte admiré. Les jeux concernant son identité sexuelle occupent une grande partie de la journée à cet âge. En groupe, les enfants évitent l'autre sexe, parce qu'ils essaient de ne pas se laisser influencer.

Une opinion courante, si l'on en croit Carol Gilligan et William Pollock, prétend que les parents poussent les garçons à réprimer prématurément leurs sentiments de dépendance et d'affection, tout en applaudissant à leurs penchants agressifs. Selon eux, les garçons sont encouragés à se séparer tôt de leur mère pour se tourner vers leur père. Cauchemars et frayeurs sont considérés comme le prix à payer pour leurs nouveaux sentiments agressifs.

Les filles, toujours d'après cette opinion, sont élevées selon un ensemble d'attentes différentes. On leur permet de s'identifier à la personne qui s'occupe d'elles, généralement leur mère, pendant plus longtemps. Leur comportement chaleureux se développe. On apprécie qu'elles jouent avec douceur. Mais que se passe-t-il dans notre société actuelle, quand on attend également des femmes qu'elles soient plus sûres d'elles, plus compétitives ? Les filles auront-elles aussi un prix à payer, un prix différent ? Ou alors, si les filles expriment davantage leur agressivité, craintes et cauchemars pourront bien faire surface.

Nos valeurs en matière de féminité et de masculinité sont en train de changer. Nous voulons que chaque sexe soit un mélange des deux rôles. Nous voulons élever des hommes capables de maternage et nous désirons que les femmes soient assez fortes et compétitives pour maîtriser deux fonctions : être une mère affectueuse à la maison et une battante au travail. Est-ce que cela ne signifie pas qu'il faudrait avoir plus de respect pour les conflits de nos enfants, être plus sensibles et ouverts au moment où ils explorent leur rôle sexuel et où ils façonnent leur identité ?

La sexualité. C'est souvent à quatre ans qu'une fillette prend conscience du corps de son père. La nudité de celui-ci, son comportement dans les toilettes deviennent le centre de ses investigations pour mieux le comprendre. C'est le moment de faire machine arrière. Je me rappelle avoir entendu derrière moi les petits pas de mes propres filles, chaque fois que je me dirigeais vers les toilettes. J'étais embarrassé, mais pas mes filles. Elles voulaient comprendre ce qui rendait mon corps différent du leur. Il était facile de répondre à leurs questions quand elles avaient quatre ans, mais l'insistance qui perçait sous leurs interrogations nous emmenait vers des questions plus délicates à cinq et six ans. Les enfants apprennent les attitudes importantes vis-à-vis de la sexualité par l'intermédiaire de leurs parents.

Garçons et filles sont conscients de ce qui les distingue à l'âge de quatre ans. Ils ont déjà fait la différence entre leurs organes génitaux et leur anus. À présent, ils découvrent que garçons et filles ne sont pas faits pareils.

«Comment sais-tu que c'est une fille?

– Par ses cheveux et ses vêtements.

– Et encore?»

Avec embarras :

«Elle n'a pas de zizi, juste une zézette.»

À quatre ans, un enfant est déjà au courant, il peut même exprimer verbalement les différences.

Marcy dit à sa mère que les garçons étaient bêtes et bébés. «Ils passent leur temps à faire les intéressants. Ils ont des petites "zézettes" qui sortent de leur derrière. J'en ai vu un qui faisait pipi contre un arbre», raconta-t-elle à sa mère, avec plus de fascination que de mépris. Billy surprit son père en déclarant : «On ne joue jamais avec des filles. Elles sont bêtes. Y a que les garçons qui sont bien.» D'où tenait-il un tel discours? Personne dans la maisonnée n'aurait volontairement exprimé de telles choses. Mais les petits garçons de quatre ans se disent ça entre eux.

Dès qu'ils en ont terminé avec les couches, les enfants des deux sexes s'intéressent à leur appareil génital. Parce qu'ils ont été couverts jusque-là, les organes sexuels deviennent l'objet principal des explorations. Les filles découvrent les avantages de ces recherches. Elles peuvent insérer des objets dans leur vagin pour «voir si ça s'ouvre grand». Elles découvrent que l'autostimulation produit une excitation. Et, en fait, la masturbation est courante chez les filles de quatre ans. Que doit dire un parent? Pas grand chose. Il y a plus de chances que l'enfant estime avoir fait le tour du problème si on lui laisse l'impression que ces découvertes sont du domaine privé. Cependant, une fillette qui s'absorbe dans la masturbation pendant des périodes prolongées peut avoir besoin de moyens de se calmer. Soit elle a besoin qu'on l'aide à trouver d'autres façons de se calmer, soit elle veut peut-être faire comprendre à ses parents qu'elle a été stimulée sexuellement et traumatisée.

Le garçon trouve vite que son pénis intensifie ce qu'il ressent. Beaucoup de petits garçons se mettent à tenir leur pénis tout en suçant leur pouce. Ce comportement est à la fois réconfortant et excitant. Les adultes réagissent avec désapprobation, ce qui le renforce. Les garçons ont souvent une érection quand leur vessie est pleine et ils découvrent que jouer avec leur pénis leur procure une sensation plutôt spéciale. À quatre ans, la masturbation est presque universelle chez les garçons. Il faut leur apprendre que l'autostimulation doit être réservée aux endroits privés. Les parents qui connaissent l'importance de la masturbation n'interféreront pas, et n'essaieront pas de mettre un terme à ce comportement. L'interdiction aura tendance à lui donner plus d'importance, comme c'est le cas avec le pouce ou les autres comportements gratifiants. On peut empêcher l'enfant d'y recourir en public, sans pour autant lui donner l'impression qu'on le désapprouve.

À partir du moment où les enfants découvrent leurs organes génitaux, il est fatal qu'il leur prenne l'envie de s'explorer l'un l'autre. Les parents devraient être prêts à entendre des questions comme : «Pourquoi elle fait pipi autrement? Où est son zizi? Qu'est-ce qui sort comme ça de son ventre? Pourquoi c'est pas comme moi?»

Il était cinq heures du soir et tout le monde était sur les nerfs. Mme Stone avait déshabillé Billy pour le mettre dans un bain chaud. En déshabillant Abby, elle constata qu'elle avait eu une selle liquide. Après l'avoir nettoyée de son mieux, elle se demanda s'il était raisonnable de la mettre dans la baignoire avec Billy. Est-ce qu'elle risquait d'infecter le bain? Ils prenaient toujours leur bain ensemble, c'était la récompense à la fin d'une longue journée. Mme Stone considérait que c'était un merveilleux moment de détente. Elle s'asseyait par terre, à côté de la baignoire et les regardait s'éclabousser l'un l'autre. Leur mésentente habituelle ne se manifestait que rarement dans le bain. Abby se tenait dans son siège de sécurité, ce qui lui permettait de gigoter et de battre des pieds, sans risquer de glisser dans l'eau.

Mme Stone rinça Abby et l'installa dans son siège. Billy jeta un regard reconnaissant à sa mère quand Abby l'eut rejoint.

«J'aime Abby.

– Oh, Billy, comme c'est gentil de dire cela.

– C'est vrai, maman.»

Abby fit des éclaboussures avec ses jambes et tous deux se mirent à rire. Billy pouffait et Abby l'imitait. Billy éclaboussa avec ses mains, Abby suivit son exemple. Il frappa l'eau avec force et elle reçut des gouttes sur le visage. Elle aurait pu crier, car elle eut un mouvement de recul. Mais non, elle gloussa de joie. Billy recommença à l'éclabousser, encore et encore. L'eau ruisselait sur les murs et le sol. Mme Stone : « Ça suffit, Billy. Maintenant, c'est le moment de te laver. » Il se mit à se laver. Et puis, il eut une idée, prit le gant de toilette, l'appliqua sur les jambes de sa sœur, sur ses mains et se mit à lui laver les fesses. Mme Stone fit diversion et termina leur toilette. Ses enfants lui avaient fait comprendre qu'il était temps d'arrêter de les baigner ensemble. Il allait falloir le leur dire sans pour autant leur faire honte.

« Où passe le pénis des petites filles ? Le mien ne va pas disparaître ?

– Les petites filles ont des zézettes ou vagins. Les garçons ont des pénis. Ton pénis sera toujours là et son vagin sera toujours là aussi. Plus tard c'est par là que viendront les bébés.

– Mais je pensais que les bébés venaient de l'estomac, comme le caca. Ton estomac est devenu tout gros quand tu l'attendais.

– Non, le caca arrive par ton derrière. Les bébés passent par le vagin.

– Comment on a un bébé ?

– Une maman et un papa s'aiment. Ils font l'amour. Il met son pénis à l'intérieur du vagin. Une graine vient du pénis du papa, entre dans le vagin de la maman et y trouve un petit œuf. Ensemble la graine et l'œuf peuvent faire un bébé. Le bébé arrive parce qu'un papa et une maman s'aiment et veulent avoir un enfant comme toi ! Les garçons et les filles sont différents pour pouvoir devenir des papas et des mamans.

– Je ne veux pas être un papa. »

Il avait eu suffisamment de réponses pour le moment, peut-être plus qu'il n'en demandait.

« Ça t'arrivera un jour. »

Alors que Billy s'excitait dans son jeu – en éclaboussant, en se lavant et en lavant Abby, il eut une érection. Il baissa les yeux pour regarder.

« Ôôô, maman. Je ne peux plus bouger.

– Pourquoi, Billy ?

– Je peux pas. »

Mme Stone se demandait quoi dire. Fallait-il un commentaire – ou non ?

« Tout va bien. Dans une minute il va redescendre et tu pourras bouger. »

Mme Stone n'en dit pas plus sur le sujet. Elle risquait en insistant d'exprimer une approche et un embarras d'adulte. Les explorations des enfants de quatre ans font partie de leur propre apprentissage sur leur corps, à leur propre rythme.

Comment un parent doit-il réagir au comportement de Billy? Il est probable que tout parent ressentira de l'embarras et même de l'inquiétude. Imaginons que vous ayez donné une réponse qui a stimulé l'imagination de l'enfant, lui mettant en tête encore plus d'idées. C'est possible, mais peu probable. À l'inverse des informations que l'enfant absorbe dans les programmes télévisés ou les conversations avec ses amis, vos remarques seront vraisemblablement rassurantes. Elles procureront à l'enfant un sentiment de sécurité et de tranquillité qui contrecarrera les ricanements et la gêne des discussions avec ses amis. Le grand problème avec la télévision est que les enfants peuvent tomber sur une scène d'amour entre adultes quand ils sont seuls, et qu'ils n'ont personne avec qui partager leurs réactions. Ces images peuvent être source de confusion ou d'une excitation excessive. Les enfants ont leurs propres questions sur leur corps et leurs sensations physiques et n'ont pas besoin du poids des préoccupations des adultes. Les enfants doivent savoir qu'ils peuvent adresser leurs questions à des parents prêts à répondre en respectant leur besoin de savoir et leur besoin de limites.

En 1970, Mary Calderone écrivit avec le Dr James Ramey un livre qui est devenu un classique : *Talking with Your Child About Sex* (*Parler de la sexualité avec votre enfant*). Ils y abordaient les questions courantes, toujours posées de nos jours par les enfants, dans un langage correspondant à chaque âge. Quelques exemples : «Pourquoi papa n'a pas de seins? Il a des tétons.» «À quoi sert mon nombril?» «Qu'est-ce que c'est, cette poche sous mon pénis?» «Pourquoi mon pénis est couvert avec de la peau? Celui de Neil n'en a pas.» «Pourquoi ça fait mal quand je mets mon doigt dans mon vagin?» «Maman, pourquoi tu portes des trucs blancs par-dessus ta zézette?» «Est-ce que je peux rester debout pour faire pipi comme les garçons?»

La plupart de ces questions sont relativement faciles. Je conseille vivement aux parents de ne pas se perdre dans les explications et de ne pas donner des réponses trop compliquées pour le niveau de compréhension de l'enfant. Regardez ses yeux et son visage. Vous verrez si vous êtes allés trop loin. Et, *toujours*, encouragez l'enfant à poser ses propres questions. Elles peuvent vous surprendre, mais vous les partagerez et vous garderez ouverte la communication.

Des questions plus difficiles vous attendent. Chacune représente une occasion précieuse, une fenêtre ouverte sur l'esprit de votre enfant, une chance pour vous de devenir le confident auquel il pourra faire confiance plus tard. Faire la sourde oreille ou même lui laisser sentir votre embarras aura pour résultat non seulement d'aviver sa curiosité, mais aussi de couper la communication.

Si votre information passe au-dessus de la tête de l'enfant, elle ne sera pas assimilée. Mais il est nécessaire, néanmoins, qu'elle soit honnête. La bonne volonté en la matière est ce qui importe le plus. Plus l'enfant sent que vous êtes ouvert à ses questions, plus l'échange prend de signification. Cela dit, chaque famille doit recourir à ses propres valeurs personnelles et culturelles pour traiter ce problème délicat de la manière la plus conforme à ses croyances.

Une semaine après l'épisode de la baignoire, Mme Stone proposait à Billy d'aller jouer chez Tom, un cousin plus âgé. Tom était un garçon dominateur, autoritaire qui s'arrangeait habituellement pour reléguer Billy dans des rôles de subordonné. Les Stone avaient remarqué cela lors des réunions familiales. La mère de Billy s'était également rendu compte que les garçons aimaient à disparaître dans une chambre à l'étage. Une fois, elle était entrée par surprise et ils jouaient sur le lit, l'un sur l'autre, tout nus. Les deux enfants avaient réagi avec embarras. «On jouait au docteur», dirent-ils rapidement.

Jouer au docteur est un moyen ingénieux qui permet aux enfants de se livrer à des explorations mutuelles. Chaque enfant de quatre ans a en mémoire l'examen médical pratiqué par son médecin. Chacun demande à un ami : «Couche-toi et je vais t'examiner!» Après quelques investigations réciproques, ils sont habituellement satisfaits. Le rôle des parents est d'éviter de faire peur ou honte à l'enfant. C'est un comportement normal et plus les parents y prêtent attention, plus ils vont le renforcer. Si le parent est assez contrarié pour effrayer l'enfant, il donne immédiatement plus de mystère à l'expérience. L'enfant va se sentir coupable, mais recherchera d'autres occasions pour trouver les raisons de cette «émotion». Tout d'abord, je conseillerais aux parents de faire le point avec les parents de l'autre enfant, pour se mettre d'accord sur une approche. Puis, chacun, de son côté, parlera avec son enfant. C'est un comportement normal et qui a ses limites. Il faut donc le prendre comme tel, sans l'ignorer, ni lui donner trop d'importance.

« Maman, Tom veut que je me déshabille et que je lui montre mon zizi. Il veut jouer avec. Moi, j'aime pas ça. Est-ce que je dois aller jouer chez lui aujourd'hui ? »

Mme Stone réagit en comprenant que Billy se sentait forcé.

« Non, Billy, tu n'es pas obligé. »

Ce comportement différait d'une exploration normale, parce que Billy y était contraint. Ce n'était plus une exploration mutuelle. La mère de Billy avait raison de s'inquiéter et de mettre un terme à ce jeu. Billy avait besoin de son aide et de son soutien pour sentir qu'il contrôlait son propre corps.

Si les parents réagissent excessivement avec leur sensibilité d'adulte, ils courent facilement le risque de supprimer les occasions de communication. Billy a besoin d'avoir l'assurance qu'il peut être fier de cette partie de son corps, qu'il peut s'y intéresser, mais qu'il en est responsable. Billy avait pu se confier à sa mère parce qu'elle avait toujours su répondre avec calme, sensibilité et franchise à ses questions. (Voir aussi : « Sexualité », dans la deuxième partie.)

Le développement moral

Mensonges et imagination. Mme Jackson sortit faire des courses, laissant Marcy à la garde de son père. Marcy se glissa alors en cachette dans la penderie de sa mère et elle prit sa plus belle robe du soir ainsi que ses chaussures à talons lamées. Marcy savait que c'était une robe chère. En l'enfilant, elle entendit un crac. Horrifiée, elle baissa les yeux : elle avait déchiré la robe. Elle ne savait pas quoi faire. Elle hésita brièvement, mais le tissu pailleté était irrésistible. Elle rêvait depuis si longtemps d'être Cendrillon au bal. Elle plaça les bretelles de la robe sur ses épaules et alla jusqu'au miroir. À présent, elle était une vraie princesse. Elle fit quelques pas à travers la pièce et marcha sur la robe en tournant sur elle-même. Les paillettes étincelaient. Marcy pouvait imaginer l'arrivée du prince. Elle fit une révérence. Un autre crac. Mais, à présent, elle était perdue dans son rêve. Elle n'y prêta aucune attention. «Oui, Votre Majesté. Je veux bien vous épouser.»

Elle entendit le gravier de l'allée crisser. Sa mère revenait. Marcy se dépêcha de quitter la robe et la fourra dans un coin du placard, puis se précipita à la rencontre de sa mère.

«Me voilà, Marcy – qu'as-tu fait pendant ce temps?»

Mme Jackson posa la question car elle discernait un air coupable sur le visage de Marcy.

«J'ai joué avec mes poupées, Guessus et Happen Orter.

– Ah! Et qu'est-ce que Happen Orter a fait comme sottise cette fois?

– Rien.»

Après cet échange, Marcy garda le silence. Elle était aux prises avec ses sentiments. Fallait-il tout avouer? Devait-elle cacher son méfait? Arriverait-elle à s'en sortir par un mensonge?

Le soir, après avoir couché sa fille, la mère de Marcy découvrit la robe déchirée. Elle le dit à son mari. Il fut tellement fâché qu'il alla réveiller Marcy et la tira hors de son lit.

«Marcy, comment as-tu pu saccager la robe de ta mère – et en plus, sans rien nous dire?»

Marcy était à moitié endormie. Elle était effrayée et se sentait coupable – tellement coupable qu'elle n'arrivait pas à répondre. Comme son père continuait à la gronder, elle réagit avec colère. Elle avait envie de riposter. Elle lui hurla :

«Laisse-moi tranquille!»

Il resta inflexible.

«Ne me parle pas comme ça!»

Marcy sentait la colère monter en elle et cela lui faisait peur.

Les parents de Marcy ne comprenaient pas la réaction irritée de leur fille. Après tout, elle était bien coupable. Il fallait lui apprendre la discipline. Elle n'avait aucun droit d'être furieuse. Ils furent tentés d'augmenter la pression et la discipline plutôt que d'essayer de comprendre l'attitude de défense de Marcy – qui s'exprimait par de la colère. Étant à moitié endormie, troublée, Marcy ne pouvait comprendre sa propre réaction et en était effrayée. Ses parents se trouvaient aux prises avec de nouvelles inquiétudes : «Elle devient trop insolente, trop gâtée? Pourquoi est-elle furieuse? C'est nous qui devrions l'être, pas elle.» Ils avaient besoin de comprendre que sa réaction de défense représentait le premier pas vers la reconnaissance de sa culpabilité. Pourtant, cela n'était pas facile pour eux, car il leur fallait renoncer à l'image d'une Marcy innocente. Elle devenait plus compliquée. C'était un point fort, à la fois pour Marcy et pour ses parents.

Pour aider Marcy à franchir ce pas, ses parents pouvaient dire quelque chose comme : « Marcy, bien sûr tu te sens responsable et coupable. Nous t'avons peut-être fait peur en te réveillant pour te disputer. Mais nous sommes déçus que tu te sois crue obligée de mentir. Maintenant, nous sommes contrariés de te voir furieuse. Car nous sommes furieux, nous aussi. Tu as eu tort. Et il va falloir que tu fasses des excuses. »

Le mensonge fait partie de l'ordinaire des enfants de quatre ans. Quand ils souhaitent très fort quelque chose, quand ils ont envie d'une chose qu'ils ne peuvent pas avoir, c'est un désir trop fort pour eux. C'est presque intolérable. Un mensonge peut apporter la solution. Ils mentent quand il s'agit d'un souhait ardent ou d'un fait qu'ils ne savent pas comment affronter sans l'aide de leurs parents.

À quatre ans, le mensonge est transparent, parce qu'il est complètement lié au souhait de l'enfant.

« C'est le vendeur qui m'a donné ce paquet de bonbons.

– Tu sais bien que c'est faux, répondit la mère de Billy. Tu l'as pris sur l'étagère au moment où nous sommes passés devant. Tu mens et ce n'est pas bien ! »

Le visage de Billy s'assombrit, devant ce discours.

« J'ai pas fait exprès. »

Pas fait exprès ? Ce qui n'était pas volontaire, c'était de confronter la réalité avec son désir. Il n'a pas fait exprès d'être pris. Le mensonge était sa façon de protéger son désir et d'éviter la confrontation. Mais une fois démasqué, il ne pouvait échapper à sa conscience. Il se mit à pleurer et sa mère lui dit : « Tu sais bien que tu n'avais pas besoin de me mentir. Nous allons remettre ce paquet de bonbons à sa place et tu vas dire au vendeur que tu es désolé de l'avoir pris. » Ce geste va aider Billy à comprendre qu'il a pris le bien d'autrui. Il l'aidera aussi à surmonter les sentiments de culpabilité qu'il a commencé à éprouver. La culpabilité est un mécanisme puissant. Elle fournit des solutions.

Le mensonge, à quatre et cinq ans, ce n'est pas la fin du monde. Les souhaits sont tellement intenses, l'imagination tellement importante et les manières d'affronter la réalité tellement limitées que tous les enfants ont besoin de mentir. Le deuxième mensonge («J'ai pas fait exprès») a aidé Billy à détourner ses sentiments de culpabilité. C'était sa façon de reconnaître son méfait avant d'être prêt à en accepter la responsabilité; pour cela, il fallait que sa mère lui propose un moyen de réparation.

Billy lança un camion à la tête d'un de ses amis, à l'école maternelle. Le camion atteignit Sam à la nuque et provoqua une égratignure qui saigna un peu. L'institutrice se précipita pour consoler Sam et le soigner. Elle était horrifiée et furieuse.

«Billy, comment as-tu pu faire une chose pareille?»

Billy :

«C'est pas moi. C'est lui.»

Son mensonge était évident, car l'institutrice avait assisté à toute la scène.

«Billy, je t'ai vu lancer le camion.

– Non, c'était le garçon là-bas.»

Billy commença à sangloter en regardant son ami avec appréhension, comme si c'était lui qui avait été blessé. Sam le frappa à son tour. Billy parut soulagé. L'institutrice insistait pour que Billy «dise la vérité». Billy continuait à sangloter; il alla se cacher dans un coin, la tête contre le mur. La directrice prit la situation en main; elle serra Billy dans ses bras et lui dit :

«Billy, Sam sait que tu regrettes. Est-ce que tu peux lui faire des excuses? Vous êtes de bons amis tous les deux. Il ne voudrait pas croire que tu voulais vraiment lui faire mal.»

Le visage de Billy s'éclaira peu à peu. Il alla trouver Sam, qui eut un petit mouvement de recul. Il le prit dans ses bras et bredouilla :

«Pardon, Sam.»

Après un rapide nettoyage des cheveux et le rituel du pansement, les deux garçons se remirent à jouer ensemble avec entrain.

Billy avait été trop effrayé par son propre geste pour pouvoir se reprendre sans aide. Les mécanismes de défense et les stratégies de comportement se développent déjà à l'âge de quatre ans. Mais ces réactions demeurent assez primaires et parfois l'enfant doit en payer le prix. Pour surmonter la terreur qu'a provoquée en lui son geste incontrôlé, Billy avait refusé de s'avouer à lui-même la réalité de ce qu'il avait fait et il avait menti aux autres. Son déni initial et son mensonge l'avaient aidé à contrôler sa terreur et à se remettre peu à peu. La réaction sensible de la directrice lui avait donné une chance de se reprendre. À cet âge, comme nous l'avons déjà noté, l'agresseur a autant besoin de réconfort que la victime. Ce n'est qu'une fois rassuré que Billy devint capable de tirer des conclusions. Il aurait pu apprendre à dire : « C'est moi qui l'ai fait. C'est moi qui ai jeté le camion. Je n'ai pas fait exprès de faire mal à Sam. » Les adultes qui s'occupent d'enfants de quatre ans doivent savoir que ceux-ci ont besoin de réconfort et de soutien. L'enfant apprend, à partir de la frayeur que lui a causée son geste, mais il apprendra mieux si, au cours du processus, il se sent compris et soutenu. (Voir aussi : « Honnêteté », dans la deuxième partie.)

Le vol. La plupart des enfants ont volé des bonbons dans un magasin – sinon en réalité, du moins en imagination. Que devraient faire les parents à un enfant qui a osé le faire réellement ? Ce genre de transgression met les parents en colère et les effraie même. Ils sont confrontés à la nécessité de renoncer à l'innocence de leur enfant. C'est un point fort. La différence entre le rêve d'un enfant et sa confrontation avec la réalité peut être énorme. Un enfant qui « s'en tire » après avoir réalisé un rêve interdit aura tendance à devenir inquiet, effrayé. Qu'est-ce qui l'arrêtera la prochaine fois ? Vers cinq ou six ans, il aura acquis un sens moral et saura que son comportement n'est pas acceptable. À quatre ans, il a besoin de savoir que bien que ses parents comprennent ses motifs et ses rêveries, ils ne peuvent lui permettre de voler. « Voler n'est pas permis. Nous voudrions tous avoir des choses qui ne nous appartiennent pas, mais nous ne pouvons pas prendre ce qui n'est pas à nous. Il va falloir que tu rendes ce que tu as pris. »

Il est douloureux de faire face à la culpabilité d'un enfant de quatre ans, pour les parents comme pour l'enfant. Les parents ont une tâche difficile, qui consiste à éviter deux écueils : d'un côté, faire exagérément honte, de l'autre, minimiser le méfait en surprotégeant l'enfant. La leçon que tire un enfant qui a assumé la responsabilité de s'excuser et de réparer ses torts est importante. Vous l'aidez à mettre une frontière entre souhaits et réalité. Alors, dans les limites saines et acceptables imposées par la conscience émergente de l'enfant et les réactions stables des parents, le monde de la pensée magique peut rester un endroit merveilleux à explorer.

Agressivité, colère et frayeurs. Pratiquement au moment de son quatrième anniversaire, Minnie se mit à se réveiller la nuit, en hurlant de terreur. «Il y a un monstre dans ma chambre!» La première fois le monstre était sous le lit, ensuite, dans le placard. Rien ne pouvait calmer Minnie. Cette façon de se réveiller était nouvelle. Elle avait toujours bien dormi. Elle n'était pas une enfant peureuse. Elle se trouvait toujours au cœur de la mêlée, dans les jeux de l'école. Elle était toujours la première à imaginer des jeux qui se terminaient dans un chaos général. Ses parents n'avaient eu connaissance d'aucun événement dérangeant susceptible d'avoir déclenché ses soudaines frayeurs nocturnes. Elle regardait la télévision, mais moins que beaucoup de ses amies. Ses parents pensèrent que la télévision risquait néanmoins d'être néfaste pour elle et lui interdirent de la regarder désormais. Son père décida d'aller lui-même la coucher le soir. Avant la lecture habituelle, tous deux regardaient sous le lit et dans le placard pour s'assurer «qu'il n'y avait aucun monstre». Minnie ne voulait plus qu'on la laisse toute seule dans le noir; ses parents installèrent une veilleuse. Celle-ci se révéla efficace, car elle fit moins d'histoires pour aller au lit. Quand ils jetaient un œil sur Minnie, avant d'aller se coucher, ils la trouvaient recroquevillée dans son lit, les mains jointes sous son visage, comme si elle était en train de faire sa prière. Elle paraissait très paisible, dans son sommeil profond. Mais chaque nuit, vers deux heures du matin, elle s'éveillait en hurlant. Ses parents étaient tout à fait perplexes.

Finalement, ses parents parlèrent de ces frayeurs à l'école; ils furent un peu réconfortés en entendant les histoires des autres parents.

«Tout d'un coup, Marcy a pris peur des chiens. Maintenant, au moindre aboiement, elle sursaute.

– Billy n'avait peur de rien jusqu'à maintenant. À présent, il regarde tout autour avant de sortir de la maison. Si je lui demande ce qu'il regarde, il dit : "Je veux être sûr qu'il n'y a ni ambulance, ni voiture de pompiers." Je lui demande : "Tu as peur de te faire écraser ? Ou tu as peur de l'endroit où elles vont ?" J'ai fini par réussir à avoir le fin mot de l'histoire : il a peur des bruits forts. Pourquoi est-ce que tout d'un coup les bruits lui font peur ? Avant il les adorait. »

Ces réflexions concernaient les enfants les plus extravertis. Les parents des enfants timides, plus tranquilles, ne parlaient pas de problèmes semblables. Le tempérament compte pour beaucoup dans la forme que prennent ces crises typiques des enfants de quatre ans.

Les enfants plus calmes traversent la même crise, mais différemment. Leurs craintes et leurs appréhensions peuvent se traduire par une aggravation de leur timidité. Tim pleurait plus souvent, il était plus difficile à consoler. Il refusait d'aller avec sa mère dans des endroits fréquentés. Quand elle l'emmenait chez l'épicier, il essayait de se cacher sous ses jupes.

Que signifie ce nouveau comportement de frayeur ? Qu'annonce-t-il ? Pourquoi est-il prévisible au cours de la quatrième année ? L'enfant comprend de mieux en mieux le monde et il devient conscient des sentiments des autres ; par là même, il acquiert la reconnaissance de ses propres sentiments. Il est de plus en plus concerné par le bien et le mal, ce qui est bon et ce qui est mauvais. En conséquence, ses sentiments de colère émergents commencent à l'effrayer. Il arrive souvent à les supporter dans la journée, mais pas la nuit, quand la séparation est suivie par l'obscurité et la solitude. Ces sentiments envahissent l'enfant sous forme de peurs et de cauchemars. La colère est refoulée depuis toujours. On apprend au bébé à contenir sa colère – quand il attend son biberon, quand on lui prend ses jouets, quand on introduit dans la maison un nouveau bébé qu'il doit aimer et ne pas détester. Parce qu'ils ont été désignés comme mauvais depuis si longtemps, les sentiments de colère et d'agressivité sont devenus plus effrayants et plus puissants. À présent, l'enfant de quatre ans nous dit qu'il est temps de le laisser affronter ces sentiments pour trouver de meilleures façons de les surmonter.

Les parents ont de la difficulté à faire le rapport, parce que l'enfant n'a que très peu changé pendant la journée. Marcy reste aussi agréable; elle est toujours pleine d'allant, enjouée, attachante. Mais sous cet extérieur, elle devient plus consciente de ses sentiments agressifs. Billy aura plaisir à faire jouer ses muscles pour vous. Marcy va taper du pied pour exiger l'attention ou pour imposer son avis. Chacun d'eux dit : «Je sais que je pourrai avoir ce que je veux si je réussis à être plus fort.» C'est le début du comportement autoritaire, avec l'indépendance pour objectif. C'est un important stade de développement pour un enfant qui mérite notre compréhension et nos encouragements. Cette poussée d'autorité, de sentiments agressifs et le malaise qu'éprouve l'enfant représentent un point fort pour l'enfant et pour ses parents – au moment où ceux-ci s'efforcent de trouver une raison à ses frayeurs. Si les parents comprennent que cauchemars et frayeurs constituent une réaction à ces nouveaux sentiments, ils peuvent aider l'enfant à les surmonter. Et finalement, l'enfant devient également capable de les comprendre. L'objectif des parents est d'aider l'enfant à canaliser ces sentiments de colère. Mettre des limites sur la façon dont ils se manifestent est aussi important que les comprendre, pour le confort et la sécurité de l'enfant.

La mère de Billy et son beau-père cherchaient des moyens d'aider leur fils à canaliser ces «nouveaux» sentiments de colère. «Quand tu as envie de frapper ta petite sœur, pourquoi ne pas taper plutôt dans un punching-ball? Bien sûr que tu as envie de la frapper à certains moments. Mais il ne faut pas. Je ne peux pas te laisser lui faire du mal. Tu ne peux pas te le permettre. Viens plutôt me trouver pour me dire combien tu es furieux. Et on en parle. Et tu te venges sur ce punching-ball.» Sachant que sa mère comprenait et acceptait ses sentiments, Billy avait moins de mal à aller chercher de l'aide auprès d'elle.

Les excursions avec son beau-père donnèrent à Billy une occasion de découvrir la colère «non dangereuse».

«Papa, pourquoi tu as dit un gros mot à la dame dans cette voiture?

– Elle m'a fait une queue de poisson. J'avais bien envie de foncer pour lui rentrer dedans, mais je ne pouvais pas. Cela aurait été dangereux et stupide. Alors, à la place, je lui ai dit un gros mot. “Merde” est un mot acceptable quand tu es vraiment furieux.»

Billy n'avait rien perdu du spectacle, ni du commentaire. Pourquoi sa mère lui interdisait-elle de dire «merde» ?

«Maman dit que je ne dois pas dire "merde".

– Eh bien ! Parfois ce n'est pas bien. Mais il y a des occasions où merde vaut mieux que d'autres choses.»

En riant, Billy s'exclama :

«Merde à Abby ! Pourquoi est-ce qu'elle est née ?»

Ils rirent tous les deux. Le même soir, Billy et son papa regardaient un match de basket-ball. «Billy, dit son beau-père, tu as vu ? Ce joueur s'est retenu de se battre avec l'autre qui avait voulu le frapper ! C'est vraiment un grand joueur !»

Depuis peu, Marcy avait peur des chiens. Sa mère essaya de l'aider : «Quand il viendra te dire bonjour, je vais te tenir bien contre moi. Et alors, tu regarderas comment je le caresse et tu verras qu'il adore ça. Regarde, il agite sa queue. Il veut nous montrer qu'il nous aime et il veut aussi que nous l'aimions.» Marcy s'accrochait désespérément à sa mère. Elle ne voulait pas qu'on la persuade de ne plus avoir peur. Cette peur était le symbole de ses sentiments cachés. Sa mère l'aida davantage en comprenant la cause de ses éclats de colère et en appréciant ses efforts pour se contrôler : «Tu t'es vraiment mise en colère, cette fois. J'ai cru que tu allais me jeter ce verre à la figure. Mais tu ne l'as pas fait et j'ai quand même compris combien tu étais fâchée.»

Ce jour-là, Marcy était de mauvaise humeur. Tout était prétexte à bouder. Sa mère n'avait pas très envie de rester dans les parages. À la fin, elle lui dit :

«Marcy, je dois aller faire des courses à l'épicerie. Veux-tu venir avec moi ou préfères-tu rester avec papa ? Si tu viens, je ne veux pas t'entendre gémir ou te plaindre.»

Marcy se dirigea vers la voiture en traînant les pieds, tapant dans le moindre caillou. Enfin, elle se laissa tomber sur le siège.

«Attache ta ceinture.

– Non, je veux pas.

– Marcy, pas de ceinture, pas de courses.»

Marcy, tout en geignant, mit sa ceinture, avec la plus grande mauvaise volonté. Au marché, Mme Jackson, ignorant sa fille, remplit son panier. Elle avait conscience de l'irritation que lui causait sa fille, qui la suivait en traînant les pieds. Au moment où elle se mettait dans la queue pour payer, une autre femme lui passa devant. Mme Jackson faillit lui sauter dessus. Elle se tourna vers Marcy :

« Tu as vu cette femme qui m'est passée devant ? Les gens grossiers me rendent vraiment furieuse ! »

Marcy :

« Pourquoi tu ne la tapes pas, maman ?

– Ce n'est pas possible. J'aurais pu lui faire mal et alors j'aurais été désolée. Je ne peux que garder cela pour moi. Si j'avais été capable de dire : "Vous ne voyez pas que j'étais là avant vous ?" peut-être se serait-elle rendu compte de ce qu'elle faisait. Mais se mettre en colère ne résout rien. »

Marcy, impressionnée, observa le visage de sa mère et sa propre colère parut se calmer. Elle recouvra sa gaieté pour dérider sa mère. Elle avait un modèle de contrôle de soi. Un enfant de cet âge tire des exemples de ce genre de situation. Ce qui nous donne, à nous parents, une véritable responsabilité, n'est-ce pas ? Mes enfants ont appris à dire des gros mots en faisant la queue avec moi chez l'épicier !

Apprendre les limites. Tim avait envie de jouer sur l'ordinateur de son père. Au moment où il introduisait la disquette, il entendit un claquement. Il s'était passé quelque chose. Fallait-il l'avouer à ses parents ou les laisser le découvrir tout seuls ? Il recula devant la confrontation.

Quand le père de Tim revint à la maison, il essaya de mettre son ordinateur en route. Il découvrit bientôt la disquette, qui était placée au mauvais endroit. Il comprit que Tim s'était à nouveau servi de l'ordinateur. Il ne savait pas s'il fallait le punir ou non – Tim semblait tellement fragile, la plupart du temps. Il en parla à sa femme. Ensemble, ils décidèrent de laisser passer. « Faut-il le punir ou non ? On dirait qu'il n'écoute jamais. » Ils étaient dans une impasse. Avec Tim, ils avaient l'impression de marcher sur des œufs.

Punir devient une décision difficile avec un enfant vulnérable. Tim, quant à lui, savait qu'il méritait une punition. Il entra dans la pièce au moment où ses parents en discutaient. « Papa, j'ai cassé ton ordinateur.» Il avait appris plus qu'ils ne le pensaient. Leurs efforts d'enseignement à travers la discipline avaient été plus efficaces que prévu. M. McCormick regarda son fils en face. «Tim, je suis content que tu m'en aies parlé. Que devrions-nous faire pour t'aider à te rappeler que mon ordinateur a trop de valeur pour que tu y joues sans moi? Je vais le réparer, mais à l'avenir, tu ne dois pas y toucher.»

Un enfant fragile a besoin qu'on le rassure – comme tout enfant – en le tenant responsable des conséquences de ses actions, qu'elles aient été intentionnelles ou non. La discipline est importante pour aider l'enfant à se sentir en sécurité – particulièrement quand il affronte ses nouveaux sentiments de colère à quatre ans – et cette importance devient évidente en l'absence de toute discipline. Un enfant sans discipline est à la merci de son impulsivité. Il sera effrayé de ses propres sentiments et n'aura aucune chance de se respecter.

Billy se réveilla plein d'énergie. Il n'en fit qu'à sa tête pendant le petit déjeuner, provoquant ses parents à moitié réveillés en jetant ses céréales par terre. Ils le grondèrent. À chaque nouvel avertissement, Billy s'excitait davantage. Son beau-père finit par partir précipitamment, de fort mauvaise humeur. Sa mère n'était pas encore complètement habillée. Elle ne travaillait pas avant midi. Il fallait peut-être à Billy une réaction plus prononcée de sa part ou davantage de contact avant son départ. Était-ce là une réaction inévitable à l'idée de la perdre l'après-midi?

Le vieux chat de la famille passa furtivement. Billy sauta assez vite de sa chaise pour lui donner un coup de pied. Tout en observant sa mère du coin de l'œil, il s'arrangea pour frapper la queue de l'animal. Le chat réussit à filer, mais Mme Stone avait vu le geste de Billy. «Billy, c'était vraiment vilain de ta part de faire ça au pauvre vieux Tornado. Il est aussi endormi que nous.» Billy perçut une hésitation dans sa voix. Alors, ses yeux se plissèrent, son visage prit une expression résolue. Tout en continuant à surveiller sa mère, il se dirigea vers Tornado. Il tira la queue du chat qui fit entendre un miaulement aigu. Sa mère se figea sur place et le regarda, incrédule. Elle était horrifiée de ce qu'elle ne pouvait percevoir que comme du sadisme. Elle sentait sa colère monter et éprouvait un autre sentiment effrayant – en ce moment précis, elle n'aimait pas Billy. «D'où tient-il ce genre de comportement? Est-ce ma faute? Est-ce un petit garçon vicieux? Que va-t-il faire maintenant? Comment puis-je l'arrêter?»

Cette fois, elle manifesta sa fureur : «Billy, laisse ce chat tranquille!» Il fut effrayé par cet éclat et commença à se sentir abandonné parce que la colère de sa mère avait pris la place de ses autres sentiments à son égard. Il se tourna complètement en face d'elle, les mâchoires serrées, le regard rétréci et tira tellement fort la queue du chat que celui-ci fut arraché du sol. Puis, il attendit la colère de sa mère. Elle se précipita sur lui; il laissa tomber Tornado et s'enfuit dans sa chambre, terrifié.

Mme Stone était si bouleversée qu'elle avait le visage cramoisi, le souffle court, les yeux exorbités. Elle ressentait l'envie d'étrangler son fils. Elle était incapable de ne pas penser à un «fantôme» de son propre «passé» – un épisode où elle avait été blessée et paralysée par la peur, un incident qu'elle essayait habituellement d'oublier. Elle avait l'impression d'être frappée d'inertie de la même manière que maintenant, avec Billy. Ce souvenir lui fut bénéfique, parce qu'il lui permit de s'arrêter net, de s'asseoir et de réfléchir. Ce faisant, elle revint à la raison et sa fureur se calma un peu. Elle essaya de comprendre pourquoi un enfant de quatre ans pouvait bien manifester un comportement sadique. Y avait-il une raison sous-jacente? De toute façon, c'était inacceptable.

Quand la mère de Billy fit irruption dans sa chambre, celui-ci eut un mouvement de recul, anticipant une punition. Elle s'assit avec lui, le tenant serré dans ses bras. Des larmes lui venaient aux yeux. Sa voix se brisa quand elle dit :

«Billy, je ne peux pas croire que tu aies fait une telle chose. Tu sais comme moi que c'est horrible pour Tornado. C'est absolument inacceptable. Je refuse que tu recommences à lui faire mal.»

Billy se calma dans ses bras. Il se renfrogna et ferma les yeux.

«Pardon, maman.

– Oui, Billy. Mais cela ne suffit pas de demander pardon. Tu n'as vraiment pas le droit de faire des choses pareilles. Tu ne peux pas être cruel avec les animaux. Je dois t'en empêcher tant que tu n'es pas assez grand pour t'arrêter toi-même. Pourquoi t'en prendre à Tornado?» Selon toutes probabilités, Billy, à quatre ans, n'est pas en mesure de lui répondre. Mais il sait qu'il peut être protégé de ses impulsions. Il peut oser paraître à nouveau devant

Tornado (qui est plus indulgent qu'il ne le pense) parce que sa mère l'a aidé à reconnaître sa responsabilité. « À présent, tu dois te réconcilier avec Tornado. Tu peux aller le brosser pour lui montrer que tu l'aimes. » Naturellement, le chat s'enfuit immédiatement et Billy, peiné, dut prendre des précautions pour l'approcher. Pendant qu'il brossait doucement et tristement le pelage de l'animal, Billy se sentait soulagé. À présent, il pouvait compter sur sa capacité à réparer les torts qu'il avait commis.

Sa mère se calma ; elle sentit le soulagement de Billy et put alors se permettre de se poser des questions. En réfléchissant au comportement de Billy, elle réussit à échapper aux souvenirs qui la paralysaient. Pourquoi avait-il fait cela ? Peut-être ne le saurait-elle jamais. Et Billy non plus. Se sentait-il négligé et avait-il besoin de réagir avec passion ? (Avait-il souhaité ce genre de réaction de la part de son beau-père avant qu'il ne parte ?) Redoutait-il de passer l'après-midi sans sa mère ? Était-ce juste un mauvais jour, une réaction violente susceptible d'arriver à tout enfant de quatre ans ? C'était une bonne chose pour Mme Stone de prendre le temps de s'interroger sur l'interférence produite par l'association de ses propres sentiments. Mais il était d'une importance vitale de ne pas tolérer le comportement de son fils. Bien qu'elle fût sensible à son humeur et à sa réaction coupable, il était essentiel de lui fixer des limites fermes et indiscutables – tant que Billy ne serait pas assuré de pouvoir se les fixer lui-même. Une fois ces limites en place, ils seraient tous deux plus en sécurité. Donner à Billy une chance de réparer ses torts était un pas supplémentaire vers son apprentissage de la maîtrise de soi.

Il va sans dire que de telles crises ne doivent pas arriver trop souvent – pour l'un comme pour l'autre. Une solution telle que celle-ci doit laisser à l'enfant comme au parent le sentiment qu'ils partagent des objectifs communs et une compréhension mutuelle. Voilà le but de la discipline à cet âge.

Selon Selma Fraiberg, un enfant que l'on n'arrête pas quand il sait qu'il devrait l'être pense que son comportement et sa personne n'ont pas d'importance. « Mes parents ne m'aiment pas assez pour me dire d'arrêter. »

La discipline est un enseignement. Elle tend au progrès, elle anticipe le futur. Elle est respectueuse de la personne : « Je sais que tu es capable de le faire. Tu peux apprendre à te maîtriser et alors nous n'aurons plus besoin d'intervenir.» La punition regarde en arrière et elle ne respecte pas l'enfant. «Regarde ce que tu viens de faire. Tu es méchant ! Tu iras dans ta chambre sans dîner.» En substance, cela revient à dire : «Tu n'es pas capable de te contrôler. Ne refais pas cela devant moi.» De telles remarques contiennent un défi implicite : «Attends que je ne sois plus là pour recommencer.» Billy était plus marqué par le discours apaisant et très à propos de sa mère sur les limites (discours tenu au moment où il était prêt à l'écouter) qu'il ne l'aurait été par une fessée. La fessée l'aurait vraisemblablement révolté davantage, le poussant à tourmenter encore plus Tornado.

À quatre ans, parents et enfants ont franchi ensemble d'importantes étapes. Tandis qu'un enfant de deux ans fait une colère pour exprimer un conflit interne et qu'il est réconforté par la réaction de sa mère si celle-ci le prend pour le câliner, à quatre ans, il est terrifié par sa propre colère. Non seulement par la perte de son contrôle, mais aussi parce qu'il a conscience de contrarier ses parents. «Je suis désolé, maman. Je n'ai pas pu m'en empêcher.» À présent, il sait mieux ce que son comportement représente pour les autres.

Quand un enfant de quatre ans sait qu'il a besoin d'attention et qu'il se livre à des méfaits pour l'obtenir, il faut fixer des limites fermes et s'y tenir. Sinon, on risque de renforcer son inconduite. Une fois la crise passée, dites-lui que vous soupçonnez qu'il se sent négligé. «Chaque fois que je me mets à parler au téléphone ou que je m'occupe de ton frère, tu sembles te mettre hors de toi. Peut-être penses-tu que je ne fais pas assez attention à ce dont tu as besoin. Je sais que tu as horreur de me voir parler au téléphone. Moi aussi je veux être avec toi, mais ce n'est pas toujours possible. Tu es capable d'apprendre à rester seul quand je ne peux pas être là. Et si on organisait des moments juste pour nous deux? On pourrait faire quelque chose de spécial, qui te ferait plaisir, sans personne d'autre. Quand tu recommenceras à être contrarié, je te rappellerai notre accord.» Mentionnez ce projet de temps en temps, quand vous êtes tous les deux calmes. Les enfants de quatre ans peuvent être très clairs quand ils appellent à l'aide. Répondez aussi clairement. Ils restent toujours désireux d'être gentils avec vous. Quand ils seront plus vieux, cela ne sera pas obligatoirement le cas. Appréciez cette qualité chez un enfant de cet âge. « Marcy, tu es une si mignonne petite fille. Je sais que tu es triste quand je m'occupe d'Amos. Viens dans mes bras et nous nous sentirons à nouveau proches. »

Quand un enfant se trouve aux prises avec un schéma répétitif de mauvaise conduite, on peut désamorcer le phénomène en lui donnant une chance de réussite. Présentez-lui des alternatives à ces comportements lorsqu'il est calme. Mais, quand il se déchaîne, votre objectif doit être de briser le cycle. Cela fait, prenez-le dans vos bras et montrez-lui pourquoi votre intervention l'a aidé.

« Tu étais contrarié et moi aussi. Je t'ai imposé un "temps mort" et nous nous sommes calmés tous les deux. À présent, nous pouvons parler.

– Mais, maman, je suis toujours furieux.

– Bien sûr. Le "temps mort" nous a aidés, mais il ne m'a pas dit ce qui t'avait tellement contrarié.

– Tu ne veux pas me lire une histoire quand j'en ai envie.

– Tu as raison. C'est vrai que c'est toujours moi qui choisis le moment qui me convient pour lire, n'est-ce pas ? »

L'enfant réfléchit, surpris.

« Pourquoi ne pas programmer des séances de lecture ? Tu me le rappelles quand l'heure sera venue et si je ne peux pas à ce moment, alors nous fixerons un rendez-vous spécial pour le faire. De cette façon, nous pourrons toujours avoir des séances de lecture. »

Si l'enfant parvient à faire des suggestions, essayez de les suivre. Si cela marche, félicitez-le. Sinon, demandez-lui d'en faire à nouveau. De cette façon, vous lui proposez un partage des responsabilités.

Aucune de ces stratégies ne résoudra tous les problèmes de discipline. Les parents souhaitent naturellement des solutions simples et efficaces. Chaque parent se sent furieux et impuissant après un épisode désagréable avec un enfant, mais espérer des solutions simples n'est pas réaliste. L'enfant a besoin de beaucoup de temps pour apprendre la maîtrise de soi qui lui permet de ressentir ses pulsions agressives en toute sécurité. C'est un objectif à long terme, pas immédiat.

Quand vous enseignez la discipline à un enfant de quatre ans, une des principales difficultés peut être votre propre déception. « Il a déjà appris à ne pas faire cela. Pourquoi me provoque-t-il à nouveau ?» Le comportement de l'enfant peut être considéré comme hostile ou comme délibérément provocateur : c'est un piège dans lequel il n'est que trop facile de tomber. L'enfant a sans doute besoin de tester vos limites, encore et encore, jusqu'à ce qu'il soit parvenu à acquérir ses propres moyens de contrôle. De telles périodes de régression sont des points forts au cours desquels les parents trouveront utile de reconnaître leur propre contrariété. «Mais il sait déjà tout cela. On lui a appris à frapper un punching-ball au lieu de son petit frère. Pourquoi faut-il en repasser par là ?» Dans ces moments, les parents risquent de se sentir découragés, comme si tout leur enseignement patient de la discipline avait été vain. Ce n'est pas le cas. L'enfant choisit un domaine sûr – dans lequel il sait prévoir vos réactions. Au milieu de sa désorganisation, il peut avoir besoin d'être rassuré par votre constance. Apprendre ses propres limites est le travail de toute une vie. Un petit enfant a besoin d'être «rechargé» de temps en temps, et il vous le demandera à sa manière.

Votre inquiétude représente un aspect difficile de ces régressions : «A-t-il plus de problèmes que nous ne l'avions cru ? Peut-être ai-je été trop exigeant ou pas assez. Peut-être n'ai-je pas su déchiffrer ses signaux et, maintenant, il a vraiment des problèmes que je ne comprends pas.» Dans de tels moments, vous pouvez ressentir la pression des fantômes de votre passé. Quand vous vous sentez perdu en ce qui concerne vos relations avec vos enfants, vous pouvez être ramené en arrière vers vos plus anciens repères. Probablement des moments de votre enfance où vous aviez perdu tout contrôle ou vous avez été incompris ou même traumatisé. Ce genre de souvenir ajoute encore plus de confusion à votre réaction. Vous risquez de réagir avec plus d'ardeur que le comportement n'en mérite ou, encore, de vous sentir paralysé. Vous pouvez manifester une ambivalence qui perturbe votre enfant.

En de pareils moments, vous aurez éventuellement vous-même besoin d'un «temps mort». Peut-être votre conjoint, un ami ou même votre belle-mère, sont-ils à même d'intervenir pour vous aider à devenir plus objectif. «Tu sais qu'il ne mérite pas que tu réagisses ainsi. Il n'essaie pas de tuer sa sœur et il ne cherche pas à te faire la guerre.» Dans ces moments, il est important d'essayer tous les moyens que vous pouvez imaginer pour vous retirer de la bagarre et pour, ensuite, essayer de comprendre la violence de votre réaction. Cela ne veut pas dire qu'une réaction excessive va toujours faire du mal à l'enfant. Les enfants sont étonnamment résistants face à quelqu'un qu'ils aiment et en qui ils ont confiance. Un petit garçon que je connais réagit un jour de la façon suivante devant sa mère qui perdait son contrôle : «Maman, je pense que nous devrions en parler plus tard, quand tu seras moins fâchée.» Sur le moment, cette déclaration rendit sa mère encore plus furieuse, mais elle se calma et finit par en rire. Son fils avait raison. Et les choses se passèrent bien mieux un peu plus tard.

Nous cherchons tous la constance dans notre discipline. Et pourtant, tous les parents que j'ai rencontrés savent que la constance est impossible à atteindre. Nous nous mettons trop en colère. Mais l'enfant tire aussi un enseignement de nos émotions. Les sentiments que nous manifestons à l'égard de son comportement lui apprennent l'importance de ses transgressions. Je me demande souvent si les parents n'en apprennent pas beaucoup en matière d'autodiscipline quand ils aident l'enfant à se fixer lui-même un ensemble de limites plus sûr.

Quelques conseils supplémentaires pour la discipline. 1. Discipline signifie enseignement, et non pas punition.

2. L'objectif est de développer le contrôle de soi.

3. Les enfants font l'expérience de la culpabilité et doivent réparer leurs torts.

4. Les enfants ont besoin d'une approche qui ménage leur amour-propre.

5. Chaque «non» réclame un «oui».

6. Les parents doivent prendre leurs propres sentiments en considération.

7. Essayez de comprendre la signification du comportement de l'enfant.

8. Quand l'enfant se conduit mal, une réaction ferme et constante est une preuve d'affection.

9. Partagez la responsabilité avec l'enfant pour trouver des solutions.

10. Une approche pleine d'amour et de compréhension est efficace.

Les débuts de la conscience morale. Comment un enfant de quatre ans évolue-t-il au-delà du stade où on lui dit ce qu'il peut et ne peut pas faire ? Comment passe-t-il du «tu ne le feras pas parce que je te l'interdis» à une véritable conscience morale qui lui est propre ? Quoi qu'on dise à Billy pour l'empêcher de frapper ou de provoquer sa sœur, à quatre ans, il va trouver des façons ingénieuses d'arriver à ses fins. En passant à côté d'Abby, assise par terre, il marche sur son petit doigt. Par hasard ! Il court à toute allure à côté d'elle, alors que, vacillante sur ses jambes, elle s'apprête à faire un pas. Elle retombe sur son postérieur. Personne ne paraît s'en apercevoir. Sauf Billy à un certain niveau. Quand Abby tend la main vers un jouet, Billy s'en saisit. À présent, sa mère intercepte son regard et hoche la tête. Billy s'est déjà rendu compte que toutes ses avances à Abby sont négatives. Très tranquillement, il pose le jouet et le pousse vers sa sœur. La petite fille le prend, le porte à sa bouche, elle sourit et elle bave. Billy l'observe en silence. Est-il en train de savourer la satisfaction subtile d'avoir cédé à sa conscience ?

Si c'était le cas, cela signifierait que Billy, à quatre ans, peut : (1) accepter les réprimandes ; (2) ressentir une culpabilité spontanée ; (3) avoir la capacité de transférer cette culpabilité d'un acte à un autre – en d'autres termes, faire l'association entre ces actes et comprendre qu'ils ont la même signification ; et (4) être prêt à céder. Billy commençait à se rendre compte de sa propre capacité à se conduire d'une façon qui le rende fier de lui, en ne bénéficiant que de très peu d'aide extérieure. Il allait pouvoir garder cette expérience en mémoire et y accéder la fois suivante. Cela n'arriverait pas tout d'un coup, mais il y parviendrait peu à peu. Observez la fierté tranquille d'un enfant de quatre ans qui a réussi.

Les valeurs, les occasions de former sa conscience, tout cela commence avec les réactions des parents devant des événements quotidiens : «Tu ne peux pas prendre ce jouet. Qu'est-ce que tu dirais s'il prenait le tien ?» «On va sortir les jouets que tu veux bien prêter à tes amis avant qu'ils n'arrivent, ainsi tu ne seras pas aussi "avare" quand ils seront là. Ils ne se sentiront pas les bienvenus si tu leur ôtes tout des mains. Tu sais, ils ne connaissent pas ta maison et ils vont être tristes sans leur maman et leurs affaires.» Cette explication donne à l'enfant une chance de comprendre pourquoi être courtois et partageur. Il peut ainsi voir les conséquences de ses actions à un moment où il n'est pas aux prises avec la passion. Cette préparation l'aide à passer d'un monde égocentrique à un autre où le point de vue des autres compte. Ce passage ne se fera que lorsqu'il y sera prêt, naturellement. Quand ce sera le cas, le succès lui procurera un surcroît d'estime de soi.

Quand j'avais quatre ans, ma mère invita un groupe de dames distinguées de ma petite ville natale du Texas. Elle m'appela pour « m'exhiber ». Je me rappelle être resté debout au milieu de toutes ces dames poudrées, parées de leurs perles et de leurs plus beaux atours. L'une d'entre elles, pour faire la conversation, me demanda :

« Et qui aimes-tu le plus dans tout le monde ? »

Je m'exclamai :

« Annie May ! »

Annie May était notre très chère nourrice et cuisinière noire, que j'aimais immensément. Peut-être était-ce ma fureur d'être ainsi exhibé ou l'affectation de la question qui avait provoqué ma réponse. Mais je me souviens encore du visage de ma mère. Il se décomposa. Tout son corps s'affaissa. Tout le monde se mit à rire avec embarras, pas elle. Je l'avais profondément blessée. Je ne me suis jamais permis d'exprimer une opinion aussi blessante depuis. Un peu de conscience avait émergé en moi ce jour-là.

La plupart des valeurs sont apprises par l'intermédiaire de modèles. Un enfant peut prendre exemple sur les valeurs et les actions de ses parents, de frères ou sœurs plus âgés, d'amis ou de membres importants de la famille. Quand un enfant voit son père parler gentiment, d'un air soucieux à une personne âgée et fragile dans la rue, il en tire un enseignement. Quand quelqu'un fait à son père une queue de poisson et que celui-ci laisse échapper un gros mot et dit, sans le faire : « J'ai envie de poursuivre ce type pour le mettre en pièces », l'enfant est attentif au fait qu'il n'y ait pas eu de passage à l'acte.

Quand ses parents emmenèrent Tim à l'église un dimanche, après l'avoir vêtu de ses plus beaux habits, la perspective de la séance de catéchisme – où il devait aller sans eux – et de la cérémonie fut cause de résistance et de conflit. À leur arrivée à l'église, tout le monde les accueillit avec courtoisie. Les parents de Tim s'éloignèrent avec précaution. Mme McCormick revint même un peu plus tard pour voir comment les choses se passaient. Tim se rendit compte de son inquiétude. Après la cérémonie, tous les assistants se retrouvèrent. Chacun était comme apaisé. Quelques commentaires furent échangés par les adultes. «Le sermon était trop long. Mais j'ai apprécié la façon dont il a expliqué le passage de la Bible.» Même les critiques étaient modérées, exprimées d'un ton respectueux. Les adultes montraient qu'ils étaient capables de supporter et même d'apprécier une situation plutôt ennuyeuse. Un enfant de quatre ans comprend tout cela.

Les parents peuvent être gênés parce que leur enfant les imite avec passion. Cela les oblige parfois à réprimer leur liberté d'expression quand ils sont contrariés. Mais ce ne sont pas les éclats de voix ou même les gestes qui comptent. C'est le schéma général de leur langage et de leurs actes que l'enfant assimile en lui.

Les avantages de la politesse. Minnie apprenait à dire «bonjour» et à regarder les gens dans les yeux. Le matin, elle était très fière de saluer son institutrice : mère et institutrice rayonnaient. Cependant, au bout de trois jours, elle passa à toute allure à côté de l'institutrice pour aller trouver ses amis et ses jouets. Sa mère se sentit frustrée. Mais, le cinquième jour et tous les jours suivants, Minnie se souvint toute seule de ses bonnes manières. C'était comme si le jour de l'échec avait représenté un élément important de son apprentissage.

Sa mère était devenue tellement confiante qu'elle cessa de rappeler à Minnie comment se comporter. Un samedi matin, à la salle de gymnastique de Mme Lee, une monitrice salua Minnie et lui demanda si elle voulait grimper sur une bicyclette. «Tu es tellement grande, tes pieds atteignent presque les pédales!» Minnie devint timide, resta muette, se contentant de fixer des yeux ses sandales. Quand ils quittèrent le club, Mme Lee lui dit :

«Minnie, pourquoi n'as-tu pas été capable de répondre à cette gentille dame? Tu réponds à ta maîtresse tous les jours à l'école.»

Minnie :

«Mais elle est pas ma maîtresse.»

Mme Lee s'était attendue à ce que Minnie applique ce comportement aux autres adultes. La fillette n'avait pas pensé que tous les adultes devaient être traités comme son institutrice, personne à laquelle elle était attachée. Elle était encore trop naïve pour généraliser son comportement. Si elle comprend qu'il est trop tôt pour attendre cela de sa fille, Mme Lee aura plus de patience pour lui rappeler quoi faire dans les situations nouvelles. Et Minnie écoutera plus volontiers.

Quand un enfant commence à prendre conscience de la façon dont il affecte son entourage, une nouvelle opportunité se présente. L'enfant est prêt à savourer les effets positifs de son comportement. Quand il dit «merci» ou «s'il te plaît», il en est récompensé par ses proches. Les parents essayent, depuis un certain temps, de mettre en place ces schémas. Je les appelle les schémas du «apprends à faire plaisir à grand-mère». Au cours de la deuxième année, et bien évidemment de la troisième, les parents vont regarder l'enfant bien en face et lui dire de leur air le plus engageant : «Maintenant, dis merci.» Un parent particulièrement hardi pourra même demander : «Donne ta main à Mme King et dis-lui : "Comment allez-vous?" Tu te rappelles que je t'ai appris à le faire?» L'enfant de trois ans va se rembrunir. Il laissera tomber ses bras et les maintiendra contre lui. Il détournera probablement le regard, il pourra même s'enfuir. Si c'est un enfant particulièrement docile, il tendra peut-être la main. Mais ce sera avec une sorte de passivité qui masquera son négativisme. À cet âge la main d'un enfant peut ressembler à un poisson mort, gluante du négativisme que les instructions parentales suscitent. Le négativisme est prévisible, mais ne renoncez pas. Les parents qui renoncent privent leurs enfants d'occasions d'être bien considérés dans les interactions sociales.

Il y a des moments où l'enseignement des bonnes manières est décourageant. On peut se demander s'il y a le moindre résultat. Mais observez la réaction de votre enfant de quatre ans à l'arrivée d'une personne spéciale pour lui. Il peut, même sans que vous le lui demandiez, tendre la main à cette personne. Si tout va bien, la personne dira : «Mais tu es un grand garçon! Quel accueil agréable!» Vos efforts sont finalement récompensés. Vous lui avez fait connaître un comportement auquel il a résisté, mais qu'il a enregistré et dont il a même assimilé l'objectif. Il voit maintenant qu'il est récompensé pour ses bonnes manières. Vous lui avez enseigné un comportement purement instrumental, comme : «Merci!» «Dis bonjour!» «Tends la main.» Il a résisté à votre pression, comme il fallait s'y attendre. Mais, sous cette résistance, il a assimilé les manières que vous lui présentiez. Aussi longtemps que ces manières restent les vôtres, par exemple : «Dis s'il te plaît à grand-mère», elles ne sont que peu efficaces – mais elles valent quand même la peine d'être encouragées. Tôt ou tard, il «se laissera aller» à utiliser ces manières de son propre chef. À ce moment, les réactions de plaisir des adultes deviennent sa récompense à lui seul. Il a découvert la satisfaction que les bonnes manières peuvent apporter, et c'est là un grand pas de franchi. Vous souhaiterez qu'il aille plus loin sans votre aide, mais soyez patient. Il y aura forcément autant d'échecs que de succès. Vous aurez peut-être le sentiment que l'échec est le vôtre quand il se produit. Mais si vous acceptez le fait que l'enfant a longtemps besoin de rappels à l'ordre, vous pourrez continuer à les lui donner sans éprouver aucune frustration, ni supprimer les gratifications que l'apprentissage de la politesse apporte.

Les risques de cet apprentissage doivent être reconnus : si l'enfant est seulement docile, s'il ne fait que singer vos instructions, il n'assimilera pas le comportement et n'en ressentira pas les satisfactions. Je conseille vivement aux parents d'équilibrer les instructions avec des occasions d'indépendance. Si l'enfant a un oncle préféré, ne l'y préparez pas. Voyez plutôt s'il va expérimenter ces moyens de séduction tout seul. Vous pouvez, en revanche, y préparer l'oncle. Suggérez-lui d'être prêt à tendre la main et à féliciter son neveu pour toute réaction de politesse.

Peut-on préparer un enfant à ce genre d'événement sans empiéter sur son intimité? Il faut y réfléchir soigneusement. «Aujourd'hui, nous sommes invités chez tante Isabel. Il va y avoir des gens qui t'aiment déjà et qui ont envie de te revoir. Mais ils ne savent pas que tu as beaucoup grandi. La dernière fois qu'ils t'ont vu, tu parlais comme un bébé. Tu marchais à peine. Maintenant, tu es capable de faire certaines choses comme un adulte. Imagine le visage de tante Isabel si tu t'avances vers elle en tendant la main et en disant : "Bonjour, tante Isabel! Je suis content de te voir."» Présentez cela comme quelque chose d'amusant. Et puis, stop! En bon parent, vous avez planté une graine. Si votre enfant se montre à la hauteur, ce sera un véritable exploit. Sinon, il faudra sans doute attendre une occasion plus décontractée.

Quand vos recommandations sont suivies, ne submergez pas l'enfant de félicitations. Si vous le faites, vous lui enlevez le sentiment que cette réussite lui revient. Laissez-lui faire tout seul l'expérience de la satisfaction. Tout au plus, vous pouvez dire : « Tante Isabel était vraiment très contente. Elle est fière de toi. Et moi aussi. » Votre objectif est de lui donner les occasions d'affecter son entourage de façon positive, de se rendre compte qu'il a une influence. (Voir aussi : « Politesse et bonnes manières », dans la deuxième partie.)

Les relations au sein de la famille

Aider. Quand les enfants atteignent l'âge de quatre ans, il est temps de programmer des réunions familiales régulières. Cela peut sembler tôt, mais si l'on en prend l'habitude dès cet âge, ces réunions deviendront des moments prévisibles pour la communication. Je recommande une fréquence hebdomadaire. Tout le monde s'assied ensemble. L'objectif est de donner à l'enfant le sentiment qu'il est un membre apprécié de la famille, qu'il a certaines responsabilités dont il peut être fier. Dressez une liste des choses qui pourraient être faites dans la maison par un enfant de quatre ans. Avec de l'aide, il peut mettre la table, desservir, nourrir les animaux domestiques, arroser les plantes. Il peut ramasser ses jouets, accrocher sa serviette de bain, mettre son linge au sale. Attribuez une ou deux tâches à chaque membre de la famille. Chaque enfant peut avoir besoin d'un adulte qui lui serve de soutien moral et l'aide à accomplir ses tâches. Laissez l'enfant choisir cette personne. Ils pourront travailler ensemble. Marquez tout sur une grande affiche et rappelez-vous que ces tâches doivent être adaptées aux capacités d'un enfant de quatre ans. Au début, elles paraîtront hautement symboliques, mais c'est ce qui importe le plus à cet âge. Vous pouvez avoir l'impression qu'enrôler la participation de l'enfant va vous donner plus de travail, mais cette expérience précoce – trouver un rôle apprécié, être fier de contribuer à la vie familiale – construit les bases de l'avenir familial.

Au cours de la réunion, vous déciderez ce que seront les récompenses et les mesures prises en cas d'inexécution. Les menaces et les critiques sont hors de propos. L'objectif principal n'est pas la récompense, mais la famille : dans une famille, chacun aide, chacun prend soin des autres. Les tâches domestiques doivent être considérées comme un effort de coopération familiale. Selon mon expérience, tous les enfants de quatre ans sont fiers de pouvoir participer.

Même si l'enfant trouve des raisons d'échapper à ses corvées, il apprendra tout de même quelque chose.

«Je suis trop fatigué pour ramasser mes jouets.

– Si c'est moi qui les ramasse, je les range dans le placard et tu ne pourras plus jouer avec.

– Je vais les ramasser. Mais tu vas m'aider?»

Faire et donner. «On va préparer un beau cadeau pour grand-mère. Elle sera ravie d'avoir quelque chose de toi.

– Je sais pas quoi faire pour elle.

– Et une boîte pour qu'elle range ses papiers? Tu pourrais d'abord colorier du carton et ensuite, je t'aiderai à fabriquer la boîte.

– Quelles couleurs? Je sais pas comment il faut faire», gémit Tim, et il repoussa l'idée.

«Voici une boîte que j'ai sur mon bureau. Elle m'est très utile. C'est juste la bonne dimension. Et si on prenait un morceau de carton, on pourrait le plier pour former une boîte semblable? Est-ce que tu pourrais le colorier?»

Tim paraissait dépassé.

«Je ne sais pas colorier.

– Tu choisis les couleurs. Elle sera tellement contente.»

La résistance persista.

«Nous allons le faire ensemble. Je vais colorier la bordure et tu pourras faire le milieu. À chaque nouvelle couleur nous ferons un pliage pour voir l'effet que ça donne avant d'ajouter une autre couleur. Eh! Tu viens de faire un bleu magnifique!»

Ils plièrent ensemble le carton.

«Et du jaune, maintenant – encore plus beau.»

Avec des encouragements réitérés et même de l'insistance, Tim, aidé de sa mère, réalisa un motif plein de fantaisie; ils plièrent le carton pour en faire une boîte dont ils collèrent les coins avec du ruban adhésif. Tout le ruban adhésif fut employé, Tim en rajoutant toujours plus à chaque coin «pour être sûr que ça ne va pas casser». Ils avaient réussi à fabriquer la boîte!

Grand-mère fut avertie. Ils lui rendirent visite pour lui remettre l'objet.

«Nous avons un cadeau pour vous. Tim... nous... l'avons fait ensemble. J'espère qu'il va vous plaire!»

Grand-mère se comporta comme si cette boîte «faite maison», fragile, toute collée, était la plus jolie, la plus ravissante chose qu'elle avait jamais vue. Tim regardait sa mère pour se rassurer.

«Tu vois. Elle l'aime!»

Personne n'aurait pu prédire qu'il aiderait sa grand-mère alors qu'elle faisait de la place pour poser la boîte. Il vida la corbeille à papier qui se trouvait à côté du bureau. Il s'assit affectueusement sur ses genoux pendant qu'elle remplissait la boîte avec des coupures de journaux. Il leva les yeux avec adoration vers elle :

«Maman et moi, on a trouvé que tu avais besoin qu'on te donne quelque chose de joli pour que tu penses à nous.»

Ces petits événements apparemment mineurs s'additionnent. Tim sera plus disposé à fabriquer un cadeau, car plus conscient des effets qu'il peut produire. Chaque effort couronné de succès le rapproche de cet objectif de partage de soi avec les personnes importantes de son environnement.

Les grands-parents. C'était la journée des grands-parents à l'école de Marcy. Depuis plusieurs jours, elle était irritable. La veille, elle n'avait pas dormi. Personne ne faisait la relation entre la tension dont elle faisait preuve et l'événement qui s'annonçait. Mme Jackson avait averti ses parents plusieurs semaines auparavant. Les grands-parents avaient tous deux pris leurs dispositions au travail pour pouvoir être présents. Personne ne prenait la chose très au sérieux – excepté Marcy. Les Jackson furent donc surpris quand Marcy déclara ce matin-là :

«C'est aujourd'hui le jour?

– Le jour de quoi?

– Pour grand-mère et grand-père.

– Oh! J'avais presque oublié. Je suis persuadée qu'ils viendront.

– Appelle-les pour être sûre.

– Ce n'est pas nécessaire, Marcy. Ils ne vont pas oublier.

– Ils pourraient», répliqua tranquillement Marcy.

L'école était pleine. Les adultes allaient et venaient. Les enfants faisaient la démonstration de leurs talents. Le niveau sonore avait atteint une intensité maximale. Marcy se tenait à la porte, les yeux à l'affût, le pouce à la bouche. Elle les aperçut avant qu'ils ne l'aient vue. Elle se précipita dans le hall. « Grand-mère ! Grand-père ! Venez vite ! Tout le monde est déjà arrivé ! » Elle courut avec eux, les tenant fermement par la main. Elle se fraya un chemin à travers la pièce grouillante de monde jusqu'à son institutrice. « Les voilà ! Grand-mère et grand-père ! » Son institutrice les accueillit avec reconnaissance : « Vous voyez combien vous êtes importants pour elle ! Elle parle beaucoup de vous. » Toute la matinée, Marcy ne quitta pas des yeux ses grands-parents – pour s'assurer qu'ils étaient toujours là, pour les saluer du regard, pour trouver un point d'ancrage au milieu de toutes les autres familles.

Seuls deux enfants n'avaient aucun grand-parent présent. Ils se mirent à l'écart et s'appliquèrent à des activités discrètes, réagissant avec placidité quand on les sollicitait. Leurs pairs avaient conscience de leur tristesse. Marcy alla chercher son amie, Annie, pour la présenter à ses grands-parents. « C'est Annie. Ses grands-parents ne sont pas venus. » Grand-mère tendit les bras à Annie et la serra contre elle. Annie se dégagea, mais lui lança un regard reconnaissant.

Quand l'heure des chants arriva, on demanda aux grands-parents de se joindre à leurs petits-enfants. Pendant le premier couplet, Marcy observa que ses grands-parents gardaient le silence. Elle se leva et se plaça à côté d'eux : « Chantez ! » leur ordonna-t-elle. Ils prononcèrent les mots. « C'est mieux comme ça. » Et elle chanta fièrement à côté d'eux.

La grand-mère de Tim n'habitait pas loin. Elle aimait beaucoup avoir le petit garçon chez elle et il aimait beaucoup, lui aussi, lui rendre visite. Ils avaient l'habitude de s'asseoir à la table de la cuisine et de se raconter des histoires. Elle buvait une tasse de thé. Il buvait un verre de lait froid. Il était parfaitement heureux, balançant ses pieds sous la table tandis qu'elle fredonnait une chanson ou lui racontait quelque chose. « Raconte quand grand-père faisait du canoë sur la rivière et qu'il était si excité qu'il est passé pardessus bord et qu'il a été obligé de nager ! » Ou : « Raconte l'histoire du grand oiseau que tu as vu sur la plage la dernière fois.» Elle regarda au loin, les yeux fixés sur un point distant. «J'étais debout au bord de l'eau qui clapotait autour de mes pieds. J'observais une mouette qui volait au-dessus de l'océan. C'était si beau, Tim! Elle agitait ses ailes blanches à quelques reprises, puis elle montait et descendait dans les airs. Elle glissait au-dessus de l'eau avec une telle élégance, comme si elle n'avait rien d'autre à faire. On aurait dit qu'elle rêvait de se trouver plus haut que le monde, d'être là où personne n'est jamais furieux, où personne ne fait d'histoires pour s'habiller ou à propos de ce qu'il y a au petit déjeuner. Le bel oiseau blanc semblait au-dessus de tout cela. Il me donnait envie d'être un oiseau. Et puis, tout d'un coup, il a plongé comme une fusée dans l'océan. Il en est ressorti avec un poisson dans le bec. Comment penses-tu qu'il a pu voir le poisson d'en haut? Il a volé jusqu'à la plage et a gobé le poisson. Je me suis dit : "Voilà un magnifique oiseau et je pensais qu'il ne faisait que voler et se laisser porter dans les airs. Mais non. Il voulait son déjeuner!"» Ils rirent tous deux. Tim aimait par-dessus tout les histoires de sa grand-mère – mieux que les livres qu'on lui lisait tous les soirs.

Les parents de la mère de Minnie vinrent en visite pour Hanoukka. Minnie savait combien cette visite comptait pour ses parents – elle savait déjà que sa mère et son père étaient différents et comme pour la plupart des enfants de quatre ans, cela signifiait surtout des repas spéciaux, des fêtes et des chants différents. Pour Minnie, cela voulait aussi dire une tension supplémentaire, inexpliquée. Ils avaient passé la journée à préparer le dîner et à installer les bougies. Chaque fois qu'elle demandait à sa mère de jouer avec elle, celle-ci lui disait : «Je dois préparer Hanoukka. Grand-mère et grand-père viennent.» Minnie était excitée et ennuyée. Qu'allaient-ils faire ensemble de si important? Elle avait déjà assisté à des repas rituels, mais les avait toujours oubliés. À présent, elle était assez grande pour désirer vraiment participer. Sa mère lui avait appris les prières. Elle était prête. Quand ses grands-parents arrivèrent, elle se souvint du parfum de sa grand-mère, de ses confortables genoux et du grand sens de l'humour de son grand-père. Il aimait beaucoup la taquiner. «Minnie, Minnie, la championne des courses de chiens de traîneaux! Je ne connais pas de fille plus rapide que toi!» Elle adorait tous les moments qu'elle passait avec eux. Ses grands-parents étaient amusants et ils lui donnaient l'impression d'être spéciale. Avec personne d'autre elle n'avait ressenti l'impression d'être aussi importante.

La grand-mère de Billy était venue pour aider, à la naissance d'Abby, l'année précédente. Elle était arrivée à temps pour garder Billy au moment du départ de sa mère. Quand sa mère et son père partirent pour la maternité, Billy resta figé sur place. Son visage était devenu tout blanc, ses yeux vagues. Il regardait au loin, comme s'il avait perdu tout contact avec ce qui arrivait. Il restait silencieux. Sa grand-mère lui dit : «Billy, ta maman va revenir. Je suis là pour m'occuper de toi jusqu'à son retour.» Elle s'approcha de lui, mais il courut se cacher dans sa chambre. Elle le trouva sur son lit, tourné contre le mur. Sans un mot, elle s'assit à côté de lui, lui mit la main sur l'épaule. Au début, il était raide, rétif. Peu à peu, il se détendit et se blottit contre elle. Au bout d'un moment, il se mit à s'agiter. Elle enleva sa main. Il descendit de son lit et, sans lui jeter un regard, la prit par la main pour lui faire visiter la maison. Par la suite, quand elle tournait en rond sans arriver à trouver quelque chose, il l'y menait. Ils devinrent des compagnons silencieux. Il ne l'avait jamais oublié. Elle non plus.

À présent, un an plus tard, chaque fois que sa grand-mère venait chez lui, Billy allait tranquillement à sa rencontre à la porte d'entrée. Comme si elle lui appartenait, il la promenait à travers la maison pour lui montrer son dernier trésor. Si elle s'approchait d'Abby avant qu'il n'ait terminé son tour, il disparaissait. Il se réfugiait sur son lit, avec un regard blessé et se couchait en boule. Elle devait répéter le rituel, la main sur l'épaule, doucement, avant qu'il retourne au sein de la famille. Il était clair dans sa requête : il fallait qu'il l'ait pour lui en premier et ensuite, chacun pouvait se l'approprier. Naturellement, tous deux appréciaient cette intimité. Un précieux legs.

Il est difficile de se passer de la force et du réconfort que les grands-parents peuvent apporter dans les familles. Ils arrivent en cas d'urgence, d'une manière assurée et tranquillisante qu'aucun autre étranger à la famille ne serait capable d'avoir. Ils sont fiables et irremplaçables. Ils sont toujours proches dans les moments difficiles. De sa grand-mère, Billy avait reçu l'assurance fondamentale qu'il comptait et qu'il avait quelqu'un vers qui se tourner chaque fois qu'il en avait besoin. Elle avait été également présente pour sa naissance à lui.

Les grands-parents jouent un rôle essentiel dans la construction de l'estime de soi de leurs petits-enfants. Beaucoup de familles se sentent plus isolées, de nos jours. Les parents manquent souvent de bons voisins; ils n'ont plus les voisinages solidaires dans lesquels ils ont été élevés. Aujourd'hui, vos voisins sont aussi occupés que vous. Vous n'avez pas le temps de les connaître, de leur rendre visite, il n'est plus possible de compter sur eux en cas de problème. Les grands-parents sont eux aussi occupés et beaucoup d'entre eux ont une existence aussi remplie que leurs enfants. Mais ils sont dévoués. Une grand-mère ou un grand-père peuvent offrir les soins les plus affectueux parce que presque tout dans leur attitude est positif. La discipline et les corvées quotidiennes ne sont pas le travail des grands-parents. Pour eux, il s'agit d'offrir à l'enfant des joies spéciales. Les parents ont tout le travail, jour après jour. Ils sont pris dans la routine et les problèmes. Mais les grands-parents peuvent apporter un répit, des gâteries et une admiration inconditionnelle. C'est, en effet, une contribution toute spéciale à l'estime de soi de l'enfant. (Voir aussi : «Les grands-parents», dans la deuxième partie.)

La rivalité entre frères et sœurs. Il était maintenant évident qu'Abby était là pour de bon. Comme elle avait franchi sans encombre le cap de la première année et qu'elle se tenait sur ses pieds, elle représentait une cible plus intéressante pour Billy. Non seulement il pouvait jouer avec elle et la manipuler, mais il savait également provoquer des crises prévisibles. S'il lui enlevait un de ses jouets, s'il la bousculait pour la faire tomber par terre, s'il la taquinait en lui proposant quelque chose qu'il faisait immédiatement disparaître, automatiquement elle protestait et pleurait. Automatiquement, les parents réagissaient. La moitié du temps, il s'en sortait sans problème. Mais le reste du temps, c'était peut-être ce qu'il y avait de mieux. Ses parents devenaient tout rouges, tout tendus. Ils observaient, en proie à l'agitation. Billy voyait qu'ils avaient envie de le fesser, mais que leur conscience le leur interdisait. Ils prenaient le temps d'évaluer la situation. Abby et lui regardaient avidement. Tous deux savaient qui allait se faire disputer. Mais, en attendant, la passion qui régnait en valait vraiment la peine. Et puis, Billy savait se venger. La rivalité entre frères et sœurs a de puissantes motivations.

Au cours de la première année d'Abby, Billy avait eu plutôt tendance à régresser, en imitant sa sœur. En réclamant d'être nourri au sein, d'abord, puis en se déplaçant à quatre pattes. Puis, en recommençant à se mouiller «juste comme Abby». Ce sont des réactions courantes. Moins prévisible pour les parents, la frustration de l'enfant plus âgé quand il se sent envahi au moment où le plus jeune devient mobile. Quand Abby apprit à ramper et à marcher, tout l'univers de Billy fut menacé. Non seulement son domaine n'était plus sûr, car elle venait s'emparer de ses jouets, mais encore elle s'était mise à le suivre dans toute la maison. Il devenait le centre de son univers à elle. Un de ses premiers mots fut «Bih-wee». Elle allait essayer de faire tout ce qu'il faisait. Même les progrès qui faisaient de lui «un grand garçon» n'allaient plus longtemps lui appartenir. Au lieu de profiter des avantages gagnés dans le passé, il allait les perdre à son bénéfice. «Regarde Abby imiter Billy. C'est trop mignon! Elle y arrive presque! Elle est vraiment adorable.» Il ne parviendra plus à lui ravir le premier rôle. Et que peut-on attendre d'un enfant dont le monde s'écroule? La rivalité.

La rivalité devient un mode de communication prévisible entre frères et sœurs. Bien sûr, ils sont en compétition. Bien sûr, ils se taquinent mutuellement pour provoquer une crise. Bien sûr, leur objectif est d'impliquer le parent le plus proche. Bien sûr, le parent est vulnérable. Aucun parent n'a jamais le sentiment d'avoir assez donné de sa personne. Quand des enfants se disputent, les parents se sentent concernés. Ils craignent d'être la cause d'une telle fureur, d'une telle hostilité. Mme Stone pensait que peut-être, si elle avait fait ce qu'il fallait, elle aurait pu les aider à bâtir une relation affectueuse, attentive. Elle se demandait même si Billy n'avait pas assisté à trop de querelles conjugales avec son premier mari et si cela n'expliquait pas pourquoi il taquinait autant Abby. Cela dit, Abby provoquait également elle-même un grand nombre de crises.

À d'autres moments, Mme Stone se rappelait sa propre enfance. Elle et sa plus jeune sœur ne manquaient jamais une occasion de provoquer un conflit. «Vous finirez par me tuer», entendaient-elles continuellement : leur mère finissait toujours par être impliquée. «Alors, qui a commencé?» Y a-t-il jamais une réponse? Les deux enfants ont commencé. Ils étaient tous deux prêts pour la bagarre. Toutes les mères qui pensent qu'elles sont capables de «finir par trouver le ou la responsable» risquent de ne rien comprendre. Les frères et sœurs sont destinés à se bagarrer. La rivalité est une part normale et saine d'une relation importante. S'aimer et être en compétition sont les deux faces d'une même médaille. On ne peut avoir l'une sans l'autre. Les deux alimentent une relation passionnée.

Le meilleur parti pour les parents est de rester en dehors de cette rivalité. Vous ne saurez jamais qui a commencé. Quand vous vous impliquez, vous mettez de l'huile sur le feu – le fait que vous soyez furieux justifie tous les efforts. Vous devenez une partie d'un triangle. Je conseillerais, sauf en cas de véritable pugilat, de dire : «Écoutez, c'est votre dispute, pas la mienne. Vous vous débrouillez pour vous en sortir tout seuls.» Cette approche n'est cependant possible que lorsque le plus petit est capable de se défendre. Mais quand il n'y a pas d'adulte dans les parages, les aînés sont moins tentés de provoquer les plus jeunes. Bien qu'il existe des situations d'abus dans des familles à problèmes et que des accidents surviennent, il est rare que des enfants plus âgés blessent gravement leurs cadets. Mais ils risquent davantage d'essayer s'ils sentent qu'ils peuvent attirer l'attention d'un adulte présent sur les lieux.

Indépendance et séparation

Se détourner d'un parent pour aller vers l'autre. Mme Lee appela l'infirmière praticienne[1] au sujet de Minnie.

«Minnie ne m'écoute pas. Chaque fois que je lui parle ou que je lui demande de faire quelque chose, elle baisse les yeux, hoche la tête et s'en va. Au début, j'ai pensé qu'elle avait un problème d'audition. Mais je peux dire qu'elle fait exprès de ne pas m'écouter, parce qu'elle est capable d'entendre la voiture de son père sur

1. Aux États-Unis, infirmière ayant obtenu un diplôme lui permettant d'exercer avec plus d'autonomie. (*N.d.T.*)

le gravier de l'allée, ce qui n'est pas évident. Je suis tellement furieuse qu'elle m'ignore ainsi que je n'arrête pas de lui imposer des "temps morts". Mais cela n'arrange rien. Quand je lui demande si elle veut m'accompagner quelque part, elle répond toujours : "Est-ce que papa sera là ?" Je n'en peux plus. Elle idolâtre son père. Elle saute sur ses genoux dès qu'il rentre à la maison. Il me dit à peine bonjour qu'ils sont déjà ensemble. Il joue avec ses cheveux. Il lui apporte des cadeaux en rentrant, sans aucune raison. C'est vraiment trop dur ! »

L'infirmière assura à Mme Lee que Minnie traversait une phase « normale » et que cela ne durerait pas.

« Je me sens si bête d'être vulnérable à ce point, avoua Mme Lee.

– Dites-moi ce qui vous contrarie.

– Eh bien ! Elle se conduit comme si elle était une adulte. Je ne m'attendais pas à ce qu'elle soit si délurée à son âge. Et bien sûr, son père entre complètement dans son jeu. Il encourage son comportement séducteur en s'y laissant prendre. Est-ce que ce n'est pas une manière de la faire grandir trop tôt ?

– Je ne le pense pas. J'entends tout le temps la même chose sur les petites filles de quatre ans.

– Vraiment ? C'est un soulagement. J'ai même peur qu'un jour elle ne se comporte de façon aguichante avec n'importe qui dans la rue et qu'on ne la prenne au sérieux. Je ne lui ai pas encore appris à se méfier.

– Je ne pense pas que ce soit à elle de se méfier. À cet âge, c'est à vous de la protéger. Mais vous n'avez pas à vous inquiéter pour ce comportement séducteur. Il est réservé à son père. Les enfants qui grandissent sans père peuvent avoir tendance à essayer de séduire les autres, mais cela ne se produit pas quand il y a à la maison un père ou une présence masculine forte. C'est un bon signe qu'elle se sente en sécurité avec lui et qu'elle puisse être aussi proche de lui. Avez-vous remarqué tout ce qu'elle apprend avec lui ? »

Mme Lee y réfléchit un moment.

« Vous savez, je n'avais pas vu les choses sous ce jour. » Elle s'arrêta. « Mais tout cela me rend jalouse. »

Les enfants de quatre ans ont tendance à se tourner vers un de leurs parents en ignorant l'autre. Ils ont une surprenante capacité à se fermer à toute sollicitation ou requête du parent ignoré.

L'enfant s'éclairera et s'animera à l'arrivée du parent «préféré», agissant comme si l'autre parent n'était pas présent. Le parent «rejeté» aura tendance à se sentir impuissant et coupable. «Qu'ai-je fait? Pourquoi ne m'écoute-t-il pas, pourquoi ne fait-il pas attention à moi?» La tension monte et ce parent se met à éprouver de la jalousie et même de la colère. Ce processus – se détourner d'un parent pour aller vers l'autre – signifie que l'enfant assimile les aspects de la personnalité d'un parent pour se les approprier – un parent à la fois. L'enfant développe également sa capacité à devenir indépendant d'un parent – un à la fois. Cela peut constituer un point fort, un moment où un parent et un enfant sentent qu'ils ont perdu le contact; comprendre les raisons de l'enfant et les sentiments du parent sera une aide pour tous deux.

Ce point fort est particulièrement douloureux. Se rappeler que Minnie grandissait et qu'elle était en train d'accéder au statut de personne séparée aidait Mme Lee. Minnie absorbait intensément les particularités de chacun de ses parents pour les combiner en une identité propre. L'enfant a besoin de cette occasion d'imiter les attitudes et les valeurs de ses parents, même si cela déclenche des conflits émotionnels entre eux. Les parents ont besoin de se rappeler que la roue va tourner. À un moment, Mme Lee deviendra le parent idolâtré et M. Lee sera rejeté d'une façon tout aussi cruelle. Pendant chaque période, l'enfant absorbe tout ce qu'il peut du parent adoré. Il marche comme lui. Il utilise ses inflexions. Il apprend les humeurs, le caractère instable de celles-ci, la maîtrise de soi – et le manque de maîtrise – par l'intermédiaire de ce parent. Il incorpore sa façon d'affronter ses sentiments agressifs, religieux et ethniques, tous les sentiments importants. Il est en harmonie avec ce parent. Et le mois suivant, c'est avec l'autre parent qu'il partagera cet accord. «Regarde ses gestes. Il parle même comme lui.» Mais ce que l'on ne peut pas observer est encore plus essentiel. L'enfant découvre les valeurs, les vulnérabilités, les schémas d'adaptation, les défenses, les passions et les limites de chaque parent. Il absorbe les traits de sa personnalité d'une façon qui correspond à une profonde identification. Bien entendu, l'enfant assimile des traits différents chez chaque parent.

En imitant ses parents, l'enfant va même accéder jusqu'à leurs propres fantômes. Il s'identifie à des réactions dont ils ne sont même plus conscients. Il n'est pas étonnant que ce comportement puisse être si douloureux pour les parents. «Pourquoi papa est furieux quand je veux rester dans les bras de maman ? C'est vrai qu'il est furieux.» Inconsciemment, l'enfant sent qu'il désire être exactement comme son père, capable de susciter les mêmes réactions sensuelles chez sa mère.

Même si un parent se sent exclu dans ces moments, il est essentiel pour ce parent de rester disponible. Si Mme Lee avait abandonné Minnie, à quatre ans, la petite fille aurait trouvé la situation bien trop effrayante. Mme Lee aurait pu proposer à Minnie des moments spéciaux, mais sans doute en y incluant son mari. Il est particulièrement important de maintenir la triade, quand c'est possible, car c'est un moyen de sauvegarder l'équilibre, surtout au moment où un enfant est aussi entiché d'un parent que Minnie.

Quand votre enfant se tourne vers l'un de vous, prenez bien conscience des tensions qui peuvent exister entre votre conjoint et vous. Demandez à votre conjoint de passer un moment en tête à tête avec vous. Votre enfant a besoin de savoir que vous partagez une intimité. Ces moments peuvent vous servir à discuter de vos sentiments de rejet, de la façon dont vous les comprenez. Alors, quand votre enfant se tournera vers l'un de vous, vous serez mieux à même de partager ouvertement cette expérience. Les parents me disent parfois qu'à cause de ce genre de jalousie, il se crée entre eux une véritable distance émotionnelle. Cela n'arrivera pas si les parents discutent ouvertement du comportement de leur enfant. Il est important pour vous et pour lui que l'enfant vous voie comme un couple uni, impliqué dans une relation passionnée et qui n'est pas menacé par sa relation avec l'un des deux. Il sera plus libre de s'identifier à vous et de se voir comme un élément séparé de ce processus. Si vous réussissez à trouver comment vous tirer de cette situation, votre couple en sera probablement renforcé.

Sous l'emprise du stress, les parents ont tendance à se comporter de façon plus radicale ; quand cela arrive, l'enfant en ressent de la confusion. Il a alors l'impression que se tourner vers un parent signifie qu'il risque de perdre l'autre. Il est compréhensible que les parents se reportent à leur propre éducation pour trouver des réponses. Dans de tels moments, les parents découvrent souvent beaucoup plus de choses sur leurs familles respectives – des choses qu'ils ignoraient, qu'ils n'auraient peut-être jamais soupçonnées. Mais ce sont des moments qui peuvent aider les conjoints à mieux se comprendre. Leur relation peut même sortir renforcée à la suite de la phase que traverse leur enfant. Si un parent sape l'autorité de l'autre, cependant, l'enfant restera troublé, poussé à s'accrocher à l'un tout en désirant la présence de l'autre. Quand ils sont amenés à affronter ensemble des moments difficiles, les parents doivent prendre conscience des tensions entre eux et en parler en tête à tête.

« Je me sens vraiment exclu quand Tim s'accroche à toi de cette façon.

– Je ne peux pas le repousser. Il est si désespéré. Je ne peux pas l'abandonner.

– Peut-être a-t-il besoin de se rendre compte que moi aussi je peux le réconforter. »

Quand les parents sont tous deux si vulnérables, il vaut mieux que chacun ne parle que de ses propres sentiments, sans faire de commentaires sur l'autre. Tim a besoin de son père pour contrebalancer la surprotection que son comportement a suscité chez Mme McCormick. Les efforts que fait un parent pour procurer à son enfant la protection dont il a besoin peuvent empêcher celui-ci de se débrouiller tout seul. Il se met à se considérer comme un être vulnérable. Un cercle vicieux s'installe autour de ses sentiments d'incapacité. Tim pourrait bien être déjà pris dans ce genre de processus.

Besoin des deux parents. Quand Minnie se détournait de sa mère, cela rappelait à Mme Lee des souvenirs – elle s'était sentie rejetée par ses sœurs – mais cela aggravait également la distance douloureuse qui avait atteint le couple des Lee. Au cours des années passées, Mme Lee en était venue à s'irriter de l'aisance et de la joie que manifestaient Minnie et son père dans leur relation. Elle se sentait inutile et exclue. M. Lee avait deviné l'écart qui se creusait, sans être prêt à faire face à la situation. Il se sentait remis en question par les exigences de sa femme. Ils avaient eu beaucoup de difficultés à affronter leurs différences d'éducation. Récemment, ils avaient eu recours à une thérapie familiale pour essayer de sauver leur mariage. Au cours de cette thérapie, ils avaient identifié les forces qui les éloignaient l'un de l'autre, mais aucun d'entre eux n'était capable de surmonter sa blessure afin de travailler à restaurer leur relation.

Les enfants avaient senti la tension entre leurs parents. May se déplaçait tête et yeux baissés, ne parlant à personne dans la famille. Minnie était, elle aussi, devenue silencieuse. Elle était toujours active, mais avec discrétion. Elle se heurtait aux meubles, même aux murs, mais ignorait tout le monde. C'était comme si elle était incapable d'affronter le stress de ses parents.

Quand M. Lee quitta la maison, la tension manifeste diminua. Mais le visage de Minnie était contracté, triste. Elle se déplaçait plus lentement, plus résolument. Un matin elle demanda à sa mère : «Est-ce que papa va revenir aujourd'hui ? S'il revient, je serai sage. J'essaierai de rester assise tranquille comme il veut.» Mme Lee se rendit compte que Minnie se reprochait la séparation de ses parents.

Quand un mariage échoue, les enfants se sentent responsables. À quatre ans, ils sont capables d'élaborer leurs propres théories à propos du comportement des autres ; habituellement en le faisant dépendre du leur. Toute explication vaut mieux qu'aucune explication. Quand le mariage de leurs parents souffre, inévitablement, les enfants se demandent s'ils ont causé le problème en étant «méchants». En ce qui concerne Minnie, elle avait entendu ses parents discuter de son comportement et de la difficulté qu'ils avaient à entrer en contact avec elle. Quand son père partit, ces souvenirs l'envahirent avec la culpabilité – et la responsabilité.

Lorsque M. Lee revenait voir ses filles, May s'écartait de lui et partait dans sa chambre pour lire. Minnie était transportée de joie. «Papa, tu es revenu ! Tu m'as manqué.» Elle grimpait sur ses genoux. Elle ne lui lâchait pas la main quand il bougeait, car elle avait besoin de rester en contact physique avec lui. M. Lee répondait naturellement à ces démonstrations d'affection.

«Puis-je sortir avec Minnie ? Nous pourrions passer l'après-midi ensemble.»

Le cœur de Minnie battait à toute allure. Mme Lee répondait :

«Et May ?»

May bafouillait :

«De toute façon, je n'ai pas envie d'y aller.»

Dès que Minnie eut quitté la maison avec son père, son humeur se mit à changer. Elle devint grognon. Dans la voiture, elle se pelotonna sur le siège arrière, loin de son père. Elle répondit à ses questions d'une voix monocorde. « Minnie, qu'est-ce qui se passe ? Tu avais l'air contente de venir avec moi. Où veux-tu aller ?

– Maman me manque – et May aussi.

– Mais tu vas les retrouver tout à l'heure.

– Maman ne sera peut-être plus là quand nous reviendrons à la maison.

– Bien sûr qu'elle sera là. »

Mais la tristesse de Minnie persista.

Minnie démontrait quatre des réactions qui atteignent les enfants quand leurs parents se séparent : (1) son désir de réunir la famille ; (2) sa crainte de la perte – si un parent peut partir, l'autre va-t-il l'abandonner aussi ? (3) la conscience de l'importance de sa mère, qui équilibre l'intensité de sa relation avec son père ; (4) son sentiment d'être responsable de la rupture entre ses parents. Minnie ne peut plus se consacrer à son père en toute sécurité, car sa mère pourrait bien ne plus être à la maison à son retour.

Quand ils revinrent à la maison, M. Lee s'était rendu compte que Minnie avait besoin de ses deux parents. Il lui fallait leur équilibre. Il s'assit avec Mme Lee et dit :

« Ça n'a pas marché, cette sortie tout seul avec Minnie. Elle n'était pas contente, parce que tu n'étais pas là. »

Ce fut gratifiant pour Mme Lee.

« Mais que pouvons-nous faire ? Notre mariage est à l'eau. Nous ne pouvons pas être présents continuellement tous les deux. »

Ils avaient besoin de prendre conscience du souhait naturel de leurs enfants de maintenir ensemble la famille. Perdre un parent fait éprouver à l'enfant la crainte de perdre l'autre. Minnie va nécessairement avoir besoin de sa mère, à présent. Elle peut ne pas être capable de le lui témoigner directement, mais elle se sentira menacée chaque fois qu'elle en sera séparée. Mme Lee doit avertir Minnie à l'avance de chaque séparation, même brève. À son retour, elle peut lui rappeler chaque fois : « Tu vois, Minnie, je suis là. Je t'ai dit que je reviendrai à trois heures. Regarde la pendule avec moi. Quelle heure est-il ? Trois heures ! » Les visites de M. Lee doivent être tout aussi prévisibles. Les premières visites sans la présence de leur mère se passeraient mieux à la maison. Mme Lee pourrait laisser ses enfants à la maison avec leur père. Minnie pourrait être progressivement habituée à sortir avec un seul parent. Laisser sa mère a une connotation sous-jacente pour elle : «Si je peux la laisser, elle peut me laisser.» Ce sentiment fait remonter l'ancienne ambivalence que les enfants éprouvent à l'âge des premiers pas à propos de la séparation. Dans une période aussi stressée, il est inévitable que Minnie régresse vers un comportement difficile à comprendre.

Pratiquement au moment de son quatrième anniversaire, Billy se mit à s'accrocher à sa mère. Il voulait s'asseoir sur ses genoux. Il repoussait sa sœur. Une fois installé, il caressait le visage de sa mère, ses cheveux. Il ignorait son beau-père et sa sœur. Auparavant, Billy courait se jeter dans les bras de M. Stone quand celui-ci rentrait à la maison, le soir. Le petit garçon se préparait à l'arrivée de son beau-père une heure à l'avance. Ils chahutaient et se taquinaient tous les soirs. À présent, Billy semblait avoir changé. Ses deux parents s'inquiétaient sans voir aucune raison à son comportement. En même temps, Billy se mit à parler et à bouger comme sa mère. Il la regardait avec adoration quand elle s'occupait de lui. Elle seule pouvait lui donner son bain et lui lire une histoire dans son lit. Un soir, elle découvrit que Billy était allé dormir avec son pyjama de soie. Père et mère furent interloqués. Quand ils tentèrent de lui ôter le pyjama, Billy se mit en colère. Son comportement dépendant s'aggrava alors que s'approchait la date de la rentrée scolaire. L'année précédente, il avait beaucoup aimé l'école maternelle; cette année, il se mettait à geindre à l'idée d'y retourner. Quand sa mère l'accompagna le premier jour, Billy insista pour emporter son pyjama à elle en guise de «doudou». Mme Stone expliqua avec embarras le nouveau comportement de son fils à l'institutrice. Cette dernière connaissait Billy de l'année précédente et avait de l'estime pour lui. Elle comprit et accepta ses manifestations de dépendance. Elle conseilla à Mme Stone de s'arranger pour rester un peu pendant quelques jours. Billy ne quittait pas ses genoux et ne cessait pas de la caresser.

Parfois, la mère de Billy se surprenait à apprécier le fait que son fils la traite comme une chose précieuse. Mais elle se demandait en même temps si elle ne l'avait pas encouragé dans ce comportement, même sans s'en rendre compte. Finalement, elle prit une résolution.

«Billy, je ne peux plus supporter ce comportement. Tu es trop grand pour ça.

– Je t'aime tellement, maman.»

Elle trouvait ces manières insupportables. Elle se mit à le repousser. Au début, cela ne servit qu'à aggraver les choses.

Mme Stone devenait sérieusement inquiète autant qu'embarrassée. Était-ce simplement une phase normale de développement – ou le signe que quelque chose n'allait pas, quelque chose que ses parents n'avaient pas détecté? M. Stone avait besoin d'être poussé par sa femme afin de rester disponible pour Billy, bien que celui-ci le rejetât apparemment. C'était absolument vital pour que le petit garçon «guérisse». Cet épisode était en effet vécu par ses parents comme une sorte de maladie.

Le comportement de Billy est un exemple du trouble que peut apporter dans une famille le fait qu'un enfant se tourne vers l'un de ses parents. Tout cela semblait être un facteur d'angoisse autant pour Billy que pour ses parents. Leur contrariété, à laquelle s'ajouta la décision de sa mère de repousser ses manifestations d'affection, augmenta la détermination de Billy à s'accrocher à elle. On aurait dit qu'il devait lui rendre hommage, au point d'idolâtrer ses vêtements. Le fait qu'il ait «perdu» son père tôt dans sa vie pouvait avoir aggravé ses craintes. Son comportement pouvait bien être la manifestation d'un problème inexprimé. En fait, ce comportement était normal dans la mesure où Billy fut, en fin de compte, capable d'y renoncer. Cela représentait bien une phase de développement. Cependant, il aurait pu facilement dégénérer en problème familial. Il fallait que le beau-père de Billy reste présent et disponible.

Est-ce que Mme Stone aurait pu faire cesser ce comportement plus tôt si elle avait repoussé son fils plus fermement? Peut-être. Mais cette phase de développement était probablement très nécessaire pour lui. Son beau-père aurait pu avoir envie de s'éloigner, mais cela aurait été encore plus difficile pour Mme Stone et plus effrayant pour Billy. À quatre ans, cet enfant avait besoin du triangle pour se sentir en sécurité. (Voir aussi : «Divorce», dans la deuxième partie.»)

3

Cinq ans : «Je suis important!»

Un anniversaire

C'était le grand jour, la fête si attendue pour les cinq ans de Billy! Les Stone s'en servaient de «carotte» depuis des semaines.

«Billy, si tu ne te calmes pas, nous n'allons pas pouvoir préparer ton anniversaire.

– Billy, si tu t'excites et si tu refuses d'obéir, il n'y aura pas de fête.»

Billy n'écoutait qu'à moitié. Il savait qu'il aurait sa fête.

L'anniversaire tombait un vendredi. Mais il voulait qu'on le fête le jeudi. Il était inflexible.

«Pourquoi, Billy?

– Parce que je veux.»

La réponse n'était pas satisfaisante. Il était un peu évasif dans son comportement. Il ne regardait pas sa mère dans les yeux. Il se mettait à taper du pied dans un cailou. Si elle montrait une trop grande insistance, il avait tout d'un coup quelque chose à faire, disparaissait à la recherche d'une balle. Il était si intransigeant sur ce point, que les Stone cédèrent et changèrent la date de la fête. Le jeudi, au matin de son anniversaire, Billy finit par donner une explication :

«Ouais! Aujourd'hui c'est la fête de mes cinq ans! Et puis, il y aura mon vrai anniversaire et j'aurai six ans!»

Son désir de grandir était vif.

«Pourquoi veux-tu tellement avoir six ans, Billy?

– Parce que alors je serai le meilleur joueur de football du monde.»

Les Stone décorèrent la maison avec des guirlandes de papier crépon et Billy les aida à les accrocher. Il y en avait beaucoup qui pendaient et il était tout fier de les voir bouger. Abby en attrapa une et essaya de la tirer jusqu'au sol. Billy éclata en sanglots.

«Elle a gâché ma fête. Je la déteste! Va-t'en!»

Son effondrement, ses larmes étaient pitoyables, mais prévisibles en un tel moment. Mme Stone essaya de le consoler. Il lui lança un coup de pied.

«Laisse-moi tranquille.»

M. Stone s'assit à côté de lui, lui parlant doucement pour le calmer.

«Billy, arrête. Tu auras l'air tout malheureux quand tes amis vont arriver. On peut raccrocher les guirlandes. Allez, aide-moi à monter sur cette chaise. Je vais les fixer si haut qu'Abby ne pourra pas les atteindre.»

Billy observa silencieusement son beau-père qui réparait les dommages. Il arriva à se reprendre juste à temps pour l'arrivée de ses amis. Quand les premiers entrèrent, ils n'auraient jamais pu deviner la crise qui venait de se produire.

Billy faisait voler ses boucles. Il était charmant.

«J'ai cinq ans, aujourd'hui. Ça fait toute la main», dit-il en montrant ses cinq doigts.

Il était difficile de résister à son charme. M. Stone était impressionné de constater que Billy avait si vite oublié sa colère et qu'en un clin d'œil, il avait été prêt pour sa fête.

Les premiers à sonner furent Tim et sa mère. Mme McCormick savait qu'il serait plus facile pour Tim d'être déjà sur place quand arriveraient les autres. Mme Stone, qui était une amie, l'avait invitée à venir un peu plus tôt.

Billy salua Tim avec élégance : «Salut, Tim. Je suis heureux que tu aies pu venir! Tu as amené ta maman. Vous pouvez vous asseoir là et me regarder ouvrir mes cadeaux.» Tim avait l'air reconnaissant.

Les cheveux dorés de Tim entouraient son visage sensible. Ses grands yeux firent le tour de la pièce d'un regard sérieux qui ne correspondait pas à son âge. Sa tranquillité, son inactivité n'avaient pas changé. Il restait un observateur dans tous les groupes. Il passait son temps à promener ses yeux d'une personne à l'autre, le visage impassible, le corps aussi immobile que possible. Quand quelqu'un lui adressait la parole, il sursautait légèrement. Il rougissait, baissait les yeux et balbutiait un petit «oui».

Quand sa mère avait essayé de le préparer pour aller à la fête de Billy, ses yeux avaient pris une expression blessée, comme pour dire : «Tu ne comprends vraiment rien.» Il était heureux avec son ordinateur, et il pouvait jouer à des jeux électroniques pendant des heures. Mais quand il s'était rendu compte qu'il lui fallait aller chez Billy, il s'était raidi, paraissant se renfermer en lui-même. Sa mère, inquiète de le voir encore si replié sur lui, avait récemment consulté son pédiatre : «Il est seulement timide – ça lui passera avec l'âge», lui avait déclaré le docteur pour la rassurer.

Tim et sa mère s'étaient retirés sur un canapé, tout au bout de la pièce où se tenait la fête.

Minnie arriva la suivante, en courant. Elle paraissait continuellement penchée en avant, comme si ses jambes essayaient de rattraper son corps. Sans trébucher ni tomber, elle traversa l'entrée en sautillant. Son allure lui donnait un air de gaieté et, quand on la regardait, on avait envie de sourire. Le regard vif, la tête résolument projetée en avant, les mains sur les hanches tandis qu'elle se propulsait devant elle, Minnie était pleine d'entrain. Elle entra en trombe dans la pièce, regarda rapidement autour d'elle et plongea vers la première chose qu'elle aperçut, un camion. Après l'avoir examiné – trop rapidement pour en faire le tour – elle repartit. Passant d'un objet à l'autre, elle semblait toujours dépassée par son intérêt. De la même façon qu'elle se penchait en avant pour se déplacer, elle paraissait courir après ses pensées. Elle ne s'accordait aucun moment pour anticiper, évaluer ou assimiler.

Quand Marcy arriva, Billy ne pouvait plus tenir en place. Il se précipita à sa rencontre, criant : «Marcy, voilà Marcy!» Marcy était ravissante à voir au moment où elle entra dans la pièce. Grande et droite, elle avait perdu toute gaucherie. Ses cours de danse lui avaient donné de la grâce, l'avaient rendue plus sûre d'elle-même. Elle put tenir un verre de lait d'une main, un biscuit de l'autre et se glisser avec élégance sur un tabouret. Un véritable exploit, mais ni Marcy, ni ses parents ne semblaient s'en apercevoir à présent. Pourtant, ce tour de force nécessitait un équilibre acquis récemment, de la coordination ainsi que la capacité de prévoir ce que ses muscles allaient devoir faire. De temps en temps, elle heurtait le tabouret, mais dans l'ensemble, on pouvait lui faire confiance. Tandis qu'elle se mêlait à la fête, sa grâce était irrésistible. Elle salua avec exubérance Billy, la tête penchée sur le côté, comme si inconsciemment elle voulait le séduire.

Les autres enfants qui étaient en maternelle avec Billy arrivèrent l'un après l'autre, chacun suivi d'un parent. Billy les salua chaleureusement, attentif au cadeau que chacun avait apporté. Quand il serrait la main des adultes, son charme et la couleur de ses joues s'intensifiaient, proportionnellement à la taille du paquet. Il avait recours à toutes les bonnes manières qu'il avait laborieusement acquises. Ses parents ressentaient une inquiétude nouvelle. Se servait-il de ses bonnes manières pour manipuler les autres? Son allure de rêve jointe à sa courtoisie pouvait lui gagner le monde entier. Était-il conscient de la façon dont il en usait?

L'utilisation que faisait Billy de ces atouts montrait qu'il avait pris conscience du comportement social. «Si je le souhaite, cela peut arriver. Si j'en rêve assez fort, cela viendra peut-être encore plus facilement. Mais si j'agis pour réaliser mon souhait avec le concours des autres, j'ai encore plus de chances d'obtenir ce que je veux.»

Billy restait à côté de la porte d'entrée. Sa mère se demandait pourquoi, étant donné que tous les enfants étaient arrivés. Ils étaient prêts pour commencer les jeux. Mme Stone les emmena jusqu'à l'âne sans queue qui était accroché à la porte de derrière. «Vous allez tous avoir les yeux bandés et on va vous faire tourner deux fois sur vous-même. Alors vous pourrez vous diriger vers la porte pour accrocher la queue sur l'âne.»

Billy refusait de quitter son poste à la porte d'entrée. Finalement, sa mère comprit pourquoi. Billy attendait l'arrivée de son père. Ce dernier avait promis de venir. Il avait été invité à la fête et avait téléphoné à son fils pour lui dire qu'il y serait. Billy commençait à imaginer que son père ne tiendrait pas sa promesse. Mais il ne pouvait abandonner tout espoir. M. Stone, son beau-père, s'assit sur une chaise à côté de lui en essayant de le distraire. Plus il s'y efforçait et plus Billy semblait s'obstiner. Mme Stone était sur le point de se fâcher; elle ressentait encore son ancienne colère à l'égard de son ex-mari, elle était malheureuse de la tristesse de Billy, désolée qu'on ait laissé tomber son enfant. Elle s'assit par terre et prit Billy dans ses bras.

« Billy, viens profiter de ta fête. Quand ton papa viendra, il pourra te rejoindre. Il adore les jeux. Il va peut-être avoir du retard, mais il sera ennuyé si cela t'empêche de bien t'amuser. »

À ces mots, les yeux de Billy s'agrandirent, prirent une expression de reproche.

« Tu ne crois pas qu'il va venir ! »

Il s'écroula. Recroquevillé par terre, il se mit à sangloter. Il se tourna sur le dos, donnant des coups de pied en l'air et au sol et partit dans une colère noire. Ses parents avaient appris à ne rien faire dans ces moments, si ce n'est de rester à proximité ; toute tentative ne faisait que prolonger la crise. Mme Stone était donc assise à côté de lui, attendant qu'il se calme pour le consoler.

Finalement il s'apaisa et elle le prit sur ses genoux. « Billy, je sais combien tu es déçu qu'il ne soit pas encore arrivé. Mais nous sommes tous là et nous t'aimons. Ton beau-père est assis-là et il attend de pouvoir te faire un câlin et te souhaiter un bon anniversaire. Tous tes amis sont venus. Ils veulent que tu viennes jouer avec eux. » D'un violent effort, Billy surmonta son chagrin. Il regarda son beau-père comme pour dire : « Il va bien falloir que je m'en contente. » Lentement, mais résolument, il se reprit. Il regagna l'autre pièce quasiment en rampant. Ses mouvements étaient plus lents, ses traits tirés. Il rejoignit doucement les autres.

Tous les enfants avaient assisté en silence au drame. Comme si l'angoisse de Billy leur était familière, ils paraissaient prêts à l'accepter et même à consoler leur ami. Tim s'approcha un peu plus près de lui. Billy le regarda et lui sourit avec reconnaissance. Minnie avait tranquillement observé la crise. Elle jeta un regard fugitif à sa mère, comme si elle avait besoin de reprendre contact avec elle. Elle tendit à Billy sa queue d'âne. Marcy vola à travers la pièce et voulut mettre ses bras autour de Billy. Pendant une brève seconde, il la regarda avec reconnaissance, puis il se dégagea. Il était prêt.

Tous restaient silencieux. Mme Stone recommença ses explications. « Qui va essayer en premier ? » La main de Minnie se dressa. « Mais j'ai besoin d'une nouvelle queue. » On entendit un petit rire général. La pièce fut à nouveau pleine de vie.

En attendant leur tour, les enfants manifestaient leur impatience. Les garçons chahutaient. Les filles regardaient ; elles riaient quand un garçon poussait des cris perçants en jouant des pieds et des mains par terre. M. Stone essaya d'accélérer le jeu pour alléger la tension qui montait. Finalement, toutes les queues furent piquées – toutes sur la porte. Une seule se trouvait sur l'âne, sous son museau. Lizzy, l'amie de Tim, était celle qui était arrivée le plus près. Elle reçut en prix un petit chien en peluche tout doux. Les autres enfants voulurent le toucher, le prendre. Plus d'un voulait le garder pour lui. Lizzy fut l'espace d'un instant une héroïne, mais pour des enfants de cinq ans, il est difficile de perdre. Certains réclamèrent une autre chance. D'autres étaient persuadés qu'ils ne gagneraient jamais quoi que ce soit.

Deux autres jeux mirent la bonne volonté du groupe à l'épreuve. Les efforts pour mettre les enfants les uns derrière les autres et les faire rester debout plutôt que par terre se révélèrent vains. Finalement, quand Mme Stone alla chercher le gâteau et alluma les bougies, les enfants se déchaînèrent. Ils se mêlèrent en une masse frénétique – Minnie à la tête des filles, Billy à la tête des garçons. En riant, en gigotant comme des vers, ils se jetaient les uns sur les autres. Des piaillements de frustration parvenaient de ceux qui se trouvaient en dessous.

Quand le gâteau fut prêt, quand la glace fut partagée et qu'elle commença à fondre, il fut temps de démêler la pile grouillante. Chaque parent se saisit d'un bras ou d'une jambe. Échevelés, gémissants, rouges, les enfants furent séparés. Tim et Lizzy n'avaient pas participé. Le côté physique de ce jeu était trop éprouvant pour eux. Mais ils avaient regardé avec avidité.

Les vêtements étaient déchirés, les cheveux emmêlés, les chemises sortaient des pantalons, les robes étaient tout de travers. La fête était réussie. Les glaces et le gâteau en furent le clou. À ce moment, les taches sur les vêtements du dimanche n'avaient plus d'importance. C'était le jour des enfants.

Billy continuait à guetter son père. Mme Stone dut attendre le départ des enfants pour téléphoner à son ex-mari. Elle lui rappela que c'était le grand jour de Billy et qu'il avait beaucoup regretté son absence.

«Laisse-moi lui parler.

– Billy, c'est ton papa. Il appelle spécialement pour te parler.

– Salut, papa.

– Billy, je suis désolé d'être en retard pour te souhaiter un bon anniversaire. J'ai été pris par une urgence et je n'ai pas pu arriver à temps.

– Hum, hum !

– Tu me pardonnes, Billy ? J'ai un cadeau pour toi. Je te l'apporterai demain.

– D'accord. »

Le coup de téléphone était terminé. Les épaules de Billy s'abaissèrent. Ses membres étaient lourds. Il se laissa tomber sur le sol, au milieu de ses cadeaux et les regarda l'un après l'autre avec tristesse et résignation.

Pour les enfants du divorce, le prix à payer est terrible. Quand ils sont sous l'emprise d'un stress, les enfants de cinq ans continuent à s'imaginer qu'ils sont le centre du monde et que tout problème provient de ce qu'ils ont fait. Ils se demandent fatalement : « Est-ce ma faute ? » et : « Qui sera le prochain à partir ? » Aucune souffrance endurée par un adulte n'est équivalente aux sentiments de désespoir et de vide, de rejet, de fidélité brisée et de culpabilité non méritée que doivent affronter les enfants. Dans un divorce, les parents doivent faire passer au premier plan les besoins de leurs enfants. Pour ce faire, certains parents doivent se demander si la haine qu'ils ressentent envers leur ex-conjoint est plus grande que leur amour pour leurs enfants. Ils doivent dépasser leur colère réciproque pour collaborer dans l'éducation de leurs enfants tout en gardant séparée leur vie respective. Ce n'est pas facile et malheureusement pas toujours possible.

Le père de Billy était incapable d'imaginer la douleur qu'éprouvait son fils d'avoir été abandonné à un moment pareil. Mais il apprendra peut-être à comprendre les sentiments de celui-ci si sa propre culpabilité ne continue pas à le tenir éloigné dans les moments où Billy a besoin de lui. Il peut apprendre cela de Billy lui-même – à condition que son besoin d'être pardonné ne l'empêche pas de voir ce que le petit garçon peut lui montrer.

Billy apprenait à s'adapter, et avec succès. Mais il en payait le prix. Dieu merci, Mme Stone était sensible à sa douleur et capable de la partager. Elle avait dû au préalable affronter et surmonter la sienne.

Comme Billy restait assis au milieu de ses jouets, Abby sentit la tristesse muette de son frère. Elle se glissa timidement jusqu'à lui et s'assit tout à côté. Elle tendit la main vers un jouet. Il lui attrapa la main. « Non, Abby ! C'est à moi ! » Ils étaient revenus sur un terrain familier.

Comme si elle se rendait compte qu'elle était capable de le divertir, Abby se redressa sur ses pieds. Elle saisit un autre jouet, comme pour le prendre avec elle. Billy la poursuivit. Mme Stone observait la scène de loin, avec soulagement. Elle se rendait compte combien Abby avait été importante pour Billy. Elle alla vers son fauteuil à bascule. «Viens là, Billy. Je veux faire un câlin. Je vous veux tous les deux sur mes genoux. Comme une vraie famille, à nouveau.» Avec Billy sur un genou et Abby sur l'autre, elle se balança en chantant doucement : «Joyeux anniversaire, Billy. Nous t'aimons très fort. Tu es le plus grand et le plus gentil de tous les garçons de six – je veux dire de cinq ans.» M. Stone abandonna sa chasse aux débris de ballons qui avaient explosé dans toutes les directions et prit une chaise pour s'asseoir en silence à côté d'eux.

Le tempérament

Un enfant vulnérable. La nouvelle institutrice de Tim, Mme Sosa, devint la confidente de Mme McCormick et l'aida à mieux comprendre le petit garçon. Cette dernière n'avait jamais reçu ce genre de soutien de la part du père de Tim. C'est la tolérance de Mme Sosa qui permit à Mme McCormick d'affronter les problèmes de son fils avec moins d'anxiété et plus de pragmatisme. Elle avait déjà commencé à comprendre que la timidité de Tim était de l'hypersensibilité. Elle l'avait surprotégé – sans s'en rendre compte – en réaction à son apparente fragilité.

Son père avait été exaspéré et préoccupé par le manque de bonne volonté de Tim en société. Quand il observait les autres garçons du même âge, il voyait qu'ils manifestaient un comportement ouvertement agressif, plein de bravade. Il remarquait que lorsque deux garçons se rencontraient, soit ils se prenaient dans une sorte d'embrassade bagarreuse et roulaient sur le sol, soit ils se mettaient à se lancer des menaces. Ils se donnaient des bourrades, se provoquaient, poussaient des cris. Ces réactions physiques, bruyantes pouvaient se prolonger pendant tout un après-midi. M. McCormick savait que Tim n'était pas comme cela. Pourtant, il reconnaissait la vivacité et la sensibilité de son fils. Mais est-ce que cette sensibilité allait toujours l'empêcher de profiter des jeux bruyants des autres garçons?

Le père de Tim avait observé ce trait chez sa propre sœur cadette. Comme elle était maladivement timide, il avait été chargé de la protéger durant toute leur scolarité. Chaque fois qu'il se préparait à sortir, ses parents l'arrêtaient : « Prends Marguerite avec toi. Elle a besoin de toi. » À la naissance de Tim, M. McCormick avait eu l'impression de retrouver le regard effrayé de Marguerite. Lorsqu'il adressait la parole à Tim et que celui-ci tressaillait, il avait une sensation de déjà vu. Quand Tim était bébé et qu'il le prenait pour le tenir et lui parler, l'enfant se détournait, évitait son regard, le visage tordu comme par la douleur. M. McCormick s'était senti rejeté.

À présent, Tim connaissait les sentiments de son père. Il savait qu'il le décevait. Avant le retour de son père le soir, Tim s'entraînait à sauter et à courir avec entrain jusqu'à la porte. Il étudiait la spontanéité de son frère aîné. « Pourquoi est-ce que je ne peux pas être comme lui? » se demandait-il. Il imitait la voix assurée de son frère. « Salut, papa. » Mais il n'y arrivait pas vraiment. S'il courait à la porte, il était figé quand son père entrait. S'il restait en arrière, il était presque pris de frissons quand son père s'avançait pour l'embrasser. Il manifestait sa sensibilité dans tous les domaines – sensations tactiles, auditives et même visuelles. Quand son père le regardait bien en face, Tim détournait son regard. Inutile de préciser que toutes les personnes qui entraient en contact avec Tim prenaient cela pour un refus, comme son père. La plupart des gens finirent par ignorer le petit garçon parce que ses réactions leur faisaient de la peine et qu'il semblait souffrir également. Cependant, Tim désirait être différent. Il essayait d'imiter son frère. On voyait quels efforts considérables il faisait, quelle tension il imposait à ses membres quand il tentait de parler comme son frère. Tim, attentif et tranquille.

Le père de Tim remarquait bien que celui-ci était incapable d'entrer dans la mêlée avec son frère. Philip n'avait jamais été comme cela. Souvent il essayait de pousser Tim à lutter avec lui. Quand il n'y parvenait pas, l'exaspération de M. McCormick était souvent presque palpable. Tim pouvait sentir combien il décevait son père.

Sa mère essayait de le protéger contre tout cela. Dans le processus, elle se mettait en travers de la relation qu'il aurait pu développer avec son père. C'est typique de la fixation et de l'obstination qui envahissent les parents décidés à «changer» la personnalité d'un enfant. Bien que, dans l'esprit de sa mère, ce fût au début une façon de protéger Tim, aux yeux de l'enfant cela revenait à tout autre chose. Il réagit bientôt comme si le comportement de sa mère n'était qu'une confirmation de son incapacité.

La différence de réactions face à la timidité de Tim entraînait chez ses parents un désaccord sur la façon de l'élever. Ils se critiquaient mutuellement : «Si je pouvais faire les choses à ma façon, il se porterait bien.» C'est ce que j'appelle le phénomène de barrière. Ce phénomène se produit pratiquement chaque fois qu'il existe une tension autour du comportement d'un enfant. «Avec moi, il ne ferait pas cela», ou : «Si seulement je pouvais le pousser un peu, il s'y mettrait.» Les parents ont tendance à entrer en compétition. «Tout ce qu'il lui faut, c'est un peu d'autorité. Tu es trop gentille avec lui. Il sait qu'il peut te manipuler.» Le problème avec ces querelles est qu'elles peuvent empêcher les parents de présenter un front uni quand l'enfant en a besoin. Le stress risque d'intensifier la compétition entre les parents.

Dans une interaction stressée avec un enfant, chaque parent apporte un ensemble différent d'expériences passées. Ses fantômes personnels ont tendance à émerger dans des moments pareils. Si un parent mine continuellement l'autorité de l'autre, cela perturbe l'enfant – poussé à se raccrocher à un parent et, en même temps, empli du désir de l'autre.

Sans s'en rendre compte, Mme McCormick n'avait permis à personne d'approcher Tim directement. Les gens sentaient qu'ils devaient passer par elle pour le rencontrer. Est-ce que Tim pouvait comprendre cela? Il essayait de faire plaisir à tout le monde autant qu'il le pouvait. Pendant les repas, il était accommodant. Il restait assis, mangeant sans faire d'histoire. Tout en observant chacun des mouvements de ses parents et de son frère. Il se trompait rarement. Ses manières étaient parfaites. Il mangeait de tout. Il ne renversait jamais quoi que ce soit. Il s'essuyait la bouche avec sa serviette, pas avec sa manche. Quand son frère invitait un ami, celui-ci disait : «Ton frère est dégoûtant. Il est tellement parfait.» Tim faisait trop d'efforts.

Le «syndrome de l'enfant vulnérable» commence quand un parent pense que «cet enfant est tellement fragile que je dois tout faire pour lui». Le résultat est que l'enfant ne devient jamais assez frustré ou assez confiant pour apprendre à faire les choses par lui-même. Il se considère vulnérable et ses sentiments d'incapacité complètent le cercle vicieux. Pour les McCormick, le premier pas aurait pu consister en un relâchement du lien entre Tim et sa mère, afin que M. McCormick joue un rôle plus actif avec son fils. Une relation père/fils détend automatiquement le lien maternel.

Mais M. McCormick s'était éloigné de Tim et, d'une certaine façon, également de sa femme. S'il parvenait à affronter ses propres sentiments à propos de Tim et les échos de son passé ravivés par l'attitude de retrait de Tim, il serait plus à même de jouer un rôle vital pour eux deux. Mme McCormick couverait peut-être moins son fils si son mari réussissait à partager avec elle le fardeau de ses inquiétudes.

Un père dans la situation de M. McCormick devrait passer des moments particuliers avec son fils pour apprendre à mieux le connaître. Cela lui permettrait d'acquérir plus de respect pour la personnalité de l'enfant et pour sa façon discrète d'aborder le monde; l'enfant y serait sûrement sensible et il en tirerait des bénéfices. L'estime de soi d'un enfant ayant la même personnalité que Tim est aussi fragile que la capacité de son père à l'accepter. Toutes les choses que lui et son père parviendraient à faire ensemble serviraient à renforcer l'enfant dans sa foi en lui-même, en sa capacité à maîtriser son monde.

C'est à l'école que Tim se sentait le plus en confiance, avec sa compagne de jeux préférée, Lizzy. Elle était tranquille et attentive, comme lui. Ils jouaient ensemble, sans rien se demander, sans interférer, simplement en s'observant du coin de l'œil. Tim se sentait à l'aise quand il se trouvait avec Lizzy. Avec les autres enfants, il était tendu, comme si une corde en lui risquait de casser. Pourtant il désirait ardemment se montrer extraverti comme eux.

Tim observait avec envie deux enfants de cinq ans occupés à un jeu actif, agressif, bruyant. Il savait qu'il n'était pas capable de se joindre à eux. À présent, il pouvait se comparer aux autres enfants et constater sa différence; il avait encore plus de mal à accepter ses difficultés – et ses parents aussi. Ceux-ci ne pouvaient plus le protéger. Mme McCormick allait essayer de trouver une explication, mais Tim et elle savaient que ce ne serait pas simple. Elle aurait beaucoup donné pour pouvoir le protéger de sa timidité. Son premier pas pourrait consister à reconnaître combien il était malheureux et à accepter ses sentiments sans les minimiser.

Mais c'est une chose très dure pour des parents. L'estime de soi de Tim s'effondrait en face de ses parents. Leur inquiétude à son sujet les conduisait à des disputes de plus en plus fréquentes. L'ensemble de la famille était affecté par l'échec de Tim à se faire des amis, à supporter le comportement agressif qui est normal à cet âge et Tim le savait.

Si des parents réussissent à accepter la timidité d'un enfant, celui-ci aura plus de facilité à l'accepter lui-même. Alors le véritable travail consistera à l'aider à utiliser sa prise de conscience émergente pour mieux connaître les autres et pour développer les talents sociaux qui lui permettront de maîtriser sa sensibilité dans les situations stressantes.

Un enfant confiant. Marcy était délicieuse à observer. Elle savait grimper aux arbres, sauter d'une table d'un mètre de haut sans se faire mal. Elle savait faire de la bicyclette avec des petites roues, et était impatiente d'en faire sans. Elle avait du succès auprès de ses pairs. Ils étaient séduits par ses yeux brillants, son sourire engageant et sa façon chaleureuse de saluer tout le monde. Elle aimait les gens et les gens le lui rendaient bien. Quand il se trouvait un autre enfant dans une pièce avec beaucoup de monde, Marcy s'arrêtait pour l'observer. Si cet enfant avait à peu près son âge, Marcy se glissait lentement jusqu'à lui. Puis elle prenait quelque chose pour l'examiner avec un intérêt démesuré. Elle semblait tellement intéressée que tôt ou tard l'autre enfant s'approchait doucement pour voir ce qu'il y avait de si passionnant à ses yeux. Ils se mettaient à parler et bientôt, ils jouaient ensemble. Ils parlaient alors de leurs jouets préférés, de leur couleur de cheveux, de leurs animaux, de leurs écorchures et de leurs marques de naissance, autant de façon de faire connaissance. Bientôt ils deviendraient des amis.

S'il n'y avait aucun enfant, Marcy paraissait se faire à l'idée qu'elle perdait son temps dans cette pièce. Elle retournait auprès de sa mère et se tenait silencieusement à ses côtés. L'ennui la gagnant, elle adressait la parole à la personne la plus proche. «Bonjour, je m'appelle Marcy. J'ai cinq ans.» Elle montrait ses cinq doigts. La glace était brisée et la personne séduite. Marcy entamait une conversation. Mme Jackson se demandait souvent pourquoi sa fille avait tant besoin des gens et de conversations. Elle se sentait un peu abandonnée et aurait préféré bénéficier de la compagnie de Marcy dans cette pièce bondée. Mais celle-ci était trop avide de nouvelles expériences, de nouvelles rencontres. Sa mère ne pouvait que la regarder avec étonnement, fière et un peu jalouse. Elle se sentait exclue du monde de Marcy.

Étant donné toute cette assurance, Mme Sosa ne fut pas surprise quand Mme Jackson lui raconta que Marcy la bombardait continuellement de questions :

«Où j'étais avant de naître?

– Dans mon ventre, tu étais un tout petit bébé qui grandissait pour devenir un grand bébé.

– Non, avant ça.

– Tu étais un œuf.

– Non, maman!» en tapant du pied. «Encore avant d'être un œuf.»

Mme Jackson était dépassée par de telles questions. Que cherchait Marcy? Ses capacités pour questionner et essayer de se comprendre étaient nouvelles et confondantes pour tous. Mme Jackson avait besoin de chercher les réponses.

Sa mère faisait de gros efforts pour se rappeler certains épisodes particuliers de l'enfance de Marcy – quel genre de bébé elle avait été, comment elle avait appris à marcher et à parler. La fillette s'asseyait, captivée, quand sa mère lui racontait ces histoires. Mme Jackson finit par comprendre que Marcy essayait de trouver qui elle était. Quand sa mère faisait trop d'embellissements, Marcy perdait tout intérêt. Quand elles parlaient de véritables événements, elle était intriguée. «Comment j'ai fait ça? Comment je parlais? Est-ce que j'étais beaucoup plus petite?»

Quand elle croisait une voiture de bébé, il fallait que Marcy s'arrête. Elle voulait regarder le bébé pour voir si le bébé était «vraiment petit».

«Est-ce que je peux le prendre?

– Marcy, nous ne le connaissons même pas.

– Mais j'ai envie de le prendre.»

Mme Jackson était toujours obligée d'éloigner Marcy de force. Marcy frappait du pied, se mettait à pleurer. Un jour, au supermarché, Mme Jackson ne réussit pas à arracher Marcy du spectacle offert par un bébé.

«Je veux le toucher. Si je ne peux pas le prendre, est-ce que je peux le toucher?»

Embarrassée, Mme Jackson tenta de l'éloigner. La mère du bébé était stupéfaite et dépassée. Marcy se laissa tomber par terre, hurlant et donnant des coups de pied.

«Je peux jamais faire ce que je veux!»

Cependant, quand Mme Jackson lui dit fermement :

«Marcy, lève-toi. C'est toi le bébé en ce moment.»

Marcy s'arrêta et se redressa. Mais Mme Jackson voyait que Marcy n'avait pas renoncé. Elle finit par trouver une solution.

«Marcy, allons rendre visite au bébé de tante Emily. Tu pourras jouer avec lui.»

Marcy s'apaisa.

À leur arrivée, le bébé qui avait trois mois était en train de se réveiller. Marcy observa tous ses mouvements. Quand il mit son pouce à la bouche, Marcy poussa des cris ravis. «Il met ses doigts dans sa bouche!» Comme il sortait de sa torpeur, il commença à sucer bruyamment. «Maman, écoute! Il suce!» La tante de Marcy lui donna l'enfant à tenir. Marcy le prit avec tendresse et d'une voix haut perchée lui dit : «Regardez-moi ce bébé. Tu es si mignon. Est-ce que tu m'aimes?» Les yeux du bébé s'agrandirent. Il se mit à pleurer. Marcy regarda tout autour d'elle, avec désespoir. «Prends-le, maman. Il ne m'aime pas!» On essaya de la rassurer, mais les investigations étaient terminées. Marcy était ébranlée et Mme Jackson se demandait comment l'aider à reprendre confiance en elle. «Marcy, nous allons nous asseoir et regarder comment tante Emily s'en occupe. Il avait tout simplement faim. Ça n'avait rien à voir avec toi. Il voulait être nourri.» Tante Emily mit le bébé au sein pour le calmer. Marcy s'approcha, observa avec curiosité comment le bébé tétait, suçant bruyamment et avalant goulûment.

«C'est pour cela que les filles ont des seins – pour pouvoir nourrir les bébés.

– Quand?

– Quand tu seras grande!

– C'est dans longtemps, hein?

– Probablement. Mais c'est bien pour toi de savoir ce que les mamans peuvent faire pour leurs bébés.»

Les yeux de Marcy étaient écarquillés, rêveurs. Elle paraissait penser et imaginer. Elle apprenait à faire des plans.

Un enfant actif. Minnie continuait à être pleine d'entrain. Elle adorait donner des coups de pied dans un ballon et savait lancer une balle avec précision. Elle avait l'esprit de compétition et savait qu'elle était capable de gagner. Elle semblait ignorer les autres enfants. Les garçons l'aimaient. Pas les filles. Elle n'avait pas réussi à se faire des amies dans sa classe. Mais elle se vantait : «Je suis la seule fille avec laquelle les garçons veulent bien jouer.» Sa mère trouvait inquiétantes sa façon de se déplacer en roulant des épaules et sa préférence pour les garçons. Elle se prenait à souhaiter que Minnie ressemble un peu plus à une fille, mais n'était pas sûre d'avoir le droit de penser de cette façon. Minnie montrait trop de fierté et trop de goût pour l'esbroufe, mais sous cette attitude, elle semblait vulnérable. Mme Lee pouvait voir que Minnie devenait plus maladroite avec les filles, plus impétueuse avec les garçons. Est-ce que les bravades et l'exubérance de la fillette ne masquaient pas un sentiment d'insécurité ? Mme Lee désirait tellement l'aider à se sentir plus en harmonie avec elle-même. Mais elle ne savait pas quoi faire.

Plus Mme Lee essayait de pousser Minnie à être «féminine», plus cette fillette de cinq ans paraissait résister. Elle s'habillait «comme un garçon». Elle refusait de porter des robes. Elle ne voulait pas se brosser les cheveux. Elle voulait les porter courts «comme un garçon».

M. Lee avait conscience des inquiétudes de sa femme, mais il aimait assez ce qu'il voyait en Minnie. La fillette observait son père – celui-ci s'était réinstallé à la maison. Quand il parlait au téléphone, elle prenait souvent son jouet pour imiter la façon dont il tenait l'appareil, dont il pianotait des doigts sur son bureau, dont il fronçait les sourcils ou riait tout en conversant. Quand il jouait à la balle avec elle, elle faisait de son mieux pour imiter son geste pour lancer ou attraper. Elle était vraiment compétente. Chaque fois qu'elle faisait étalage de ses succès, il souriait. Chaque fois qu'elle se comparait à un garçon, il acquiesçait. Il était fier de sa différence et de sa volonté de la préserver.

Quand Minnie se vantait de ses dons soi-disant de garçon, M. Lee aurait pu rétorquer que de telles qualités convenaient tout aussi bien aux filles. « Minnie, tu es formidable. Mais on n'a pas besoin d'être un garçon pour être doué sur le plan physique. Les filles aussi peuvent être fortes et rapides. » Bien que Minnie ait été sûre de ses prouesses physiques, elle était moins à l'aise devant les réactions divergentes de ses parents. C'était là quelque chose dont M. et Mme Lee devaient parler.

Gênée par le manque de féminité de Minnie, sa mère se tournait avec soulagement vers May. Souvent, sans en avoir conscience, elle comparait Minnie à sa sœur. « May est tellement facile avec ses amis. » Même si Mme Lee essayait le plus possible de garder ces comparaisons pour elle, Minnie risquait de sentir combien May faisait plaisir à sa mère et combien elle-même n'y réussissait pas. Elle pouvait se sentir blessée et incapable de s'adapter, au lieu d'être soutenue. Et surtout, moins désireuse d'essayer de s'identifier à sa mère.

Mme Lee commença à se rendre compte de son malaise devant l'activité incessante de Minnie ; cette façon d'approcher les autres en tourbillon la faisait apparaître insensible à ses proches. Ses exigences à l'égard de ses parents étaient passées de : « Je veux ça », à : « J'ai besoin de ça. Il me le faut ! » Qu'est-ce qui avait changé ? Elle se rendit compte qu'elle craignait que sa fille ne soit « gâtée ». Son intensité, ses exigences, son insensibilité aux autres, tous ces traits s'ajoutaient les uns aux autres. Minnie s'attendait à avoir ce qu'elle voulait – à tout prix.

Quand M. et Mme Lee essayèrent d'analyser la situation, ils durent admettre que Minnie n'avait jamais été une enfant docile. Elle les avait toujours devancés ; elle les avait toujours surpris, ses progrès ayant été si rapides. Au lieu d'attendre qu'ils l'aident, elle s'était mise sur ses jambes, avait marché, avait parlé – sans assistance de leur part. Mme Lee repensa aux années passées et se vit constamment en train de courir, essoufflée, pour ne pas se laisser distancer par Minnie. Quand Minnie désirait quelque chose, elle l'exigeait. Ce n'était jamais un choix auquel sa mère avait participé. Cette dernière se sentait rejetée et inutile.

Ce comportement rappelait trop de souvenirs à Mme Lee et, notamment, ses propres sentiments d'avoir été rejetée pendant son enfance. Ses deux sœurs aînées avaient, elles aussi, été très actives. Quand elle essayait de jouer avec elles, ces dernières la renvoyaient : «Va trouver quelqu'un d'autre pour jouer.» Elle n'avait jamais oublié ce qu'elle ressentait alors. Elle avait espéré que la maternité l'aiderait. Ce qui fut le cas avec May, mais pour Minnie elle était dépassée. Cette dernière faisait revivre les sentiments anciens, les vieux fantômes et Mme Lee finissait par en vouloir à sa fille et par se détester pour cela.

Elle sentait qu'elle ne pouvait rien dire à son mari à ce sujet. Il était trop enchanté par les compétences physiques de Minnie. Quand il rentrait à la maison, celle-ci l'attendait toujours pour jouer. Après quelques brèves embrassades, elle le menait d'une activité à une autre. «On joue!» était le cri perpétuel. Quand Mme Lee appelait Minnie, si son père était là, elle ignorait sa mère. Mme Lee devenait de plus en plus exaspérée : «Minnie, tu m'entends? Viens t'asseoir à table. Je t'ai préparé un sandwich ct du lait.» Minnie fronçait les sourcils, haussait les épaules comme pour refuser. Puis elle regardait son père. Il lui faisait signe d'écouter sa mère. Si nécessaire, il ajoutait même son approbation. «Va faire ce que demande ta mère.» La nécessité de ce coup de pouce pour obtenir que Minnie lui obéisse mettait Mme Lee hors d'elle.

M. Lee se moquait des inquiétudes de sa femme et soutenait que Minnie n'était pas une enfant gâtée : «Elle sait ce qu'elle veut et comment l'obtenir. Rien de plus.» Il sentait que son intimité avec Minnie mettait sa femme mal à l'aise. Il voulait défendre Minnie et était désolé de ne pas pouvoir partager la joie qu'elle lui procurait. Minnie et lui, «ça collait» et ils le savaient tous les deux.

Minnie se délectait de l'excitation de son père. Elle faisait la folle avec lui, riant et pouffant tout le temps. Elle avait des frissons en lui montrant jusqu'où elle pouvait aller pour rivaliser avec lui et pour continuer à l'exciter. Ils jouaient jusqu'à plus soif, devenant de plus en plus bruyants. Mais parfois, tout d'un coup, le tourbillon se changeait en chaos. Minnie s'effondrait en sanglots. Elle passait d'un extrême à l'autre, d'une façon spectaculaire. Mme Lee arrivait pour ramasser les morceaux, ce qui ne faisait que la frustrer davantage.

Les inquiétudes de Mme Lee ne manquaient pas d'affecter Minnie. L'approbation de M. Lee avait commencé à lui donner de l'assurance. Pourtant, à cause de la déception manifestée par sa mère, elle doutait davantage d'elle-même. Minnie risquait de se sentir rejetée comme sa mère. Elle n'aurait alors d'autre recours que de se rattacher encore plus désespérément aux qualités que son père encourageait en elle. Mais si Mme Lee réussissait à se rapprocher de Minnie en l'acceptant telle qu'elle était et en y ajoutant son approbation, Minnie pourrait commencer à s'épanouir. Si Minnie ne dépendait pas uniquement de son père pour l'approbation, elle serait capable d'assimiler aussi les qualités de sa mère. Et quand elle se permettrait de s'identifier à celle-ci, un nouveau comportement pourrait apparaître.

M. Lee doit reconnaître ce que coûte à sa femme l'intimité passionnée qu'il partage avec Minnie et ce que coûte à Minnie la tension qu'elle sent entre ses parents. Il ne faut en aucun cas qu'il s'éloigne; en fait, sa femme et lui doivent affronter le phénomène de barrière. À cinq ans, un enfant a besoin de s'identifier à chacun de ses parents. Minnie a besoin de l'approbation de sa mère. Si Mme Lee se désengage lorsque Minnie s'excite, chacune se retrouve privée du contact de l'autre. Si Minnie et ses parents regardent en face ce qui se passe, ce point fort peut se transformer en un moment de crise suivi d'un développement de l'enfant et d'un renforcement des liens familiaux. Quand les parents sont capables de discerner la détresse chez leur enfant et ses effets sur leur interaction, un tel point fort du développement devient une occasion positive pour leur relation mutuelle.

Les apprentissages

Cauchemars et nouvelles frayeurs. Billy affichait un grand sérieux à la table du petit déjeuner. Il dit à sa mère qui mangeait ses crêpes :

«Je savais que j'aurais une sœur comme Abby.

– Comment cela, Billy?

– On était ensemble dans ton ventre. On se parlait tout le temps.

– Abby et toi?

– Ouais. On a fait un jeu pour savoir qui sortirait le premier. Et c'est moi qui ai gagné!

– Vous avez fait un jeu?

– Abby voulait être la première. Moi aussi. J'ai gagné. Tu sais, le jeu avec la petite chanson ? J'étais déjà plus fort qu'Abby.

– Mais Billy, tu savais qu'elle viendrait après toi ?

– Bien sûr. Je l'aimais déjà.

– C'était comment dans mon ventre ?

– C'était tout chaud et confortable. Abby et moi, on était bien.

– Il faisait noir ?

– Non, il faisait clair. Je pouvais voir la tête d'Abby, comme ça, je la connaissais. »

Arrivé là, Billy se rendit compte qu'il avait du mal à s'en sortir et il essaya de changer de sujet. « Je t'ai boxée plein de fois jusqu'à ce que je sois sorti. » Il se glissa jusqu'à la chaise d'Abby et la serra fort dans ses bras. Elle hurla. Il revint à sa chaise et se remit à manger. Assez de gentillesses. Assez d'aveux. Mais sa tendresse pour Abby et son sentiment possessif à son égard étaient évidents.

Dans ses jeux d'imagination, Billy ne ressentait pas souvent de la culpabilité. Mais il était rare qu'il aille trop loin. Un jour pourtant, il voulut transformer Abby en garçon pour avoir un compagnon de jeux. Il entreprit de lui couper ses boucles blondes. Heureusement, sa tante entra juste à temps dans la pièce.

« Billy, que fais-tu ? »

Il s'arrêta net, regarda Abby et dit :

« Je veux qu'elle soit un garçon. »

Il paraissait très coupable. Il restait figé. Il essaya de cacher les ciseaux et jeta un regard suppliant à sa tante.

« Tu dis rien à maman. »

Il venait de prendre conscience de sa faute et était accablé.

Billy regarda les cheveux d'Abby et fit une grimace. Il murmura :

« Peut-être qu'on peut les recoller ? »

Mais il savait bien que c'était impossible. Il savait qu'il avait perdu tout contrôle et, malheureusement pour lui, il lui fallait à présent affronter sa responsabilité.

À cette époque, Billy se mit à avoir un cauchemar récurrent. Il se réveillait chaque nuit vers deux heures du matin. Il ne se souvenait pas avoir jamais rêvé d'autre chose que de dinosaures et de « méchants ». Après l'épisode de la coupe de cheveux, une sorcière se joignait de temps en temps à la foule. Billy se réveillait en hurlant, réveillant ses parents qui se précipitaient à son chevet pour le réconforter. Il pleurait, entièrement réveillé. Son père regardait avec lui dans le placard. Sa mère le calmait jusqu'à ce qu'il se rendorme. Rien ne pouvait faire cesser ces cauchemars. Avait-il joué avec trop d'ardeur? Avait-il mangé quelque chose de mauvais?

Billy reconnaissait que c'était un rêve, mais il était quand même effrayé. Sa mère essayait de le réconforter : «Billy, raconte-moi précisément ce dont tu rêvais, et alors ce rêve ne reviendra plus. Tu peux te rendormir. Nous sommes tout près. Ne t'inquiète pas.» Étant donné que les cauchemars sont provoqués par des sentiments que les enfants éprouvent sans pouvoir les surmonter, c'est souvent un bon remède que de les persuader de les raconter. Le rêve est ainsi transcrit en mots ce qui aide l'enfant à maîtriser ses sentiments. Les cauchemars de Billy ressemblaient à ceux que font la plupart des enfants de cinq ans; il n'est pas réaliste d'espérer qu'ils passent facilement. Le réconfort apporté par les parents de Billy était juste ce dont il avait besoin. Ces cauchemars étaient liés à la nouvelle frayeur de Billy devant son désir de «conquérir son monde». Ils étaient effrayants pour tout le monde, mais ne dureraient que jusqu'à ce que Billy se sente plus à l'aise avec certains de ses sentiments.

Les cauchemars sont courants et jouent un rôle dans le développement. Ils font contrepoids avec les sentiments agressifs; l'imagination – le désir d'être le «plus grand» et le «plus fort» – est contrôlée par les cauchemars. Dans ces mauvais rêves, l'enfant est impuissant. Ses sentiments d'impuissance, traduits par les cauchemars, sont un appel à l'aide adressé aux parents; quand ceux-ci y répondent, l'enfant se sent à nouveau en sécurité. Les cauchemars et les frayeurs compensent l'agressivité. Ils semblent inversement proportionnels à la capacité d'affronter cette agressivité à cinq ans. Je conseille vivement aux parents de moins insister pour que l'enfant soit «gentil» dans ces moments. À cinq ans, l'enfant se donne déjà beaucoup de mal pour rester maître de lui et s'inquiète suffisamment en se demandant s'il va y réussir. Cependant, des limites stables deviennent encore plus importantes dans cette période – l'enfant doit pouvoir compter dessus.

Les mauvais rêves semblent être un exutoire aux deux aspects de l'agressivité – celui qui fait envie et celui qui fait peur.

Marcy et sa mère se rendirent dans un grand magasin pour trouver un cadeau d'anniversaire pour Ellen, une amie de classe. Mme Jackson savait qu'il était dangereux d'entrer au rayon des jouets; elle se doutait que Marcy allait vouloir quelque chose. Elles en avaient parlé à l'avance et Marcy avait promis de ne pas être trop exigeante. Marcy s'élança devant sa mère et passa en revue la sélection des jouets. Les poupées étaient si attirantes que sa mère et elle décidèrent d'en acheter une pour son amie. Quand Marcy reçut la permission de tenir la poupée «avec de vrais cheveux», pour la bercer et lui chanter un petit air, elle n'y tint plus.

«J'en veux une, maman.

– Marcy, tu m'as fait une promesse. Cette poupée est pour Ellen, pas pour toi.

– Oui, maman. Mais je dois en avoir une moi aussi. Tu as dit que c'était un bon magasin et que les poupées ne seraient pas trop chères. Tu peux m'en acheter une. Tu n'as qu'à prendre mon argent de poche!»

Elle se mit à pleurnicher, puis à pleurer et finit par avoir une vraie colère. Mme Jackson était atterrée et embarrassée. La vendeuse les regardait avec dédain et antipathie. Peut-être est-ce cela qui provoqua le renversement de situation; le fait est que Marcy eut gain de cause. On fit deux paquets-cadeaux exactement identiques – l'un pour Marcy, l'autre pour son amie Ellen. En sortant du magasin, Mme Jackson était maussade. Marcy ne se sentait plus joyeuse. Elle savait (et le comportement de sa mère le lui rappelait) qu'elle n'avait pas tenu sa promesse. La poupée était à elle, mais elle ne la méritait pas. Quand elle défit le paquet, à la maison, la sensation délicieuse ressentie au magasin avait disparu. Sa mère ne parlait de rien. Et ce fut le plus pénible. Marcy avait besoin d'être grondée, elle le voulait, mais elle ne l'était pas. Le silence obstiné de sa mère dura pendant le dîner; ce fut son père qui la mit au lit et qui lui lut une histoire.

Cette nuit-là, elle pleura à plusieurs reprises. À un moment, elle s'éveilla terrifiée et se glissa dans le lit de ses parents. Elle se mit alors à pleurer et supplia sa mère de la prendre dans ses bras.

Mme Jackson la berça pour calmer ses sanglots. «Elle m'a fait peur! Il y a une sorcière dans la chambre. Elle est devenue de plus en plus grande. Tellement grande qu'elle m'a obligé à lui montrer la cuisine. Elle a mangé toute la nourriture. Elle a même fait du bruit en mangeant! Elle était tellement grande!» Mme Jackson essaya de la rassurer et de la tranquilliser. Elle lui montra la cuisine et les aliments qui n'avaient pas été touchés; puis elle la ramena jusqu'à sa chambre pour la recoucher. «Non! Non! Maman, elle est dans le placard.» Mme Jackson ouvrit la porte pour la rassurer. «Elle est sous mon lit.» Mme Jackson regarda sous le lit. «La sorcière va me manger, moi aussi.» En dernier recours, les Jackson laissèrent leur fille coucher dans leur lit. Celle-ci finit par s'endormir, pleurnichant et haletant entre deux respirations.

Le jour suivant, Marcy refusa de regarder sa nouvelle poupée; elle se méfiait même de celle qu'elle devait apporter à Ellen. Elle ne voulait pas la toucher. Quand elle tendit son cadeau à Ellen, elle tenait le paquet comme si elle voulait s'en débarrasser. Elle demanda à son père de placer sa poupée à elle en haut d'une étagère; à partir de ce moment, elle l'ignora.

Marcy recommença à avoir le même cauchemar. Mme Jackson lui fit un câlin pour la rendormir. Elle se réveilla à nouveau effrayée; mais, cette fois-ci, le rêve n'avait pas eu autant d'impact. Elle retrouva le sommeil après que sa mère fut venue la réconforter.

Marcy avait eu peur en se rendant compte qu'elle n'avait eu la poupée au magasin que parce qu'elle avait fait une colère. Cela l'effrayait de penser que ses sentiments ou ses désirs étaient assez puissants pour changer le cours des choses. Elle sentait aussi la colère que son comportement avait provoquée chez ses parents. Sa sensibilité vis-à-vis de ce pouvoir était à présent différente. Elle était plus consciente des conséquences fâcheuses, plus consciente de la façon dont son comportement affectait les autres. Parfois, elle se sentait responsable des contrariétés de ses parents. Cette fois, elle savait qu'elle était bel et bien responsable. La conscience de Marcy était une force avec laquelle il fallait compter. La conscience porte avec elle la responsabilité. Si elle savait qu'elle n'aurait pas dû faire une colère pour avoir une poupée, pourquoi l'avait-elle fait? Est-elle capable d'apprendre à maîtriser ses impulsions? Il y a maintenant des moments – après un comportement inacceptable – où elle se sent coupable et où elle comprend qu'elle devrait réprimer ses éclats; mais il lui faut encore trouver de nouveaux moyens d'y parvenir.

À cinq ans, la pensée magique et son pouvoir pour expliquer le monde commencent à disparaître; c'était la façon dont les enfants de trois et quatre ans essayaient de comprendre pourquoi les choses se passaient comme elles se passaient. La pensée magique porte en elle la conviction que «mes pensées et mes actions déterminent le monde qui m'entoure. Si je souhaite quelque chose assez fort, alors ça arrivera. Si ce n'est pas arrivé comme je le voulais, c'est que je ne l'ai pas souhaité assez bien ou assez fort». Mais, à présent, l'expérience de Marcy commence à remettre en question et à contredire les conclusions de sa pensée magique. Ces expériences la rendent consciente des limites à ses explications du monde comme étant quelque chose causé par ses pensées. Elle a fait la différence entre agir et penser.

Marcy sait désormais ce qu'est une pensée, même si elle ne comprend pas bien d'où cela provient. Elle peut dire qu'une pensée diffère d'une action. Elle se rend compte qu'elle doit apprendre à agir sur son monde pour le faire changer. Elle devient plus consciente de son propre rôle et de sa responsabilité dans ses actions. Parfois c'est agréable. Parfois pas du tout. Mais il y a là un changement, une nouvelle perspective : elle commence à voir combien ses pouvoirs sont limités. Elle commence à comprendre que ses actions et ses capacités ne peuvent pas toujours avoir l'effet désiré. Savoir ce «qui est bien», cela n'est pas la même chose que «je veux» ou «j'ai besoin» ; cela oblige à reconnaître que le monde est bien grand et qu'elle-même est vraiment petite.

La responsabilité qui accompagne cette nouvelle conscience de soi ne va pas sans lui coûter cher. Marcy se sent maintenant déchirée et coupable, mais quand sa culpabilité est trop dure à supporter, elle se tourne à nouveau vers la pensée magique. À cinq ans, elle est trop jeune pour que les pensées et les frayeurs ne reprennent pas parfois le dessus.

Les garçons qui prennent conscience de leurs accès d'agressivité manifestent très clairement ce qu'il leur en coûte quand ils retombent dans les frayeurs et les cauchemars de leurs quatre ans. Les garçons ont plus de difficultés pour apprendre à surmonter leur agressivité et leur compétitivité. En effet, on fait très tôt pression sur eux pour qu'ils soient «braves» et pour qu'ils partent à la conquête du monde.

Nous ne poussons pas autant les filles de cet âge pour qu'elles réussissent à surmonter leurs frayeurs et leurs cauchemars. Les filles ont davantage tendance à développer des phobies assez semblables à celles de Marcy. À cinq ans, elles y croient peut-être un peu moins, mais la peur reste aussi forte. C'est comme un effort pour garder les pulsions coléreuses sous contrôle; ces phobies sont prévisibles, néanmoins perturbatrices pour les parents et l'enfant. Craintes et phobies représentent un point fort : un défi face à de nouveaux sentiments et de nouvelles responsabilités, avec les hésitations et les frayeurs qui vont de pair. En comprendre les raisons sous-jacentes est une façon d'aider l'enfant à passer ce cap.

L'adieu à un imaginaire. «Quand je serai grande, je deviendrai une princesse, j'aurai de grandes nattes brillantes, une belle robe éblouissante avec des pendeloques et une couronne. Non, pas de couronne. Elle tombera quand je voudrai grimper à un arbre.» La façon dont Marcy avait enveloppé son arrangement imaginaire avec la réalité stupéfia ses parents. Ils étaient tristes de constater que ses belles inventions étaient compromises.

Les rêves et les souhaits de l'enfant de cinq ans doivent maintenant s'arranger pour faire place à la réalité. Faire semblant d'être puissant et fort se heurte à la conscience grandissante de ce qu'exige le vrai monde; l'enfant peut éprouver un sentiment de perte. Marcy prend conscience du fait qu'elle est toute petite et ne peut éviter plus longtemps d'affronter les limites qui vont de pair avec cette découverte. Quand, plus jeune, elle rêvait, son imagination, ses désirs de transformer la réalité étaient libres de toute entrave; ils lui donnaient la possibilité de construire un monde qui lui était propre. Maintenant, elle ne sait que trop que les choses ne marchent pas de cette façon. Elle peut toujours rêver, mais elle ne peut plus se perdre complètement dans l'imagination. Cependant, en même temps, elle commence à reconnaître qu'elle arrive souvent à réaliser ses souhaits en agissant elle-même sur eux. Plus elle agit et plus elle ose rêver, mais d'une façon différente. Ses rêves actuels sont moins une façon d'échapper au présent qu'une façon de souhaiter l'avenir.

Marcy et Ellen jouaient avec leurs poupées.

« Ma poupée peut devenir la meilleure danseuse du monde.

– La mienne deviendra une vedette de la télévision ! Elle connaît le président !

– La mienne veut grimper jusqu'à la lune.

– On va accrocher cette échelle à la chaise. Comme ça, elle pourra monter jusqu'au ciel.

– Peut-être même qu'elle ne redescendra jamais. Ma maman dit que quand on va au ciel on y reste.

– Eh bien ! On va la faire redescendre avant qu'elle y arrive. Son bébé pleure : "Reviens vers moi, maman."

– Elle t'entend. Elle revient.

– C'est une *bonne* maman. »

Marcy a de plus en plus conscience de ses compétences, ce qui l'amène à faire l'expérience de ses rêves dans le monde réel. Bien qu'elle commence à reconnaître ses limites, elle est encouragée par les succès excitants de sa cinquième année. « Je peux dessiner ma maison. » « Je peux écrire mon nom. » « Je peux lacer mes chaussures. » « J'aime les poupées. Je n'aime pas les garçons. J'aime Mme Sosa. Elle est gentille avec moi. Elle m'aime bien. » « Qu'est-ce que tu veux être quand tu seras grande ? »

Cependant Marcy n'a pas cessé de souhaiter changer le monde. Ce qui continue à avoir son utilité. Le jour où elle oublia son carnet de dessins à l'école :

« Maman, quelqu'un m'a pris mon carnet. Je me suis arrêtée pour jouer avec mes amies en rentrant à la maison. Je l'ai posé par terre et quelqu'un l'a emporté. »

Une certaine hésitation alerta Mme Jackson.

« Marcy, es-tu certaine de ne pas l'avoir oublié ?

– Non, maman… euh !… Je crois que je n'y ai pas pensé. »

Au début, Mme Jackson fut déçue que Marcy ait menti. Mais elle se rendit compte que sa fille avait besoin de se cacher derrière son imagination pour faire porter la responsabilité à quelqu'un d'autre. C'est une chose qu'elle pouvait accepter, mais elle dit à

Marcy que toutes deux étaient capables de faire la différence entre son histoire et la réalité.

Le père de Marcy commença à jouer avec sa capacité à rêver. Après lui avoir lu une histoire, le soir, il disait :

«Maintenant, on va rêver de ce qu'on voudrait être et de l'endroit où on voudrait aller.»

Marcy essayait pour lui faire plaisir.

«Eh bien! si j'avais une amie comme quand j'étais petite – tu te rappelles Flagia, papa? Tu te rappelles comme elle était belle? Elle avait des cheveux brillants avec de longues tresses et de belles robes longues. Elle adorait raconter des histoires et elle partait avec toi dans ses rêves. Elle était allée avec toi – et maman – à Disneyland. Elle avait fait toutes les attractions. Tu lui avais acheté des cacahuètes et des glaces chaque fois qu'elle t'en demandait. Elle était si contente.»

Le père :

«Où est Flagia maintenant?»

Marcy :

«Eh bien! Elle est dans ma chambre. Mais parfois elle a l'air bête. Elle veut tout en trop. Elle peut pas avoir des bonbons chaque fois qu'elle en veut. Je lui dis que c'est pas bon pour elle et que si elle fait l'enfant gâtée, elle devra rester dans sa chambre.»

Son père déclara tristement :

«Flagia me manque.»

Marcy le regarda avec sérieux comme si elle le jaugeait pour voir si c'était une plaisanterie, s'il envahissait son territoire ou si par hasard elle grandissait trop vite pour lui. Elle pensa que lui aussi ressentait de la tristesse à l'idée que leur monde imaginaire disparaissait et elle eut besoin de le rassurer :

«Elle reviendra un jour. Ne sois pas triste. Mais pas ce soir.»

Et à ces mots, elle se retourna brusquement. La fin d'un monde rêvé représente un point fort pour l'enfant qui se donne du mal afin de trouver de nouveaux moyens d'affronter la réalité. C'est aussi un point fort pour les parents qui peuvent presque penser que c'est la fin de l'enfance ou, du moins, d'une certaine magie que les émerveillements de leur enfant ont fait revivre en eux.

Billy avait perdu une dent! Enfin, cette dent du bas, devant, était tombée, après avoir été tripotée pendant des semaines. Il avait fait participer Marcy qui avait remué la dent d'avant en arrière, avec fascination et dégoût. Le jour où la dent tomba enfin, Billy eut l'impression d'être un héros. Il demanda à sa mère un sac en papier pour l'emporter à l'école. Il entra fièrement dans la classe, tenant le sac à bout de bras. Plusieurs enfants avaient déjà perdu leurs dents de devant et ils n'étaient pas impressionnés. Mais les meilleurs amis de Billy l'étaient. Ils vinrent timidement examiner la dent et inspecter le trou dans la mâchoire.

« On dirait qu'il y a du sang. Ça t'a fait mal? Tu vas la mettre sous ton oreiller pour la petite souris? »

Cet appel à l'imagination générale fit ricaner deux garçons.

« La petite souris n'existe pas!

– Oh! vraiment? Attends jusqu'à demain. Je te montrerai ce qu'elle m'a apporté. »

Billy regarda ses détracteurs avec de grands yeux tristes. « Je veux qu'elle m'apporte quelque chose », se dit-il doucement à lui-même.

La famille de Billy s'était mise à la recherche d'une nouvelle maison. « Qu'allons-nous faire du lit de Billy? Est-ce qu'il faut s'en débarrasser? Il est tellement grand – il a besoin d'un nouveau lit. » Tous les meubles étaient mesurés pour voir s'il était judicieux de les déménager. Quand l'agent immobilier arriva pour emmener les Stone visiter une maison, Billy se précipita avec sa dent. « Regardez! Je suis vraiment grand! » Dans sa hâte pour sortir la dent de son sac, il la laissa échapper et elle roula dans le collecteur d'égout. Il resta figé, regardant le sol avec horreur. Où la dent avait-elle disparu? Mme Ellis, l'agent immobilier, sentit son angoisse et y réagit. « Tu sais, Billy, une petite souris est venue récemment chez moi. Elle m'a dit que beaucoup d'enfants avaient perdu leurs dents et qu'elle ne pouvait pas leur apporter leurs cadeaux. Elle m'a demandé si je connaissais quelqu'un qui avait perdu une dent; et si oui, je devais donner à cet enfant ce billet d'un dollar. Voilà – c'est pour toi! » Le visage de Billy rougit avec une expression stupéfaite. Mme Ellis avait compris qu'il était déjà difficile pour Billy de perdre sa maison et voulait lui éviter d'avoir également à perdre la petite souris.

Personne n'a envie de renoncer aux mythes de l'enfance. Pourquoi devrait-on abandonner ces merveilleuses croyances magiques? Elles ont rempli un rôle. Dans le cas de la petite souris, elles ont doté d'une récompense magique la perte d'une partie du corps. Perdre une dent est une étape en direction du monde adulte que chaque enfant a envie de rejoindre. Mais c'est aussi une perte. Survenant à un moment où les enfants s'inquiètent fatalement de leur intégrité corporelle, cet événement porte en lui un sens supplémentaire. «Est-ce que je peux perdre aussi facilement un morceau de mon corps? Je ne veux rien laisser partir.» Parfois, un enfant a l'impression que grandir est un processus fait de pertes.

«Faire semblant». À cinq ans, le jeu remplit plusieurs rôles. Il offre une façon de pratiquer la pensée magique, de découvrir des rôles, d'apprendre le contrôle et d'être un ami. Le jeu est un exutoire pour les nouvelles pressions qui exigent de l'enfant qu'il grandisse, qu'il réussisse, qu'il s'intègre. Le jeu est une occasion de construire l'estime de soi et un moyen sûr d'exprimer les sentiments de douleur ou de confusion.

À cet âge, les poupées ont un pouvoir. Elles personnifient les rêves qui pourraient se réaliser. Même si cela n'arrive pas, les poupées permettent de rêver pendant un certain temps. Marcy et son amie jouaient avec leurs poupées Barbie pendant des heures. De cette façon elles élargissaient leur horizon, chacune essayant de toutes ses forces de dépasser l'autre. Les filles peuvent donner libre cours à leur imagination avec les poupées. Souvent, on ne permet pas aux garçons de rêver avec ce genre de jouet.

À cet âge, mon frère et moi n'avions pas la permission de jouer à la poupée. «Les poupées sont pour les filles. Vous, les garçons, vous devriez aller jouer dehors.» Nous savions que les poupées étaient taboues pour nous, mais nous n'étions pas tellement convaincus. Nous collectionnions de petites bouteilles que nous trouvions dans les armoires à pharmacies ou dans d'autres endroits de la maison. Nous imaginions que les plus hautes étaient des hommes et que celles qui avaient une forme moins allongée, plus ronde, étaient des femmes ou des «mamans». Les plus petites devenaient les bébés de «nos» familles. Pas de bagarre dans «nos» familles – excepté quand toutes les bouteilles s'entre-tuaient!

«Nos» familles permettaient à leurs enfants de rester debout le soir aussi longtemps qu'ils le souhaitaient. «Nos» familles permettaient à leurs enfants d'avoir un dessert ou des friandises qu'ils aient mangé leur dîner ou non. Et tout à l'avenant. En tant que petits garçons, nous savions que nous allions à l'encontre des règles en jouant à la poupée et en inventant des histoires. Cela rendait notre jeu encore plus excitant et audacieux. Chacun riait aux idées de l'autre. Jamais nous n'avons été aussi complices que dans ce jeu interdit. Nous apprenions à être affectueux. Nous avions les familles que nous souhaitions, en dépit de ce que nous réservait l'avenir.

Les enfants de cet âge expriment un mélange d'imagination et de craintes en jouant avec des figurines ne représentant pas des humains. Les dinosaures et les extraterrestres, par exemple, se trouvent à une distance sécurisante de la réalité et, pour les garçons, des poupées. Ces jouets pourtant petits et peu attirants sont facilement transformés en héros dans des histoires qui peuvent se dérouler dans un monde imaginaire; cependant ils sont encore assez proches de la réalité pour exprimer la vie intérieure de l'enfant.

Billy poussait des grognements tandis que son tyrannosaure dévorait bruyamment tout ce qui se trouvait sur son passage. Comme son ami ne le comprenait pas, les grognements se transformèrent progressivement en langage. Langage toujours quelque peu menaçant. Les garçons faisaient faire à leurs personnages tous les actes agressifs qu'ils auraient bien voulu accomplir eux-mêmes, sans toutefois le faire.

Le jeu imaginaire était plus sécurisant que la réalité. Les règles paraissaient différentes quand il s'agissait de jouer avec des objets miniatures, comme les dinosaures. Mme Stone se rendit compte qu'en persuadant Billy et son ami de s'asseoir pour manœuvrer leurs jouets, elle canalisait leur énergie; cela leur donnait plus de contrôle sur eux que lorsqu'ils couraient à travers la maison, agitant des cannes en guise d'épées. Il était plus facile de contenir leur agressivité. Ils n'avaient pas autant de difficultés pour réfréner leurs impulsions. Le jeu pouvait devenir aussi brutal que nécessaire pour tester leur maîtrise d'eux-mêmes. Ils pouvaient faire en sorte que les dinosaures ou les personnages s'attaquent vicieusement – pourtant les victimes finissaient par ressusciter. Manipuler des dinosaures modulait l'intensité du jeu – une explosion imaginaire est moins dangereuse quand seuls les dinosaures, et non les petits garçons, sont impliqués.

Quand des adultes entraient dans leur jeu, les garçons les avertissaient très sérieusement de ne pas franchir les limites qu'ils avaient fixées. Si un adulte suggérait qu'un dinosaure pouvait grandir et devenir vrai, les deux garçons frissonnaient d'horreur et changeaient de jeu; il n'y avait aucun danger tant qu'on restait en dehors de la réalité. Billy et son ami suivaient des règles tacites sur le «faire comme si» et sur le degré d'agressivité autorisé dans leur «jeu».

Leurs jeux de bagarre et de chahut allaient au-delà de ces règles tacites. La possibilité d'aller trop loin était toujours présente. La limite entre les menaces et le jeu était mince. Les garçons de cinq ans ont besoin de manifester leur agressivité dans leur jeu, mais ils ont aussi besoin de se sentir protégés contre eux-mêmes. Si personne ne les empêchait de se livrer à des jeux brutaux avec leurs amis, ces jeux pourraient devenir effrayants. Cependant, avec les dinosaures et les extraterrestres, ils peuvent donner forme à des impulsions qui autrement les domineraient; et dans le processus, ils apprennent à contrôler de telles pulsions.

Dans les jeux entre pairs, Billy et ses amis paraissaient se mettre mutuellement à l'épreuve. Le jeu était une façon d'apprendre des règles. Quand l'agressivité devenait trop effrayante, ils déclaraient : «Assez.» D'une façon surprenante, l'autre joueur respectait généralement la consigne. Il était rare qu'un enfant dût courir chercher un adulte à la rescousse. Dans ces jeux physiques, ils découvraient leurs propres contrôles internes. Chacun apprenait aussi à respecter l'autre comme lui-même.

Billy se donnait du mal dans ce domaine. Il voulait toujours gagner. Il voulait être meilleur que «tout le monde». «Quand je serai grand, je serai meilleur que Michael Jordan ou Tiger Woods.» Il essayait de s'habiller comme ses idoles, champions sportifs et superhéros. Les costumes étaient absolument nécessaires; chaque jour, il lui en fallait un autre. Il en avait réuni environ dix – un pour combattre le feu, un pour poursuivre les «méchants», un pour monter à cheval et un habit de cow-boy consistant en une paire de bottes si étroites qu'elles lui faisaient mal. Chaque costume excitait son ardeur – il était assorti d'une voix pleine d'emphase, de mots menaçants, d'une démarche avec les jambes écartées, d'un pistolet sur la hanche. Est-ce que toutes ces manifestations de son imagination aidaient Billy à affronter le fait qu'il n'avait « que » cinq ans ?

Les jeux. À l'école maternelle, le jeu était tout aussi prévisible et tout aussi fécond. Les règles tacites que beaucoup des enfants commençaient seulement à apprendre dominaient le comportement du groupe. Apprendre les règles pour se faire des amis et pour appartenir à un groupe était à présent plus important que jamais. Dans la cour de récréation, Billy gravitait autour des garçons ; Marcy se trouvait entraînée dans le « coin des filles ». Leur institutrice sortait toujours garçons et filles ensemble ; elle essayait même de les « mêler » au début de la récréation. Dès qu'elle tournait le dos, la plupart se retrouvaient dans des groupes de même sexe, à contrecœur pour Minnie. Seul Tim semblait préférer le groupe plus tranquille des filles ; mais il savait que ce n'était pas acceptable. Il surveillait sans cesse les garçons du coin de l'œil.

Dans le groupe des garçons, l'occupation principale consistait à tester la capacité des uns et des autres à se défendre tout seul ou à céder.

« Envoie le ballon !

– Non, on veut le garder dans notre équipe.

– Si tu ne l'envoies pas tout de suite, nous allons venir le chercher. »

Une fois le ballon récupéré, ils se mirent en rangs pour tirer dedans. L'anarchie de la mêlée s'était transformée en rangs ordonnés. Les garçons populaires recevaient le ballon ; ceux qui l'étaient moins étaient relégués à un bout de la rangée. Quand on observait un garçon aussi « populaire » que Billy, on pouvait voir qu'il gonflait sa poitrine, se tenait bien droit, fronçait les sourcils et présentait un aspect presque menaçant en hurlant : « Fais-moi une passe ou je ne serai plus ton ami ! » Les garçons moins sûrs d'eux avaient déjà découvert ce qu'était la hiérarchie : quand ils demandaient le ballon, ils le faisaient avec plus d'humilité, en penchant la tête de côté.

Tim raffolait des jeux sur ordinateur. M. McCormick découvrit qu'il pouvait jouer avec lui et même se mesurer à lui. Comme cela lui plaisait, il réservait du temps pour Tim le soir, à la maison. Philip, le frère aîné de Tim, se sentait exclu – une fois de plus. Il savait que ses parents se faisaient continuellement du souci à propos de Tim et il essayait de ne pas aggraver les choses. Mais il se sentit jaloux quand son père manifesta son envie de jouer avec Tim. Tim était rapide et astucieux. Il était capable de prévoir plusieurs coups d'avance. C'était comme si toute la pratique qu'il avait accumulée portait ses fruits. Au début, M. McCormick avait laissé Tim gagner, pensant que c'était nécessaire pour son ego. Puis il se rendit compte, à sa grande surprise, que Tim était de toute façon capable de le battre. Quand il passa à la vitesse supérieure pour essayer de gagner, il vit encore mieux comment fonctionnait l'intelligence du petit garçon. Il était soulagé de voir que Tim possédait ces qualités.

Les enfants qui sont en retard sur le plan social sont souvent doués dans les domaines cognitifs. Qu'est-ce qui vient en premier? Cette sorte d'intelligence exige-t-elle tant d'efforts que l'enfant a moins d'énergie pour être sociable? Ou est-ce qu'un enfant timide se tourne de préférence vers des objectifs intellectuels plutôt que sociaux ou collectifs? Dans le cas de Tim, il semblait que cette dernière hypothèse fût la bonne. Fréquenter les autres lui coûtait beaucoup. Sa sensibilité était trop exacerbée, ses défenses trop faibles. Il préférait qu'on le laisse seul. L'ordinateur était indulgent. Il n'exigeait que ce qu'il lui donnait. Il prenait son temps et s'adaptait à son rythme. Il ne lui demandait que d'appliquer ses sens visuel et tactile et un peu de dextérité. La plus grande récompense pour Tim, et celle qui passait la plus inaperçue, était la fierté éprouvée par le petit garçon à l'idée de pouvoir maîtriser une chose qui passionnait son père et pour laquelle ce dernier était doué. Quand il jouait à des jeux avec son père, Tim devenait presque un enfant différent. Il manifestait de l'enthousiasme et même un humour tranquille. Son père voyait un nouveau petit garçon. Ces jeux changèrent leur relation. Mais il allait falloir que M. McCormick y fasse participer son autre fils.

Jouer pour guérir. Le jeu est le travail de l'enfant. Par le jeu les enfants se développent, apprennent et guérissent. Le jeu peut être une façon efficace de surmonter les séquelles d'une expérience traumatisante. Nous utilisons le jeu comme thérapie pour les enfants hospitalisés. Le petit enfant peut identifier ses frayeurs, son angoisse du futur, peut tester ses capacités à récupérer la maîtrise de son corps malade. En cas d'hospitalisation ou de maladie, le jeu peut redonner un sentiment de contrôle à un enfant.

J'ai été consulté à une occasion pour évaluer un enfant de cinq ans atteint d'une maladie chronique qui bloquait les articulations de ses jambes et de ses bras. Il était confiné dans un fauteuil roulant. Nous étions inquiets parce que ce garçon était déprimé, refusant de manger, dormant peu, et parce qu'il refusait de suivre son traitement. Son inactivité le rendait de plus en plus handicapé. Nous sentions que sa dépression et son sentiment d'impuissance devenaient aussi graves que sa maladie. Nous avons alors mis au point un tableau électronique avec des boutons sur lesquels appuyer pour s'exprimer : «J'ai faim», «J'ai soif», «Laissez-moi tranquille», «Promenez-moi», «Massez-moi le derrière». Il avait la possibilité de régler le son aussi fort qu'il le voulait. Il se mit à appuyer sur le dernier bouton «Massez-moi le derrière» avec le son à fond et sans arrêt. Les infirmières devenaient folles. Quand elles réagirent avec colère et lui imposèrent des limites, les articulations du petit malade commencèrent à aller mieux. L'enfant était moins déprimé. Il plaisantait. Il se réjouissait de la contrariété des infirmières. Finalement, il amorça sa guérison; il recommença à marcher et à se nourrir. Ses progrès devinrent avérés. Il s'était sorti d'une situation grave en jouant.

Le jeu est aussi un exutoire pour les problèmes quotidiens mineurs. Une fillette de cinq ans qui fait un lit tout à côté du lit de sa mère pour sa poupée – qui pleure toute la nuit, «comme le nouveau bébé de la maison» – exprime déjà combien elle se sent exclue. En organisant ses sentiments sous forme d'histoire, elle les met en perspective et se prépare à évoluer. Un enfant qui exprime ses sentiments par le jeu démontre sa force et ses capacités d'adaptation. Les parents peuvent apprécier le jeu comme l'un des moyens d'expression et de développement les plus importants chez l'enfant.

Les amis imaginaires. Tim était assis par terre et rangeait ses petits soldats en ordre. Avec patience, il ne cessait de les remettre en place quand l'un tombait sur l'autre. Il était encore trop timide pour demander qu'un enfant vienne jouer avec lui ou pour répondre à l'invitation d'un autre enfant. Parfois il paraissait remuer les lèvres en silence. Quand un de ses parents essayait gentiment d'intervenir, il se rendait compte que Tim bavardait avec son cher ami imaginaire, Alfie. Tim et Alfie avaient de longues conversations. Quand on demandait à Tim de quoi ils parlaient, il répondait immanquablement : «Je me rappelle pas.» Si jamais il attendait l'arrivée d'un autre enfant pour jouer, parce que sa mère avait insisté, on avait l'impression qu'il en avait déjà parlé avec Alfie. Ces échanges aidaient Tim à se préparer à l'épreuve. Une fois son ami rentré chez lui, Tim retournait à Alfie. Sa mère craignait que cet ami imaginaire ne représente un signe durable de fragilité. Mais, en fait, c'était plutôt une aide pour surmonter ses difficultés. Tim se servait d'Alfie pour s'entendre dire que tout allait bien, quelle que soit la situation. Après un entretien avec Alfie, Tim était souvent ragaillardi. Il avait recours à lui pour reprendre de l'énergie.

De temps en temps, Tim faisait allusion à Alfie dans une conversation pour se donner du courage de manière différente. Alors, et seulement alors, ses parents comprenaient sa relation avec Alfie.

«Alfie m'a dit de mettre ce manteau pour ne pas avoir froid.

– Tu auras trop chaud.

– De toute façon, je vais le porter.»

Ou :

«Alfie m'a dit que je ne pouvais pas jouer avec David aujourd'hui.

– Pourquoi?

– Il a seulement dit que je ne pouvais pas. Il a pas dit pourquoi.

– Mais nous allons chez David!

– Non, j'ai mal au ventre.»

Le recours à Alfie pour avoir ce qu'il voulait était si évident que sa mère se laissait prendre. Elle ne savait pas si elle devait pousser son fils au-delà des limites établies par Alfie ou si elle devait respecter Alfie en tant qu'intermédiaire lui révélant ce qui était important pour son fils. Pourquoi ne pouvait-il pas être plus direct avec elle? Le besoin qu'il avait d'Alfie lui donnait l'impression d'être exclue.

Mme McCormick pouvait voir que Tim utilisait Alfie pour se protéger, mais elle craignait qu'Alfie ne puisse aider Tim durablement. Finalement, elle se rendit compte que les discussions entre

Tim et Alfie lui permettraient de savoir quoi faire lorsque son fils devait s'adapter à une situation nouvelle. Les amis imaginaires servent à de nombreuses fins. À ce moment, Tim avait besoin d'Alfie. Mais Mme McCormick pouvait trouver d'autres moyens pour aider Tim et pour que Tim s'aide lui-même. Mme McCormick pouvait lui faire part ouvertement de certains soucis. Par exemple, dans ses efforts pour le persuader de fréquenter d'autres enfants : « Tim, tu sais que je veux que tu ailles chez David. Tu sais que tu dois apprendre à jouer avec d'autres garçons. Mais j'imagine que tu es en train de me dire que tu trouves que c'est trop difficile pour toi en ce moment. J'essayais de te pousser à y aller, mais je suis fière de voir que tu sais défendre tes intérêts. Cette fois tu n'as pas besoin d'y aller. Tu iras quand tu te sentiras prêt. » Respecter Tim quand celui-ci tient bon sur ce qui le concerne est sans doute une bonne façon de donner de la force à un enfant aussi timide et doux. Chaque décision devrait tenir compte de cela. Mais Mme McCormick doit insister afin que Tim cherche la raison pour laquelle il n'est pas prêt à avoir des relations avec les autres enfants. « Je ne vais pas t'obliger à y aller pour l'instant. Nous pouvons réfléchir ensemble sur la façon de t'aider à ne pas être aussi inquiet à l'idée de te trouver avec d'autres enfants. » Il lui faudra être patiente, mais l'objectif doit leur apparaître clairement à tous deux.

Quand Mme McCormick comprendra l'extrême sensibilité de Tim et la facilité avec laquelle ses idées ou ses sens sont bouleversés par le comportement imprévisible des autres, elle l'aidera à mieux se comprendre lui-même. Tim a besoin de reconnaître ce qui est difficile pour lui et ce qui ne l'est pas afin de ne pas se sentir désespéré devant toutes les situations. Il peut apprendre à détecter les signes annonciateurs de surcharge sensorielle et les moyens pratiques de se protéger. Quand il sera en mesure de prendre en charge ses propres défenses, il pourra surmonter progressivement sa fragilité. Mme McCormick a compris que son système sensoriel n'était capable d'enregistrer qu'une certaine quantité d'informations avant de se fermer.

Les inputs tactiles, sonores et visuels peuvent toujours surcharger Tim, particulièrement quand celui-ci est effrayé ou qu'il se trouve dans une situation nouvelle. S'il réussit à assimiler un input à la fois, s'il peut l'anticiper et s'y adapter, il le supportera. Avec une personne connue, il en est capable. Avec une machine ou avec ses jouets, il sait garder son contrôle. En présence d'un enfant bruyant et imprévisible, ses sens peuvent être dépassés et se brouiller. Cela conduit rapidement à une crise interne. Il lui faut ou fermer complètement ses sens en se retirant de la scène ou se désintégrer dans une panique, une colère ou une agitation chaotique, agressive. Ce dernier comportement est moins probable chez lui, vu son tempérament; le premier, se renfermer sur lui-même, est son schéma.

Je conseillerais à Mme McCormick d'apprendre à discerner comment cette surcharge se produit chez Tim. Si elle réussit à voir comment cette manifestation affecte l'adaptation de Tim et la maîtrise de son environnement, elle pourra aider son fils à trouver ce qui déclenche les crises et ce qui les calme. C'est vraiment très utile pour un petit enfant de parvenir à cette conscience dès qu'il y est prêt; il va en tirer une telle force! Voilà quel doit être l'objectif de Tim et de ses parents.

Quand les parents d'un enfant aussi fragile que Tim devraient-ils s'inquiéter au point de chercher l'aide d'un professionnel? Si le jeune garçon était complètement muré en lui-même, s'il recourait à une autostimulation répétitive ou à un comportement autodestructeur pour se protéger, s'il ne commençait pas déjà à faire des efforts pour essayer de s'entendre avec d'autres enfants, je leur conseillerais de le faire évaluer. Les soucis des parents sont aussi un indicateur : si les parents ressentent devant un enfant plus d'inquiétude qu'autre chose, il est probablement temps de rechercher de l'aide.

Mme McCormick sait qu'elle a communiqué son inquiétude à Tim. Le contraste avec son frère aîné, Philip, lui rappelle toujours le «problème de personnalité» de Tim. Elle se demande si son inquiétude n'a pas fini par faire partie du problème. Est-ce que ses appréhensions confirment l'image de fragilité que Tim a de lui-même? Peut-être. Si elle ne parvient pas à voir ses forces, et à les soutenir, il faudrait qu'elle ait recours à une aide psychiatrique. Elle peut en avoir besoin pour affronter ses propres craintes à propos de son fils. Elle ne peut pas éviter de se sentir anxieuse et même furieuse d'être incapable de le libérer de sa timidité. Les amis imaginaires sont une aide, mais ils ne remplacent pas une relation avec un pair. L'école primaire et la nécessité de faire partie d'un groupe se profilent à l'horizon.

Buddy, l'ami imaginaire de Billy avait «pris vie» sous forme de son panda à oreilles de chien. Buddy était sale, malodorant et plein de bave. C'était un ami depuis aussi longtemps qu'Abby était une rivale. Buddy lui aussi avait eu des cauchemars ces jours-ci. Il voulait que Billy couche avec lui pour le «protéger de ces méchants». Quand Abby était arrivée, Billy s'était tourné vers Buddy et lui avait trouvé son nom. «C'est un garçon, pas comme Abby.» Buddy était capable de faire tout ce que faisait Billy. Il savait grimper aux arbres, il savait siffler, il savait claquer des doigts et apprenait même à lacer ses chaussures. Buddy pouvait également trouver des choses pour Billy. Il avait même trouvé le fusil de son papa, sur l'étagère du haut, dans le placard de ses parents – caché dans une couverture. Billy était très fier de Buddy.

Quand Buddy parla du fusil à Billy, Billy dut grimper sur un tabouret pour le trouver. Il le tira hors de l'étagère. Comme il était trop lourd, il tomba par terre avec un tel fracas que les parents de Billy – qui étaient en train de dîner – lâchèrent leurs fourchettes et quittèrent la table pour se précipiter dans leur chambre.

«Billy qu'est-ce que tu fais avec mon fusil! Imagine qu'il ait été chargé!»

M. Stone était stupéfait. Cacher l'arme n'avait pas suffi. La seule excuse que trouva Billy en sanglotant fut :

«C'est Buddy qui l'a trouvé. Je l'ai seulement pris pour lui.»

Son père était si horrifié devant ce qui aurait pu être un drame – et devant sa responsabilité – qu'il attrapa Billy pour lui donner une fessée. Il avait perdu tout contrôle.

M. Stone ne se maîtrisait plus; il se sentait coupable et paniqué parce qu'ils avaient frôlé la catastrophe. Les armes sont tellement excitantes pour un garçon de l'âge de Billy. Ce dernier a besoin de Buddy pour assumer la faute d'avoir pris le fusil – qui gardera son pouvoir d'attraction à l'avenir. Garder une arme à la maison revient à rechercher les problèmes. M. Stone le savait. Qu'y avait-il de si important pour qu'il fût incapable de s'en séparer pour la sécurité de Billy et d'Abby? Aux États-Unis, il y a plus d'enfants blessés par armes dans leur propre foyer qu'en dehors de chez eux.

La sexualité. Y a-t-il un changement sur le plan biologique entre quatre et six ans? Pourquoi une fille intensifie-t-elle ses recherches sur les schémas maternels pour s'identifier à eux? Pourquoi un garçon se tourne-t-il en apparence contre son père pour chercher à séduire sa mère, tout en assimilant le comportement de son père, ses humeurs, ses façons de gérer ses émotions? Les identifications au même sexe sont poussées au maximum à cet âge. L'application qu'y met l'enfant force les parents à affronter les implications sous-jacentes à ce comportement; nous avons là un point fort pour les parents et pour l'enfant.

Marcy avait harcelé sa mère pour qu'elle invite Charlie, un ami d'école de cinq ans. Mme Jackson savait que Marcy se vantait que Charlie était son «fiancé». Chaque fois qu'Amos la taquinait à propos de Charlie, elle était gênée et tournait les talons. Quand Mme Jackson appela la mère de Charlie au téléphone pour fixer une date, Mme Cobb lui parut un peu hésitante.

«Charlie n'aime pas beaucoup jouer avec des filles.»

Mme Jackson rit.

«Je sais. Je suis désolée de lui imposer cela, mais je les emmènerai au cinéma afin que cela soit amusant pour tous les deux.»

Mme Cobb dit :

«Eh bien! C'est un fait que Charlie parle beaucoup de Marcy.»

Elles rirent ensemble.

«C'est un peu tôt, n'est-ce pas? J'espère que cela ne va pas durer.»

Le jour du rendez-vous arriva. Marcy était dans tous ses états. Elle changea deux fois de robe. Elle voulait porter ses plus belles chaussures. Mme Jackson était amusée et un peu déconcertée quand elles allèrent chercher Charlie, car il voulut s'asseoir à l'avant et pas à côté de Marcy. Néanmoins, ils se mirent à bavarder et à rire; de toute évidence, ils s'amusaient. Ils passèrent un excellent moment ensemble. Après le film, Mme Jackson les ramena à la maison pour le goûter.

Quand Mme Jackson entreprit de débarrasser la table, Marcy et Charlie disparurent. Au bout d'un moment, elle tendit l'oreille pour savoir d'où venaient leurs voix. Aucun bruit. Elle monta doucement jusqu'à la chambre de Marcy. La porte était fermée. Elle pouvait entendre des bruissements et des rires étouffés. Instinctivement, elle eut envie de faire du bruit pour les interrompre. Mais elle sentait qu'elle devait faire face à ses responsabilités. Elle ouvrit la porte et les trouva à moitié déshabillés, occupés à comparer leur anatomie. Mme Jackson pensa qu'il lui revenait de faire quelque chose, mais elle était complètement prise au dépourvu. Marcy déclara immédiatement :

«Nous jouons au docteur ! C'est Charlie qui est malade et c'est moi qui le soigne ! »

Jouer au docteur est courant à cet âge. C'est une façon compréhensible, mais potentiellement inquiétante, d'explorer et de partager les différences corporelles. À cinq ans, les enfants sont prêts à affronter les différences, à établir des catégories et à penser aux caractéristiques requises pour être semblable ou différent. Ces explorations mettent les parents mal à l'aise parce qu'il leur est difficile de passer outre leur vision adulte de la sexualité pour se placer dans la perspective d'un enfant. L'enfant ne pense pas à son corps ou au fait qu'il est nu devant un autre enfant de la même façon qu'un adulte. Cela peut paraître évident, mais il est très difficile de s'en souvenir quand on se trouve confronté à un incident tel que celui vécu par Mme Jackson. Les enfants recherchent des expériences concrètes, comme jouer au docteur, pour découvrir ce qu'ils ne savent pas. C'est un jeu qu'ils peuvent pratiquer avec d'autres enfants du même sexe ou du sexe opposé. Qu'est-ce qui est pareil chez les filles et chez les garçons? Où est la différence entre une fille et un garçon, et pourquoi?

Les enfants peuvent être prêts à tout âge pour qu'on leur explique la différence entre le pénis du garçon (dehors) et le vagin de la fille (dedans). Quand ils sont prêts, ils posent des questions. Les parents doivent procéder lentement et bien écouter. N'allez pas plus loin que le désire votre enfant. Vous avez encore beaucoup de temps. Votre rôle est de créer des précédents pour une communication confortable.

L'angoisse des parents, des réactions exagérées peuvent produire un effet inverse. Les enfants deviennent fascinés par un comportement qui provoque des réactions dramatiques de la part de leurs parents. Les jeux de docteur ont plus de chances de se limiter s'ils ne reçoivent pas trop d'attention.

Les parents peuvent éviter indirectement que ces jeux ne deviennent envahissants en organisant des activités qui n'y conduisent pas; par exemple des tours au parc, des parties de ballon dans le jardin. Il est parfois nécessaire que les jeux avec participation des parents remplacent une partie du temps passé dans les chambres, devant un ordinateur ou un écran de télévision. Les parents devraient aussi détecter les comportements qui vont au-delà de l'exploration mutuelle correspondant à l'âge des enfants. (Voir : «Sexualité», dans la deuxième partie.)

Tout cela, Mme Jackson le savait. Mais que devait-elle faire à présent? Quelle était sa responsabilité envers Marcy, et, naturellement, plus effrayant encore, envers Charlie? Il lui fallait d'abord surmonter sa propre contrariété. Après avoir fait descendre les enfants au rez-de-chaussée, elle décida d'appeler Mme Cobb et de lui expliquer la situation. «Est-ce que cela va lui sembler différent étant donné qu'elle a un fils et non une fille?» se demanda-t-elle en composant le numéro de téléphone. La mère de Charlie fut contrariée et parut tout d'abord furieuse. Mais elle comprit ensuite que le comportement des enfants n'avait rien que de très normal. Les deux mères désiraient prendre le temps de discuter de l'incident avec leur mari. Leur principal objectif était de fixer des limites adaptées et de préparer des réponses aux questions des deux enfants. Les limites sont essentielles. Quand les enfants franchissent les limites, le fait de connaître ces limites les empêche d'aller trop loin.

Les parents qui font des jeux de docteur ou des questions sur le corps des expériences empreintes de culpabilité risquent de repousser ces questions et cette curiosité dans le secret. Les occasions de partager les sentiments de l'enfant et d'explorer ses questions naturelles, saines, seront menacées. Quand on parle avec ses parents, l'expérience perd sa culpabilité excitante et passe dans le domaine de la réalité tangible. Il n'y a pratiquement aucune preuve que l'exploration mutuelle à laquelle se livrent les enfants de cet âge puisse compromettre leur développement ultérieur. Un enfant continuera à évoluer tant que les adultes ne réagissent pas exagérément, et tant qu'il n'a pas été utilisé par d'autres adultes ou par un enfant plus âgé. Les enfants de cet âge sont simplement intéressés par les différences sexuelles.

Si vous acceptez que des enfants de cinq ans explorent mutuellement leur corps (ce qui n'a rien à voir avec un comportement sexuel d'adulte chez un enfant), vous aurez l'occasion d'entendre leurs questions sur eux-mêmes et sur les autres. Vous pourrez avoir des discussions ouvertes, calmes sur ce qui est acceptable, mais au moment qui leur convient à eux et non pas à vous. Les enfants peuvent s'être arrangés pour que vous les découvriez. Votre véritable objectif, en tant que parent, est de leur faire savoir qu'ils peuvent vous parler et vous demander tout ce qu'ils veulent ; mais évitez de leur en dire trop, ils se renfermeraient sur eux-mêmes. Le but est de partager l'information.

C'est le moment de discuter ouvertement de la place des limites dans votre famille. Quand vous abordez des problèmes tels que celui-ci, vous donnez à vos enfants l'occasion de s'identifier profondément à vous et à vos valeurs ; ils doivent apprendre la valeur de leur corps et en prendre personnellement la responsabilité, c'est le but de ces discussions. Comme dans tout autre domaine important, ce ne sera ni rapide, ni facile ; il ne suffira pas d'une discussion pour régler le problème. De même, un épisode de cette exploration mutuelle ne suffira pas pour déterminer l'avenir de l'enfant ni pour répondre à toutes ses questions.

Mais ces problèmes sont difficiles pour les parents. Mme Jackson avait ses propres inhibitions, les souvenirs de ses expériences personnelles à affronter et à assimiler avant d'être capable de voir ce que demandait Marcy. Tous les parents se sentent menacés par ce genre de jeu sexuel chez un petit enfant. « Est-ce que cela va aller trop loin ? Est-ce que cela va se reproduire souvent ? » Si elle arrive à séparer ses souvenirs des besoins de Marcy, alors Mme Jackson sera capable d'utiliser cette occasion pour comprendre que le comportement des enfants est normal et pour garder ouverte la communication.

À cet âge, les questions deviennent de plus en plus inquisitrices ; il faut répondre directement et honnêtement. Cela dit, les enfants découvrent également la sexualité à travers les gestes de leurs parents dans le contexte d'une relation amoureuse. C'est tout aussi important et peut-être plus que les réponses des parents à leurs questions. Ils apprennent dès leur plus jeune âge et ces connaissances sont peu à peu approfondies, au cours du temps.

À l'âge de cinq ans, l'intérêt que l'enfant porte à ses parties intimes est beaucoup plus lié à leur utilisation dans les toilettes qu'à l'amour sexuel ou à la reproduction. Les filles peuvent s'être explorées et s'être demandé à quoi ressemblait leur appareil génital. Les garçons ont souvent effectué davantage de recherches en testant leur capacité à arroser tous azimuts. Un enfant de cet âge aimait uriner à l'extérieur et s'amusait à arroser le jardin. À l'école, un jour, il se retint jusqu'à la récréation afin de se prouver, et de montrer à toute personne présente, de quoi il était capable. Son institutrice le prit sur le fait et essaya de mettre un terme à ce comportement. «On doit faire ses besoins en privé. Les autres enfants peuvent être gênés. Moi, je le suis.» Ce garçon avait eu besoin de l'aide de l'institutrice pour comprendre l'importance de l'intimité : un moyen discret pour manifester le respect de soi-même et témoigner du respect aux autres.

La masturbation est un résultat courant de l'exploration. Les organes génitaux sont, dès la petite enfance, une partie du corps richement innervée et très sensible. Les parents peuvent réagir de la façon suivante : «Les enfants font cela parce que c'est agréable. C'est quelque chose que l'on fait en privé et que tu dois garder pour les moments où tu te trouves tout seul dans ta chambre.» Les limites doivent porter sur les endroits où la masturbation est pratiquée, plutôt que sur le comportement lui-même.

Les enfants de cet âge peuvent avoir déjà appris à cacher leur activité masturbatoire aux adultes importants s'ils ont découvert que c'est absolument interdit à certains moments et en certains endroits. Ils protègent ce comportement en le tenant secret, mais il est probable qu'il apparaîtra à nouveau au grand jour. Je conseille aux parents de se préparer à cette éventualité. Presque tous les enfants se masturbent et ils se souviennent souvent plus tard qu'ils ont commencé à cet âge. La masturbation fait partie de l'exploration corporelle, elle constitue le prolongement naturel de la découverte de l'importance des organes génitaux. Les manifestations publiques disparaîtront si elles ne sont pas renforcées par l'anxiété des parents ou par leur attention négative.

Le développement moral

Vivre avec des sentiments de colère. Quand Minnie était fâchée, elle disait : «Maman, je te déteste. Tu es une maman nulle.» Si elle en avait le temps, elle se mettait à faire une liste des «défauts» de sa mère. «Ta bouche sent comme celle du chien.» «Tu fais dans ta culotte.» «Tu n'es pas ma maman.» «Je voudrais partir ailleurs pour vivre avec papa.»

Il était rare qu'elle se laisse aller à ce genre d'excès avec son père, mais il pouvait voir la colère dans ses yeux quand elle essayait de cacher ce qu'elle ressentait. Un jour, par exemple, une dame âgée vint en visite. Minnie refusa effrontément de lui serrer la main. «Je ne veux pas. Je n'aime pas sa figure.» M. Lee était tellement contrarié qu'il eut envie de la frapper. Retenant sa colère, il dit : «Minnie, je ne peux pas tolérer ce comportement. Nous allons faire un temps mort jusqu'à ce que tu comprennes combien tu as été impolie.» Minnie obéit en protestant silencieusement. Elle devint toute rouge, fit la moue, leva les yeux au ciel. En s'asseyant lourdement, elle marmonnait pour elle-même. Son père dit :

«Qu'est-ce que j'ai entendu?»

Elle répondit :

«Rien. Tu es méchant.»

Il se rendit compte qu'ils étaient sur la voie d'une confrontation de plus en plus violente. Il s'éloigna sans réagir. Minnie resta assise sur sa chaise, respirant bruyamment, les traits tendus. Elle était furieuse, mais acceptait le temps mort. Elle avait fait de grands progrès depuis l'époque où cela lui était impossible. Elle ne provoquait plus son père pour savoir s'il était ou non déterminé. Elle n'essayait pas de parler sans arrêt pendant le temps mort, comme quelques mois auparavant. Elle avait accepté le besoin de discipline et, d'une certaine façon, elle était soulagée d'avoir un moyen simple et direct de renoncer à ses impulsions. Son père aurait pu voir qu'elle admettait avoir besoin de son aide pour acquérir la maîtrise d'elle-même.

Quand son temps mort fut terminé, le père de Minnie essaya trop vite de la raisonner. Il voyait qu'il ne l'impressionnait guère. Il la laissa après un petit discours de quelques minutes et elle donna un coup de pied dans la porte. Il se retourna vivement :

«Minnie, qu'est-ce que tu fais?» Elle s'arrêta, mais son visage et son corps demeuraient tendus. Elle se saisit d'une poupée de chiffon, prit dans son bureau une paire de ciseaux à bouts arrondis et éventra la poupée. Quand le rembourrage commença à s'échapper, elle lança la poupée à travers la pièce. Et comme si elle était gravement blessée, elle se jeta elle-même sur son lit. Son père entendit le choc et changea d'attitude. Il revint dans la chambre et essaya de la consoler, mais elle se détourna. Il vit la poupée éventrée, ce qui l'irrita. «Pourquoi a-t-il fallu que tu abîmes ta poupée?» Aucune réponse. «Minnie, juste parce que je t'ai disputée, tu t'es vengée sur ta poupée, c'est cela?» Aucune réponse. M. Lee était maintenant furieux et un peu effrayé. Que devait-il faire? À ce stade, il se sentit obligé de faire comprendre à Minnie combien il était contrarié. Il avait l'impression de devoir imposer son point de vue. Nous sommes tous effrayés devant un tel comportement et ses implications sur nous, en tant que parents. On pense : «C'est le moment ou jamais. Je ne peux pas la laisser grandir comme une enfant gâtée.» Des sentiments aussi forts ne peuvent pas rester cachés. Il vaut mieux les exprimer, bien que parfois il soit préférable de se calmer un peu avant.

M. Lee était vraiment tourmenté par l'insensibilité que Minnie avait manifestée envers la vieille dame. Sa déception avait beaucoup impressionné sa fille. Elle avait plus que jamais envie de lui plaire et sa réaction excessive témoignait de sa vulnérabilité. Les recommandations de son père ne seront effectives que lorsqu'elle sera prête. Mais, avec une enfant comme Minnie, il est *nécessaire* de rappeler quels sont les besoins des autres dans une situation sociale.

Il serait sage que M. Lee n'insiste pas trop. Il a exprimé son avis, mais Minnie est encore trop perturbée pour qu'il soit possible de la raisonner. Elle va aussi probablement se sentir tellement honteuse qu'elle aura du mal à admettre ce qu'elle a fait. Si son père réussit à l'aider à sauver la face, elle pourra tirer une leçon de l'événement. Quand elle se sera reprise, quand elle sentira qu'elle a retrouvé la maîtrise d'elle-même, il pourrait s'asseoir avec elle. Il pourrait la prendre dans ses bras et lui faire sentir qu'il ne l'a pas abandonnée. Elle aura peut-être besoin de courir un peu pour calmer son chagrin. Comment savoir quand elle sera prête pour régler le conflit par une conversation? Il pourrait le lui demander.

À ce moment, il pourrait alors reparler de l'incident. Ainsi, grâce à lui, elle ne se sentira plus acculée, elle aura un certain sentiment de responsabilité. Elle sait déjà qu'elle s'est comportée avec insensibilité. En tant que parents, nous sommes tous persuadés qu'un tel manque de considération est toujours inapproprié.

Quand sait-on qu'un conflit est important? Observez le visage de l'enfant. Ses traits vont se crisper. Il vous regarde avec attention. Son corps même est tendu et presque immobile au moment où il vous provoque. La tension augmente entre vous. Alors, vous savez que c'est le moment d'affronter le problème. Prenez l'enfant dans vos bras ou asseyez-vous avec lui. «Tu sais que tu vas trop loin. Il faut t'arrêter. Je sais que tu en es capable. Si tu as besoin de moi, je t'aiderai.» Observez son visage. Il va s'adoucir et même prendre un air un peu reconnaissant. Il se peut aussi qu'il devienne plus insolent, plus agité. Il faut garder votre calme.

«J'attends de voir que tu te contrôles.

– C'est fait.

– Je ne le pense pas. Je sais que tu peux le faire, même si tu as besoin qu'on t'aide un peu en ce moment.»

Vous verrez la satisfaction de votre enfant à la fin de l'épisode. Vous lui avez fait une démonstration de maîtrise de soi, vous lui avez rendu le contrôle dont il a besoin et il le sait.

Les manières de Minnie vont s'améliorer. Elle va tirer de grands enseignements de tels incidents, à condition qu'elle ne soit pas submergée par le remords. En outre, elle progressera en imitant les personnes de son entourage. Quand ses parents et sa sœur lui présentent des modèles de comportement sensible, elle apprendra aussi par leur intermédiaire. Chaque incident, si on le traite avec calme, peut devenir une occasion d'expliquer pourquoi il convient de manifester de la sensibilité et du respect envers autrui. M. Lee a demandé à Minnie de prendre la responsabilité de ses actes, de ses remords et de leur réconciliation.

Ce qui complique les choses pour M. Lee est son sentiment d'être coupable de la «méchanceté» de sa fille. Dans un mariage bancal, chaque parent pense que tout écart de conduite est dû à la tension familiale. Il y a un danger : un parent risque de faire excessivement pression sur un enfant pour que ce dernier se sente mieux, et cela afin de se persuader que l'enfant n'a pas été affecté par les problèmes des adultes. Mais comment Minnie pourrait-elle ne pas l'être? Il lui faudrait bien plus d'indifférence qu'elle n'en témoigne! L'autre danger provient d'un abandon de toute discipline; en fait, la discipline est encore plus importante dans un tel contexte. Relâcher la discipline revient à priver tout le monde de limites.

De la conscience de soi à l'empathie. À cinq ans, l'enfant prend conscience de l'impact de ses actes non seulement à cause des réactions des autres, mais aussi à cause de leurs sentiments. C'est là l'origine de la responsabilité ainsi qu'un préalable nécessaire à la conscience morale. À cet âge, l'enfant commence à sentir qu'il doit s'arrêter. Il s'attachera à une vision du bien et du mal plus littérale et plus inflexible que l'enfant plus âgé. Il commence seulement à comprendre ces concepts et sait que sa capacité à tenir en laisse ses propres impulsions est encore faible. Il n'y a pas en lui grand-place pour l'ambiguïté.

L'enfan manifeste à présent des inhibitions face aux désirs puissants; frayeurs et cauchemars accompagnent le processus. De nouvelles interrogations – pourquoi la guerre, pourquoi des sans-abri – vont aussi émerger et l'enfant de cinq ans s'oppose de toutes ses forces aux injustices que les adultes n'ont pas su régler. Le cri de combat est à présent : «C'est pas juste.» La passion pour les contes de fées est facilement expliquée par ce besoin de séparer clairement le «mal» du «bien», d'être rassuré par le fait que le mal sera puni et le bien récompensé. Les sentiments complexes qui envahissent l'enfant quand il se rend compte de l'effet qu'il exerce sur les autres – sa propre «méchanceté» et sa capacité pour le «bien» – sont tumultueux. Sa conscience morale émerge : c'est un remarquable accomplissement quel que soit l'âge.

Quand il découvre qu'il peut influencer pairs et enseignants par son comportement, sa façon de se considérer lui-même et de considérer les autres s'en trouve modifiée. Lorsqu'un enfant a une bonne image de lui, l'empathie suit. À cinq ans, il commence à savoir qui est «moi» et cela change sa position dans le monde. Le processus est à la fois excitant et exigeant.

La capacité à penser à soi comme à un être unique, doté de caractéristiques distinctes, s'accompagne de la compréhension que les autres peuvent penser de la même façon. «Ma maîtresse m'aime.» S'il ne s'entend pas avec son entourage, maintenant l'enfant le sait. Étant donné qu'il est capable de penser par catégories et de faire des comparaisons, il ne peut plus être protégé contre la conscience d'être perçu comme différent. Il n'a pas d'autre choix que comprendre comment les autres le perçoivent, même si ses moyens pour le faire sont limités. Déjà Minnie peut dire : «Les gens ne m'aiment pas. Ils pensent que je me mets trop en avant.» Ou alors, elle peut le savoir sans le dire, parce qu'il lui faut éviter d'affronter ce qui la perturbe afin de ne pas se laisser submerger par les sentiments que cette confrontation pourrait entraîner.

À cinq ans, Marcy devient consciente – et fière – de ce qu'elle est. Savoir qui elle est signifie qu'elle peut dire : «Je n'aime pas les garçons» et : «J'aime vraiment le rouge.» Cela signifie affirmer ce qu'elle connaît d'elle-même. «Maman, j'ai horreur des haricots.» Elle s'attend à ce que les personnes importantes de son entourage sachent, elles aussi, qui elle est. «Maman, tu sais que je déteste les haricots. Tu sais que je vais vomir si tu m'obliges à en manger.» Marcy se caractérise elle-même.

Les préférences sont une façon de se définir et de définir sa personnalité. Les parents de Marcy ont appris de son frère aîné qu'il ne faut pas heurter de front un enfant qui fait une telle déclaration : «Goûte tes haricots juste une fois» ; ou : «Essaie de mettre ta robe verte. La rouge, tu l'as portée toute la semaine.» Lorsque nous n'accordons pas d'attention à une préférence exprimée par un enfant de cinq ans, nous ignorons de ce fait une forte poussée vers l'autonomie. À cet âge, on établit des préférences comme une forme d'autodéfinition, ce qui représente un très important effort de développement. Les parents peuvent entre-temps se rassurer en pensant que «demain les choses changeront». Il est utile de prendre un peu de champ pour évaluer quand alléger la pression, pour profiter des occasions de satisfaire les préférences de l'enfant. Les goûts et les couleurs font partie des choix sans conséquence que vous pouvez abandonner à l'enfant; c'est une façon de contrebalancer tous les choix que les parents sont obligés d'effectuer pour un enfant de cet âge. Des parents qui trouveraient nécessaire de «contrôler» un enfant de cinq ans dans tous ces choix ignoreraient les efforts que fait celui-ci pour prendre son propre parti.

Au début, Marcy s'affirmait avec insolence. Il lui faut parfois se montrer d'une insistance surprenante à présent, car il est clair pour elle – du moins par intermittence – qu'à côté de toutes les nouvelles choses qu'elle est capable de faire, il y en a encore plus qui lui sont interdites. Son insolence risque de devenir effrayante pour elle. Étant donné qu'elle a maintenant une certaine conscience de son impact sur les autres, elle est vulnérable aux sentiments nouveaux de remords. Il est logique que les revendications de Marcy soient suivies de reculades et de confusion. Comme pour les autres points forts, cette désorganisation – impudence et peur – accompagne la croissance et une réorganisation. À ce moment, les parents doivent choisir avec soin quand et comment s'interposer.

Les sentiments personnels de l'enfant ont dominé son monde à deux et à trois ans. À quatre ans, il commençait juste à comprendre qu'il y avait d'autres personnes en jeu. Il voyait que les autres étaient différents. Arrivé à cinq ans, il se rend peu à peu compte que les événements arrivent indépendamment de ses souhaits et de ses sentiments. Il est curieux. Il se demande comment. Il a besoin de savoir pourquoi. Il est naturellement poussé à chercher une signification aux expériences complexes que la pensée magique ne peut plus expliquer. Son estime de soi augmente et lui permet de tenter d'expliquer ces mystères. Par exemple, il se met à rechercher ce que les autres peuvent éprouver. Il n'est plus indifférent à ce que pensent et ressentent les autres en sa présence. L'empathie n'est pas loin. La conscience morale arrive.

Jerome Kagan, dans son livre *Three Seductive Ideas* (*Trois idées séduisantes*), affirme que les êtres humains sont motivés pour faire le bien et sont fondamentalement moraux : «La capacité de l'être humain pour les motivations morales et les émotions qui y sont associées exige la combinaison de cinq qualités : (1) imaginer les pensées et les sentiments des autres, (2) être conscient de soi, (3) appliquer les catégories du bien et du mal aux événements et à soi, (4) réfléchir sur les actes passés et (5) savoir qu'un acte particulier aurait pu être réprimé.» Toutes ces capacités sont présentes chez l'enfant de cinq ans.

La discipline. Marcy, développa, en même temps, de nouvelles dispositions pour faire des projets et rêver, ainsi qu'une détermination qu'on ne lui avait pas encore connue. Mme Jackson se demandait pourquoi sa fille était si opiniâtre dans ses provocations. Était-elle gâtée ? Ses parents cédaient devant ses exigences, mais ils se consolaient en remarquant qu'elle était moins dispersée et plus réaliste. À cinq ans, Marcy commençait à faire face à ses propres limites et à celles de son monde ; elle ne pouvait plus tourner facilement le dos à cette prise de conscience. Il lui fallait faire encore plus d'efforts pour supporter ses frustrations, mais elle était à présent plus ouverte aux limites fixées par sa mère et devenait capable de mettre un terme à ses colères quand il le fallait.

À l'école maternelle, Marcy menait la vie dure à Mme Sosa. Elle voulait lire. Elle voulait apprendre à écrire son nom. Sa mère rapporta qu'elle subissait les mêmes réclamations incessantes à la maison. Quand Mme Jackson ne répondait pas à sa demande, Marcy insistait tout le temps pour faire quelque chose avec elle. Sa mère ne pouvait céder à chaque fois et ne pensait pas qu'il le fallait. Marcy refusait de l'accepter; elle voulait que sa mère soit continuellement à sa disposition. Mme Jackson se rendit compte que Marcy recherchait quelque chose. Elle comprit aussi que des limites seraient essentielles pour l'indépendance nouvelle de sa fille. Mais elle se demandait comment les fixer sans porter atteinte à son enthousiasme. Mme Jackson alla chercher l'avis et les conseils de l'institutrice.

Mme Sosa fut rassurante.

« Marcy est une petite fille volontaire. Elle veut ce qu'elle veut au moment où elle le veut. Mais quand vous êtes décidée à ne pas céder, elle le sait. Elle est sensible aux limites que vous fixez et vous fait savoir qu'elle en a plus besoin que jamais. C'est le moment pour votre mari et pour vous-même de parler de ce que vous attendez d'elle – en tête à tête. Une fois que vous vous serez mis d'accord, vous courrez moins le risque d'être pris par surprise et il vous sera plus facile de rester sur vos positions.

– Pourquoi est-ce plus difficile juste maintenant?

– Parce que Marcy grandit. Elle en sait beaucoup plus sur le bien et le mal, sur vos règles et vos attentes. Elle est devenue si compétente dans tant de domaines. Mais tous ces progrès peuvent lui donner conscience – du moins par moments – de toutes les choses qu'un enfant de cinq ans est incapable de faire. »

Mme Sosa fait remarquer que Marcy comprend mieux les conséquences de ses actes, le risque de se blesser, ce qu'elle peut et ne peut pas avoir. Un enfant de quatre ans se met une serviette sur la tête et il devient Superman pour tout l'après-midi. Peut-être croit-il qu'il est capable de voler. C'est plus difficile à croire à cinq ans. À présent, Marcy ne peut éviter d'être confrontée à sa frustration. C'est sans doute la raison pour laquelle elle réclame avec tant d'insistance la présence de sa mère.

Marcy observait attentivement les gens pour mesurer leurs réactions. Ses propres sentiments – excitation, ravissement, frustration, déception – elle savait les exprimer en mots. Elle remarquait comment se comportaient les gens et elle utilisait ses nouvelles connaissances sur elle-même pour essayer de les comprendre; c'est pourquoi elle commençait à savoir dire ce qu'ils pouvaient ressentir. « Quand je ne vais pas dans les bras de grand-mère, elle est triste. Alors je vais dans ses bras. » Ou : « Quand je taquine mon petit cousin, il pleure. Je peux le taquiner et le faire pleurer ou je peux le laisser tranquille. » De tels choix deviennent conscients.

L'empathie de Marcy était un signe de bonne estime de soi. Un enfant qui a une conscience de soi assurée peut se permettre de s'intéresser aux autres. En face de Marcy, les autres enfants sentaient cette assurance. Elle paraissait déjà prête à être un « leader ».

Vols et mensonges. Minnie avait caché le beau collier de sa mère. Elle l'avait astucieusement placé sous ses crayons, dans une boîte à gâteaux. Tandis que sa mère, très ennuyée, le cherchait partout et reprochait à tous les membres de la famille de n'être pas capables de l'aider à le trouver, Minnie restait silencieuse. Dans son esprit, le silence n'était pas équivalent au mensonge. (Elle avait été disputée bien trop souvent pour ses mensonges pleins d'imagination.) Mme Lee lui posa directement la question : « Minnie, est-ce que tu sais où se trouve mon collier ? »

Minnie :

« Je l'ai vu hier dans ton tiroir. »

Mme Lee se mit à vider avec acharnement son tiroir, ce qui ne lui valut pas le moindre aveu de la fillette, cette dernière se débrouillant pour trouver une raison de quitter la pièce. Mme Lee considéra que son collier était perdu. Mais alors, elle se demanda : «Pourquoi Minnie a-t-elle bien pu regarder dans mon tiroir?» Elle ne voulait pas croire que sa fille avait pris le collier.

Le jour suivant, la ravissante nouvelle veste de Mme Lee avait disparu. C'était trop. Mme Lee la retrouva dans le placard de Minnie, cachée sous une pile de vêtements. Elle était si choquée qu'elle éclata en sanglots. «Minnie, où est mon collier? Tu dois sûrement l'avoir aussi! Je ne peux pas croire que tu sois une voleuse et une menteuse.» Elle essaya de s'arrêter avant d'aller trop loin. «Je vais voir avec ton père quelle sera ta punition. Je suis trop en colère pour penser à cela maintenant.»

Minnie rendit le collier, en le tenant serré contre son cœur. Elle avait la tête haute. Elle ne se faisait pas petite. Elle ne manifesta que peu de remords à la suite des réprimandes de sa mère. Sa mère et son père craignaient que ce ne soit un signe de problème grave. Mme Lee se confia à une amie qui avait une fille du même âge dans la même classe.

«Imagine ce que Minnie a fait! Non seulement elle a volé mon collier, mais elle a caché ma veste dans son placard. Elle devait savoir que je le trouverais. Le pire, c'est qu'elle n'a même pas parue honteuse d'avoir volé quand je l'ai attrapée.»

À sa surprise, son amie lui dit :

«Oh! Lily a fait la même chose. En fait, plusieurs fois. Quand j'ai appelé mon pédiatre, il n'y a pas prêté attention. Il a déclaré que beaucoup de petites filles volaient les affaires de leur mère à cet âge et que beaucoup de petits garçons faisaient de même avec leur père. Il m'a dit que c'était une façon de s'identifier avec nous. J'ai bien vu que lorsque je me suis assise pour parler à Lily elle a paru soulagée, sans pouvoir le dire. Elle m'a avoué que mes affaires étaient si jolies sur moi qu'elle voulait être comme moi. Quand elle les avait essayées, ça lui avait donné l'air d'être très petite, mais elle espérait qu'elles lui iraient quand elle serait grande. Elle les avait donc gardées jusqu'à ce que je les trouve.

– Est-ce que le docteur a parlé de punition? demanda Mme Lee à son amie.

– Il a dit qu'il fallait éviter de trop accabler Lily. Il m'a conseillé de lui parler, de l'écouter, de lui faire savoir que c'était mal de prendre les affaires d'autrui, quelle qu'en soit la raison. Mais il fallait aussi lui dire que je comprenais pourquoi elle avait tant envie de grandir. Il m'a aussi suggéré de lui acheter quelques bijoux de pacotille et des vêtements chic. Depuis, Lily ne m'a plus rien pris!»

Quand un enfant vole quelque chose à un parent, cela peut provenir d'un désir puissant de s'emparer d'une partie de ce parent qui paraît inaccessible. Ce sentiment peut être réel ou imaginaire. Pour Minnie, il y avait peut-être aussi une sorte de désespoir : elle devenait consciente de tout ce qui l'empêchait – pour le moment – de ressembler à sa mère. Le comportement d'un enfant de cinq ans peut être une façon de dire aux parents combien il est douloureux de renoncer aux rêves auxquels on croit à quatre ans. À quatre ans, Minnie avait la capacité de contrôler son monde, du moins par son imagination. Elle pouvait être exactement comme sa mère si elle le désirait; il lui suffisait de le souhaiter. Mais à cinq ans, on ne peut plus prendre ses rêves pour la réalité. De plus, cet ancien pouvoir imaginaire de réaliser tous ses souhaits est devenu effrayant. À cinq ans, y renoncer est autant un soulagement qu'une perte. À présent, la tâche de Minnie consiste à voir combien elle est différente de sa mère et à commencer à distinguer le bien du mal.

Céder au désir de transgression s'accompagne d'un ensemble pesant de sentiments de culpabilité. Le soutien des parents, sous la forme de limites fermes, aide l'enfant à affronter la réalité et à apprendre à surmonter ses impulsions. Savoir ce qui est autorisé et ce qui ne l'est pas devient une source de sécurité pour l'enfant. Je suis toujours stupéfait du soulagement qui apparaît sur le visage d'un enfant à qui l'on dit : «Tu ne peux pas faire ça. Je suis là pour t'arrêter.» Les parents sont parfois effrayés et paralysés. Ils peuvent réagir avec excès : l'enfant a alors trop peur pour donner les raisons de son acte. Les parents peuvent aussi éviter de prendre la responsabilité de fixer des limites au comportement. Cette dernière attitude laisse l'enfant en proie à l'anxiété, car il a conscience d'être incapable de contrôler ce genre de comportement.

Tous les parents sont choqués par le vol. Ils se demandent ce que devient leur enfant. Quand ils réagissent trop violemment, il y a peu de chances pour que leur enfant ou eux-mêmes parviennent à établir un lien entre l'acte et ses motivations sous-jacentes. Ils doivent réprimander l'enfant, mais une réaction excessive risque de pousser l'enfant à se retirer derrière des tentatives malhonnêtes pour sauver la face. Les parents qui réagissent sans chercher les raisons du comportement de leur enfant peuvent manquer une occasion de le comprendre. Ils courent le risque d'installer le vol et le mensonge dans un processus.

À petites doses, le sentiment de culpabilité est une part nécessaire et inévitable de l'apprentissage du bien et du mal ; à hautes doses, il peut prendre une existence en soi et détourner l'enfant du travail qui le poussera à renoncer au comportement inacceptable. Une approche rigide aura trop facilement tendance à mettre l'enfant sur la défensive et à renforcer son besoin de cacher ses traces. Les parents ont intérêt à dire : « Je veux comprendre pourquoi tu as eu envie de faire cela, mais je ne peux pas te le laisser faire. Si nous arrivons à en parler, nous trouverons ensemble des moyens pour t'aider à te contrôler. » Avec cette approche, un parent n'a pas à craindre de renforcer le comportement. C'est au contraire une façon d'aider l'enfant à développer sa conscience morale naissante. Je me demande toujours si les adultes dénués de sens moral n'ont pas été ignorés ou incompris à cette étape critique. Les parents devraient s'attendre à un tel appel à l'aide à cet âge et se préparer à l'écouter avec calme et résolution. (Voir aussi : « Honnêteté », dans la deuxième partie.)

Les relations au sein de la famille

Aider. Cinq ans est un âge pour de nouvelles responsabilités : l'enfant peut prendre un rôle plus important dans la maison et en être fier.

Marcy était capable de mettre la table le soir. Si on insistait, elle aidait à débarrasser et à placer les assiettes dans l'évier. Elle était assez grande pour aider. Elle observait généralement le comportement de son frère aîné. S'il rechignait à participer, elle faisait de même. Les discussions familiales portaient souvent sur les corvées domestiques. M. et Mme Jackson travaillaient tous les deux et les tâches ménagères étaient réservées aux fins de semaine. S'en débarrasser représentait une épreuve de deux heures. Les deux enfants entraient dans « le jeu » avec bonne volonté. Chacun choisissait une tâche à son tour. Une fois qu'on l'avait choisie, il fallait supporter les «conséquences» si on ne l'accomplissait pas. Marcy était en général volontaire pour aider à la cuisine et à la vaisselle. Ses parents se l'étaient conciliée avec patience et obstination.

Un parent devrait-il utiliser l'argent comme récompense? Probablement pas, parce que cela ne marchera pas longtemps et que cela pourrait être pris pour une façon de soudoyer l'enfant. Ce n'est pas le moyen de développer chez l'enfant l'altruisme – l'attention aux autres. Un enfant de cinq ans est parfois prêt à recevoir de l'argent – mais pour d'autres motifs. Si déjà il échange des jouets et des babioles avec ses amis, il peut manifester qu'il est mûr pour les capacités nouvelles que l'argent contribue à forger : compter, prévoir, économiser, mettre de côté et protéger des biens précieux. À cet âge, il est utile pour l'enfant d'apprendre à avoir son «propre» argent et de découvrir la responsabilité qui va de pair avec cela. Mais l'argent ne devrait pas interférer avec la satisfaction plus personnelle que tire un enfant en voyant que sa collaboration à la vie de la maison vaut en soi.

L'estime de soi et les compliments. Au moment où le sens de soi se développe chez un enfant de cinq ans, il peut prendre deux directions. Ou bien l'enfant développe un sens de l'estime de soi et de la confiance en soi ou il se forge une mauvaise opinion de lui-même et de ses capacités à maîtriser les tâches difficiles. D'autres enfants développent un mélange des deux : grande confiance en eux dans certains domaines et piètre opinion dans d'autres. Certains enfants semblent être sûrs d'eux-mêmes, en fait, ils ne sont sûrs que de leur plus récente réussite. Une mauvaise opinion de soi met en œuvre un processus «d'accomplissement automatique des prophéties». Un enfant de cinq ans qui n'est pas sûr de lui et qui craint l'échec n'a que trop tendance à aborder toute tâche avec appréhension. Il risque même d'éviter la tâche en inventant des excuses sans fondement. S'il fait un essai, il se débrouille pour rater et donner la preuve que ses doutes sur lui-même étaient incontestables.

Minnie fait en sorte de se montrer «la meilleure» ; c'est un mécanisme assez peu subtil pour affronter la réalité. Une façade aussi résolue peut servir à cacher des sentiments négatifs sur soi. Dans son cas, cette attitude de bravade n'est que trop facilement démantelée ; elle a un besoin incessant d'encouragements et de compliments pour alimenter son énergie et sa passion. Ce sont des atouts inestimables et qui font déjà partie de sa personnalité. Ces qualités peuvent être reconnues sans renforcer sa dépendance envers cette envie d'être la « meilleure ».

Marcy ne pouvait égaler son frère aîné ; dans son esprit, du moins, il était toujours meilleur en tout. Les compliments ne sonnaient pas juste à ses oreilles si ses parents ne trouvaient pas la manière de mettre en valeur son individualité. « Quelle jolie manière d'arranger le plateau du petit déjeuner ! Grâce à toi, il est vraiment ravissant. » Ou : « Tu te donnes tellement de mal pour faire la même chose qu'Amos. Il est capable de le faire de cette façon parce qu'il est plus grand. Mais tu n'es pas obligée de le copier. Tu peux avoir ta propre façon de faire. »

À cinq ans, il est important que les parents renforcent l'image que leur enfant a de lui-même. La prise de conscience progressive de soi et de l'effet qu'ils ont sur les autres prédispose les enfants de cet âge à cette sorte d'évaluation. C'est parfois un moment de fragilité. Les attitudes, réactions ou comportements des parents vis-à-vis de l'enfant signifiant qu'il est accepté et compris aideront celui-ci à croire en son potentiel alors même qu'il est aux prises avec sa découverte de lui-même, y compris de ses limites. Il est également important de respecter les tentatives de l'enfant pour sauver la face et préserver son estime de soi, d'autant plus qu'à cet âge l'imagination est en train de perdre de son importance.

Les actes qui méritent le plus de reconnaissance et de louanges sont les simples tâches quotidiennes. « Marcy, tu as ramassé ta chemise de nuit pour la ranger dans ton placard ! » « Minnie, tu t'es arrêtée de jouer à temps pour venir à table avec nous ! » « Tim, je suis fière de toi. Tu as regardé Mme Martin dans les yeux quand elle t'a parlé. » Des gestes aussi simples que s'habiller et apprendre à lacer ses chaussures deviennent des occasions pour renforcer les sentiments positifs que l'enfant éprouve envers lui-même. Chaque fois que les parents reconnaissent un petit progrès, ils fortifient chez l'enfant la conscience de la compétence impliquée.

En observant les pas que l'enfant a franchis pour accomplir une tâche, on est sûr de soutenir sa réussite. «J'ai vu comment tu as appris ce jeu d'ordinateur. Tu as regardé longtemps. Et quand tu as pensé que tu avais compris, tu as essayé. Ça n'a pas marché, mais tu n'as pas renoncé. Au lieu de continuer n'importe comment, tu as regardé à nouveau. Et à la tentative suivante, tu as réussi ! Tu en étais tout à fait capable.» En décrivant les étapes que vous avez observées, vous aidez l'enfant à en prendre mieux conscience. En même temps, il va revivre sa réussite. Il peut voir le chemin qu'il a suivi pour arriver au but; c'est lui qui l'a fait, pas vous. Il sent votre fierté, mais la sienne n'est pas moins grande. Et cela va aboutir à ce que l'enfant trouve sa propre satisfaction dans ce qu'il accomplit, sans être dépendant des louanges d'un parent pour l'encourager à poursuivre.

Faire trop de compliments est dangereux. Plusieurs d'entre nous ont étudié le développement de l'enfant africain et nous avons été frappés par l'approbation modérée que les mères d'un village du Kenya occidental manifestaient à leur progéniture. Les enfants de cinq ans que nous vîmes prenaient déjà en charge des tâches d'adultes. Ils n'étaient pas seulement compétents, mais fiers de pouvoir s'occuper de leurs frères et sœurs, préparer les repas, aider aux travaux des champs pendant de longues périodes. Nous n'avons constaté que peu de témoignages de reconnaissance de la part des adultes. Les enfants étaient censés accomplir ces tâches et le fait de s'y employer était une récompense en soi. Les encouragements peuvent provenir d'attentes positives non exprimées.

En observant les enfants les plus jeunes, nous avons découvert qu'ils apprenaient en imitant leurs aînés ou en regardant attentivement les adultes. Par exemple, une fillette de trois ans restait debout à côté de sa mère pour voir comment celle-ci allumait le feu pour faire la cuisine. D'autres enfants, jouant dehors, l'appelaient, mais elle semblait ne pas les entendre. À un moment, elle ramassa des rameaux de bois sec pour les jeter dans le feu. Aucune réaction apparente de sa mère, mais la fillette semblait n'en attendre aucune. Ses actes paraissaient être sa récompense. À cinq ans, sa sœur était capable d'allumer un feu toute seule et elle le faisait volontiers. D'où vient cette sorte de bonne volonté pour accomplir des tâches ?

Nous avons comparé ces enfants du Kenya avec un groupe de petits Américains de Cambridge, dans le Massachusetts. Nous avons observé des tâches similaires, adaptées à l'âge des enfants. Les mères américaines décrivaient la tâche point par point et suggéraient à l'enfant de commencer par la première étape. L'enfant essayait avec mauvaise volonté. Alors, la mère s'exclamait avec enthousiasme : « Tu y es arrivé ! N'est-ce pas que tu es très fort ? Maintenant, tu vas faire ça et puis ça. » Nous nous sommes rendu compte combien nous, parents américains, comptons sur les techniques de renforcement et combien nous les utilisons pour dominer le comportement de nos enfants. Trop de compliments risquent de réduire le sentiment du : « Je l'ai fait ! Je l'ai fait tout seul ! » Le désir intérieur d'accomplir une tâche est sans doute la motivation la plus puissante. Sans un équilibre entre les encouragements des parents et leur satisfaction personnelle, nos enfants risquent de devenir trop dépendants des compliments et moins capables de découvrir leur propre envie d'agir.

Depuis cette étude, je suis conscient des avantages du juste milieu. « Tim, j'ai remarqué que tu as fait un effort pour dire bonjour. Tu as vu son visage ? Elle a beaucoup apprécié. » Renforcez la motivation de l'enfant. Une approbation modérée peut avoir plus de poids que l'enthousiasme, car elle porte en elle le fait que vous vous attendez à ce que l'enfant soit compétent. Les compliments exagérés signifient : « Je suis stupéfait de ce que tu as fait. Je ne m'y attendais pas. » Ils peuvent aussi paraître presque condescendants ou contrôler plus qu'encourager la motivation intérieure de l'enfant.

Se détourner d'un parent pour aller vers l'autre. Les tentatives de l'enfant pour comprendre ses parents et s'identifier à chacun d'eux, l'un après l'autre, s'intensifient au cours de la cinquième année. Un parent peut involontairement jouer un rôle renforçateur dans ces changements – par exemple en encourageant une intimité qui exclut l'autre parent – ou peut laisser ces changements suivre naturellement leur cours.

Tim était attaché dans son siège à l'arrière de la voiture. Il avait passé toute la journée à l'école et il était fatigué. Il suçait son pouce. Il avait découvert la marque brodée sur son sweat-shirt et la frottait de la main gauche. En rêvant, il regardait dans le vague. Sa mère conduisait. Soudain, elle freina brusquement pour éviter un cycliste. «Quel idiot! Il a traversé juste devant moi!» Poussé à réagir, Tim marmonna sans retirer son pouce. Mme McCormick s'exclama :

«Arrête de sucer ton pouce, Tim! Tu sais que je ne comprends rien quand tu le gardes à la bouche.»

Une expression enjouée envahit le visage de Tim.

«Je me demandais une chose. Est-ce que je pourrais me marier avec toi?»

Sa mère était sidérée.

«Qu'est-ce que tu as dit?

– J'ai dit que je veux me marier avec toi et laisser papa à la maison avec Philip.

– Qu'est-ce qui a bien pu te faire imaginer une chose pareille?»

Et quoi donc, en vérité? Tim peut avoir tenté de distraire sa mère de sa réaction de contrariété. C'est peut-être le signe qu'il a été inquiet de la voir perdre son sang-froid. Sa question a bien eu l'effet recherché et Tim s'en doutait probablement. «Évidemment que nous ne pouvons pas nous marier ensemble. Je suis déjà mariée avec papa et je l'aime.

– Mais il ne m'aime pas.

– Bien sûr que si.

– Hum!»

Et il secoua la tête comme pour dire non. Il retourna à ses rêves et à son pouce, cette fois de façon un peu plus bruyante.

Mme McCormick se mit à penser à tous les moments où Tim s'accrochait à elle. Elle se rappela les fois où il refusait que son père le nourrisse ou l'habille. Il lui arrivait même parfois de grimacer quand M. McCormick essayait de s'occuper de lui. Si son père lui demandait de sortir avec lui, Tim commençait par regarder sa mère, comme pour dire : «Dois-je y aller?» S'il le pouvait, il refusait. Ses plaisanteries et ses rires lui étaient réservés à elle et elle ne manquait pas de lui faire savoir combien elle les appréciait. Elle se rendit compte qu'ils étaient très proches et qu'elle avait encouragé cette situation. Elle aimait beaucoup cette intimité, mais à présent, elle commençait à ressentir de la culpabilité. «Suis-je à l'origine de tout cela?» Bien sûr. Elle connaissait la réponse.

Tim avait vraiment besoin d'un père pour modèle et elle en était consciente, mais elle avait tellement de difficultés pour le laisser se rapprocher de lui.

Est-ce que Tim poussait sa mère à s'interroger sur leur intimité? Peut-être. Il a besoin de plus de contacts avec son père et il est possible qu'il s'en rende compte. Il sait qu'il ne se sent pas aussi à l'aise avec son père qu'avec sa mère. Il peut même aspirer à une intimité avec lui qui lui ouvrirait de nouveaux horizons. Tim prend conscience de ses relations avec ses pairs. Il veut ressembler davantage aux garçons de son âge et ne sait pas comment y parvenir. Peut-être espère-t-il l'apprendre de son père.

Dans leur quête pour découvrir qui ils sont et qui ils ne sont pas, les enfants de cinq ans doivent se tourner vers le parent du même sexe. Jusqu'à maintenant, Tim était attaché à sa mère. Mais il y a un danger désormais; s'il aime trop sa mère, il risque de devoir affronter le fait que son père se sente exclu. Pourtant, il sait qu'il a besoin de son père parce que celui-ci exerce sur lui une pression moins forte que sa mère. Il a besoin d'être comme son papa et même d'être *lui.* Son besoin le pousse à observer, observer, observer. Il absorbe tout ce qui provient de son père et il sera satisfait quand il pourra se tourner vers lui.

Pour une petite fille, le processus est différent. D'abord, les filles ne sont pas poussées à prendre leur distance vis-à-vis de leur mère. C'est bien d'être comme elle et d'être proche d'elle. Tout le monde dit : « Tu ressembles à ta mère. Tu as les mêmes gestes, tu as sa façon de s'occcuper des autres. Tu es vraiment la fille de ta mère. » Cela dit, les filles ont également besoin d'être proches de leur père.

Marcy était prête à aller au lit. Elle avait mis un pyjama avec des volants. Le col à frous-frous lui plaisait énormément; elle s'imaginait ressembler à une princesse.

« S'il te plaît, est-ce que papa peut me mettre au lit? »

Mme Jackson :

« Il est en bas. J'allais te lire une histoire.

– C'est pas toi que je veux. C'est papa. »

Mme Jackson se sentit rejetée, mais elle appela son mari :

« Marcy voudrait que tu la mettes au lit. »

Il monta les marches quatre à quatre.

«Je ne demande pas mieux.»

Marcy triomphait. Quand son père entra dans sa chambre, elle lui fit border le lit plusieurs fois.

«Pas comme ça. Les draps sont tout froissés. Mets-moi par là.»

Il s'allongea à côté d'elle pour lui faire la lecture. Elle se blottit plus près. Inconsciemment, il fit de même. Comme Marcy elle était tout contre lui, elle dit :

«Ta barbe pique!»

Sans transition, elle passa à une autre idée.

«Est-ce qu'on peut aller quelque part?

– Où veux-tu aller?

– À Disneyland.

– Oui, on peut sans doute y aller tous ensemble.

– Non, seulement toi et moi. Maman doit rester ici avec Amos.

– Marcy, je ne peux pas les laisser – tu le sais bien!

– Mais je le veux.

– Je suis d'accord pour Disneyland, à condition que nous y allions tous.

– Alors, nous ne pourrons pas nous marier. Avec tous ces gens autour de nous tout le temps.

– Tu as raison. Je suis déjà marié avec maman.

– Mais pourquoi on ne pourrait pas la laisser? De toute façon, elle est toujours fâchée.»

L'exploration de ces territoires dangereux met à vif les sentiments entre le parent et l'enfant; dans ces moments, leur intimité peut leur sembler inconfortable. Pour certains parents, le désir intense qu'exprime l'enfant peut entraîner une confusion qui nécessite une mise au point.

Dans les familles monoparentales, les besoins de l'enfant sont similaires et parfois plus forts. Un garçon de cinq ans que nous connaissons vit seul avec sa mère. Son père lui rend visite et ses parents divorcés ont gardé des relations amicales. Pourtant, il a quand même besoin de dire certaines fois : «Maman, je veux me marier avec toi. Est-ce qu'on ne pourrait pas laisser papa et les grands-parents pour partir ensemble?» Ce besoin semble si profondément ancré que je me demande ce que représente réellement cette idée d'avoir un parent pour soi. Je ne peux pas croire, bien entendu, que ce soit une histoire sexuelle comme l'entendent les adultes. Pour l'enfant, d'autres aspects de la relation sont plus importants : avoir un parent tout à lui, le dominer suffisamment pour le contrôler, être débarrassé des intrus – comme les frères et sœurs, les papas absents, les grands-parents, les gens qui téléphonent.

Tous les enfants veulent tout de leurs parents et doivent affronter la frustration d'obtenir moins que ce qu'ils désirent. À quatre et cinq ans, l'enfant veut également être «comme» chaque parent. Parfois, c'est comme le parent du même sexe. Parfois, c'est le cas de Marcy, l'enfant a besoin d'explorer ce que serait le fait d'avoir le parent de l'autre sexe tout pour soi – et d'être comme lui. Dans les familles monoparentales, les enfants s'emploient à rechercher et à imiter d'autres adultes, pour compenser. Les adultes peuvent fuir ou exploiter ce besoin, ou encore laisser l'initiative à l'enfant.

Au cours de la cinquième année, faire en sorte de ressembler à un parent pour gagner les faveurs de l'autre est un comportement qui se produira fatalement au cours d'épisodes manifestes. Le premier se sent exclu. Pour les enfants de quatre ans, c'est un jeu de faire semblant de prendre la place d'un parent pour avoir l'autre tout à soi. À cinq ans, cela peut paraître plus «sérieux», même solennel. Maintenant l'enfant est davantage conscient des sentiments qu'il fait naître. Il est même conscient du malaise chez chacun de ses parents.

Les parents risquent en effet de se sentir déconcertés et même un peu gênés par ces comportements séducteurs. L'enfant obtient une réaction plus forte que prévue. Quand une fillette s'assied sur les genoux de papa, elle sait que sa mère va s'approcher. Son père va avoir l'air embarrassé, mais en même temps, il apprécie l'intimité et il est flatté d'avoir été choisi.

Marcy sait qu'être proche de papa fait surgir des sentiments particuliers en elle. Quand elle le taquine, elle est tout excitée. Quand sa mère devient furieuse, Marcy éprouve un sentiment de triomphe, mais aussi de malaise. Elle a besoin de trouver mieux que de se rapprocher de papa au détriment de son intimité avec maman. Elle devine ce qu'éprouve sa mère et ressent le besoin de s'identifier à elle, de devenir plus semblable à elle. C'est seulement à cette condition qu'elle se sentira à l'aise avec les sentiments qu'elle éprouve pour son père.

Pères et mères, filles et garçons. Les pères brûlent d'envie de câliner leur fillette et d'être séduits par elle. Vers quatre et cinq ans, cette recherche mutuelle d'intimité porte en elle une acceptation et un renforcement immédiat moins susceptible de se produire entre un père et son fils. Ceux-ci sont plus à l'aise en se taquinant, en se donnant des bourrades, en jouant à se battre. Un père, même sans le vouloir, pousse son fils à devenir plus actif, plus indépendant, plus compétitif. Le père de Marcy avait tendance à la prendre blottie dans ses bras, en chantonnant parfois pour elle, alors qu'il lançait une balle à son fils pour que celui-ci l'attrape. Il taquinait son fils en lançant la balle tellement fort que le garçon devait courir loin pour la ramasser.

Les mères, elles aussi, développent des styles de réactions très différents envers un fils et une fille, quand ceux-ci ont atteint l'âge de cinq ans. Elles peuvent avoir eu l'intention de leur accorder un traitement identique, mais elles reconnaîtront immanquablement l'impossibilité de le faire. Mme Jackson savait qu'elle traitait sa fille et son fils différemment. Chaque fois que Marcy faisait une bêtise, elle courait vers sa mère. Si son père essayait de la réprimander, elle repartait vers sa mère. Chacun réagissait différemment envers elle. Mme Jackson se rendit compte que Marcy et Amos avaient des relations distinctes avec chacun de leurs parents. Quand le frère aîné de Marcy tombait et cherchait sa mère du regard pour qu'elle le console, elle le pressait «d'être brave». «Viens, je vais te donner un baiser. Et maintenant, tu vas jouer. Sois un grand garçon.» Quand Marcy tombait, Mme Jackson la serrait dans ses bras. Quand Mme Jackson s'habillait ou se maquillait, Marcy était là, à l'imiter. Quand celle-ci faisait une remarque gentille, sensible, sa mère s'attendrissait, elle avait dans les yeux une lueur d'approbation. La même remarque provenant d'Amos provoquait un regard involontairement interrogateur qui n'avait rien d'encourageant. Quand Amos était assis sur les genoux de sa mère, elle lui donnait de petites tapes ou le secouait. Elle le tenait dans ses bras, mais pas en le câlinant comme Marcy.

Mme Jackson désirait pour la génération de ses enfants des rôles sexuels moins rigides. Mais rien de plus naturel que d'apporter dans ses interactions avec ses enfants les schémas de sa propre enfance. Rien de plus normal que de réagir à des différences inhérentes et de les renforcer. Quand un enfant parvient à l'âge de cinq ans, ces différences sont évidentes et les influences exercées sur lui sont à la fois exprimées et muettes.

Indépendance et séparation

Résister aux moqueries. À cinq ans, l'estime de soi ne provient plus uniquement des parents. Elle peut être sérieusement menacée par les influences extérieures. C'est par ailleurs un moment où les parents sont moins capables de protéger leurs enfants contre les effets négatifs d'attitudes telles que le racisme, le sexisme et la ségrégation sociale qui nous entourent tous. Les enfants de cinq ans se moquent les uns des autres dès qu'ils remarquent une différence quelle qu'elle soit. Nous ne pouvons pas défendre tout le temps nos enfants contre les influences négatives, mais parfois nous le pouvons et nous le devons. Cependant, quand un enfant atteint cinq ans, notre intervention risque de l'empêcher de croire qu'il est capable de se défendre lui-même. Le mieux que nous puissions faire pour lui est peut-être de ne pas essayer de le protéger, mais de partager sa souffrance. Même s'il ne sait pas vraiment se défendre, il a besoin qu'on l'aide à garder l'espoir de pouvoir le faire un jour.

Un des garçons de l'école maternelle commença à se moquer de Billy.

«Eh, Billy! Tu es une poule mouillée! Tu as peur de te battre. Viens te battre avec moi.»

Billy regarda le garçon pour savoir s'il pensait réellement ce qu'il disait. C'était le cas. Billy n'était pas bagarreur. Il ne savait pas se battre et il en était conscient. Il tenta une manœuvre de diversion :

«Tu te moques de moi et ce n'est pas gentil.

– Tu vois, tu es une vraie poule mouillée. Tu ne veux pas te battre.»

Billy essaya de rassembler son courage. Il serra les poings; il aurait aimé avoir son épée. Enfin, il eut le courage de mettre les bras autour du garçon pour lutter. Quand celui-ci le jeta à terre, il se mit à pleurer. Ce qui eut pour effet d'exciter davantage son agresseur qui le maintint sur le sol plus fermement.

Billy était accablé. Sa démarche perdit tout entrain. Il gardait la tête baissée. Il ne pouvait plus s'aimer. En fait, il s'en voulait plus à lui-même qu'à l'autre enfant – qui avait déjà tout oublié de leur bagarre. M. et Mme Stone n'arrivaient pas à comprendre ce qui se passait. Ils remarquèrent que Billy tressaillait quand ses copains se lançaient dans des jeux agressifs. Il évitait des jeux qu'il pratiquait volontiers jusqu'alors. Ils voyaient que leur fils se dérobait devant les autres plus souvent qu'il ne les entraînait. Que devaient-ils faire?

Jusqu'à ce moment, Billy avait semblé sûr de lui. Il s'était comporté avec entrain et bonne humeur dans presque toutes les situations. À l'école, il était plutôt un «leader». Quand il se heurtait à l'opposition d'un de ses pairs, il se débrouillait pour le faire changer d'avis. La sensibilité de Billy envers les autres était une marque d'estime de soi. Sa «soif» de relations avec ses pairs était un autre atout majeur : Billy était véritablement sociable. Son esprit de compétition était faible et n'interférait pas avec cette sociabilité. Mais quand il échouait, quand quelqu'un le rejetait, ses parents voyaient combien son sens de soi était encore fragile.

C'était pour M. et Mme Stone l'occasion d'entendre à quel point leur fils se sentait mal, de lui faire savoir qu'il était écouté et de le soutenir de toutes sortes de façons; de reconnaître quand il se comportait avec affection vis-à-vis d'Abby. Si le père de Billy acceptait de jouer un rôle majeur en ce moment, il donnerait une autre dimension aux efforts de M. Stone. Au cours de leurs excursions, il pouvait aider Billy à exprimer les blessures dont il souffrait. La souffrance venait du sentiment de n'avoir pas été accepté, d'être incapable de se concilier son agresseur. La moquerie lui avait donné un sentiment de vulnérabilité qu'il n'avait pas l'habitude d'éprouver. Il était temps pour son père et son beau-père d'insister sur tout ce qu'il savait faire – siffler, claquer des doigts, lacer ses chaussures et nager sans ses bouées. Ensuite, avec la permission et la coopération de Billy, son père et son beau-père pourraient l'aider à acquérir des notions d'autodéfense.

Personne n'aime penser que notre monde est un endroit où les enfants doivent savoir se défendre et être agressifs si nécessaire. Mais c'est le cas. À ce moment, acquérir des capacités dans le karaté, l'aïkido, la lutte ou tout autre domaine physique peut se révéler utile. Ces activités ont également une valeur symbolique. Ces compétences permettraient à Billy de distinguer le jeu loyal et l'abus de pouvoir. Un enfant qui connaît sa valeur, qui sait qu'il a le droit de se protéger et qui est capable de le faire ne devrait pas avoir à utiliser la violence pour le prouver à qui que ce soit, lui compris.

Cinq ans est un âge où les enfants se moquent les uns des autres, où ils ont tendance à rechercher et à exagérer tout point de vulnérabilité. Au lieu de vouloir minimiser la blessure quand l'enfant rentre à la maison en larmes, le parent peut reconnaître sa souffrance.

« C'est très dur, n'est-ce pas ? Je me rappelle ce que j'éprouvais quand on se moquait de moi à ton âge. J'étais tellement furieux que j'avais envie de me battre. Mais je savais qu'ils auraient le dessus. J'aurais voulu ne pas sortir de chez moi. Mais c'était impossible. Alors je me suis rendu compte que ça arrivait à tout le monde. Le problème, c'est juste de savoir si on peut ou non le supporter. J'ai bien dû apprendre à le supporter parce que je suis comme toi.

– Mais je les déteste. Ils sont tellement méchants. Ils me font pleurer.

– Mais tu sais que c'est exactement ce qu'ils veulent.

– Je sais.

– Tu n'aurais pas une idée pour te moquer d'eux ?

– C'est pas la peine. Ils continueraient à rire de moi.

– Probablement. Mais tu ne vois pas qu'en montrant que tu as de la peine tu leur donnes précisément ce qu'ils recherchent ? Et que tu ne fais que les encourager à continuer à se moquer de toi ? »

En tant que parent, vous êtes capable d'écouter votre enfant et de partager son angoisse devant la découverte d'un monde implacable auquel il faut apprendre à s'adapter. Peut-être pouvez-vous, ensemble, trouver des stratégies pour affronter la situation, pour se protéger ; peut-être que non. Mais au moins, il saura qu'il peut venir vers vous avec sa douleur et que, en le partageant avec vous, son fardeau sera plus léger.

S'intégrer à l'école maternelle. Beaucoup d'enfants ont déjà eu plusieurs années d'interactions mutuelles à la crèche – mais les pairs jouent maintenant un rôle nouveau. Un schéma de pensée plus complexe se développe et les enfants de cinq ans veulent le pratiquer et l'explorer les uns avec les autres. «On va jouer à l'école» est une activité universelle au cours de laquelle les enfants utilisent leurs nouvelles capacités : faire des comparaisons et appliquer des principes généraux à de nouvelles situations. Comment fonctionne la véritable école? Est-ce que c'est comme à la maison? À la maison, on est certain d'être approuvé quand on dit : «Maman, je peux aider à mettre la table? Je peux t'aider?» L'école maternelle a ses propres règles, rôles et habitudes. L'école maternelle est caractérisée par des demandes de permissions à l'institutrice : «Qu'est-ce que je dois dessiner? Quel crayon je dois utiliser?» «Apprends-moi» est sous-jacent à toutes ces questions. Les enfants de cinq ans sont prêts pour les règles – et les instructions.

En classe, une grande partie de la journée se passe à suivre fièrement les règles. L'enfant connaît la routine. Chaque journée devrait avoir une structure identique. Les enfants comptent les uns sur les autres pour se conformer à la structure. Un jour, quelques enfants peuvent ne pas être dans leur assiette et se révéler incapables de suivre les règles. Ces règles seront ressenties comme un poids écrasant – ou même une punition – dans ces moments, bien qu'elles soient plus nécessaires que jamais. Les autres enfants entraînent ceux qui n'arrivent pas à s'adapter. Faire partie d'une structure organisée est important en soi. Les «leaders» du groupe font en sorte que le groupe s'adapte. Les enfants apprennent la structure et les attentes de la «grande» école. Les adultes sont surpris de voir combien les règles comptent pour les enfants de cinq ans.

Est-ce qu'en s'appliquant ces règles à eux-mêmes ils laissent derrière eux quelque chose, est-ce qu'ils perdent à jamais une certaine innocence, un monde plus magique? Tandis que les enfants luttent pour être à la hauteur des nouvelles exigences, ils montrent ce qui leur en coûte de s'adapter. Les parents, eux aussi, peuvent se sentir déchirés entre, d'une part, le besoin de protéger la liberté antérieure de l'enfant contre le conformisme et, d'autre part, celui de l'aider à accepter la nécessité de se soumettre aux règles pour le bien du groupe – et pour son propre bénéfice, en fin de compte. Il y a émergence d'un point fort dans les changements mêmes issus de l'adaptation à l'école maternelle ; souvent difficultés et troubles apparaissent avant que ne soit franchi ce pas.

Marcy était fière de son rôle à l'école. Mme Sosa l'appréciait. Elle aimait le sourire engageant de la fillette et son empressement à entraîner les autres dans les activités organisées par les institutrices. Marcy s'exclamait : « Tommy, reviens dans les rangs ! On marche ! » ou : « Allez, Alice. Assieds-toi dans le cercle. C'est le moment des devinettes. Cela va te plaire. Ne t'inquiète pas. » Par moments, elle paraissait presque trop autoritaire, elle agissait comme une petite assistante de l'institutrice. Mais Mme Sosa se rendait compte que Marcy appréciait beaucoup la structure de l'école et la possibilité de s'identifier avec les institutrices. Elle était ravie de leur approbation et aimait se comporter en chef.

Quand arrivait le moment des activités artistiques, chaque enfant s'inquiétait de sa production. Mais en observant attentivement, on pouvait voir que les enfants comparaient leurs dessins avec ceux de leurs voisins. Non seulement ils étaient plus sévères pour leur propre réalisation, mais ils savaient qui avait effectué le meilleur travail. Quand Mme Sosa leur demanda de critiquer leur propre dessin, ils le firent avec une justesse surprenante. Minnie déclara : « Je sais pas vraiment dessiner une tête. Comme Marcy. Elle fait des jolis yeux et des jolis cheveux. J'aimerais y arriver. Peut-être que si je regarde assez longtemps comment elle fait j'y arriverai un jour. Regarde ! Ma tête est toute moche. Je suis vraiment pas bonne pour ça. » À cinq ans, les enfants sont déjà conscients de leurs dons par rapport aux autres et ils commencent à faire de l'autocritique. Au grand étonnement des adultes, pour eux, c'est tout blanc ou tout noir. « Je n'y arrive pas » venant de Minnie entraînait automatiquement des propos rassurants de la part de Mme Sosa ou de sa mère. « Oh, Minnie, bien sûr que si. Regarde les oreilles que tu as dessinées. Et les cinq doigts ! C'est très réussi. » Mais Minnie sentait bien que les louanges sonnaient faux. Elle avait placé ses ambitions très haut. Ou on est bon, ou on ne l'est pas. Pas de moyen terme.

Quand Mme Sosa s'asseyait pour faire la lecture aux enfants de cinq ans, ils s'agitaient, se bousculaient, s'asticotaient. Puis, quand elle commençait à lire, ils étaient complètement absorbés. Si elle lisait une vieille histoire familière, ils prononçaient les mots à voix basse. Beaucoup d'entre eux pouvaient la réciter avec elle – et ils ne s'en privaient pas. Quand elle leur demandait de participer, ils le faisaient en chœur aux bons moments. Quand elle leur demandait de lire les mots, beaucoup en étaient capables, pour certains mots simples. Cela dit, la plupart ne pouvaient pas déchiffrer une phrase entière. Mme Sosa montrait un mot après l'autre pour les conduire à travers la page. Elle observait pour voir qui pouvait s'intéresser, se concentrer, s'accorder avec le groupe, retenir ses impulsions et ignorer assez longtemps les distractions pour suivre. Ces qualités, tout autant que les relations entre enfants, aidaient Mme Sosa à décider qui était prêt à entrer en CP et qui avait intérêt à suivre une autre année de maternelle.

Quelques enfants de la classe réclamaient «plus de travail». L'institutrice stagiaire, Mlle Pierce, se trouvait avec eux et comme ils criaient de plus en plus fort, elle semblait dépassée. En dernier ressort, elle leur tendit des feuilles de papier et des crayons.

Marcy prit le crayon rouge dans sa main gauche et le serra maladroitement dans ses doigts. Elle se rendit compte qu'elle était incapable de manipuler le crayon avec cette main. Elle le prit dans sa main droite et s'accroupit par terre pour dessiner. Avec application, elle dessina une tête, avec les yeux, la bouche et même un nez. Elle marmonna «de travers» en dessinant le nez. Encouragée par Mlle Pierce, elle traça des lignes pour faire le corps, les jambes, les bras, les doigts et les pieds. «Marcy, tu es une véritable artiste!» Ainsi stimulée, la fillette termina son dessin bien avant les autres enfants. Fièrement, elle le tint à bout de bras pour le faire admirer.

Mlle Pierce dit :

«Maintenant, Marcy, inscris le nom de ton personnage pour que nous sachions tous qui c'est.»

Marcy tressaillit. Elle ferma un œil et reprit maladroitement son crayon, les doigts crispés.

«Mademoiselle Pierce, dites-moi ce que je dois écrire.

– Ce que tu veux.»

«Marcy, je ne peux pas lire ça», déclara l'institutrice quand Marcy eut fini.

Marcy avait tracé à l'envers plusieurs lettres et écrit le mot «MECI». Billy était assis à côté d'elle. Il sentait que Marcy était en train de perdre pied. Il leva la main vivement.

«Je sais ce qu'elle a écrit. Ça veut dire "Marcy" !»

La fillette revivait. Elle acquiesça avec énergie et lança à Billy un regard plein d'admiration et de gratitude.

Marcy et Billy avaient manifesté les nombreuses capacités observables chez un enfant de cinq ans :

1. Désir de rassembler tous les éléments que l'enfant peut visualiser dans une personne.

2. Dépendance vis-à-vis du renforcement positif apporté par les compliments de l'institutrice.

3. Retraite vers la maladresse quand l'enfant est confronté à une nouvelle compétence, comme écrire des lettres.

4. Dessiner les lettres à l'envers est caractéristique de cet âge, tout comme l'écriture phonétique.

5. La capacité de lire les lettres à l'envers d'un autre enfant et la tentative de sauver un pair du mépris ou de la pression des adultes pour corriger ses lettres. On peut considérer ce comportement comme la démonstration d'une image de soi forte et de l'altruisme qui se développe quand un enfant est doté d'estime de soi.

Écrire était une activité excitante. Tim pouvait écrire presque tout ce qu'on lui dictait – mot par mot. Sa capacité à déchiffrer les sons d'un mot et à les écrire était avancée. Les autres enfants le savaient et en étaient impressionnés. Marcy : «Dites à Tim d'écrire au tableau noir. Il sait comment faire. Moi, je me trompe tout le temps.» Quand Marcy traçait un F, elle le faisait à l'envers. Elle reconnaissait son erreur quand on la lui montrait, mais elle ne pouvait se corriger à l'avance. Après coup, elle disait : «Je suis pas bonne pour les lettres. Je les dessine toujours de travers.» Mme Sosa assura à sa mère que ces retournements étaient courants et se corrigeraient d'eux-mêmes en temps voulu. Il était évident que Marcy voulait les corriger toute seule. La pousser davantage était inutile et ne pouvait que la culpabiliser. Mme Sosa lui affirma : «Tu traces très souvent tes lettres correctement, Marcy. Je pense que quand tu fais une faute, tu paniques. Tout le monde fait des fautes. C'est pourquoi il existe des écoles comme la nôtre. Tu as le droit de faire des fautes et après, tu peux apprendre à les corriger. Regarde ce que tu viens de faire. Tu as écrit “Marcy” sans une seule faute!»

Quand on demanda à Tim de se lever pour trouver la solution d'un problème dans une histoire de vache, il se trouva embarrassé et incapable de dire un mot. Les autres enfants sentaient sa gêne. Ils l'encouragèrent : «Ne sois pas timide, Tim. Tu es le plus fort. Tu peux trouver.» Tim résolut le problème en formulant chaque étape de son raisonnement :

La vache était dans le champ.
Quelqu'un devait aller l'attraper.
Mais une personne ne suffisait pas, parce qu'elle se serait sauvée.
Deux personnes y allèrent.
Finalement, la vache bougea.
Si on ne faisait pas attention, elle serait allée du mauvais côté.
Si les deux arrivaient à la conduire, elle passerait par le portail.
Et alors, elle serait dans son enclos.
Et alors, on pourrait la traire.

Les autres enfants étaient pendus aux lèvres de Tim et buvaient chaque mot en approuvant de la tête. Quand Tim trouva la solution et réussit à enfermer la vache pour la traire, ils furent tous soulagés. Ils ressentirent un sentiment d'accomplissement collectif.

Pour ces enfants de cinq ans, en classe de maternelle, le sentiment d'appartenance et celui de responsabilité mutuelle étaient des thèmes récurrents et dominants. Ces enfants s'intéressaient les uns aux autres et à leur relation réciproque. Ils étaient prêts pour la «grande» école.

4

Six ans : l'entrée dans le monde réel

Le premier jour au cours préparatoire

Un joyeux brouhaha régnait dans la cour de l'école. Les voitures des parents étaient garées sur plusieurs pâtés de maisons. La file des enfants de CP et de leurs parents commençait à l'extérieur de l'école. Les enfants plus vieux devaient se frayer de force un chemin vers leurs classes. Certains tenaient des propos méprisants à l'égard des «bébés qui entraient en CP». D'autres étaient gentiment attentifs et se penchaient de leur taille relativement plus grande pour dire bonjour aux nouveaux tout excités. Des aînés, comme Philip, le frère de Tim, essayaient d'ignorer leur famille et en effet ce dernier courut en direction de sa classe sans même un au revoir à sa mère, comme s'il était gêné par la façon dont Tim et elle s'accrochaient l'un à l'autre.

Tim tenait serrée la main de sa mère, par moments avec ses deux mains. De ses yeux écarquillés, il observait tous ceux qui se trouvaient autour de lui. Il sursautait ou se recroquevillait à chaque nouveau son. La confusion et le bruit étaient accablants pour lui, mais il n'avait d'autre choix que de les supporter.

May et Minnie étaient derrière lui dans la file. May hésitait à laisser sa mère. Minnie manifesta son indépendance en partant à toute allure et May dut aller la rechercher par deux fois. Les appels de Mme Lee restaient sans effet. Minnie se précipita vers les balançoires. May lui cria : «Minnie! Viens avec moi. Tu dois maintenant aller à la grande école comme moi.» Minnie parut arrêter toute activité au mot «grande». Elle rejoignit sa mère et sa sœur dans la file. Mme Lee se sentait déjà épuisée.

Sur le chemin de l'école, Marcy s'exclama tout d'un coup :

« Maman, nous n'avons pas de fleurs pour Mme Simmons. Je voulais lui apporter un cadeau pour le premier jour. »

Elles firent toutes deux demi-tour. Dans leur jardin, elles choisirent huit roses pour la nouvelle institutrice. Quand elles arrivèrent à l'école, elles découvrirent que les autres avaient aussi apporté des présents. Marcy trouva ses roses modestes quand elle aperçut les bouquets des fleuristes. Mais Mme Simmons lui témoigna sa gratitude.

« Oh ! Marcy, je suis enchantée. Tes roses vont nous donner l'impression de passer notre journée de classe dans ton jardin. Merci. »

Mme Jackson hésitait à la porte de la classe. Devait-elle rester – ou devait-elle partir ? Avec le frère de Marcy elle n'avait pas eu le choix. Il avait été tellement anxieux qu'elle avait senti qu'il avait besoin d'elle. Elle était restée assez longtemps pendant plusieurs jours. Mais avec Marcy, elle n'était pas certaine de savoir quoi faire. Elle se pencha pour lui parler à l'oreille. Comme si elle avait prévu la question, Marcy dit :

« Tu peux partir, maman. Tout va bien. »

Mme Jackson ressentit à la fois de la fierté et de la tristesse. Elle jeta un regard autour d'elle en direction des autres parents qui restaient parce qu'ils se sentaient nécessaires. Il y en avait tout autant qui partaient rapidement vers leur travail. Mme Jackson éprouva un sentiment de vide. Une autre mère repartait en marchant à côté d'elle.

« Je suis désolée de laisser mon petit Jamie. Je sais qu'il n'a pas besoin de moi. Mme Simmons a déjà fait sa conquête. Pourtant, j'ai quand même envie de rester. »

Mme Jackson soupira et acquiesça de tout son cœur.

La veille, Billy avait eu grand-peine à dormir. Il ne cessait de sortir de son lit.

« Je voudrais un peu d'eau. »

« J'ai besoin de faire pipi. »

« S'il te plaît, viens encore m'embrasser une fois. »

« Vous faites tellement de bruit en parlant que je ne peux pas dormir. »

Finalement, sa mère trouva la solution. Elle se coucha sur son lit, à côté de lui. Ils échangèrent quelques phrases calmement.

« Tu es seulement très excité, n'est-ce pas ?

– Hum, hum !

– Tu penses que ça va être très différent de l'école maternelle ?

– Hum, hum !

– Différent comment, Billy ?

– Juste plus comme des grands. »

Bientôt il s'était détendu et avait trouvé le sommeil.

Le matin suivant, il se leva et sortit de sa chambre très tôt.

« Que veux-tu porter ?

– Tous mes vêtements d'école.

– Mais on t'en a acheté plusieurs.

– J'ai seulement besoin des tennis et du pantalon long.

– Quelle chemise ?

– Je m'en fiche. Mais je veux mes tennis, tout le monde les aura. »

Il courait de la porte d'entrée à la porte de derrière en attendant « l'heure de partir ». Il était tellement excité que la petite Abby, deux ans, se laissa gagner par sa nervosité. Elle s'agita. Elle jeta sa nourriture. Elle se tartina les cheveux avec son porridge. Finalement, elle eut une colère. L'excitation du grand jour de Billy était difficile à supporter pour elle et Billy le sentit.

« Abby est aussi excitée que moi. Est-ce qu'il faut l'emmener à *mon* école ? Les autres enfants n'ont pas tous des bébés avec eux. »

Mme Stone remarqua l'excitation et l'inquiétude et se dit qu'il avait besoin d'avoir ses parents un peu pour lui seul :

« Tu sais, je pense que pour le premier jour, ce serait bien que nous soyons seulement papa et moi pour t'accompagner. Je ne crois pas qu'Abby sera fâchée si nous la laissons un peu plus tôt à la crèche aujourd'hui. »

Le visage de Billy s'illumina.

« Abby pourra voir ma nouvelle école quand elle sera plus grande. Peut-être un jour, quand elle n'aura pas de céréales dans les cheveux. »

Billy sautilla sur le chemin de l'école. Sautiller d'un pied sur l'autre était une acquisition récente, devenue automatique dans les moments d'excitation. Il adorait la sensation d'euphorie que ces sauts lui procuraient. Sa mère sentit que cela faisait partie de la magie du premier jour. Il partait en avant en sautillant, et revenait vers elle en sautillant, car elle marchait plus lentement.

Quand ils rencontrèrent Tim au coin de la rue, Billy le saisit par les épaules et sauta sur place.

« On va être ensemble. On est des copains de classe. »

Sa mère fut émue par sa façon simple et directe d'offrir son amitié. Mme McCormick dit :

« Timmy aime énormément Billy. Il a dit : "Tu sais, maman, aujourd'hui je vais voir Billy dans ma classe. C'est mon meilleur ami." Je ne peux pas vous dire combien je suis contente de savoir qu'ils seront tous deux dans la même classe. »

Billy repartit en sautillant, entraînant Timmy avec lui en direction de l'école.

À la porte principale, il y avait une telle foule que Billy et ses parents eurent du mal à rester ensemble. Billy les dépassa comme une flèche. Puis, il s'arrêta, se rendant compte qu'ils les avaient laissés derrière. Quand ils le rattrapèrent, Mme Stone demanda :

« Tu as eu peur d'être perdu ?

– Non. Je pensais que vous étiez perdus. Vous savez comment on va à ma classe ? »

Mme Simmons se tenait à la porte de la salle de classe pour accueillir chaque nouvel arrivant. Billy se précipita vers elle avec enthousiasme et mit ses bras autour de ses jambes. Elle se raidit instinctivement et il lâcha prise. Il leva les yeux vers son visage, d'un air interrogateur. Il fut vite rassuré par un sourire chaleureux. Tout aussi instinctivement, elle répondait à la sensibilité du petit garçon.

« Billy, je suis très contente de te voir !

– Moi aussi. Mon papa et ma maman sont venus aussi ! Sans Abby. »

Mme Simmons :

« C'est certainement une occasion spéciale. Peut-être que tes parents vont rester un peu pour voir comment nous commençons notre journée. »

Billy regarda ses parents sérieusement comme pour décider s'ils devaient rester ou non. Quand ils acceptèrent, Billy dansa sur place.

« Vous pourrez voir toute ma classe ! »

Mme Simmons dit :

« Chacun a son nom sur un casier. Est-ce que tu peux trouver le tien, Billy ?

– Oh oui ! je peux lire des tas de choses. »

Billy trouva vite son nom et rangea ses affaires d'école dans son casier, avec un soin que ses parents ne lui connaissaient pas. Prenant ses parents par la main, il les conduisit vers un groupe d'autres parents. Il annonça à la cantonade :

« Je m'appelle Billy. Et c'est ma maman et mon papa ! »

Après avoir laissé ses parents sur leurs chaises, il prit son envol. Il courut d'un enfant à l'autre, saluant joyeusement chacun. Il prit plusieurs garçons dans ses bras. Pas les filles. Il traitait les filles avec plus de distance qu'auparavant.

La salle de classe bruissait d'activité et de gaieté. Chaque enfant qui en reconnaissait un autre criait son nom et se précipitait à sa rencontre. L'excitation générale faisait vibrer la pièce. Billy hélait ses amis et finit par retrouver Timmy dans un coin, qui donnait l'impression d'essayer de battre en retraite. Le visage de Billy s'illumina. Il rejoignit son ami en dansant, les bras tendus comme pour l'embrasser. Timmy eut un léger mouvement de recul. Billy le sentit, mais il n'était pas décidé à renoncer. Il aborda Timmy en baissant immédiatement la voix, comme s'il comprenait que celui-ci pouvait facilement être surchargé. Il murmurait presque, mais il tendait vers lui son visage rayonnant. Tim se recula un peu, mais quand Billy lui dit tout doucement :

« Timmy, on est dans la même classe ! On peut être amis », il fut capable de répondre :

« Oh ! C'est bien, Billy. »

Il se tourna alors vers sa mère pour lui demander de lui donner sa chère couverture, qu'il voulait partager avec Billy. Mais c'était trop tard. Quand il se retourna, Billy était reparti en sautillant vers d'autres amis.

Quelle que soit l'expérience de l'enfant – à la crèche, à l'école maternelle –, le cours préparatoire est une étape majeure. Beaucoup d'écoles élémentaires sont installées dans des bâtiments séparés des classes de maternelle afin qu'il y ait un véritable nouveau seuil à franchir pour entrer en CP. Dans l'esprit de l'enfant, c'est un pas important que d'entrer à la « grande » école où sont tous les enfants plus âgés. « Maintenant, je suis vraiment un grand. » Tous les rêves de ressemblance avec leurs aînés deviennent réalité. « Peut-être que je pourrai faire partie de ce monde et apprendre toutes les règles. Peut-être que maintenant je pourrai parler, lire et m'amuser comme eux. Peut-être que maintenant je pourrais comprendre les grands enfants et qu'ils pourront me comprendre ! Maintenant moi aussi je suis un grand ! »

Pour les parents aussi le CP est une étape, un commencement. Leur enfant entre dans le « monde réel ». On va lui mettre une étiquette. On va lui faire passer des tests. Il va être exposé à des influences sur lesquelles les parents n'ont que peu de contrôle. L'enseignant prend dans la vie de l'enfant un rôle important, et cela d'une façon nouvelle. Tout en assurant sa tâche et en développant les connaissances de l'enfant, il ou elle va pouvoir influencer le développement émotionnel de l'enfant ainsi que ses valeurs. Le professeur va devenir l'autorité suprême sur un grand nombre de domaines qui jusqu'à présent demeuraient entre l'enfant et ses parents. « Mme Simmons dit que tu cries trop, tu vas avoir mal à la gorge ! » Votre enfant n'est plus seulement à vous. Il appartient au monde, d'une manière différente. Est-ce que ce monde va l'aimer ? Est-ce qu'on va voir ses traits et ses talents charmants – ou uniquement ses faiblesses ? Au CP, les parents ont davantage le sentiment de devoir partager leur enfant, de devoir le céder aux autres.

C'est un point fort. Il y aura fatalement les régressions qui accompagnent tout changement important. Au cours des années d'école maternelle, l'enfant a manifesté une avidité passionnée pour apprendre. Sachant cela, les parents sentent combien il est important pour lui d'entrer dans un monde consacré à l'étude. L'enfant va sans doute sentir leurs inquiétudes : saura-t-il apprendre à lire ? Saura-t-il se faire des amis ? Est-ce que l'institutrice l'aimera ? Les parents peuvent s'attendre à ce qu'il régresse au cours de cette étape, quand il paie le prix de ce changement, qu'il rentre épuisé, qu'il se déchaîne à la maison. Néanmoins, c'est un signe de plus pour leur rappeler qu'ils doivent partager leur enfant avec le monde extérieur et que celui-ci va avoir beaucoup de travail pour y entrer.

Le CP et la « grande école » constituent dans notre société un rite de passage. Même si les classes de maternelle sont envahies de programmes d'apprentissage, il y a désormais un changement dans les attentes. Tout le monde attend des enfants qu'ils apprennent à travailler. Le jeu ne suffit plus. Et même si les parents ont constaté chez leur enfant le désir d'apprendre et sa fierté d'être assez grand pour le «monde réel», ils se demandent : «Est-il prêt ?» Ils ne peuvent plus le protéger de ce que les autres attendent de lui, ils ne peuvent plus faire pour lui ce qu'il a besoin de faire tout seul. Ils ont peur du jugement de l'institutrice et, en même temps, ils espèrent ardemment que celle-ci saura reconnaître les dons particuliers de leur enfant. Pour affronter ces sentiments, une enseignante de CP doit être chaleureuse, optimiste, encourageante et tolérante. À ce moment critique, elle doit, dans sa relation avec chaque enfant, tenir compte avec sensibilité des sentiments de chaque parent.

Un des coups les plus graves portés à l'éducation américaine a été le désengagement des parents. Beaucoup de parents, pour des raisons diverses, y compris une plus grande pression dans leur vie professionnelle, ont reculé devant leur rôle d'éducateurs. À présent, les écoles – volontairement ou non – se trouvent souvent amenées à éduquer les enfants sans une véritable collaboration avec les parents. Les parents se retrouvent à l'écart, avec des sentiments de culpabilité et d'impuissance.

Quand une école semble déclarer : «Laissez-nous faire», c'est une façon de renforcer la crainte des parents de «s'en mêler» ou de paraître trop «protecteurs». Les parents savent qu'une trop grande présence n'est pas dans l'intérêt de l'enfant. Les enseignants qui sont très occupés – dont l'expérience et le dévouement doivent être respectés par les parents s'ils veulent que leurs enfants aient une bonne scolarité – risquent d'être surchargés par une participation excessive de la part des parents et d'en tirer le sentiment qu'on les surveille avec un œil critique. Pourtant les enfants ont besoin de sentir que leurs parents s'intéressent à leur travail et aussi qu'ils soutiennent leurs professeurs. Les écoles doivent définir la participation des parents et offrir à ces derniers des occasions de collaboration avec les enseignants ; autrement, seuls les parents les plus expérimentés et les plus sûrs d'eux participeront.

Il existe une raison plus profonde et souvent inconsciente pour laquelle parents et enseignants ont parfois des difficultés à communiquer : le phénomène de barrière. Ce phénomène se produit entre deux parents, mais il représente également une réaction naturelle et inévitable entre parents et enseignants. Tous les adultes qui s'occupent d'un enfant entrent en compétition pour cet enfant. Si les parents et les enseignants ne parviennent pas à comprendre ces sentiments de compétition, s'ils ne peuvent pas reconnaître et estimer les efforts qu'ils font les uns et les autres, cette compétition risque de se transformer en une source de perturbation. La compétition jalouse n'est pas nécessaire. Tous ces adultes se donnent du mal dans le même but : le développement optimal de l'enfant. Cependant, chaque adulte a tendance à reprocher à l'autre tout écart dans le comportement de l'enfant. Aucun enfant n'est parfait. Aucun parent n'est parfait. Aucun enseignant n'est parfait. Celui qui s'occupe intensément d'un enfant, avec le risque d'entraîner une pression et une régression dans le comportement de celui-ci, peut facilement être pris pour une menace par l'autre. Parents et enseignants qui estiment leurs efforts respectifs dépasseront la compétition pour le bien de l'enfant. Les enseignants qui apprécient l'enthousiasme chez les parents peuvent enrôler ceux-ci pour aider l'école et leur enfant. Si les parents et les maîtres parviennent à parler librement de leurs sentiments de dévouement et de compétition, ils sauront mieux servir les intérêts de l'enfant.

Les associations de parents d'élèves ont parfois perdu un peu de leur dynamisme, mais elles ont été fondées sur un concept remarquable : un travail de collaboration entre parents et enseignants, qui représente à coup sûr le plus important soutien pouvant recevoir l'enfant. Les enfants réagissent à l'intérêt que portent leurs parents à ce qu'ils apprennent. Il est essentiel que les parents soient impliqués dans l'éducation de leurs enfants, car cela montre que cette éducation constitue pour eux une priorité. Les parents peuvent collaborer étroitement avec les écoles pour surveiller comment les choses se passent, pour stimuler les efforts des élèves et aider quand c'est nécessaire et approprié. Les enfants dont les parents sont impliqués dans la vie de l'école réussiront mieux sur le plan scolaire, participeront davantage aux activités extrascolaires et auront moins de troubles du comportement. Pour toutes ces raisons, les parents qui participent ont besoin d'être reconnus par les écoles et ils le méritent. Cet encouragement est particulièrement important pour les parents qui sont mal à l'aise parce qu'ils parlent mal la langue du pays ou parce que leur propre scolarité a été limitée. De nos jours, il est fréquent d'entendre les enseignants se plaindre d'être abandonnés. Ils ont à faire fonction d'assistante sociale et de pédopsychiatre en plus de leur métier. Naturellement, ils sont dépassés parce qu'ils n'ont pas été formés pour ces rôles supplémentaires. Il est temps pour les parents et les enseignants de travailler ensemble de façon à s'encourager mutuellement – c'est ce qu'il y a de mieux pour l'enfant. Je conseille vivement aux parents d'essayer de nouer une vraie relation avec l'institutrice de CP de leur enfant et avec chaque enseignant par la suite. Inviter une institutrice à dîner pour qu'elle fasse la connaissance de la famille ou lui apporter de temps en temps un petit cadeau sont certaines des façons d'exprimer son appréciation.

Les parents qui se sentent coupables quand ils travaillent de longues heures durant et qu'ils laissent leurs enfants à d'autres, surmontent parfois leur culpabilité en surestimant le désir d'indépendance de leur enfant. Quand on reste impliqué dans la vie de l'école, on fait passer un message important à l'enfant et aux institutrices. Quand on comprend la dynamique du phénomène de barrière et les pressions qui font peser une lourde responsabilité sur les enseignants, on pourra plus facilement, en tant que parent, participer avec discernement à l'éducation de son enfant.

Le tempérament

Un enfant actif. Le fait d'aller à la «grande école» mettait Minnie dans un état constant d'excitation. Elle avait été particulièrement difficile ces derniers temps. Elle perdait facilement tout contrôle. Elle avait des colères qui ressemblaient à celles qu'elle faisait à trois ans. Et qui épuisaient de la même manière ses parents. Elle exigeait impérativement l'attention de ses parents qui se sentaient manipulés, mais ces exigences étaient nouvelles. Elle n'avait jamais manifesté de grand intérêt pour leur réaction auparavant. Tous deux constataient qu'elle avait de plus en plus besoin d'eux et se sentaient éreintés. Mais ses nouvelles questions les intriguaient. Est-ce que Minnie désirait vraiment tout savoir ou était-ce sa manière de se placer sur le devant de la scène ? Sa sœur, May, optait pour la deuxième explication, mais ses parents en étaient moins sûrs.

Je pense que Minnie essayait désespérément de déplacer son insatiable curiosité du domaine moteur vers le monde des idées. Elle ne voulait plus simplement explorer, mais «savoir» pourquoi et comment. Elle avait besoin de l'attention de ses parents vis-à-vis de ses questions pour s'assurer qu'elle pouvait passer un cap que certains enfants passent plus tôt et que d'autres, moins pris dans l'activité motrice, ont à peine besoin de franchir. Elle devenait également plus consciente d'elle-même, y compris de son agressivité et des blessures que lui infligeaient les autres. En même temps, elle se rendait compte de sa propre vulnérabilité. Elle avait besoin d'être acceptée par ses parents pour se sentir en sécurité alors qu'elle découvrait des dangers et des risques nouveaux. «Est-ce que le ciel pourrait me tomber sur la tête?» Elle doit encore recourir à sa pensée magique pour l'aider à poser ces questions, mais elle a besoin qu'on la rassure en lui disant que la réalité n'est pas tellement effrayante.

Pendant cette période, elle avait du mal à dormir. Quand Mme Lee l'entendait et se levait pour aller la voir, Minnie s'excusait. «Maman, je n'arrivais pas à dormir. J'ai fait des mauvais rêves.» Mme Lee la remettait au lit et lui massait le dos pour la réconforter. Une fois, elle se mit même à chanter une berceuse. Ce faisant, elle eut peur que Minnie et elle ne soient en train de régresser vers un stade antérieur. Mais Minnie était ravie. Ses muscles se détendaient. Son visage s'adoucissait. Son inquiétude faisait place à une expression envoûtée de plaisir. Mme Lee se sentit soulagée et se demanda pourquoi elle ne faisait pas cela plus souvent. Pourquoi n'avait-elle pas remarqué que Minnie avait davantage besoin d'elle à présent? Peut-être avait-elle eu une réaction excessive, s'était-elle trop facilement effacée quand Minnie se tournait en premier vers son père. Minnie et elle sentaient toutes les deux qu'elles avaient une seconde chance pour quelque chose qu'elles avaient manqué pendant toute cette période de progrès. Mme Lee se rendit compte qu'elle n'avait pas besoin de s'inquiéter si Minnie régressait à présent. Cela faisait partie de son développement.

Cette sensibilité nouvelle chez une fillette qui avait été si active et déterminée qu'elle ne remarquait pratiquement personne autour d'elle entraîna une période de véritable réadaptation pour ses parents. Ils ne retrouvaient plus en Minnie l'enfant qu'ils connaissaient. Sa sensibilité la rendait plus attirante à leurs yeux, mais elle les désorientait. Minnie elle aussi se sentait perturbée par les changements. Elle et eux allaient devoir se réorganiser au moment où elle commençait à utiliser ses compétences cognitives grandissantes et à réduire son activité motrice coutumière.

Minnie changeait, mais elle était toujours Minnie. Elle était maladroite. Elle laissait échapper des objets. À table, elle ne tenait pas en place. Elle contestait plus qu'elle ne coopérait. Pourtant son visage avait changé. Mme Lee remarqua qu'elle paraissait plus âgée. Elle restait toujours aussi pétillante à l'extérieur, en public, mais à la maison, elle était plus sérieuse, plus réfléchie, même préoccupée.

Mme Lee était rassurée de voir que sa fille pouvait montrer un visage si avenant et bien se tenir quand elles se trouvaient en compagnie d'autres personnes. Elle voyait que c'était pour Minnie une façon de se préparer à un grand pas en avant. Celle-ci considérait le CP comme une occasion sociale majeure : «Je vais avoir toute une salle pleine d'amis.» Ses yeux brillaient quand d'autres enfants lui parlaient des récréations et des sports. Le samedi, elle jouait au football dans une équipe dont elle était déjà la vedette. Elle avait longuement observé les activités de la cour de récréation à travers la grille de l'école – football, base-ball, ballon prisonnier. Elle adorait les défis et elle savait que l'école en serait pleine.

Avec toute cette énergie effrénée, Minnie allait avoir du mal à se plier aux routines de l'école. En classe, il allait falloir qu'elle reste assise sans bouger, qu'elle se mette en rangs avec les autres enfants et qu'elle suive les directives pour chaque activité, habituellement espacées les unes des autres pour convenir aux besoins des enfants plus lents. Elle allait devoir obéir à des règles dont elle n'avait jamais entendu parler. Elle ne pourrait plus penser à «moi d'abord». Trop d'autres enfants allaient avoir des exigences tout aussi légitimes.

Mme Lee avait visité l'école et s'était présentée à Mme Simmons. Elle ressentait le besoin d'avertir l'institutrice, de lui dire qu'elle avait toujours trouvé Minnie pénible, voire carrément difficile; elle voulait aussi lui confier la confusion qu'elle éprouvait devant les changements de sa fille. Au début de l'année scolaire, la plupart des parents s'attachent à défendre leur enfant contre le regard de la nouvelle institutrice parce qu'ils veulent que celle-ci l'aime. Mme Lee était prise entre deux désirs : elle voulait que Mme Simmons ait autant d'informations que possible sur sa fille et elle avait peur de l'étiqueter à ses yeux avant même que Minnie ait une chance de montrer ses points forts. Mme Lee recherchait une alliée, peut-être plus qu'elle ne s'en rendait compte.

En conséquence, au cours de son entrevue avec Mme Simmons, elle laissa échapper des phrases comme : « Minnie est tellement égocentrique. Elle n'écoute jamais. Depuis toujours. Même quand elle était bébé je n'arrivais pas à la comprendre. Cela dit, je savais à quoi m'en tenir. Minnie m'a contrôlée dès le début. » Mme Simmons discerna un appel à l'aide dans les confidences de Mme Lee, mais elle ne savait pas exactement comment l'interpréter. Était-ce une mère dépassée ou une mère rejetant fondamentalement l'enfant qu'elle décrivait ? Minnie allait-elle être aussi difficile que sa mère le prédisait ? Mme Simmons éprouvait déjà des sentiments protecteurs à l'égard de Minnie, avant même de la rencontrer. Elle n'approuvait pas Mme Lee. Elle savait que Minnie était probablement active et même agitée. Enfant gâtée ou branchée sur un moteur en suractivité ?

Détecter l'hyperactivité. Mme Simmons avait déjà eu beaucoup d'élèves comme Minnie. La description de son comportement telle que l'avait faite Mme Lee lui donnait des inquiétudes, mais en même temps, c'était un défi. De tels enfants prenaient du temps aux autres. Elle se demandait si Minnie était hyperactive. Quand les enfants étaient réellement hyperactifs, excités et insensibles, il était difficile de leur enseigner des choses. Mais si Minnie était sensible aux autres, bien qu'active et nerveuse, Mme Simmons ne serait pas découragée. Elle s'était trouvée face à des enfants semblables, avait réussi à gagner leur confiance et à les faire travailler avec succès. Elle avait hâte de rencontrer la fillette.

Quand Minnie entra dans la classe, en tourbillon, comme à son habitude, Mme Simmons remarqua la démarche penchée en avant, la propulsion derrière son activité. Elle observa ses membres pour voir si ses mouvements n'étaient pas saccadés, instables ou tremblants, si ses gestes étaient précis quand elle tendait la main vers un jouet. Ces signes, qu'on désigne sous le nom de « signes neurologiques bénins », peuvent accompagner le comportement des enfants hyperactifs et excités. (Mme Simmons était devenue une sorte d'expert sur les signes de l'hyperactivité parce qu'un de ses propres enfants, devenu adulte, avait été hyperactif.) Si ces signes sont présents, ils dénotent une immaturité du système nerveux central caractéristique des troubles de l'hyperactivité accompagnés de déficit de l'attention (THADA). (Voir : « Troubles hyperactifs avec déficit de l'attention », dans la deuxième partie.)

Si vous claquez des mains, un enfant atteint de THADA va automatiquement réagir au son. Continuez à claquer des mains et il continuera probablement à réagir. Toute lumière brusque va provoquer une réaction. Les enfants hyperactifs sont à la merci des stimuli visuels, auditifs et tactiles. Ils sont incapables de maintenir leur attention parce qu'ils ne peuvent se fermer aux stimuli extérieurs. L'activité presque constante qui accompagne cet état est peut-être la façon dont l'enfant supporte la surcharge sensorielle ; mais elle peut aussi être indépendante et révéler un système nerveux moteur mal organisé, trop facilement stimulé et qui doit sans cesse s'activer. Était-ce le cas pour Minnie ? Un observateur expérimenté comme Mme Simmons serait capable de faire la distinction.

Cependant, Minnie n'avait aucun de ces problèmes. Elle était active, mais elle n'était pas fermée à ce qui l'entourait. Elle pouvait prêter attention aux autres enfants – et aux adultes – même si elle évitait souvent de le faire. Elle n'était plus aussi agitée que l'année précédente. Cette façon d'être continuellement sous pression, évidente lorsqu'elle avait quatre ans, était moins dominante à présent et plus maîtrisée. Elle était attirée par l'activité qui l'entourait et se laissait trop facilement entraîner, mais c'était habituellement pour « s'amuser ». À l'opposé des enfants atteints de déficit de l'attention, elle était capable de ne pas se laisser distraire pour se concentrer sur une tâche.

Mme Simmons testa sa concentration en lui donnant un puzzle à faire ; puis elle claqua des mains. Pas un battement de paupières. Mme Simmons parla alors à voix haute avec un autre enfant. Pas un regard de la part de Minnie. Mme Simmons tourna bruyamment autour de la table, mais Minnie continua à se concentrer sur le puzzle. Minnie avait fait la démonstration de sa capacité à contrôler la surcharge sensorielle, un comportement qui n'était pas typique du véritable enfant hypersensible, hyperactif. Il était rassurant de constater qu'il n'y avait chez elle aucune preuve d'instabilité ou de manque de précision dans les mouvements des mains ou des jambes. Comme elle bouillonnait d'énergie, elle heurtait les objets, mais elle était capable de les éviter quand elle se concentrait. L'activité de Minnie avait un caractère d'insouciance, du genre : «Je veux arriver là – à tout prix.»

Calmer un enfant actif. Mme Simmons savait comment commencer à travailler avec Minnie. D'abord, il lui fallait l'amadouer; ensuite elle pourrait avoir recours à son aide pour entraîner les autres enfants. «Minnie, tu sais tout faire très bien. Mais quand tu vas aussi vite, tout le monde s'énerve pour essayer de te suivre. Tu pourrais aider les autres enfants en t'appliquant à ralentir. Peux-tu essayer? Je sais ce que tu vas faire. Tu vas imiter la façon plus lente dont je marche et dont je fais les choses.» Minnie fut si touchée de se voir appréciée, qu'elle essaya de faire tout ce que l'institutrice lui demandait – y compris de ralentir. Le désir de plaire est une motivation puissante. Cependant, même très motivée, Minnie ne pouvait pas toujours réfréner sa grande énergie quand il le fallait.

Assise à son bureau, Minnie restait en mouvement. Elle glissait sans cesse de sa chaise, donnait des coups de pied dans le bureau, tripotait ses vêtements, son visage, ses mains. Quand elle avait la permission de bouger, son visage s'illuminait. Elle riait, taquinait les autres enfants, leur proposait de se joindre à elle. Elle levait la main à chaque question. À chaque erreur, elle s'esclaffait bruyamment. Son intensité affectait la classe tout entière.

Minnie n'était en aucun cas le seul enfant actif de la classe. Le CP est un endroit agité. Beaucoup d'enfants de six ans apprennent «sur leurs pieds». Les écoles ont du mal à satisfaire le besoin de périodes d'activité physique, car les demandes augmentent et les ressources diminuent. Les enfants finissent par apprendre à canaliser leur énergie motrice globale; ceux qui ne sont pas encore prêts et envers lesquels on est trop exigeant trop tôt risquent cependant d'être perdus si on ne leur offre pas un compromis.

L'énergie et les exigences de Minnie dérangeaient souvent Mme Simmons et finissaient par l'épuiser. Elle avait besoin de temps pour penser aussi aux autres enfants. Minnie n'était pas la seule à avoir besoin d'elle.

Une classe idéale offre des façons d'aider les enfants à canaliser leur énergie en poursuivant des buts constructifs. Dans le chapitre sur les enfants de quatre ans, nous avons décrit la montée et la décharge de tension d'un enfant actif. Quand les enfants accumulent frustration et agitation jusqu'à un pic, ils peuvent découvrir des occasions de se tourner vers eux-mêmes et de maîtriser le pic. Minnie a besoin de mieux se comprendre pour trouver en elle les moyens de se contrôler. Quand elle s'excite jusqu'à une activité frénétique, peut-elle prendre conscience de la force de son impulsion à bouger en tous sens ? Peut-elle s'empêcher de déranger le reste de la classe ? Peut-elle trouver une façon de canaliser son énergie – en faisant un dessin, en griffonnant, en s'exerçant à écrire des lettres ?

Il y a des moments où on ne peut empêcher toute activité. Peut-elle lever la main pour demander d'aller aux toilettes ? Si elle y arrive, Mme Simmons pourrait faire un commentaire – « Minnie, je suis heureuse que tu m'aies demandé la permission au lieu de sauter de ta chaise. » Régulièrement, Minnie pourrait être envoyée chercher quelque chose ou chargée d'une tâche – porter le cahier de présence au bureau de la directrice, tailler les crayons ou distribuer des papiers. Mme Simmons pourrait alors trouver l'occasion de faire remarquer à Minnie combien ces activités l'ont aidée à se calmer. Minnie commencerait à voir la valeur de ces exutoires. Elle a besoin de se comprendre elle-même et de développer des techniques pour maîtriser son besoin d'activité.

L'approbation des adultes, leur fierté sont les clefs de la réussite pour un enfant. Cependant, ces manifestations peuvent paraître pesantes et être ressenties comme une pression pour des enfants aussi actifs que Minnie. L'objectif de Minnie devrait être de reconnaître elle-même ses progrès. Finalement, elle deviendra moins dépendante des compliments des autres et trouvera en elle-même l'approbation de ses actions. Ce sont des accomplissements majeurs – hors de la portée d'un enfant de six ans, mais d'importants objectifs à long terme. Le CP est le moment pour commencer.

La relation entre Minnie et son institutrice représente le premier pas vers le succès. Heureusement, Mme Simmons aimait

Minnie et Minnie le savait. Un enfant aussi actif et remuant que Minnie est souvent loin d'être le préféré. Minnie épuise sa mère. Elle a appris à attendre des réactions négatives de la part de son entourage. Quand quelqu'un lui manifeste de la compréhension, elle s'en rend compte. Elle fera de son mieux pour plaire à Mme Simmons.

Que se passera-t-il quand Mme Simmons perdra patience ? Elle arrivera obligatoirement à se lasser de ses tentatives pour aider Minnie. Sans en avoir l'intention, Minnie peut la pousser à bout. Elle peut même la tester pour voir si elle est capable de l'accepter, y compris dans ses échecs. Dans ces moments, un enseignant occupé peut se sentir exaspéré et prêt à renoncer. Cependant, ces situations d'échec peuvent aussi être de bonnes occasions pour aider Minnie à se maîtriser.

Mme Simmons :

« Minnie, tu fais tant d'efforts pour te contrôler. Ça doit être décourageant quand tu n'y arrives pas. Je voudrais pouvoir t'aider davantage. On va penser aux choses que tu peux faire quand ça ne va pas et tu vas essayer de t'en souvenir. Et si c'est nécessaire, je pourrai aussi te les rappeler. Est-ce que tu te rends compte que tu t'excites quand tu as du mal à rester assise ? Comment pouvons-nous appeler ces moments ? »

Minnie détourna le regard et haussa les épaules :

« J'ai l'impression d'être sur un escalier roulant. Je ne sais pas comment descendre. J'ai peur qu'il ne s'arrête pas. »

Mme Simmons répondit :

« Magnifique ! On va appeler ça "l'escalier des ennuis". Pourrais-tu venir me trouver en disant : "Là, madame Simmons, je suis sur l'escalier roulant" ? Toi et moi, nous saurons ce que cela signifie. Imaginons ce que tu pourrais faire quand tu commences à te sentir comme ça. Tu as une idée ? »

Minnie semblait désireuse de trouver, mais déconcertée. Mme Simmons continua :

« Et si nous décidions de faire quelque chose comme ceci : "Minnie, c'est le moment d'aller à l'espace de lecture avec un livre." Ce ne sera pas une punition. Juste un moyen pour toi de descendre de ton escalier roulant. Tu peux simplement me dire : "Madame Simmons, il faut que j'aille regarder mon livre maintenant." »

Et chaque fois que ces techniques consensuelles donneront de bons résultats, Mme Simmons devra chaleureusement féliciter Minnie.

Quand elles ne marcheront pas, Mme Simmons et Minnie auront à considérer le problème. Quand on compte trop sur des solutions, on exerce une pression sur l'enfant. Il y a fatalement des échecs qui pourraient décourager et l'enfant et l'enseignant. Mais ils ne le devraient pas. Il vaut mieux savoir à l'avance que les techniques risquent d'échouer de temps en temps. Quand c'est le cas, je suggère que Minnie et Mme Simmons s'asseyent ensemble pour en discuter et pour partager leur déception.

« Alors, Minnie, tu vois bien ce que nous essayons de faire. Qu'allons-nous essayer maintenant ? J'aimerais suivre tes suggestions. »

Si Minnie arrive à émettre une idée raisonnable, cela marquera une étape. Elle manifestera son désir de comprendre et de maîtriser ses pertes de contrôle.

Le CP offre aux enfants une compréhension nouvelle de leur comportement. Beaucoup d'enfants de CP font de gros efforts pour contrôler leur exubérance afin de rester assis et de faire attention pendant de longues périodes. Une fillette aussi active que Minnie peut sentir qu'elle est une menace pour les autres, eux-mêmes aux prises avec leurs propres problèmes de contrôle. Ses pairs pourraient la rejeter si elle ne parvenait pas à apprendre à se calmer quand il le faut. Mais un des avantages du CP est que l'institutrice comprend l'enfant d'une façon différente, souvent plus objective que les parents.

Mme Lee doit être enrôlée dans cet effort pour aider Minnie à comprendre et à contrôler son tempérament. M. Lee aussi. Mme Simmons a besoin de leur concours. Il est essentiel que les Lee comprennent les objectifs fixés par Mme Simmons. Mais étant donné que c'est un projet à long terme, difficile qui plus est, une trop grande pression à la maison risque de provoquer l'effet inverse. Il est nécessaire que Minnie soit l'objet d'attentes continuelles à la maison et à l'école, mais elle risque d'avoir le sentiment que tout le monde se ligue soudain contre elle. Quand les uns ou les autres voient qu'elle tente d'orienter son énergie vers la lecture ou vers la conversation, ils peuvent lui faire savoir qu'ils se rendent compte des efforts qu'elle accomplit. Il faudra alors faire bien attention à ne pas se tromper de bataille. Il y aura des moments où Minnie aura seulement besoin de se laisser aller. Il y aura beaucoup de conversations difficiles : les parents de Minnie et Mme Simmons devront apprendre à partager leurs incertitudes et leurs erreurs. Si enseignant et parents réussissent à se soutenir mutuellement en discutant de leurs frustrations, il leur sera plus facile de renforcer les efforts de la fillette.

Il y a un piège à éviter : Minnie pourrait trop aisément avoir l'impression que personne ne l'aime telle qu'elle est. Que tout le monde veut la changer. La fragilité nouvelle qui marque son activité – moins nerveuse, plus ouverte aux autres – pourrait facilement disparaître si la pression vers le changement provoquait en elle le sentiment de n'être ni capable ni acceptée. Ces nouvelles attentes doivent donc être accompagnées d'attention envers les sentiments que Minnie éprouve pour elle-même. D'autres exutoires doivent être proposés, comme des occasions d'exceller, de démontrer sa valeur à ses pairs à la récréation ou en sports. «Minnie, tu peux y aller maintenant ! Tu es restée assise si gentiment. C'est la récréation ! Tape aussi fort que tu peux dans le ballon ! »

Un enfant vulnérable. Tim était aussi tranquille que d'habitude. La seule manière pour ses parents de voir qu'il se préparait à l'école était d'observer son visage. Quand on mentionnait l'école, il devenait attentif, ses yeux s'illuminaient. C'était comme s'il essayait de comprendre l'importance que cette étape représentait pour lui. Il désirait tant apprendre. Chaque fois qu'il pouvait trouver un livre pour lui, il se blottissait dans un coin. Là, il prononçait à haute voix les lettres, les assemblant en essayant de les lire comme des mots. Sa mère se rendit compte qu'elle passait une partie de ses matinées à lui montrer comment réunir les lettres en mots. Certaines élisions constituaient un obstacle, mais Tim était si décidé qu'il en vint rapidement à bout. Quand son père lui faisait la lecture, le soir, il était fasciné. Il lui avait d'abord demandé de ralentir et de lui laisser lire une partie de la page. Les premiers mots lui avaient donné du mal. Mais assez vite il avait pris de l'assurance et le livre n'était pas terminé qu'il lisait avec davantage d'aisance. Au bout de quelques semaines, ses parents constatèrent des progrès. Tim lisait de plus en plus facilement chaque jour. Le ravissement qu'il éprouvait n'était pas moins fort que leur admiration.

Chaque fois qu'elles se rencontraient, Mme McCormick et Mme Stone comparaient les notes de leurs fils. Comme Billy et Tim se trouvaient dans la même classe, Mme McCormick désirait qu'ils soient amis et elle invitait parfois Billy à venir jouer. Ce jour-là, Billy courut jusqu'à la maison, le visage radieux. Comme à son habitude, il était plein d'entrain. Quand il vit Tim, il dit : « Salut, Tim ! » Tim pâlit, mais ses yeux s'écarquillèrent de plaisir en apercevant son ami. Billy ne pouvait deviner que ce salut enthousiaste était presque trop pour Tim, mais, instinctivement, il se calma. Il avança plus doucement en approchant.

Tim regarda ce charmant garçon décontracté. Doucement, il dit :

« Je sais lire. Toi aussi ? »

Billy ne savait pas, mais il désirait apprendre. C'était l'occupation idéale. Tim prit *Good Night, Moon* (*Bonne nuit, lune*). Billy connaissait bien cette histoire. Son beau-père la lui avait lue tous les soirs. Les garçons s'assirent l'un à côté de l'autre. Mot par mot, lettre par lettre, Tim mena Billy à travers le livre. Billy suivait, plein d'admiration. Tim répétait les lettres. Ils jouaient avec les sons. Tim montrait à Billy comme prononcer les mots, puis comment les construire, l'un après l'autre. Ils riaient ensemble. Finalement, Billy se fatigua de lire et voulut jouer.

« Tim, on joue ? Tu connais quel jeu ? »

Tim montra à Billy son jeu de cartes. De temps en temps, les deux mères jetaient un coup d'œil. Tout était tellement calme qu'elles n'avaient pas envie de mettre un terme à la visite. Quand Billy et Tim durent se séparer, ils étaient amis.

Tim était aussi prêt que possible pour l'école. Il était même conscient de ses craintes.

« Je parie qu'ils vont me faire asseoir sur une chaise dans le coin pour que les autres enfants puissent me voir.

– Pourquoi ? demanda sa mère.

– Parce que je suis si tranquille.

– Mais Billy pense que tu es génial. Les autres enfants penseront la même chose, si tu le veux.

– Je ne sais pas comment jouer avec eux.

– Tim, si tu peux devenir ami avec Billy, tu peux aussi devenir ami avec d'autres enfants.

– Billy est différent. Il me connaît. »

C'était vrai. Les garçons se comprenaient l'un l'autre. Chaque fois que Tim et Billy étaient ensemble, ils retombaient dans la relation qu'ils s'étaient construite. D'abord Billy demandait à Tim de l'aider pour la lecture et l'écriture. Une fois que Tim s'était décontracté et mis en train, Billy le persuadait de faire un jeu. D'abord un jeu de cartes. Puis ils jouaient à rire. Parfois même ils jouaient à courir. Le caractère prévisible de ces rencontres était important pour Tim.

Les McCormick étaient surpris de voir que Billy était capable de s'entendre avec Tim. Mme McCormick savait qu'elle avait considéré son fils comme trop timide, trop lent – voué à être ridiculisé par ses pairs. Le fait que Billy l'accepte, qu'il s'engage pas à pas dans sa relation avec lui, avait fait tomber les barrières de Tim. Mme McCormick était sidérée que cela soit possible.

Billy accompagna Tim jusqu'à Mme Simmons pour le présenter.

« Voilà Tim. Il est timide. C'est mon ami.

– Billy, montre-lui ton bureau pour qu'il sache où te trouver. Ensuite tu lui feras faire le tour pour qu'il rencontre tout le monde. Tu es vraiment un bon ami. »

Tim acquiesça énergiquement. Il se sentait en sécurité, il voyait qu'on s'occupait de lui.

La tranquillité de Tim tranchait dans la classe. Il ne s'agitait pas du tout. Il n'éprouvait pas le besoin de se déplacer. Il regardait et attendait. Quand Mme Simmons commença sa leçon, son visage s'éclaira. Au début, il avait été sur ses gardes. Mais il était prêt à réussir en CP, et petit à petit il sentait qu'il allait pouvoir le faire.

Sa mère parvint à l'aider à franchir ce cap sans l'affronter directement. Un enfant timide n'est que trop conscient du problème que pose aux autres sa personnalité. Si sa mère l'avait poussé à changer ou si elle l'avait mis dans des situations trop difficiles, il aurait vraisemblablement échoué ou se serait encore plus replié sur lui-même.

Sans pression indue, Tim avait une chance de réussir à sa façon. Parce qu'il était intelligent et désireux d'apprendre, l'école représentait une bonne chance de manifester ses atouts personnels. Si on faisait très attention à ne pas hâter sa socialisation, si ses succès scolaires se maintenaient, son estime de soi allait se renforcer. Tim deviendrait de plus en plus sûr de lui-même et de sa capacité à maîtriser les situations sociales.

Un enfant facile. Marcy allait faire sa rentrée scolaire ! Elle n'arrivait pas à y croire. À son sixième anniversaire, elle avait sauté dans tous les sens :

« Je suis assez grande ! Je vais enfin aller à la grande école ! »

Son visage était radieux. Tout son corps était soulevé par l'excitation.

« Maintenant, je suis grande. »

Marcy sentait que le CP était une véritable étape vers l'âge adulte. Elle n'était plus un « bébé » à ses yeux et aux yeux des autres. Tout son entourage aura attendu son entrée en CP. Même son frère aîné aura pour elle un respect nouveau.

La mère de Marcy avait toujours été certaine que sa fille n'aurait pas de problème. Elle avait peu d'inquiétude devant cette enfant extravertie. Marcy paraissait habiter les sommets. Elle avait la capacité d'y entraîner les autres. Quand elle faisait allusion à un obstacle, elle semblait fière de son aptitude à le surmonter. Mme Jackson s'était inquiétée à propos de son frère aîné et de son adaptation, mais Marcy paraissait invincible. On ne se faisait guère de souci à son propos.

Quand Marcy arriva à l'école le premier jour, elle fonça. Sa mère l'avait présentée à sa nouvelle institutrice la semaine précédente. Mme Simmons était bien connue pour son caractère chaleureux et amical ; Marcy et elle s'entendirent d'emblée. Mme Simmons confia à la fillette qu'elle avait entendu dire par la maîtresse de maternelle qu'elle était un véritable « leader ». Elle lui demanda où elle voulait s'asseoir – quel bureau et quel endroit dans la classe. Marcy choisit un bureau au premier rang. Mme Simmons dit :

« J'apprécie ton choix, Marcy. Comme ça je saurai que tu te trouves tout près. Et quand j'aurai besoin de ton aide, tu seras juste là. »

Marcy était déjà séduite.

Quand Marcy rentra à la maison ce jour-là, elle était en extase :

« J'aime l'école ! J'aime Mme Simmons ! J'aime ma classe ! Tous mes amis sont là ! »

M. et Mme Jackson étaient ravis. Eux aussi se sentaient bien accueillis. Ils allèrent tous deux à la réunion des parents, espérant que ce serait l'occasion de participer à la joyeuse expérience de Marcy. Ils étaient très fiers de leur fille.

Un enfant extraverti. L'idée que Billy se faisait de l'école était «plus». Plus d'enfants, plus de temps à passer avec eux, plus d'occasions d'apprendre à lire et à écrire. Il aimait se trouver parmi les enfants. Il avait envie de faire plus de sports. Au cours de l'été, il avait appris à flotter sur l'eau, puis à mettre la tête sous l'eau. Finalement, avec beaucoup d'entrain, il avait appris à nager. «Papa, devine! J'ai monté mes pieds pendant que j'agitais mes bras. Et ça a marché!» Il battait des mains comme un petit chien et ça lui donnait de plus en plus de courage. Et il flottait vraiment. La dernière semaine d'août, il eut le courage de participer à la course de fin d'été. Il arriva dernier, mais il s'en rendit à peine compte. Les cris et les encouragements de la foule l'avaient complètement grisé. «J'adore faire des courses.»

Ç'avait été pareil pour le base-ball. Billy lançait avec une précision étonnante pour un enfant de six ans. Il avait plus de difficultés à attraper. On aurait dit qu'il s'attendait à ce que la balle tombe dans son gant uniquement parce qu'il en avait très envie. Il manquait la balle aussi souvent qu'il l'attrapait. Mais son plus bel exploit avait été la frappe. Il s'exerçait sans relâche quand il jouait à la maison avec son beau-père qui, debout à un mètre, envoyait sans se lasser la balle vers sa batte. Quand Billy se trouvait sur le terrain avec son équipe, il manquait continuellement la balle. Pourtant, une fois, il l'envoya magnifiquement, mais il oublia de courir. Il était resté à sa place, admirant son coup, tandis que la balle était rattrapée et lancée sur la première base. Malgré les huées, Billy était tout fier : «Tu as vu jusqu'où j'ai envoyé cette balle?» La partie suivante, il se débrouilla mieux. Il envoya la balle en direction du joueur de la troisième base qui trébucha. Billy hésita un moment avant de se précipiter vers la première base. Arrivé, il était si enchanté de son exploit qu'il fallut le pousser pour qu'il coure jusqu'à la deuxième base. Finalement, il eut une chance de marquer. Mais, après la partie, alors que l'on félicitait l'autre équipe, il fit remarquer : «Je n'ai pas aimé cette partie. On a perdu. La semaine dernière on avait gagné. J'ai préféré.»

Pour Billy, aller à l'école signifiait un plus grand nombre de ses activités favorites. Il avait peine à attendre le grand jour. Quand sa mère l'emmena en ville pour « acheter les vêtements d'école », elle alimenta ses anticipations.

« Ces tennis je les mettrais seulement pour le sport à l'école. Pour rien d'autre. Je les enlèverai en rentrant à la maison. Ces crayons et ce papier, ça sera juste pour l'école. On doit avoir des choses spécialement pour l'école. »

Il était rempli d'excitation à l'idée d'apprendre. Chaque soir, il s'asseyait avec l'un de ses parents.

« Tu veux m'entendre lire ? Je peux te montrer encore ? » Il exprimait son désir d'être prêt par des démonstrations de petits bouts de lecture, d'écriture et de calcul. Mais c'était plus que des petits bouts – Billy avait commencé à comprendre les objectifs de ces accomplissements. L'école maternelle l'y avait aidé.

Billy se prépara solennellement à sa visite médicale pour le contrôle de septembre. La visite chez le Dr Angela fut un triomphe :

« Elle m'a examiné partout. Elle n'a rien trouvé de mal. Je lui ai même montré mes muscles. Et devine, j'ai même pas pleuré quand elle m'a pris du sang avec une aiguille. Abby a crié comme une folle – un vrai bébé. Pas moi ! »

Il voulait porter à l'école l'anneau en plastique que le Dr Angela lui avait donné en cadeau pour le récompenser de sa bravoure, mais au bout de quelques jours ce petit jouet lui sembla moins précieux et il le perdit.

Il travaillait dur à être « prêt ». Quand il alla se faire faire sa « coupe pour l'école », le coiffeur fut impressionné. Billy se tint très tranquille dans le fauteuil. Chaque fois, auparavant, il gigotait. À quatre ans, il pleurait en voyant ses mèches de cheveux tomber par terre. Cette fois, il demanda d'un ton assuré au coiffeur :

« Tu sais faire les coupes pour l'école ? J'entre au CP. »

Quand il eut terminé, le coiffeur dit :

« Billy, tu as déjà l'air plus vieux ! »

Et c'était vrai. La coupe courte, la disparition des boucles, l'air décidé et sérieux de son visage le faisaient paraître plus âgé. M. Stone ressentit un petit pincement au cœur. Billy grandissait si vite.

Quand ils furent de retour à la maison, Billy se précipita vers sa mère en criant :

« Mes cheveux sont tout frisés maintenant ! »

Elle acquiesça tranquillement et jeta un regard à son mari. M. Stone vit dans ses yeux le même sentiment que celui qu'il avait éprouvé. Tous deux savaient que le sentiment de perte qu'ils partageaient – bien qu'il fût sans doute un peu différent pour un beau-père – devait rester entre eux. Billy avait surtout besoin de sentir leur fierté et leur excitation devant sa croissance, leur confiance en ses capacités pour continuer de progresser. Pourtant, si cela se révélait nécessaire, ils pouvaient aussi comprendre qu'il fasse une pause au milieu de son approche effectuée à toute allure, comme à son habitude. Ils pouvaient comprendre qu'il se sente un peu triste et effrayé de temps en temps, parce qu'il n'était plus aussi petit, parce qu'il devenait un grand garçon, en route pour l'école.

Les apprentissages

Les différences entre garçons et filles. Les différences liées au sexe sont immanquables au CP. Les filles étaient capables de réserver leur énergie pour la récréation. Et même là, elles jouaient avec des égards, pour elles et pour les enfants qui les entouraient. Pas les garçons, qui paraissaient ne jamais s'arrêter de bouger. Ils se tortillaient sur leur chaise. S'ils se trouvaient sur un banc, ils se balançaient jusqu'à le renverser. Par terre, ils s'étalaient – les quatre membres étirés, en prenant autant de place que possible. Ils tournaient en rond, sans arrêt, empiétant sur l'espace des autres. Mme Simmons s'arrangeait pour les faire asseoir en un grand cercle sur le sol. Au début, on aurait dit les rayons d'une roue, mais presque aussitôt, ils s'emmêlaient les uns les autres. Ils se laissaient tomber, ils se donnaient des bourrades, ils grognaient, ils se menaçaient. À la récréation, ils se poursuivaient, ils se faisaient des crocs-en-jambe et ils trouvaient des objets à lancer du pied ou de la main. Ils prenaient au sérieux les réprimandes de Mme Simmons – pour un temps. Et puis, les énergies reprenaient le dessus. Les jeux de compétition prédominaient – mais apparemment destinés autant à favoriser les contacts physiques et la reconnaissance mutuelle qu'à se mesurer l'un l'autre.

Les filles avaient tendance à se rassembler à l'entrée de la salle de classe. Elles bougeaient moins, mais elles aussi se provoquaient. Elles se tenaient plus droites que les garçons et formaient des groupes de quatre ou cinq. On distinguait facilement les amies qui se tenaient par le bras ou s'accrochaient l'une à l'autre. Tout en étant conscientes de l'activité des garçons, elles essayaient de s'en isoler en tournant le dos à la mêlée du fond de la classe. Elles riaient et se comportaient comme si elles échangeaient des confidences. Une main devant la bouche, Marcy chuchotait très doucement un secret à son amie. Toutes se rapprochèrent pour entendre. « Qu'est-ce qu'elle a dit ? » Le « secret » fit le tour – rien d'important, quelques mots complètement déformés quand ils parvinrent à la dernière. C'était plus histoire de se rassembler que d'intriguer.

L'école n'encourageait pas la séparation des sexes ; les enfants semblaient le faire instinctivement. Peut-être, dans d'autres circonstances, au cours des années précédentes, cette séparation avait-elle été suggérée, même involontairement. En l'occurrence, les enfants s'étaient rassemblés dans des groupes de même sexe. Les parents paraissaient surpris ; ils faisaient même des suggestions pour encourager plus de mixité. Une mère poussa sa fille : « Regarde, c'est ton ami Jason. Va lui dire bonjour. » Pas de réponse. Le comportement spécifique au même sexe était trop important pour pouvoir se faire des amis. C'était comme si les enfants se découvraient et trouvaient leur place à travers les uns les autres. Mme Simmons ne paraissait pas du tout surprise de cela.

Bien qu'il fût très sociable et tout à fait conscient de la présence des filles, Billy n'était pas attiré par elles. Certaines se rassemblaient dans un coin de la classe près de la maison de poupée et de l'aquarium. Une des mères s'amusa de voir que son éducation féministe n'avait eu que peu d'influence.

L'activité des garçons devint frénétique, mais Mme Simmons s'y attendait. Elle demanda aux enfants les plus tranquilles, des filles pour la plupart, de faire un dessin : « Dessine-moi ton premier jour à l'école. » Quant aux plus remuants, elle leur confia des tâches d'action, mais de plus en plus calmes. « Les quatre garçons, vous allez prendre les chaises là-bas. Placez-les en cercle. Puis allez chercher mon tableau. Vous arriverez à le porter tout seuls ?

Bravo. Vous êtes vraiment forts. Posez-le devant, pour moi. Et allez me chercher des craies pour écrire. Je vais inscrire le nom de chacun sur le tableau ; ainsi nous saurons tous qui est qui. »

En dépit des efforts récents pour nous débarrasser des comportements spécifiques et pour mélanger garçons et filles, les enfants eux-mêmes semblent instituer une ségrégation fondée sur le sexe. Le comportement des enfants peut avoir été légèrement différent avant qu'ils ne se rassemblent en groupe. Mais une fois dans ce groupe et dans une situation nouvelle, les deux sexes se séparent d'eux-mêmes. Les compétences sociales exigées étaient de nature différente. Pour les garçons, il s'agissait de bagarres, de compétition, de tests. Les filles se plaisaient davantage dans des groupes plus sédentaires, avec des manières, mais elles n'étaient pas toujours bienveillantes pour autant. Les deux groupes étaient conscients l'un de l'autre – sensibles aux messages émis par chacun d'entre eux ; ils utilisaient les rires et les commentaires comme une façon de faire connaissance. Garçons et filles recherchaient le confort et la prévisibilité de leur propre sexe. Même Tim qui avait commencé à s'adoucir au contact de Billy était fasciné par le comportement des garçons. Il ne pouvait pas se joindre activement à eux, mais il était évident qu'il les observait avec envie. Il savait probablement toujours où se trouvait Billy et ce qu'il faisait.

Pour une personne d'expérience comme Mme Simmons, tout cela était prévisible. Elle savait que les filles seraient prêtes à se conformer aux règles de l'école. Rester assises à leur bureau, être prêtes à rentrer après la récréation – c'était facile pour la plupart des filles de la classe. Jusqu'alors, les garçons semblaient laisser les filles tranquilles. Mais Mme Simmons savait que les taquineries et les provocations n'étaient jamais bien éloignées. Elle s'était toujours demandé si les filles ne provoquaient pas les taquineries. Quand l'une d'entre elles passait à côté d'un garçon, elle était souvent tentée de le chatouiller, de lui marcher sur le pied ou simplement de lui lancer un regard en biais.

Mme Simmons était persuadée qu'il était plus facile d'enseigner à une classe plus nombreuse si on acceptait de séparer filles et garçons. Pourtant, il y avait tant à perdre en faisant cela. Les filles apprenaient des garçons et vice versa. C'était à la fois un plaisir et un défi que d'affronter les différences entre les garçons et les filles de six ans au début de l'année. Le problème principal était que les garçons exigeaient et obtenaient le plus gros de son attention. Avait-elle une préférence? Ou était-ce le fait qu'apprendre aux garçons à se conduire en société lui demandait tout simplement plus d'efforts? Ces différences n'apparaissent pas seulement au CP ou même à trois ans, mais dès la première année. Mais Mme Simmons avait découvert qu'en fait ces comportements s'apaisent pendant l'année de CP.

À la moindre occasion, les garçons se poursuivaient dans la classe, tournant autour des bureaux. Quand ils se mettaient à crier, Mme Simmons leur donnait un avertissement sévère qui les calmait aussitôt. Mais alors ils se poussaient et commençaient à se bagarrer. Quelques garçons, dont Tim, restaient debout à regarder les autres. Mais la plupart participaient et ils se provoquaient, poussaient des cris de joie, riaient de bon cœur. Leur gaieté était contagieuse. Tout le monde les observait tandis qu'ils faisaient régner dans la pièce une effervescence volcanique. Les mères des garçons étaient ravies et laissaient apparaître des petits sourires approbateurs. Elles se regroupaient comme si leurs enfants avaient installé le décor pour qu'elles deviennent amies. Quant aux parents des filles, en voyant tout ce chahut ils essayaient de cacher leur muette désapprobation.

Lire et écrire. En dépit de leur activité bouillonnante, Mme Simmons n'éprouva pas de réelle difficulté à persuader ses élèves de se conformer aux règles de l'école. Le psychanalyste Erik Erikson parle de «l'âge de l'industrie» en se référant aux enfants de six ans qui, non seulement sont prêts à commencer à travailler, mais en ont absolument besoin. Ils sont avides de connaissances et, pour les acquérir, la plupart ont un vif désir d'apprendre.

Bien entendu, la distraction est toujours une force avec laquelle il faut compter. Les premières semaines, Mme Simmons passa une grande partie de son temps à établir des règles et à proposer des exutoires constructifs à l'excitation. Une part importante de son travail consistait à enseigner aux enfants à reconnaître et à respecter les besoins de chacun. Peu à peu, les enfants apprenaient à s'occuper d'eux-mêmes et à travailler en groupe, même si parfois il leur fallait être remis en place directement : «Tu vas trop loin.

Viens t'asseoir à côté de moi.» Le coupable appréciait d'être l'objet de l'attention et de la contrainte. Avec une expression soumise, il venait s'asseoir à côté de Mme Simmons et il tournait vers elle un visage plein d'adoration.

L'enthousiasme de Billy déborda quand commencèrent les leçons. Il levait la main à chaque question de Mme Simmons. Souvent il donnait une réponse correcte. Tout aussi souvent il en était incapable. «Tout ce que je voulais, c'est répondre.»

Billy se mit à inventer des mots. Il disait :

«Qu'est-ce que ce mot veut dire? après avoir écrit un mot de sa composition.

– Rien du tout, à mon avis, Billy.

– Eh bien! Montre-moi comment faire un mot. Montre-moi chat et chien.»

Mme Simmons épelait C-H-A-T.

»Mais pourquoi c'est différent pour chien? C'est aussi un animal.

– Billy, tu as un nom spécial, qui s'écrit d'une façon spéciale et c'est comme ça pour tout le reste. Un chat et un chien, ce n'est pas la même chose, donc leur nom ne s'écrit pas pareil. Si tu écrivais : "Regarde ce chien", et que ce soit en fait un chat, je ne te comprendrais pas, n'est-ce pas?»

Le visage de Billy devint sérieux, ses yeux se remplirent d'étonnement devant le pouvoir et le mystère des mots.

Tim était déjà le meilleur lecteur de sa classe. Billy le regardait avec envie. Comment faisait-il? Billy prenait le livre que Tim lui avait lu. Il regardait les dessins et inventait ou imitait les histoires que Tim avait lues. Mais son désir de faire sortir l'histoire du livre était déjà plus fort que la tentation de fabriquer une histoire.

Quand Mme Simmons fit la première leçon de phonétique (prononciation des lettres), Billy était prêt. Il découvrit qu'il pouvait voir des lettres et des mots partout et les prononcer. Quand il reconnaissait un son familier, c'était comme retrouver un vieil ami. Il se mit à prononcer chaque signe rencontré dans la rue. Dans l'émission télévisée *Rue Sésame*, il avait vu un mot, l'avait entendu et avait regroupé ses lettres. Bientôt, il commença à comprendre les associations de consonnes et de voyelles. Il demandait à Tim de l'aider. Tim était ravi. Il pouvait écouter les exercices de prononciation de Billy aussi souvent que celui-ci le souhaitait.

M. et Mme Stone étaient impressionnés que Billy apprenne si bien et si vite. En quelques semaines, il commença à lire des mots entiers. Bientôt il fut capable – au prix de grands efforts et avec des hésitations – de lire des phrases. Maintenant, il voulait pouvoir prendre des inflexions, faire couler les mots comme Tim. Il sentait quel pouvoir cette capacité donnait à Tim et il l'admirait.

Mme Stone avait toujours lu des histoires à Billy le soir. M. Stone considérait aussi la lecture comme une occasion spéciale pour lui de câliner Billy au moment du coucher. L'intimité qui permettait à Billy de s'épanouir était depuis longtemps liée à la lecture. Dans le foyer des Stone, les livres et la lecture avaient toujours eu de la valeur. À présent, les parents de Billy voyaient combien c'était important pour Billy de leur montrer ce qu'il pouvait faire avec ses propres livres.

Les lectures du soir devinrent plus longues et c'est Billy qui les dirigeait. Il s'exerçait à prononcer un mot jusqu'à ce qu'il y arrivât. Et alors, il le répétait fièrement à l'envi. «Et qu'est-ce que ça veut dire, papa?» Quand son beau-père le lui expliquait, Billy était presque stupéfait. Il était assis la bouche ouverte, écoutant et digérant le commentaire. Il répétait alors le mot avec satisfaction, en y ajoutant l'explication de son père. M. Stone pouvait voir dans cette nouvelle compétence de la fierté et de l'assurance. L'énergie sous-jacente était impressionnante. En trois mois, Billy avait appris à prononcer les mots d'un texte. Parfois il regroupait les lettres d'une façon comique, parfois, il prononçait des syllabes muettes; certains mots restaient pour lui déconcertants, sinon carrément intimidants.

Il était tout aussi absorbé par l'écriture. Il serrait avec enthousiasme son crayon, le tenant au début de toute la main. Quand il vit qu'il n'arrivait pas à dessiner les lettres comme il le désirait, il observa Tim, qui était plus entraîné. Tim tenait son crayon avec trois doigts; il le faisait passer d'une main à l'autre en essayant de composer un mot. Quand il était frustré de ne pas connaître la lettre suivante, il prenait le crayon de la main gauche. Comme si ce changement lui libérait l'esprit, la lettre manquante apparaissait. Billy essaya avec trois doigts, mais il se sentit mal à l'aise; il se mit à tenir son crayon avec le pouce et le majeur. Et cela marcha.

Pendant l'année, Billy et Tim parvinrent progressivement à écrire de la façon habituelle – en tenant le crayon avec le pouce et l'index, tout en le bloquant avec le majeur. Tout aussi progressivement, Tim abandonna ses changements de main qui étaient moins efficaces. L'efficacité était un moteur puissant pour orienter la façon de faire. Un jour, Billy rapporta à la maison un morceau de papier déchiré sur lequel il avait écrit : « BILLY STONE VA EN CLASSE », avec les S écrits deux fois à l'envers. Billy était très fier de son œuvre et n'avait pas remarqué les fautes. Ses parents s'attendrirent devant son exploit, sans faire de commentaire sur les inversions. Ils étaient sûrs que les S se rectifieraient avec le temps.

Donner l'envie d'apprendre. Je m'inquiète de constater que l'on pousse actuellement les parents à « faire travailler » leurs enfants au cours des premières années de leur scolarité. Dès le début, les parents sentent qu'il est difficile d'élever des enfants capables de survivre dans notre monde toujours plus compétitif. Des avis bien intentionnés peuvent conduire les parents à stimuler avec tant d'excès leurs enfants que ceux-ci n'apprennent jamais à se stimuler eux-mêmes et à récolter leurs propres lauriers. Combien de mères ont été persuadées qu'elles devaient parler sans cesse à leurs jeunes enfants – sans laisser à ceux-ci une seule chance d'avoir des pensées personnelles ? Les pressions de notre univers toujours plus exigeant font perdre aux parents un équilibre auquel ils seraient sans cela parvenus d'eux-mêmes. L'espèce d'apprentissage forcé qui en résulte pourrait ne pas favoriser une motivation durable.

Comme Tim voulait à tout prix apprendre à lire, il prit l'initiative et découvrit ses propres techniques. Peut-être celles-ci ne correspondraient-elles pas aux méthodes de Mme Simmons. Mais, il y avait toutes les chances pour que le désir d'apprendre de Tim persiste.

Mme McCormick avait consacré beaucoup de réflexion et d'efforts à la préparation de son fils pour son entrée en CP. Bien que cela lui ait donné du mal, sa tâche s'était trouvée facilitée quand elle avait cessé de s'inquiéter ; ainsi ses soucis n'avaient-ils pas influencé son fils. Son coup de génie (et sa chance) avait été de lui trouver un ami assez sensible pour l'aider. Il était plus facile d'affronter une situation de groupe avec un ami pour allié. Tim avait également fait de gros progrès pour surmonter sa sensibilité dans l'environnement exigeant du CP. On peut maintenant l'aider en lui faisant prendre conscience de ses forces personnelles. Étant donné qu'il est intelligent et désireux d'apprendre, l'école peut lui apporter beaucoup de satisfactions. Si la pression pour devenir sociable reste progressive et si les succès scolaires persistent, Tim va devenir plus sûr de lui et de sa capacité à maîtriser les situations sociales. Sa motivation continuera à provenir de lui-même.

Un problème scolaire. Les parents de Marcy s'inquiétaient rarement de ses chances de réussite – ou si cela arrivait, ils s'inquiétaient de l'univers dans lequel elle devrait réussir. Ce fut donc un choc pour eux quand, en mars, Mme Simmons leur demanda de venir la voir. Le visage sérieux, l'institutrice demanda :

« N'avez-vous rien remarqué sur la façon dont Marcy essaie de lire ? »

Elle s'arrêta en voyant la tension qui avait envahi les parents.

« Marcy a certaines difficultés. Je voulais vous faire part de mon souci quant à un éventuel problème d'apprentissage. Bien qu'il y ait de grandes différences dans les rythmes d'apprentissage, je suis inquiète à son sujet. Elle est si douée dans les autres domaines que cela m'a vraiment surprise. Et je veux en savoir plus et l'aider dès à présent. »

Les Jackson furent choqués. Ils n'avaient jamais remarqué aucune difficulté chez Marcy. Quand ils lui faisaient la lecture, elle participait. Elle avait toujours semblé tellement brillante.

« Nous n'avons jamais soupçonné une telle chose », dit M. Jackson.

Mme Simmons continua :

« C'est le désarroi de Marcy qui m'a donné cette idée. Elle est si intelligente qu'elle arrive à le cacher. Elle peut sauver la face dans n'importe quelle situation. Mais il lui faut faire énormément d'efforts pour reconnaître les lettres et elle a beaucoup de mal à les organiser en mots. Elle essaie même d'inventer des phrases. Je ne veux pas qu'elle renonce. Nous pouvons demander une évaluation et trouver une méthode qui lui convienne pour apprendre. »

Les Jackson étaient pris entre scepticisme et effondrement. Mme Jackson était furieuse de se voir confrontée à cela et, en même temps, amère qu'on ne l'ait jamais avertie des difficultés de Marcy. M. Jackson se sentait coupable de n'avoir rien remarqué. Tout en ayant envie de nier le problème, ils se rendaient compte qu'en aidant maintenant leur fille ils éviteraient de futures difficultés.

Le soir suivant, Marcy et son père se retirèrent dans la chambre de la fillette pour lire une histoire. Chaque fois que M. Jackson laissait Marcy choisir un livre, elle prenait *Cendrillon*. C'était son préféré ; son père et elle le lisaient ensemble depuis des années. Marcy lisait en même temps que son père. Elle savait ce qui était écrit sur la page suivante sans même regarder. Cette fois, M. Jackson choisit un nouveau livre pour Marcy, un livre facile, mais qu'elle n'avait pas encore lu. Il dit :

« Marcy, maintenant que tu vas à l'école, on pourrait peut-être lire ensemble, comme pour *Cendrillon*. »

Il commença, s'arrêtant de temps en temps pour montrer les dessins d'animaux. Il lui demanda d'identifier les mots sous les animaux. Il lui dit :

« Ne t'inquiète pas. Tu n'as pas besoin de lire le mot en entier. Lis la première lettre et prononce-la. Et ensuite regarde le dessin. Cela t'aidera à y arriver. »

La méthode fonctionna pour les dessins de plusieurs animaux familiers. Mais Marcy devint de plus en plus nerveuse et M. Jackson se rendit compte combien elle souffrait à l'idée de l'échec qui l'attendait si elle ne parvenait pas à lire les mots. Elle essaya de le distraire de plusieurs façons. Elle s'arrêta sur un dessin d'écureuil et inventa une histoire :

« Cet animal grimpe aux arbres. Sa queue bouge quand il marche. Quand il a peur, il fait des bruits comme des petits claquements. Oh, mais oui, ça commence avec un E. C'est un écureuil ! »

M. Jackson vit jusqu'où Marcy était prête à aller pour éviter qu'on ne lui demande simplement de prononcer un mot peu familier.

Le jour suivant, Mme Simmons demanda à Marcy de venir au tableau – requête inhabituelle, car elle respectait les sentiments de la fillette. Mais en l'occurrence, il aurait été trop évident de ne pas l'appeler étant donné que tout le monde était déjà passé au tableau. Mme Simmons faisait de gros efforts pour la faire participer sans l'embarrasser. En marchant, Marcy trébucha. Elle rougit ; elle laissa tomber la craie. Elle regarda en direction de sa meilleure amie pour trouver du courage. Mme Simmons : « Marcy, dessine ton animal préféré.» Marcy se mit à dessiner un chien. «Et écris dessous le nom de l'animal ou invente un nom pour lui.» Marcy réalisa un chien présentable; puis elle se troubla. Elle essaya d'écrire C et ensuite H et elle se bloqua. Elle n'arrivait pas à trouver la lettre suivante. Quelques garçons ricanèrent. L'amie de Marcy lui souffla fort : «I». Mais Marcy ne pouvait plus continuer. Elle s'agita; elle voulut regagner son bureau. Elle était figée sur place. Mme Simmons se rendit compte de la difficulté que présentait pour elle le processus. Elle dit : «Marcy tu peux demander à quelqu'un de venir pour donner un nom à ton chien. C'est un très joli dessin. Tout le monde n'est pas capable de dessiner aussi bien. Tout le monde n'est pas capable de se rappeler les lettres, ni comment les tracer.» L'évitement de Marcy était typique du comportement qu'adopte un enfant pour se défendre contre ce genre d'échec. Apprendre *Cendrillon* par cœur. Décrire l'écureuil au lieu de lire son nom. Il n'est pas étonnant qu'un enfant en difficulté recoure à la ruse ou à la manipulation pour éviter de subir les ricanements de ses congénères ou d'affronter le sentiment d'échec qu'il éprouve.

Maintenant, en y réfléchissant, M. et Mme Jackson se rendirent compte que Marcy avait été de plus en plus hésitante avant de participer à leurs rituels de lecture chaque soir. Ils lui avaient toujours fait la lecture à la fin de la journée. Et elle avait adoré cela. Et eux aussi avaient adoré cela. C'était une occasion de câlins, de conversations. À présent les Jackson voyaient que Marcy avait toujours su apprendre rapidement ses livres par cœur. Elle avait pu «lire» de mémoire pendant qu'ils lisaient pour elle. Quand elle n'arrivait pas à se souvenir d'une histoire, elle utilisait une technique ingénieuse pour détourner leur attention de ses difficultés : elle inventait des histoires afin que tous oublient ce qu'ils étaient en train de lire.

Ses parents comprenaient à quel point Marcy désirait cacher son problème avec les lettres et combien il aurait été difficile pour elle de leur demander de l'aide. Forts des révélations de Mme Simmons, M. et Mme Jackson se mirent donc à rassembler les indices qui coïncidaient avec le diagnostic de l'institutrice. Chaque soir, Marcy choisissait les mêmes livres. S'ils s'écartaient de son choix, elle manifestait de l'anxiété et se mettait à bégayer en cherchant des façons de s'en sortir. Quand elle échouait, elle avait l'air misérable. Quand ils la surprenaient en train de ruser ou de les détourner des tâches qu'ils lui proposaient, ils voyaient son visage rougir : elle joignait les mains, tout son corps se crispait. Lui faire remarquer le problème n'aboutissait qu'à lui donner le sentiment d'être prise au piège. Elle avait réussi à construire des défenses tellement efficaces qu'ils n'avaient pas vu ce que lui coûtaient ses difficultés. Ils se rendaient compte que faire éclater la vérité n'était pas la bonne solution.

Marcy aurait probablement pu continuer à cacher ses problèmes d'apprentissage encore quelque temps. Il avait fallu à Mme Simmons énormément de finesse pour voir que la fillette faisait de gros efforts, mais qu'elle ne parvenait pas à maîtriser ces situations d'apprentissage avec l'aisance qui correspondait à sa personnalité. Mme Simmons avait sûrement décelé l'angoisse subtile que cette enfant manifestait quand elle était confrontée à une tâche qu'elle ne maîtrisait pas aisément. Elle était assez astucieuse pour se rendre compte que Marcy était douée d'une personnalité si facile que ce malaise ne lui correspondait pas.

Son manque de bonne volonté en classe avait plus de signification que s'il s'était agi d'un enfant plus têtu ou plus difficile. Mme Simmons avait eu la même expérience avec d'autres enfants souffrant de problèmes d'apprentissage. Ce qu'elle fit pour Marcy était remarquable et arrivait juste à temps : elle identifia ce problème curable avant qu'il n'ait porté préjudice à l'image de soi de la fillette.

Un des aspects les plus graves dans un problème d'apprentissage est que les enfants qui essaient et qui ne comprennent pas pourquoi leurs tentatives échouent perdent confiance en eux. Au cours de mes premières années de pédiatrie, on ne comprenait pas ce phénomène et je voyais des enfants qui échouaient à l'école, année après année. Nous avions tendance à leur attribuer des étiquettes négatives, à dire qu'ils étaient paresseux ou qu'ils refusaient d'apprendre. Les enfants aussi s'attribuaient à eux-mêmes des étiquettes; ils se considéraient en situation d'échec avant que nous le fassions. À partir des classes de CE2 et de CM1, ces étiquettes étaient définitives. Le chemin de l'apprentissage était doublement compromis – par leurs difficultés, mais encore plus par leur découragement et leur mauvaise image de soi.

Cette perte de sécurité intérieure se manifeste de toutes sortes de façons. Les enfants qui souffrent de cela peuvent devenir les «méchants» enfants de la classe, les poseurs, les brutes. Ou alors, ils se retirent dans leur coquille et restent assis patiemment en regardant dans le vide. Quand on leur pose une question, ils sursautent, rougissent, battent des pieds et des mains. Parfois, ils se conduisent mal pour détourner l'attention de l'institutrice et de la classe, afin qu'on ne remarque pas leur «bêtise». Ils ont l'air tellement mal à l'aise qu'une institutrice bien intentionnée apprend à ne pas les questionner. Elle essaiera de les ignorer jusqu'à la fin de l'année, moment où le fait qu'ils n'ont rien appris ne peut plus être caché. Dans des environnements scolaires débordés, de tels enfants peuvent passer d'année en année, avec des observations comme «sottise» ou «refus de participer». Beaucoup d'écoles font mieux que cela, mais nous avons encore de gros progrès à réaliser pour offrir un enseignement suffisamment flexible pour permettre aux enfants ayant des difficultés de s'épanouir dans une salle de classe. L'estime de soi de Marcy peut être préservée et elle apprendra – si ses parents sont prêts à agir.

De nos jours, nous avons des techniques pour identifier les différentes sortes de problèmes d'apprentissage. Si le trouble est identifié avec précision, les enfants apprennent à compenser en utilisant leurs meilleurs atouts. En effectuant des tests on peut faire apparaître les blocages et les traiter avant que l'estime de soi de l'enfant ne soit atteinte au point de compromettre d'autres acquisitions. Beaucoup d'écoles et de cliniques spécialisées emploient des psychologues qui, à l'aide d'appareils, testent les enfants pour trouver les stratégies susceptibles d'aider chacun à apprendre. Certains enfants réussissent à apprendre avec un programme informatique alors qu'ils avaient échoué avec une personne. Confrontés à une tâche, ces enfants deviennent réceptifs. La difficulté d'accomplir quelque chose dans un temps défini par quelqu'un d'autre représente une grande partie du problème. On peut y remédier avec un ordinateur ou un professeur particulier qui respecte le rythme de l'enfant. Si les parents de Marcy sont capables de chercher et de trouver les réponses appropriées au problème de leur fille, celle-ci sera en mesure d'éviter les écueils futurs : la persistance du problème et ses conséquences sur l'image de soi ou la motivation.

Les Jackson étaient prêts à faire quelque chose. Ils voyaient à présent que leur bouillante Marcy était de plus en plus découragée au fur et à mesure que l'année scolaire avançait. Ils n'avaient pas décelé ce qui la tourmentait et en ressentaient de la culpabilité. Pourquoi n'avaient-ils pas senti qu'elle avait des problèmes? En discutant ensemble, les Jackson comprenaient que leur propre déni, leur répugnance à affronter les difficultés étaient les responsables. Ils n'avaient voulu voir aucun problème chez elle. Ils se posaient maintenant des questions sur son avenir. Pouvaient-ils trouver une solution à ses difficultés? Quand elle était déprimée, toute la famille s'en ressentait. Mme Jackson se rendait compte du poids qu'elle avait placé sur cette fillette de six ans. Elle avait compté sur son affection pour soutenir toute la famille.

À présent, les Jackson désiraient pousser Marcy à affronter ses difficultés et à les surmonter. «Laisse Mme Simmons t'aider, elle sait ce qu'il faut faire.» Ils devinrent très protecteurs. Chaque fois que Marcy avait quelque chose à faire ou qu'elle se mettait à ses devoirs, ils demandaient :

«Veux-tu de l'aide, Marcy?»

Le visage de la fillette s'assombrissait et elle se détournait. Elle montrait clairement que leur participation minait sa confiance en soi. Elle répliquait :

«Je comprends mes devoirs. Je dois les faire toute seule. Laissez-moi tranquille.»

Quand les parents surveillent tout, cela signifie pour l'enfant qu'il est incapable d'accomplir une tâche par lui-même. Si celui-ci réussit à affronter la difficulté et à trouver les solutions, il finira par en retirer une récompense de grande importance : «Je l'ai fait tout seul!» C'est ce dont Marcy a besoin au moment où elle affronte ses difficultés. Sa réponse : «Je comprends. Je peux le faire», est une manière de se donner du temps. Il faut respecter son rythme personnel.

Les parents de Marcy doivent maintenant chercher un spécialiste compétent et attentif qui l'aide à trouver les façons dont elle peut compenser. Ses journées étant tellement remplies, Mme Jackson risque de ne pas trouver suffisamment de temps à consacrer à sa fille.

Les parents sont souvent la proie de leur impatience et de leur désir de tout arranger. Cependant, le plus important, peut-être, est qu'ils prennent du recul, qu'ils allègent la pression ressentie par l'enfant à travers leur déception. Une fois l'aide appropriée trouvée, s'ils réussissent à rester présents en laissant l'enfant maître de sa tâche, ils lui témoignent du respect. « Tu es capable de le faire. Et si tu en as besoin, nous sommes là pour t'aider. » Alors, quand il demande de l'aide, l'enfant est en position de force. Il aura encore besoin du concours de ses parents – pour lui indiquer des manières de contourner les difficultés et pour le soutenir quand il s'impatiente ou n'arrive pas à commencer une tâche dans laquelle il s'attend à échouer.

Et s'il manifeste des signes d'accablement ou s'il montre peu d'empressement à travailler sur son problème ? Ce n'est pas de la paresse. Ce qui pourrait apparaître comme de la paresse est le signe qu'il se sent désespéré. Quand on pense qu'il n'essaie même pas, c'est peut-être qu'il ne sait pas comment affronter son incapacité à comprendre. Parents et maîtres devraient tous rechercher d'abord des façons indirectes de reconstruire son image de lui : « Regarde tes magnifiques dessins ! » « Tu es un nageur exceptionnel. »

Rien de tout cela ne signifie qu'il faut abandonner l'enfant à son problème. Les enfants savent quand quelque chose ne va pas. Ils ont été très nombreux à passer des tests pour des problèmes d'apprentissage sans être informés du diagnostic. Sans informations, ils ne peuvent que craindre le pire – « Il y a vraiment un truc qui va pas chez moi ; je suis bon à rien. » Trouvez les mots pour décrire honnêtement le problème, tout en restant plein d'espoir : « Je vois que tu as du mal à apprendre de la manière que nous t'avons montrée, mais nous pouvons t'aider à trouver ta propre façon d'apprendre, celle qui marchera pour toi. » Les experts peuvent aider l'enfant à identifier ses « îlots de compétence », comme le psychologue Robert Brooks appelle les domaines de force. Les enfants peuvent les utiliser pour trouver un « parcours de rechange » afin de contourner un blocage.

Défis et réussite. Marcy était fière d'avoir appris à faire de la bicyclette avec des petites roues. Elle pouvait presque rivaliser avec Amos et suivait fièrement son frère quand celui-ci fonçait sur le trottoir devant leur maison. Amos adorait s'arrêter en faisant crisser ses pneus : il jubilait quand ses roues dérapaient et que les graviers volaient sous ses pieds. Un jour, Marcy essaya de s'arrêter comme son frère et, malgré ses roulettes, elle tomba. En heurtant le sol, elle s'égratigna le genou et la joue. Elle était hors d'elle. Ses hurlements finirent par attirer l'attention de son frère. Il revint précipitamment vers elle et, sans quitter sa bicyclette, il se pencha pour la réconforter. Mais il lui fallut bien descendre de sa selle et, ce faisant, il renversa son propre vélo et tomba par terre à côté de Marcy. Allongés tous deux sur le trottoir, ils se mirent à rire. Consolée par la chute d'Amos, Marcy oublia ses blessures. Quand sa mère arriva, essoufflée, pour les aider, elle les trouva blottis l'un contre l'autre. Elle emmena Marcy pour laver ses écorchures avec de l'eau savonneuse. Ce qui rappela à la fillette d'autres blessures douloureuses et elle recommença à pleurer. Amos vint lui tenir la main et elle se calma. La tendresse de son frère l'emportait sur la douleur. Mme Jackson se rendit compte qu'elle n'avait pas à s'inquiéter de la «méchanceté» d'Amos – bien sûr il lui arrivait d'agir méchamment – car elle était accompagnée de tendresse.

Après cela, Marcy refusa de monter à nouveau sur sa bicyclette. Mme Jackson tenta de l'y encourager : «Non, maman! Je ne peux pas. Je vais me faire mal.» Son père essaya lui aussi, lui proposant de courir à côté d'elle. Ils se demandaient s'ils devaient insister. Après tout, rouler à bicyclette est une acquisition essentielle pour un enfant de six ans. Mais elle avait été visiblement effrayée par son accident. Que faire? La pousser ou la laisser résoudre elle-même son problème? Tous les parents se trouvent confrontés à des dilemmes comparables.

Plusieurs semaines plus tard, Marcy céda. Ses amis faisaient tous de la bicyclette. Elle remonta en selle et tout se passa bien. Alors elle décida de renoncer à ses roulettes. L'assurance avec laquelle son frère pédalait était pour elle un modèle. Marcy demanda l'aide de son père. Une fois qu'elle eut retrouvé tout son courage, il élabora un programme. À la fin de chaque journée, il relevait un peu les roulettes. Cela obligeait Marcy à apprendre à trouver un nouvel équilibre. En la voyant vaciller le long du trottoir, M. Jackson vit qu'il avait intérêt à la laisser s'entraîner sur l'herbe, une surface plus clémente. Elle essayait avec constance. Chaque fois que son père relevait les roulettes, elle perdait l'équilibre et devait s'arrêter. Quelle frustration! Tous les après-midi, elle attendait que M. Jackson revienne du travail : «Maintenant, papa! On va essayer sans les roulettes de bébé.» Elle était assise à califourchon sur sa bicyclette à observer avec envie Amos qui faisait la démonstration de ses capacités dans la rue.

Quand finalement Marcy démarra sans les roulettes, son père courut à côté d'elle en essayant de ne pas se laisser distancer. Elle le dépassa. Elle oscillait d'avant en arrière et il avait le cœur au bord des lèvres. Elle continuait, vers la rue principale, incapable de s'arrêter. Il cria : «Marcy! Marcy! Arrête-toi! Laisse-toi tomber! Ne va pas dans la rue!» Elle l'entendait, mais elle était trop effrayée pour se laisser tomber; enfin elle se dirigea vers la pelouse d'un voisin et s'y écroula sans dommage. «Marcy, voilà qui était intelligent! Je suis fier de toi. Tu t'es arrêtée!» La pratique du pédalage à l'envers, pour ralentir et s'arrêter, devint l'étape suivante.

Un mois plus tard, Marcy se débrouillait bien. Elle savait garder son équilibre. Elle savait s'arrêter. Elle était fière d'elle. Les efforts de la famille avaient porté leurs fruits. Ses parents étaient soulagés. Ils se rappelaient leur fierté quand Marcy avait commencé à marcher. Apprendre à rouler à bicyclette faisait resurgir le souvenir d'anciens accomplissements, de points forts précédents.

C'était bon aussi pour Marcy de se rappeler que d'autres obstacles l'avaient découragée avant qu'elle ne les franchisse – par son travail personnel et grâce à l'aide familiale sur laquelle elle pouvait compter. Le problème d'apprentissage de Marcy est un exemple des faiblesses que parents et enfants doivent affronter ensemble. Les encouragements des parents, leur respect envers l'autonomie de l'enfant, sa façon de s'adapter et la fierté qu'il en tire, tout cela est essentiel si on veut que l'enfant mobilise ses propres ressources. Tous ceux qui, enfants, ont appris à monter à bicyclette peuvent facilement se rappeler la sensation de triomphe et de liberté qui les a envahis lors de leur premier tour en solo. Pour Marcy et pour les enfants qui lui ressemblent, cet accomplissement est encore plus important.

Le prix des apprentissages. Les Stone pouvaient voir l'excitation gagner Billy à la perspective d'apprendre. Pour eux, c'était un spectacle passionnant, mais qui coûtait beaucoup à Billy. Le prix de cet engagement enthousiaste apparaissait à la maison. Billy était difficile, susceptible. Il ne supportait plus qu'on lui dise ce qu'il devait faire. Il détestait qu'on le contrarie et se jetait sur le canapé ou par terre dès qu'on le réprimandait. Cependant, il semblait se sentir soulagé par les limites simples, claires et immuables qui lui étaient familières. Quand on les lui imposait – quand on l'envoyait se calmer dans sa chambre –, il paraissait reconnaissant qu'on l'aide à se reprendre, même s'il n'était pas capable de l'admettre. Quand ses parents lui refusaient une récompense qu'il n'avait pas méritée, il paraissait comprendre. Billy montrait que les limites étaient importantes pour lui ; leur caractère prévisible lui procurait un sentiment de sécurité. Même quand il protestait, M. et Mme Stone savaient qu'ils l'aidaient à acquérir des moyens de contrôle de soi qu'il pourrait utiliser tout seul à l'avenir.

Billy ne manifestait plus autant d'affection à l'égard d'Abby. « Elle me casse les pieds ! Emmenez-la ailleurs ! » Quand il s'enfermait dans sa chambre, Abby l'attendait à la porte. Lorsque enfin il émergeait, elle était si impatiente qu'elle s'accrochait à lui. Visiblement épuisé par sa journée d'école, Billy voulait du temps pour lui. Il fuyait littéralement Abby, alors elle le suivait en hurlant. Il repartait en toute hâte vers sa chambre, en se bouchant les oreilles et claquait la porte pour qu'elle n'entre pas. Quand Mme Stone essayait de l'arrêter ou quand elle le priait de laisser Abby jouer avec lui, son visage prenait un air maussade, tout son corps se tendait ; il paraissait savoir qu'il était prêt à craquer. Sans s'en rendre compte, Billy se protégeait – et protégeait Abby – de ses réactions.

Si ses parents parvenaient à comprendre ce comportement responsable, ils auraient l'occasion de féliciter Billy de ne pas s'en prendre à sa sœur et de l'encourager dans cette voie. Il était épuisé. Il progressait vers la nécessaire compréhension de ses propres limites en prenant le large, ce qui le protégeait – et elle aussi. La compréhension de ses parents l'encouragerait dans ses tentatives pour se contrôler dans les circonstances éprouvantes. Car cet enfant de six ans était un passionné et aucun progrès n'était acquis sans difficulté.

Environ au même moment, Billy se mit à rapporter à la maison des « gros mots ». Au début, ses parents furent choqués. Puis M. Stone se souvint qu'il avait fait exactement la même chose à son âge.

« C'est une façon de se faire valoir aux yeux des autres. Tous les enfants font pareil », expliqua-t-il.

Cependant, sa femme était contrariée par ce langage :

« Je n'ai pas l'intention de supporter qu'il parle comme ça. Je ne veux pas que Billy soit grossier.

– Alors, tu vois ça avec lui, répliqua M. Stone. Quant à moi, je préférerais lui expliquer comment se débrouiller pour être à la hauteur en présence d'enfants qui parlent de cette façon. »

Mme Stone convint que c'était préférable.

Quand son beau-père lui parla, il vit nettement le soulagement apparaître sur le visage du garçon. Effectivement Billy essayait de faire comme les autres – mais il était aussi excité par les « gros mots ». Il voyait bien quelle tension ce langage créait à la maison. Il sentait la désapprobation de sa mère. Même après sa conversation avec M. Stone, quand il était fatigué et irritable, il utilisait un gros mot pour obtenir une réaction de la part de sa mère. Mme Stone essayait de considérer que c'était une façon de la provoquer – qu'il ne fallait pas tolérer, mais qui n'était pas une attaque personnelle.

À cet âge, les enfants sont encore intrigués par les mots orduriers. « Fesses » et même « culotte » provoquent des rires gras. « Merde » et « cul » peuvent même être suivis d'un bref silence admiratif. « Caca », « pipi », et le reste font l'objet d'essais en présence des parents ; c'est, pour un enfant de six ans, une façon de découvrir le pouvoir et la signification des mots. Mais tout cela ne se produira pas aussi fréquemment qu'au cours de l'année précédente. À cet âge, l'enfant est davantage conscient de l'effet que ce langage produit sur les autres. Parfois il voudra connaître les réactions de ses parents devant un nouveau mot ou tester son entourage. Mais sa sensibilité aux autres entre en jeu.

Quand ils sont seuls, les enfants de six ans s'exercent à pratiquer tout leur répertoire. « Tête de con. » « T'aimes ta merde. » « Tu fais pipi de travers. » Et, s'ils parviennent à le découvrir : « Tu fais pipi au lit. » Les mots scatologiques sont réservés aux moments où un enfant de cet âge essaie de remporter un avantage sur un autre ou de se moquer sans pitié de lui. Les filles pratiquent ce genre de langage de façon plus privée ; elles se réunissent en petits groupes pour cancaner et se taquiner. Leur objectif quand elles échangent des mots grossiers peut être de découvrir qui est amie avec qui.

De qui recueillent-ils ces mots? D'autres enfants, d'enfants plus âgés, sur les terrains de jeu, de leurs aînés, même de leurs parents.

Les enfants font en général plus attention aux mots utilisés par les personnes qui les entourent et sont moins réceptifs aux autres provenances : télévision, films, radio et sites Internet.

On en revient aux oiseaux et aux abeilles. À six ans, il y a moins d'échanges avec les parents sur les questions sexuelles qu'à cinq ans. Mais quand M. Stone laissa entendre qu'il comprenait le besoin de Billy d'utiliser des mots grossiers, ce fut comme si celui-ci n'attendait que cela pour exploser. Les garçons de son âge avaient apparemment partagé entre eux des théories. C'était un moyen de se rapprocher, d'entrer dans un petit cercle excitant, dans lequel Billy pouvait aussi se sentir – par moments – à une distance inconfortable de ses parents. Le discernement de son beau-père l'aida à franchir le pas.

«Papa, comment on fait les bébés?

– Cela arrive quand un homme et une femme sont amoureux. Parfois, quand ils sont tous les deux en privé, ils se prennent dans les bras et s'embrassent et sentent combien ils s'aiment; alors l'homme met son pénis dans le vagin de sa femme. Son pénis devient dur» (Billy acquiesça, car c'est quelque chose qu'il connaissait) «et envoie du sperme dans le vagin de la femme. Le sperme va rencontrer son œuf dans son utérus. Le sperme et l'œuf s'assemblent et se développent en un bébé.»

Billy secoua vigoureusement la tête.

«Je sais tout ça. Mais si la dame fait pipi pendant qu'ils font ces choses? Où est-ce que part le sperme?»

Les enfants n'assimilent que ce pour quoi ils sont prêts, ce qui parle à leurs perspectives, à leurs préoccupations. M. Stone expliqua que l'urine provenait d'une autre source.

«Pourquoi le pénis devient dur?

– Quand tu le touches et que cela te semble agréable, ton pénis devient dur.

– C'est mal de faire ça?

– Non, ce n'est pas mal. C'est normal. Tout le monde touche cette partie de son corps à certains moments.

– Les filles aussi?

– Oui, leurs organes sexuels sont aussi sensibles que les tiens.

– Mais ils ne sont pas pareils. Est-ce que les leurs sont tombés ? Un de mes amis m'a dit ça.

– Non, Billy, les filles ont toujours été comme ça. Leurs organes sexuels sont à l'intérieur et servent à développer les bébés. Les nôtres sont à l'extérieur pour donner les graines qui font les bébés. Nous sommes différents dès le début. C'est plus intéressant ainsi, n'est-ce pas ? »

Billy sait qu'il n'est pas prêt à faire quoi que ce soit de la sorte pour le moment. Le temps où il en sera capable lui paraît très lointain. Les parents craignent parfois de répondre à des questions de ce genre, car ils croient qu'elles ont un trop grand pouvoir de stimulation. Les réactions de l'enfant – ce qu'il dit, ce qu'il ne dit pas – doivent guider les parents. Les parents qui s'attaquent à ces questions avec un enfant le rejoignent dans ses interrogations à propos du monde. L'enfant comprend que certaines réponses dépassent sa capacité de compréhension et sa capacité d'action, mais il semble désirer que ses parents prennent part à ses questions sur cet aspect de la vie, comme sur tout autre aspect.

La masturbation est un sujet toujours présent à l'esprit des enfants. Il va sans dire, du moins c'est ce qu'il faudrait, que c'est valable pour les filles comme pour les garçons. Si les parents interviennent par des interrogations, il y a des chances pour que les questions ne soient pas posées. Mais si les parents attendent que l'enfant de six ans demande des explications, ils seront en mesure d'adapter leurs réponses aux préoccupations propres de l'enfant. Pourquoi les enfants ont-ils l'impression que la masturbation est nocive ou répréhensible ? Peut-être parce que les parents n'ont pas vraiment cessé de le penser eux aussi. Bien que nous soyons très éloignés de l'ère victorienne, nous n'avons pas complètement surmonté l'idée que se masturber est mal, d'une certaine façon. Les parents ont pour rôle de rassurer l'enfant en mettant l'accent sur la nature spéciale et privée de cet acte.

Pendant sa conversation avec son beau-père, Billy n'avait pas semblé embarrassé. Mais quand ils eurent fini, il se mit à rougir. Quand il rejoignit le reste de la famille, son beau-père pouvait voir combien il était grave. Billy observa sa mère et sa petite sœur avec un intérêt nouveau. Pour cet enfant de six ans, les mots grossiers avaient caché des questions importantes. Il est sans doute plus facile de provoquer avec des mots que de poser des questions plus profondes et d'écouter les réponses. M. Stone avait répondu aux questions de Billy, mais il l'avait aussi préparé pour des échanges ultérieurs. Il se rendait compte que sous le vocabulaire ordurier des problèmes plus graves étaient en jeu.

M. Stone se sentit plus proche de Billy après cet épisode. Il découvrait un autre domaine où le petit garçon avait besoin de lui. Il voyait qu'il fallait à celui-ci du temps pour soulever, assimiler et reprendre de tels sujets. Un enfant compte sur la continuité pour partager cette sorte d'intimité avec un parent.

Le développement moral

Agressivité et contrôle de soi. Les sports pratiqués à l'école sont une soupape de sécurité pour libérer l'énergie et les émotions réfrénées qui ont envahi les enfants assis en classe. Quand les élèves de CP sont lâchés à la récréation, ils ont tendance à exploser dans une activité bruyante. Après avoir parcouru la cour à toutes jambes, ils reviennent essoufflés et prêts pour des activités plus contrôlées. Les filles de cet âge ont, elles aussi, souvent besoin de se dépenser physiquement, mais on les freine plus facilement. Elles peuvent dépenser leur énergie par le biais du rire, des taquineries ou des petites histoires qu'elles se racontent entre elles. Leurs potins recèlent souvent des idées agressives; mais ces dernières sont bien gardées. L'agressivité commence à être plus volontiers contenue à cet âge. Frayeurs et cauchemars ne sont pas aussi envahissants que par le passé; l'imagination est moins délirante, moins débridée. Un enfant de six ans reconnaît clairement la différence entre faire semblant et réalité. Il commence aussi à voir la différence entre ses désirs et ce qui est possible.

Chaque fois que l'heure de la récréation arrivait, les garçons de la classe de Mme Simmons se déversaient littéralement hors la salle. Ils se faisaient trébucher. Ils se marchaient sur les pieds. Ils se poussaient. Si l'un d'entre eux tombait, tous les autres lui tombaient dessus. Tim, cependant, attendait que tous soient sortis. Alors, il se glissait avec précaution dehors et s'asseyait sur une marche, un livre à la main. Il ne regardait jamais son livre. Il observait les autres garçons qui passaient en s'agitant ou donnaient des coups de pied dans une balle pour une partie «officielle».

Leur exubérance était contagieuse. Tout le monde voulait jouer ou bien regarder. Les filles surveillaient du coin de l'œil tout en se déplaçant en groupes. Tim observait. Un garçon fut pris à parti par deux de ses camarades de classe et il quitta le groupe la tête basse, en grommelant. Comme s'il avait besoin d'un bouc émissaire, il se dirigea vers Tim. Il saisit son livre et le jeta en l'air. Puis il se mit à se moquer de lui et le frappa. Billy se rendit compte immédiatement de ce qui se passait. Il courut vers eux.

«Steve, laisse Tim tranquille ! Tu vas lui faire mal ! Mme Simmons va t'attraper.

– Elle ne saura rien, sauf si toi ou Tim vous allez rapporter. Tu ne peux pas m'arrêter.

– Si. Tim est mon ami. Alors laisse-le tranquille.»

Le garçon s'éclipsa, rejeté pour la deuxième fois. Tim regarda Billy avec gratitude, mais sans un mot.

La tricherie. La patience et l'obstination dont Tim faisait preuve devant l'ordinateur étaient impressionnantes. Il était capable de rester assis devant l'écran pendant des heures entières. Beaucoup d'autres garçons de son âge se seraient agités. Tim utilisait l'ordinateur comme un refuge. L'ordinateur répondait docilement à ses demandes. Devant son écran, Tim pouvait rêver, inventer des histoires, imaginer. Quand il jouait avec un ordinateur à l'école, les autres enfants étaient attirés par le spectacle.

Timmy adorait les jeux calmes. Il écoutait les instructions et regardait avec attention pour voir ce qui allait arriver. Il semblait assimiler très vite les règles de chaque jeu – mais il aimait gagner. Si c'était le cas, ses yeux brillaient, son visage s'illuminait de plaisir et il poussait des cris de joie. Quand ses parents jouaient avec lui, ils étaient enchantés de voir combien il était intéressé et comme il apprenait rapidement. Mais, bien trop vite, il apprit aussi à tricher. Au début, ses parents n'y prêtèrent pas attention : «Il ne connaît pas encore les règles. Il n'a que six ans.» S'ils le corrigeaient, il éclatait en pleurs. Il partait en trépignant, il ne voulait plus jouer, il refusait d'écouter.

Les McCormick se rendirent compte qu'il fallait faire quelque chose pour éviter que la tricherie ne se transforme en habitude. Et s'il ne parvenait jamais à apprendre à jouer selon les règles?

Ce besoin de gagner à ces jeux était typique de l'ardeur d'un enfant de six ans. Quelle que fût la façon de gagner, elle paraissait valable. Mais il n'était plus aussi heureux quand il gagnait. Sa conscience était en train de se développer – son regard las le manifestait. M. McCormick fut le premier à commenter ce changement.

«Tim, tu n'es pas vraiment en train de jouer avec moi. Tu fais seulement ce qu'il faut pour être sûr de gagner. Je ne trouve pas ça amusant du tout et je pense que toi non plus.

– Je veux gagner, papa. Tu gagnes trop souvent.

– Mais, comme ça, tu ne gagnes pas vraiment. Tricher, ce n'est pas gagner. C'est juste tricher. Si tu triches, je ne veux plus jouer avec toi. Est-ce que tes amis n'ont pas envie d'arrêter quand tu triches?»

Tim resta silencieux.

«Les autres enfants ne vont pas t'aimer, si tu triches.

– Je peux pas m'en empêcher, papa. Je veux tellement gagner.

– Pendant que nous jouons, je peux te dire ce que je fais et pourquoi; alors, peut-être pourras-tu apprendre comment je gagne.»

M. McCormick observa que Tim tressaillait à ces mots. Tim pensait qu'il n'arriverait jamais à égaler son père. Peut-être ce désir de se montrer à la hauteur le poussait-il à tricher. M. McCormick essaya à nouveau.

«Tu peux apprendre à jouer sans tricher. Mais, d'abord, nous devons trouver comment t'aider à supporter de voir que tu es sur le point de perdre.»

De cette façon, M. McCormick put offrir à son fils compréhension et limites. Il donnait à Tim une occasion d'apprendre. Il avait entendu dans la voix du petit garçon l'envie de réussir avec ses pairs. Il savait que maintenant celui-ci était capable de discerner le bien du mal.

Tant que l'enfant ne comprend pas un jeu, il se préoccupe peu des règles. Puis vient un temps où il désire s'entraîner sans arrêt pour apprendre les limites. Mais, à un certain point, comprendre le jeu et savoir y jouer, cela ne lui suffit plus : il veut tellement gagner qu'il triche. Les parents peuvent dire à quel moment l'enfant est capable de suivre les règles en observant ses yeux et son visage. Ses expressions révèlent ses tentatives provocatrices pour tester les limites. Une fois qu'il a été pris et réprimandé, son soulagement est souvent apparent.

Tim avait à présent besoin d'autres exutoires. Il lui fallait des jouets qui conviennent plus directement à son désir de gagner et d'expérimenter ses sentiments nouveaux d'autorité. Les jouets agressifs, comme les figurines d'action, lui procureraient une occasion d'identification et une chance de surmonter ses sentiments. Certains jeux donnaient à Tim une sensation de puissance. C'était, pour son père, le moment d'assumer un rôle de premier plan dans la vie du petit garçon, parce que c'était ce que ce dernier attendait de lui. La grande étape du développement de la conscience morale était là, mais, tout aussi important au même moment pour Tim, il y avait la confiance en soi. Le fait qu'il triche tourmentait ses parents, mais il signifiait également qu'il osait sortir de sa coquille. C'était un point fort pour Tim et une occasion pour ses parents de soutenir ses nouvelles et fragiles capacités : il faisait preuve de compétitivité, manifestait sa frustration, franchissait des barrières et s'adaptait au rôle dangereux de gagnant. Ce sont des étapes importantes à six ans.

Tim apprenait à se défendre contre ses sentiments d'insuffisance. Il pouvait trouver en lui-même, dans son ordinateur ou par d'autres moyens, la force d'échapper à la pression qui le poussait à se comporter comme les autres garçons. Il n'était pas comme eux et ne pouvait pas l'être. Mais il pouvait apprendre à exceller dans des domaines qui seraient gratifiants pour lui. Cela exigerait de ses parents beaucoup de soutien. Il leur fallait participer avec lui, admirer ses talents. Il y a bien des parents qui le pousseraient à «être comme les autres». Mais cela ne ferait que le miner, car Tim le désirait déjà lui-même. En revanche, l'encourager pour ses capacités à utiliser avec imagination l'ordinateur, à exceller dans les jeux de cartes, à réussir à l'école, tout cela pourrait les mener vers les objectifs qu'ils recherchaient les uns et les autres.

Tim prenait de mieux en mieux conscience des sentiments des autres et des siens, en même temps. «Je n'aime pas jouer dehors à la récréation. Les autres enfants ne veulent pas de moi et ça me fait de la peine. Je préfère faire des choses à l'intérieur.» Prendre conscience de ses propres sentiments et être capable de les exprimer avec autant de concision représente un grand progrès vers l'acceptation des inévitables manques d'égards de la part de ses pairs. Quand un enfant comprend et accepte son tempérament, il lui devient plus facile d'apprendre à se protéger. À six ans, il est nécessaire de se constituer des défenses appropriées pour arriver ensuite à préserver son estime de soi. Tricher est une mauvaise alternative.

« Si on doit le dire, c'est pas rapporter ? » Mme Simmons avait demandé aux élèves de sa classe d'écrire une histoire. Elle leur avait proposé l'idée suivante : un enfant avait un petit chien qui s'était sauvé de la maison et qui avait été adopté par un autre enfant, un enfant cloué au lit. Le petit garçon malade s'était mis à adorer le petit chien. Que devait faire le premier enfant ? Plusieurs filles s'étaient regroupées pour comparer leurs histoires et pour s'aider. L'institutrice avait expressément recommandé de faire ce devoir seul. Elles trichaient en comparant leurs travaux et elles en étaient conscientes.

Minnie les entendit et se sentit probablement exclue. Elle alla trouver Mme Simmons :

« Ces trois filles mettent en commun leurs idées. Elles ne font pas leur devoir toutes seules. »

La réponse de Mme Simmons fut la suivante :

« Minnie, je suis heureuse que tu saches que tu peux venir me voir. Mais que crois-tu que ces filles vont penser si elles savent que tu es venue rapporter ?

– C'est quoi rapporter ?

– C'est raconter des choses sur quelqu'un pour qu'il ait des problèmes.

– Je ne veux pas qu'elles aient des problèmes. Je voulais seulement que tu le saches.

– Merci, Minnie. Mais je pense que tu dois savoir ce que cela pourrait signifier pour elles que tu rapportes. »

Mme Simmons mettait l'accent sur l'importance des relations sociales à cet âge – une étape importante pour Minnie.

Minnie était perplexe. Pourquoi Mme Simmons ne l'avait-elle pas soutenue ? Qu'y avait-il de mal à dire la vérité ? À la maison, quand on faisait remarquer une faute c'était bien considéré, tout comme la franchise. Au début, Minnie fut vexée. Elle était aussi furieuse contre Mme Simmons pour ne pas avoir pris son parti.

Elle se rendit compte qu'elle essayait de se faire aimer de l'institutrice. Mais elle se rendit également compte que celle-ci pouvait bien avoir raison au sujet de son désir de causer des problèmes aux filles. Minnie était jalouse et Mme Simmons essayait de lui dire que ce n'était pas une façon positive de se conduire quand on est jaloux.

Quand un enfant doit-il « raconter » et quand ne fait-il que « rapporter » ?

C'est là un problème majeur pour les notions inflexibles du bien et du mal de l'enfant de six ans. À la maison, Mme Lee pouvait aider sa fille à voir les zones de gris entre le noir et le blanc, même si Minnie n'était pas prête à s'y retrouver toute seule avant longtemps. Quand Minnie rapportait une infraction commise par sa sœur, Mme Lee pouvait dire : « Minnie est-ce que tu as besoin que je me mêle de ça ? Est-ce que tu ne peux pas te débrouiller avec ta sœur sans moi ? Je pense que tu essaies de faire disputer ta sœur. C'est du rapportage, Minnie. » Il faudra longtemps à la fillette pour comprendre les motifs qui sous-tendent son comportement et même alors, il y aura probablement encore des affrontements avec sa sœur.

Le vol. Billy revint de chez Tim avec deux dinosaures. Sa mère lui dit :

« Oh ! Ce sont de nouveaux jouets, n'est-ce pas ? C'est Tim qui te les a donnés ou c'est toi qui les as achetés ? »

Le silence de Billy, son regard baissé donnèrent la réponse.

« Billy, ces dinosaures ne sont pas à toi. Où les as-tu pris ?

– Tim me les a donnés.

– Tu es sûr ?

– Non.

– Merci Billy d'être aussi franc. Ce serait bien pire si tu les avais cachés et si tu avais menti. Ce serait du vol. Maintenant qu'allons-nous faire de ces dinosaures ? »

Billy regarda tristement les jouets. Il les leva jusqu'à son visage avec amour.

« Je pense qu'il faut que je les rapporte.

– Oui, certainement. Mais je suis sûre que Tim serait heureux de te les prêter. Si tu l'appelais pour lui dire que tu les as. Tu peux jouer avec ce soir et les rapporter demain ?

– Mais alors il saura que je les ai pris. Je pourrais peut-être juste les remettre sans rien dire demain.

– Sans doute. Probablement qu'il n'aurait encore rien remarqué. Mais cela ne serait pas honnête. Je sais que c'est dur, mais si tu l'appelles, tu feras preuve de courage. Il te pardonnera. Et tu te sentiras beaucoup, beaucoup mieux. Personne ne se sent bien après avoir volé quelque chose. »

Mme Stone avait donné à Billy une occasion de réfléchir sur le bien et le mal et de réparer un tort. Ce faisant, elle a permis à son fils d'apprendre une importante leçon : même si on parvient à voler quelque chose sans se faire prendre, ce n'est pas acceptable. C'est une leçon de réflexion morale et un pas en direction de l'autodiscipline.

Apprendre le bien et le mal grâce aux frères et sœurs. Les frères et sœurs s'apprennent mutuellement à ne pas faire aux autres ce que l'on ne voudrait pas que les autres vous fassent, à ne pas s'en prendre à plus petit que soi, à discerner le bien du mal. Mais le nombre d'enfants dans chaque famille diminue et les familles élargies sont en voie de disparition. En conséquence, beaucoup d'enfants de six ans n'ont jamais eu un cadet ou un jeune cousin, n'ont jamais eu l'occasion d'apprendre des leçons à la manière des générations précédentes. À Philadelphie, un programme original intitulé « Éduquer les enfants au rôle de parent » a emmené des bébés dans des classes de CP. Très tôt, les enfants de six ans découvraient que le bébé était un être humain. Ils voyaient comme c'est difficile de s'occuper d'une personne dépendante et comme c'est excitant de voir un bébé accomplir un pas vers l'indépendance.

Les enfants non seulement appréciaient le bébé et son développement, mais ils faisaient le lien entre les changements qu'ils observaient chez le bébé et leur propre développement. Beaucoup des enfants de CP régressèrent à cette occasion : ils se mirent à sucer leur pouce, voulaient goûter un biberon, essayer une sucette, certains mouillèrent leur culotte. Des régressions aussi prévisibles n'auraient dû émouvoir personne, parce qu'elles se produisent presque toujours quand un bébé arrive dans une famille. Dans ce cas, cependant, les parents se plaignirent à l'institutrice : « Elle ne suçait plus son pouce depuis une éternité. Et maintenant vous lui avez appris à recommencer. Et si elle ne s'arrêtait plus cette fois ?» Mais ce genre de régression fait partie de l'apprentissage : on s'identifie à ce que peut ressentir le bébé que l'on apprend à soigner – on commence à vouloir bien faire et à voir quand on fait mal.

Billy changeait d'attitude à l'égard d'Abby : il ne s'occupait plus de sa petite sœur de deux ans, il ne la protégeait plus, mais il la poussait de côté quand il la rencontrait. Elle réclamait constamment son attention. Elle était envahissante, passant son temps à appeler : «Billy, Billy !» Bien qu'il l'ignorât la plupart du temps, il finissait par être à bout. Ou il sortait de la pièce en claquant la porte derrière lui ou il affrontait sa sœur, saisissant ce qu'elle tenait à la main. Elle hurlait ; il tournait le dos. Il souriait avec affectation et brandissait le jouet qu'il lui avait pris ; Abby hurlait encore plus fort. Mme Stone : «Billy, qu'est-ce que tu fais à Abby ?» Billy tentait alors de se sauver. Hurlements stridents d'Abby. Quand Billy se recroquevillait sans lâcher le jouet, il faisait presque pour sa mère une démonstration de l'origine de leur problème. Elle percevait le conflit : «Billy, rends le jouet à Abby.» Alors, Billy lançait le jouet à la figure d'Abby. Encore davantage de hurlements. Sourire de triomphe pour Billy. Mme Stone devenait plus furieuse : «Pourquoi faut-il que tu l'ennuies chaque fois que je sors de la pièce ? Est-ce que vous êtes incapables de jouer tranquillement ensemble ?»

La réponse est oui et non. Quand il n'y a rien à perdre, Billy et Abby jouent ensemble. Mais quand la frustration et l'ennui montent en Billy, son besoin de provoquer une réaction chez sa sœur se combine avec son besoin de se défouler. Il désire également une réaction de sa mère, il lui faut pousser Abby à des protestations plus violentes.

Les protestations d'Abby remplissent deux rôles – elles débarrassent Billy d'une partie de sa propre nervosité (qui passe à sa sœur) et elles créent autour de lui un chaos intéressant. Ce sont deux manières d'exprimer *et* de contrôler ce qu'il ressent. Il peut observer comment les choses se déroulent, devant lui, avec une relative sécurité.

On peut voir un enfant de six ans évaluer une situation et décider si oui ou non il va être en mesure de l'influencer. Billy aurait pu choisir de rendre son jouet à Abby. Il aurait pu justifier sa défaite en se disant : « Je suis plus grand et plus fort qu'elle. Je peux toujours trouver quelque chose d'autre pour l'embêter. » Il sent la différence entre son âge et le sien, ses capacités et les siennes.

Il peut aussi être gagné par des sentiments affectueux qui l'aideront à réprimer son envie de la taquiner. S'ils étaient seuls, si elle n'avait personne pour la protéger, il aurait probablement pris soin d'elle au lieu de l'ennuyer. Impliquer sa mère donnait plus de piment à l'affaire. La rivalité entre frères et sœurs n'atteint que rarement un seuil dangereux en dehors de la présence d'un adulte. Avec l'adulte, le triangle qui se forme rend la dispute valable. Dans le cas de Billy, l'utilisation qu'il avait faite d'Abby semblait aller au-delà de leur rivalité, c'était un exutoire pour ses propres sentiments. Elle transformait son besoin de se déchaîner en un incident plus « sûr ». « Abby pleure. C'est ma faute. Je suis désolé. » Peut-être est-il trop difficile pour lui de dire : « J'ai envie de pleurer, moi aussi. »

Un enfant qui s'adapte. Marcy était déprimée. Le récent diagnostic de son problème d'apprentissage avait étonné toute sa famille. Chacun prenait la chose au sérieux et son frère la traitait même avec une courtoisie nouvelle. Cela faisait peur à Marcy. Quand elle essayait de le taquiner, il réagissait avec une gentillesse à laquelle elle ne s'habituait pas. Ses parents s'inquiétaient. Ils continuaient à éviter toute discussion avec elle. Elle avait appris que Mme Simmons avait organisé une réunion avec eux. Et que c'était pour parler d'elle. Elle suspectait qu'il y avait un problème. Mais elle l'assimilait à ce qu'elle considérait comme sa « méchanceté ».

Parfois, quand elle ne parvenait pas à contenter les gens, elle avait recours à sa « méchanceté ». Elle se donnait en spectacle, faisait l'importante, la sotte. Tout le monde la reprenait : « Marcy, tu n'as pas besoin de te faire remarquer. » À présent, elle surprenait sa mère en train de l'observer d'une façon nouvelle, suspicieuse. Quand cela se produisait sans qu'elle ait rien fait, elle se sentait encore un sujet d'examen. Qu'est-ce que sa mère cherchait ? Elle savait qu'il se passait quelque chose, mais quoi ?

Marcy avait appris à contenir ses sentiments, mais à présent, ça lui était plus difficile. Quand elle se sentait triste, elle manifestait sa tristesse. Quand elle était furieuse, elle ne pouvait s'empêcher de diriger sa fureur contre quelqu'un. Elle avait l'impression que quelque chose d'effrayant était en train de lui arriver. Elle ne savait pas si elle pourrait se maîtriser plus longtemps.

Quand son grand frère posa brutalement son assiette devant elle, elle sursauta. L'assiette avait l'air fêlée. Elle savait qu'on la disputerait. Puis elle remarqua qu'elle n'aimait pas ce qu'il y avait dans l'assiette. Elle se mit à pleurer. Elle prit l'assiette comme pour la heurter contre la table, «pareil que lui». Elle faillit la laisser tomber par terre. Sa mère lui jeta un regard désapprobateur. Ce regard sauva Marcy. Elle se reprit à temps. Elle se sentait toute tremblante et se demandait : «Qu'est-ce qui m'arrive?»

Marcy était habituée à contrôler ses sentiments. Ce qui menaçait sa maîtrise de soi l'alarmait. Cette maîtrise à laquelle elle était parvenue était temporairement minée par ses problèmes à l'école et la tension qu'ils provoquaient en elle et autour d'elle. Cette sensation de ne plus se contrôler n'était pas nouvelle, mais le fait que Marcy en prenne conscience démontre une maturité nouvelle. La conscience d'avoir des difficultés à se contrôler va l'aider à observer ces réactions afin de pouvoir les surmonter avant d'être dépassée par elles. Elle a su utiliser l'avertissement contenu dans le regard de sa mère comme une interdiction : ce fait montre qu'elle est déjà réceptive aux signaux qui l'aident à surmonter ces sentiments forts.

À six ans, la conscience des conséquences d'un acte agressif augmente. En même temps, les efforts pour se contrôler apparaissent, ce qui est l'objectif de l'autodiscipline. Les efforts des parents pour inculquer à un enfant qu'«un jour tu pourras te contrôler» sont maintenant sur le point de payer. Marcy s'était contrôlée. Ses parents seraient sages de louer ses efforts.

Quand Marcy et ses parents auront surmonté le choc de la découverte de son problème et de ce que cela signifie pour elle, son estime de soi et sa capacité à contrôler ses impulsions se rétabliront. Marcy va régresser au moment où elle rassemblera son énergie pour affronter les tests et l'aide qui lui seront proposés pour ses problèmes d'apprentissage. Son sentiment d'être une personne compétente a été ébranlé par la déception de sa famille. Il est temps pour ses parents de surmonter leurs propres sentiments et de l'aider à surmonter les siens. La nervosité de Marcy est liée aux craintes et à l'inquiétude qu'elle ressent sur son sort.

Les relations s'élargissent

Les amitiés au CP. Les amis de CP peuvent offrir un refuge contre les conflits entre frères et sœurs. Quand on observe un enfant de six ans en train de quitter un groupe, on remarque qu'un ami va parfois marcher avec lui en imitant inconsciemment ses mouvements, ses gestes, ses rythmes de parole. Les amitiés se forment. Il y aura des triangles – en excluant un ami en faveur d'un autre. «Faire partie» est devenu important et d'autant plus quand on sait que l'autre est «exclu». Quand celui-ci est blessé, il est surprenant de voir le peu d'importance que les deux autres y accordent. Cependant, bien que cela semble paradoxal, un comportement d'affection apparaît en même temps que ces manifestations compétitives et égoïstes; pourtant, pour un enfant de cet âge, les sentiments affectueux sont assez embarrassants pour réclamer d'être cachés sous les moqueries et les médisances.

Marcy et Lila parlaient de la nouvelle poupée de Marcy et de ses vêtements de fête.

«Elle est si belle. Regarde ses boucles d'oreille et son collier. Elle les porte à la maison pour s'occuper de son bébé.»

Pour ne pas être en reste, Lila s'exclama :

«La mienne ne fait pas ça. Elle préfère enlever ses beaux vêtements. Elle ne pense qu'à son bébé. Si elle était trop habillée, le bébé pourrait penser qu'elle doit partir travailler.

– Oh!» Marcy hésita un moment pour préparer sa réplique. «Eh bien! la mienne ne laisse jamais son bébé. Elle l'aime trop pour ça.»

Un jour, Billy fut invité à aller jouer chez Lila. Les amis de son groupe ricanèrent, proclamèrent qu'ils étaient amoureux. Billy n'accepta aucune autre invitation. Il avait découvert qu'il avait enfreint une règle tacite et il voulait se rattraper. Son excuse était que Lila l'avait obligé à faire le papa chez elle : «Elle veut jouer avec ses poupées Barbie.» Pendant sa visite, Billy s'amusa avec les personnages Ken, quand Lila et lui jouèrent aux «familles» ou à «se marier». Mais il était mal à l'aise. Tim essaya de le rassurer :

«C'est pas mal de jouer avec des filles.»

Billy protesta :

«Si. C'est pas amusant. Les garçons peuvent être des policiers, des soldats du feu, tout ce qu'on veut. On peut tirer avec des armes et se servir de tuyaux pour éteindre des feux. Les filles ne peuvent pas faire tout ça.»

Quand Billy jouait au pompier avec les autres garçons, ils sautaient hors de la cage à écureuil. Quand un garçon grimpait pour sauter de haut, un autre grimpait encore plus haut. Chacun dépassait le précédent. Ils s'imitaient et s'appuyaient les uns sur les autres : leurs actes établissaient le code silencieux de l'appartenance au groupe. Habituellement, un des garçons finissait par tomber trop brutalement ou par s'égratigner le visage. Il se laissait aller à des pleurs violents. Alors les autres se rassemblaient autour de lui, effrayés et pleins de compassion. Leur fragilité apparaissait en un tel moment. Faire de tels efforts pour surpasser l'autre ou l'égaler a un prix : quand un problème surgit, tout lc monde s'effondre. Tous les participants partageaient la douleur et l'abattement de leur ami. Ils ne le traitaient pas de poule mouillée. Ces jeux aident les enfants à trouver les limites de la compétition et de leurs propres prouesses. En même temps, ils découvrent l'empathie. Mais de tels incidents peuvent fonctionner dans les deux sens. La fois suivante, le groupe pourrait aussi bien se tourner contre le blessé et se moquer de lui comme d'un «pleurnichard» tout en étant très conscient de sa propre vulnérabilité.

Le comportement attentionné des garçons, comme leurs moqueries, se manifeste également dans la salle de classe. Là, ils sont tout aussi prêts à se soutenir les uns les autres ouvertement ou silencieusement qu'à se comparer et à rivaliser. Si on les observe avec attention, les garçons vont tous être sur le qui-vive quand on pose une question à l'un d'eux. Si celui-ci répond correctement, ils vont hocher légèrement la tête, leurs visages s'éclaireront imperceptiblement. Billy est très apprécié par beaucoup des garçons et il est facile de voir combien ils le soutiennent. Tim n'est pas aussi populaire, mais même lui obtient l'approbation des autres quand il est capable d'apporter une réponse intelligente aux questions de Mme Simmons. Le fait d'être brillant et avide de connaissances sera certainement un atout pour ses relations avec ses pairs, surtout s'il parvient à partager ces qualités, comme il le fait avec Billy, plutôt que de s'isoler davantage.

Tim et Billy devenaient de meilleurs amis. Quand Billy désirait s'exercer à lire ou à écrire, il continuait à aller trouver Tim pour qu'il le rassure. Tim se sentait important vis-à-vis d'un autre enfant pour la première fois et cela lui donnait le courage de s'ouvrir. À la récréation, il se rendit compte qu'il ne redoutait plus les moments où il lui fallait aller «dehors» et devenir, du moins de façon périphérique, membre du groupe. Il ne jouait pas comme «eux» dans la cour de récréation, mais il observait, admirait et riait même comme eux. Billy essayait toujours de le persuader de venir jouer, mais il avait appris à ne pas insister. Cela faisait du bien à Tim, car si Billy l'aimait assez pour lui demander de jouer, cela signifiait que ce dernier croyait qu'il en était capable. Préoccupé par sa propre timidité et par ses craintes, Tim ne se doutait probablement pas que Billy, son héros, devait faire beaucoup d'efforts pour obtenir ses succès.

Les parents et les amitiés entre enfants. Un jour, Billy revint à la maison après l'école, épuisé et très nerveux. Il se donnait beaucoup de mal pour être comme ses nouveaux amis, pour faire partie de leur groupe. Il sentait qu'il lui fallait repousser ses parents de temps en temps, quand son désir d'être proches d'eux ne lui paraissait pas conciliable avec son statut de grand garçon, pareil aux autres.

«Qu'est-ce que tu as fait à l'école aujourd'hui, Billy?

– Rien.»

Tout parent va probablement se sentir exclu.

«Tu ne peux pas te rappeler quelque chose?

– Non.»

Si on le pressait de répondre, Billy avait tendance à se retirer dans sa chambre ou à devenir agressif avec Abby ou avec le chat. Un tel comportement montre combien sa journée avait été difficile pour lui. Il avait travaillé durement tout le temps pour en apprendre plus sur lui, sur les autres enfants, autant que pour apprendre à lire et à écrire. Mme Stone ferait mieux d'attendre et de donner à Billy du temps pour se reposer et reprendre son énergie, pour se réorganiser. Les nouvelles de sa journée viendront quand il sera prêt. S'il ne parvient pas à partager immédiatement ses sentiments, il le fera plus tard. Éviter temporairement des conversations sur les choses difficiles est une façon nécessaire de se protéger, surtout à un moment où il y a tant de changements et d'apprentissages.

Cette apparente nouvelle distance a une autre raison : l'énergie émotionnelle disponible pour s'identifier avec les parents au cours des quatrième et cinquième années devient à présent une force d'identification avec les pairs. Les enfants s'étaient tournés vers un parent puis vers l'autre, à présent, de la même façon, ils allaient et venaient d'un ami à l'autre pour voir ce qu'une amitié pouvait supporter. Ce comportement est souvent douloureux pour les enfants qui ne sont pas acceptés par leurs pairs. C'est dur d'être différent. La sensibilité de Tim et l'autorité de Minnie deviennent cause de vraie douleur au moment où les autres enfants s'attachent à devenir comme tout le monde. Quand les enfants ont six ans, leurs efforts pour apprendre à s'entendre avec les autres doivent recevoir plus d'empathie que jamais de la part des adultes.

Les enfants «différents», qui apprennent à vivre avec des besoins ou des talents particuliers, peuvent être exclus des groupes. Leurs parents sont-ils capables de les protéger? Ils ont tendance à essayer : «Tu es aussi bien qu'eux» est une phrase qui retentit sans cesse aux oreilles de Tim. Mais ce n'est pas ce qu'il ressent; il sait qu'il est différent, mais il ne sait pas pourquoi. Il sait que son comportement timide, en retrait, le marque aux yeux des autres. À un moment où les garçons font tant d'efforts pour être comme tous leurs pairs, la sensibilité discrète de Tim les met mal à l'aise. Ils veulent tellement faire partie du groupe, masquer leurs propres craintes d'être différents.

Pour un enfant qui n'y parvient pas, les efforts pour essayer d'être comme tout le monde peuvent être épuisants. «Pourquoi suis-je différent? Que puis-je faire? Est-ce que je serai toujours nul?» Les parents peuvent-ils protéger leurs enfants contre ces sentiments d'exclusion? Pas vraiment. Quand les parents abordent le problème, l'enfant se crispe visiblement. Il souffre et ils le voient. Ils ne peuvent pas partager sa douleur, mais ils peuvent la reconnaître progressivement; ainsi l'enfant sentira qu'ils le soutiennent, même s'il n'est pas capable de le leur dire. Ils peuvent lui faire savoir qu'ils sont disponibles et ouverts à ses confidences, tout en attendant qu'il exprime sa solitude. Je conseille aux parents de laisser l'enfant prendre l'initiative et trouver le moment qui lui convient pour partager ses sentiments.

Quand elle sera prête, Minnie dira peut-être : «Les garçons me détestent. Ils ne veulent plus de moi dans leurs équipes.» Un parent va minimiser la situation. «Ils ne te détestent pas. Ils sont seulement jaloux – surtout parce que tu es une très bonne sportive.» Mais Minnie risque d'avoir l'impression que ces mots sonnent faux, que ses parents ne font rien d'autre qu'essayer de la rassurer. Elle peut penser que ses parents n'ont pas vraiment compris ce qu'elle disait, qu'ils ne la soutiennent plus. Mais elle leur donnera d'autres chances de comprendre.

«Je pense que c'est ma faute. Ils disent que je crie trop fort et que je passe mon temps à leur dire ce qu'il faut faire.

– C'est probablement vrai, Minnie, répliqua son père. Mais, de toute façon, je ne crois pas que tu puisses faire quoi que ce soit pour qu'ils te reprennent, maintenant.»

Minnie éclata en sanglots.

«J'ai envie d'abandonner le sport.

– Tu pourrais faire ça, Minnie. Mais ça reviendrait à leur céder. Tu as le choix. Tu n'es pas obligée de te voir exactement comme eux ils te voient. Tu peux décider qu'il y a des choses que tu aimes en toi, même si ces choses les énervent.»

Minnie s'assit à côté de son père et posa sa tête sur son épaule.

«C'est vrai qu'ils ne veulent pas de toi dans leurs équipes parce que tu es une fille. Mais si tu te servais de toute ton énergie et de toute ta colère pour devenir la meilleure fille en sport?»

Minnie paraissait sceptique.

«Ils me détesteraient encore plus si je les battais dans leurs propres sports.»

Un jour, Marcy revint de l'école en larmes. «Minnie ne m'aime pas. Elle joue tout le temps avec Lila. Quand je vais les voir, elles me tournent le dos. Personne ne m'aime.» Les moqueries empirent souvent plus tard, mais même en classe de CP, certaines insultes atteignent parfois une cruauté surprenante.

«Je ne t'aime pas. Tu as la peau noire, tu as les cheveux frisés. Je préfère Lila.» Que peut faire un parent? Nous aimerions tous aller secouer les autres enfants et leur dire : «Ça suffit. Tout le monde est différent.» À six ans, les réactions conformistes à la diversité des races et des tempéraments sont à leur maximum. Les forces d'identification, pour être «pareil» et pour faire partie du groupe, sont si puissantes à cet âge que les enfants dressent des barrières contre toute différence perceptible. Tous les parents se sentent protecteurs et veulent défendre leur enfant contre le rejet – mais, parfois, c'est impossible.

C'est le moment pour les parents d'affronter d'abord leur propre vulnérabilité. Quand Marcy revient à la maison démoralisée, Mme Jackson doit entendre l'angoisse de sa fille sans y ajouter la sienne propre.

« Bien sûr que cela fait mal quand une amie te tourne le dos. Mais tu sais bien que tout le monde embête tout le monde.

– Mais pourquoi est-ce qu'elle s'attaque toujours à moi ?

– Peut-être que tu l'intéresses, Marcy. Peut-être même qu'elle est jalouse. Elle ne t'embêterait pas si elle ne t'avait pas remarquée. Tu as le droit de te défendre. Tu es sans doute différente d'elle, mais elle aussi est différente de toi. Tout dépend du point de vue. Mais ne te moque pas d'elle sous prétexte qu'elle est différente, uniquement parce qu'elle l'a fait avec toi. Est-ce que cela ne serait pas ennuyeux si nous étions tous pareils ? Tu es très bien comme tu es. Ne te laisse pas faire. Je sais que ce n'est pas facile. Moi aussi j'ai vécu cela à ton âge et je me souviens encore de ce que cela fait. »

Si Mme Jackson parvient à surmonter ses sentiments, vulnérabilité, colère protectrice, elle pourra aider Marcy à voir le comportement de ses camarades de classe sous son vrai jour.

« Marcy, tu n'as pas besoin de leur montrer combien tu es blessée quand elles se moquent de toi. Ça ne fera que les encourager. Garde ça pour moi. Et tu n'as pas non plus à être d'accord avec elles quand elles disent quelque chose de méchant sur toi. C'est toi qui décides ce que tu penses de toi. »

Indépendance et séparation

« Seulement pour quelques jours. » M. Stone eut à partir pour un voyage d'affaires. C'était un mauvais moment pour une séparation ; son fils était aussi avide que lui de contacts. Il aborda le sujet avec Billy. « Je m'en veux vraiment de partir maintenant. Je tiens à passer plus de temps avec toi. Et si nous faisions ensemble une cassette vidéo – moitié sérieuse, moitié pour rire ? Tu pourrais la passer quand je serai parti. » Billy acquiesça d'un air pensif. Son beau-père réalisa un calendrier indiquant les dates de son voyage. Billy pouvait le consulter chaque jour, afin d'avoir une idée plus exacte de la durée du voyage et de l'attente. Mais M. Stone ne se rendait pas compte que, pour un enfant de six ans, un jour, c'est très long. Si possible, il faudrait qu'il appelle Billy quotidiennement au téléphone.

À son retour, M. Stone pourrait rappeler à Billy les projets qu'ils avaient faits ; à condition d'être sûr de tenir ses promesses. Il pourrait dire à Billy combien celui-ci lui avait manqué. Un enfant se sent important quand un parent avoue franchement qu'il lui a manqué.

Le départ de M. Stone n'en sera pas moins douloureux. Mais Billy apprendra à supporter ce genre de situation. Un enfant doit apprendre à affronter son chagrin et à vivre avec. Nous ne pouvons – ni ne devrions – protéger les enfants contre les pertes inévitables.

Est-ce que les cochons d'Inde vont au ciel? Un beau jour, le cochon d'Inde de Minnie mourut. L'animal était entré dans la famille quand Minnie avait quatre ans et l'excitation de la nouveauté avait fait long feu. Minnie avait nommé son cochon d'Inde Agula, et au début, elle avait été subjuguée. Elle laissait son animal courir dans toute la maison. Celui-ci ne faisait que rarement des saletés sur le sol. Quand cela arrivait, Minnie était tout excitée et nettoyait immédiatement. Elle inspectait en détail la production. « Maman, ils font aussi des cacas ! Est-ce que ça sort de leur derrière comme nous ? Où est le trou pour le pipi ? C'est le même que celui qui sert pour les bébés cochons d'Inde ? »

Mme Lee avait du mal à répondre à toutes ces questions, mais elle avait senti que c'était important. Elle avait donc réfléchi, avait écouté ce que Minnie savait déjà et essayé de comprendre ce que pouvaient signifier ses questions. Les animaux constituent une importante occasion de questions sur la sexualité, la nature et la mort. Ils offrent aussi l'occasion d'apprendre à mieux s'occuper des autres. Quand Minnie prenait son cochon d'Inde pour lui faire un câlin ou le posait – pour voir – sur un plan incliné, Mme Lee l'encourageait. N'empêchez pas les interactions tendres ou expérimentales (sauf si l'animal risque d'être blessé ou de blesser l'enfant). Il arrive souvent que l'enfant exprime des sentiments cachés en jouant avec un animal. Quand un enfant torture un animal, il nous avertit qu'il y a en lui une colère secrète, non résolue. Il faut s'en occuper.

Et si Minnie n'avait pas voulu s'occuper d'Agula? Son manque d'enthousiasme pour les tâches quotidiennes est chose courante. Les enfants doivent être surveillés avec les animaux. Les parents ont le choix : (1) ils s'occupent eux-mêmes de l'animal; (2) ils mettent au point un calendrier pour partager les tâches – en attendant de Minnie qu'elle remplisse sa part du contrat; (3) ils trouvent un nouveau foyer pour Agula où on s'occupe bien de lui. Sermonner un enfant à longueur de temps n'est pas une solution, et on n'obtiendra pas de résultat de cette façon. Ce qui peut marcher, c'est établir une liste de choses à faire, supervisée par un adulte et accompagnée de félicitations quand les tâches sont remplies ou d'une petite remontrance quand ce n'est pas le cas.

«C'est à toi de te rappeler qu'il faut changer l'eau d'Agula chaque jour après l'école. Si tu veux que je te le rappelle, je le ferai. Tu pourrais trouver un moyen de t'en souvenir toute seule, peut-être en plaçant sa cage à côté de la porte avant de partir en classe.» Votre objectif devrait être de donner à l'enfant un sens positif de sa responsabilité. Son aide peut être plus symbolique qu'autre chose à cet âge, mais c'est un début important. En même temps, les parents devraient montrer par l'exemple comment assumer la responsabilité de l'animal. L'enfant n'apprendra pas cette responsabilité si les adultes négligent de la lui enseigner ou s'ils achètent des animaux sur un coup de tête pour les donner ensuite.

Quand Agula mourut, Minnie se rendit compte qu'elle n'y avait pas fait attention depuis longtemps. Elle se sentit coupable. En allant à la cage d'Agula, un matin, elle le trouva tout raide à côté de son récipient à eau, bouche ouverte et yeux vitreux; Minnie eut l'impression que son animal la regardait avec reproche. Elle savait dans son cœur qu'elle avait perdu tout intérêt pour lui et qu'elle n'avait pas joué avec lui depuis longtemps. Elle lui avait apporté sa nourriture et son eau quelques jours auparavant, mais sa mère avait dû prendre le relais. Elle se sentait responsable.

La fillette était effondrée. Elle pleura. Elle tempêta. «Pourquoi est-ce qu'il devait mourir?» «Qu'est-ce qui arrive quand on meurt?»

Mme Lee commença par dire que «les anges étaient venus pour emmener Agula dans son sommeil». Ce qui n'eut pas l'effet réconfortant espéré. Elle se rendit compte que le sommeil risquait de devenir effrayant pour Minnie. Et pourquoi des « anges » entreraient-ils soudain en scène pour emmener Agula ? Mme Lee décida de dire toute la vérité.

« Le corps d'Agula a simplement arrêté de fonctionner. C'est ça, la mort. Le corps ne peut plus continuer à marcher.

– Est-ce que je vais mourir ?

– Oui, tout le monde meurt un jour, mais tu ne mourras pas avant très longtemps.

– Et toi quand tu vas mourir ? Si je ne m'occupe pas de toi, comme Agula, tu vas mourir ?

– Non, pas du tout. Je peux m'occuper de moi-même. Et c'est ce que j'ai l'intention de faire aussi longtemps que possible. Peut-être que quand je serai très vieille tu t'occuperas de moi. Mais pas avant longtemps. » Minnie se mit à pleurer.

« Parfois, je voudrais que tu sois morte. Est-ce que ça peut te faire mourir ?

– Non, Minnie, nous souhaitons tous des choses comme ça, de temps en temps, pour les gens que nous aimons. Mais le fait de les souhaiter ne les fait pas arriver. Est-ce que tu t'inquiètes à l'idée que des pensées de ce genre ont fait mourir Agula ?

– Oui.

– Eh bien ! Je pense que ce n'est pas le cas. Les animaux vieillissent, comme les gens, et ils doivent mourir. Mais nous avons aimé longtemps Agula et il a eu une belle vie avec nous. »

Minnie paraissait très sérieuse et semblait avoir tout compris.

« Je voudrais quand même avoir été plus gentille avec lui. »

Sa mère acquiesça.

« Tu te sens responsable. C'est bien. Agula le sait certainement. »

La mort d'un grand-parent. Le grand-père de Tim était mal en point depuis longtemps. Non seulement il était malade, mais il paraissait malade. Son visage était très marqué, son regard éteint, son corps faible et décrépit. Tout le monde veillait sur lui. Tous voulaient l'aider.

« Veux-tu que je te donne un oreiller, grand-père ? » « Veux-tu un verre de thé glacé ? » Il était l'objet de toutes les attentions.

Tim pensait que toute cette attention était plus que ne désirait son grand-père. Quand celui-ci accueillait certaines propositions avec un visage peiné, Tim sentait que c'était la réaction de quelqu'un que l'on traitait comme un bébé. Il souhaitait que tout redevienne comme avant que son grand-père ne tombe malade. Il était sûr que c'était aussi ce que souhaitait ce dernier. Tim tentait de dérider son grand-père. Chaque fois qu'il lui racontait une histoire, inventée à partir de ses souvenirs des histoires qu'on lui lisait le soir, le visage de son grand-père s'éclairait, comme pour le remercier. Mais bientôt, le vieil homme relâchait son attention, s'endormait et se mettait à ronfler avec un bruit épouvantable. Tim n'avait jamais entendu un tel son d'arrière-gorge, si rauque et il en était effrayé. Il courait se cacher dans les bras de sa mère. Elle essayait de le réconforter : «Grand-père est si malade. Il est incapable de rester éveillé pour t'écouter. Tim, je suis fière de toi parce que tu fais tant d'efforts pour l'aider.»

Le petit garçon éprouvait beaucoup de sentiments différents. Il n'aimait pas les ronflements de son grand-père, sa faiblesse, son manque de combativité quand tout le monde le traitait en invalide incapable de faire quoi que ce soit. «Pourquoi est-ce que tu ne vas pas mieux?» Cette pensée lui venait sans cesse à l'esprit. Il savait qu'il l'avait entendue à de multiples reprises à son propos.

Tim recommença à avoir des cauchemars. Il en avait eu à quatre ans, mais ils avaient disparu. Personne ne savait pourquoi ils étaient apparus et avaient tout d'un coup cessé. À présent, Tim se réveillait en sanglotant bruyamment, en hurlant : «Non, non! Laissez-moi tranquille!» Ses parents arrivaient précipitamment. Ils essayaient de le réconforter alors qu'il pleurait dans leurs bras. Il n'arrivait pas à se souvenir des mauvais rêves, et ne comprenait pas pourquoi il en avait. Il savait qu'il se sentait faible et impuissant à chaque fois, mais ce n'était pas nouveau pour lui. Pourtant, à l'école, il était conscient d'être plus sociable. De mieux réagir avec les enfants qui l'entouraient.

Quand le grand-père de Tim mourut, la semaine suivante, Mme McCormick reçut un gros choc. Elle savait que cela allait arriver, mais rien n'aurait pu la préparer à ce qu'elle allait ressentir une fois son père disparu. Ses sœurs et elle étaient assises en cercle, se rappelant à voix basse des histoires à propos de leur père. Tim ne voulait pas se laisser entraîner dans cette conversation, car il lui était trop pénible de voir sa mère si affligée. Il voulait la consoler et essayer d'adoucir les choses. Chacun essayait d'aider l'autre.

«Il doit être tellement soulagé, dit la mère de Tim. C'était affreux d'être si malade et maintenant il est délivré. Je peux presque l'imaginer qui vole autour de nous et qui nous regarde en disant : "Pourquoi sont-ils tristes"?»

Tim écoutait avec attention. Quelques jours plus tard, alors que ses parents le conduisaient à l'école, il demanda :

«Pourquoi est-ce que grand-père est mort?

– Parce qu'il était vieux, son corps était épuisé. Son cœur ne marchait plus bien.

– Qu'est-ce qui arrive aux gens qui sont morts? Est-ce qu'ils s'endorment? Est-ce qu'il ne pourrait pas se réveiller?

– Non, Tim, le corps s'arrête de fonctionner et on n'est plus conscient. Ce n'est pas comme le sommeil, parce qu'on ne se réveille pas.

– Et les anges? Est-ce qu'ils viennent vous chercher?

– Nous ne savons pas ce qui arrive à l'esprit des gens une fois qu'ils sont morts. Nous aimons imaginer des choses pour nous réconforter. Nous sommes désolés d'avoir perdu grand-père. Nous essayons de penser qu'il nous observe d'en haut. Mais c'est quelque chose que nous imaginons; nous ne savons pas si c'est vrai.

– C'est peut-être vrai? Il me manque déjà.

– À nous tous aussi. C'est réconfortant de parler de lui et de partager les souvenirs que nous gardons de lui.

– Je ne suis pas d'accord. Il me manque encore plus. J'aurais voulu l'aider quand il était vivant. J'aurais dû être plus gentil avec lui.

– Tim, tout le monde se sent coupable de n'avoir pas fait telle ou telle chose pour une personne qui est morte, dit son père. Je ressens exactement la même chose que toi. Je ne lui ai même pas acheté un livre à lire quand il était si malade. J'en avais l'intention, mais je ne l'ai jamais fait.»

Tim leva les yeux avec gratitude sur son père. Il aurait voulu avoir fait tellement plus pour son grand-père.

À présent, Tim manifestait sa tristesse à sa façon, en aidant sa mère. Il mettait le couvert. Il l'aidait à la cuisine. Elle le regardait avec reconnaissance et se remettait à pleurer. Ce n'était pas ce qu'il recherchait. Il voulait la consoler et la protéger de toutes ces larmes.

Un enfant de six ans aura nécessairement des questions – sur la mort, sur les funérailles, sur les croyances religieuses et ethniques. C'est le moment de partager les croyances, de partager le deuil, de s'ouvrir à l'enfant et de l'écouter. Un mélange de culpabilité et du souvenir d'occasions manquées va faire surface au cours des semaines suivantes. Quand un parent s'est occupé de sa propre souffrance, quand il commence à partager celle de l'enfant, c'est le moment d'écouter et d'être prêt à répondre aux questions, y compris à propos de ses propres sentiments. Cela dit, il est important pour Tim de voir la souffrance de sa mère devant la disparition de son père. (Qu'aurait-il compris s'il n'y avait pas eu de chagrin ou aucun chagrin perceptible ?) Il est également important pour lui de faire l'expérience des sentiments protecteurs que la mort de son grand-père a éveillés en lui. Tim a apprécié de pouvoir exprimer ses sentiments de culpabilité, de vide, pour n'avoir pas fait ce qu'il aurait pu pour son grand-père. Quand il a dit à son père ce qu'il ressentait, il a ouvert la voie pour que celui-ci reconnaisse lui-même sa culpabilité.

Les tentatives des parents pour expliquer la mort sont difficiles pour eux, mais nécessaires. Les enfants ne peuvent faire confiance à des déclarations telles que : « Il est mort dans son sommeil. » « Il s'est envolé au ciel » ou : « Il reviendra plus tard. » En même temps, les enfants de six ans sont incapables de comprendre le caractère irréversible de la mort. Personne ne comprend la mort. Tout le monde souffre de peur et de culpabilité. Les croyances religieuses sont pour nous une façon d'essayer d'expliquer l'inexplicable. Un enfant a besoin d'honnêteté, de partage et de la liberté d'exprimer ses sentiments. Tim a la chance de pouvoir apprendre par l'intermédiaire de ses parents ce qu'est la perte et le chagrin. Ce décès les a rapprochés.

L'estime de soi en classe de CP. Quand un enfant devient plus indépendant et entre dans le monde du CP, son estime de soi est menacée. Chaque jour apporte son lot d'évaluations – par les pairs, par les enseignants, par l'enfant lui-même. Marcy a dû affronter son problème de lecture. Billy a été confronté aux capacités scolaires supérieures de Tim. Billy est un enfant confiant, capable d'opérer une sorte d'échange d'estime de soi. Il peut se tourner vers Tim pour l'aide dont il a besoin en lecture et en écriture. En retour, il donne à Tim le sentiment qu'on l'admire, qu'on s'occupe de lui; cela aide Tim à être content de lui. Billy avait suffisamment confiance en lui pour ralentir son rythme afin d'écouter et d'encourager Tim. Il était capable de sentir ce dont Tim avait besoin et d'accepter l'aide de celui-ci.

La sensibilité d'un enfant de six ans envers ses pairs est un moyen efficace de mesurer son estime de soi. Cette sensibilité aide ses pairs à l'accepter et à l'aimer. Un enfant aimé par ses pairs montre qu'il a les qualités pour communiquer avec eux et pour être respecté : ce qui est rassurant pour ses parents. Mais à cet âge, il y a des limites à la sensibilité.

Minnie revint à la maison avec des nouvelles qui la faisaient trépigner. «J'ai une meilleure amie. Elle s'appelle Marcy. Elle est amusante et elle m'aime bien. Elle est très bonne à l'école. C'est elle qui dessine le mieux de toute la classe. Elle fait des dessins magnifiques. Elle est presque aussi bonne que moi.»

Bien qu'ils soient capables de faire une place nouvelle pour les autres, et pour les relations qu'ils ont avec eux, les enfants de six ans sont toujours centrés sur «eux-mêmes». Beaucoup d'entre eux se vantent sans savoir de quoi ils ont l'air ce faisant. Minnie sait qu'elle n'est pas la meilleure artiste de la classe, mais elle voudrait l'être. Elle le désire tellement fort qu'elle se pousse pour être la première, et qu'elle prend presque son désir pour une réalité. À trois ans, elle en aurait été totalement convaincue. Une telle vantardise est une réaction naturelle devant les nouvelles exigences de l'école, mais elle peut aller à l'encontre de l'attention portée aux autres.

Les changements de comportement peuvent être spectaculaires à cet âge. Souvent, maintenant, Minnie restait tranquillement assise sur une chaise en fixant le mur. Elle était très calme et hors d'atteinte. Sa mère était frappée par cette attitude parce que Minnie n'avait jamais été capable de rester assise. Mme Lee fut envahie par la crainte que Minnie ne soit affectée par les problèmes familiaux. «Est-ce qu'elle en sait trop sur les difficultés que son père et moi traversons en ce moment? Est-ce que nous faisons souffrir nos enfants? Est-ce que Minnie est déprimée?» Il est sûr qu'un changement de comportement coïncidant avec des problèmes familiaux ne peut être éludé. Mais les parents sont souvent trop disposés à se faire des reproches quand un enfant souffre. Minnie peut tout aussi bien être éprouvée par ses efforts pour se faire des amis.

Les capacités sportives de Minnie devinrent son meilleur atout. Elle montra à toutes les autres filles comment sauter à la corde. Elle était ravie de leur faire voir comment tourner d'un côté à l'autre en un seul saut. Les autres ne pouvaient pas l'égaler. Minnie leur faisait sa démonstration aussi longtemps qu'elles voulaient bien regarder. Mais après quelques sauts, les filles se détournaient et l'ignoraient. Alors elle se sentait abandonnée et vulnérable. Elle se retirait sur les marches, s'asseyait seule et observait les autres filles qui bavardaient et riaient en groupes. Minnie se sentait complètement exclue.

Un jour, Marcy la remarqua, assise toute seule. «Minnie, viens ici.» Minnie se dérida. Tout en traînant les pieds, elle rejoignit le groupe. Comme les filles l'acceptaient parmi elles, elle chercha à nouveau à les impressionner. Ce qui eut pour seul résultat de les détourner d'elle. À cet âge, les enfants commencent à se trouver confrontés à des sentiments de compétition. Tous les enfants de six ans savent qui est «le meilleur» et dans quel domaine. Être le meilleur dans un domaine en l'absence de toute qualité sociale peut représenter un handicap, à cet âge. Les dons sportifs de Minnie étaient ressentis comme une menace par les autres filles. Quand elles manifestaient leurs sentiments en l'excluant, elle était poussée à faire encore davantage étalage de ses dons. Son comportement risquait de donner lieu à un cercle vicieux.

Minnie essayait-elle de compenser quelque chose par ce comportement ? Toute l'énergie qu'elle mettait dans le développement de ses compétences sportives lui manquait pour apprendre à s'entendre avec les autres enfants. Elle masquait par de l'arrogance la conscience de l'effet que produisaient sur les autres ses démonstrations. Les enfants qui ont été poussés à acquérir un savoir-faire trop tôt sont souvent incompétents dans d'autres domaines ; il leur faut payer pour cela, comme Minnie. Les parents de Minnie doivent aider leur fille à développer ses compétences sociales et l'encourager à réserver un peu de son énergie pour se faire des amis. Tout en s'assurant qu'elle garde de la place pour le dynamisme qui l'a poussée à ses prouesses physiques.

M. et Mme Lee doivent établir des attentes pour les interactions sociales à l'intérieur de la famille, et s'y tenir : bonjour, au revoir, s'il te plaît et merci, échanges au cours des repas, etc. Il leur faut faire un effort pour inviter des enfants à venir jouer avec Minnie, en organisant des activités susceptibles de plaire à celle-ci et à ses invités. Au début, ces activités n'ont pas besoin de beaucoup d'interactions directes (une cassette vidéo, une sortie au cinéma, à la pizzeria, chez le marchand de glaces, au golf miniature, au zoo). Si les enfants passent un bon moment ensemble, Minnie aura envie de recommencer; ce genre d'activité devrait lui donner l'occasion de devenir peu à peu plus chaleureuse. Lui faire remarquer ses échecs ne donnera rien de bon, mais lui rappeler rapidement ce que les enfants pourraient penser d'elle, en quoi ils pourraient être affectés par elle sera sans doute profitable. Peut-être pourrait-on lui demander comment elle réagirait si quelqu'un d'autre faisait étalage de ses capacités devant elle. Minnie pourrait alors être réceptive à quelques suggestions : quoi faire au lieu de parader, quoi dire ou comment affronter certaines situations. Certains enfants ont besoin de l'aide des adultes pour élaborer leur comportement social.

Si Minnie pouvait avoir davantage confiance en elle, elle serait plus indépendante, moins à la merci de ses pairs. Quand elle restait assise, misérable, chez elle, elle était écrasée par ses sentiments de vulnérabilité à l'école, même si elle n'en disait rien. L'approbation de ses pairs comptait pour elle presque autant que celle de ses parents. Minnie a besoin de la satisfaction que lui apportent ses exploits sportifs, mais elle doit apprendre à s'entendre avec les autres enfants sans vouloir automatiquement les impressionner.

«Minnie, tu as l'air triste. C'est dur, l'école?

– Oui, parfois.

– Est-ce que nous pouvons en parler? J'aimerais savoir.»

Aucune réponse.

«Tu sais, à ton âge, j'avais de gros problèmes. Je n'avais pas d'amis. Les enfants ne m'aimaient pas et j'avais peur parce que je ne savais pas quoi faire.»

Minnie s'anima un peu.

«Et puis, je me suis fait une amie. Elle m'aimait bien. Elle m'a dit que les autres enfants trouvaient que j'étais trop autoritaire et prétentieuse. Je ne savais même pas ce que ça voulait dire, autoritaire.

– C'est quoi, autoritaire, maman?

– C'est quand tu essaies de dire quoi faire aux autres enfants. Tu es prétentieuse quand tu fais étalage de tes capacités, quand tu montres aux autres que tu peux faire certaines choses mieux qu'eux.

– Oh!»

Minnie avait écouté et réfléchissait en silence. Mme Lee s'était donné du mal pour comprendre et soutenir sa fille, mais elle se rendit compte qu'elle s'était suffisamment mêlée de ses affaires. Elle s'arrêta là.

Cependant, Minnie devait être encouragée pour ce qu'elle était capable de faire. Elle aidait à la maison. Elle dressait la table. Elle aidait à la vaisselle. Il fallait lui témoigner de la reconnaissance pour tout cela; il fallait aussi la soutenir dans le domaine sportif. Les sports d'équipe seraient probablement encore plus bénéfiques pour elle que lorsqu'elle était plus jeune. À présent, elle était prête à apprendre les règles et à s'intégrer dans une équipe. Ce qui pourrait lui donner une chance non seulement de se faire des amis, mais aussi d'apprendre à se contrôler pour le bien de l'équipe.

Sa fragilité en présence de ses pairs était révélatrice d'une estime de soi chancelante – mais tout espoir n'était pas perdu. Minnie avait des atouts sur lesquels on pouvait compter pour l'aider, tant qu'elle ne renonçait pas dans les domaines qui ne lui étaient pas naturellement faciles. Comme tous les enfants, il lui fallait des capacités dans de nombreux domaines et il était trop tôt pour dire dans quelle direction ses talents la mèneraient.

Les compliments ne seraient pas suffisants. Minnie avait besoin de l'approbation de ses pairs comme de sa famille. Elle avait aussi besoin d'une institutrice sensible et bienveillante, d'une équipe sportive qui saurait l'accepter. Mais son objectif le plus important était de réussir à obtenir sa propre approbation, même dans les moments où personne d'autre ne la soutenait. Pas surprenant qu'il soit si difficile pour un enfant de six ans d'affronter sa faiblesse et ses erreurs! Si sa mère se sentait personnellement visée par la régression de Minnie, si elle l'expliquait uniquement à partir de problèmes familiaux, elle manquerait les occasions de renforcer l'estime de soi de sa fille. Cependant Mme Lee avait raison de s'inquiéter : si Minnie se sentait coupable des conflits opposant ses parents, elle risquait de prendre toute adversité momentanée pour preuve de «méchanceté» personnelle.

Dans leur effort pour grandir et devenir indépendants, les enfants de six ans ont tendance à s'attaquer à des tâches qui dépassent leurs capacités. Marcy voulait faire du baby-sitting. Elle avait joué avec les enfants de deux et trois ans de la maison voisine. Leur mère l'avait félicitée. «Marcy tu as un don. Tu comprends vraiment ce dont les enfants ont besoin. Tu pourrais être institutrice ou pédiatre quand tu seras grande.»

Marcy se demanda si elle ne pourrait pas garder d'autres enfants, puisqu'elle était si douée avec eux. Les enfants de sa voisine l'adoraient et la suivaient partout. Pourquoi ne pas les emmener quelque part? Marcy décida de les conduire en bas de la rue jusqu'à un magasin d'animaux pour qu'ils regardent les poissons et les oiseaux. Comme elle se mettait en route dans la rue avec les enfants, leur mère arriva en courant pour l'arrêter. «Marcy, mais où vas-tu avec les enfants? Est-ce que tu as perdu la tête? Ils risquent de courir dans la rue et de se faire écraser.»

Quel coup pour Marcy! Juste au moment où elle commençait à se sentir capable de prendre soin de petits enfants, elle avait complètement échoué. La fillette était effondrée. Elle courut chez elle en pleurant bruyamment. «Je suis nulle! Je veux mourir!» Mme Jackson fut ébranlée. Elle prit Marcy dans ses bras, s'assit avec elle dans un fauteuil à bascule et la berça. Les sanglots de Marcy s'apaisèrent. Elle mit son pouce à sa bouche, en tripotant la robe de sa mère de l'autre main. Ce qui avait été son schéma de réconfort quand elle avait deux ans. Ses yeux restaient dans le vague. Elle était secouée par des hoquets. Mme Jackson était terrifiée. Elle appela sa voisine pour savoir ce qui était arrivé.

«Je sais que tu as voulu aider. Mais partir toute seule avec des petits enfants, c'est trop difficile pour toi. Et si l'un d'entre eux s'était sauvé? Qu'est-ce que tu aurais fait? Si tu veux jouer avec eux, fais-le chez eux; leur mère ou moi sommes là pour t'aider si tu en as besoin. Ces enfants t'aiment et tu les aimes. Tu te débrouilles très bien avec eux. Mais tu n'as que six ans et les petits enfants ont besoin d'un adulte pour les surveiller.»

Aucune réponse. Mais les sanglots de Marcy étaient plus faibles. Mme Jackson se rendit compte que les derniers jours avaient été durs pour Marcy et qu'elle était bien fragile. Son estime de soi, jusque-là un réel atout pour elle, avait été gravement compromise. Il était temps de considérer quel choc lui avait fait ce diagnostic de problème d'apprentissage.

Que faire? Tout d'abord, M. et Mme Jackson doivent affronter leur propre déception. Ensuite, ils peuvent faire plus attention à Marcy et aux dommages portés à son image d'elle-même. Il ne suffit pas de la rassurer; au contraire, cela pourrait être ressenti comme un manque de sensibilité. Il faut d'abord reconnaître les sentiments de Marcy sur ses difficultés. «C'est dur, n'est-ce pas Marcy? Tu ne t'es jamais trouvée devant quoi que ce soit de semblable.» Ses parents peuvent aider Marcy à voir que ce n'est pas la fin du monde, mais ils doivent s'en convaincre les premiers. Marcy peut percevoir leur découragement et leur crainte du futur. Elle a besoin de sentir qu'il y a des gens qui sauront l'aider à surmonter son problème, à trouver sa façon à elle d'apprendre. Des câlins plus fréquents, une plus grande compréhension devant son besoin de régresser, de sucer son pouce, l'aideront également. Il lui faut une chance de se débarrasser de ses craintes. On ne la rassurera efficacement qu'après avoir compris combien son image d'elle-même a souffert. Alors, elle sera prête à entendre : «Nous pouvons nous en sortir tous ensemble.» Elle sera convaincue qu'elle pourra être plus forte et plus sûre d'elle quand elle aura appris les techniques dont elle a besoin : «Mettons-nous au travail et trouvons ce qu'il faut faire.»

Après l'effondrement et le repli sur elle-même, Marcy montra qu'elle commençait à se reprendre. Elle se tenait à nouveau droite. Elle avait un regard plus clair. Elle paraissait plus forte.

«Maman, je peux t'aider à faire le dîner, ce soir?»

Mme Jackson était soulagée. À présent seulement, elle se rendait compte combien elle avait été tendue.

«Bien sûr. Qu'allons-nous préparer?

– J'aime bien ces trucs en morceaux sur du riz.

– Tu veux dire du bœuf Strogonoff?

– Oui.

– Tu peux m'aider à préparer le bœuf et les légumes. Tu es capable de faire presque tout toute seule, mais je veux participer. C'est d'accord?»

Mme Jackson perçoit très nettement le désir de réussite de sa fille. Marcy a bien besoin d'être encouragée et Mme Jackson profite de l'occasion pour la laisser se charger du repas.

Quel que soit le soutien apporté par les parents, le stimulant le plus efficace pour l'estime de soi d'un enfant vient de lui-même. «Je suis capable de le faire, je vais le faire», suivi par : «Je l'ai fait. Je l'ai fait tout seul!» L'approbation de sa mère devient alors plus significative que jamais.

Quelques pas dans un monde plus vaste. Quelle année! L'enfant de six ans fait maintenant partie du monde extérieur à sa famille; il va à la «grande» école et il a un vrai «professeur». Il le sait. Quand sa mère lui dit avec impatience : «Qu'est-ce que tu as fait à l'école aujourd'hui?» et quand l'enfant répond : «Rien», il veut dire, en réalité : «Rien que je veuille partager, car je suis fier d'être indépendant et de faire mes propres expériences.» Quand un père dit : «Est-ce que tu as des leçons?», il évoque l'image d'un frère aîné ou d'un ami plus âgé qui, lui aussi, a du travail à faire à la maison.

Cette nouvelle indépendance a représenté un point fort pour les parents aussi. Ils ressentent une perte quand beaucoup des expériences les plus importantes d'un enfant se passent en dehors de la famille. Ils vont probablement se demander : «Était-il prêt? Ai-je eu raison de le mettre dans un monde que je suis incapable de contrôler?» Ces sentiments sont renforcés par une nouvelle curiosité, de nouveaux comportements – les gros mots. Tous ces développements forts sont accompagnés, pour les parents, du sentiment de perdre l'enfant qu'ils connaissaient. «Il grandit si vite», répètent-ils avec un vague regret. Cette forte poussée vers la séparation, tout comme la régression qui l'accompagne, masquent aux yeux de l'enfant et de ses parents le fait que l'objectif ultime du développement est l'interdépendance plutôt que l'indépendance.

Un enfant de six ans va se regrouper avec les enfants de son propre sexe. Il va apprendre à marcher à grandes enjambées, à se pavaner, à jurer et à dire des gros mots, à pratiquer des jeux spécifiques à son sexe. Les fortes identifications aux parents, que l'on constatait à quatre et cinq ans, se dirigent maintenant vers les groupes d'amis. Les parents doivent être préparés au comportement, au langage, aux expériences auxquels ces enfants sont poussés par leur curiosité en matière de sexe. Beaucoup d'entre eux embarrassent et inquiètent leurs parents quand ils expérimentent mutuellement comportement et habitudes sexuelles. Les explorations de l'enfant et les craintes des parents constituent un point fort supplémentaire.

La motivation pour lire et écrire domine une grande partie du temps d'un enfant de CP, à condition que la télévision et les jeux vidéo ne soient pas envahissants. C'est le moment pour les parents de trouver des moyens sensibles pour canaliser cette motivation vers un apprentissage actif. Télévision et vidéo sont des activités passives et risquent d'atténuer ce nouvel élan. Les jeux sur ordinateur peuvent être plus actifs. Bien que la plupart soient limités et répétitifs, certains peuvent alimenter l'énergie. Les parents trouvent enthousiasmant de participer aux efforts d'apprentissage – et leur participation est essentielle pour l'enfant, car il peut prendre exemple sur l'excitation des adultes de son entourage. Les rituels de lecture qui ont accompagné le coucher de chaque enfant portent à présent des fruits pour tout le monde. Apprendre à lire cependant implique de la frustration. Un enfant motivé veut savoir lire et écrire sans attendre. Les parents reconnaîtront que l'effervescence et la régression qui en résultent sont un point fort. La frustration peut représenter une force puissante, mais elle est difficile à vivre.

Pendant l'année de CP, l'estime de soi est remise en question par chaque nouvelle expérience. Un enfant qui croit en lui peut commencer à vivre avec un problème d'apprentissage ou un comportement hyperactif. S'il surmonte de telles difficultés, l'enfant sentira qu'il est capable de conquérir son monde. Apprendre à rouler à bicyclette, à taper dans un ballon de football, à se faire un ami, à maîtriser une colère, à devenir un membre de la classe, à l'école – autant d'objectifs qu'il faut atteindre *un jour*. Chaque succès contribue à assurer des bases plus sûres à la personnalité, bases nécessaires pour affronter les déceptions et les échecs à venir.

Au cours de cette année, la découverte des relations importantes et du code moral qui façonne les relations a représenté une autre acquisition majeure. L'école exige ces capacités. Le désir pressant d'appartenir à un groupe de pairs peut avoir un coût pour l'enfant. Les parents des enfants moins compétents souffrent avec eux quand ils font des efforts pour s'intégrer et pour être acceptés par leurs pairs. Ils se demandent avec inquiétude si l'individualité et les valeurs ne vont pas disparaître dans ce difficile combat. Le tourment ressenti par l'enfant et ses parents engendre une régression et une réorganisation qui sont nécessaires pour trouver des façons de réussir dans ce nouveau cadre social.

Au cours de ces années, l'enfant peut se trouver confronté à la mort – d'un grand-parent qu'il aime, d'un animal favori. À six ans, l'enfant éprouve des sentiments très intenses devant une telle perte. Il prendra inévitablement les choses personnellement. «Est-ce que j'aurais pu être plus gentil? Alors je n'aurais pas perdu grand-père.» Les thèmes de la perte et de la culpabilité personnelle doivent être démêlés au moment où l'enfant acquiert une nouvelle conscience de sa propre importance. Culpabilité et frayeur font surface à n'importe quelle séparation – mort, divorce, maladie, hospitalisation et même brève séparation d'un parent qui part en voyage. Les parents doivent reconnaître ces sentiments s'ils veulent en parler ouvertement avec l'enfant et l'aider à trouver sa façon à lui de supporter l'incertitude et le chagrin. Les sentiments négatifs sont inévitables; mais ils peuvent être aussi importants que les sentiments positifs pour le développement de l'enfant, à partir du moment où celui-ci apprend à vivre avec ces sentiments douloureux et à en parler à ses parents.

En testant les limites par les provocations, la tricherie, les rapportages et le vol, l'enfant manifeste en réalité son besoin de limites fermes. Les limites sont des attentes fiables. Elles procurent des bases solides sur lesquelles les enfants découvrent qu'ils sont capables de s'arrêter eux-mêmes quand ils sentent qu'ils perdent leur contrôle. Quand un enfant de six ans réussit à reconnaître et à maîtriser son exaspération, sa perte de contrôle au cours d'une colère, son agressivité dans une bagarre avec un pair et sa fureur contre un cadet qui a violé son intimité, il jouit déjà d'une véritable sécurité.

Un enfant de six ans a déjà accompli tant de choses, et pourtant il a encore tellement à apprendre! À cet âge, il n'y a aucune limite à ce que l'on ressent devant le monde ni à ce que l'on en attend.

Deuxième partie

Affronter les défis en famille

Adoption

Quand des parents arrivent au moment de l'adoption proprement dite, ils ont déjà effectué un long parcours, fait d'attentes, d'interrogations sur eux-mêmes, de recherches d'enfant et de passage par des procédures complexes. Beaucoup de parents qui adoptent ont été confrontés à leur incapacité à concevoir et à porter leurs propres enfants. Les consultations de stérilité, les examens à répétition et les dépistages de déficits ne peuvent que miner l'idée qu'un adulte se fait de lui-même. Il est absolument vital pour un parent adoptif de retrouver sa confiance en soi. Quand des parents acceptent la responsabilité d'un enfant né d'une autre personne, ils ont tendance à s'interroger sur leur capacité à remplir cette tâche. Leur zèle à procurer un foyer sûr à un enfant qui se trouve en danger masquera un temps leurs sentiments d'insécurité; cependant, les questions sous-jacentes touchant leur incapacité finiront par refaire surface et devront être résolues alors que s'effectue le travail d'attachement.

De nos jours, un candidat à l'adoption a souvent besoin de chercher longtemps, dans son pays ou à l'étranger, pour trouver un enfant. Les choix sont limités. Rares sont les organismes en qui on peut avoir confiance. Quand on a sélectionné un organisme avec lequel il est possible de travailler, on se trouve devant une avalanche de questions. Est-on réellement à la hauteur de cette précieuse responsabilité? Pourquoi s'est-on tourné vers l'adoption? A-t-on expérimenté toutes les possibilités de mettre au monde un enfant biologique? Beaucoup de parents «stériles» conçoivent un enfant après en avoir adopté un. Même après un diagnostic de stérilité «définitive», il semble que le fait de prendre la décision d'adopter un enfant libère une capacité de conception qui n'avait pas été identifiée au cours des examens. Alors que les organismes spécialisés dans l'adoption cherchent toutes les raisons de ne pas donner d'enfant, les parents questionnent leurs propres motifs. « Pourquoi est-ce que j'accepte de me laisser traiter et interroger de cette façon ? » Pourtant, tout en continuant à se poser des questions, les parents sentent souvent leur résolution se renforcer. Leur motivation devient plus forte. Au moment où ils trouvent un enfant, les futurs parents ne sont plus conscients que de leur désir et de la longue attente qu'ils ont endurée pour le satisfaire. Ils peuvent ne pas encore être prêts pour n'importe quel enfant, mais le processus d'adoption les a fait dépasser le rêve classique du bébé parfait ; il les a préparés pour les imperfections du bébé réel. Le travail habituel de préparation qui a lieu durant la grossesse s'effectue parallèlement à cet effort. Les parents se préparent à tomber amoureux de n'importe quel enfant.

Pourtant s'attacher à un enfant adopté se révèle parfois d'une complexité surprenante. Bien que les parents qui ont attendu et cherché un enfant croient se sentir disposés à tout lui donner d'eux, ils sont surpris quand lui et eux n'arrivent pas à s'entendre immédiatement.

Plus le bébé est jeune, plus l'adoption est facile. L'apparence du nouveau-né provoque en l'adulte une réaction de maternage et la vulnérabilité du nourrisson ne peut que séduire des parents avides ; ceux-ci forgent aisément un lien passionné avec un nourrisson. Ils accueillent chaque mouvement, chaque réaction comme un miracle. Les parents assez chanceux pour adopter un nouveau-né savent qu'ils sont en meilleure position pour façonner l'avenir de l'enfant en tant que membre de la famille. Il est plus facile de devenir parent quand on commence avec un jeune bébé. Mais le potentiel demeure, même avec un enfant plus âgé.

Les bébés un peu plus âgés et les petits enfants ont vécu placés dans une famille d'accueil ou dans un foyer avant l'adoption. Quand l'enfant arrive dans la famille qui l'attend, il lui faut faire un nouvel effort d'adaptation ; même un bébé de quatre mois s'est habitué au milieu dans lequel il vivait. Des attentes se sont déjà développées. Quand l'environnement change, le bébé doit se réadapter. De nouvelles voix, de nouveaux visages, de nouveaux rythmes remplacent ceux auxquels il s'était habitué. Il lui faudra «faire le deuil» de l'environnement perdu avant de pouvoir s'habituer à son nouveau cadre de vie. Ce deuil va se traduire en partie par du repli ; le bébé va se fermer aux stimuli habituels pendant un temps. Plus le stimulus sera attirant – une voix tendre, un visage aimant, un câlin affectueux – plus il rappellera au bébé la personne qui s'occupait de lui auparavant. Même si le placement précédent a été marqué par un relatif manque, le bébé se sera habitué. Les nouveaux parents ont tendance à submerger le bébé adopté de câlins bien intentionnés et de tentatives d'échanges de regards. Ils sont susceptibles de dire : «Je ne peux pas supporter de le lâcher ! Pourquoi se détourne-t-il de moi ? Est-ce qu'il ne m'aime pas ?» L'enfant peut opposer à cette avidité à former un attachement de l'hypersensibilité ainsi que des réactions d'évitement. Il a tendance à se défendre en détournant le regard, en arquant le corps, en protestant par des pleurs ou en dormant beaucoup.

N'importe quel parent se sentirait naturellement rejeté. Le parent vulnérable qui a traversé tant d'obstacles avant de rapporter enfin le bébé chez lui se sentira particulièrement blessé. La période initiale avec un enfant adoptif peut être douloureuse si les parents ne reconnaissent pas que le bébé a besoin de temps pour s'adapter. Les parents adoptifs doivent comprendre que cette période de repli et de négativisme lui est nécessaire. Sinon, ils risquent de prendre ce comportement comme une attaque personnelle. Les professionnels peuvent préparer les parents pour cette période de réorganisation et leur conseiller d'attendre que l'enfant soit prêt pour satisfaire leur besoin d'affection. La soif d'attachement du bébé rendra alors la transition plus aisée.

Le mythe qui veut que le «bonding» dépende d'une période précise et cruciale risque d'ajouter une pression supplémentaire aux nouveaux parents adoptifs. Le bonding peut se produire quel que soit le moment où débute une nouvelle relation, mais il doit être accompagné d'un processus d'attachement plus long. L'attachement – faire connaissance, apprendre les besoins l'un de l'autre, la façon dont s'expriment ces besoins, les réponses à y apporter – prend beaucoup plus de temps. Apprendre à être le parent d'un enfant adopté est un défi et une chance. Les moments de stress sont compensés par l'apprentissage que l'adulte fait sur lui-même et par sa transformation en parent.

À quel moment un parent adoptif commence-t-il à se sentir comme le «vrai» parent de l'enfant? Quand devient-il moins vulnérable à des soucis tels que : «Va-t-il vouloir rechercher ses parents biologiques un jour – et m'abandonner?» «Est-ce que sa mère naturelle va revenir pour me l'enlever?» «Quand devrais-je lui dire qu'il est adopté – qu'il n'est pas vraiment mon enfant?» «Comment lui dire? Va-t-il me rejeter?» «Comment le protéger de l'impression d'avoir été abandonné, ce qu'il ressentira quand il saura que sa mère naturelle l'a donné à adopter?» «Comment a-t-elle pu faire une chose pareille?» «Et si je lui faisais du mal, moi aussi?»

Ces questions hantent l'esprit de tout parent adoptif et accompagnent le sentiment d'insécurité propre à l'adoption. Les sentiments de compétition avec les parents naturels entreront fatalement en jeu. Plus le parent adoptif apprend à aimer, plus ces sentiments deviennent menaçants. Les comprendre libère les parents et leur permet de profiter du processus d'attachement avec l'enfant. Quand les parents adoptifs passeront de la période magique du coup de foudre à la phase active qui consiste à entretenir l'amour, ils se sentiront comme les «vrais» parents de l'enfant. Les parents adoptifs me disent qu'après avoir affronté et surmonté quelques crises, ils ne sont plus vulnérables à la question de l'enfant : «Est-ce que tu es ma vraie mère?» Ils savent qu'ils sont les parents dont leur enfant a besoin.

Dans le cas où ils ont eu recours à une mère porteuse, les parents adoptifs éprouvent souvent de grandes difficultés à se sentir comme les «vrais» parents du bébé. Connaître la mère biologique et prendre des arrangements avec elle force la mère adoptive à se comparer avec la mère qu'elle aurait pu être. L'anticipation d'un tel conflit, les incertitudes – la mère va-t-elle renoncer à l'enfant ou changera-t-elle d'avis plus tard? – détournent beaucoup de couples d'un tel projet.

Quand les choses se passent mal, tout nouveau parent, vulnérable, a tendance à subodorer une faute et à en chercher les raisons. Les parents adoptifs prennent souvent pour cible l'inconnu – le passé du bébé. De nos jours, les futurs parents sont très informés sur les conditions intra-utérines et sur leurs effets sur le développement du fœtus. Nous savons que la malnutrition intra-utérine peut interférer avec le développement du cerveau, de la thyroïde et des surrénales (glandes jouant un rôle important dans le déclenchement et le maintien de l'attention). Le comportement du nouveau-né risque également d'être affecté si sa mère a fumé, pris des drogues ou bu de l'alcool durant sa grossesse. Autrefois, en cas de problème comportemental, les parents accusaient les «mauvais» gènes. Actuellement, quand tout ne va pas bien, ils se demandent aussi si le bébé n'a pas souffert de privations au cours de la grossesse.

Les opinions sur la nature d'une mère capable d'abandonner son bébé combinées avec les inquiétudes quant à un éventuel comportement à risque pendant qu'elle portait ce fœtus non désiré, tout cela peut subsister dans l'esprit des parents adoptifs. Tant que les choses se passent bien, ces soucis sont repoussés. Mais tout écart du bébé, tout conflit dans la relation parents/enfant risquent trop facilement de mener à l'idée que ce bébé n'est pas parfait et même qu'il n'est «pas vraiment mon bébé». Par exemple, la période d'agitation opiniâtre qui touche presque tous les nourrissons au cours des douze premières semaines et qui est causée par les «coliques» peut provoquer une réaction inconsciente chez les nouveaux parents à la fois pleins de bonne volonté et stressés. Ils pensent : «Oh! Il y a quelque chose qui ne va pas chez ce bébé. Seraient-ce les séquelles d'un problème?» Au lieu de rechercher les raisons qui expliquent couramment les pleurs et l'agitation, le parent adoptif risque de coller trop rapidement une étiquette de «séquelles» sur le bébé.

Pendant toute l'enfance d'un bébé adopté, les interrogations sur l'hérédité et les premières expériences ne cesseront de revenir à l'esprit des parents. À chaque moment de stress, des questions sur leur propre capacité à élever cet enfant selon ses besoins surgiront. Des sentiments naturels de compétition feront surface à toutes les périodes de réadaptation : «Est-ce qu'il aurait été mieux dans son environnement naturel? Avons-nous échoué?» Des doutes sur leurs capacités envahissent tous les parents quand ils se trouvent confrontés à des problèmes d'adaptation chez leur enfant. En cas d'adoption, les tendances à la vulnérabilité et aux sentiments d'échec personnel risquent d'être renforcées.

Dans les adoptions transculturelles, tous ces problèmes deviennent souvent plus intenses encore. Quand on considère les problèmes soulevés par l'adoption d'un enfant, on soulève la question du conflit entre sa propre identité et l'identité de «l'autre». «N'ai-je aucun doute sur ma propre identité culturelle?» «Qu'est-ce que j'apporte à cet enfant, qu'est-ce qui compte assez à mes yeux pour que je veuille le perpétuer en lui?» «Qu'est-ce que l'enfant va apporter de sa culture? Jusqu'à quel point devrais-je préserver les valeurs de cette culture?» «Devrais-je devenir bilingue pour essayer de lui faire parler sa langue?»

Un enfant doté d'un ensemble de gènes distincts arrivera probablement avec ses propres comportements et ses propres rythmes. Ceux-ci vont légèrement ou inconsciemment affecter les réactions de ses parents adoptifs à son égard. Par exemple, les bébés chinois et japonais observés en Asie en utilisant mon échelle d'évaluation du comportement néonatal (NBAS) ont montré un comportement qualitativement différent de celui des bébés occidentaux. Leur comportement moteur est plus fluide, plus lent et plus doux. Les rythmes de l'attention et des mouvements sont plus lents et plus atténués. Il y a peu de sursauts ou de réflexes saccadés. L'intensité motrice est faible comparée aux autres groupes de bébés que j'ai vus. En conséquence, le comportement moteur n'interfère pas avec des périodes prolongées d'attention. Dans cet état alerte, les bébés asiatiques prêtent attention aux stimuli visuels et auditifs pendant des périodes nettement plus longues. Cependant, les stimuli visuels et auditifs doivent être réduits en intensité et en rythme si l'on veut qu'ils attirent l'attention du bébé. Si les stimuli sont trop rapides ou trop sonores, le bébé va rapidement se fermer à eux ou réagir avec des hurlements inconsolables. L'état de pleurs est parfois insondable chez les bébés asiatiques et aussi prolongé que les états d'attention. Ces bébés peuvent être difficiles à consoler; ils peuvent avoir besoin d'être nourris plus souvent; il faut jouer calmement avec eux.

À l'opposé, les bébés africains de Zambie et du Kenya sont excités par des jeux de motricité. Leurs mouvements sont plus vigoureux et semblent plus intentionnels. Ils paraissent avoir plus de facilité pour mettre la main à la bouche et pour se consoler par des gestes. Ils aiment beaucoup qu'on les tienne et qu'on joue avec eux. Lorsqu'ils sont alertes, ils sont plus excités par les stimuli visuels et auditifs et par les manipulations kinesthésiques. Quand ils observent et suivent des yeux un visage ou une balle rouge, ils deviennent intensément alertes et déclenchent un sursaut ou un mouvement réflexe saccadé. Ces réflexes interrompent la période d'attention. Le bébé a ensuite besoin d'être maintenu et calmé pour continuer à faire attention aux signaux visuels et auditifs. L'intensité de l'interaction avec des inputs sensoriels de l'environnement, images et sons, est telle que les nouveaux parents doivent maintenir davantage le bébé, renforcer ses schémas d'autoconsolation, comme les activités de la main à la bouche.

Rares sont les nouveaux parents qui prévoient de telles différences dans les seuils d'attention de leur enfant adopté, dans ses rythmes ou dans l'intensité nécessaire pour entretenir une interaction. Si la réadaptation de l'enfant ou sa période de repli se prolongent après son arrivée au foyer de ses parents adoptifs, les schémas de l'enfant et les attentes des parents sont perturbés. Les parents adoptifs ont besoin d'une préparation pour une adoption transculturelle afin de pouvoir anticiper les différences de comportement aussi bien que la première période de régression et de réadaptation.

Au fond de l'esprit de tout parent adoptif, on trouve la question récurrente : « Va-t-il m'aimer ou va-t-il toujours se poser des questions ? » Un autre souci s'ajoute en cas d'adoption transculturelle : « Va-t-il se demander, comme moi, s'il ne serait pas mieux dans sa propre culture ? » La différence génétique est un rappel permanent. Elle peut sans cesse faire revenir la question : « Êtes-vous mes "vrais" père et mère ? » Bien que les recherches sur les enfants en situation d'adoption renforcent l'importance de l'environnement dans le façonnement des données génétiques, chaque recul temporaire ramène la question : « Après tout, est-ce que je suis meilleur pour lui ? » Les parents doivent reconnaître leur vulnérabilité face à cette question. L'enfant a besoin de savoir que son parent adoptif sera toujours son véritable parent : « Je t'ai choisi. Je t'ai désiré. Je suis tombé amoureux de toi et je suis ton parent. » L'enfant a besoin de savoir que ses parents lui sont dévoués.

Certaines adoptions, de nos jours aux États-Unis, sont effectuées par des parents du même sexe. Est-ce que cela aggrave les problèmes auxquels l'enfant sera confronté ? Bien sûr. Mais, comme dans toutes les adoptions, la clef est un lien fort, indissociable sur lequel l'enfant puisse toujours compter.

L'adoption d'un enfant plus âgé risque d'aggraver encore davantage ces problèmes. La séparation du lieu de vie précédent et le déplacement vers le foyer adoptif seront vraisemblablement effrayants pour cet enfant. Il y a de plus grandes chances pour que l'enfant ait subi des changements répétés dans ses relations au cours de ses placements. Il peut avoir été victime d'abus ou autres traumatismes. Vers l'âge de quatre ou cinq ans, l'enfant peut s'être forgé des défenses – au prix d'une grande souffrance émotionnelle – pour se protéger contre les événements menaçants. Ces défenses nécessaires seront très ancrées en lui. Quand l'enfant quitte son placement familier, ses apprentissages précédents se trouvent remis en question et ébranlés. Plus le nouveau foyer adoptif est accueillant et plus il est ressenti comme une menace si l'enfant a souffert auparavant.

Beaucoup d'enfants vivant dans des orphelinats se développent lentement ; l'immaturité paraît être une condition protectrice autant que le résultat de relations incertaines et changeantes. Il est presque certain que certains apprentissages ont été négligés. L'enfant a eu peu d'occasions de s'identifier à des adultes fiables et de les imiter. S'il s'est tourné vers les relations avec ses pairs pour assouvir son désir de l'autre, ceux-ci l'ont probablement quitté. Les pairs disparaissent généralement en direction de foyers d'adoption. Les adultes qui vont et viennent renforcent la crainte constante d'être abandonné ; l'enfant n'ose pas approfondir un attachement. Les tentatives pour établir son autonomie – une colère ou le refus d'aller à la selle – auront plus de chances de se solder par une punition que d'être comprises comme un besoin de s'exprimer. Les occasions de réussite peuvent être rares et la maîtrise qui mène à l'indépendance va effrayer un enfant qui a été abandonné. Quand il fait un progrès, qui se trouve là pour être fier de lui ?

Tout cela ralentit le développement de l'enfant. Dans un environnement qui compte beaucoup d'enfants, moins un enfant est exigeant, plus son comportement extérieur est infantile et charmant et plus il aura de chances d'être récompensé. Beaucoup d'enfants vivant en groupe apprennent à établir des relations superficielles ; ils n'osent pas laisser un attachement s'approfondir quand ils s'attendent à être abandonnés. De tels enfants apprennent à se replier dans des états où ils se protègent. Leurs yeux sont baissés, leur regard vide, leur visage sans expression. Ils sont pâles, leurs extrémités deviennent flasques, leur corps mou. Les enfants qui sont restés longtemps à l'hôpital sont dans le même état : ils attendent, ils se mettent à distance, ils n'osent pas s'intéresser à quoi que ce soit. Souvent ils manifestent de l'hypo- ou de l'hypersensibilité face aux avances des adultes, qu'elles soient du domaine visuel, auditif ou tactile. De plus, ces enfants peuvent ne pas avoir franchi les premiers pas conduisant au contrôle des impulsions. Ils peuvent remplacer ou faire suivre le repli sur soi d'une perte de contrôle frénétique qui rappelle aux observateurs davantage l'agitation caractéristique des enfants de deux ans que le comportement d'un enfant plus âgé.

Tout cela peut également s'accompagner d'un manque d'attention, de difficultés à s'intéresser aux objets, à la lecture ou à apprendre. Alors que, dans une famille, un enfant apprend à déchiffrer des signaux subtils, des démonstrations d'affections légères, un enfant vivant en orphelinat ne bénéficiera sans doute pas de telles occasions. Un enfant obligé de se protéger en se fermant indistinctement à tout son environnement menaçant ratera fatalement des occasions d'apprentissage.

Une autre «défense» peut consister en demandes avides d'attention. Un enfant que j'ai vu dans un orphelinat de Corée courait d'un adulte à l'autre, leur entourant les jambes de ses bras. Si on le regardait pour le toucher ou lui parler, son corps se raidissait et il disparaissait vers un autre adulte. Un manque de réaction lui paraissait moins menaçant qu'une réaction qui comportait le danger d'une relation et d'une déception.

Adopter un enfant plus âgé demande donc aux parents des efforts considérables de compréhension et de patience. Les parents adoptifs doivent observer l'enfant et doser soigneusement leur approche de son intimité. Quand l'enfant ose interagir, il aura tendance à être ou bien «trop gentil» (avec une peur sous-jacente) ou bien à recourir à un comportement provocateur pour tester la solidité de la nouvelle relation. S'il vole ou s'il ment, peut-il vous faire confiance pour ne pas l'abandonner? Sinon, il se retrouve dans la même position que précédemment. Il est prêt à être ignoré ou même à être rejeté. Si les parents sont préparés à ces périodes de mise à l'épreuve, l'enfant, progressivement, se laissera aller à leur faire confiance. Chaque point fort, avec ses moments de régression, de désorganisation et de réorganisation, devient une occasion pour confirmer la solidité de la nouvelle relation.

Les enfants plus âgés qui ont été adoptés plus tôt font l'expérience des mêmes conflits quand ils atteignent la période des provocations. Un nouveau défi, un nouveau point fort de développement peut aussi affecter la stabilité à laquelle ils étaient parvenus. Un parent adoptif n'est pas toujours préparé à éprouver à nouveau les anciens sentiments de vulnérabilité que le comportement de son enfant lui fait revivre. « Pourquoi a-t-elle besoin de me tester ? Elle sait que je l'aime. Est-elle si perturbée à cause d'expériences antérieures – et je ne m'en serais pas aperçu plus tôt ? » L'enfant peut être effrayé par sa propre régression. Quand l'agitation s'est calmée, parent et enfant ont l'occasion de confirmer la solidité de leur relation et de leur existence commune. « Tu as été épouvantable quand il t'a fallu me provoquer. Mais nous avons surmonté cela, n'est-ce pas ? »

L'arrivée dans une structure d'accueil, que ce soit l'école maternelle ou même le cours préparatoire, représente un moment caractéristique de vulnérabilité qui s'intensifie dans le contexte d'une adoption. « Comment va-t-elle se débrouiller toute seule ? Est-ce que j'ai fait ce qu'il fallait ? Est-ce que ses anciennes expériences d'abandon vont refaire surface quand il faudra que je la laisse ? Est-ce qu'ils vont l'aimer à l'école – et se rendre compte de tout le chemin qu'elle a déjà fait ? C'est une si merveilleuse petite fille ! » En même temps, les parents se sentent parfois déçus de constater que leur enfant semble avoir moins besoin d'eux qu'auparavant.

Les comportements courants entre trois et six ans – mentir, voler, tricher, mordre, frapper – ont tendance à soulever une question plus profonde : « Est-ce génétique ? Est-elle en train de régresser vers un comportement dont elle a hérité – ou qu'elle a acquis au cours de placements antérieurs ? » En cas d'adoption, il est encore plus crucial de voir ces comportements comme faisant partie d'un développement normal.

Avec les enfants qui ont fait l'expérience de pertes à répétition, les techniques d'autoréconfort (comme sucer son pouce) ou le recours à un adulte pour se faire consoler dans les moments de stress sont de bons signes. Ils sont la preuve que l'enfant a des ressources qu'il pourra utiliser au fur et à mesure que la relation parent-enfant deviendra plus sûre. Ce comportement peut troubler un parent adoptif qui essaie d'enseigner l'indépendance à l'enfant. La régression risque d'être encore plus perturbatrice. Si les parents adoptifs parviennent à la voir comme un point fort, avec une réorganisation suivie par des progrès vers l'estime de soi et la sécurité intérieure, ils seront rassurés et certains d'être les «vrais» parents de leur enfant.

Quelques recommandations pour les parents adoptifs :

1. Attendez-vous à une période initiale d'adaptation, au cours de laquelle l'enfant doit renoncer à son attachement à son ancien environnement. Une période de deuil et de vulnérabilité affectera probablement le comportement de l'enfant. Ne vous sentez pas personnellement visé.

2. Attendez-vous à éprouver vous-même des sentiments de vulnérabilité et de perte, en tant que parent, au moment où l'enfant devra devenir indépendant. Cela vous arrivera à nouveau à chaque crise et à chaque poussée de développement (point fort). Soyez prêt à approfondir cette question avec l'enfant.

3. Partagez ces périodes de réadaptation avec l'enfant. Apprendre à affronter les stress ensemble peut se révéler une manière très efficace de renforcer votre attachement. «Quand tu es difficile et que je suis furieuse, ça doit te faire peur. C'est ce que ça me fait à moi.»

4. Considérez chaque nouvelle réadaptation comme une occasion pour réaffirmer : «Même si je me mets en colère, même si je dois t'arrêter, cela ne veut pas dire que je ne t'aime pas. Rien ne peut changer mon amour.»

5. Attendez-vous à ce que les séparations soient difficiles. Un enfant adopté s'inquiétera : «J'ai déjà perdu des parents, est-ce que ceux-ci vont aussi me quitter?»

6. Attendez-vous à beaucoup d'interrogations à propos de vous-même : «Ai-je fait une erreur? Sommes-nous assez gentils avec elle? Est-ce que je la comprends vraiment? Est-ce que je ressens ce qu'il faut?»

7. Attendez beaucoup de questions, qui se multiplieront avec le temps : «Êtes-vous mes "vrais" parents? – Absolument. Et nous serons toujours là pour toi. Tu es à nous et nous sommes à toi.»

8. En ce qui concerne les attentes, il y aura des écarts difficiles à accepter. Tous les parents, qu'ils soient biologiques ou adoptifs, doivent reconnaître que leur enfant ne sera pas la personne qu'ils avaient prévue. Et n'est-ce pas encore plus difficile à accepter, n'est-ce pas plus angoissant à admettre quand le passé de la famille biologique reste enfoui dans un effrayant mystère? Un

parent peut avoir des réactions trop vives devant des comportements de rébellion ; renouer le contact avec l'enfant devient alors essentiel. « Parfois, je me mets en colère et cela m'effraie. Mais, tu sais, quand c'est terminé, je me rends compte que je t'aime encore plus. »

9. Soyez prêt pour les difficultés que vous aurez – l'enfant, mais vous également – pour faire face aux moqueries. « Ils se moquent de moi parce que je ne te ressemble pas. Ils savent que je suis adopté. Qu'est-ce que cela veut dire ? » Si parents et enfant ont des origines raciales différentes, ce sera une cause de moqueries. Si les parents sont tous deux du même sexe, dans notre culture homophobe, il en ira de même. Pour aider l'enfant à surmonter cette épreuve, affrontez d'abord vos propres sentiments. Soyez prêt à le défendre d'une façon qui ne l'embarrasse pas, mais qui lui donne des forces. Quand il rentre à la maison et relate de telles moqueries, soyez prêt à le soutenir. Le premier pas consiste à faire savoir à l'enfant ce que vous éprouvez pour lui : « Ça fait mal. » Le pas suivant, l'aider à se protéger. Faites équipe avec lui : « Garde tes larmes pour la maison. Ne les laisse pas voir que tu es blessé ; sinon ils sauront qu'ils peuvent vraiment t'avoir. Tu n'as pas à les laisser faire. Tu ne dois pas croire ce qu'ils disent sur toi. Tu peux croire en toi. » En tant que parent, vous comprenez la moquerie, mais attendre d'un enfant qu'il la comprenne n'est pas réaliste. « Ils veulent comprendre les choses dont nous parlons tout le temps – ce que ça fait d'être adopté, est-ce que je suis ton "vrai" parent, ce que c'est de venir d'une autre culture. Les enfants qui se moquent de toi veulent simplement en savoir plus sur toi. »

10. Reconnaissez que votre enfant voudra probablement savoir qui était sa mère biologique. S'il manifeste le souhait de la rencontrer, vous devez acquiescer : « Quand tu seras plus grand, nous pourrons aller la voir tous les deux et nous le ferons. J'aimerais la connaître. Elle m'a donné un enfant merveilleux : toi. »

Attendez-vous à ce que votre enfant mette à l'épreuve et remette en question la solidité de vos liens. Soyez préparé à ce que cela se produise à nouveau à l'adolescence.

Alimentation et problèmes alimentaires

Les repas devraient être considérés comme des occasions de partager la compagnie et les idées des uns et des autres. Cependant, trop souvent, les repas sont pris dans l'agitation ou alors chacun mange de son côté. Les repas familiaux sont même plus importants en cela qu'ils représentent des occasions de retrouvailles dans la vie stressée des parents seuls ou des parents qui travaillent tous deux. Des routines comme le petit déjeuner et le dîner, avec une conversation où l'on échange ses expériences, peuvent compenser en grande partie les séparations. Les parents très pris par leur travail doivent faire le maximum pour maintenir ces repas en commun, car c'est une façon de resserrer les liens. Je recommande aux parents de prendre au moins les petits déjeuners en famille :

– Réglez votre réveil une demi-heure plus tôt.

– Préparez la veille au soir les vêtements de l'enfant pour réduire au minimum les discussions du lendemain.

– Le matin, le faible taux de sucre dans le sang (hypoglycémie) est cause de mauvaise humeur ; pourquoi ne pas placer un verre de jus de fruits à côté du lit de l'enfant avant qu'il ne se lève et ne commence à bouger ? Il sera mieux préparé pour son petit déjeuner si son taux de sucre est convenable.

– Encouragez une conversation qui laisse la parole à chaque membre de la famille. Les repas sont un événement social, un moment de communication. Le petit déjeuner est une occasion de préparer ensemble la journée et de se préparer à la séparation familiale.

– Proposez un choix minimal. Référez-vous aux habitudes : «Nous prenons toujours des céréales. Tu peux avoir celles-ci ou celles-là. » « Voici ton lait et tes toasts. » Un choix plus important ne peut que mener à des conflits.

Le fait que l'enfant mange ou non ne vaut pas une dispute ; vous pouvez toujours lui donner son toast, son fruit ou ses céréales dans un sac avec une boisson à emporter à l'école. Laissez l'institutrice, moins impliquée que vous, s'occuper du négativisme de votre enfant. La plupart des apprentissages ont lieu dans la matinée. Bien qu'une certaine quantité de sucre, comme on en trouve dans le jus de fruits par exemple, soit bénéfique pour l'enfant hypoglycémique, ses capacités d'attention seront améliorées par un mélange équilibré de protéines, d'hydrates de carbone complexes et par un petit apport de graisse, plutôt que par des aliments recouverts de sucre pur.

Pour organiser des repas qui ne soient pas des occasions de conflits pour les parents et les enfants, voici quelques suggestions :

– On ne mange pas entre les repas. Si l'enfant veut un goûter, il faut qu'il soit aussi régulier et prévisible que les repas.

– On ne mange pas devant la télévision ou l'ordinateur.

– On ne mange pas ailleurs que dans la cuisine (ce qui réduit le temps consacré à nettoyer), sauf en certaines occasions spéciales.

– Laissez le répondeur prendre les messages pendant les repas ; ce sont des moments que l'on devrait passer en famille sans être interrompu.

– Laissez l'enfant participer aux préparatifs (bien qu'il puisse encore avoir besoin de se rebeller).

– Donnez à chaque enfant une petite quantité de chaque aliment dont il a envie ; il pourra toujours demander à être resservi.

– À trois ans, autorisez l'enfant à manger avec ses doigts ou avec une cuiller, mais soyez réaliste quant à ses manières ; il se pliera plus tard à vos attentes.

– Si un enfant a un véritable dégoût pour certains aliments, on peut ne pas lui en donner, mais ne préparez rien en remplacement, c'est la porte ouverte aux conflits.

– Le fait que l'enfant mange ou ne mange pas n'a pas besoin d'être commenté.

– Aucune approche punitive : « Bien sûr tu as encore faim. Tu n'as pas mangé tes haricots. » L'enfant n'a pas besoin de vous pour établir le lien.

– À la fin d'un repas agréable, toute la nourriture est enlevée. On n'y revient pas.

– Le dessert est la conclusion d'un repas satisfaisant, et non pas une récompense pour «avoir mangé ce que maman voulait».

Le moment du repas est, pour les enfants, l'occasion de faire l'expérience de leur autonomie tout en se trouvant en famille. Les repas doivent être un moment de plaisir, pas de conflits. Un trop grand choix entraîne des conflits. Soit l'enfant mange ce que mange la famille, soit il ne mange pas du tout. La nourriture peut trop facilement devenir un sujet de conflits qui sont gratifiants en eux-mêmes; se nourrir passe alors au second plan. La nourriture peut aussi être utilisée comme chantage à l'affection : «Mange ça pour moi», comme menace : «Si tu ne manges pas ça, tu n'auras pas de dessert», ou comme récompense : «Si tu termines ton assiette pour maman, tu pourras avoir une barre chocolatée.» Le chantage détourne de l'objectif des repas. Nourriture et atmosphère environnante sont intimement liées. Les parents peuvent procurer la nourriture, mais ils ne peuvent pas forcer un enfant à manger. Si on veut que l'enfant apprécie la nourriture et soit content à la perspective de manger, il faut associer celle-là avec sa motivation, son appétit et son plaisir. Respecter sa capacité à prendre ses propres décisions sur ce qu'il veut ou ne veut pas manger est la façon la plus sûre de sortir du conflit. Trop souvent, les parents luttent avec des refus sur lesquels ils n'ont aucun contrôle. Ils n'ont pas besoin de se précipiter pour remplacer un plat par un autre. Il vaut mieux s'en tenir à des choix limités, y compris le choix de ne pas manger ce qui est proposé; c'est une façon de dire à l'enfant que «manger est important, mais que nous n'allons pas nous bagarrer à ce sujet». Donner à l'enfant, pour commencer, moins qu'il ne souhaite réduit la pression.

L'alimentation est l'une des premières activités exprimant à la fois la façon de soigner l'enfant pour les parents et le besoin d'autonomie pour l'enfant; les sentiments ont donc tendance à être intenses et les conflits difficiles à éviter. Parents et enfants sont trop impliqués. Un parent affectueux ressent la responsabilité de bien nourrir l'enfant en lui procurant un «régime équilibré». L'enfant se débat entre la dépendance (être nourri) et l'indépendance (se nourrir). Le rôle de la nourriture dans ce débat aurait dû être mis de côté depuis longtemps; cela dit, la tension entre dépendance et indépendance restera un thème récurrent tout au long du développement de l'enfant. Au milieu d'un épisode de point fort et de régression, par exemple, un enfant de maternelle peut redécouvrir son potentiel pour déclencher une confrontation excitante en refusant de manger. Même s'il a un bon appétit la plupart du temps, un seul refus occasionnel peut provoquer des réactions fortes chez les parents qui courent alors le risque de renforcer inconsciemment ce comportement.

Qu'il dévore, qu'il pinaille ou qu'il refuse toute nourriture, l'enfant de quatre ou cinq ans utilise ces épisodes pour affirmer son indépendance ou pour exprimer ses conflits à propos de l'indépendance. Un appétit changeant peut devenir un message, l'occasion de monopoliser l'attention familiale ou de la détourner d'événements ou d'interactions plus difficiles. En outre, s'il en a l'opportunité, l'enfant aura tendance à essayer de se nourrir avec des «grignotages» pour imiter ses amis. L'influence de la télévision et des médias augmente la pression pour «essayer n'importe quoi». Une fois que l'on a introduit à la maison ces produits alimentaires antidiététiques, on court le risque d'aller vers d'autres conflits. Mais on ne peut attendre des enfants de cet âge qu'ils résistent aux parfums engageants des barres, chips et autres aliments malsains de la grande distribution. Une interdiction totale de ces produits à grignoter (et des réclames télévisées qui les prônent) risque de les rendre encore plus attirants. La rigidité ne peut que produire un retour de manivelle. Cependant, sans faire beaucoup de bruit, les parents peuvent garder ces aliments hors de la maison. De temps en temps, un petit grignotage tout simple n'est pas nocif, mais pas dans les occasions spéciales et pas en tant que récompense. Informer simplement les enfants sur les besoins de leur corp pour grandir et devenir fort ne peut pas faire de mal. Mais le plus efficace consiste à commencer par remplir les assiettes des enfants avec des alternatives au grignotage qui soient satisfaisantes (et de remplir leur temps avec des activités plus gratifiantes que la télévision).

À quatre et cinq ans, quand les enfants commencent à reproduire le comportement de leurs parents, l'imitation des bonnes manières et l'essai des plats appréciés par les adultes viennent naturellement. Si les parents n'ont pas transformé les repas en moments conflictuels, l'enfant de quatre à six ans entre dans les schémas familiaux. On a peine à croire qu'un enfant de cinq ans dise : «Passe-moi le beurre, s'il te plaît», ou : «Merci pour le lait.» Et encore plus qu'il demande «plus de haricots verts, s'il te plaît». Mais cela peut arriver.

Si le refus de manger persiste plusieurs mois chez un enfant par ailleurs en bonne santé, il faut chercher de l'aide. (Un refus complet ou un refus associé à l'évidence d'une maladie exigent, bien entendu, une attention immédiate.) Si l'enfant ne prend pas de poids (ou s'il perd du poids), s'il ne progresse pas sur la courbe de poids utilisée par son pédiatre, il est temps de rechercher un avis extérieur. Votre médecin peut vous orienter vers l'aide appropriée, pédopsychiatre ou psychologue. Étant donné qu'un grand nombre de maladies affectent l'appétit, le médecin voudra d'abord éliminer tout problème médical. S'il n'y a pas de maladie, un thérapeute peut évaluer l'enfant et vous aider tous deux à surmonter votre part du problème alimentaire. Ne désespérez pas et n'attendez pas trop longtemps.

Asthme

L'asthme est en train de devenir un des troubles les plus répandus parmi les enfants de maternelle; parmi ses nombreuses causes, un air de plus en plus pollué, des acariens et une poussière incontrôlable et, le cas échéant, l'air recyclé de nos maisons. Les enfants en souffrent. Dans le premier tome de *Points forts*, j'ai proposé un modèle de prévention destiné à traiter tôt les symptômes d'alerte des réactions allergiques. Parmi ces symptômes : un eczéma léger, des éruptions cutanées persistantes, une mauvaise haleine, des affections prolongées des voies respiratoires supérieures, surtout si elles sont accompagnées par une respiration sifflante ou courte; toutes ces manifestations doivent être traitées avant que l'enfant et les parents ne se trouvent confrontés à une attaque asthmatique aiguë.

En plus de la poussière, des acariens et de la pollution atmosphérique, le pollen, les plumes des oreillers, le crin des matelas, les animaux en peluche et les aérosols peuvent également déclencher des allergies. Tous ces éléments peuvent agir en synergie pour causer un épisode d'asthme. D'autres facteurs irritants, comme un chat, un aliment (par exemple les œufs ou les crustacés) ou même un stress sévère, peuvent aussi provoquer une crise d'asthme. Si les parents parviennent à éliminer autant de ces facteurs que possible, l'enfant évitera l'attaque aiguë. Quand cela se produit, les parents disent : «Mais il a toujours vécu avec tout cela sans avoir d'asthme; pourquoi faut-il que cela arrive maintenant?» Les effets cumulés ont sans doute fait pencher la balance. Les tests sur les allergènes concernant la peau ne sont que partiellement exacts parce qu'ils ne s'intéressent souvent qu'à l'allergène majeur;

les allergènes mineurs peuvent ne pas sembler aussi actifs, pourtant, d'après mon expérience, beaucoup d'enfants sont quand même affectés par eux. On peut les éliminer de façon préventive. Vous pouvez contrôler l'asthme. Ne le laissez pas vous contrôler.

Le temps est l'allié de l'enfant : plus celui-ci vit sans crise respiratoire grave, plus il devient difficile d'en provoquer une. Dans les familles avec des antécédents allergiques, la suppression des déclencheurs domestiques peut désamorcer d'avance le problème. Les enfants prématurés qui ont souffert d'un syndrome de détresse respiratoire ou qui sont nés avec des poumons immatures constituent un groupe vulnérable. Ils ont tendance à avoir une respiration bruyante qui n'est pas due à une allergie. Mais les allergies risquent de représenter une atteinte supplémentaire pour leurs poumons. Cependant, la maturation améliore les choses – mais, il faut souvent attendre que l'enfant ait cinq ou six ans.

Une crise d'asthme effraie autant l'enfant que ses parents. Ne pas pouvoir respirer facilement est une expérience terrifiante. Quand le nez est bouché, même sans qu'il y ait d'asthme, la respiration devient épuisante. Si vous observez un enfant obligé de se forcer pour faire passer de l'air par la bouche, vous voyez un enfant inquiet, crispé. Il peut ne pas être fiévreux ou ne pas être suffisamment malade pour exiger l'attention d'un médecin, mais il a certainement besoin de compréhension et de soins affectueux. Et, de fait, des voies respiratoires chroniquement congestionnées sont souvent le signe d'un mécanisme allergique – précurseur de l'asthme.

Quand les poumons de l'enfant se contractent et quand sa respiration devient sifflante, il se sent rapidement désespéré. L'anxiété augmente le sifflement de façon spectaculaire. J'ai observé des enfants asthmatiques terrifiés qu'il a fallu placer sous tente à oxygène. L'enfant affolé cherchait un soulagement. Quand sa mère entrait dans la tente pour le prendre et le bercer, la fréquence des respirations diminuait de moitié. L'angoisse et la peur jouent un rôle majeur dans le cercle vicieux de l'asthme et des difficultés respiratoires.

L'anxiété des parents augmente quand l'état de l'enfant empire. Leur anxiété s'ajoute à celle de l'enfant et celui-ci a l'impression que personne ne sait quoi faire pour l'aider. Quand il lui faut aller à l'hôpital pour être pris en main par des adultes bien intentionnés, mais qui ont des manières de professionnels, sa terreur se renforce. Les piqûres, les prises de sang sont douloureuses et il peut les prendre pour preuve que personne ne lui veut vraiment du bien. Pire, il risque de croire que les adultes ne savent pas comment l'aider. En de tels moments, le délai avant qu'un médicament n'apporte un soulagement devient interminable. Envoyer un enfant à l'hôpital pour un traitement est une étape majeure qu'il faut éviter aussi longtemps que la sécurité le permet.

Si possible, les parents d'un enfant allergique devraient organiser un protocole de communication fiable avec leur médecin traitant en cas de crise aiguë. Un tel arrangement devrait être opérationnel dès que possible après la première crise aiguë. Une personne à laquelle l'enfant sent qu'il peut faire confiance quand il a peur, dont il perçoit qu'elle rassure ses parents est une base solide permettant de réduire l'aspect psychologique de la maladie. Un médecin qui peut «être là» pour les parents et l'enfant réussira à arrêter la spirale de l'angoisse et de la respiration sifflante. Nous avons maintenant des traitements efficaces pour atténuer et même prévenir les rechutes, mais ils n'ont pas d'effet sur les conséquences de la terreur et de la vulnérabilité. En fait, ils risquent même d'aggraver l'agitation de l'enfant dans ces moments.

Les objectifs de la prévention de l'asthme :

– En cas de crise aiguë, la survie passe avant tout. Mais, ensuite, la crise peut servir d'occasion pour apprendre à gérer le futur.

– Les parents doivent affronter leur propre vulnérabilité pour être capables de prévoir le futur et prendre des dispositions afin de prévenir la crise suivante. Le fait de prévoir fera beaucoup pour calmer l'angoisse de l'enfant.

– L'objectif suivant pour les parents et l'enfant consiste à entrer en relation avec un médecin ou une infirmière qui soit disposé à exercer sa responsabilité à n'importe quel moment. La participation rassurante de ce professionnel de la santé contribuera à apaiser l'inquiétude des parents ; ils sauront à ce moment qu'il y a une personne de confiance vers laquelle se tourner pour trouver de l'aide dans la gestion de la maladie. L'enfant, lui aussi, est rassuré : «Ils savent quoi faire pour m'aider.»

– Parents et enfants prennent confiance en leur capacité à surmonter la maladie grâce à l'aide du médecin ou de l'infirmière et après avoir réussi à arrêter plusieurs crises avant qu'elles ne deviennent graves.

Quand un enfant se met à respirer avec le sifflement caractéristique ou quand il traverse une crise aiguë, je conseille de lui donner son médicament pour qu'il se l'administre lui-même, sous la surveillance de ses parents, naturellement. Une heure plus tard, évaluez l'amélioration souhaitée. Faites-le-lui remarquer : «Tu te rappelles le médicament que tu as pris tout seul? Ça t'a fait du bien. Nous savons quoi faire – toi et moi!» Le soulagement visible sur le visage de l'enfant indique qu'il est conscient de ses capacités. Un travail d'équipe parent-enfant procure aux deux un surcroît de force.

Chaque fois que j'ai dû administrer un médicament au cours d'une crise d'asthme, je demandais à l'enfant de rester à mon cabinet ou bien de m'appeler une heure plus tard. Pas le parent, l'enfant. Quand il appelait, je demandais : «Est-ce que tu te sens mieux? Est-ce que tu sais pourquoi?» S'il hésitait, je lui rappelais le médicament. «Tu vois, nous savons quoi faire – toi, moi, et tes parents.» La fois suivante, je demandais aux parents que leur enfant m'appelle dès qu'il commençait à respirer avec un sifflement. Puis, qu'il m'appelle une deuxième fois, une heure plus tard. Des enfants de quatre et cinq ans commençaient ainsi à sentir qu'ils contrôlaient leur maladie. Même une crise sérieuse était accompagnée de l'assurance que «nous savons quoi faire». Ces dispositions semblaient avoir fait diminuer le nombre de visites aux urgences; mais, même lorsqu'on ne pouvait éviter les urgences, nous parlions ensuite avec l'enfant de ses frayeurs et nous les revivions ensemble pour insister sur l'importance de «savoir quoi faire».

Les groupes de soutien aux enfants souffrant d'asthme chronique peuvent se révéler étonnamment utiles. Les enfants partagent leurs expériences et apprennent à supporter leur angoisse naturelle et inévitable. D'autres enfants se trouvant dans la même situation peuvent aider votre enfant à affronter cette maladie.

Les parents ont une tâche importante : nettoyer l'environnement de l'enfant. Trouvez une autre pièce pour le chat adoré, passez l'aspirateur une fois par semaine et recouvrez, le cas échéant, les bouches d'aération avec six épaisseurs d'étamine pour filtrer la poussière et les mites en hiver; voilà quelques-unes des dispositions que peut prendre un parent. Un groupe de soutien entre familles permet à ses membres de s'entraider pour mener à bien ces tâches délicates.

L'asthme peut être prévenu. Les allergènes de l'environnement domestique peuvent être supprimés. Notre société pourrait choisir de réduire la pollution atmosphérique si le coût de cette mesure était justifié par le prix que paient les enfants souffrant d'asthme. La prise en charge du stress psychologique inévitable causé par cette affection est aussi un facteur majeur si on veut réduire l'asthme, un facteur aussi important que l'identification des allergènes dangereux, le nettoyage de l'air ou la prescription des traitements les plus efficaces.

Besoins spécifiques

Pour les parents d'enfants ayant des besoins spécifiques, les âges habituels de chaque étape de développement sont des moments pénibles. Certaines acquisitions peuvent être affectées par le handicap de l'enfant : soit retardées, soit compromises. Tous les «calendriers de développement» rendent la tâche des parents plus difficile : ceux-ci ont du mal à encourager un enfant handicapé à ne faire que les progrès dont il est capable à son rythme et à l'aider à trouver en lui les forces dont il a besoin.

Comprendre ce que coûte un point fort (régression et désorganisation) à un enfant peut être particulièrement important pour les parents d'enfants avec des besoins spécifiques. C'est aussi important pour l'enfant. La plupart des enfants de quatre ans connaissent certains des progrès attendus à leur âge. Un handicap peut interférer avec le développement d'un enfant, mais pas nécessairement avec le fait qu'il a conscience qu'on attend de lui un progrès ou que ce progrès n'est pas atteint. Il peut essayer de lutter davantage et risque de régresser d'autant plus.

Quand des parents doivent renoncer à leur rêve «d'enfant parfait», ils ne peuvent que souffrir. «Pourquoi nous? Pourquoi est-ce arrivé? Qu'avons-nous fait? Serons-nous jamais capables de donner à cet enfant tout ce qu'il mérite d'avoir? Suis-je certain de le vouloir?» Comme ils souffrent, les adultes ont besoin de rassembler des défenses. À l'hôpital, les trois défenses que nous constatons après la naissance d'un enfant atteint d'un problème sont :

1. Le déni – nier ce qui est arrivé, nier que cela ait une importance. Cette défense est nécessaire pour surmonter le chagrin : il est essentiel que le personnel soignant comprenne et accepte la

réaction de déni chez les parents. Mais le déni risque d'interférer sérieusement avec la capacité des parents à répondre aux besoins de l'enfant et il faut travailler pour éviter que cela n'arrive. Les parents ne peuvent le faire en «affrontant» le déni; ils ne peuvent regarder en face la réalité niée que lorsqu'ils réussissent à supporter les sentiments qui l'accompagnent. On les aidera en mobilisant le soutien de la famille et des amis et en accomplissant un travail d'équipe avec des professionnels de la santé en qui ils ont confiance. Parfois le déni prend la forme d'une quête allant de médecin en médecin, à la recherche d'un diagnostic tolérable. Il arrive néanmoins qu'un deuxième avis soit nécessaire.

2. La projection – projeter sur les autres la responsabilité de l'état de l'enfant et de son incapacité à «rattraper». La culpabilité que ressentent les parents peut être intolérable. Faire retomber la «faute» sur les autres et/ou assumer entièrement soi-même cette «faute» sont les extrêmes d'un même sentiment.

3. Le détachement – se détacher de l'enfant et de ce qu'implique son état, non parce que le parent est indifférent, mais parce qu'il est trop passionnément attaché à l'enfant et que la douleur est insupportable. Les parents qui maltraitent ou négligent des enfants ayant des besoins spécifiques peuvent être poussés par cette passion pervertie.

Ces défenses sont nécessaires. Si elles n'interfèrent pas avec la guérison et les progrès de l'enfant, elles sont saines. Le mieux, pour le personnel soignant, est de les respecter et de faire en sorte qu'elles deviennent conscientes et partagées. J'ai découvert qu'un parent en état de déni passe son temps à demander : «Quand va-t-il rattraper son retard? Où devrait en être son développement?» L'énergie utilisée en comparaison avec les enfants «normaux» serait bien mieux employée si elle servait à comprendre et à apprécier l'enfant pour ce qu'il est. Un responsable, puéricultrice ou médecin, peut donner l'exemple d'une telle approche.

Les parents d'un enfant handicapé s'attendent généralement à ce que les choses empirent. Le parent qui se prépare à recevoir d'autres mauvaises nouvelles devrait envisager la possibilité qu'un handicap dans un domaine puisse demander à l'enfant de puiser de l'énergie dans d'autres domaines pour s'adapter ou pour répondre à des exigences plus importantes à certains moments dans le secteur du handicap. Les capacités intactes (par exemple sur le plan moteur, cognitif ou émotionnel) peuvent être appréciées en tant que ressources pour le développement global de l'enfant, même si elles sont moins disponibles quand l'enfant essaie de surmonter une difficulté que son handicap aggrave. Quand on fait prendre conscience à l'enfant de ses efforts personnels pour progresser, on renforce son estime de soi.

Nous avons appris beaucoup de choses sur les enfants ayant des besoins spécifiques et sur leur capacité de guérison dans certains domaines quand ils participent à des programmes d'intervention précoce. La plupart des programmes sont destinés aux bébés parce que c'est le moment où les circuits redondants du cerveau ont une chance de relayer ceux qui ont été détériorés. L'intervention précoce fait découvrir aux parents les techniques qui poussent en avant le développement de l'enfant. Quand on prend conscience de la plasticité du système nerveux immature, ainsi que de l'importance qu'il y a à respecter l'hypersensibilité de l'enfant à certaines stimulations, le travail des parents et des thérapeutes devient beaucoup plus efficace. Les techniques d'intégration sensorielle aident l'enfant à apprendre progressivement à maîtriser les stimuli entrants qui pourraient autrement le submerger. Ces techniques nous ont permis de mieux aider ces enfants à s'adapter.

La plupart des centres d'intervention précoce ne suivent les enfants que jusqu'à trois ans ; après cela, ceux-ci sont – de nos jours plus souvent que jamais – replacés dans le contexte normal. Quand un enfant doit être transféré à un nouveau centre, il se sent abandonné. Étant donné que les programmes scolaires en maternelle ou dans le primaire n'offrent pas le soutien intense dont ils ont bénéficié préalablement, les parents ont besoin de se transformer en experts ou en avocats. Mais assumer cette tâche seul peut être écrasant ; au lieu de cela, recherchez l'aide de la personne la plus encourageante du nouvel environnement et ayez recours à l'avis et à l'appui de cette personne.

De nos jours, en raison de la lourdeur des soins et des pressions exercées sur les médecins et les infirmières des HMO[1], les parents ont de plus en plus de difficultés pour trouver un professionnel prêt à les soutenir dans la prise en charge complexe et le suivi dont

1. Health Maintenance Organizations : système fédéral d'assurance maladie pour les personnes défavorisées aux États-Unis. (*N.d.T*)

ont besoin la plupart des enfants ayant des besoins spécifiques. Je conseille vivement aux parents de se renseigner dans leur entourage, auprès des associations de parents et dans les cadres d'intervention précoce pour trouver des personnes capables de les aider à faire le bon choix de traitement et de programme scolaire.

Tous les parents se demandent : «Pourquoi ? Est-ce ma faute ?» Les grands-parents aussi ; de fait, ces derniers sentent que les difficultés sont autant les leurs. Leur incapacité à protéger et à aider leur petit-fils ou leur petite-fille, ainsi que leur propre enfant, peut leur donner le désir d'intervenir. Si on les fait participer au diagnostic et à la thérapie, on leur offre un moyen réaliste de se sentir nécessaires.

Les frères et sœurs en bonne santé

Les frères et sœurs des enfants ayant des besoins spécifiques méritent notre attention parce qu'ils vont être pris entre des sentiments négatifs et positifs. Un enfant peut se sentir fier d'aider et apprécier les compliments qui vont de pair. Mais il aura également tendance à s'irriter des efforts supplémentaires qu'il doit faire, tout comme de toute l'attention spéciale que son frère ou sa sœur reçoit. «Pourquoi est-il si différent ? Pourquoi faut-il qu'il m'embarrasse devant mes amis ? Je ne veux plus inviter personne à la maison, il est trop bizarre.» De telles réactions entraînent un sentiment de culpabilité. Si on lui permet d'exprimer ses sentiments négatifs, un frère peut devenir plus affectueux et plus solidaire. Beaucoup se sentent protecteurs, surtout quand leurs parents les aident à comprendre les besoins spécifiques de leur frère ou sœur. Un enfant handicapé apprend lui aussi énormément de choses par l'intermédiaire d'un frère ou d'une sœur sans besoin spécifique. Un aîné peut lui présenter des exemples de comportement ; le cadet d'un enfant retardé, autiste ou perturbé, devient souvent aussi un modèle.

Comme dans beaucoup d'autres situations stressantes, un jeune enfant a tendance à penser : «Est-ce qu'il est comme ça à cause de mes pensées méchantes ? Je ne voulais pas d'un frère comme lui.» Une discussion avec les parents, pour porter au grand jour ces questions, peut avoir une valeur inestimable. Les parents s'inquiètent de ce que coûte aux autres enfants toute l'attention exigée par celui qui est handicapé. Ils craignent que les frères et sœurs ne soient confrontés aux préjugés sous-jacents de la société. C'est possible. Mais les enfants dont la famille affronte unie un problème se retrouvent souvent plus forts.

Je conseille aux parents de donner aux frères et sœurs autant d'informations qu'ils peuvent en recevoir à leur âge. Laissez les enfants participer aux soins et aux exercices thérapeutiques dont le petit handicapé a besoin. Mais, et c'est le plus important, écoutez. Permettez aux enfants d'exprimer leurs sentiments – positifs et négatifs. N'ayez peur ni de l'ambivalence, ni de la curiosité; expliquez les questions que l'enfant essaie de comprendre. De plus, permettez-lui de mener sa propre vie, indépendante. Un frère ou une sœur peut donner des soins quand il montre qu'il en a envie, mais il ne faut pas le forcer à aider. Attendez-vous à des sentiments de culpabilité et méfiez-vous des propos rassurants, prématurés ou automatiques. Le frère ou la sœur d'un enfant handicapé aura peut-être l'impression de devoir prendre soin de vous; il aura peut-être aussi peur de vous confier ses propres besoins, de crainte de vous surcharger de problèmes. Pour être prêts à répondre aux besoins des frères et sœurs, les parents devront d'abord affronter leur douleur et leurs sentiments : alors ils seront capables d'écouter. Quand il atteint trois ou quatre ans, un enfant a besoin que ses parents s'occupent des réactions et des besoins que suscite un frère ou une sœur handicapé.

Nous avons découvert que les groupes rassemblant des frères ou sœurs d'enfants handicapés pouvaient apporter un soutien précieux. Essayez d'en trouver un en vous renseignant auprès du centre d'intervention précoce ou du cabinet pédiatrique le plus proche. Dans ces groupes, les pairs peuvent partager leurs questions, leurs sentiments et leur ambivalence ainsi que trouver des amis qui traversent les mêmes épreuves. Avoir la possibilité de travailler ensemble est une aide pour tous.

Intégration scolaire

Au cours des années récentes, nous avons élargi les critères d'acceptation dans des classes «normales» et le nombre d'enfants pouvant bénéficier des possibilités d'apprentissage qu'elles proposent; cependant, avant de décider de mettre un enfant qui a des besoins spécifiques avec les autres, les parents devraient peser le pour et le contre. Beaucoup de facteurs entrent en ligne de compte :

1. l'état de l'enfant et sa réaction à la stimulation sociale et intellectuelle;

2. le tempérament et le seuil de stimulation et de surstimulation (trop de stimulation peut faire se replier sur lui-même un enfant hypersensible – ce qui représente un problème quel que soit l'environnement) ;

3. la disponibilité de l'enseignant pour intégrer un enfant «spécial» dans une classe tout en restant attentif aux besoins des autres élèves;

4. la taille de la classe;

5. l'interférence avec des interventions à caractère thérapeutique plus directes.

Ces considérations peuvent faire pencher la décision dans un sens ou dans l'autre pour le même enfant selon les périodes.

Le choix des parents va également être influencé par l'attitude de leur école à l'égard de l'accueil des enfants avec des problèmes spécifiques. Des équipements spéciaux, des aménagements seront peut-être nécessaires. Des aides devront être adjointes aux institutrices pour assister les enfants à problèmes aussi bien que les autres élèves. Une consultation avec des professionnels de la santé peut aider le corps enseignant à comprendre les besoins de l'enfant et les stratégies thérapeutiques efficaces. Des spécialistes comme les orthophonistes ou les thérapeutes occupationnels peuvent procurer une aide ciblée pour l'enfant ayant des besoins spécifiques dans la classe «normale» ou pendant des séances «particulières».

La fréquentation d'une classe normale offre à l'enfant la possibilité de progresser et d'apprendre en imitant les autres enfants. En particulier, il peut apprendre comment se comporter en groupe et comment se lier avec différents autres enfants. Il peut apprendre à accepter son handicap et même être motivé pour le surmonter.

Mais il peut aussi être dépassé. Un risque inévitable dans une classe d'enfants de même âge, c'est d'être classé comme «spécial» ou «lent», bien que de telles étiquettes ne puissent toujours être évitées même dans des classes spécialisées. Est-ce que cela risque d'affecter son estime de soi? Le contraste rendra-t-il la situation plus pénible pour ses parents? Est-ce qu'il y aura interférence avec la thérapie en cours? Comme avec tout point fort du développement, l'enfant aura tendance à régresser au moment où il accédera à un nouveau programme scolaire. Il lui faudra du temps pour s'adapter et pour bénéficier de l'expérience.

Les autres écoliers peuvent tirer beaucoup d'avantages de la présence d'enfants ayant des besoins spécifiques – si leurs institutrices ne sont pas surchargées de travail. Ils apprendront comment s'occuper de l'enfant à problèmes; ils tireront des enseignements en constatant les différences dans son développement. Sa détermination, son courage, sa capacité à s'adapter serviront de modèle positif. Les camarades de classe apprendront aussi peut-être à participer à certaines manœuvres thérapeutiques soigneusement sélectionnées. J'ai constaté des exemples d'altruisme dans ces classes – et j'ai vu comment ces expériences avec des enfants «différents» peuvent constituer une occasion précieuse pour les autres.

Prévoir l'avenir de l'enfant

Tous les parents d'enfants ayant des besoins spécifiques se demandent : «Est-ce qu'il va me survivre? Si oui, qui va s'occuper de lui?» Les parents devraient prendre des dispositions à l'avance. Le type de dispositions dépend du handicap de l'enfant et des moyens financiers de la famille. Prévoir un placement, sur le plan financier et matériel, ôtera un souci aux parents. On peut avoir également besoin de l'avis d'un professionnel au sujet des droits à la sécurité sociale d'un enfant handicapé. Toutes ces questions sont difficiles à résoudre pendant les années de maternelle de l'enfant, mais le jour viendra où les parents seront heureux de l'avoir fait.

Corvées et argent de poche

Dès trois ans, il est possible de faire participer les enfants aux nombreuses occupations de leurs parents. Quand ceux-ci rentrent du travail, tout le monde peut s'asseoir ensemble et comparer ses impressions sur sa journée : «Comment ça s'est passé aujourd'hui?» «Devine ce qui est arrivé?» Quand tous se sentent à nouveau proches, les parents vont alors s'attaquer à leurs corvées – cuisine, nettoyage de la salle de bains, rangements, couvert. Il est temps d'inviter les enfants à aider; ils sentiront encore davantage qu'ils font partie de la famille. Aider est, pour les jeunes enfants, une bonne façon de se sentir appréciés.

Si les enfants trouvent des raisons pour se dérober, les parents peuvent en faire une expérience éducative :

«Je suis trop fatigué pour ranger mes jouets.

– Bon, mais si c'est moi qui les ramasse, ils vont tout droit dans le placard et tu ne pourras plus jouer avec.

– Je vais les ramasser. Mais tu veux bien m'aider?»

Enseigner la responsabilité est un travail à long terme. On peut le faire en actions autant qu'en paroles à condition de s'en charger quotidiennement. Entre trois et six ans il est temps d'introduire ces occasions de coopération.

Un enfant peut commencer à recevoir de l'argent de poche à cinq ans. L'argent est une reconnaissance et un encouragement quand l'enfant accepte un rôle plus important – aider à la vaisselle, sortir les poubelles. Mais utiliser l'argent comme une incitation ne donnera aucun résultat parce que l'on passe à côté de l'essentiel. Vouloir faire partie d'une famille active, laborieuse, attentive aux autres et se sentir apprécié parce que l'on s'implique personnellement sont des buts beaucoup plus importants. L'argent risque d'envoyer un message erroné à propos des corvées et de l'aide mutuelle en famille : «Je n'accepte d'aider que si tu me payes.» Mais si l'argent n'est pas considéré comme un paiement pour services rendus, il peut devenir une façon utile d'aider les enfants à apprendre son usage et sa valeur.

Quand un enfant a quatre ou cinq ans, les parents peuvent commencer à organiser des réunions familiales régulières. Je recommande une réunion par semaine. Tout le monde s'assied ensemble. Établissez ensemble une liste des choses à faire dans la maison : nourrir les animaux, mettre la table, arroser le jardin. Chacun peut choisir. Confiez une ou deux tâches à chaque membre du foyer. Chaque enfant peut avoir besoin du soutien moral d'un adulte et de son aide pour accomplir ses corvées; laissez l'enfant choisir qui il veut. Adulte et enfant se chargeront ensemble de ces tâches. Marquez tout sur un grand tableau. Décidez le matin ce que seront les récompenses (et les mesures de discipline au cas où les corvées resteraient inachevées). Ces séances de programmation peuvent être considérées comme un effort de coopération familiale. Selon mon expérience, même les enfants de quatre ans sont fiers de participer aux corvées familiales.

Déménagements

Quand un parent déclare : «Nous allons déménager», qu'est-ce que cela signifie pour un jeune enfant? Au début, cela peut être une idée tentante. «Nous monterons tous ensemble dans la voiture. Tu pourras prendre tes jouets préférés. Nous nous arrêterons en chemin dans des endroits spéciaux et tu pourras manger un sandwich ou un croque-monsieur.» Mais quand le moment approche, la réalité commence à apparaître : il va falloir quitter tout ce à quoi l'enfant est habitué – sa maison, sa chambre, son quartier, ses amis, son institutrice, son école. «Quand est-ce que je pourrai revoir mes amis?» S'il est assez âgé pour avoir conscience des pertes que le déménagement va entraîner, cela va remettre en cause une acquisition récente : que les gens ne cessent pas d'exister quand ils ne sont pas visibles. Il doit lutter pour croire que ses amis et son institutrice seront toujours là, peut-être en l'attendant et en le regrettant, bien qu'il ne puisse ni les voir ni leur parler. Un déménagement suscite également des craintes plus sérieuses : «Si je peux perdre mon ancienne maison et mes amis, peut-être que je peux te perdre toi aussi.» En tant que parent vous devez vous rappeler ceci : toute perte est une épreuve pour l'enfant, une épreuve qui lui fait redouter la perte suprême : vous.

L'enfant risque de manifester une plus grande dépendance. Chaque fois que ses parents sont hors de sa vue, un enfant qui vient de déménager peut se mettre à pleurer apparemment sans raison. Un enfant sur le point de déménager est souvent dépassé par les préoccupations matérielles de ses parents, par ses propres prévisions, par sa peur de l'inconnu. Il peut se sentir effrayé et effrayer ses parents parce qu'il paraît changé. Ce changement consiste parfois en une sensibilité nouvelle vis-à-vis des rues bruyantes ou du marché. Des cauchemars surviennent plus fréquemment. L'énurésie peut réapparaître avec la nécessité d'utiliser à nouveau temporairement des couches. Les parents auront sans doute des difficultés à comprendre pourquoi un enfant de quatre ans jusque-là imperturbable devient tout d'un coup tellement dépendant. Récemment, il avait peut-être acquis une autonomie suffisante pour aller jusqu'à la maison voisine de son ami sans être accompagné ou pour se rendre tout seul de la salle de classe jusqu'aux toilettes à l'école. Ces progrès sont une source de fierté pour un enfant de cet âge ; ils reposent sur la familiarité, sur l'habitude et sur la sécurité des relations stables. Les parents auront sans doute du mal à affronter les pertes ressenties par leur enfant et leur propre sentiment de responsabilité.

Un déménagement est une décision d'adulte et les parents sous-estiment parfois ce qu'il en coûte à un enfant. Mais, de toute façon, la décision était inévitable. Quand les parents reconnaissent leurs propres sentiments de culpabilité, ils peuvent commencer à comprendre la vulnérabilité ressentie par l'enfant. À quatre et cinq ans, les pertes sont plus difficiles à définir, mais à six ans la perte d'un groupe d'amis nouvellement constitué est une déception véritable. Plus l'enfant réussit à exprimer ses sentiments et à faire son travail de renoncement à l'avance, plus cela facilitera les choses par la suite.

Les parents peuvent aider l'enfant à déménager de la façon suivante :

1. Préparez-le – plus vous le ferez à l'avance et mieux ce sera. De cette façon un grand changement devient prévisible, c'est un projet plutôt qu'une crise. Parlez-en avec l'enfant : « Nous allons partir là-bas et rencontrer de nouveaux amis pour toi. Nous connaissons déjà une famille avec des enfants de ton âge dans ce nouveau quartier. Nous les inviterons. Je t'emmènerai voir ta nouvelle institutrice et visiter ta nouvelle école. » Remplissez l'inconnu avec autant d'informations, de détails que possible. Dites-lui où ira son lit, où vous prendrez vos repas, le matin et le soir. Allez avec lui faire connaissance à l'avance avec l'institutrice. Toutes les routines quotidiennes, toutes les relations sociales vont devenir encore plus importantes. Parlez-en à l'avance. Expliquez vos projets dès que vous les connaissez.

2. Partagez vos sentiments et montrez comment vous les surmontez. «J'ai horreur de quitter mes amis. Chaque fois que j'y pense, je me sens toute chamboulée. Je sais combien tu es triste de quitter les tiens. Est-ce qu'ils savent combien ils vont te manquer?» Organisez une réception avant votre départ. N'ayez pas peur de pleurer. Laissez votre enfant voir que vous affrontez tous ensemble ces pertes – mais également que vous faites ensemble des projets pour votre nouvelle maison. «Nous dînerons tous ensemble sur la terrasse.»

3. Laissez l'enfant exprimer ses sentiments quand il le peut; créez des occasions spéciales, en tête à tête, dans ce but. Montrez-lui que vous êtes capable d'entendre qu'il est malheureux ou effrayé, que ces sentiments sont légitimes et acceptables pour vous. Le changement sera assez effrayant en soi; les sentiments n'ont pas à l'être.

4. Attendez-vous à une régression. Aidez votre enfant à le comprendre. «Bien sûr que tu es perturbé. Moi aussi.» Les différents enfants affrontent ce changement de façons différentes. Respectez cela. Aidez l'enfant de cinq ans à voir que sa fragilité en classe, que son retour à des habitudes de bébé – même mouiller son lit – sont compréhensibles.

5. Attendez-vous à ce que votre enfant soit furieux et provocateur. «Maman, si on déménage, je te tuerai.»

6. Gardez avec vous certains objets familiers ayant de l'importance. N'attendez pas les déménageurs pour récupérer le jouet préféré de l'enfant ou son livre favori ou sa peluche bien-aimée.

7. Une fois arrivés, indiquez immédiatement les endroits importants pour le quotidien, pour les jeux et pour rencontrer de nouveaux amis. «Voici ta chambre. Voici celle de papa et maman. Voici le placard pour tes affaires. On peut accrocher tes images au mur et mettre la même couverture sur ton lit. Voici la pièce où nous prendrons le petit déjeuner et le dîner ensemble.» Arranger la chambre de l'enfant, lui indiquer la place de sa brosse à dents, s'asseoir ensemble pour dîner fait de ce nouvel endroit un foyer. Ce n'est plus un point géographique étranger, c'est une nouvelle maison qui fait revivre les routines familières de la famille. Les rituels deviennent encore plus importants – relisez les vieilles histoires préférées comme *Good Night Moon*, autant de fois qu'il le

faudra. Dites bonne nuit à toutes les choses de la maison. Faites beaucoup de câlins.

8. Aussi vite que possible, trouvez un nouvel ami pour votre enfant. Repérez les enfants à l'école, à l'église, sur le terrain de jeu. Voyez qui sont leurs parents et faites un effort pour leur adresser la parole. « Je viens d'arriver ici. Mon fils aimerait beaucoup se faire des amis et j'espérais pouvoir inviter votre petit garçon à venir jouer avec lui. » Emmenez l'ami pour une petite sortie.

9. Faites connaissance avec les autres parents en allant conduire et chercher votre enfant. Voyez quelles activités vous pourriez partager avec eux – ateliers, réunions de parents d'élèves à l'école, rencontres à l'église. Il faut du temps et des efforts pour s'intégrer à une communauté. Passez une soirée avec l'institutrice de votre enfant. Invitez-la à dîner. Montrez à votre enfant comment vous vous faites de nouvelles relations. Il doit apprendre de vous comment se faire des amis, comment tout recommencer.

10. Appelez souvent ses anciens amis. Les larmes ou les plaintes qui suivent une conversation téléphonique semblent destinées à vous punir. Mais l'importance des amitiés de votre enfant doit être respectée. Cherchez des occasions pour rester en rapport ; si vous devez couper les liens, ne le faites que progressivement. Écrivez des cartes et des lettres.

C'est un moment de deuil et de régression, mais aussi de découvertes et d'aventures. Tout cela peut être partagé. Rendez l'expérience amusante quand vous le pouvez, mais ne minimisez pas les sentiments de perte de votre enfant, ni les vôtres. Un déménagement est un moment qui doit rapprocher les membres d'une famille ; un moment pour découvrir de nouveaux endroits et se faire de nouveaux amis, pour partager ses sentiments et apprendre à surmonter les stress – *ensemble.*

Différences

Quand faut-il commencer à préparer un enfant à accepter les différences ? Heureusement, les enfants répondent pour nous à cette question : à partir du moment où ils prennent conscience de leur propre corps, ils se mettent à interroger leur entourage à propos de ce qui est différent chez les autres.

Ils remarquent tôt les différences. Pendant la petite enfance, les bébés prennent conscience des schémas répétés qui caractérisent les soins des personnes de leur entourage. Dès six à huit semaines, ils commencent à détecter des différences fiables entre les comportements interactifs de leur mère et de leur père ; à ce moment, leurs propres réactions avec chaque parent deviennent différentes. Vers douze semaines, si le parent change ou viole un schéma attendu, ils réagissent avec surprise et essaient de reconstituer le schéma avec le parent. À chaque étape suivante de développement – à cinq mois avec « coucou le voilà », à huit mois avec la conscience des étrangers et le développement de leur méfiance envers eux, à douze mois avec le comportement de « cache-cache » quand ils apprennent à s'accrocher à un adulte, puis à s'en éloigner – ils découvrent comment équilibrer leur besoin d'un environnement stable et leurs tentatives de confrontation avec l'inattendu, avec les différences.

Les enfants de quatre et cinq ans deviennent plus conscients des différences qui les opposent aux autres. Si l'on demande à deux enfants de quatre ans : « Qui est le plus fort ? », tous deux vont bander leurs muscles pour les mettre en valeur. Cependant, après cette exhibition, chacun va tâter les muscles de l'autre pour voir qui est le plus fort. Quand un enfant de quatre ans rencontre pour la première fois un autre enfant, il l'examine soigneusement. Puis, il peut se toucher les cheveux et le visage pour s'assurer de ses propres avantages. Quand les deux enfants jouent ensemble et qu'ils deviennent plus familiers, ils expriment leur curiosité : «Pourquoi tes cheveux sont jaunes?» «Est-ce que je peux les toucher?» «Pourquoi ta peau est noire?» «Est-ce que tu l'as coloriée?» Ces questions et ces commentaires sont typiques des enfants de quatre ans qui apprennent à se connaître – et à connaître leurs différences.

Tout cela est à son comble au cours de la cinquième année (il y aura un autre pic au début de l'adolescence), car les enfants deviennent plus conscients d'eux-mêmes et de l'effet qu'ils produisent sur les autres. Cette nouvelle étape cognitive les mène vers des inquiétudes grandissantes à propos des différences. «Pourquoi suis-je différent? Est-ce que c'est bien d'être différent? Est-ce qu'on va m'aimer si je suis différent?» Une fois les enfants conscients de cela, ils ont besoin de savoir que leurs différences sont acceptées, si l'on veut qu'ils se sentent importants et en sécurité. Ces questions sous-tendent la curiosité toute neuve des enfants de quatre et cinq ans. Une incertitude nouvelle quant à savoir s'ils sont dignes d'être acceptés accompagne cette prise de conscience des différences. À ce moment, on constate davantage de comportements bruyants et provocateurs pour exiger l'attention d'un parent occupé et pour rivaliser avec le téléphone ou avec un visiteur.

La conscience des différences conduit à attacher de la valeur à des caractéristiques variées. Au cours de leur cinquième année, les enfants s'adonnent ouvertement aux comparaisons et à la compétition, parce qu'ils ont très envie d'être comme ceux qu'ils admirent. C'est l'âge où ils «tombent amoureux» d'un parent ou de l'autre en voulant lui ressembler. C'est l'âge où un enseignant devient un objet d'attachement très important. Frères et sœurs sont admirés de loin ou d'aussi près que l'enfant ose s'approcher. Il faut s'attendre à ce qu'il les imite ou qu'il prenne exemple sur eux. Les amis deviennent plus choisis, les amitiés plus sélectives quand l'enfant reconnaît la personnalité de l'ami et peut l'exprimer : «Elle est si amusante. Toute sa figure se plisse quand elle rit.» «Il court plus vite que moi. Mais je peux quand même le battre.» Les moqueries sur les différences sont non seulement inévitables, mais représentent la façon dont les enfants de quatre et cinq ans peuvent mettre leurs observations à l'épreuve et découvrir comment les autres réagissent à l'égard des différences. Au même moment, ils apprennent à accepter leurs propres différences. Quand ils effectuent des comparaisons, certaines différences peuvent être difficiles à affronter. Parfois, les moqueries constituent une tentative pour repousser les différences qu'un enfant trouve déconcertantes, qui font naître en lui des incertitudes. Tout en se moquant, les enfants, à ce stade, sont vulnérables.

Les parents doivent être préparés aux moqueries, prêts à accepter et à soutenir l'enfant. Les parents qui ont des enfants d'origine ethnique différente doivent, surtout, avoir surmonté leurs propres problèmes afin de les envisager du point de vue de l'enfant ; les injustices dont ces parents ont souffert au cours de leur propre enfance peuvent ajouter à la douleur de voir leurs enfants subir des blessures semblables. Comme le disent James Comer et Alvin Poussaint dans leur excellent livre, *Raising Black Children* (*Élever des enfants noirs*), tous les signaux allant dans le sens de notre culture occidentale semblent dire que l'idéal est d'être blanc et d'appartenir à la classe moyenne. Les enfants qui sont pauvres ou d'origine africaine, asiatique, hispanique ou autre, se trouvent en butte aux préjugés dans leur quartier, à l'école ou en regardant la télévision. Beaucoup de livres et de films contiennent des partis pris et prônent qu'il vaut mieux être blanc. Dans une même famille, les enfants qui ont des tons de peau différents peuvent avoir l'impression qu'une couleur plus claire est plus appréciée qu'une couleur plus foncée. Les parents appartenant à des minorités trouvent qu'ils doivent protéger leur enfant du racisme latent qui se manifeste chez les enseignants, dans les livres de classe et sur les terrains de jeux. Tous les parents attentionnés désirent ardemment « ce qu'il y a de mieux » pour leur enfant. Pourtant, à cet âge, l'enfant qui doute de lui à cause de son origine raciale risque de ressentir une plus grande confusion à propos des différences.

Bien que nous ayons fait des progrès en matière d'intégration raciale, nous avons encore besoin de reconnaître plus franchement nos préjugés sous-jacents, entre nous et en nous. C'est seulement de cette façon que nous pourrons établir un nouveau schéma pour nos enfants.

Les parents doivent affronter en premier les problèmes passés dont ils ont gardé la trace. Sinon, la première fois que leur enfant rentrera en larmes à la maison, ils seront dépassés. Leur colère ou leur désespoir fera peur à l'enfant, bien qu'une telle réaction soit probablement inévitable. La vulnérabilité des parents ne fera qu'augmenter celle de l'enfant, et rendre les affronts et les moqueries plus mémorables et plus justifiées. Les parents feraient bien de reconnaître d'abord la blessure pour ensuite donner des exemples de force : « C'est vraiment dur, n'est-ce pas ? Je me rappelle combien ça me faisait mal à ton âge. Je revenais à la maison en pleurant. Ma maman disait : "Ne leur montre pas que tu as mal. Garde ça pour la maison. Essaie de conserver ta fierté, de leur montrer que tu te sens bien comme tu es." C'est la meilleure façon d'être. Tu te rappelles comme ta grand-mère était grande et comme elle se tenait droite ? J'ai toujours pensé que ça venait de toutes les moqueries qu'elle avait endurées quand elle était petite. Elle a simplement tenu le coup. »

Que dire à un enfant qui vous avoue : « Quand ils se moquent de moi, je veux être blanc » (ou grand ou blond ou riche) ? Comer et Poussaint déclarent que c'est le moment de s'arrêter pour écouter. Laissez votre enfant partager ses idées avec vous : « Dis-moi pourquoi tu as tellement envie de changer ? » C'est peut-être parce qu'il a un ami proche qui est comme ça. Il peut avoir été importuné, mais ce n'est pas sûr ; il a peut-être juste envie de tester vos réactions. Il vous dira des choses qui vous feront comprendre ses idées sur la vulnérabilité. Idées qui peuvent être différentes des vôtres. Les parents ont tendance à être inspirés par leur propre besoin de protéger leur enfant. Et pourtant, en observant sa façon de se débrouiller avec les problèmes qu'il rencontre, en la renforçant, ils pourraient être plus efficaces. Une tension inévitable se produira peut-être entre parents et enfant, parce que celui-ci a besoin (comme toute la nouvelle génération) de trouver sa propre manière de faire et que ses parents désirent le protéger contre les préjugés que les générations passées ont dû subir. Aux États-Unis, les parents issus de minorités ethniques ont un travail double : ils souhaitent élever des enfants libres de préjugés alors qu'ils sont confrontés chaque jour à ces préjugés.

Tous les parents appartenant à des minorités ne sont pas d'accord pour que leurs enfants affrontent les traitements auxquels sont exposées ces minorités – actuellement ou dans le passé – sans colère ni résistance. Certains parents juifs, par exemple, pensent que leurs enfants devraient connaître l'histoire des persécutions dont leur peuple a été victime; beaucoup d'Afro-Américains croient que leurs enfants devraient connaître et partager leurs sentiments de colère à l'égard de l'esclavage; certains Américains japonais auront envie de raconter à leurs enfants l'internement de leurs aînés pendant la Seconde Guerre mondiale, tandis que les Indiens d'Amérique voudront transmettre l'histoire du génocide de leurs ancêtres. Ces parents ont l'impression que refuser l'occasion de faire connaître leur héritage à leur enfant reviendrait à le faire disparaître, et qu'une partie de l'identité de leur enfant est marquée par ces luttes historiques. Beaucoup de parents qui ne veulent pas perpétuer la haine en faisant porter à leur enfant ces vieilles cicatrices croient, néanmoins, qu'il est nécessaire de se rappeler l'histoire afin de ne pas répéter les erreurs du passé.

Chaque famille doit réfléchir à sa propre approche de ces questions; père et mère devraient se mettre d'accord à l'avance pour pouvoir présenter un front uni. Mon avis (en tant que pédiatre blanc, appartenant à la classe moyenne) est qu'il faut dépasser la colère. Celle-ci ne peut faire aucun bien aux petits enfants, ni à notre avenir, bien que je comprenne son origine, qu'on ne peut oublier.

Je préférerais que tous les parents cherchent à faire ressortir de leur héritage les particularités dans le domaine des forces et des valeurs culturelles. En essayant de mettre tout le monde dans le même moule, notre société peut inconsciemment vouloir que les cultures autres que la culture dominante renoncent à leur héritage spécifique, sans offrir quoi que ce soit pour le remplacer. En tant que nation, nous devons respecter les différences des traditions ethniques et soutenir les parents pour qu'ils les transmettent à leurs enfants. Nous avons besoin de respecter ces traditions comme autant de forces pour nos enfants et notre société. Nous avons beaucoup à faire. Nos petits-enfants feront mieux que nous si nous leur donnons d'eux-mêmes une image forte qui leur permettra de s'attaquer aux erreurs commises par les adultes!

Quelques façons pour aider les enfants à accepter et à apprécier les différences :

– Ne faites pas de déclarations attentatoires contre les autres groupes ethniques ou socio-économiques.

– Appréciez les amis issus de plusieurs groupes sociaux, culturels ou ethniques.

– Apportez des poupées, des histoires et des jouets montrant un grand nombre de nationalités, de cultures et de races.

– N'imposez pas vos opinions, quelle que soit leur valeur.

– Ne surprotégez pas les enfants, abordez ouvertement ce qu'ils ressentent.

– Mettez en place dans la famille un modèle de tolérance et de respect.

– Montrez par votre comportement un modèle positif et réaliste de sens de soi.

– Essayez d'éviter les réactions excessives envers les moqueries, tout en exprimant une désapprobation appropriée à de tels comportements.

– Connaissez et appréciez votre famille, votre culture, votre histoire et vos valeurs. Partagez-les avec vos enfants et apprenez-leur à être fiers des différences qui les rendent spécifiques.

L'acceptation de soi est le premier pas vers la tolérance des différences chez les autres.

Divorce

Quand arrive le moment du divorce, un couple a déjà vécu des tensions et des affrontements pleins de colère ; même un enfant de trois ans se rend compte qu'une séparation est imminente. Il ressentira le besoin d'essayer de garder ses parents ensemble, mais quand il verra que cela ne marche pas, il se sentira responsable. «Est-ce que je n'ai pas été assez gentil? Est-ce qu'ils se sont disputés à cause de moi? Si j'avais été gentil est-ce qu'ils me laisseraient quand même?» Comme nous l'avons vu dans la première partie, à partir de cet âge au moins, pour des raisons cognitives et émotionnelles, les enfants assument toujours la responsabilité des événements majeurs touchant la famille. Ce sentiment de responsabilité est un fardeau trop lourd pour eux. L'enfant a tendance à essayer désespérément d'être «gentil», ou bien il peut devenir révolté et provocateur – comme pour se prouver qu'il est réellement «méchant». En revanche, il n'osera vraisemblablement pas continuer à poser les questions qui sous-tendent son comportement : «Pourquoi?» ou : «Est-ce réellement ma faute?» Les parents doivent constamment rappeler leur propre responsabilité – sans exiger de l'enfant qu'il comprenne ou qu'il offre son absolution. «C'est seulement parce que maman et papa n'arrivaient plus à s'aimer. Mais tous deux, nous t'aimons, toi.»

Quand le divorce est prononcé et que les parents commencent à se remettre, ils regretteront automatiquement la tension dont l'enfant a été témoin. Ils regretteront aussi de l'avoir négligé, ce qui était inévitable au moment où ils étaient absorbés par leur colère ou leur chagrin. Souvent les parents attendent ou exigent trop d'un enfant pendant cette période. Est-il trop tard pour réparer le traumatisme ? La façon la plus difficile, mais la plus efficace d'aider leur enfant consiste pour chaque parent à favoriser sa relation avec l'autre parent. C'est le divorce qui est à l'origine du plus grand nombre de familles monoparentales ; le parent qui a quitté le foyer est souvent disponible ou pourrait l'être. Pour l'enfant, cette disponibilité est positive et c'est un supplice. « Il ne veut pas venir habiter avec moi ? » À quatre et cinq ans, il est particulièrement important que chaque parent respecte le besoin que l'enfant a de l'autre. Le parent qui a quitté le foyer doit :

1. Faire des projets avec prudence et ne jamais promettre une visite qui ne soit effectivement rendue.
2. Arriver à l'heure.
3. Dire à l'enfant combien il lui a manqué, mais en s'arrangeant pour que cela ne sonne pas comme un reproche vis-à-vis de l'autre parent.
4. Être à la disposition de l'enfant pendant qu'il se trouve en sa compagnie.
5. Lui laisser un souvenir – une cassette vidéo ou un jouet spécial. Cela dit, les cadeaux ne devront être ni somptueux, ni nombreux, ni constituer une manière de rivaliser avec les relations entre l'enfant et l'autre parent. L'enfant a besoin qu'il soutienne l'autre parent, malgré le divorce. L'affection qui serait gagnée aux dépens de l'autre parent ne servirait pas les intérêts de l'enfant.

Les enfants se demandent souvent : « Est-ce que papa va revenir un jour ? » « Est-ce qu'il pense à moi ? » « Est-ce c'est parce que j'ai été méchant que papa est parti ? » « Est-ce que maman va aussi me quitter ? » La peur d'être abandonné et le sentiment d'être responsable seront sans aucun doute sous-jacents au comportement de l'enfant. Au cours de cette période, la crainte et la culpabilité peuvent le conduire soit à être « trop » gentil, soit à provoquer le parent avec lequel il vit.

Une petite fille de cinq ans que je connais est allée trouver sa mère, récemment divorcée, pour lui déclarer : « Je veux habiter avec mon papa. Tu es toujours méchante et pas lui. » La mère était si vulnérable qu'elle a réagi en répondant : « Eh bien ! Tu n'as qu'à y aller. » La nuit suivante, l'enfant a eu des cauchemars. Pendant les quelques jours qui ont suivi, la mère a remarqué que sa fille était plus accrochée à elle que d'habitude. Les cauchemars et l'obstination à ne pas quitter sa mère durèrent jusqu'à ce que cette dernière s'asseye avec l'enfant pour partager ses craintes non exprimées. « C'est normal que tu aies envie de partir quand je suis fâchée. Mais je ne te laisserai pas faire et je ne te quitterai pas, même si tu es furieuse contre moi. Je t'aime. Et ton papa t'aime aussi. » Un enfant vivant dans une famille monoparentale redoutera forcément toute perte. Un enfant de cet âge a besoin de tester son indépendance et d'en faire l'expérience, mais il n'ose pas renoncer à son parent unique. Il a besoin de s'identifier avec son entourage et, à l'occasion, de se détourner du parent avec lequel il vit. Mais il ne s'y risquera pas s'il pense que ce parent pourrait l'abandonner. Celui-ci doit le rassurer, lui affirmer que – malgré toutes les provocations du monde – il ne sera jamais abandonné.

Quand des parents divorcent, les recommandations suivantes aideront à protéger les enfants :

1. Conservez une relation aussi positive que possible avec l'autre parent ou, du moins, acceptez de mettre de côté votre colère quand vous discutez des enfants. Acceptez de faire passer en premier leurs besoins et engagez-vous à parvenir à un consensus en tout ce qui concerne les enfants.

2. Entre vous, n'utilisez jamais l'enfant comme un ballon de football.

3. Organisez des visites fiables et régulières pour le parent absent – et parlez-en entre-temps.

4. Faites en sorte qu'il y ait des appels téléphoniques et des vidéos du parent absent.

5. Pour le parent habitant avec l'enfant, ayez recours à tous les soutiens possibles – famille élargie, amis fiables et constants.

6. Soyez disponible pour parler à l'enfant des pertes et de sa soif des autres.

7. Maintenez les règles et les routines habituelles. La discipline est encore plus importante. Les parents divorcés doivent faire un effort concerté pour se mettre d'accord sur ce point ou du moins pour accepter et soutenir l'approche de l'autre, si ce parent est celui qui s'occupe de l'enfant. Soyez préparé à affronter toutes les craintes de séparation ou de perte. Soyez préparé aux comportements issus du sentiment de culpabilité de l'enfant qui se reproche d'avoir causé le divorce et la perte de l'autre parent – ces comportements aggravant par ailleurs la culpabilité.

8. Prenez en compte les difficultés liées au changement de foyer. C'est difficile pour tout enfant. Pour un enfant souffrant de problèmes sociaux, scolaires ou d'un déficit d'attention, c'est encore plus difficile. Dans certains cas, j'ai recommandé qu'on établisse un lieu permanent de résidence pour l'enfant et que ce soit les parents qui se déplacent; quand les parents réfléchissent aux raisons qui les empêchent d'accepter ces changements pour eux-mêmes, ils commencent à voir plus clairement les problèmes de leurs enfants.

Les recommandations pour les arrangements de garde sont proposées dans le livre que j'ai écrit avec le Dr Stanley Greenspan, *Ce qu'un enfant doit avoir*[1]. Dans certains cas, les risques de léser les enfants sont aggravés. Parmi ceux-ci :

1. Les parents qu'une hostilité persistante conduit à utiliser l'enfant pour se faire mutuellement du mal.
2. Les enfants souffrant de problèmes médicaux ou du développement qui ont besoin de leurs deux parents pour faire face à ce que leur état exige.
3. Les enfants issus de foyers perturbés avant le divorce par l'alcool, la drogue, la violence ou une hostilité dévastatrice.
4. Les familles avec «personne à la maison» – divorces entre des parents qui ne sont de toute façon pas disponibles pour l'enfant.

Dans de telles situations, il est nécessaire de se faire conseiller. Les parents devraient chercher l'avis de professionnels de la santé mentale et des agences d'aide aux familles; ils devraient aussi se tourner vers tout membre de la famille susceptible d'offrir son soutien. Bien que pour les parents divorcés l'objectif soit de mettre de côté leur hostilité et de prendre ensemble des décisions dans l'intérêt de l'enfant, c'est parfois impossible. Dans ce cas, il peut se révéler nécessaire que le tribunal désigne un tuteur *ad litem*[2] afin que les besoins de l'enfant soient compris et respectés en dépit du conflit parental persistant.

1. Éditions Stock-Laurence Pernoud, 2001.
2. Se dit d'un mandat, d'une procuration limitée à un procès particulier.

Dysfonctionnement de l'intégration sensorielle

Le concept de dysfonctionnement de l'intégration sensorielle peut aider certains parents qui trouvent que le comportement de leur enfant n'est pas seulement difficile, mais aussi mystérieux et malaisé à comprendre. Ce trouble accompagne parfois un THADA (trouble hyperactif avec déficit de l'attention) et d'autres désordres, mais il peut survenir seul. C'est une incapacité à traiter les informations recueillies par les sens : un fonctionnement neurologique inefficace. L'enfant peut avoir de la difficulté à recueillir (souvent à cause d'une hypersensibilité à une ou plusieurs modalités sensorielles – toucher, audition, vision), à analyser, à organiser ou à assimiler les messages sensoriels. Ces difficultés se traduisent par des effets sur l'activité motrice. Le résultat est coûteux pour l'enfant, il interfère avec ses capacités à planifier, à organiser et à réagir de façon significative. Un comportement désorganisé, maladroit, provoque en lui un sentiment d'échec qui ne fait qu'ajouter à sa détresse.

Un enfant est rarement capable de décrire ses expériences sensorielles aux autres, car il ne possède aucune référence à laquelle les comparer. Tout ce qu'il peut connaître ce sont des sons d'un niveau assourdissant, des picotements ou des fourmillements sur la peau. Souvent ses réactions n'aident pas ses parents à comprendre ce qui se passe. L'enfant peut refuser de manger certains aliments ou de porter certains vêtements; il peut paniquer et se mettre en colère – sans être jamais capable de dire pourquoi. Il peut sembler timide et solitaire parce qu'il essaie de se protéger de sons (cris d'autres enfants, bruits de trafic ou même ronronnement discret d'un réfrigérateur) sur lesquels il n'a aucun contrôle.

Les contacts corporels peuvent lui paraître douloureux et effrayants, ce qui le pousse à éviter les activités motrices nécessaires pour développer son corps et apprendre à l'utiliser. Même les câlins lui semblent parfois plus inconfortables qu'agréables. Les parents se sentent inutiles, rejetés même, bien que leur enfant ait désespérément besoin d'eux.

Les transitions soudaines ou inattendues qui exigent des modifications dans les inputs sensoriels deviennent douloureuses; l'enfant va les redouter et essayer de les éviter à tout prix. Un enfant hypersensible peut se cacher du monde comme si c'était un endroit effrayant et dangereux. Les amitiés en souffrent, ainsi que la confiance en soi qui s'établit quand on prend des risques et qu'on les surmonte. L'enfant et ses parents ne verront là qu'un échec à moins qu'ils ne comprennent le problème sous-jacent à ce comportement. Les choses sont aggravées par la difficulté qu'éprouvent les parents à décrire au corps médical ou aux autorités scolaires les diverses manifestations de ce dysfonctionnement sensoriel. Pour cette raison, il est parfois difficile de trouver l'aide spécifique dont eux et leur enfant ont besoin.

Le Dr Larry Silver qui travaille à la faculté de médecine de l'université de Georgetown a vu beaucoup de ces enfants qui lui sont souvent envoyés pour qu'il «change leur comportement». «Il nous faut comprendre leur comportement et ce qu'il nous suggère sur ses causes sous-jacentes», dit le Dr Silver. Le comportement perturbé constitue un ensemble de symptômes, pas un diagnostic. Cependant, ces symptômes peuvent orienter vers les processus sensoriels sous-jacents déficients et vers les modes d'expérimentation du monde des enfants atteints. Les parents ont besoin d'aide pour le comprendre et pour identifier les situations spécifiques qui stressent l'enfant. L'enfant aussi a besoin d'informations explicites sur la façon dont ses sens recueillent les sons, les images et les autres sensations afin de travailler à se protéger de ce qu'il doit ressentir comme une avalanche de surstimulations. Beaucoup de ces enfants sont intelligents et ont un excellent potentiel à condition qu'on les aide à trouver des moyens de compensation pour leur dysfonctionnement sensoriel. (Certains peuvent apprendre à faire de leur hypersensibilité une force – certains musiciens talentueux ont dû apprendre à surmonter leur hypersensibilité auditive.)

Carol Kantrowitz, une enseignante qui a travaillé pendant vingt ans dans le domaine des dysfonctionnements sensoriels, a décrit les différents symptômes de cette condition et développé un programme de détection précoce au moyen d'un dépistage des symptômes. Ses observations ont été adaptées dans la liste suivante :

– Adaptation difficile, incapacité à réagir devant des circonstances nouvelles, surtout quand les enjeux sont importants et/ou que des personnes inconnues sont impliquées.

– Facultés motrices d'apprentissage compromises : maladresse, difficulté à faire des mouvements complexes (par exemple à apprendre à utiliser un crayon) ou des mouvements séquentiels complexes (comme passer derrière une chaise pour atteindre un objet sur une table, cela sans se heurter à quelque chose en cours de route).

– Problèmes avec les acquisitions scolaires. Les efforts compensatoires de l'enfant pour éliminer la stimulation extérieure perturbatrice peuvent lui faire manquer en même temps les informations nécessaires à son apprentissage. En outre, l'énergie que demandent ces efforts peut aller à l'encontre de la capacité à mobiliser et à soutenir l'attention et à se concentrer sur les tâches scolaires.

– Évitement des contacts physiques – hypersensibilité aux stimuli tactiles.

– Hypersensibilité visuelle – évitement de l'échange du regard ou des lumières vives. En conséquence, l'enfant peut rester sur ses gardes.

– Hypersensibilité auditive, par exemple aux aspirateurs, mixers, etc. L'enfant ignore les voix quand il est entouré de bruits forts.

– Évitement d'odeurs et de goûts qui paraissent normaux aux autres.

– Tendance à renoncer facilement par frustration.

– Problèmes d'autorégulation – l'enfant est incapable de mobiliser son énergie ou de se calmer.

D'autres problèmes proviennent de ces difficultés et se manifestent dans le domaine social (difficulté à se faire des amis et à les garder) ; dans le domaine de l'alimentation (l'enfant ne sait pas mâcher ou avaler correctement) ; dans le domaine du sommeil (mauvaise régulation pour s'endormir et pour se réveiller). Les réactions allergiques sont également courantes, de même qu'un manque d'estime de soi.

Bien trop d'enfants atteints par ce désordre (ou un autre) font l'objet d'un diagnostic de THADA et sont traités avec des drogues comme la Ritaline. Il faut, pour différencier ces désordres qui peuvent coexister, l'évaluation d'un expert. En cas de dysfonctionnement sensoriel, la meilleure thérapie s'applique aux capacités de traitement des informations qui sont perturbées. Les thérapeutes occupationnels sont souvent bien formés pour aider ces enfants à acquérir des techniques d'intégration des stimuli. Le plus important est de rechercher des techniques amusantes pour l'enfant, qui le motivent pour apprendre et qu'il puisse éventuellement utiliser tout seul. Apprendre à ne pas se surcharger ou à ne pas s'effondrer sont des étapes parmi les plus importantes. Un thérapeute aura plus de facilité à trouver une technique pour le contrôle des impulsions qu'un parent déjà dépassé par le problème. L'objectif pour l'enfant est de comprendre ses sensibilités, de savoir comment se protéger de la surstimulation, comment s'apaiser quand ses sens ont été surchargés.

Écoles
et autres structures d'accueil[1]

De nos jours, environ 60 pour cent des enfants âgés de trois à six ans ont des parents qui travaillent et sont donc confiés à d'autres personnes. Il est donc important pour nous, en tant que nation, de procurer des conditions de garde de grande qualité à tous nos enfants. Actuellement, selon des études publiées par l'université du Colorado et le Families and Work Institute[2], 80 pour cent des établissements responsables de jeunes enfants n'offrent pas des conditions de qualité. Les parents sont donc confrontés à de graves soucis en ce qui concerne le bien-être de leur enfant, soucis qui s'ajoutent à la douleur causée par la séparation. Un sentiment d'impuissance ne peut que trop facilement mener au détachement et pousser des parents à renoncer à tout espoir pour l'avenir de leur enfant. Parents et enfant, tout le monde souffre.

La première qualité qu'on doit exiger d'un établissement s'occupant de jeunes enfants est que le personnel se considère comme l'allié des parents : les puéricultrices – ou les institutrices – doivent reconnaître que les parents ont besoin de soutien et de suffisamment de participation directe pour pouvoir leur laisser leur enfant en toute confiance. Mais il existe plusieurs obstacles potentiels à une collaboration entre les parents et les responsables des établis-

1. Ce chapitre est une étude fondée sur la situation des structures d'accueil pour les jeunes enfants aux États-Unis : *childcare centers* (privés et non obligatoires) et *primary schools*. En France, les enfants vont presque tous à l'école maternelle avant d'entrer à l'école primaire ; le système est donc très différent : les critiques et les recommandations du Dr Brazelton, malgré leur caractère universel, ne s'appliquent pas nécessairement chez nous. (*N.d.T.*)

2. Institut pour le travail et les familles.

sements. Tout d'abord, notre société – y compris beaucoup de professionnels de l'enfance – continue à cultiver une certaine prévention à l'encontre des parents qui travaillent. Pourtant, confier ses enfants à des personnes étrangères n'est habituellement pas une question de choix.

Autre obstacle potentiel : le «phénomène de barrière». Les puéricultrices et les parents ont tendance à entrer en compétition (souvent de manière inconsciente) pour le même enfant. Combien de parents, qui se sentent déjà coupables et inquiets, se démènent pour apaiser la colère de leur enfant en allant le chercher, avec pour toute consolation cette remarque de la puéricultrice : «Il ne se conduit jamais comme cela avec moi» ? Il faut reconnaître la compétition et en parler ouvertement.

Les puéricultrices qui sont conscientes des sentiments des parents peuvent manifester plus de soutien : «Vous savez quand il vous fait toutes ces histoires le soir, c'est sa façon à lui de vous dire combien vous lui avez manqué et combien il a dû faire d'efforts pour se débrouiller sans vous toute la journée.» Quand une puéricultrice est capable de considérer une régression prévisible comme un point fort révélateur de ce que coûte à l'enfant l'accès à l'indépendance, les parents sentiront que leur enfant et eux-mêmes sont compris et appréciés. Par exemple, avec un enfant qui mord, l'adulte responsable peut soit rejeter l'enfant et blâmer les parents, soit essayer de comprendre ce comportement avec eux : «Tout le monde est contrarié quand un enfant se met à mordre. Mais cela ne fait que renforcer cette disposition. Je pense qu'il fait de gros efforts pour contrôler ses impulsions et apprendre d'autres façons de gérer ses sentiments. Nous ne pouvons pas le laisser mordre, mais nous n'allons certainement pas l'ennuyer plus qu'il ne l'est déjà.» Un travail d'équipe entre parents et puéricultrices est bénéfique pour l'avenir de l'enfant. Les institutrices de maternelle qui ont de la considération pour les parents et qui les enrôlent aussi souvent que possible dans des réflexions sur l'enfant découvrent que les parents peuvent être des alliés et non pas des rivaux.

Les parents demandent toujours s'il est néfaste de laisser leur enfant aux soins d'une autre personne. La réponse ne peut être donnée que cas par cas, car il faut tenir compte de beaucoup de variables conjuguées pour évaluer l'effet d'une garde professionnelle sur l'avenir des petits enfants. Ces variables comprennent :

– La qualité des établissements, y compris la rémunération et la stabilité du personnel.

– La taille du groupe : un petit nombre total d'enfants vaut mieux qu'un grand groupe avec une proportion plus grande d'adultes par enfant.

– La proportion d'enfants par adulte. Voici l'idéal pour chaque âge :

Naissance-12 mois	1 adulte pour 3 enfants
12 – 24 mois	1 adulte pour 3 à 4 enfants
24 – 36 mois	1 adulte pour 4 à 5 enfants
Trois ans	1 adulte pour 7 enfants
Quatre ans	1 adulte pour 8 enfants
Cinq ans	1 adulte pour 8 enfants
Six ans	1 adulte pour 10 enfants

– La qualification des puéricultrices et leur attitude envers les petits enfants.

– Les sentiments des parents à propos de leur travail.

– L'aptitude des parents à adoucir la séparation et à y apporter des compensations quand ils se retrouvent ensemble avec l'enfant.

– La quantité de temps passé dans l'établissement (dans les années qui précèdent l'entrée en grande maternelle, le mi-temps paraît préférable au temps complet).

– Les horaires et les efforts d'adaptation qu'ils imposent à l'enfant.

– Le tempérament de l'enfant et «l'entente» entre l'enfant et la puéricultrice.

– L'aménagement intérieur : 3,5 m^2 d'espace de jeu à l'intérieur et 7,5 m^2 d'espace utilisable pour jouer dehors par enfant (recommandations de la National Association for the Education of Young Children[1])

Toutes ces variables affectent l'adaptation de l'enfant. Je voudrais y ajouter le chagrin des parents qui doivent laisser leur enfant et la façon dont ils affrontent leur chagrin : en se détachant

1. Association nationale pour l'éducation des jeunes enfants.

ou en augmentant intimité et interactions pendant le temps qu'ils partagent avec l'enfant.

Une récente étude effectuée sur quinze sites (par le National Institute of Child Health and Development Early Child Care Research Network[1]) et portant sur les classes de moyenne maternelle n'a pas mis en évidence un déficit dans les acquisitions cognitives chez les enfants des établissements scolaires par rapport à ceux qui étaient élevés à la maison par leurs parents. Cette étude était remarquable par le fait que les chercheurs avaient pris en compte la qualité des soins et les variables à la maison – travail à temps plein ou à temps partiel, satisfaction de la femme au travail, tempérament de l'enfant et qualité de la vie à la maison. Quand toutes ces variables étaient examinées, on ne trouvait aucune différence. Nous sommes en mesure de faire en sorte que les établissements accueillant les jeunes enfants fonctionnent bien. Mais nous n'avons pas encore fait ce qu'il fallait pour cela : la plupart de ces endroits ne répondent pas aux besoins des bébés et des petits enfants. Les parents doivent rechercher et exiger des établissements qui favorisent le développement de leur enfant. Le développement émotionnel est ce qu'il y a de plus important à cet âge. Un programme cognitif qui dépasse les petits enfants ou qui les force à apprendre risque de laisser de côté le développement émotionnel et social qui est pourtant plus important. C'est là le plus grand risque pour les parents quand ils choisissent de confier leur enfant à une de ces structures d'accueil.

Le chercheur français Hubert Montagner a démontré qu'un environnement de grande qualité favorise de réelles interactions entre enfants dès le septième mois ; interactions qui deviennent encore plus importantes au fur et à mesure que les enfants grandissent. Je conseille vivement aux parents de rechercher des exemples de comportement intentionnel entre pairs quand ils sont en quête d'un bon centre pour leur enfant. Ross Park et Alice Honig ont découvert que les enfants qui avaient passé leur enfance dans ces établissements n'étaient pas moins capables sur le plan cognitif ou émotionnel que les enfants qui avaient passé leurs premières années à la maison, mais qu'ils avaient tendance à manifester un comportement plus «agressif». Cela indique combien il est important d'avoir suffisamment de puéricultrices,

1. Réseau de recherches sur les structures d'accueil pour jeunes enfants, dépendant de l'Institut national de la santé et du développement infantile.

comme nous l'avons mentionné plus haut, afin qu'elles puissent accorder à chaque enfant une attention individuelle aux moments critiques de la journée.

Dans la plupart des endroits, on a le choix – entre une structure collective et un particulier qui garde des enfants chez lui. Dans ce dernier cas, c'est habituellement une mère ou une grand-mère qui s'occupe de plusieurs enfants pour améliorer ses revenus. Dans ces deux modes de garde, la proportion d'enfants par adulte ne doit pas dépasser les chiffres cités ci-dessus. Après ce rapport d'enfants par adulte, la qualité et le dévouement de l'adulte responsable est sans doute le facteur le plus important. Ensuite, la fiabilité du mode de garde, étant donné que le travail des parents en dépend. Que se passe-t-il quand l'enfant se remet d'une maladie qui l'a retenu à la maison, mais qu'il n'est pas encore prêt à se mêler aux autres enfants ? Que se passe-t-il quand la nourrice est malade et doit être remplacée ?

Amy Laura Dombro et Patty Bryan proposent aux parents de poser les questions suivantes pour en savoir plus :

– Les certificats, la formation, l'expérience et les agréments sont-ils à jour ?

– Précautions de sécurité : la puéricultrice ou l'assistante maternelle fume-t-elle ?

Observations sur la puéricultrice :

– Est-elle respectueuse de l'enfant – ou envahissante ?

– Est-elle à l'écoute de l'enfant, respecte-t-elle ses rythmes ?

– Parle-t-elle avec ou à l'enfant ?

– Apprécie-t-elle les enfants ?

– Qu'aime-t-elle le plus et le moins chez les enfants de l'âge du mien ?

– Montre-t-elle des connaissances sur les étapes du développement et les différences individuelles chez les enfants ?

– Peut-elle se mettre en retrait pour laisser l'enfant apprendre par lui-même ?

– Observez toujours la puéricultrice ou l'assistante maternelle avec votre enfant pour évaluer ses réactions. Est-elle chaleureuse avec lui, réagit-elle comme vous le souhaitez ?

Observations sur l'environnement :

– Est-ce « comme à la maison » ?

– Y a-t-il des couleurs vives et des jouets intéressants ?

– Y a-t-il de la place pour courir et grimper ainsi que des endroits pour regarder des livres?

– Y a-t-il des portemanteaux, des lavabos et des toilettes adaptés à la taille de l'enfant?

– Observe-t-on un sens de l'organisation, un désir de s'occuper individuellement de chaque enfant?

– Santé et hygiène : est-ce que les adultes se lavent les mains?

Confier son enfant n'est pas facile, et les parents devraient prendre leur décision en ayant à l'esprit les réactions personnelles de l'enfant. Chaque enfant diffère dans sa façon d'accepter les changements et de s'y adapter. Allez visiter l'école ou le domicile de la nourrice pendant une journée et soyez attentif à ce qui suit :

1. Des preuves de soins individualisés. Voyez si la puéricultrice regarde votre enfant dans les yeux et si elle lui répond d'une façon qui tient compte de son tempérament.

2. Ce que la puéricultrice dit aux enfants : «Je vais t'aider.» «Je vais te donner une gorgée de lait.»

3. Une routine établie, prévisible – un minimum de temps passé sans rien faire ou perdu dans des activités sans but. Les routines sont rassurantes pour les enfants.

4. Une politique d'hygiène dans les domaines suivants : les enfants malades, le lavage des mains pour préparer les repas et après être allé aux toilettes, le change des couches.

5. Des moments de discussion pour établir un esprit d'équipe et pour échanger des idées.

6. Des encouragements aux interactions entre enfants – l'importance des relations entre enfants peut être la seule chose vraiment importante apprise par un enfant en dehors de chez lui.

7. L'aptitude de la puéricultrice à établir une relation avec chaque enfant et sa compréhension du développement de l'enfant; des attentes raisonnables – s'adapte-t-elle au tempérament de chaque enfant?

8. L'aptitude de la puéricultrice à équilibrer discipline et encouragements.

Pour finir, essayez de vous informer sur l'attitude du personnel vis-à-vis des parents. Les puéricultrices prennent-elles le temps de partager les petits triomphes ou les petites déceptions de l'enfant avec ses parents? Écoutent-elles les observations des parents? Parents et puéricultrices semblent-ils travailler ensemble?

École à domicile

Aux États-Unis, l'école à domicile se développe rapidement. Recommandée par l'éducateur John Holt à la suite du mouvement de réforme scolaire des années 60, dont il pensait qu'il n'avait pas mené à bien sa mission, elle a connu un développement significatif au cours des dernières décennies. Les avocats de l'école à domicile mettent l'accent sur le besoin d'intégrer vie et apprentissage, ainsi que sur l'importance de régler l'enseignement sur le rythme et les schémas d'apprentissage de chaque enfant. On estime que plus de 700 000 enfants américains suivent actuellement un enseignement à domicile. Les règlements des États diffèrent, mais la plupart exigent des parents qu'ils soumettent un projet pédagogique. Souvent, les enfants qui apprennent chez eux participent aussi à des activités sportives et autres programmes scolaires ou suivent certains cours dans les écoles ou collèges locaux. On trouvera des informations auprès des groupes locaux pratiquant cet enseignement. L'organisation Holt Associates, fondée par John Holt, est une bonne source de renseignements (www.holtgws.org). Plusieurs éditeurs proposent des programmes tout faits ainsi que des livrets de tests préparatoires pour les examens.

L'école à domicile exige une participation des parents, mais beaucoup d'entre eux l'ont déjà fait avec succès et un grand nombre d'enfants qui ont suivi leur scolarité chez eux sont maintenant à l'université ou exercent une profession à responsabilités. Pour se révolter ainsi contre une institution aussi puissante que le système scolaire, il faut des parents particulièrement résolus et leurs enfants reflètent peut-être dans leur comportement l'environnement indépendant, entreprenant, dans lequel ils ont été élevés.

Les enfants à qui l'on a attribué des étiquettes dans le cadre scolaire (incapable d'apprendre, timide, mou, brutal) et qui sont minés par ces jugements tireraient sans doute le bénéfice d'un enseignement à domicile avec des parents encourageants. Les enfants qui ont des façons d'apprendre très particulières ou des tempéraments spécialement difficiles peuvent aussi en bénéficier, surtout quand les écoles se révèlent incapables de s'adapter à leurs besoins. Dans les localités qui ne sont pas pourvues des écoles qui conviennent, l'enseignement à domicile représente souvent une alternative. Néanmoins, notre système scolaire public devrait être tenu de procurer une bonne instruction à tous les enfants, y compris à ceux qui ont reçu des étiquettes négatives, dont les façons d'apprendre et le tempérament présentent des difficultés particulières, ainsi qu'à ceux qui ont des besoins spécifiques.

Parmi les points à prendre en considération, deux ont une importance particulière :

1. *L'autonomie*. Étant donné que le parent devient, année après année, l'enseignant, la tentation de couver l'enfant et de le placer dans un cocon protecteur est grande. Les enfants ont besoin d'occasions pour apprendre à s'adapter à différents adultes – et même à des adultes exigeants. Ils ont également besoin d'apprendre à se débrouiller dans des environnements stressants et difficiles, autres que la maison.

2. *La socialisation*. Le fait de faire sa scolarité chez soi fait peser une menace potentielle sur les occasions de s'adapter aux autres enfants et d'apprendre par leur intermédiaire. Les relations avec les pairs sont essentielles pour les petits enfants. Non seulement ils doivent apprendre à s'entendre avec les autres enfants, à s'adapter à eux, mais ils ont besoin des enseignements sur eux-mêmes qui découlent de ces relations.

Ces deux besoins, d'autonomie et de socialisation, devraient faire partie des préoccupations premières des parents au moment où ils décident de s'engager dans le processus de l'enseignement à domicile. Il existe de nos jours un grand nombre d'associations proposant des activités sportives pour les enfants en dehors des heures de classe; elles peuvent apporter beaucoup, sur le plan sportif et social, aux enfants dont les parents ont opté pour l'enseignement à domicile. Suivre un programme scolaire n'est que l'une des responsabilités d'un système d'enseignement à domicile. Apprendre aux enfants à accéder à l'indépendance et procurer des expériences sociales variées sont des choses aussi importantes.

Bien que l'enseignement à domicile puisse représenter une alternative pour certains enfants ou un complément en cas de moyens scolaires insuffisants, quand je pense aux conséquences d'un abandon de l'éducation publique, je suis inquiet. L'éducation est une entreprise sociale ; elle prépare les enfants à jouer un rôle productif dans leur société. Quand leurs enfants entrent à l'école, les parents sont confrontés à un point fort : ils doivent concilier d'une part leur désir instinctif de faire passer en premier les intérêts de leur enfant et d'autre part la nécessité de comprendre que celui-ci devra tenir compte des intérêts des autres. Si l'enseignement à domicile devenait l'expérience pédagogique dominante, quand les enfants commenceraient-ils à apprendre comment soumettre leurs besoins individuels ou les besoins de leur famille au bien commun ? On doit encourager les écoles publiques à s'adapter aux façons d'apprendre individuelles et aux différents tempéraments des enfants si elles veulent que l'on continue à leur confier ce rôle crucial de socialisation.

Familles de toutes sortes

Beaux-parents

S'adapter à une famille qui a subi l'épreuve d'un divorce et du départ d'un parent n'est jamais facile. Un enfant aspire à remplacer le parent perdu, pourtant les beaux-parents doivent se rendre compte qu'ils ne pourront jamais faire cela – et que ce n'est pas leur rôle. Il faut qu'ils comprennent que leur rôle est différent. La sécurité qu'ils apportent – l'assurance qu'ils peuvent aimer cet enfant et qu'ils ne vont pas le quitter – permet de redonner un élan important à l'image de soi future de l'enfant.

Un beau-parent rassure l'enfant en l'aimant, lui et son parent, avec sincérité et conviction. En formant un triangle, ils retrouvent la sécurité perdue dans la famille monoparentale. Une discipline cohérente, des sentiments exprimés en toute sécurité, l'assurance qu'il n'y aura plus de perte – la présence d'une personne qui veille sur l'autre parent et ce faisant décharge l'enfant de ce poids –, tout cela peut être peu à peu offert dans une famille reconstituée.

Il faut s'attendre à ce que l'enfant teste les limites de cette nouvelle relation. «Est-ce qu'il (ou elle) va m'aimer si je suis méchant?» est un thème constant et récurrent. Les régressions deviennent des occasions de communication pour le nouveau parent. Quand un enfant succombe à une crise de larmes, il est probable qu'il va diriger ses sentiments de colère ou de douleur contre le dernier arrivé dans le foyer : «Tu n'es pas mon *vrai* papa! C'est ma maman qui dit ce que je dois faire, pas toi!» Le beau-père peut alors répondre : «Tu as raison. Mais parfois je dois aider ta maman et être là pour toi. Toi et moi, nous savons tous deux que tu as dépassé les bornes. »

Quand les enfants de deux familles sont rassemblés, tous les problèmes prennent des proportions plus importantes. Le beau-parent peut se sentir protecteur. « Tu prends toujours le parti de *tes* enfants. Ils sont si difficiles, si désagréables. Je ne veux pas que les miens se mettent à se conduire de cette façon. » Les enfants des deux familles auront des problèmes irrésolus; tous vont avoir besoin de tester les forces de ce nouvel arrangement. Quand les enfants n'habitent pas ensemble, ceux qui vivent au foyer auront besoin de montrer qu'ils contrôlent leur territoire. Les enfants en visite en viendront fatalement à se donner en spectacle, à arborer des airs supérieurs, à mettre à l'épreuve les parents, le leur et le nouveau, pour tester la sécurité et la discipline. Le danger serait de laisser cette compétition naturelle évoluer en un harcèlement systématique – avec des souffre-douleur – ou au rejet dc l'une ou l'autre famille. Dans les familles reconstituées, les membres ont besoin les uns des autres. Ils ne seront jamais aussi proches que de vrais frères et sœurs parce qu'ils n'en sont pas; mais ils peuvent établir des relations nouvelles et différentes. La capacité des enfants à s'entendre entre eux va dépendre du stade où en est leur adaptation au divorce de leurs parents. Ils peuvent être en conflit, mais si le nouveau mariage est solide, ce sera bénéfique pour eux. Quand chaque parent soutient l'autre dans les moments de conflits, les enfants finissent par prendre exemple sur leur solidarité, même si au début ils la mettent à l'épreuve et essaient de la miner.

Est-ce qu'un beau-parent ressentira jamais la même chose pour un beau-fils ou une belle-fille que pour son propre enfant? Selon toute vraisemblance, non. Et la question sera posée. La vérité est que les parents ont toujours des sentiments différents, même quand il s'agit de deux de leurs propres enfants. Les enfants le reconnaissent : « Tu l'aimes plus que moi. » S'ils parviennent à voir cela comme une différence (« Je suis le papa de Danny, tout comme maman est ta mère ») et non comme un rejet, ils seront capables de l'accepter.

Vivre dans une belle-famille, comme l'écrivent J. Lofas et D. B. Sova dans leur livre *Stepparenting* (*Élever des beaux-enfants*), n'est pas chose aisée, mais on peut y trouver des côtés gratifiants. Pour qu'un enfant se sente en sécurité dans deux familles, les parents doivent dépasser leur propre colère et se soutenir. Apprendre à connaître la belle-famille, apprendre à compter sur elle, voilà un processus essentiel pour un enfant qui a vécu un divorce. Les moments inévitables de stress peuvent servir d'occasion pour en apprendre plus les uns sur les autres et pour partager joies et peines.

Dans les moments critiques, la relation avec la belle-famille sera remise en question; les anniversaires, les fêtes, les succès scolaires et les crises d'indiscipline font partie de ces moments. «Quand mon *vrai* père va venir?» «Ma *vraie* maman me laisserait faire ça.» Il se peut qu'un enfant qui s'oppose à un beau-parent le fasse parce qu'il se sent coupable d'avoir tourné le dos à son parent biologique; c'est apparemment une tentative à répétition pour reconstituer la perte. Il peut exister également le sentiment récurrent que le divorce a été causé par la «méchanceté» de l'enfant. Les enfants ont besoin d'être sans cesse rassurés sur le fait que c'étaient les parents qui ne s'entendaient plus et que chaque parent restera toujours un «vrai parent», présent dans la vie de l'enfant. Un beau-parent rassurera l'enfant en répétant qu'il n'est pas là en remplacement, mais parce qu'il aime la mère de l'enfant (ou qu'elle est là parce qu'elle aime le père de l'enfant) ; qu'il est une nouvelle personne pleine d'affection qui restera pour de bon. Mais l'enfant risque de ne pas prendre au sérieux ces paroles rassurantes si elles ne sont proposées que lorsque le parent se sent coupable et non pas aux moments où l'enfant en a le plus besoin. Le parent doit écouter l'enfant avec attention dans les moments où celui-ci exprime ses idées fausses et quand son comportement paraît inspiré par des émotions qu'il ne sait pas exprimer autrement, afin de l'aider à comprendre ce qu'il ressent.

Parents seuls

Entre trois et six ans, l'identification de l'enfant avec un parent est intense. Pourtant la moitié des enfants passent une grande partie de leur temps dans une famille monoparentale; cela signifie qu'ils n'ont avec eux qu'un seul modèle de rôle. Comment l'enfant d'une famille monoparentale peut-il se forger une identité?

À quatre et cinq ans, quand l'enfant cherche à s'identifier avec les deux sexes, il est important de comprendre que l'enfant vivant avec un seul parent va être «affamé» : «Pourquoi est-ce que je n'ai pas deux parents, comme tout le monde? Est-ce que mon papa va revenir si je suis gentil? Si mon papa m'a quitté, ma maman pourrait aussi s'en aller.»

Tout homme en visite chez une mère célibataire sentira la «faim» du garçon. Le comportement avide, un peu désagréable qu'un enfant vivant avec un seul de ses parents a tendance à manifester à cet âge envers tout adulte disponible appartenant au bon sexe est un exemple de ces tentatives pour assouvir le besoin d'identification. Un tel comportement va naturellement causer chez le parent avec lequel il vit des sentiments de culpabilité et même de colère. Comprendre pourquoi l'enfant se sent ainsi peut être utile. Aborder le sujet ensemble lui donne l'occasion d'affronter ces sentiments plus ouvertement. Les enfants se donnent beaucoup de mal pour assouvir leur besoin réel d'avoir plus d'une relation; ce qui est remarquable, c'est l'énergie et l'ingéniosité de l'enfant à combler ce manque. S'il jouit d'un foyer stable avec un seul parent, l'enfant va ramasser des petits bouts, des morceaux chez les uns et les autres dans la famille pour parvenir à ses objectifs. S'il en a l'occasion, l'enfant va optimiser ses chances de compenser la perte et l'absence d'un de ses parents.

Souvent un parent se trouve confronté à un regard ou à des paroles de l'enfant : «C'est quoi ton problème? Pourquoi tu ne peux pas me donner un papa (ou une maman)?» Ce qui ne peut qu'exacerber le sentiment d'échec du parent, tant c'est douloureux. Cela peut même le pousser à accepter un substitut qui n'est pas du tout convenable. Assurez-vous de vos propres motivations, car les besoins de l'enfant peuvent vous entraîner à agir de façon inappropriée.

Le parent célibataire capable de procurer à son enfant – par l'intermédiaire d'une autre personne – un modèle de rôle pour l'autre sexe a de la chance; c'est certainement une bonne raison pour rester proche de ses propres parents, de ses frères et sœurs, cousins et cousines. Un parent célibataire qui a à sa disposition les membres de la famille au sens large du terme devrait sans aucun doute encourager leur participation. L'enfant peut non seulement partager son attachement, mais encore «aller de l'un à l'autre» pour faire l'expérience du rejet et de la vénération. Il peut se laisser aller à une identification avec un membre de la famille affectueux et stable.

Un ami sans lien de famille ne sera pas aussi fiable. Le danger d'établir une relation intime pour la voir à nouveau brisée reste toujours présent à l'esprit. Trouver un «autre important» à titre temporaire pour remplir le vide pose le problème évident de la disparition de cette personne. Une nouvelle perte touche de trop près l'ancienne. Certains parents choisissent une relation dans laquelle ils n'impliquent pas les enfants, du moins pas tant que la relation n'a pas évolué en un engagement à long terme. Une telle situation a ses défauts, mais elle a aussi certains avantages.

Un parent célibataire peut aussi décider de rester célibataire pour éviter ce traumatisme. Les parents seuls mènent parfois une existence solitaire dans laquelle leurs enfants deviennent des associés importants. Cette intimité risque cependant de se révéler pesante pour l'enfant. Il sent qu'il lui faudrait combler plus de vides dans la vie de son parent qu'il n'est possible à son âge. Une tendance à la solitude représentera parfois un désir inconscient de pousser l'aîné des enfants à devenir un parent par substitution; et en effet, le simple fait de craindre une telle chose peut avoir pour conséquence de la provoquer. Malheureusement, valoriser le côté enfantin de son fils ou de sa fille est plus facile à dire qu'à faire.

Les parents célibataires se sentent toujours seuls. Ils doivent affronter et régler chaque crise seuls. Ils n'ont personne à qui parler après une journée chargée – personne à qui demander : «Comment s'est passée ta journée?» En conséquence, ils ont les nerfs à vif, chose difficile à cacher à des enfants qui sont plus à l'affût que jamais. Le parent a tendance à se sentir coupable. «Je ne voulais pas être si dure avec lui. Mais je n'avais personne d'autre pour exprimer ce que j'avais sur le cœur. Je ne peux pas me retenir tout le temps, et pourtant j'essaye.»

Mais un enfant dont la structure familiale a changé se sent lui aussi seul. Un enfant qui a peur de perdre le parent avec lequel il vit – après avoir perdu l'autre – va fatalement s'accrocher. «Ne me laisse pas. Viens dans ma chambre avec moi. Je ne peux pas aller me coucher tout seul. J'ai trop peur.» Ce désir de la présence du parent va toucher celui-ci en plein dans sa solitude; il devient alors très difficile de respecter le besoin d'indépendance de l'enfant; et difficile de ne pas le couver.

Pourtant il n'y a jamais aucune indépendance spontanée ou prévisible pour le parent. Une conversation téléphonique ou bien une course à l'épicerie risquent d'irriter l'enfant et de le pousser à la compétition. Aucune sortie sans l'enfant ne peut être organisée sans être préparée, sans avoir trouvé un remplaçant.

Un parent seul doit être à la fois une mère et un père à chaque occasion, une figure autoritaire aussi bien que consolatrice et affectueuse. La discipline est plus facile à imposer quand elle est partagée. Pourtant la discipline est encore plus nécessaire et réconfortante pour les enfants des familles monoparentales. Ceux-ci auront besoin de tester fréquemment les limites afin de s'assurer que le parent seul n'est pas trop fragile, pas trop préoccupé pour réagir, pour découvrir combien ils sont «méchants». La discipline partagée, bien qu'elle soit difficile à mettre en place et à imposer, est plus stable et plus indiscutable. L'amour est aussi moins compliqué lorsque le partage en dilue l'intensité.

Les points forts et les régressions qui les accompagnent vont obligatoirement intensifier la vulnérabilité qui accompagne ce travail solitaire. Plus le parent se sent responsable et impliqué, plus il risque d'éprouver un sentiment d'échec et d'impuissance à chaque régression.

Les enfants de mères adolescentes et seules ont les mêmes besoins. Si la jeune mère est acceptée dans sa famille et si les membres de sa famille sont d'accord pour les soutenir, elle et son enfant, pour leur procurer un refuge protecteur et de l'amour à foison, l'enfant prendra un bon départ. Il recherchera à s'identifier à ses grands-parents autant qu'à sa mère. Mais si la mère adolescente est rejetée par ses parents (et par le père de l'enfant), l'avenir de son enfant risque d'être sérieusement compromis. Elle et son bébé ont besoin qu'on s'occupe d'eux pour pouvoir fonder leur propre famille.

Les parents handicapés

Comment un parent handicapé peut-il aider un enfant à apprendre à vivre avec ce problème? Les parents qui doivent s'occuper de petits enfants tout en gérant leur propre handicap ont une adaptation pénible à effectuer. Leur première tâche consiste à surmonter leurs propres sentiments concernant leur perte d'intégrité physique. Quelle que soit la façon dont ils s'étaient adaptés à leur problème auparavant, les exigences des enfants de ces âges risquent de faire surgir des sentiments d'incapacité bien plus importants que ceux que ressentent tous les parents de petits enfants. «Comment puis-je m'occuper d'un enfant avec mon infirmité? Est-ce que je vais être obligé de lui faire faire trop de choses?» La crainte de laisser paraître devant l'enfant ses soucis et sa tristesse revient dans les moments de stress. Le déni et autres défenses qui sont nécessaires doivent être considérés comme des façons de gérer ses propres craintes. Quand un parent réussit à exprimer les sentiments de frustration et de colère qu'il éprouve parce qu'il est diminué ou infirme, l'enfant comprend qu'il peut partager ses propres sentiments sans y ajouter un poids supplémentaire. C'est souvent bon pour lui quand il essaie de comprendre le handicap et de prendre vis-à-vis de son parent un rôle d'assistance et de protection.

Je me rappelle une jeune patiente dont les parents étaient tous deux aveugles; à deux ans, l'enfant était déjà capable de guider son père sur le trottoir. Quand ils se rapprochaient du bord de la chaussée, à ma stupéfaction, cette toute petite fille tirait la manche de son père. Le père s'arrêtait, tendait sa canne pour sentir le caniveau, donnait une petite tape sur la tête de sa fille en disant : «Merci.» Et tous deux traversaient la rue quand le feu passait au vert. Le père et la fille tenaient une main levée pour avertir les automobilistes. J'ai été touché par cette capacité précoce de remplir un rôle nécessaire; j'ai compris combien cette petite avait déjà appris sur la responsabilité à l'égard d'autrui. Elle était tout à fait préparée pour les occasions de stress à venir! Est-ce que cela lui coûtait beaucoup? Peut-être. Mais c'était une adaptation nécessaire dont personne ne pouvait la protéger. L'acquisition de cette responsabilité l'emportait de beaucoup sur ce que cela lui coûtait. Cette fillette est devenue adulte et elle dirige à présent un centre d'intervention précoce pour les enfants avec des besoins spécifiques. C'est une femme sensible, épanouie.

Les enfants de parents handicapés éprouveront de la curiosité pour le handicap et essaieront de le comprendre. Ils ont besoin d'occasions régulières pour exprimer leurs inquiétudes :

1. Identification avec le parent. Je me rappelle une fillette dont la mère était paralysée et qui s'intéressait aux mécanismes de son fauteuil roulant. Elle demandait qu'on lui permette de rouler dedans, qu'on lui en explique le fonctionnement ; elle voulait maîtriser ce fauteuil comme pour assumer le manque de mobilité de sa mère. Plus tard, elle devint capable de s'occuper de sa mère. Cet apprentissage fut essentiel pour elle.

2. « Est-ce que c'est moi qui ai fait ça à maman – ou papa ? Est-ce que cela ne serait jamais arrivé si j'avais été plus gentil ? » Prendre la responsabilité d'un stress fait partie des tentatives d'un enfant pour comprendre et pour travailler avec son parent à affronter l'infirmité.

3. Un enfant essaiera de comprendre l'infirmité et les sentiments que la situation provoque en son parent. Discuter de cela peut favoriser le partage et le rapprochement. Mais ne dites pas à l'enfant ce qu'il doit penser. Laissez-lui vous demander ce qu'il a besoin de savoir. Ses questions et sa compréhension de votre situation peuvent être différentes des vôtres et vous surprendre.

4. « Maman, en classe, mes amis se moquent de toi parce que tu ne peux pas marcher. Ils disent que tu es paresseuse et que tu ne veux pas faire d'effort. Ils disent même que tu es infirme parce que tu as fait quelque chose de mal quand tu étais petite. » Ces tentatives de compréhension méritent des réponses honnêtes. Il faut que le parent commence par affronter ses propres sentiments – « Pourquoi moi ? » – afin de pouvoir entendre le besoin de comprendre qu'éprouve son enfant. Celui-ci essaie de faire face à sa propre responsabilité dans la gestion de votre infirmité.

5. Des déformations imaginaires du handicap sont toujours hors de proportion avec la réalité. Ainsi, que l'enfant ait raison ou non, il va s'inquiéter : « Est-ce que ça va m'arriver ? » ou : « Est-ce que les problèmes de maman vont s'aggraver ? » Bien que beaucoup de détails soient impossibles à comprendre pour un enfant de cet âge, il est sain de parler ouvertement et de façon réaliste de ses principaux soucis. Si vous êtes prêt à partager votre adaptation ou même à accepter d'être dépendant, vous faites là un véritable cadeau à votre enfant.

6. Si un enfant a des exigences qui vont au-delà de vos possibilités, voyez cet «égoïsme» comme un signe de santé qui montre qu'il se sent prêt à attendre quelque chose de vous. J'ai souvent été surpris de constater combien les attentes d'un enfant d'infirme pouvaient être irréalistes; l'enfant paraît souvent complètement inconscient des limites, quelles qu'elles soient. En fait, il ne l'est pas, mais ses demandes montrent qu'il a appris à utiliser le déni pour se protéger et pour protéger son besoin de vous idéaliser. Il faudra peut-être attendre qu'il soit adulte pour qu'il comprenne d'une façon réaliste les limites imposées par votre handicap.

Les parents âgés

Y a-t-il des sentiments et des réactions associés au fait d'être un «parent âgé»? Probablement. Je me rappelle le moment où notre dernier enfant, né huit ans après notre troisième, fut assez grand pour comprendre que j'avais vingt ans de plus que les parents de ses amis. Il demanda : «Papa, est-ce que tu vas vivre autant que moi?» Ma réponse fut : «Je pense. Tu m'as rajeuni.» Avoir un bébé quand on n'est plus jeune est un miracle. C'est l'occasion de remonter le temps – être parent après avoir pensé que ce temps était passé. Cela amplifie autant l'excitation que la vulnérabilité. «Est-ce que je serai trop fatigué? Pas assez tolérant? Serai-je capable de me maintenir au niveau des autres parents?»

Arrivent ensuite les questions pratiques : «Est-ce que je vais pouvoir arrêter de travailler ou, du moins, renoncer à une partie de mes responsabilités pour l'élever comme je le souhaite? J'ai travaillé si dur, j'ai fait tant de sacrifices pour en arriver où j'en suis. Je me sens déchirée.» Ces sentiments sont encore plus intenses quand c'est un premier enfant, quand il a fallu des efforts particuliers pour avoir cet enfant et quand on pense qu'on n'en aura pas d'autre.

La mère est ensuite confrontée à un autre problème : le développement d'un fœtus dans un organisme qui n'est plus jeune. Il est notoire que l'incidence du mongolisme augmente de façon significative avec l'âge. Qu'en est-il des autres troubles génétiques? On pense qu'il est essentiel que les femmes enceintes à partir d'un certain âge passent des tests pour détecter d'éventuelles anomalies génétiques chez le fœtus – à moins qu'elles n'aient prévu de garder le bébé quels que soient les risques. (Et même dans ce cas, une préparation est utile pour les parents et pour le bébé, celui-ci pouvant avoir besoin d'une intervention à la naissance ou avant.) Les tests génétiques, l'amniocentèse et les échographies provoquent un surcroît d'anxiété chez la femme enceinte. «Est-ce que mon bébé va être normal?» devient un refrain constant chez toutes ces futures mères. De nos jours, une mère âgée en sait trop pour ne pas être encore plus anxieuse. «Est-ce que mon âge va causer des problèmes à mon bébé?» s'ajoute à l'inquiétude universelle : «Vais-je savoir m'occuper de lui?»

Si les parents ont attendu pour avoir le bébé ou s'ils n'ont pas été capables de le concevoir, leur vulnérabilité augmente. La fécondation *in vitro* ou l'implantation d'ovules fécondés rendent ce bébé encore plus précieux. La naissance peut prendre une signification presque miraculeuse et le bébé une importance quasi divine. Le danger est que le nourrisson (et plus tard l'enfant) soit traité comme s'il était vulnérable, comme s'il avait besoin d'une protection excessive. Les parents qui ont attendu ou qui se sont battus contre des sorts contraires vont fatalement traiter l'enfant comme s'il était *trop* précieux. Trop précieux pour être exposé au stress normal de l'enfance. Trop précieux pour prendre des risques. Trop précieux pour qu'on lui impose une discipline. Trop précieux pour être frustré à chaque étape de son développement. Le danger quand on ne laisse pas l'enfant maîtriser le stress et la frustration en franchissant chaque étape par lui-même, c'est qu'il ne soit pas capable de maîtriser ses propres étapes de développement. Apprendre la discipline et la façon de respecter ses propres limites sont deux choses essentielles pour chaque enfant. Un parent âgé, vulnérable, doit se garder contre une surprotection qui risque de miner l'estime de soi de l'enfant. Ce n'est pas facile.

En même temps, les parents âgés apportent à la parentalité un avantage considérable. Ils ont souvent surmonté le stress de leur existence et atteint une sécurité intérieure. Ils sont souvent parvenus à se sentir sûrs d'eux. Bien que ces avantages ne se traduisent pas toujours dans leur façon d'être parents, l'enfant les sentira. L'aisance et l'assurance des parents âgés procureront des bases solides à leur enfant. Si des adultes parviennent tard à la parentalité, ils seront presque à coup sûr «prêts à être parents».

Un des dangers dont il faut se garder, dans ce cas, est le perfectionnisme. Ces parents attendent beaucoup d'eux-mêmes et, inconsciemment, de l'enfant; ils ont donc tendance à ressentir plus fortement l'échec et la désorganisation à chaque point fort normal. Un parent âgé désire généralement être un parent «parfait» et élever un enfant «parfait». Quel que soit le cas, la perfection est une fiction. Quand quelque chose ne va pas, les parents âgés doivent prendre du recul et examiner les pressions qui s'exercent sur eux et sur leur enfant. Un enfant qui se force à plaire à un parent perfectionniste subira sans aucun doute une pression intérieure qui n'est pas nécessaire. Soyez plus indulgent avec l'enfant et avec vous-même. Laissez les erreurs se produire. Chacun d'entre vous tirera des enseignements des erreurs des uns et des autres.

La chose la plus triste pour des parents âgés est peut-être le sentiment de solitude. Trop souvent, les grands-parents ne sont plus là ou sont trop vieux pour participer à l'éducation de l'enfant. Trop souvent, les frères et sœurs des parents âgés ont fini de s'occuper de jeunes enfants et n'ont guère de patience pour de nouvelles occasions de stress. Trop souvent, les amis de votre enfant semblent avoir des parents plus jeunes, plus énergiques, plus résistants. Cherchez à rejoindre un groupe de soutien ou d'autres «parents âgés». Vous pourrez partager avec eux l'étonnement, l'excitation apportés par chaque nouvelle étape – et la fatigue quand survient la désorganisation saine d'un point fort du développement. Et, par-dessus tout, amusez-vous! Le sens de l'humour est un grand cadeau pour un enfant, et le sens de l'humour ne peut que grandir avec l'âge.

Les parents de même sexe

Aux États-Unis, un nombre non négligeable d'enfants grandissent avec deux parents de même sexe. Qu'est-ce que cela signifie pour un enfant de quatre ans dont la tâche est de rechercher les différences et de s'identifier avec deux personnes? À ce jour, toutes les recherches effectuées sur les familles avec deux parents de même sexe montrent que leurs enfants peuvent se tourner de l'un vers l'autre et qu'ils le font effectivement; ce faisant, l'enfant trouve les différences dont il a besoin. Il s'identifie avec l'un, puis avec l'autre, comme nous l'avons décrit dans les familles hétérosexuelles. On trouve la même façon de jouer un parent contre l'autre, les mêmes craintes, les mêmes rêves y compris les cauchemars. Parfois, chaque parent est considéré comme mauvais, comme monstrueux. Les cauchemars aident à justifier une aliénation temporaire de chaque parent et à réduire la perte temporaire de ce parent. Les jeux de l'enfant pendant la journée vont refléter le coût d'un tel «rejet».

Un enfant de quatre ans peut s'en prendre à l'un de ses parents – qu'il s'agisse de deux hommes ou de deux femmes – comme il le ferait pour un parent hétérosexuel. Il peut agir comme si ce parent n'était pas là. Cela peut durer un certain temps et devenir un problème douloureux pour toute la famille. Les parents de même sexe, comme tous les parents, cherchent des raisons. «Ai-je été trop sévère avec elle? Est-ce parce qu'elle sait qu'elle est adoptée?» Chaque sentiment de culpabilité est ramené à la surface pour essayer d'expliquer le comportement de l'enfant. Le parent rejeté va estimer qu'il est fautif. Bien entendu, ce n'est pas le cas et une réaction exagérée ne sera d'aucune utilité. Si les parents s'inquiètent de l'effet de leur orientation sexuelle sur l'enfant, cela les rend vulnérables. À ces âges, l'enfant ne va pas manquer de découvrir la vulnérabilité qui tourmente ses parents lorsqu'il recherche son identité en les jouant l'un contre l'autre. Ce rejet est normal et inévitable. Il est essentiel pour les parents de reconnaître les raisons qui expliquent le comportement de l'enfant. La vulnérabilité de parents dont la situation diffère en quoi que ce soit de la norme qu'eux-mêmes idéalisent peut rendre cette démarche difficile.

Les recherches sur les parents homosexuels ont montré qu'un enfant peut grandir correctement dans ces familles. S'il a la chance d'avoir deux adultes qui l'aiment, ses besoins d'affection et de compréhension seront vraisemblablement satisfaits. Ces études ne prouvent en rien que l'identification sexuelle de l'enfant sera influencée dans un sens ou dans l'autre par le fait qu'il ne vit pas avec des parents de sexes différents. Les parents qui ont choisi une union homosexuelle ne doivent pas se sentir vulnérables ou coupables quand un enfant manifeste son envie de voir des adultes du sexe qui n'est pas représenté dans son foyer.

Comme avec les couples hétérosexuels, on ne peut trop insister sur l'importance de rôles stables à l'intérieur de la famille. Il est important que les parents aient un comportement constant vis-à-vis de l'enfant. Bien entendu, ce n'est pas toujours possible pour tous les couples. Les parents qui vivent des unions durables peuvent compter sur la capacité de leur enfant à choisir le comportement parental dont il a besoin et à s'identifier à lui. Les recherches sur cette question sont rassurantes. Cependant, malgré ces travaux, nombreux sont ceux qui demeurent inquiets quant à l'influence de parents homosexuels sur le développement des enfants. Paradoxalement, ce manque de tolérance peut représenter l'un des problèmes principaux que les enfants de parents homosexuels auront à affronter en grandissant.

Grands-parents

Appartenant à une génération qui cherche quelles valeurs transmettre aux enfants, les parents feraient bien de se tourner vers les valeurs culturelles, ethniques et religieuses de leurs parents. Les grands-parents peuvent se rattacher aux rituels, traditions et histoires de leur passé. Ils devraient mettre à profit toutes les occasions pour partager leurs souvenirs avec leurs petits-enfants. Les enfants découvriront des valeurs dans ces histoires.

Dans nos vies agitées, parfois chaotiques, traditions et rituels sont trop souvent oubliés, mais les grands-parents peuvent créer des occasions pour les maintenir. Un repas chaque dimanche. Des vacances ensemble. Une visite hebdomadaire. Un coup de téléphone à la famille lointaine. Une cassette vidéo ou un e-mail envoyé régulièrement aux petits-enfants. Une lettre contenant une histoire spéciale sur leur passé qui peut devenir un précieux mémento – et un lien important entre les générations.

Mes grands-parents ont façonné ma conception du passé et du futur. Ma grand-mère m'a encouragé à m'occuper de mes petits cousins. Elle avait l'habitude de dire : «Berry est si doué avec les bébés!» Cette constatation m'a apporté le soutien dont j'avais besoin pour trouver ma voie vers ma profession actuelle. Quand grands-parents et petits-enfants rêvent ensemble ou inventent des histoires, ces rêves, ces histoires deviennent des fenêtres ouvertes sur l'avenir. Un enfant peut rêver avec ses grands-parents sans subir la pression des souhaits de ses parents.

La participation des grands-parents est plus que jamais nécessaire de nos jours. Beaucoup de parents ont perdu le contact avec les traditions du passé et la façon instinctive d'élever les enfants;

ils sont confrontés à un étalage vertigineux de choix d'éducation. Ils sont assaillis d'informations et d'avis provenant de sources nombreuses et opposées – imprimés, télévision, Internet. Ils connaissent beaucoup de choses sur le développement de l'enfant et même sur le développement des parents, mais trouvent souvent difficile de faire des choix à partir de toutes ces sources. Quand on me reproche d'être encore une source supplémentaire de conseils, je peux dire honnêtement : « Les parents ont toujours été entourés de beaucoup d'avis différents – tantes, oncles, enseignants, prêtres. Ils ont bien été obligés de faire leur choix et c'est ce qu'ils font à présent. » Mais au milieu de tous ces choix, de toutes ces pressions, le soutien de ses propres parents ou les références liées à sa propre éducation apportent une perspective éclairante et introuvable par ailleurs. Les parents ont besoin du soutien affectueux de leurs propres parents – que leur avis soit accepté ou non.

Les parents célibataires, surtout, devraient vivre près de leurs parents pour le bien de leurs enfants. Un jeune parent peut être réconforté par les conseils de ses propres parents et se sentir reconnaissant de leur soutien bien intentionné. Mais il doit aussi « digérer » tout cela et éliminer les aspects qui ne lui sont pas utiles, car le fait d'être un parent le place à un niveau nouveau d'indépendance et d'interdépendance vis-à-vis de ses propres parents.

Tout cela réclame du temps et de la compréhension de part et d'autre. « C'est si difficile pour moi d'appeler ma mère quand j'ai des problèmes. Tôt ou tard elle finit par me dire : “Tu mérites d'avoir un enfant comme ça. Tu étais exactement comme lui.” C'est la dernière chose que je désire entendre. » Pourquoi cette jeune mère se méfie-t-elle tant des avis de sa mère ? Dans les rencontres avec d'autres couples attendant un enfant, l'un ou l'autre des futurs parents exprime souvent un conflit courant : « Je ne veux pas être un parent comme *mes* parents. » Et pourtant, tous deux savent que l'expérience de l'éducation qu'ils ont reçue va fatalement dominer leurs décisions. Le désir d'être « différent » et « libéré des préjugés des grands-parents » est universel. Mais il ne doit pas interférer avec le soutien potentiel des grands-parents ou avec les efforts faits par les parents pour trouver leur propre voie. Une discussion entre les deux générations pourra lever toute ambiguïté. Après tout, même si les jeunes parents décident de ne jamais suivre les conseils de leurs propres parents, la moitié des façons de faire potentielles est ainsi éliminée et ils peuvent goûter le plaisir de faire à leur tour leurs propres erreurs.

La vérité est que nous sommes tous dominés, souvent inconsciemment, par les «fantômes de notre nursery». Quand nous sommes sous l'emprise d'un stress, ces expériences remontent à la surface et influencent notre comportement. Elles ne sont pas toujours actives dans les circonstances habituelles, mais avec le stress que peut apporter un point fort, l'hésitation et l'inquiétude ont tendance à placer les parents sous l'emprise de ces expériences passées. Que le parent soit conformiste ou rebelle, les effets de la génération antérieure sont présents. Quand un enfant a des comportements de résistance à répétition, il est temps, pour les parents, de prendre leurs distances et de reconsidérer leur rôle. Le plus souvent, le parent réagit exagérément parce que la situation fait résonner quelque chose de son passé. S'il prête une plus grande attention à ses réactions, il sera à même de reconnaître le pouvoir du passé dans ses interactions avec son enfant.

Chaque bébé pousse ses parents vers une nouvelle relation avec leur propre enfance et avec leurs propres parents. Ils ne sont plus des adolescents dépendants ou rebelles. Ils n'ont pas le choix : ils doivent assumer leur situation. Il est passionnant pour des grands-parents de voir grandir sous leurs yeux leurs enfants, alors que ceux-ci remplissent leur rôle de parents.

En même temps, il est difficile pour les grands-parents de se retenir de donner des conseils. Chaque critique bien intentionnée peut être perçue comme un trait acéré susceptible de miner tout autant que de soutenir la confiance en soi. Un «nouveau» grand-parent doit apprendre à attendre avant de proposer ses conseils. On attrape mieux les mouches avec du miel. Toute suggestion non sollicitée risque d'être prise pour une critique. Être un grand-parent revient à marcher sur la corde raide.

Les grands-parents ont une valeur inestimable s'ils parviennent à demeurer neutres vis-à-vis de l'éducation prodiguée par leurs enfants et vis-à-vis du comportement de leurs petits-enfants. La courtoisie, les bonnes manières et la générosité sont mieux enseignées par la façon d'être que par des sermons. L'affection inconditionnelle et l'attention d'un grand-parent ont un effet fort sur l'estime de soi. Le mieux que puisse faire un grand-parent, c'est d'encourager et de soutenir l'enfant.

Avoir des petits-enfants est aussi délicieux qu'un dessert. La charge de la discipline et de la responsabilité à plein temps ne domine pas la relation. On est capable de décerner sans réserve admiration et encouragements et cela établit un lien très spécial avec l'enfant. Une relation avec des petits-enfants peut n'être qu'un pur plaisir. Je recommande aux grands-parents d'assumer leur rôle sans essayer d'être en même temps des parents.

Cela dit, il est difficile de ne pas se conduire de façon dominatrice avec enfants et petits-enfants. J'ai appris très tôt que lorsque j'entrais dans la maison de mes enfants, je devais contenir mon enthousiasme. Attendez que vos petits-enfants viennent à vous. Si je me précipitais pour regarder mon petit-fils dans les yeux, le prendre dans mes bras dès que je le voyais, celui-ci disparaissait pendant toute la durée de ma visite. Mais si j'attendais, si je restais sur ma réserve, en ne lui jetant qu'un regard jusqu'à ce qu'il fasse le premier pas, c'était moins difficile pour lui. Après quelques instants, il me touchait la jambe pour dire : «Bonjour, grand-père.» Alors, et seulement alors, il était prêt pour ce câlin que j'attendais tant. Au cours de cette visite, j'avais respecté sa sensibilité, le temps qu'il lui fallait pour m'accepter. Ce n'était pas facile, mais nous avons développé une relation plus détendue et elle devient plus profonde à chaque visite.

Des grands-parents nous ont dit que les conseils suivants sont ce qu'il y a de plus utile pour renforcer une relation avec des petits-enfants :

1. Organiser régulièrement des fêtes familiales.
2. Faire en sorte que les petits-enfants se sentent spéciaux.
3. Raconter des histoires de famille.
4. Soutenir ses enfants dans leur travail de parents.
5. Fixer des rendez-vous réguliers avec chaque petit-enfant.
6. S'amuser ensemble.
7. Enregistrer une cassette de lectures pour les petits-enfants.
8. Envoyer des cartes postales aux petits-enfants.

La «nouvelle» génération de grands-parents, qui sont encore pleinement engagés dans la vie active, trouve plus difficile d'aider enfants et petits-enfants. Quand les parents travaillent aussi tous deux, chacun souhaite que les grands-parents soient capables d'être là en cas de problème. Mais ce n'est pas possible quand ceux-ci travaillent ou quand ils sont infirmes.

Certains grands-parents sont forcés d'élever leurs petits-enfants. Les grossesses adolescentes, les divorces qui ramènent les jeunes mères à l'emploi, des maladies comme le sida ou encore la consommation de drogue entraînent ce genre de situation. On se rend de plus en plus compte du besoin de systèmes de soutien et d'information sur le développement de l'enfant pour les grands-parents qui se retrouvent en charge de leurs petits-enfants. Ces grands-parents-là sont en quelque sorte des «héros». Dans les recherches sur le développement des enfants nés de mères adolescentes célibataires, on a découvert que le facteur positif le plus important était la grand-mère, quand celle-ci acceptait de continuer à s'occuper de sa fille tout en soignant le bébé.

Les grands-parents âgés sentent parfois planer au-dessus d'eux la perspective de la maladie et de la mort; cette inquiétude touche les trois générations. Cependant les expériences partagées et l'amour constituent une base solide qui aidera à accepter les pertes plus tard.

Les grands-parents et, dans les familles les plus chanceuses, les arrière-grands-parents ont un rôle majeur et devraient faire partie de la vie de leurs petits-enfants. Il est important que les enfants aient l'occasion d'aimer et de respecter des personnes âgées. Ils comprendront que les infirmités et les changements entraînés par l'âge font partie de la vie. La peur de devenir soi-même infirme ou de perdre des membres de sa famille ne peut pas être évitée. Beaucoup de craintes et d'idées imaginaires envahissent le petit enfant devant la maladie et la disparition. Prêtez l'oreille à ce qui inquiète votre enfant et donnez-lui des réponses aussi honnêtes et simples que possible. «Le corps de grand-père s'est usé et il ne pouvait plus faire grand-chose. Nous allons regretter tous ces bons moments que nous avons passés avec lui, n'est-ce pas?» Les grands-parents eux-mêmes peuvent expliquer en termes simples à leurs enfants leur propre vision de la vie et de la mort.

Gros mots et insultes

Les enfants commencent à entendre des «gros mots» à trois et quatre ans; à ces âges, leur compréhension du langage est assez fine pour leur permettre de remarquer les intonations particulières et les contextes associés à ces mots. Mais pour comprendre ce qu'il y a de différent dans les gros mots, ils ont besoin de les essayer, d'en faire l'expérience. Personne ne les prend trop au sérieux : «Maman, tu as une tête de lard.» «Papa est un gros con.» Tout au plus les parents réagissent avec un mouvement de recul, puis ils rient. «Où as-tu entendu ça?» «C'est toi qui l'as dit.» Les parents ne se satisfont pas de cette réponse, même si c'est la vérité. «Avec qui a-t-il joué hier? Est-ce cet enfant qui lui a appris ça ou l'a-t-il entendu dans cette émission de télévision?»

Les parents doivent se sentir concernés parce qu'il leur faut informer leurs enfants sur le langage, sur son usage et sur son pouvoir. Leur tâche est de donner un exemple de comportement et de créer un environnement dans lequel les enfants puissent apprendre comment leurs paroles et leurs actes affectent les autres. Le travail des parents est plus difficile que jamais parce que des discours à forte connotation sexuelle (et toute conversation sur le sexe ne l'est pas nécessairement à cet âge) envahissent la télévision, la radio et le Net. Mais des réactions excessives ne font que rendre les gros mots et les insultes plus séduisants pour les enfants en leur accordant un pouvoir que ces derniers voudront expérimenter.

Pourquoi les parents réagissent-ils trop vivement? Un enfant grossier va à l'encontre du désir de ses parents qui est de le voir s'intégrer et plaire aux autres. Les gros mots peuvent leur paraître comme le signe que les enfants grandissent et qu'ils échappent à leur contrôle ; ils peuvent aussi signifier la perte de l'innocence – si difficile à affronter pour des parents. Les parents se demandent déjà avec anxiété comment leur enfant va se débrouiller dans un monde dangereux. Ils seront effrayés de constater qu'il est tellement vulnérable à l'exemple de ses pairs. Chacun dans la famille sait que les choses vont empirer. Les enfants qui habitent en bas de la rue vont devenir des modèles et le jeune enfant voudra fatalement imiter leur langage ordurier et le rapporter à la maison pour l'expérimenter sur ses parents. (Voir la fin du chapitre 4.) La curiosité sexuelle et les mots de cinq lettres se trouvent tout autour de vous. Le moyen de découvrir les limites d'un tabou, c'est de tester ses parents, sans relâche après la première réaction. L'innocence s'est alors transformée en un comportement ouvertement provocateur. Le parent s'inquiète : « Est-ce qu'il va utiliser ce mot en public ? Qu'est-ce que cela signifie ? Est-ce qu'il pourrait avoir été maltraité ? » Toutes ces peurs traversent l'esprit des parents quand ils rétorquent : « Tu ne dois pas dire des mots comme ça ! Personne ne dit de grossièretés dans la famille ! » Mais, souvent, ce n'est pas si simple. Les parents qui utilisent parfois eux-mêmes des gros mots souhaitent à présent ne l'avoir jamais fait. Quelle confusion doit ressentir un enfant quand on lui fait comprendre que ce qui sort de sa bouche ne reçoit pas le même accueil !

Au lieu d'être choqué quand un enfant dit une grossièreté, le parent pourrait essayer d'en découvrir la raison. Si vous parvenez à réfréner votre réaction, les mots choquants perdront de leur intérêt et vous les entendrez moins souvent. Si votre enfant les utilise trop librement en public, servez-vous de l'incident pour lui transmettre un message : « Quand tu dis ces mots, les gens sont contrariés. On ne dit pas ces mots, sauf si on veut ennuyer les autres. Est-ce que c'est ce que tu veux – ou bien est-ce que ça t'a juste échappé ? » En parlant ainsi, vous placez votre opinion négative sur le langage ordurier dans un contexte – celui de la sensibilité aux sentiments d'autrui.

Dans la hiérarchie relative des comportements offensants, la grossièreté verbale n'est pas ce qu'il y a de plus grave, surtout si on l'ignore et, dans ce cas, elle finit par disparaître. En général, les enfants ne deviennent pas chroniquement orduriers dans un environnement qui n'apprécie ni les gros mots, ni les insultes.

Handicaps : réactions et questions des enfants

Une personne handicapée peut paraître effrayante à un enfant. La vulnérabilité de celui-ci vis-à-vis des différences chez les autres est telle qu'elle entraîne le besoin de se rassurer sur son intégrité, sur le fait que cela ne peut pas lui arriver. «S'il est handicapé ou différent, pourquoi pas moi? Est-ce que je suis déjà comme ça?» La conscience de ne pouvoir se mesurer aux enfants plus grands ou plus âgés donne l'impression de ne pas être toujours normal. À quatre et cinq ans, quand la reconnaissance des différences est à son maximum, les enfants discernent tout handicap et ils l'amplifient.

«Elle est dans un fauteuil roulant. Elle ne peut pas marcher, ni courir. Je ne l'aime pas.» Cette conscience des différences s'accompagne de fascination chez les enfants. Quand ils se moquent, c'est leur façon d'essayer de mieux comprendre les handicaps et de se différencier, de se distancer. Cette sorte de moquerie apparaît au moment ou les enfants de quatre ans prennent conscience de l'effet qu'ils produisent sur les autres. Pour tester ces effets, ils peuvent se comporter avec méchanceté envers les autres alors qu'eux-mêmes se sentent vulnérables.

Les parents devraient rechercher l'occasion d'apprendre aux enfants dès quatre ans à devenir sensibles et serviables à l'égard des personnes fragiles ou handicapées. La première expérience d'un enfant face à un handicap a parfois lieu avec un grand-parent. Les enfants commencent alors à comprendre les handicaps et les changements qui surviennent avec l'âge dans un contexte d'intimité et d'affection. La crainte de devenir eux-mêmes handicapés ou de perdre quelqu'un va surgir à coup sûr.

Toutes les questions – « Pourquoi elle est si ridée ? Pourquoi il doit se servir d'une canne ? Est-ce qu'ils vont bientôt mourir ? Où elle ira quand elle sera morte ? » – n'ont pas besoin de réponse directe. Mais l'enfant doit être protégé : il faut l'empêcher de se sentir responsable de l'infirmité ou de la disparition, ou de croire qu'il doit réparer des torts dont il ne saurait assumer la charge.

À l'école, nous constatons un effort grandissant pour intégrer les enfants handicapés dans des classes normales. Ces enfants ont droit à l'égalité des chances sur le plan académique et social, comme tous les autres. L'objectif est double : les petits handicapés apprendront par l'intermédiaire des autres enfants des façons de venir à bout de leurs difficultés et ensemble ils établiront des relations importantes dans le cadre d'une salle de classe ordinaire. Les problèmes peuvent facilement surgir. Les enfants handicapés auront besoin de plus d'attention de la part des enseignants. Si enseignants et élèves n'arrivent pas à partager leurs sentiments de temps en temps, des rancœurs couveront peut-être. Des discussions ouvertes sur le handicap et la manière dont il affecte le comportement de l'enfant atteint seront certainement utiles. Le plus important, ensuite, est de permettre aux enfants d'exprimer verbalement leurs sentiments ; et, finalement, il leur sera peut-être bénéfique de reconnaître ce qu'un enfant handicapé apporte à la classe. Les enfants sans problèmes ont beaucoup à apprendre de ceux qui en ont, et seront bien plus ouverts à cet apprentissage au cours de ces années si on les aide d'abord à affronter leurs craintes.

Est-ce que les enfants peuvent être protégés de la compétition pour les avantages ? Les frères et sœurs des enfants handicapés ont-ils besoin d'être protégés ? À Cambridge, Massachusetts, au cours des années 70, j'ai étudié le cas d'enfants que la drogue arrachait à leur famille : j'étais incapable de prédire quels seraient ceux qui allaient disparaître à l'adolescence. Ce n'était pas forcément les aînés, ni les derniers-nés de la famille ; ces enfants n'étaient ni rejetés, ni maltraités ; ils n'étaient pas moins aimés que leurs frères et sœurs. Il semblait qu'aucune variable ne permettait la moindre prédiction. Mais je découvris que je pouvais deviner quels enfants n'allaient pas sombrer. C'étaient les enfants qui n'étaient pas vulnérables à la pression de leur fratrie. Il s'agissait parfois de sportifs ou de musiciens, ou encore d'enfants qui avaient une passion bien à eux. Ou encore ils faisaient partie d'une famille qui avait dû affronter collectivement une occasion de stress, comme le handicap d'un frère ou d'une sœur. Les enfants de ces familles avaient appris à surmonter une situation grave et en étaient ressortis plus forts. J'ai appris que protéger un enfant d'un stress peut ne pas aller dans le sens de son intérêt. La participation aux soins d'un enfant handicapé se trouve être l'une des expériences importantes de la vie. Dans une classe, s'occuper d'un handicapé représente une expérience enrichissante pour tous les enfants. Tous peuvent apprendre de cet enfant la force, le courage et les moyens de s'adapter avec ingéniosité.

Récemment, j'ai visité un centre pour handicapés très sophistiqué et j'ai pu parler avec les enfants qu'on y soignait. Le centre avait tous les avantages des techniques assistées par ordinateur pour l'apprentissage ou pour l'aide aux mouvements de ces enfants aux capacités physiques diminuées. Ce centre avait en outre adopté de remarquables nouvelles techniques de kinésithérapie. Au lieu d'utiliser des techniques «passives», les thérapeutes travaillaient à faire naître chez leurs patients la motivation, le désir d'accomplir eux-mêmes le mouvement nécessaire. Cette approche nouvelle avait protégé l'estime de soi des enfants infirmes. La participation active de l'enfant le motive pour débloquer son potentiel et lorsqu'il réussit, il ressent une grande satisfaction. Son image de soi est nourrie et renforcée à chaque fois. Les progrès de ses fonctions motrices – si limitées soient-elles – sont amplifiés par cette sensation intérieure : «Je peux le faire tout seul.» Les enfants qui se trouvent dans un tel centre sont très différents de ceux que nous voyons, passifs et déprimés, dans les institutions classiques.

Comme je m'asseyais pour m'entretenir avec un groupe d'adolescents en fauteuil roulant, un jeune homme prit la parole. J'avais remarqué qu'il était pratiquement paralysé à partir du cou, une infirmité motrice cérébrale ayant réduit ses membres à l'inertie. Ses difficultés cependant ne touchaient ni sa sensibilité, ni ses capacités intellectuelles. «Docteur Brazelton, comment puis-je aider les gens à accepter mon infirmité?» Une telle question me stupéfia. «Comment sais-tu qu'ils ne l'acceptent pas? – Oh! Je le vois bien quand je rencontre quelqu'un pour la première fois. – Comment? – Dans ses yeux. Ses yeux deviennent vagues ou se détournent, comme s'il se cachait le visage. Tout son corps se détourne de moi. On me parle comme si j'étais un enfant. On me traite comme si j'étais mentalement retardé. Je le sens tout de suite. Si je savais comment les aider, peut-être que ce serait plus facile pour eux de me parler. Autrement, ils abandonnent et s'en vont. Ils agissent comme si je les embarrassais. »

Quel ensemble de fines observations il se trouvait amené à faire chaque fois qu'il rencontrait quelqu'un ! Je lui dis : « Mon Dieu, non seulement tu dois te débrouiller avec ton infirmité, mais encore tu dois être prêt à affronter l'incapacité des autres à l'accepter. Tu as vraiment une double tâche ! Je suis très impressionné par ce que tu as appris en observant les autres. Tu es devenu tout à fait perspicace ! » Après ce premier échange, chacun des quatre jeunes gens présents désirait partager ses expériences face aux préjugés non exprimés et souvent inconscients de leur entourage.

Ces garçons m'avaient enseigné une leçon inestimable. Toute personne atteinte d'un handicap doit d'abord accepter sa différence et ensuite affronter les réactions des autres. Se retrouver parmi les autres peut représenter une expérience positive pour tous les enfants, mais à condition qu'un adulte aide ceux qui n'ont pas de problèmes à surmonter leurs craintes et leur vulnérabilité. Les enfants tireront alors profit du contact avec les petits infirmes, en apprenant à les accepter, en se sentant utiles pour eux. Les enfants handicapés, quant à eux, se sentiront utiles à leurs pairs. Et, vraiment, c'est un avantage pour les enfants qui jouissent de toutes leurs capacités de se trouver confrontés aux forces exceptionnelles qu'ont dû développer les petits handicapés.

Honnêteté

La mère d'une fillette de trois ans qui venait de frapper sa sœur d'un an lui dit :

« As-tu frappé le bébé ?

– Oui, maman.

– Pourquoi as-tu fait ça ? Tu ne sais pas que tu lui as fait mal ?

– J'ai eu envie de le faire. »

La mère fut stupéfaite de l'honnêteté naïve de sa fille. Fallait-il la gronder et l'inciter à mentir à l'avenir ? Ou la laisser trouver toute seule le chemin du remords ? Voilà le cadre dans lequel la moralité future se façonne, sachant que celle-ci n'existera pas, même sous sa forme la plus élémentaire, avant une bonne année.

Apprendre à être honnête est un processus de longue haleine qui ne fait que commencer à cet âge. L'enfant a des leçons à assimiler alors qu'il se débat entre son habitude de prendre ses rêves pour la réalité et son désir de changer le monde pour en faire ce qu'il souhaite. L'imagination et l'invention sont importantes à trois et quatre ans – et même à cinq ans – car elles permettent à l'enfant d'élargir son horizon. Pour tenter de réaliser ses rêves, il a recours au « faire semblant » et même, s'il le faut, au mensonge et au vol. Comment un enfant apprend-il qu'il n'est pas acceptable de mentir et de voler ? Qu'est-ce qui va le motiver à y renoncer ? Il apprendra en s'inspirant de la morale et des valeurs de ses parents ; il sera récompensé par leur approbation et par la satisfaction d'être comme eux. Cependant, les parents ressentent une grande pression pour aider leurs enfants à franchir ce pas important.

Lawrence Kohlberg a souligné les stades du développement moral chez les enfants :

1. Éviter la punition : «Je ne vais pas mentir ou voler parce que je pourrais avoir des ennuis» ou : «Mes parents me disent qu'il ne faut pas mentir et si je mens, ils seront fâchés.»

2. Bien se conduire pour des raisons d'intérêt personnel : «Tu me grattes le dos et je te gratterai le dos.»

3. Faire plaisir aux autres et être accepté par eux : «Je n'ai pas fait exprès» signifie que l'enfant sait qu'il n'aurait pas dû faire ce qu'il a fait.

4. Faire son devoir : «Les règles sont les règles. Tout le monde doit les suivre.»

5. Parvenir à un consensus : «Nous pouvons tomber d'accord sur des règles qui nous conviennent à tous et nous y tenir.»

6. Agir selon des principes qui sont satisfaisants pour sa propre conscience.

N'attendez pas des enfants entre trois et six ans des motivations autres qu'éviter une punition, servir son intérêt personnel ou vouloir plaire et être accepté. Malheureusement, il arrive que certains adultes ne parviennent pas au stade où l'on est honnête sans y trouver d'avantage sinon celui de satisfaire sa conscience.

Diana Baumrind, chercheur sur les familles et les contextes sociaux, divise les styles de parentalité en trois catégories : autoritaire, partisan de l'autorité et permissif. Un parent autoritaire contrôle le comportement des enfants et les force à se soumettre dès les premiers stades du développement moral; cette pression risque de rendre l'enfant dissimulateur et malhonnête ou encore constamment craintif des conséquences de sa malhonnêteté. Une main trop ferme et l'enfant peut rester dépendant des contrôles extérieurs et ne pas construire ses propres contrôles intérieurs. Il sera alors impossible de maintenir l'équilibre entre le besoin d'imagination et de faire semblant, d'une part, et le besoin de contrôler l'envie de mentir et de voler, de l'autre. Un enfant qui se trouve dans le premier stade de Kohlberg peut rester paralysé, en quelque sorte, s'il n'a pas l'occasion de ressentir des motivations autres que la crainte de la punition.

Un parent partisan de l'autorité comprend quelles motivations pousse l'enfant à apprendre, à chaque stade, et ce qu'il lui en coûte. Un tel parent aide l'enfant à équilibrer son besoin de faire semblant avec les avantages d'une conduite qui s'adapte au monde réel. « Quand tu me dis une chose et que je sais que ce n'est pas vrai, je ne peux plus rien croire de ce que tu dis. Nous avons besoin de pouvoir nous croire l'une et l'autre. Quand tu me dis que ton ami a abîmé mon ordinateur, je sais que c'est parce que tu es très malheureux et que tu voudrais ne pas être le responsable. Mais je veux te faire confiance et je veux que tu apprennes à te servir de l'ordinateur. J'ai besoin de savoir que je peux compter sur toi. »

Un parent permissif a tendance à laisser l'enfant trouver lui-même ses propres limites. « Quand est-ce que le couperet va tomber? Quand puis-je être malhonnête et m'en tirer? Et si cela me rend trop malheureux? » Un parent inconsistant, changeant, laisse l'enfant aller au gré des flots : celui-ci ne sent aucune réelle incitation à l'honnêteté. La malhonnêteté devient une façon de vivre, accompagnée par la peur constante des conséquences ou pire, par l'inconscience des conséquences. De toute façon, l'enfant ne se sent pas digne de respect.

Les enfants comme les parents savent quoi attendre. « Quand tu es assez brave pour me dire la vérité, je sais qu'à l'avenir je pourrai encore te croire. » L'enfant va essayer d'abord de se protéger; il craint de « perdre » ses parents à cause de sa conduite et de devoir renoncer à son monde de faire semblant. Les parents doivent prendre conscience de ce que cela coûte à l'enfant d'abandonner ses rêves et le sentiment d'être capable de transformer son monde. Dire : « Tu m'as beaucoup déçu », peut se révéler destructeur pour un enfant. Cela risque de lui ôter l'espoir de faire mieux la prochaine fois. Mais un parent qui dit : « Je t'aime, mais je n'aime pas t'entendre mentir », continue à placer l'enfant devant ses responsabilités pour avoir menti tout en assumant que l'enfant peut s'améliorer.

Il est important d'écouter les raisons de votre enfant :

«Je veux savoir pourquoi tu m'as dit cela.

– J'ai eu peur.

– Peur de quoi?

– Peur que tu sois fâché.

– Je suis fâché. Mais nous pouvons tous deux le supporter. Pourquoi as-tu fait cela?

– Je voulais apprendre à travailler sur l'ordinateur comme papa.

– Mais tu n'es pas papa et c'est très difficile à apprendre. Il va te montrer, mais il faudra que tu apprennes avec lui. Il t'aidera. Je sais que tu regrettes maintenant, alors va t'excuser auprès de lui. Il sera peut-être fâché au début, mais ensuite il comprendra combien tu avais envie d'apprendre à t'en servir. »

Quand on écoute l'enfant, on lui témoigne du respect et du soutien. Le fait de comprendre ses raisons n'enlève pas la responsabilité qu'il doit ressentir pour ses actes et sa malhonnêteté. Au contraire, cela lui donne l'espoir d'apprendre à surmonter une situation difficile sans mentir.

Les mensonges pieux, souvent utilisés par les adultes pour ménager les sentiments d'autrui, occupent une zone floue. Ils ne peuvent que perturber un enfant et doivent être expliqués.

Le rapportage peut devenir un problème au cours des cinquième et sixième années. L'enfant est à présent capable de comprendre quand un autre enfant a menti. S'il rapporte, il plaira éventuellement à l'adulte, mais en trahissant son frère ou son ami. C'est un dilemme pour l'enfant comme pour l'adulte. Comment devrait réagir un parent ? « Je suis fier de toi parce que tu sais que ce n'est pas bien de dire des mensonges ; mais cela m'ennuie que tu aies dû faire du mal à cet enfant pour me raconter cela. Est-ce que tu n'aurais pas pu lui demander de venir me le dire lui-même ? » De cette façon, vous avez reconnu son dilemme : comprendre le mensonge et l'ignorer ou blesser l'autre enfant. Personne n'aime les rapporteurs. L'enfant devrait avoir conscience de ce fait et de l'importance de ses relations avec ses pairs. De tels dilemmes sont souvent encore plus complexes que cela et présentent des occasions précoces d'apprentissage de la morale. Les enfants ont besoin d'être guidés par leurs parents dans ce domaine. Quand la sécurité d'un autre enfant est en cause ou si le « rapportage » se révèle un cri à l'aide, les parents doivent, bien entendu, écouter et réagir en conséquence.

Humour

Il est si merveilleux d'entendre rire un enfant. Quand un petit enfant réagit à un événement avec de l'humour et des éclats de rire, il fait rire le monde autour de lui. Humour et rire montrent qu'un enfant est équilibré et qu'il contrôle ses «états». Même dans la petite enfance, l'humour amène un changement : d'un état d'implication intense il peut mener à un état plus détendu. Un enfant stressé n'est pas porté sur le rire. Un enfant fatigué est incapable de rire.

Qu'est-ce qu'il y a de si drôle?

Pour un jeune enfant, comme pour nous tous, l'humour peut prendre la forme de l'inattendu. Quand un parent joue à «coucou le voilà» avec un enfant d'un an, le fait de transgresser les rythmes fixés et attendus provoque le rire de l'enfant. Le chatouillement, qui est plus amusant quand un schéma initial a été brusquement interrompu, peut provoquer une baisse de tension et un changement d'état.

Un enfant plus âgé reconnaît le contexte et ce qu'il peut en attendre. Quand un parent introduit une chose qui est hors du contexte ou un changement dans l'attente, l'enfant sourit en reconnaissant la transgression. «Ce n'est pas comme ça que tu étais supposé faire!» dira-t-il avec ravissement; ou : «Je sais que ça ne va pas là.» L'humour dépend de la capacité cognitive à stocker et à comparer des souvenirs ainsi qu'à développer un sens général de ce qui arrive habituellement. Alors l'enfant doit être capable de comparer la situation immédiate à sa compréhension de ce qui arrive habituellement, afin de discerner les similarités et les différences. La manière dont l'enfant apprécie la plaisanterie est la satisfaction de savoir qu'il est capable de faire la différence entre ce qui a un sens et ce qui n'en a pas.

À quoi sert l'humour ?

L'humour peut être utilisé pour rendre tolérable une condition intolérable. « Tu te moques de moi. Je peux le supporter. Je peux rire. » Le rire de l'enfant va amadouer celui qui se moque de lui et qui est alors obligé de prendre son parti. À trois ans, un enfant peut déjà utiliser l'humour pour désamorcer la colère d'un parent lorsqu'il sait qu'il a fait quelque chose qu'il n'aurait pas dû faire. Il montre qu'il peut anticiper et modifier la réaction de son parent. Les bêtises ou les taquineries peuvent transformer une réaction de colère en une réaction de tolérance quand l'enfant montre qu'il reconnaît son erreur et qu'il se protège de ses conséquences.

Les enfants plus âgés vont, eux aussi, utiliser l'humour pour désarmer leurs parents et on peut s'attendre à ce qu'ils rient ou fassent l'idiot quand ils savent qu'ils se sont mal conduits. La réaction de l'adulte pourrait être : « Quand tu fais le bêta, je sais que tu as fait quelque chose de mal. Je peux rire avec toi, mais je ne peux pas te laisser t'en tirer. Toi et moi, nous savons que c'était mal, n'est-ce pas ? »

Bêtises et idioties sont également, pour les enfants, une façon de surmonter la tension de leur environnement. Un enfant de quatre ou cinq ans peut entraîner tout le monde dans ses facéties. Il peut faire participer tous les enfants présents à ses bêtises. Les adultes s'en fatiguent rapidement. Observez un enfant qui se livre à une exhibition de bêtise. Il regardera les adultes, en espérant qu'ils vont participer. Les adultes réagiront de façon sérieuse et critique. L'enfant sait alors que des limites fermes vont venir contenir son comportement facétieux; il sait que les adultes vont mettre un terme à son excitation.

L'humour et le rire sont des formes courantes de communication entre frères et sœurs de ces âges. Dans leurs jeux d'imagination, ils utilisent l'humour pour expérimenter et comprendre les limites d'une situation imaginaire et pour la distinguer d'une réalité potentielle. Les enfants se servent aussi de l'humour pour tester les limites de ce qui est réel et pour les tester en toute sécurité. «Ça serait drôle si je sautais de cette table et si j'essayais de voler? Je tomberais et j'atterrirais sur mon derrière.»

Pourquoi les enfants rient-ils quand quelqu'un se fait mal? Le rire peut être considéré comme une façon de contenir l'anxiété que provoque la blessure d'un autre enfant : «Est-ce qu'il va aller bien? Et si ça m'arrivait à moi? Peut-être que ça va m'arriver.» La reconnaissance précoce des différences d'apparence chez les enfants (fondée sur la race, le sexe ou une infirmité) peut aussi faire craindre aux enfants que quelque chose ne vienne porter atteinte à leur intégrité corporelle. Le rire chasse l'angoisse compréhensible qu'un enfant ne manquera pas de ressentir à propos de sa fragilité ou, du moins, la réduit à un niveau supportable. Le rire n'est pas nécessairement un signe d'insensibilité. Bien qu'un enfant ne soit pas capable de l'admettre, ces réactions apparemment cruelles sont davantage un signe de vulnérabilité.

À cinq et six ans, les enfants renoncent à leurs fantasmes d'invincibilité et sont forcés, par leurs progrès cognitifs, de se regarder en face, avec leur petitesse et leur relative faiblesse; le rire peut alors provenir de leur frayeur. S'ajoutent les peurs provoquées par la culpabilité que les enfants de cet âge ressentent en réaction à leurs sentiments d'agressivité : «Quelque chose de mal pourrait m'arriver parce que j'ai été tellement furieux contre maman.» Un parent qui comprend cela peut répondre à des accès de rire inappropriés par une attitude rassurante : «C'est effrayant de voir quelqu'un qui se blesse. Mais le rire ne va pas l'aider. Nous l'aiderons en le soignant et alors nous nous sentirons tous mieux.»

Les parents peuvent utiliser l'humour, comme les jeunes enfants, pour désamorcer une situation tendue. Quand un petit enfant a poussé ses parents à bout, l'humour constitue une façon sécurisante (pas toujours disponible) pour leur permettre de remettre les choses en place. Des parents irrités qui savent recourir à l'humour pour surmonter leurs propres réactions, en adoptant, de ce fait, une perspective nouvelle sur le comportement qu'il faut quand même reprendre, montrent à leur enfant comment se contrôler. Un parent qui est en mesure d'aider un enfant furieux à voir le côté drôle de la situation sans le rendre ridicule lui propose une manière efficace de se calmer. Quand parents et enfants parviennent à rire ensemble, ils peuvent retrouver leur intimité.

L'humour remplit plusieurs objectifs pour des enfants de cet âge ainsi que pour leurs parents. Quand un enfant rit de lui-même, il démontre qu'il a une forte image de lui-même. Les autres enfants l'apprécient. Les adultes se sentent rassurés et attirés par lui. L'humour est un des moyens les plus sûrs de gagner le soutien de tout le monde.

Jouets

Dans notre culture, les jouets occupent une place prépondérante dans la vie de nombreux enfants. Au cours des premiers mois, on donne au bébé un «doudou» à tenir et à utiliser pour les transitions majeures comme s'endormir, ou pour les moments où il souffre ou se sent seul. Le «doudou» – souvent une petite couverture, un morceau de tissu doux ou l'ours en peluche chéri – devient une extension de lui-même et de la personne qui s'occupe de lui. Avec lui, le bébé se sent en sécurité et prêt à affronter son monde de transitions. Sans lui, il doit compter sur des adultes qui ne peuvent être constamment là, aussi fiables soient-ils.

À partir du moment où le bébé regarde les objets et tend la main vers eux, certains parents équipent son berceau avec les jouets les plus récents. Les jouets «pédagogiques» rejoignent bientôt les peluches. Les jouets qui parlent, qui racontent, qui font de la musique mettent en évidence le désir des parents de procurer suffisamment de «stimulation cérébrale» pour que leurs enfants brillent dans nos écoles compétitives. De cette manière, même les jouets peuvent exercer une pression plutôt que stimuler l'exploration et le jeu. Les jouets utilisant les médias – comme les jeux vidéo et les jeux sur ordinateur – font partie de la vie des enfants de trois et quatre ans. Les parents qui sont absents toute la journée ou qui mènent une existence stressante ont parfois le sentiment qu'ils doivent satisfaire les exigences d'un enfant de maternelle avec des jouets capables d'assumer à leur place leur rôle d'éducateur. Les jouets deviennent des remplaçants parce qu'on leur demande de combler la solitude dans laquelle beaucoup d'entre nous vivent. Ce n'est pas une bonne façon d'utiliser les jouets.

Les jouets sont l'univers de l'enfance. Ils prolongent les rêves des enfants. Un parent peut participer sérieusement au choix de son enfant et observer attentivement comment celui-ci joue. S'il aide à choisir un jouet, dans le but de mieux connaître son enfant et de découvrir comment il évolue, le processus devient communication. (Les magasins de jouets, trop excitants pour la plupart des enfants de cet âge, sont rarement installés de façon à encourager ce genre de communication.) Pour l'enfant de deux ans, pots et casseroles sont l'occasion d'imiter les tâches de cuisine. À trois, quatre et cinq ans, de simples poupées et de simples soldats aident les enfants à vivre leur imaginaire. L'anatomie déformée des poupées Barbie et la musculation exagérée des figurines d'action intriguent certains enfants, tout comme le fait la mystérieuse sexualité adulte qu'ils évoquent. De tels jouets imposent des préoccupations d'adulte aux jeux enfantins et n'encouragent ni la découverte de soi, ni l'expression personnelle. Beaucoup d'enfants se tournent vers des jouets plus sécurisants, comme les animaux et les marionnettes pour exprimer dans leur jeu les sentiments agressifs qu'ils ont besoin de tester. Les jouets moins sophistiqués laissent à l'enfant de l'espace pour expérimenter ses propres souhaits et ses propres rêves, pour imaginer ce qu'il veut, que ce soit agressif ou sexuel. Les jouets offrent à l'enfant une possibilité de se lier avec ses pairs ainsi que de découvrir les autres. L'enfant peut les échanger et les collectionner; les jouets procurent même une chance de démontrer ses compétences à ses amis.

En choisissant un jouet, les parents doivent se demander s'il permet à l'enfant d'interagir avec lui ou avec un autre enfant, frère ou ami. Est-ce que le jouet stimule son imagination, son espace d'invention et lui permet d'alimenter les rêves qui sont l'un des moteurs du jeu ? Est-ce qu'il pousse l'enfant à s'interroger, tout en le menant vers une solution qu'il peut trouver seul ? Quel espace le jouet lui laisse-t-il – est-il au contraire dominateur, fait-il céder l'enfant ?

Il faut ajouter à cela d'autres considérations :

Sécurité. Examinez les jouets pour détecter les parties assez petites pour être inhalées ou avalées. Un jouet ne devrait pas être cassable ou facilement démontable. Certaines matières plastiques contiennent des substances potentiellement toxiques; rappelez-vous que tous les enfants mâchent et sucent leurs jouets préférés. Il y a des normes de sécurité concernant les jouets, mais elles ne sont pas toujours respectées; les parents ont donc quand même besoin de faire attention.

Durabilité. Le jouet va-t-il supporter les mauvais traitements, les épreuves qui feront nécessairement partie de son avenir?

Bruit. Est-ce que vous, parents, vous allez pouvoir supporter la musique répétitive ou les paroles chantonnées qui accompagnent certains jouets?

Intérêt. Le jouet peut-il soutenir longtemps l'intérêt de l'enfant ou va-t-il être rapidement oublié?

Rapport avec l'âge. Beaucoup de jouets portent une étiquette mentionnant les différentes utilisations à des âges successifs. Si ces étiquettes décrivaient les capacités émotionnelles et cognitives stimulées par le jouet, les parents seraient assurés de profiter de la découverte progressive qu'en ferait l'enfant et de partager cette découverte.

Rapport avec le tempérament. Un enfant donné peut avoir besoin d'un jeu calme et solitaire qui stimule son intelligence; un autre peut préférer un jeu fondé sur l'activité.

Un jouet conçu dans le but de favoriser le développement optimal de l'enfant aurait les caractéristiques suivantes :

– Être gratifiant : après un début modérément frustrant, le jouet exigerait que l'enfant s'investisse intellectuellement.

– Être individualisé, pour que chaque enfant se sente récompensé de sa contribution particulière.

– Être mémorable : rappeler des expériences passées ou préparant des expériences futures, associées à la famille ou à des événements spéciaux, peut-être transmis de génération en génération.

– Être interactif : demander la participation de deux personnes et les pousser à prêter attention à leur participation respective. Enfin, les jouets devraient également plaire aux adultes qui entourent l'enfant autant qu'à l'enfant lui-même.

Maladie et hospitalisation

La maladie d'un enfant appelle la solidarité familiale. Les parents qui travaillent doivent se battre pour trouver du temps à passer avec l'enfant. La création de salles séparées pour les enfants malades dans les crèches et les écoles maternelles permet de raccourcir la durée du séjour à la maison sans toutefois faire courir de risques aux autres. Mais, en réalité, cette mesure augmente les occasions de contamination croisée entre les enfants malades et ceux qui sont fragiles. Je n'oublierai jamais les cataplasmes chauds à la moutarde et les boissons sucrées qui accompagnaient chacun de mes rhumes – avec la présence affectueuse de ma mère! Les soins d'un parent pendant une maladie infantile sont une preuve de l'importance de la relation parent-enfant qu'aucun enfant ne pourra jamais oublier. Malheureusement, ces soins sont compromis par les pressions professionnelles. Il nous faut plus de soutien de la part de nos employeurs; il nous faut aussi des dispositions législatives qui libèrent les parents (y compris les pères, parce que les mères portent encore le poids de cette responsabilité) et leur permettent de se consacrer à leurs jeunes enfants dans ces moments. Les parents doivent faire tous leur possible pour ne pas manquer la chance de rester à la maison avec leur enfant malade!

Les visites chez le médecin ou à l'hôpital sont potentiellement effrayantes pour tout enfant. Mon livre *L'Enfant et son médecin*[1] me fut inspiré par un garçon de quatre ans qui m'avait demandé «d'écrire un livre pour les enfants». «Raconte pourquoi je vais chez le médecin et aussi ce que tu cherches. Est-ce que tu cherches seulement à savoir si je suis méchant?» Cela m'a permis

1. Payot, 1986.

de mieux comprendre pourquoi les enfants sont si récalcitrants aux visites médicales. Ils expriment la peur des aiguilles et la peur d'être déshabillés (probablement à cause de ce que nous leur avons inculqué). La peur que l'on découvre leur «méchanceté» est à la fois plus grande et plus subtile. Les enfants entre trois et six ans sont très inquiets de leur responsabilité dès que quelque chose ne va pas; ils font la relation entre l'événement et leur nouvelle conscience de l'effet qu'ils exercent sur leur environnement. Quand un enfant attrape un rhume, quel est le parent qui ne va pas s'exclamer : «Je t'avais bien dit de mettre ton pull hier!» De plus, l'enfant est atteint par le surcroît de stress que sa maladie impose à ses parents, ce qui le porte encore davantage à croire qu'il est tombé malade par sa faute. Pour alléger ces craintes, un parent peut essayer de parler ainsi : «Tout le monde attrape des rhumes; nous savons quoi faire pour que tu te sentes mieux. Ca te plairait de jouer aux cartes ou de lire un livre avec moi?»

L'hospitalisation représente une épreuve majeure pour l'enfant et pour sa famille. C'est quelque chose d'effrayant. Cela implique une séparation et des traitements douloureux. À l'hôpital, l'enfant se sent impuissant et il perçoit cette même impuissance chez ses parents. «Personne ne sait quoi faire pour moi» a été le cri de ma fille de douze ans quand il a fallu l'hospitaliser pour des examens. Je recommande aux parents de suivre les séances de préparation qui sont maintenant proposées dans la plupart des hôpitaux; ils pourront ensuite affronter les expériences avec leur enfant et lui expliquer en termes simples et directs, mais honnêtes, ce qui l'attend.

Dans un service de chirurgie pédiatrique, une étude a été effectuée sur trente patients cardiaques. Les enfants qui avaient été préparés par leurs parents guérissaient nettement plus rapidement. Une telle préparation comprend la lecture avec l'enfant d'un livre sur l'hospitalisation et la chirurgie, une visite à l'avance du plateau opératoire avec la possibilité d'entrer et de sortir d'une tente à oxygène, la visite de la salle de soins pour rencontrer les infirmières et la rencontre avec un autre enfant qui a suivi le même traitement et qui est en convalescence. Avec cette préparation, on a même noté une réduction significative des complications post-opératoires et des décès. La présence des parents au moment de la préparation, avant d'entrer en salle d'opération et pendant les jours suivants, est également essentielle pour une guérison optimale.

Les enfants de ces âges ont besoin de pleurer, de geindre, de se plaindre et de régresser après une épreuve comme l'hospitalisation. Les parents devraient se préparer à ces régressions et les partager avec l'enfant. «Pas étonnant que tu aies mouillé ton pantalon. Tous ceux qui ont traversé des moments aussi effrayants que toi font la même chose après coup.» Cette explication est rassurante pour l'enfant qui se sent coupable de l'expérience tout entière.

Une fois l'enfant rentré à la maison, donnez-lui l'occasion de communiquer ses sentiments. Les jeux d'imagination et les dessins relatant son expérience sont deux façons idéales de le pousser à s'exprimer sur le traumatisme et les peurs qu'il a provoquées. Rejouer *a posteriori* l'hospitalisation accompagne l'enfant à travers son expérience, mais possède également une vertu thérapeutique et accélère le processus de guérison. Les parents se sentent souvent coupables de ne pas pouvoir protéger leur enfant du traumatisme d'une hospitalisation et d'une opération. Leurs préoccupations, leur propre chagrin ou leur propre déni peuvent les empêcher d'affronter leur responsabilité qui est de préparer l'enfant. Évitez cela!

Quand l'hospitalisation n'est pas prévue, qu'elle est le résultat d'une admission en urgence, les préparatifs deviennent encore plus importants, bien qu'ils soient obligatoirement plus brefs. Soyez aussi honnête que possible à propos de la douleur et des séparations nécessaires ainsi que sur les raisons qui obligent l'enfant à entrer à l'hôpital. Soyez présents, quand vous le pouvez, pour les transitions. Si l'hôpital est assez en retard pour décourager la présence des parents, changez d'hôpital si vous le pouvez, ou bien alors faites intervenir d'autres parents ou des professionnels appartenant à des institutions plus éclairées pour qu'on vous permette de rester avec votre enfant. Si vous êtes obligé de discuter pour rester, préparez-vous à une forte réaction, car vous pouvez aussi rencontrer le phénomène de barrière chez les professionnels (quand des adultes rivalisent pour s'occuper d'un enfant). Nous savons que les complications et les mauvais résultats augmentent nettement quand les parents ne peuvent pas être présents pour dorloter un enfant malade et angoissé. Soyez là autant que possible. Encouragez l'enfant à partager ses peurs et ses sentiments. Partagez-les avec lui par la suite. Chaque maladie, chaque hospitalisation, peut être une occasion – quoique malheureuse et non désirée – pour apprendre à affronter un stress ensemble, en famille.

La maladie chronique est souvent affaiblissante sur le plan psychologique autant que physique. Chez un enfant gravement malade, les points forts du développement peuvent être retardés, modifiés ou manqués. Une maladie avec des crises imprévisibles ou une évolution incertaine, mais qui empire, est source d'anxiété pour tout le monde : l'enfant va-t-il pouvoir se développer sur les plans cognitif et émotionnel, et comment ? Les inquiétudes à propos des effets de la maladie sur le développement risquent d'intensifier les pressions – attention sans relâche des parents – et la régression de l'enfant.

Un enfant atteint d'une maladie chronique est susceptible de souffrir de dépression, c'est bien compréhensible, surtout si ses symptômes se réveillent, si les choses empirent – quand il a l'impression de perdre pied ou quand il atteint un point fort qu'il ne peut pas maîtriser à cause de sa maladie. Il peut avoir une sensation d'échec. Il peut aisément perdre l'espoir d'être capable de conquérir son univers. La dépression risque d'aggraver la maladie et même de réduire la capacité de lutte pour la guérison. Même si un enfant échappe à cela, certains aspects de son développement auront tendance à régresser en de pareilles circonstances.

Ce n'est pas le moment de pousser un enfant sur le plan cognitif ou social. Suivez ses indications. S'il veut redevenir bébé, traitez-le ainsi. Parlez bébé, faites des câlins. Ne le poussez pas à manger ou à se conformer à ce que vous attendiez de lui précédemment. Sa dépendance dans un pareil moment est saine et nécessaire. Bien que ce retour à la dépendance puisse vous inquiéter, le combattre ne ferait que le renforcer. (L'enfant pourra rattraper le temps perdu plus tard. Sinon, vous serez heureux d'avoir laissé les conflits de côté et d'avoir été proches.) Recherchez plutôt des occasions de procurer à l'enfant un sentiment de maîtrise. Des jouets qui permettent de réussir, des créations artistiques et techniques assistées par ordinateur destinées à encourager la communication, voilà autant de moyens utiles pour redonner à l'enfant un sentiment d'indépendance et lui permettre de laisser sa marque sur son univers.

La maladie chronique d'un enfant peut aussi provoquer dépression et chagrin chez les parents. Quand cela se produit, beaucoup d'enfants malades travaillent durs pour être de «bons patients», même si cela signifie qu'ils doivent garder pour eux leurs souffrances et se sentir plus seuls. Je vous encouragerais à chercher de l'aide auprès de groupes de soutien ou de moyens extérieurs pour surmonter vos sentiments et pouvoir affronter ceux de votre enfant. Les parents qui parviennent à se soutenir mutuellement dans les moments de stress et de régression d'une maladie chronique atteignant leur enfant vont renforcer la résistance familiale et consolider les liens d'attention et d'affection qui les unissent – même si le chagrin causé par une maladie incurable est toujours présent.

Manies

Beaucoup d'enfants de maternelle passent par une période où ils s'adonnent à des manies pour se réconforter, comme se tirer les cheveux, se balancer, se ronger les ongles ou se grignoter les peaux autour des ongles. Comme s'ils exploraient les comportements qui ennuient les parents, ils semblent tester toute la gamme des manies. Les schémas des manies ont des racines profondes. Quand elle était bébé, ma fille aînée suçait ses deux doigts du milieu pour se réconforter – un schéma inhabituel – et je me surpris un jour en train de les lui retirer de la bouche. Ma femme me dit : « Tu ne conseilles jamais à tes patients d'empêcher ce genre de chose. Pourquoi te mêles-tu de son envie de sucer ? » J'étais bien incapable de répondre. Une semaine plus tard, ma mère arriva du Texas pour voir sa nouvelle petite-fille. « C'est stupéfiant ! Elle suce les mêmes doigts que toi à son âge ! À cette époque, c'était considéré comme une mauvaise habitude. Nous avons essayé de t'en empêcher, mais nous n'y sommes jamais parvenus. Tu étais obstiné. » Je me suis alors rendu compte pourquoi j'avais essayé d'arrêter ma fille. Quand on accorde de l'attention à un schéma, on a plus de chance de le transformer en problème que de l'arrêter. Les pansements sur le pouce, les produits avec un mauvais goût ou autres mesures ingénieuses ont l'effet opposé à celui que l'on recherche.

Un enfant plus grand peut être aidé à voir qu'il se livre à ces manies d'autoréconfort quand il est stressé et qu'il a besoin de se calmer. Ce sont des signes de tension. Les parents peuvent mesurer les pressions que subit un enfant qui recourt souvent à des manies de ce genre. La pression ne vient pas obligatoirement de l'extérieur. Un enfant surexcité, toujours en mouvement, peut avoir besoin d'un tel schéma pour parvenir à contenir l'intensité de son tempérament.

Un petit garçon que l'on réprimandait parce qu'il se rongeait les ongles fit cette prière : « Maman, est-ce que tu peux m'enlever ma tête ? C'est ma bouche qui ronge mes ongles. Je n'aime pas ça et je ne sais pas quoi faire. » Une telle réflexion montre la profondeur des sentiments d'un enfant qui tente de contrôler ce genre de symptôme. Est-ce que nous voulons y ajouter notre propre pression ? Pourquoi ne pas dire : « La plupart des gens se rongent les ongles. Tôt ou tard tu t'arrêteras. En attendant, ça ne sert à rien de se faire du souci. Je t'ai donné l'impression que tu étais coupable et j'en suis désolée. » Il vaut mieux rassurer l'enfant en lui disant que sa manie va probablement disparaître. Il y a plus de chance que cela arrive si tout le monde (y compris l'enfant) parvient à l'ignorer.

Les manies courantes à ces âges – sucer son pouce, se tirer les cheveux, se ronger les ongles, bégayer et bien d'autres auxquelles les parents sont confrontés – démontrent un schéma commun. Les conseils suivants peuvent se révéler utiles :

1. Beaucoup d'enfants de trois et quatre ans passent par toute la gamme des manies. Elles durent quelques semaines ou des mois. Beaucoup de ces manies peuvent s'acquérir par imitation d'un parent, d'un frère ou d'un ami.

2. Les manies ont un effet calmant quand l'enfant se trouve à un pic de frustration ou d'excitation. L'enfant recourt à ce comportement comme il pouvait auparavant recourir à son pouce. Il est possible d'aider l'enfant à diriger autrement son besoin d'autoréconfort en lui donnant à tenir une poupée qu'il aime particulièrement ou tout autre objet qui lui soit cher.

3. Quand un parent y oppose une interdiction, la manie se trouve de ce fait auréolée d'un surcroît d'intérêt ou d'excitation qui a tendance à la renforcer. L'enfant peut s'en servir pour attirer l'attention ou pour manifester sa rébellion, l'un et l'autre rendent la chose satisfaisante. Tout cela est inconscient de la part de l'enfant. De cette façon, ce qui aurait pu être un comportement transitoire se fixe – pour devenir une manie.

4. De façon moins courante, des comportements involontaires plus inhabituels (comme se laver les mains de façon répétitive ou

rester les yeux dans le vague, entre autres) peuvent sembler se développer d'eux-mêmes en perturbant gravement la vie de l'enfant. S'ils présentent un caractère plus bizarre, s'ils sont plus répétitifs ou plus dérangeants parmi toute la gamme des activités de l'enfant, il faut les soumettre à l'attention d'un professionnel. Un spécialiste de la santé mentale pourra déterminer si ce sont des manies ou quelque chose de plus sérieux (comme un trouble obsessionnel compulsif, un syndrome de Tourette ou certains désordres de nature épileptique) pour lesquels un traitement est nécessaire. Votre pédiatre vous demandera de vous adresser éventuellement à un neurologue pour enfants ou à un pédopsychiatre.

Quand on critique un enfant pour une manie, on lui donne le sentiment d'être inapte, incapable de «perdre» sa mauvaise habitude. Pour cette raison, les parents seraient mieux inspirés d'ignorer d'emblée le comportement. Étant donné que tous les parents sont remplis de leurs propres expériences passées, ce n'est pas facile. Se ronger les ongles était une manie qu'il fallait «faire perdre» pour la génération précédente. De nos jours, un parent à qui on a fait perdre cette manie quand il était petit aura des difficultés particulières à «ignorer» ce comportement chez son enfant.

Ordinateurs

Les ordinateurs ont changé notre univers. Entre quatre et six ans, les enfants sont déjà capables de les utiliser. Mon petit-fils de six ans m'a montré comment lire et imprimer mon courrier électronique. Avec mépris, il a déclaré : « Grand-père, tu es l'homme le plus bête du monde. » Il est évident que les ordinateurs donnent à l'enfant une chance de maîtriser des compétences importantes.

Les jeux sur ordinateur et les matériels pédagogiques sur CD-Rom passionnent la plupart des enfants. Ils sont fascinés par les couleurs vives, les formes animées, la musique entraînante et les effets sonores surprenants. Mais les ordinateurs offrent également aux enfants une chance particulière d'agir et de constater les effets immédiats de leur action; en faisant des choix; en faisant des erreurs et en essayant à nouveau; en suivant une idée ou un sujet intéressant et en revenant en arrière pour en tester d'autres; et, avant tout, une chance d'être récompensés de leurs efforts par un renforcement positif. De plus en plus, les logiciels permettent aux enfants même très jeunes d'agrémenter leurs « mails » avec des dessins et des symboles de leur choix. L'Internet permet aux enfants plus âgés de communiquer avec amis et famille, et de rassembler des quantités apparemment énormes d'informations.

Les jeux sur ordinateur sont davantage destinés aux garçons qu'aux filles; en conséquence, les filles sont moins nombreuses à acquérir, jeunes, des compétences en informatique. C'est pourquoi certains sociologues font des prévisions pessimistes au sujet des filles d'aujourd'hui : arrivées à l'âge adulte, elles risquent d'être désavantagées sur le marché de l'emploi cybernétique de l'avenir. Dès qu'elles sont capables de lire et d'écrire, cependant, les filles manifestent de l'intérêt pour la technologie informatique – surtout pour ses aspects sociaux, y compris les échanges de mails et des visites sur des sites de «chat» ou des forums.

Pour les enfants qui manifestent des difficultés d'attention ou un style d'apprentissage particulier, les ordinateurs (parfois avec des matériels et des applications spécialement adaptés) offrent une chance de découvrir leur propre potentiel de travail. En constatant l'enthousiasme et le sentiment de compétence d'un enfant handicapé qui avait appris plus facilement avec un ordinateur qu'avec des professeurs, j'ai pris conscience du caractère indulgent de la machine et de ses attentes. Un enfant peut tranquillement rassembler ses idées et ses réponses devant un ordinateur, à la vitesse qui lui convient; il n'a pas à s'inquiéter des réactions d'un enseignant.

Les adaptations apportées aux ordinateurs pour aider les enfants atteints de handicaps physiques sont impressionnantes. Un petit handicapé n'ayant que ses doigts pour exprimer des réactions peut affermir ses pensées, ses souhaits et sa compétence à l'aide d'un ordinateur. Les enfants qui ne peuvent pas parler clairement – ou pas du tout – peuvent montrer au monde qui ils sont par l'intermédiaire d'un clavier d'ordinateur; et les enfants qui ne peuvent pas se servir de leurs mains peuvent utiliser un logiciel de reconnaissance vocale. Quand les doigts et la parole sont déficients, il existe des curseurs spéciaux. Ces occasions d'expression et de réussite permettent de remonter le moral de ces enfants, de leur redonner une motivation et, parfois même, de rallumer leur désir de vivre. Un ordinateur peut dire : «Tu as réussi. Tu es génial!» Tous les enfants ont besoin d'être gratifiés de la sorte après avoir accompli des tâches difficiles, mais tout particulièrement les enfants handicapés qui ont dû faire de plus gros efforts pour réussir.

Le potentiel de l'ordinateur pour améliorer les apprentissages scolaires est encore loin d'être tout à fait compris. Nous ne savons pas non plus ce qu'une exposition précoce peut avoir comme effets à long terme sur la santé physique et sur le développement émotionnel, intellectuel et social d'un enfant. Cependant, certains des effets néfastes les plus immédiats sont déjà évidents. Certains des avantages, le côté «privé» de cette voie d'apprentissage et le côté absorbant, exigeant propre à ces activités qui sont dotées d'un pouvoir de renforcement immédiat, présentent également certains risques :

1. Une attention qui requiert la passivité physiologique et motrice.

2. La tentation d'utiliser l'ordinateur comme « baby-sitter » pour des parents très occupés n'ayant pas assez de temps pour s'occuper de leurs enfants.

3. L'isolement du reste du monde.

4. Le repli sur soi et l'impossibilité à partager sa réussite avec les autres.

5. L'interférence avec l'apprentissage de la communication face à face et de la compréhension des relations entre pairs. Le temps passé loin des autres enfants est remplacé par le rêve et l'imagination dans un monde virtuel.

6. La négligence ou même la perte d'intérêt pour d'autres activités importantes pour le bien-être, la santé et le développement.

7. La consommation excessive de nourriture (comme en regardant la télévision) si l'enfant a la permission de manger devant le clavier.

8. Une mauvaise attitude, une fatigue des yeux, des mains, des bras, du cou et du dos – tous ces risques causés par une utilisation répétée et prolongée ; ils sont aggravés si le siège et la position de l'équipement ne sont pas convenables sur le plan ergonomique.

9. Les risques possibles pour la santé des radiations électromagnétiques des écrans d'ordinateur et de téléviseur (ce qui n'est pas confirmé mais reste sujet à controverse).

10. Les récompenses immédiates : la capacité de l'ordinateur à récompenser l'enfant à tous les coups peut être aussi bien un inconvénient qu'un avantage. Les enfants ont besoin d'occasions pour apprendre à être frustrés et à supporter la frustration, à attendre la récompense et à trouver en eux-mêmes la satisfaction pour leurs efforts.

À cause de ces risques, il est impératif que les parents participent et contrôlent l'usage et le mauvais usage faits de cette nouvelle technologie en évolution constante et au caractère dévorant.

Beaucoup de parents ont hâte que leurs jeunes enfants acquièrent des compétences en informatique dans l'espoir de les préparer pour un futur qui ne laissera aucune place aux individus qui n'y seront pas formés. Pourtant beaucoup des compétences que les enfants utilisent avec leur ordinateur (comparer, établir des catégories, décoder, différencier, prévoir, coordonner œil/main, mémoriser, etc.) auront dû être assimilées au préalable par d'autres activités : constructions avec des cubes, dessin et peinture, lecture, sports et même jeux d'imagination. Les jeunes enfants qui manifestent plus d'intérêts pour ces activités, entre autres, méritent qu'on les y encourage. Ils auront plus tard tout le temps de devenir d'habiles utilisateurs de l'ordinateur et ils apporteront à ce nouvel apprentissage tout ce qu'ils auront déjà appris dans leurs jeux. Certains parents sont très attirés par les logiciels d'apprentissage qui pourraient aider leurs enfants à acquérir de bonne heure des compétences académiques, car ils espèrent ainsi les préparer au monde compétitif qui, selon eux, les attend. Bien que leurs intentions soient bonnes, toute cette pression ne peut que pousser les enfants à passer trop de temps devant leur ordinateur – qui est déjà un jouet extrêmement captivant. Si on fait attention au comportement non verbal des enfants, on aura une idée du coût et des avantages des apprentissages effectués au moyen de médias informatiques. Tout parent avisé comparera ces éléments comportementaux aux bénéfices intellectuels qu'en tirent les enfants de ces âges.

Les parents ont également besoin de se familiariser avec le contenu des logiciels et des sites Internet utilisés par leur enfant. Ils voudront le protéger des jeux vidéo violents. Ceux-ci ne peuvent en aucun cas aider les enfants à surmonter leurs sentiments de colère et ils n'ont aucun autre objectif constructif. On a démontré que les images violentes provoquent des comportements agressifs chez les jeunes enfants et, bien qu'une partie d'entre eux soit capable de supporter cette sorte de surstimulation, d'autres risquent d'être dépassés et de devenir inquiets. Certains sont si effrayés qu'ils essaient de compenser en s'imaginant capables d'actes violents. D'autres jeux vidéo, bien que non violents, n'offrent que peu de nouvelles expériences, tout en ayant un caractère susceptible de provoquer une dépendance. Un enfant qui perd tout intérêt dans d'autres activités et qui veut toujours jouer au même jeu vidéo ne demande pas beaucoup d'attention, mais il est évident qu'il en a besoin.

L'Internet doit être considéré comme un territoire inexploré dans lequel – en l'absence de logiciels qui en limitent l'accès – un enfant de presque n'importe quel âge peut facilement trouver le chemin vers des sites violents ou pornographiques. Quand les enfants sont assez grands pour lire et écrire, la communication directe avec des adultes inconnus dans des sites de rencontre est un nouveau facteur de risque. Les possibilités d'apprentissage par l'informatique apportent un surcroît d'obligations et de responsabilités aux parents actuels, déjà débordés.

Mais il y a des façons directes d'aborder ces nouveaux problèmes. Je recommande de limiter le temps passé sur l'ordinateur pour des activités autres qu'éducatives à une heure par jour dans la semaine, et deux heures par jour au maximum pendant le week-end. Dans l'idéal, un parent devrait être présent pendant la moitié de ce temps ; et, au minimum, le parent devrait visionner tous les jeux et les sites avant de donner à l'enfant la permission de les utiliser. Je conseillerais aux parents de placer ordinateur et téléviseur dans une pièce de passage – la salle de séjour, par exemple – (mais pas la cuisine, qui devrait être un lieu réservé pour des moments d'échanges en famille). Les bagarres pour savoir qui arrive à son tour ont leur raison d'être ; elles font partie d'un apprentissage : devenir un membre de la famille. Le téléviseur ou l'ordinateur ne devraient pas être placés dans la chambre de l'enfant – un accès illimité à ces appareils n'est bénéfique pour aucun enfant de cet âge ! (Aux États-Unis, l'Academy of Pediatrics a fait la même recommandation.)

Que nous le voulions ou non, les ordinateurs vont sans doute jouer un rôle grandissant dans nos existences. Nous allons bientôt les considérer comme des objets courants, comme la voiture ou la télévision. Comme pour ces autres progrès technologiques, les ordinateurs peuvent être utilisés à bon ou à mauvais escient. Nous pouvons choisir de les laisser guider notre vie ou nous pouvons faire en sorte qu'ils soient au service de nos besoins et de ceux de nos enfants. Les ordinateurs ont un potentiel énorme pour la communication et l'étude, mais ils exercent également un pouvoir concurrentiel sur le cœur et l'esprit de nos enfants. En tant que parents (et que grands-parents), nous devons avoir conscience de ce pouvoir.

Voici quelques suggestions sur la façon de préparer votre enfant à l'utilisation de l'Internet en toute sécurité – adaptées en partie de *Safety Net* (*Le Net en toute sécurité*) par Zachary Britton (voir Bibliographie). À ces suggestions, nous voudrions ajouter qu'un enfant ne doit jamais se connecter sans surveillance des parents, à moins que l'accès ne soit suffisamment limité pour qu'il ne puisse accéder qu'aux sites appropriés à son développement et sélectionnés par ses parents.

Voici les différentes étapes :

1. Choisissez un serveur Internet qui offre aux parents des moyens de contrôle spéciaux pour bloquer l'accès aux pages web, sites de conversation, groupes de nouvelles, etc., qui ne sont pas convenables pour les enfants.

2. Trouvez et installez des logiciels qui bloquent l'accès aux sites contestables et empêchent les enfants d'envoyer des informations personnelles sur le Net.

3. Faites bien comprendre à l'enfant qu'il est dangereux de donner des informations personnelles, d'accepter de rencontrer personnellement son interlocuteur ou d'envoyer des photographies de lui à quelqu'un qu'il aurait «rencontré» sur le Net; ou encore de répondre à des messages contenant des paroles offensantes ou menaçantes. Interdisez à votre enfant de surfer sur un site web payant sans votre permission.

4. Parlez avec les autres parents des problèmes de sécurité sur Internet, des logiciels de protection et des blocages d'accès. Faites en sorte de savoir si l'utilisation que votre enfant peut faire de l'Internet sera surveillée quand il se trouvera chez eux.

5. Si votre enfant reçoit des menaces ou du matériel pornographique par e-mail ou par des messages Internet, gardez les messages et contactez le serveur Internet et votre commissariat de police.

6. Le comportement de votre enfant quand il se trouve devant l'ordinateur vous en dira long. S'il semble excité de façon inhabituelle, ou bien nerveux ou cachottier lorsque vous entrez alors qu'il est en ligne, vous pourriez parler avec lui de ses récentes explorations, vérifier dans votre ordinateur la liste des derniers sites visités ou prévoir d'être présent chaque fois qu'il a le droit de se connecter.

Pertes et chagrin

Nous souhaitons tous pouvoir protéger nos enfants contre les pertes et les disparitions, mais nous ne le pouvons pas. Beaucoup de ces pertes sont susceptibles de survenir pendant l'enfance. La mort d'un animal est parfois la première. L'enfant va s'étonner : «Pourquoi? Où est-il allé? Pourquoi m'a-t-il quitté? Est-ce ma faute? Est-ce que nous pourrons bientôt en avoir un autre?» Un ami qui déménage – sans qu'on puisse le revoir –, c'est une autre perte. Un frère ou une sœur infirme qui exige l'attention de ses parents et pour lequel tout le monde est désolé, voilà qui marque un enfant – pour le meilleur ou pour le pire – de façon indélébile. Chacune de ces pertes exige d'un enfant qu'il affronte des émotions qui ne lui sont pas familières. Il y aura de l'incertitude et des interrogations.

Les adultes passent par des stades prévisibles de choc, de déni, de colère, de dépression, de négociations et de réorganisation à un niveau différent; tout cela est éventuellement suivi par l'acceptation. La capacité de l'enfant à surmonter des sentiments douloureux est plus limitée. Les parents peuvent s'attendre à une période de régression entraînant le retour de comportements antérieurs au moment où l'enfant essaye de faire son deuil.

La mort d'un grand-parent affecte chaque membre de la famille. Dans ces moments de souffrance, les parents se replient sur eux-mêmes et se détournent de leurs enfants. Les larmes de leurs parents sont pour l'enfant un choc inévitable. Un parent sans réponse, incapable de tout arranger est un parent qui n'est plus familier. On ne peut plus compter sur le réconfort, sur le soutien habituel. Une perte telle que celle-là perturbe la routine et la structure dont dépend l'enfant. Ces événements ne peuvent pas être contrôlés et le sentiment de sécurité de l'enfant est menacé.

Dans ses premières années, l'enfant lutte pour comprendre que certaines choses, à propos des autres et de lui-même, ne changent pas et que les personnes importantes reviennent après être parties. Maintenant, tout d'un coup, un parent déclare : «Nous avons perdu grand-père» ou : «Grand-mère s'en est allée.» «Où? Pourquoi?» Où s'en va un grand-parent que l'on perd? S'il est parti, qu'est-ce qui se passe avec son corps? La présence de grand-père paraissait aussi fiable que celle de tout autre adulte. «S'il peut être perdu, qui va être le prochain? Est-ce que je vais aussi perdre mes parents?» Si un parent n'est plus disponible ou n'est plus présent – comme en cas de divorce ou dans les familles débordées de travail –, l'enfant peut commencer à s'inquiéter d'être abandonné. Une perte fait naître la peur de perdre d'autres personnes importantes et fait revivre toute perte précédente subie par l'enfant. Elle fait également prendre conscience à l'enfant de sa propre vulnérabilité : «Est-ce que cela peut m'arriver?» Toutes ces questions effrayantes, toutes ces incertitudes, rendent l'enfant avide d'explications : «C'est ma faute? C'est la faute de qui?»

La pensée magique est une façon d'essayer d'expliquer l'incompréhensible. Un enfant ne peut penser qu'à son propre impact – réel ou imaginé – sur le monde. «Je n'aurais pas dû raconter ce mensonge. Je n'aurais pas dû rester à la maison ce jour-là. Je n'aurais pas dû souhaiter ne pas être obligé d'aller lui rendre visite. Si j'avais été gentil, est-ce que cela serait arrivé?» Quand les parents sont malheureux et distants, l'enfant doit réprimer ces questions, ces craintes. Quand ses parents redeviennent disponibles, l'enfant sera à nouveau capable d'affronter ses peurs.

La détresse d'un enfant peut se manifester par un changement de comportement – ou trop bon ou trop mauvais. Un comportement négatif ou provocateur est souvent déclenché par un événement sans rapport avec la perte. Un enfant rendu craintif par une perte peut réagir à tous les stress, toutes les frustrations comme il le faisait quand il était beaucoup plus jeune. L'énurésie nocturne recommence. On peut s'attendre à ce que l'enfant se cramponne à ses parents, à des colères, à de la fragilité. Il peut recommencer à tester les limites des mois plus tard, avec des comportements dépassés depuis longtemps. Les parents auront à faire de gros efforts pour comprendre ce que signifie cette régression. L'enfant ne sera souvent plus en mesure de maîtriser ses acquisitions les plus récentes pendant cette période.

Si les parents endeuillés veulent aider leur enfant, ils doivent commencer par affronter leur propre chagrin. Certains rituels propres aux Amérindiens (les cérémonies de guérison) ou aux Israélites (les sept jours, ou *Chive'a*) sont des façons de soigner la douleur. Ces cérémonies exigent des adultes qu'ils affrontent ouvertement leur souffrance. Les adultes seront plus disponibles pour le reste de la famille une fois qu'ils auront exprimé à voix haute leurs sentiments de culpabilité, de frayeur ou de colère. Les adultes recourent à trois comportements pour surmonter une perte : ceux-ci rendent tolérable l'intolérable, mais à un certain prix. Le déni – éviter ou maquiller la réalité, ne pas entendre quoi que ce soit en rapport avec la perte. L'évitement – regarder dans une autre direction, plus sécurisante. Le détachement – se distancer, consciemment ou inconsciemment, des relations importantes. Cette dernière défense est la plus effrayante pour un enfant.

Tant qu'un parent nie la perte, tant qu'il s'immobilise ou se détache, les enfants vont se débattre tout seuls. Et bien qu'ils désirent se sentir protégés, ils peuvent réagir en essayant de prendre soin de leur parent. Plutôt que de perdre une mère en deuil, un enfant de cinq à six ans va tenter d'endosser ses responsabilités. Il peut aller jusqu'à caresser sa mère pour la réconforter ou l'entourer de ses bras dans les moments de vulnérabilité. Une perte prépare le terrain pour des inquiétudes à propos d'une autre perte, plus effrayante. « Si grand-père peut mourir, ça veut dire que maman peut aussi mourir ? Il lui manque tellement. Parfois, elle ne m'entend même pas. »

Quand un parent est prêt à se pencher sur le chagrin de l'enfant, voici une suggestion susceptible de l'aider : écoutez – laissez l'enfant exprimer ses questions.

« Où grand-père est-il parti ?

– Il est mort.

– C'est quoi, mourir ?

– Le corps s'arrête de fonctionner.

– Tu veux dire qu'on ne peut plus marcher ?

– Ni respirer, ni parler.

– Oh ! Et moi, je vais mourir ?

– Un jour, mais dans longtemps.

– Et toi, tu vas mourir ?» – la vraie question qui le préoccupe.

«Dans longtemps. Je veux m'occuper de toi jusqu'à ce que tu sois grand.

– Oh !»

De cette façon, vous avez partagé les inquiétudes de l'enfant. Vous lui avez répondu honnêtement et sans détour, sans l'entraîner dans des explications que vous seriez incapable de confirmer. Et vous avez abordé la vraie question : «Est-ce que tu vas me quitter ?»

Ces questions peuvent ne pas avoir de réponse, mais il est essentiel de les partager. Aidez l'enfant à surmonter ses accès de perte de contrôle. «Ne t'inquiète pas tant. Moi aussi je suis perturbée. Parfois quand je pense à grand-père, je pleure, comme toi.» Laissez l'enfant parler de la personne qui est morte. Vous pouvez vous souvenir des «jours anciens». Évoquer la mémoire de quelqu'un aide à garder son souvenir vivant, mais vous donne aussi à tous deux une chance d'affronter plus ouvertement la perte. Cela devient un événement partagé, donc plus tolérable. «Même si je ne peux pas faire revenir tante Lucy, nous pouvons nous souvenir d'elle. Elle voulait que tu aies son album de photos. La dernière fois que tu es allé chez elle, tu l'as regardée. Elle était heureuse que tu l'aimes.»

Politesse et bonnes manières

L'enfant qui prend conscience de l'impact de son comportement sur les autres découvre de nouveaux horizons. Quand il dit : «Merci» ou : «S'il te plaît», il se voit gratifié par les réactions de son entourage. Les adultes réagissent avec admiration. Les parents ont probablement fait de gros efforts pour mettre en place ces schémas. Je les appelle les schémas du «Apprends à faire plaisir à grand-mère». Au cours de la deuxième et sûrement de la troisième année, tout parent va automatiquement regarder l'enfant droit dans les yeux pour lui demander d'un ton suppliant : «Maintenant, dis : "Merci."» Ou, s'il a un tempérament optimiste, il suggérera : «Tends la main à Mme Strauss et dis : "Comment allez-vous ?" Tu te rappelles que nous nous sommes exercés à faire ça ?» À quatre ou cinq ans, l'enfant va détourner le regard pour fixer le vide. Ses bras vont retomber. Il aura l'air de vouloir s'enfuir – ou il s'enfuira carrément. Si c'est un enfant particulièrement docile, peut-être tendra-t-il la main. Mais il le fera avec cette sorte de passivité qui masque le négativisme. À cet âge et dans des circonstances de ce genre, la main d'un enfant peut avoir la consistance d'un poisson mort; elle trahit le manque d'enthousiasme devant les instructions des parents. Vous pouvez vous attendre à du négativisme, mais ne renoncez pas. Je continue à croire qu'il faut commencer l'apprentissage de la politesse à cet âge.

Observez votre enfant de quatre ans quand arrive une personne spéciale. Sans aucune instruction, il peut tendre la main. La personne peut dire : «Mais tu es vraiment une grande fille. Tu sais dire : "Comment allez-vous ?"» Votre enseignement a fini par donner des résultats. Vous avez présenté un comportement auquel il semblait résister, mais qu'il a assimilé et dont il a même compris l'objectif. Il est à présent capable d'anticiper que ce comportement va lui apporter une gratification. Tant que ces manières sont les vôtres – tant qu'elles reviennent à obtempérer, par exemple, à : «Dis : "S'il te plaît" à grand-mère» – et non pas les siennes, elles ne sont que peu efficaces. Mais elles valent quand même la peine qu'on les enseigne. Tôt ou tard, l'enfant va «faire une erreur» et utiliser de son propre chef une de vos formules. Quand il le fait, les compliments sont pour lui. Il a trouvé un moyen de maîtriser ce monde des bonnes manières – un grand pas à cet âge. Il y aura certainement autant d'échecs que de réussites. Et vous aurez tendance à vous sentir vous-même en situation d'échec quand il échouera.

Le risque de cette sorte d'enseignement est évident : tant qu'un enfant se contente d'être docile et ne fait qu'imiter vos instructions, il n'aura pas découvert les gratifications que peut apporter ce comportement. Les parents peuvent équilibrer les instructions avec des occasions d'indépendance. Si l'enfant a un oncle qu'il aime particulièrement, ne pratiquez pas les salutations à l'avance. Voyez plutôt s'il essaie de les mettre en pratique tout seul. Vous pouvez en revanche prévenir l'oncle. Demandez-lui d'être prêt à tendre sa main et à complimenter l'enfant pour tout comportement de réciprocité que provoquera ce geste.

Un parent peut préparer un enfant à une occasion semblable de la façon suivante : «Aujourd'hui, nous allons déjeuner chez grand-mère. Il y aura des gens qui ne te connaissent pas encore. Même grand-mère ne sait pas combien tu as grandi. Elle sera surprise de te voir tendre la main en disant : "Bonjour, je suis content de te voir!" Elle a des amis qui ont vraiment envie de te rencontrer. Elle leur a tellement parlé de toi.» Présentez la situation comme un amusement. Et ensuite, laissez l'enfant se débrouiller. Vous avez planté la graine. S'il se montre à la hauteur, ce sera un véritable progrès; sinon, il vous faudra attendre la prochaine occasion.

Si tout se passe bien, ne submergez pas l'enfant de compliments. Cela reviendrait à le priver de sa part de succès. Laissez-le faire lui-même l'expérience des compliments. Tout au plus, vous pourriez demander : «As-tu vu combien tu as impressionné grand-mère?» Votre objectif est de lui donner l'occasion d'affecter le monde qui l'entoure, de se rendre compte qu'il a un effet sur les autres. Il est prêt, sur le plan intellectuel et développemental, à récolter les fruits de ses propres actions et à se rendre compte que celles-ci comptent pour son entourage. Il commence à développer une conscience «publique».

Que dire des repas et des réunions familiales? Dans le chaos qui accompagne l'excitation générale, les enfants peuvent devenir un cauchemar. La réaction des parents sera soit punitive – «Tu te calmes ou tu vas finir dans une autre pièce» –, soit orientée vers une issue positive – «On va jouer. Tu commences une histoire, juste une phrase et ensuite chacun prend son tour. Pour chaque personne, une idée. Voyons comment se déroule l'histoire. Personne n'interrompt. Si tu veux être prêt pour ton tour, tu dois écouter.» Les bonnes manières doivent rendre les réunions de famille agréables, et non les gâcher.

La politesse est également importante dans les amitiés. Les enfants de cet âge ont du mal à partager et à attendre leur tour avec leurs pairs. Un enfant qui est laissé seul parce qu'il ne veut pas partager ou parce qu'il ne laisse pas passer les autres peut avoir besoin qu'on lui montre la relation entre son comportement et la réaction des autres enfants. Un enfant qui a du mal à maîtriser son désir de passer devant les autres sans attendre son tour ou d'accaparer les jouets est très fier de sa générosité quand il parvient à vaincre ces impulsions pour partager. La leçon aurait-elle été la même si les parents l'avaient forcé à le faire? Les parents peuvent montrer l'exemple, suggérer, aider un enfant à ménager les sentiments des autres, à imaginer ce qu'ils peuvent être. Mais un parent ne peut pas se montrer généreux à la place de l'enfant; toute tentative de ce genre risque de rendre l'enfant plus égoïste, moins content de donner. Les parents peuvent désirer que leurs enfants aillent plus loin qu'eux-mêmes – mais sauter les étapes n'est pas une solution.

Quand commence-t-on à enseigner les bonnes manières? Dans la première année. Chaque fois qu'il a réussi à changer la couche d'un bébé remuant, mais qui fait preuve de coopération, le parent peut dire : «Merci.» Chaque fois qu'un parent offre un biscuit, il souffle : «S'il te plaît.» Quand vous laissez passer une personne âgée, dites : «Grand-mère mérite d'entrer la première.» De nos jours, les enfants sont parfois privés d'occasions de penser aux autres avec générosité. Nous sommes tous pressés et la plupart des familles sont stressées. La politesse est parfois laissée de côté ou oubliée.

Les marques de respect pour les autres doivent être montrées dès la première enfance. Elles sont essentielles. Elles représentent une part importante des valeurs culturelles que les parents transmettent à leurs enfants. «Les enfants pourront jouer au ping-pong une fois que les adultes auront fini.» Nos propres enfants doivent à présent transmettre des règles familiales telles que celle-ci à leurs enfants de quatre ou cinq ans. J'ai trouvé que les petits-enfants apprécient encore plus leur «tour» quand il leur a fallu attendre et respecter une règle comme celle-ci, surtout si l'attente leur demande un certain effort. Les bonnes manières contiennent un important message.

De nos jours, la politesse a plus d'importance que jamais. Dans nos vies agitées, se frayer un chemin en jouant des coudes ou conduire l'insulte à la bouche sont des comportements qui remplacent trop souvent la courtoisie. Au Texas, on trouve sur les routes des panneaux : CONDUISEZ AMICALEMENT. Cela signifie qu'il faut se ranger quand quelqu'un veut doubler. Nos enfants furent stupéfaits par ce comportement : «Papa, tu l'as laissé passer! Tu n'aurais jamais fait ça à Boston!»

Les enfants apprennent la politesse des adultes qui les entourent. On peut obtenir «s'il te plaît» et «merci» dès quatre ou cinq ans, à condition que la famille ait depuis longtemps commencé l'apprentissage. Ce sont des mots qui reconnaissent l'effort effectué par la personne à laquelle on s'adresse. L'enfant ne s'en souvient pas toujours, mais on remarque souvent qu'ils sont employés à bon escient. Patience et répétition seront encore nécessaires de la part des parents et bien plus efficaces que les reproches. Chaque fois que ces mots importants sont accueillis avec appréciation, ils ont plus de chance de devenir une seconde nature. La politesse est importante pour l'avenir de votre enfant.

Propreté : les problèmes après trois ans

Les problèmes de propreté sont en augmentation. Il y a plus de maltraitance issue des échecs dans l'apprentissage de la propreté que de tout autre domaine du développement. Les approches de la question ont changé au fil des ans. Après l'introduction de l'approche orientée vers l'enfant, dans les années 60, des problèmes tels que la constipation, la manipulation des matières fécales, l'énurésie diurne et même nocturne ont diminué. Au cours des trente-cinq dernières années, nous avons permis aux enfants de contrôler leur apprentissage de la propreté. Dans une étude que j'ai dirigée sur une approche orientée vers l'enfant, même l'énurésie nocturne avait été réduite de 8 pour cent à 1 pour cent chez les enfants de six ans. D'autres problèmes étaient également nettement améliorés par cette approche. Beaucoup d'enfants qui n'étaient pas prêts à s'y mettre avant la troisième ou la quatrième année parvenaient à de bons résultats quand on leur permettait d'avoir un peu de retard.

Depuis le début des années 90, nous avons constaté une augmentation progressive, mais nette, de retardataires et de problèmes liés à l'apprentissage de la propreté. Une tension grandissante dans les environnements de ces enfants et une approche précipitée semblent en être responsables. Les écoles maternelles qui n'acceptent les enfants de trois ans qu'à condition qu'ils soient propres ont ajouté à la pression. Les parents qui travaillent et qui ont besoin de mettre leur enfant à l'école ont hâte de le rendre propre. Ce qui entraîne une résistance et favorise les problèmes. Si l'école maternelle où vous voulez inscrire votre enfant exige qu'il soit propre à trois ans, trouvez une autre école qui ne soit pas aussi intransigeante. Cependant les parents qui mettent leurs enfants dans une école les acceptant avec des couches finissent par partager le travail avec les institutrices – ce qui leur impose un souci supplémentaire.

Beaucoup d'enfants n'ont pas totalement maîtrisé cette grande tâche à trois ans. Se conformer aux exigences de la société est un processus nécessaire, mais intimidant pour un jeune enfant ; il lui faut beaucoup de docilité et d'imitation volontaire de son entourage. L'apprentissage du pot devrait reposer sur la communication entre des parents et un enfant. Chaque étape introduite par les parents quand ils montrent à l'enfant ce qu'attend de lui la société devrait être laissée à l'initiative de l'enfant. Les étapes sont aisées et l'enfant décidera du moment où il se sentira prêt.

Les étapes d'une approche orientée vers l'enfant sont décrites dans le premier tome de *Points forts* ; elles sont conçues pour susciter son intérêt et convenir à ses capacités. Au fur et à mesure qu'il franchit chaque étape, les parents peuvent louer et admirer ses progrès. S'ils le poussent ou s'ils ne reconnaissent pas ses efforts, ils manquent une occasion d'encourager son sens de la maîtrise. Son succès sera en lui-même une récompense. Les récompenses données par les parents empêchent l'enfant de reconnaître son propre progrès.

Un nourrisson commence à être «recouvert» par la couche. Il doit être libéré de la couche pour prendre conscience de son urine et de ses selles. Au cours de la deuxième année, il commence à se rendre compte de la réaction de ses sphincters. En les contrôlant peu à peu, il peut même se mettre à y penser. Après qu'on lui a enseigné les techniques de l'apprentissage de la propreté, l'enfant de deux ou trois ans lie ses sensations à propos du contrôle des sphincters aux événements associés à la miction et la défécation. L'enfant associe ses productions avec son intérêt et l'intérêt des autres. Quand il parvient à contrôler ses productions, il éprouve un sentiment de maîtrise et de fierté. Cette conscience se rattache à une attention grandissante qu'il manifeste pour son corps et pour ce qu'il peut en faire. Un monde de maîtrise s'ouvre devant lui quand on lui laisse sentir qu'il a lui-même franchi ces étapes. Un enfant de trois ans est extrêmement sensible aux commentaires et aux interventions de ses parents. Ceux-ci devraient se contenter d'observer tranquillement. Sinon l'enfant ressentira leurs commentaires comme autant d'interférences dans ce qui reste une compétence fragile. Les parents doivent se tenir en retrait et reconnaître la volonté qu'il a fallu à l'enfant pour parvenir à ce contrôle. Il faut l'encourager à apprécier sa réussite personnelle : son estime de soi est en cause.

L'alimentation et la propreté sont deux domaines qui reposent sur la motivation de l'enfant. Tant qu'il n'est pas prêt à assumer la responsabilité pour chaque étape, il en est dépossédé. L'enfant peut s'exécuter dans un effort pour faire plaisir à son entourage, mais là n'est pas l'objectif. Chaque étape doit être la sienne et il doit pouvoir se sentir fier de lui. Les parents doivent partager chaque progrès avec lui, mais sans pression – exprimée ou non. Quand les parents sont eux-mêmes soumis à la pression, soit à la suite de leurs propres expériences passées, soit par une influence extérieure (règlements scolaires, par exemple), ils ne pourront éviter de pousser leur enfant à s'exécuter.

Constipation et souillures

Si on le soumet à une trop grande pression, l'enfant peut se retenir, avec pour résultat l'installation d'une constipation chronique. Le passage d'une selle dure dans le sphincter anal risque de causer une fissure douloureuse. L'enfant se met à craindre d'aller à la selle, car il souffre chaque fois. Le sphincter réagit en retenant les selles. Délivré de sa crainte de souffrir, l'enfant se retient volontairement, parfois pendant une semaine et même plus longtemps. Une émission de matières liquides autour des selles dures provoque des souillures. Pour interrompre ce cycle vicieux, le parent doit faire en sorte de ramollir les selles avec un produit émollient destiné aux enfants. (À ce stade, il faut consulter un pédiatre pour éliminer toutes les autres causes de constipation.) Rassurez l'enfant à propos de sa douleur et permettez-lui de porter des couches ou des «pull ups». Cependant l'enfant doit savoir que la décision lui revient. On ne peut ni prêter attention au problème, ni le mentionner sans y ajouter de la pression. Les parents doivent se tenir en retrait et laisser l'enfant se décider lui-même.

L'énurésie nocturne

L'énurésie nocturne est habituellement aussi le résultat d'une pression exercée sur l'enfant, bien qu'elle puisse avoir d'autres causes qui exigent l'attention du pédiatre. L'énurésie peut durer jusqu'à l'adolescence, qu'elle soit due à la pression ou à des facteurs héréditaires (la prétendue énurésie familiale) ou à un mélange des deux. Il ne faut pas considérer que c'est un problème tant que l'enfant n'a pas six ou sept ans – à moins qu'il ait été propre la nuit pendant une période prolongée et qu'il ait recommencé à se mouiller. Une régression soudaine peut être associée à un point fort, mais elle peut également être le signe d'une infection, d'une maladie non diagnostiquée ou même d'un abus sexuel ; dans de tels cas, d'autres symptômes accompagnent généralement l'énurésie.

Le sommeil des jeunes enfants est profond et immature. Leur vessie est aussi immature, et à ce stade, ils n'ont pas une grande expérience dans le contrôle de leurs mictions pendant le jour. À trois ans, cauchemars et frayeurs nocturnes sont choses fréquentes. Je ne recommanderai jamais de forcer un enfant à rester éveillé, à se réveiller ou à se lever pour aller uriner dans une autre pièce. S'il est prêt à le faire et s'il en a envie, alors aidez-le. Le parent peut alors le rassurer : « Ça viendra quand tu seras prêt. » Le désir d'imiter les adultes et les enfants plus âgés est suffisamment fort à cet âge. N'ajoutez pas davantage de pression.

Attendez que l'enfant soit prêt de lui-même, cela en vaut la peine. S'il n'est pas encore motivé, il le sera quand ce problème l'empêchera d'aller passer la nuit chez un ami ou quand d'autres enfants s'en apercevront et se mettront à se moquer de lui. Son image de soi est en jeu.

Voici quelques conseils pour aider l'enfant à condition que celui-ci soit d'accord pour les suivre :

1. Demandez-lui de retenir son urine un petit peu plus longtemps durant la journée.

2. Proposez-lui de le réveiller avant de vous coucher. Laissez-le aller sur le pot et s'exécuter tout seul. Le prendre ne revient pas au même et n'encouragera pas sa motivation.

3. Faites, si nécessaire, sonner un réveil pour lui rappeler d'aller sur son pot.

4. Un pot spécial, phosphorescent, peut être placé à côté de son lit. On peut réveiller l'enfant pour lui demander d'y aller ; ce sera plus facile pour lui que d'aller à demi endormi jusqu'aux toilettes au bout du couloir. Vous pouvez l'appeler son «pot de nuit».

Vers six ou sept ans, l'énurésie devient inévitablement un problème pour l'enfant. Les parents doivent l'aider et non le punir. À ce moment, l'enfant a besoin de l'aide d'un pédiatre et peut-être d'une évaluation psychologique – évaluation qui doit respecter l'image qu'il a de lui-même, car tout traitement aura pour objectif majeur de protéger les sentiments que l'enfant éprouve vis-à-vis de lui-même.

Rang de naissance

À partir de quel moment les enfants d'une même famille commencent-ils à manifester des différences de personnalité ? Les nouveaux parents sont toujours surpris de se rendre compte que leur bébé est un véritable individu. Deux enfants dans une même famille démontrent leurs différences dès les premiers mois. Quels sont les facteurs à l'œuvre – la nature (différences innées, héritées) ou l'éducation (effets de l'environnement) ? Selon toute vraisemblance, les différences sont causées par un mélange des deux et aucun ne peut être dissocié de l'autre.

Au cours de la grossesse, les futurs parents se préparent au genre de bébé qu'ils attendent. Le comportement intra-utérin du bébé provoque des conjectures. Les deux parents sont prêts à associer des expériences passées avec le style de leur bébé. Quand celui-ci apparaît, nouveau-né, chacun attache des souvenirs à son aspect. « Il a les yeux de sa grand-mère ! » « Elle a les cheveux d'oncle Jim ! » « Elle vous transperce du regard, comme tante Lucy ! » Les parents utilisent ces attentes suscitées par l'apparence du bébé, ainsi que par son comportement et son tempérament, pour essayer de le comprendre et de le différencier.

Même dans la petite enfance, les parents appliquent des étiquettes à leur enfant et identifient des réactions comportementales prévisibles. J'ai été stupéfait qu'un petit nourrisson puisse être qualifié de « si différent » par rapport à son frère aîné ; et de fait chaque schéma comportemental est bientôt identifié pour son originalité par des parents impatients. « Elle est tellement facile. Elle ne fait que manger et dormir. Elle ne pleure jamais. » Les tempéraments de deux enfants de la même famille sont identifiés par leurs différences plus que par leurs ressemblances. «Sa sœur aînée n'a jamais été comme ça. Elle n'a jamais aimé que je la tienne.» Les parents sont souvent ravis par les différences, cela dit, moins souvent quand un bébé «difficile» arrive après un bébé «facile» : «Notre premier-né ne nous a pas préparés à cela!» Les attentes sur le moment et la manière dont un enfant aborde un point fort peuvent être difficiles à adapter quand un premier et un second sont très différents.

Frank Sulloway, du Massachusetts Institute of Technology, a observé un échantillon d'enfants normaux en bonne santé pour noter les différences existant dans les fratries. Bien que les schémas de rang de naissance puissent être moins nets qu'on ne le pensait autrefois, il a trouvé que, dans presque toutes les familles étudiées, les enfants d'une même fratrie paraissaient rechercher des rôles différents. Si le premier enfant était énergique et actif, le second avait nettement tendance à être calme et sensible. Il les quantifiait sur plusieurs paramètres : extraverti/introverti, conciliant/hostile, consciencieux/négligent, disponibilité pour les nouvelles expériences contre manque d'intérêt. Par exemple, plus le comportement du premier-né était énergique, plus le second allait être tranquille et observateur.

En plus de cet effet de polarisation, il y avait des différences marquées entre les premiers-nés et les cadets. Les aînés, selon Sulloway, avaient tendance à être plus conformistes et conservateurs, pour s'identifier avec le pouvoir et l'autorité de leurs parents et défendre leur position privilégiée. Dans la plupart des cas, les aînés étaient déterminés et inflexibles et ils recherchaient la réussite. Ils avaient tendance à être responsables, organisés, sérieux; mais aussi plus anxieux et craintifs que leurs cadets.

Les puînés avaient davantage tendance à contester l'autorité parentale qui leur apparaissait peut-être servir les intérêts de leurs aînés plus que les leurs. Plus enclins à remettre en question le *statu quo* et ses postulats, les cadets, d'après Sulloway, sont sujets à la rébellion. Ils peuvent aussi être plus décontractés, coopératifs et populaires parce qu'ils ont dû recourir à des stratégies de conciliation pour trouver leur place dans la famille, face aux tendances dominatrices de leurs aînés. Le comportement des cadets paraissait opposé à celui de leurs aînés. Les garçons rentraient plus que les filles dans ces groupes fortement marqués.

Ces découvertes soulèvent la question des effets de «l'étiquetage» : jusqu'à quel point les notions préconçues sur le rang de naissance conduisent-elles les aînés et les cadets à se conformer à de tels stéréotypes ? L'étude de Sulloway peut n'apporter aucune réponse. Cependant les différences qu'elle a détectées ont eu une utilité pour les familles nucléaires. Les cases et les étiquettes ont servi à réduire la compétition pour les ressources familiales en interaction et soutien émotionnel. Les parents se trouvent un peu plus libres de réagir passionnément avec chaque enfant s'il s'agit de deux enfants très différents plutôt que d'enfants au tempérament similaire. Chaque enfant a une façon différente de rivaliser. L'un peut dominer l'autre et les rôles sont distincts et prévisibles. Apaisement et rébellion sont répartis séparément chez les deux enfants.

Cette importante étude encourage à normaliser les forces qui existent dans la plupart des familles. Plutôt que de se sentir coupables et d'essayer de changer leurs réactions, peut-être les parents comprendront-ils que ces différences de réactions à l'égard des enfants de la famille remplissent un rôle. Bien qu'ils aient tendance à penser qu'ils «devraient» avoir les mêmes sentiments ou, du moins, des sentiments égaux pour chaque enfant, cela se révèle impossible. À cause des expériences passées et des relations familiales anciennes, un parent est obligé de réagir devant chaque enfant avec un ensemble d'émotions différentes. On peut être sûr que les sentiments les plus forts sont les plus honnêtes. Tous les enfants ont besoin que leurs parents soient follement amoureux d'eux. L'amour passionné est comme un mélange de positif et de négatif. Aucun enfant n'échappe aux réactions négatives envers un comportement rebelle. Si les parents évitent de catégoriser la personnalité de l'enfant comme «meilleure» ou «pire», et acceptent les différences inévitables de sentiments à l'égard de chaque enfant, aucun d'entre eux n'aura l'impression «de passer en second».

Retards de langage

Le rapport entre langage et comportement commence à se consolider au cours de la troisième année. Observez comment un enfant utilise son corps pour exprimer une idée – ou une question : «Pourquoi? Pourquoi?» Ses mots et ses explorations montrent qu'il entre dans une nouvelle phase d'interrogations et de désir de compréhension – même pour les choses qui dépassent son entendement.

À partir de trois ans, l'enfant qui n'arrive pas à utiliser le langage est déjà en situation de désavantage. Roberta Golinkoff, linguiste à l'université de Delaware, démontre que le développement du langage se produit à une période critique; un enfant qui n'arrive pas à parler pour communiquer à trois ans perd la richesse potentielle de l'expression linguistique et manque des occasions importantes de se lier aux autres, de demander et de recevoir toutes sortes de réponses de la part de ses pairs et des adultes de son entourage. Les enfants entre deux et quatre ans apprennent non seulement à parler, mais aussi à communiquer des idées et des sentiments. Il est essentiel pour le futur développement social d'identifier une incapacité à parler avant l'âge de trois ans. À cet âge, l'enfant qui ne sait pas parler est incapable de découvrir que le langage est un moyen de faire connaître ses besoins et que lui, par ce biais, peut influencer son univers.

Pour les parents, la première façon de savoir si une évaluation professionnelle est nécessaire sera de déterminer si l'enfant est réceptif au langage. Donnez-lui trois instructions : «Va dans ma chambre. Trouve mes pantoufles et rapporte-les-moi.» Si l'enfant réussit à comprendre ces instructions et à les exécuter, ainsi que d'autres du même type, son langage réceptif est sans doute intact. S'il doit observer votre visage pour vous comprendre, il peut avoir un déficit auditif qu'il compense en lisant sur les lèvres. Certains enfants n'ont aucun problème d'audition ni de langage réceptif, mais souffrent d'un handicap de la mémoire auditive; si c'est le cas, ils peuvent ne pas se souvenir d'une information, même s'ils l'ont comprise. (D'autres enfants, même sans déficit de parole, de langage ou d'audition, ont des difficultés à se concentrer, à accomplir une tâche jusqu'au bout, à éviter les distractions ou à programmer une suite d'actes, autant de problèmes qui les empêchent de mener à bien une courte série d'instructions.)

Les enfants issus de foyers bilingues ont parfois un retard dans leur langage expressif parce qu'ils doivent apprendre à distinguer les différents phonèmes de chaque langue : assembler les phonèmes, les adresser correctement à chaque personne retarde parfois la parole jusqu'à trois ans. Si l'enfant parvient effectivement à parler deux langues, cela vaut la peine d'attendre; et, de fait, un enfant qui apprend deux langues entre trois et sept ans est mieux préparé à l'apprentissage d'autres langues dans le futur. Non seulement il parlera deux langues, mais il sera capable de se servir de la langue qui convient à chaque personne ou à chaque situation. Un véritable exploit!

Le Dr Golinkoff suggère une autre façon d'évaluer le langage d'un enfant : «Mon enfant raconte-t-il des événements de façon cohérente? Est-il capable d'inventer une histoire?» Beaucoup d'enfants aiment participer aux histoires et aux conversations le soir, au cours d'un moment de détente. Après avoir lu un livre, demandez à votre enfant d'y réagir en racontant une histoire de son cru. Une autre question peut être révélatrice : «Est-ce que mon enfant sait utiliser le langage dans un contexte social?» Certains enfants peuvent parler couramment et comprendre un langage appliqué aux choses matérielles, mais ont du mal à comprendre ou à utiliser un langage qui sert des objectifs sociaux, le langage employé pour se faire des amis, pour comprendre l'univers des sentiments. Les enfants qui souffrent de limitations dans ces domaines doivent être évalués par un orthophoniste ou un spécialiste du langage.

Un enfant de trois ans devrait pouvoir parler par courtes phrases; sinon, il faut une évaluation. Recherchez un thérapeute qui comprenne les petits enfants. Un test auditif devrait constituer la première étape. Même un déficit auditif minime, parfois causé par des infections à répétition de l'oreille, peut retarder et embrouiller un enfant qui essaie d'apprendre à parler. L'incidence des otalgies et des infections chroniques de l'oreille a augmenté. Les enfants qui fréquentent les crèches tout petits contribuent à constituer un bain d'infections contre lesquels chaque bébé doit se forger une immunité; la plupart des bébés et des jeunes enfants en crèche ont environ quatre épisodes d'infection de l'oreille avant d'être immunisés. À cause du liquide qui se répand dans l'oreille interne, il peut y avoir des interruptions légères ou majeures de l'audition. Un jeune enfant qui apprend à parler par imitation entend facilement le son «on» au lieu de «bon». Ou «on-voir» au lieu de «bonsoir». Un test d'audition complet est nécessaire pour détecter une telle interférence chez un enfant de trois ans qui tarde à parler.

Certains autres signes exigent l'attention d'un professionnel quand des retards apparaissent :

– L'évitement du regard après une question, comme si l'enfant essayait de cacher son incapacité à répondre; il refuse d'entrer dans une situation d'échange réciproque. Il est peut-être hypersensible aux signaux auditifs et facilement submergé ou incapable de se débrouiller dans une situation complexe.

– Les enfants qui sont constamment en mouvement et prêts à démarrer, incapables de se calmer suffisamment longtemps pour communiquer. Un problème d'attention va interférer avec la capacité de l'enfant à recevoir les paroles émises par les personnes environnantes.

– Un regard vide, inattentif et tourné vers l'intérieur, un comportement répétitif qui s'aggrave en réponse à une tentative de communication de la part d'un adulte.

– Aucun signe de langage gestuel. Quand un enfant vous conduit où il désire aller ou qu'il pointe le doigt en direction d'une chose qui l'intéresse, il comprend vraisemblablement sans être capable de trouver les mots appropriés. Un thérapeute du langage familiarisé avec les jeunes enfants peut trouver la raison du retard.

– La perte d'acquisitions langagières préalables.

– La frustration devant l'incapacité à parler, un comportement agressif qui est à la fois un exutoire et une forme de communication substitutive.

Sécurité

La sécurité des enfants occupe la première place parmi les préoccupations des parents. C'est une obsession. Nous nous réveillons la nuit en sursaut : «Est-ce qu'il est arrivé quelque chose?» Étant donné que nos enfants sont confrontés à une société de plus en plus complexe, nos craintes augmentent. Si nous avons peur, nos enfants aussi. Comment un parent peut-il alerter un enfant sur des dangers potentiels sans l'effrayer inutilement? La réalité – le fait que nous soyons tous vulnérables – est difficile à regarder en face; alors nous la pondérons en voulant croire que les accidents n'arrivent qu'aux autres. Mais personne n'est à l'abri.

Il y a, pour nous Américains, une bonne nouvelle : le taux de mortalité due à des blessures accidentelles chez les enfants de quatorze ans et moins a baissé de 33 pour cent au cours des années 90[1]. Cependant, ces blessures accidentelles restent la principale cause de mortalité chez les enfants de quatorze ans et moins aux États-Unis. Elles sont provoquées avant tout par les accidents de véhicules à moteur, de bicyclette et de piétons, par la noyade, les incendies et les brûlures, l'asphyxie, les armes à feu, les chutes et les empoisonnements. En outre, chaque année, presque 120 000 enfants se retrouvent handicapés à vie.

Chez les enfants de moins de quinze ans, on estime que 40 pour cent des décès et 50 pour cent des blessures accidentelles non mortelles ont pour cadre le foyer ou ses abords.

1. La plus grande partie des informations de ce chapitre proviennent des documents publiés par le National Safe Kids Campaign, l'Association nationale pour la sécurité des enfants.

La mortalité due à des blessures accidentelles varie avec l'âge des enfants, leur sexe, leur appartenance ethnique et leur statut socio-économique. Les enfants qui vivent en milieu rural, les garçons, les enfants les plus jeunes, ceux qui appartiennent à des minorités ou à des milieux défavorisés, sont beaucoup plus touchés. La pauvreté est le premier facteur de risque. Les statistiques montrent un net rapport entre les différences ethniques et les environnements défavorisés. Réduire les barrières économiques qui empêchent l'accès aux mesures de sécurité et améliorer la sécurité de l'environnement : voilà deux mesures qui peuvent faire diminuer les taux de mortalité et d'accidents pour les enfants à haut risque.

Les principales causes de mort accidentelle varient tout au long de l'enfance avec le développement moteur et l'exposition aux risques potentiels. La perception qu'ont les parents des capacités de l'enfant et des risques d'accident constitue un autre facteur. Les blessures sont plus que probables quand on demande à l'enfant une tâche qu'il n'a pas les capacités d'accomplir en toute sécurité. Les bébés ont un taux plus élevé de mortalité accidentelle et risquent davantage de mourir ou d'être blessés – surtout par asphyxie ou dans des accidents de voiture – que les enfants plus âgés. Les enfants de maternelle ont des compétences motrices nouvelles qui les mettent à la merci d'impulsions mal contrôlées et de jugements limités. Les enfants de ces âges meurent davantage par noyade, incendie, brûlures, dans des accidents de la route – en tant que passager ou que piéton – par asphyxie ou empoisonnement. Les accidents de voiture sont la cause principale de la mortalité chez les enfants entre cinq et quatorze ans, suivis par les accidents de piétons, de bicyclette ; les brûlures sont, elles aussi, une cause importante de mortalité.

Et comme si cela ne suffisait pas, les parents redoutent aussi les enlèvements et les abus sexuels.

Un jour, j'avais alors dix ans, j'allais à l'école à pied ; une voiture s'arrêta à côté de moi. « Tu veux monter, petit ? » J'avais été soigneusement averti de ne pas accepter d'aller en voiture avec des inconnus. Comme le conducteur devenait plus insistant, je sentis le danger et me mis à courir. Je traversai à toutes jambes un jardin et me précipitai vers la maison la plus proche. Heureusement, la femme qui vivait là se trouvait chez elle et sa porte était ouverte. J'entrai vite et demandai de téléphoner à ma mère. Celle-ci vint me chercher, mais aucun adulte ne prononça jamais un mot sur cette aventure. Quand j'essayais d'en parler, on prenait les choses à la plaisanterie. Plus jamais on ne me laissa aller seul à l'école, mais personne ne voulut partager avec moi ma frayeur. Je me sentis abandonné et furieux, comme si personne ne me croyait, ni ne me respectait. Laisser un enfant seul avec des peurs telles que celles-ci n'est pas la solution. Nous devons être capables de parler avec nos enfants des dangers potentiels si nous voulons qu'ils apprennent à se défendre.

Ma première suggestion est de partager ouvertement avec vos enfants vos efforts pour les protéger et de prêter une oreille attentive à leurs frayeurs. Bien que nous ne puissions pas les protéger entièrement, nous pouvons les aider à apprendre à se protéger et à replacer dans la réalité leur angoisse et la nôtre. Le plus tôt possible, nous devons leur indiquer quelques façons de se protéger :

– Tiens ma main quand nous traversons une rue.

– Reste à côté de moi quand nous nous trouvons dans une foule.

– Ne monte jamais en voiture avec quelqu'un que tu ne connais pas.

– Apprends à appeler ton numéro de téléphone et celui des pompiers.

– Apprends ton adresse.

– Appelle l'adulte le plus proche si quelqu'un te touche d'une façon que tu n'aimes pas.

Cela dit, c'est aux parents qu'il appartient de protéger les jeunes enfants. Encourager les enfants à prendre conscience des dangers et à apprendre à se protéger est un témoignage d'affection et de respect à leur égard. Mais on ne doit pas les rendre plus responsables d'eux qu'ils ne le peuvent. Les enfants qui ne peuvent pas dire qu'ils ont peur ou qui ne savent pas demander de l'aide sont des enfants en danger.

Nous pouvons aussi prévenir certains accidents en comprenant comment un enfant voit le monde. Quand ce que nous attendons de notre enfant en termes d'autoprotection coïncide avec son niveau de développement, nous sommes en mesure de lui accorder la protection dont il a besoin.

Avant qu'un enfant ne commence à ramper, vérifiez que son environnement immédiat ne présente aucun danger potentiel pour lui – que la température ambiante est convenable, la pièce bien ventilée, qu'il se trouve dans un endroit sûr et qu'il ne risque par de tomber, qu'il est incapable de mettre la main sur des sacs en plastique ou des draps qui pourraient provoquer l'asphyxie. À cet âge, le bébé se sert de sa bouche pour explorer son univers ; les petits objets et les substances toxiques, y compris les écailles de peinture au plomb et la poussière, doivent être tenus hors d'atteinte. Quand votre enfant commence à se déplacer, mettez-vous à quatre pattes pour jeter un œil sur les dangers potentiels à son niveau. Vous le ferez régulièrement pendant quelques années.

Un enfant qui commence à se déplacer court de grands risques parce que sa mobilité précède son jugement ; il n'est pas encore coordonné, n'a pas développé de réflexes protecteurs. Quand il se met à ramper, les différences de niveau, vers le haut ou vers le bas, sont ce qu'il y a de plus dangereux, parce que l'enfant n'en a pas peur. Cependant, les risques ne disparaissent pas au bout du premier mois. Un enfant de cet âge continue à explorer avec sa bouche, mais il a un accès plus facile aux substances toxiques, y compris les écailles de peinture au plomb et les petits objets avec lesquels il peut s'étouffer. Il utilise ses acquisitions récentes, comme tendre le doigt et saisir dans la main, pour prendre des objets pointus ou coupants et pour mettre ses doigts dans les prises électriques.

Un enfant qui a moins d'un an ne connaît pas les principes de cause à effet du monde matériel, principes que les adultes et même les enfants plus âgés tiennent pour acquis. Un enfant qui vient d'apprendre à grimper sur les étagères du salon ne sait pas encore que son poids peut les renverser sur lui.

À partir de neuf mois environ, l'enfant découvre les dangers de son univers en observant le visage de ses parents quand ceux-ci réagissent à ses explorations. Si les réactions de ses parents ne sont pas claires ou traduisent une excitation intéressante pour lui, il aura tendance à tester à nouveau le danger. La façon la plus sûre de pousser un enfant à remettre son doigt dans une prise est de réagir avec excès. N'attendez pas d'un enfant de moins de deux ans qu'il obéisse après des avertissements verbaux. Il « recommencera » probablement, pour voir si vous êtes sérieux. À cet âge, l'enfant a souvent besoin d'être éloigné physiquement du danger (des cache-prise sont indispensables) et de s'entendre dire « non » fermement, mais sans l'excitation qui aura tendance à le faire recommencer.

Pendant la première année où l'enfant marche, il s'exerce à la programmation motrice ou à l'anticipation des séquences de mouvements qu'il doit faire pour aller là où il veut. Jusqu'à ce qu'il ait maîtrisé cette programmation, il aura tendance à trébucher, à buter contre les meubles et les portes et à renverser des objets.

Plus tard quand se seront développés sa coordination, ses réflexes, sa programmation motrice et sa compréhension des principes physiques de base (comme la gravité) ainsi que de la relation de cause à effet, et cela suffisamment pour lui permettre d'anticiper tout seul certains dangers matériels, les parents auront quand même encore d'autres raisons de l'aider. En effet, les nouvelles acquisitions de l'enfant peuvent ne pas être disponibles pour lui si son attention est déjà accaparée par ce qu'il fait. Par exemple, un enfant absorbé par ce qu'il fait est moins capable d'utiliser ses nouvelles compétences physiques et intellectuelles pour se protéger des dangers prévisibles. Le contrôle des impulsions et l'application de l'attention à plus d'une chose à la fois font partie des acquisitions ultérieures.

Les dangers qui menacent les enfants dans notre monde et les moyens de les protéger sont trop nombreux pour que nous en parlions ici de façon exhaustive. Voici cependant quelques suggestions :

– Manuels de sécurité et trousses de première urgence. Renseignez-vous auprès d'un pédiatre ou d'un pharmacien.

– Lits à barreaux. Placez les bébés sur le dos, sur un matelas ferme, bien plat, dans un lit répondant aux normes de sécurité. Enlevez oreiller, sucette, jouets et objets mous du berceau. L'espace entre les barreaux doit être conforme aux normes; le matelas doit avoir les dimensions adéquates et ne pas laisser de vide autour des montants. Les fermetures doivent fonctionner correctement et se bloquer de façon à ne pas s'ouvrir accidentellement, ni être ouvertes par le bébé quand il se trouve à l'intérieur. Quand le bébé se trouve dans le lit, gardez toujours le côté ouvrant bloqué en position de fermeture. N'utilisez jamais d'oreiller et enlevez tous les jouets quand votre enfant dort. Ne placez pas le lit à côté d'un radiateur, d'une bouche d'aération, d'une fenêtre, de stores vénitiens, de cordons de rideaux ou autre corde pendante.

– Sièges-autos pour le transport en voiture. Commencez à installer votre bébé dans un siège de sécurité (face à l'arrière jusqu'à un an et au moins 10 kg de poids) quand vous rentrerez de la maternité. Les sièges les plus sûrs sont ceux qui sont fixés sur la banquette arrière, de préférence au milieu s'il y a une ceinture de sécurité médiane. Les enfants de plus d'un an et qui pèsent entre 10 et 20 kg pourront être assis dans un siège face à l'avant. En outre, les enfants entre quatre et huit ans (20 à 40 kg) doivent être placés dans un siège rehausseur et attachés avec les sangles de la ceinture de sécurité (sangle diagonale et sangle de bassin) à chaque trajet. Suivez les recommandations des constructeurs de voiture et de sièges pour enfants.

– Ceintures de sécurité. Elles doivent être utilisées pour bien maintenir l'enfant dans son siège; les enfants assez âgés pour ne plus utiliser de siège spécial doivent attacher leur ceinture à chaque trajet.

– Airbags. Les airbags sont dangereux pour les jeunes enfants; les enfants de moins de douze ans doivent être bien attachés sur les sièges arrière. Ne fixez jamais un siège autrement que disposé dos à la route s'il doit occuper la place avant du passager dans un véhicule équipé d'un airbag latéral. Suivez les recommandations du fabricant de votre voiture.

– Franchissement des passages pour piétons et sécurité piétonne. La surveillance d'un adulte est nécessaire tant que l'enfant n'a pas atteint dix ans. Montrez toujours l'exemple et enseignez le bon comportement piéton. Traversez les rues aux passages pour piétons et utilisez les feux de signalisation chaque fois que possible. Établissez un contact visuel avec les conducteurs avant de traverser. Ce n'est pas parce que vous l'avez vu que le conducteur vous voit. Enseignez à vos enfants à regarder de gauche à droite et à nouveau à gauche avant de traverser et à continuer de regarder en traversant. Les enfants ne devraient jamais courir dans une rue. Demandez à vos enfants de porter des vêtements réfléchissant la lumière et d'utiliser une lampe torche s'ils doivent marcher dans l'obscurité le matin et le soir. Apprenez-leur à marcher bien à gauche, face au trafic, quand il n'y a pas de trottoir. Interdisez tout jeu dans les allées menant à des garages, dans les jardins sans clôture, dans les rues et sur les aires de stationnement. Apprenez aux enfants à traverser au moins à trois mètres d'un bus scolaire et à attendre les adultes sur le côté de la rue où le bus les a déposés. Apprenez aux enfants à ne pas jouer dans une voiture ou autour d'une voiture. Pour éviter qu'un enfant ne soit bloqué dans un coffre de voiture, verrouillez toujours les portes de la voiture et du coffre et gardez les clefs hors de vue et de portée. Surveillez étroitement les jeunes enfants quand ils se trouvent à proximité de voitures. Soyez spécialement vigilant quand vous chargez ou déchargez un coffre. Ne rabattez pas les sièges arrière sans nécessité, pour éviter qu'un enfant ne se glisse de l'intérieur de la voiture dans le coffre sans être vu.

– Casques à vélo. Ils doivent avoir la bonne taille, être correctement mis et bien attachés. Assurez-vous que le casque répond bien aux normes de sécurité. Recherchez le certificat de conformité à l'intérieur du casque ou sur la boîte. Le casque doit se placer droit sur la tête de l'enfant, couvrir son front et ne pas glisser ni de gauche à droite, ni de bas en haut. Les enfants portent plus facilement des casques de vélos quand leurs parents en portent.

– Sécurité à bicyclette. Les enfants doivent apprendre le code de la route et en respecter toute la réglementation. Tous les cyclistes doivent rouler sur le côté droit de la chaussée, dans le même sens que le trafic et non à contresens ; ils doivent utiliser les signaux manuels appropriés, respecter les signaux de circulation, s'arrêter à tous les panneaux stop et à tous les feux rouges ; ils doivent s'arrêter et regarder de gauche à droite, et à nouveau à gauche avant de s'engager dans une rue. Les enfants imiteront l'exemple de leurs parents. Il faut restreindre l'usage du vélo aux allées et aux pistes cyclables tant que l'enfant n'a pas atteint dix ans et qu'il n'a pas montré qu'il est un bon cycliste capable de respecter les règles de base du code de la route.

– Petits objets. Les pièces de monnaie, les billes, les agrafes ou trombones métalliques, les clous et les ballons gonflables, font partie des objets dangereux qu'il faut éliminer. Les jouets comprenant de petites pièces, spécialement ceux qui sont destinés aux enfants plus âgés, présentent également des risques. Ne laissez pas les enfants de moins de six ans manger des aliments petits, ronds ou durs comme les cacahuètes, le raisin ou certains bonbons.

– Plomb. Faites examiner vos enfants pour savoir s'ils n'ont pas été exposés au plomb et passez en revue toute maison construite avant 1978 pour savoir s'il n'y a pas de peinture au plomb. Recouvrez toute peinture au plomb avec un produit isolant ou faites appel à des professionnels du bâtiment pour l'enlever. Lavez fréquemment les mains de vos enfants ainsi que les jouets et les sucettes pour réduire le risque d'ingestion de poussière contaminée par le plomb. Les terrains autour desquels les maisons anciennes ont été bâties sont souvent contaminés par la peinture au plomb.

– Prévention des empoisonnements. Les produits d'entretien liquides et autres substances chimiques devraient être rangés dans des placards munis de serrures de sécurité ou en hauteur, hors de portée de l'enfant. Placez le numéro de téléphone du SAMU (le 15) à côté de votre appareil. Vérifiez que ces précautions sont observées chez les grands-parents.

– Médicaments. Assurez-vous que les flacons sont équipés de bouchons de sécurité et rangés hors de portée des enfants. Même chose chez les grands-parents.

– Serrures de sécurité pour les placards.

– Barrières de sécurité pour les fenêtres.

– Barrières d'escalier. Elles devraient être installées en haut et en bas des marches. Ne laissez pas l'enfant utiliser un «trotteur» équipé de roues.

– Barrières de piscine. Installez des barrières sur les quatre côtés. Les bâches ne protègent pas les enfants de la noyade. La porte devrait avoir un système de blocage automatique.

– Sécurité dans l'eau. Ne laissez jamais un enfant sans surveillance dans l'eau ou à côté de l'eau. Videz tous les récipients – baignoires, baquets – immédiatement après usage et, le cas échéant, rangez-les hors de portée des enfants. Ne laissez jamais un enfant sans surveillance dans une piscine ou à proximité, même pour un moment. Ne comptez jamais sur une bouée ou sur des leçons de natation pour protéger l'enfant de la noyade. Apprenez à faire la respiration artificielle et conservez à côté de la piscine un équipement de sauvetage, un téléphone avec le numéro du SAMU (le 15). En bateau, à proximité d'un plan d'eau ou en pratiquant un sport aquatique, il faut toujours porter un gilet de sauvetage aux normes. Les bouées gonflables ou les petites

« nageoires » attachées aux bras des enfants ne sont pas considérées comme sûres et ne peuvent remplacer le gilet de sauvetage. Il ne faut jamais plonger si l'eau n'a pas au moins 3,5 mètres de profondeur.

– Sécurité contre le feu. Conservez sous clef et hors de portée des enfants les allumettes, l'essence, les briquets et autres matériels propres à mettre le feu.

Installez des détecteurs d'incendie dans votre maison, dans les couloirs et dans les chambres. Les endroits centraux comme la salle de séjour, le haut des escaliers et l'extérieur des portes de chambre sont particulièrement indiqués. Testez les détecteurs une fois par mois, remplacez les batteries au moins une fois par an (à moins qu'elles n'aient une longévité plus importante) et changez-les tous les dix ans. Pour une meilleure protection contre les différents types de feux, envisagez d'installer des alarmes à ionisation (plus sensibles pour les flammes) et des alarmes photoélectriques (plus sensibles pour les fumées).

Prévoyez plusieurs itinéraires d'évacuation à partir de chaque pièce de la maison et faites des exercices ; déterminez un lieu de regroupement au-dehors. Pratiquer un plan d'évacuation peut aider à sauver des enfants affolés et perdus dans un incendie.

– Chauffe-eau. Réglez la température de l'eau à 60° maximum pour éviter que les enfants ne s'ébouillantent.

– Armes à feu. Assurez-vous que les armes sont équipées de crans de sécurité. Rangez-les déchargées dans des placards fermés à clef, hors de portée des enfants – rangez les munitions à part. Parlez à vos enfants du danger des armes à feu. Assurez-vous que les armes sont hors de portée dans les maisons où vos enfants sont invités.

– Détecteurs de gaz carbonique. On ne peut ni entendre, ni voir, ni goûter, ni sentir le gaz carbonique. Placez des détecteurs à l'extérieur des chambres et au moins à cinq mètres des appareils qui consomment du fuel, comme les chaudières, les poêles à bois et les cuisinières à gaz. Assurez-vous que les radiateurs, calorifères, cheminées et poêles à bois sont placés dans des endroits correctement ventilés et faites-les contrôler une fois par an. Si votre détecteur de gaz carbonique se déclenche, aérez immédiatement votre maison en ouvrant toutes les fenêtres et les portes donnant sur l'extérieur. Si quelqu'un commence à ressentir des symptômes semblables à la grippe, évacuez la maison et appelez les pompiers. Après avoir aéré votre maison, vous devez arrêter tous les appareils marchant au fuel et faire venir un professionnel pour rechercher la cause des fuites de gaz carbonique.

– Nouveaux environnements. Chaque fois que vous emmenez votre enfant dans un endroit nouveau, il vous faudra recommencer à écarter tous les dangers potentiels. Il est particulièrement important d'inspecter et de sécuriser la maison des grands-parents, le garage, l'armoire à pharmacie.

– Nouveaux stades de développement. Votre enfant grandit et les dangers auxquels il est exposé changent. Votre maison devra être inspectée à nouveau tous les deux ou trois mois, au fur et à mesure que le domaine d'action de votre enfant s'élargira. Quand il sera assez grand pour que vous n'ayez plus besoin de le surveiller, un tout nouvel univers de dangers s'ouvrira devant lui.

Il y a encore beaucoup d'autres informations utiles pour protéger votre enfant, mais nous ne pouvons pas toutes les inclure dans ce chapitre. Si vous désirez en savoir plus, reportez-vous à la bibliographie ou aux conseils d'un pédiatre.

Sexualité

La conscience des différences sexuelles

Garçons et filles prennent conscience qu'ils sont différents vers quatre ans. À trois ans, ils commencent à distinguer leurs organes génitaux de leur anus. Ensuite, ils reconnaissent que les garçons et les filles ne sont pas faits pareils : « Comment sais-tu que c'est un garçon ? – Par ses cheveux et ses vêtements. – Pas autrement ? » Avec gêne : « On peut le voir à son zizi. » Un enfant de quatre ans est déjà observateur et embarrassé.

Quand les enfants découvrent leurs propres organes génitaux, ils posent des questions sur « l'autre sorte ». Les parents doivent être prêts pour les questions prévisibles : « Pourquoi est-ce que nous sommes différents ? » « Qu'est-ce qui pend de son ventre ? » « Où est passé son zizi ? » « Quelle est la différence ? »

Quand un petit garçon demande à propos d'une fille : « Qu'est-ce qui est arrivé à son zizi ? » un parent peut répondre : « Les petites filles n'ont pas de pénis, elles ont un vagin. Ton sexe est extérieur, le sien est intérieur. Ton pénis sera toujours là et son vagin aussi. Plus tard, c'est de là que viendront ses bébés. » Ou, ainsi que l'explique Fred Rogers (dans son émission *Mr Rogers' Neighborhood*) : « Les filles sont décorées à l'intérieur, les garçons à l'extérieur. » Ces questions apprennent aux parents que l'envie de s'explorer soi-même et de s'explorer mutuellement ne va pas tarder.

Masturbation

Vers deux ans, la masturbation est le résultat courant de l'exploration. Les organes génitaux sont une partie extrêmement sensible du corps et, comme ils ont été recouverts par les couches, ils sont d'autant plus intéressants à explorer. Les filles peuvent insérer des objets dans leur vagin pour «trouver combien il est profond». Les deux sexes trouvent que l'autostimulation est excitante. Que devrait dire un parent? Très peu de chose. Si les enfants croient que ces comportements sont des découvertes personnelles bien à eux, ils auront davantage tendance à croire qu'ils ont fait le tour de leurs explorations. Cependant les enfants qui paraissent absorbés dans la masturbation pendant de longs moments montrent qu'ils ont un besoin particulier de se calmer; on peut leur enseigner d'autres moyens de réconfort; ou alors, c'est peut-être une façon de faire savoir à leurs parents qu'ils ont été surstimulés sur le plan sexuel – ou même traumatisés.

Les enfants ont besoin d'apprendre qu'il vaut mieux pratiquer cette autostimulation en privé; les parents peuvent le leur dire sans leur transmettre un sentiment de désapprobation. Si les enfants s'exhibent, il est grand temps pour les parents de leur enseigner la différence entre l'exploration privée et publique. Ces derniers fixeront des limites sur les lieux où cette exploration peut être pratiquée, c'est préférable à une interdiction. «Les gens font ça parce que c'est agréable. Mais c'est une chose que l'on fait quand on est seul, alors tu attends d'être dans ta chambre.»

Jeux de filles, jeux de garçons

Quand un enfant atteint l'âge de quatre ans, le jeu a tendance à se différencier selon le sexe; la petite fille méprise l'autre sexe et se concentre sur ce qu'elle est. Les fillettes de cinq et six ans disent volontiers que les garçons sont bruyants et «bébés». Les garçons de cet âge ont tendance à se vanter : «On ne joue jamais avec des filles. Elles sont bêtes.» Les parents se demandent d'où les enfants tirent de telles réflexions. Filles et garçons se mêlent donc moins, sauf s'ils jouent à des jeux tels que «filles poison/garçons poison[1]». Cela dit, leur curiosité à l'égard les uns des autres persiste.

Exploration mutuelle

«Jouer au docteur», comme nous l'avons vu dans la première partie de cet ouvrage, est une manière excitante de s'informer sur les différences. Tous les enfants de quatre ans se rappellent avoir été examinés par le docteur. Beaucoup d'entre eux répètent cela avec un ami du même âge : «Allonge-toi et je vais t'examiner!» Après quelques explorations mutuelles de nature innocente, ils sont généralement satisfaits. S'examiner l'un l'autre permet de constater les différences et de s'informer à leur propos. On peut jouer au docteur avec des enfants de sexe opposé ou du même sexe. Ce jeu indique aux parents que leur enfant est prêt pour une explication sur les différences sexuelles. Cependant, il faut écouter et ne pas aller au-delà de ce que l'enfant est disposé à entendre; il y aura beaucoup de temps pour de plus amples discussions. L'objectif est de mettre en place des précédents pour une communication ouverte.

Un enfant ne pense pas à son corps ni au fait d'être nu en présence d'un autre enfant de la même façon qu'un adulte. Cela peut paraître évident, mais il est difficile de se le rappeler quand on surprend des enfants en train de jouer au docteur. Il est important de ne faire ni peur ni honte à l'enfant. Jouer au docteur est un comportement normal, sain. Plus les parents s'y intéressent et plus le jeu devient captivant; et en réalité, des réactions horrifiées peuvent avoir un effet néfaste. Les jeux exploratoires seront plus limités s'ils ne reçoivent que peu d'attention de la part des parents. Si un parent se met dans un état tel qu'il effraie l'enfant, celui-ci trouve immédiatement l'expérience plus piquante. L'enfant se sentira coupable, mais il recherchera de façon plus dérobée d'autres occasions de tester les causes de cette réaction excessive.

Quand deux enfants sont surpris en train de jouer au docteur, les parents ont intérêt à en parler avec les parents de l'autre enfant

1. Aux États-Unis, ce jeu consiste à se rassembler en deux groupes distincts, l'un de filles, l'autre de garçons, et à se donner la chasse mutuellement pour «s'empoisonner».

pour se mettre d'accord sur une approche commune. Ensuite, chacun abordera le sujet avec son propre enfant aussi calmement et prosaïquement que possible. Les parents peuvent également empêcher que de tels jeux ne deviennent une activité envahissante en organisant des activités qui remplacent une partie du temps passé dans les chambres ou hors de la vue des parents. Les parents seront aussi attentifs aux comportements allant au-delà d'une exploration mutuelle entre pairs ; par exemple, jouer au docteur avec un enfant plus âgé peut être une façon de se faire utiliser.

Les parents qui punissent un enfant pour avoir joué au docteur ont tendance à vouloir ignorer ces questions et ces sentiments. Une discussion ouverte enlève à l'expérience sa dimension coupable et satisfait la curiosité. L'exploration mutuelle des corps que pratiquent les enfants de cet âge n'est en aucun cas préjudiciable aux adaptations ultérieures du développement. Les enfants ne continueront pas si les parents évitent les réactions excessives. Les parents peuvent parler calmement, ouvertement de ce qui acceptable. Quand l'enfant manifeste clairement sa curiosité, on peut penser qu'il a agi délibérément pour que ses parents le découvrent. La tâche des parents consiste à faire savoir à l'enfant que celui-ci peut raconter et demander tout ce qu'il veut ; en même temps, les parents ne devraient pas aller jusqu'à donner trop d'explications, car leurs enfants risqueraient de se fermer.

Quand vous discutez des limites fixées dans votre famille, vous donnez à votre enfant l'occasion de s'identifier à vous et à vos valeurs. Un enfant peut également apprendre à apprécier son corps et à prendre la responsabilité d'en faire l'objet de ces discussions. Une seule discussion ne suffira pas.

Tous les parents s'inquiètent de voir un petit enfant pratiquer ce genre de jeu sexuel. « Est-ce qu'il va aller trop loin ? Est-ce qu'il va recommencer sans cesse ? » Quand l'exploration devient répétitive et préoccupante, quand le comportement prend une tournure plus franchement sexuelle – particulièrement s'il s'accompagne de pénétration de quelque sorte que ce soit ou de contact bucco-génital –, il faut alors se demander si l'enfant n'a pas été victime d'attouchements, n'a pas eu accès à des publications spécialisées ; peut-être a-t-il même été victime d'abus sexuel par un adulte ou un enfant plus âgé, ou par un enfant lui-même ancienne victime. Les enfants victimes d'abus sexuels, passés ou en cours, ne se confient pas verbalement aux adultes, mais ils ont tendance à manifester leur problème par d'autres signes : ils refusent ou craignent d'être déshabillés, de prendre un bain, d'aller aux toilettes, de changer de vêtements et d'aller au lit – avec, en plus, des changements brusques de comportement. Demandez l'aide de votre pédiatre ; s'il faut consulter un spécialiste, ne tardez pas.

Rôles masculin et féminin : l'identification de l'enfant

La conscience d'appartenir à un sexe pousse l'enfant à étudier attentivement chaque parent et à faire l'essai de son comportement distinctif. Ce besoin d'identification fournit aux enfants des gestes, des sentiments, des défenses et des images d'eux-mêmes qui les aident à comprendre leur sexualité. Filles et garçons imitent à la fois le comportement masculin et féminin. Ils veulent les uns et les autres porter le chapeau de papa et les talons hauts de maman ou essayer son rouge à lèvres. Les goûters de Halloween ou autres réunions déguisées sont des occasions d'identification. Il est plus facile d'accepter cette imitation quand vous comprenez ce qu'il y a derrière.

Pendant cette période, les enfants découvrent les différences qu'il y a dans leurs sentiments à l'égard de chaque parent – différences qui changent avec le temps. Ils trouvent qu'ils se sentent particulièrement attirés par un parent. En même temps, ils craignent que le parent qu'ils veulent laisser en dehors ne leur en veuille ou ils souffrent de sentiments de culpabilité envers ce parent. Comme nous l'avons vu dans la première partie, se tourner vers un parent en se détournant de l'autre est la façon dont les enfants équilibrent leurs sentiments envers chacun d'entre eux. Mais l'intimité avec le parent temporairement préféré peut sembler inconfortable à certains. Le désir intense qu'exprime l'enfant suscite des sentiments confus qu'il faut parfois démêler.

La nudité des parents

À quatre ans, les enfants prennent davantage conscience du corps de leurs parents. La nudité et ce qu'on fait dans la salle de bains, cela devient très intéressant pour eux. C'est le moment de prendre un peu de recul. Les enfants apprennent de leurs parents les attitudes envers la nudité et la sexualité. Ces attitudes sont personnelles et culturelles et elles varient considérablement dans une société multiculturelle comme la nôtre. Les réactions de l'enfant doivent permettre aux parents de savoir si leur nudité est dérangeante pour lui ou dérangeante à un stade particulier de son développement. Les parents peuvent également apprendre à sentir quand un manque d'information sur la sexualité, quand une attitude furtive, gênée de la part des adultes à propos de la nudité, est trop stimulante pour la curiosité de l'enfant. Les choses changent au fur et à mesure que l'enfant grandit – à trois ans, il peut être modérément curieux des différences anatomiques repérées à l'occasion sur le corps de ses parents. Mais à quatre et cinq ans, les enfants sont capables de faire des comparaisons avec leur propre corps et les trouver effrayantes ou dégoûtantes.

Identité sexuelle dans les familles monoparentales

Dans ces familles, l'enfant ressent le même besoin de trouver son identité sexuelle, mais parfois de façon plus intense que dans les autres familles. Un garçon peut toujours dire : «Maman, je voudrais me marier avec toi. Est-ce qu'on ne pourrait pas partir tous les deux?» Ce besoin semble si profond que je me demande ce que représente pour un enfant de cinq ans l'idée d'avoir maman toute à lui (ou papa). Il m'est impossible de croire que ce sont des sentiments liés à la sexualité, comme les ressentent les adultes. Pour l'enfant, ce sont d'autres aspects de cette relation désirée qui sont importants : avoir un parent tout à soi, être assez dominateur pour le contrôler, être débarrassé des intrus comme les frères et sœurs, les grands-parents ou les gens qui téléphonent.

Tous les enfants veulent posséder leurs parents, mais ils ont de la difficulté à verbaliser leur désir. À quatre et cinq ans, l'enfant veut être «comme» chacun de ses parents. À d'autres moments, l'enfant a besoin d'explorer ce que cela ferait d'avoir le parent de l'autre sexe tout à lui. Quand augmente la capacité à se séparer, à devenir indépendant de ces deux adultes importants, les enfants se tournent vers d'autres modèles – frères ou sœurs, amis plus âgés, enseignants, baby-sitters. Ils imitent le modèle, assimilent ses caractéristiques et jouent à devenir cette personne admirée. Dans les familles monoparentales, les enfants travaillent particulièrement dur pour trouver des adultes à imiter au-delà du cercle familial immédiat et peuvent accorder à ceux-ci une place plus importante pour compenser. Les adultes en question exploitent ce besoin ou sont intimidés par lui, ou encore réussissent à faire comme l'enfant souhaite.

Questions des enfants sur la sexualité et la reproduction

Les enfants entre trois et six ans posent des questions dans leur langage : «Pourquoi papa n'a pas de poitrine?» «À quoi ça sert le nombril?» «Qu'est-ce que c'est cette poche sous le pénis?» «Pourquoi mon pénis a de la peau par-dessus. Celui de Neil n'en a pas.» «Est-ce que ça va me faire mal si je mets mon doigt dans mon vagin?» «Est-ce que je peux faire pipi debout comme les garçons?» «Les filles ne sont pas pareilles. Est-ce que leur zizi est tombé?»

Les parents n'ont pas besoin de se lancer dans des réponses compliquées. En observant les yeux et le visage d'un enfant, on peut voir si l'on n'est pas allé trop loin. Les questions de l'enfant peuvent vous surprendre. Vous garderez la communication ouverte si vous écoutez et donnez des réponses simples.

Plus l'enfant sent que vous répondez honnêtement à ses questions et plus la conversation lui semblera satisfaisante. Cependant, chacun de nous a des valeurs personnelles et culturelles qui déterminent la façon dont il traite ces sujets sensibles.

Chaque question est l'occasion de partager l'information à un niveau très intime. Chaque question représente une fenêtre sur ce qui se passe dans l'esprit de l'enfant et une chance pour devenir le confident auquel il fera confiance par la suite. Écarter les questions ou laisser voir que vous les désapprouvez renforcera sa curiosité et fermera la communication.

Les enfants font savoir à leurs parents quand ils ont reçu plus d'informations qu'ils ne le souhaitaient en détournant le regard ou en fixant le vide. Les parents savent quand ils ont répondu aux questions – pour le moment – d'après la satisfaction de l'enfant. Votre ouverture et la franchise de vos réponses ont un caractère rassurant – à la différence de la télévision et des conversations entre pairs.

Quand doit-on donner aux enfants la description complète de l'acte sexuel? Dès que l'enfant demande comment on fait les bébés, ses parents peuvent lui donner une explication simple et honnête. L'enfant se tournera vers une autre source s'il n'obtient pas de réponse de ses parents. Découvrir la vérité par l'intermédiaire d'amis ricanants après avoir entendu pendant des années les histoires de cigogne de la part de ses parents ne peut que perturber un enfant, bien plus que si ces derniers lui avaient donné d'emblée une réponse franche. Si les parents réussissent à établir d'emblée une communication honnête sur la sexualité, l'enfant aura davantage tendance à compter sur eux quand il recherchera une information plus essentielle sur ce sujet dans les années à venir.

Sommeil

Les problèmes de sommeil sont l'un des problèmes les plus graves pour les jeunes enfants et leur famille. Le nombre de parents ayant des difficultés à assumer la tâche d'éducateur du sommeil auprès de leurs enfants est plus grand que jamais. Étant donné que le sommeil est un problème de séparation pour les parents et d'autonomie pour l'enfant, il est important de faire la distinction entre les deux.

Dans la petite enfance, l'enfant apprend à passer régulièrement du sommeil profond au sommeil léger et trouve alors une façon indépendante et confortable de retourner au sommeil profond; ce n'est pas facile, c'est un processus qui s'apprend. Tous, nous dormons en cycles de trois ou quatre heures. Toutes les trois ou quatre heures, un enfant quitte le sommeil profond pour s'agiter dans son sommeil léger. La plupart crient et gigotent dans tous les sens pour se réconforter avant de pouvoir se rendormir. Au cours des premiers mois de la vie, le bébé apprend à s'aider à passer d'un cycle à l'autre. Vers quatre mois, s'il l'a appris, il est capable de dormir durant huit heures, en revenant deux fois au sommeil léger. Vers six, huit mois, s'il parvient à dormir pendant dix à douze heures, il passe sans encombre ces périodes agitées trois fois. C'est un véritable travail qui exige d'apprendre à devenir indépendant la nuit. Beaucoup d'enfants ont besoin de leur pouce, d'une couverture ou d'un jouet – comme «doudou» – quand ils passent au sommeil léger.

L'apprentissage du sommeil dépend également de la capacité des parents à se séparer de l'enfant la nuit. Si les parents ne sont pas capables d'encourager les efforts de l'enfant pour apprendre à se rendormir tout seul, s'ils viennent le nourrir, le bercer ou le câliner à chaque période de sommeil léger, ils finissent par faire partie du schéma de sommeil de l'enfant. Celui-ci compte sur l'intervention de ses parents et il n'y a pas de raison pour que cela s'arrête avec le temps.

Les parents qui sont trop stressés ou qui sont éloignés le jour ont l'impression d'avoir perdu le contact avec leur enfant : c'est de nos jours la cause la plus fréquente des problèmes de sommeil. Ils se sentent tellement loin pendant la journée qu'instinctivement ils veulent se rattraper la nuit. Quand l'enfant s'agite à des intervalles de trois à quatre heures, ils vont souvent le voir, le prennent pour le câliner et le réconforter et le gardent dans les bras jusqu'à ce qu'il se rendorme.

Les experts en problèmes de sommeil considèrent que les schémas précoces d'endormissement déterminent les habitudes de sommeil ultérieures. Les enfants entre trois et cinq ans dorment de onze à quatorze heures par nuit (et de dix à treize heures vers six ans). Si à trois et quatre ans ils continuent à faire une sieste pendant la journée, les enfants dorment encore plus longtemps et plus profondément la nuit. Il est vraisemblable que plus un enfant dort profondément la nuit, plus il est attentif pour apprendre pendant la journée.

Les schémas de sommeil sont généralement en rapport avec le tempérament de l'enfant. Un enfant nerveux, actif, a davantage tendance à avoir des difficultés qu'un enfant plus décontracté. Les siestes de l'après-midi (qui devraient être terminées à trois heures) peuvent renforcer la capacité à se calmer et à contrôler ses états (niveau de vigilance) aussi bien l'après-midi que le soir.

Aller se coucher tout seul pose un problème aux enfants entre trois et cinq ans. Le coucher est une occasion de tester les intentions de ses parents – et cela se poursuivra jusqu'à six ans si les parents sont ambivalents. Après avoir été absents toute la journée, les parents se sentent obligés de passer du temps avec leur enfant le soir – et ils le doivent, parce que l'enfant a besoin de cette intimité. Si possible, demandez à la nourrice, puéricultrice ou institutrice de programmer la sieste de l'après-midi en fonction du programme de la soirée. Un enfant qui peut se reposer entre une heure et trois heures de l'après-midi sera prêt à dîner avec ses parents et à passer un bon moment avec eux entre sept et huit heures. Un moment tranquille de lecture, de chant et/ou de prière. Après cela, les parents doivent s'en tenir à un nombre donné (un ou deux) de verres d'eau et de retours sur le pot. Il est nécessaire de mettre un terme ferme à ces allées et venues. Ensuite, il n'est plus question de céder, sauf pour une urgence – maladie ou journée difficile. Soyez prêts à aider un enfant en détresse, mais considérez que c'est exceptionnel. Une approche ferme, sans ambivalence, aide l'enfant à trouver ses propres limites et le décourage d'exiger l'attention de ses parents la nuit. Aucun enfant ne peut s'arrêter de demander «encore une fois» s'il sent que ses parents sont ambivalents.

Quand un enfant s'éveille la nuit, doit-on aller le voir ? Bien sûr. Aucun enfant ne mérite d'être abandonné. Aucun parent ne peut supporter une mesure aussi draconienne. Je n'ai jamais pensé que le «laisser pleurer tout son soûl» puisse aider un enfant à s'endormir ou apprendre à un parent à se détacher. Mais une séparation définie devient nécessaire à ces âges. Les deux parents doivent s'engager fermement à se séparer de l'enfant à un moment donné.

La liste suivante décrit les étapes nécessaires :

1. Les parents doivent être tous deux d'accord sur le fait que la séparation de la nuit est essentielle.

2. Les parents doivent être tous deux d'accord sur le fait que leur enfant est capable d'apprendre à s'endormir. Donnez-lui les moyens de se réconforter (un ours en peluche, une couverture, son pouce, des berceuses douces).

3. Décidez que vous n'irez le voir qu'un nombre limité de fois, après lui avoir lu son histoire, l'avoir câliné et l'avoir mis au lit.

4. Tenez vos résolutions, en lui rappelant : «Tu peux te débrouiller maintenant.»

5. S'il se réveille pendant la nuit, allez le voir pour le réconforter, mais ne le sortez pas du lit.

6. Ne réagissez pas, n'ayez pas d'interaction si ce n'est d'une façon apaisante. Une bataille verbale ne le calmera pas. Soyez tranquille et ferme, mais déterminé.

7. S'il sort de son lit, permettez-lui de dormir sur un matelas posé au sol. Mais la porte de sa chambre est la limite à ne pas franchir.

8. Pas de promenade la nuit dans la maison – c'est dangereux.

9. En dernière extrémité, et seulement si c'est indispensable,

faites comprendre à l'enfant que vous pourriez être amené à équiper sa porte d'une chaîne, afin de l'empêcher de sortir, tout en le laissant libre d'appeler.

10. Souvent «l'autre» parent réussit à régler plus facilement ces réveils. Allez chacun à votre tour voir l'enfant. Cela montre bien que votre résolution de maintenir la séparation est commune.

11. Arrangez la chambre de façon à pouvoir vous asseoir à côté de son lit sans interagir.

12. N'arrêtez pas de lui murmurer tranquillement : «Tu peux y arriver ! Tu peux y arriver !»

13. Éloignez votre chaise, pour ne pas interagir avec l'enfant.

14. Peu à peu, reculez davantage votre chaise en direction de la porte, jusqu'à la sortir de la pièce.

15. Encouragez l'enfant à recourir à un «doudou» comme une poupée, une peluche ou une couverture spéciale durant la journée ; donnez-le-lui la nuit pour se rendormir en cas de réveil.

16. La suppression des siestes finit par devenir nécessaire – de toute façon, pas de sieste après trois heures de l'après-midi.

17. Si vous réveillez votre enfant quand vous vous couchez, avant qu'il ne vous réveille, vous dérangez son cycle normal de sommeil ; il peut apprendre à mieux dormir après un tel réveil, mais vous risquez d'avoir à le réconforter pour qu'il se rendorme.

Lit familial

De nos jours, beaucoup de parents (de 30 à 40 pour cent aux États-Unis, selon certaines enquêtes) dorment avec leurs enfants dans un lit familial. Quand un jeune bébé se réveille toutes les trois ou quatre heures, il est alors plus facile de s'occuper de lui et de le nourrir. Sur le plan émotionnel, il peut être moins difficile de le garder près de soi plutôt que de s'en séparer. Certains chercheurs prétendent qu'il y a moins de risque de «mort subite du nourrisson» quand l'enfant dort avec ses parents. Notre culture est l'une des rares à ne pas approuver ce genre de pratique. En Asie, en Afrique et dans beaucoup de cultures de par le monde, dormir en famille est une chose acceptée. Mais la séparation éventuelle ne se fait jamais facilement. Beaucoup de cultures mettent un terme abrupt à l'habitude. L'enfant souffre et reste souvent déprimé pendant un temps avant d'apprendre à dormir seul.

Dans notre culture, la plupart des bébés et des enfants sont censés dormir seuls et dans leur propre chambre. Notre tabou à l'égard du lit familial provient de l'importance que nous accordons à l'indépendance de l'enfant. Certains croient qu'un enfant qui dort avec ses parents aura plus de difficulté à apprendre à devenir indépendant durant la journée. En outre, certains pensent «qu'un enfant qui dort entre ses parents interfère dans leur vie de couple» et que «les abus sexuels sont plus susceptibles de se produire quand l'enfant dort avec ses parents».

Les parents qui sentent que leur enfant a besoin d'eux dans ses moments prévisibles de réveil parce qu'ils sont éloignés de lui pendant le jour ont du mal à «repousser le bébé» pour lui permettre d'acquérir des schémas de sommeil indépendants. Quand les parents envisagent d'avoir un deuxième enfant ou qu'ils l'ont conçu, ils se mettent souvent à reconsidérer le fait de dormir avec le premier. Cependant, s'ils sont entrepris juste avant ou juste après la deuxième naissance, les changements d'organisation pour les nuits – quitter le berceau ou le lit des parents pour un «grand lit» – ont toutes les chances de mener à l'échec ou de donner à l'enfant l'impression qu'il est encore plus exclu.

Vers trois ou quatre ans, dormir en famille devient souvent pénible. Les parents veulent être ensemble sans l'enfant. Ils se rendent souvent compte que l'enfant a conservé des schémas d'éveil toutes les trois ou quatre heures et qu'ils passent tous de mauvaises nuits. Ils peuvent aussi penser qu'un enfant prêt à entrer à l'école maternelle devrait se conformer aux habitudes de sommeil de notre culture. Mais à ce moment, il sera plus difficile pour l'enfant d'apprendre à dormir tout seul, car on lui a permis d'être dépendant de ses parents la nuit.

Avant d'essayer de se séparer de leur enfant la nuit, les parents doivent être prêts à régler leurs propres problèmes. Alors, après en avoir discuté avec l'enfant, vous pouvez installer un couffin à côté du lit familial. Encouragez l'enfant à l'utiliser pour la sieste. Encouragez-le à recourir à son «doudou». Pour commencer, il peut apprendre à dormir seul à côté de ses parents; l'étape suivante étant une chambre et le «grand lit». Quand il appelle, soyez prêts à aller le trouver pour le réconforter. Faites-lui remarquer les moments de la journée où il manifeste son indépendance; cela peut l'aider à progresser dans l'acquisition de son indépendance la nuit. Il en sera même plus fier et plus soulagé que vous.

Siestes

Les siestes offrent aux parents un excellent moment de détente. Un enfant actif bénéficie certainement d'un repos, mais ses parents en ont parfois encore plus besoin que lui. Les siestes devraient être programmées entre une heure et trois heures de l'après-midi. La plupart des enfants n'ont pas besoin de sommeil l'après-midi après trois ou quatre ans, mais un temps de lecture, passé loin de la stimulation de leurs pairs, a une valeur thérapeutique. Proposez un moment de tranquillité pour lire avec votre enfant et le câliner. Puis laissez l'enfant s'organiser tout seul, mais encouragez-le à pratiquer des activités qui ne soient pas excitantes – ni télévision ni jeux électroniques parce qu'ils n'offrent pas de détente physiologique. Écouter une musique douce, lire un livre, jouer avec des poupées ou à des jeux calmes tout cela peut aider l'enfant à se reposer et à recharger ses batteries. Les siestes ne durent pas au-delà de quatre ans, mais l'habitude d'un moment de calme dans l'après-midi peut être utile à conserver.

Frayeurs nocturnes

Comme nous l'avons écrit dans la première partie de cet ouvrage, frayeurs nocturnes et cauchemars sont courants chez les enfants de quatre, cinq et six ans. Les garçons redoutent les «méchants», les lions, les tigres, les monstres. Les filles ont peur des sorcières et des gens malintentionnés. Ces problèmes nocturnes surviennent en même temps que la peur des chiens, des bruits forts, des sirènes, des ambulances. Ces incidents font surgir les sentiments plus ouvertement agressifs de l'enfant que celui-ci constate – sous une forme exagérée – au-delà de lui-même. Après avoir surmonté les craintes de la séparation au cours de la troisième année, les enfants désirent tester plus franchement leurs propres limites. Ils veulent s'exprimer par des jeux agressifs et contestataires. Ces sentiments sont importants pour la personnalité et le sens de la sécurité. Les enfants doivent savoir qu'ils peuvent se sentir furieux sans perdre le contrôle d'eux-mêmes. Une discipline ferme et des limites stables les rassurent à cette période : «Tu ne peux pas te promener à travers la maison la nuit. S'il le faut, je bloquerai ta porte. Je pourrai venir te voir, mais tu ne pourras pas sortir seul.»

Comment aider un enfant à apprendre à surmonter frayeurs et cauchemars?

1. Réconfortez l'enfant et prenez ses craintes au sérieux, mais n'ajoutez pas votre anxiété à la sienne.

2. Regardez sous son lit, dans son placard. Faites-lui comprendre que c'est pour le réconforter et non parce que vous admettez qu'il y a un danger.

3. Des limites fermes au moment du coucher sont rassurantes.

4. Encore une fois, un «doudou» consolateur est utile.

5. Aidez l'enfant à acquérir des façons de se réconforter quand il s'éveille en état de frayeur. Il peut apprendre à «se parler à lui-même» en se répétant de toutes les manières connues de lui que ses craintes sont injustifiées; ou il peut se distraire en chantant des chansons, en se souvenant de chansons, en inventant des histoires ou en pensant à des choses agréables. De différentes façons, adaptées à d'autres situations, il utilisera ces techniques pendant le restant de sa vie.

6. Aidez l'enfant à apprendre l'agressivité «en toute sécurité» pendant la journée. Montrez-lui comment vous contrôlez votre agressivité, c'est plus important que jamais. Parlez-en avec lui chaque fois que cela se produit.

7. Lisez ensemble des contes de fées; ces récits encouragent les jeunes enfants à affronter leurs frayeurs et leurs sentiments de colère. Lisez aussi des livres comme *There's a monster in my closet* (Mercer Mayer), (*Il y a un monstre dans mon placard*), *Where the Wild Things Are* (Maurice Sendak) (*Max et les maxi monstres, L'endroit des choses qui font peur*) et *Much Bigger than Martin* (Steven Kellogg) (*Bien plus grand que Martin*), parmi beaucoup d'autres. Les livres permettent aux enfants d'affronter et finalement de maîtriser ces sentiments – ils peuvent tourner les pages à leur rythme, étudier une image aussi longtemps qu'ils le désirent, revenir en arrière ou fermer le livre. La télévision et le cinéma ont

un rythme qui leur est propre – ils présentent les situations effrayantes trop crûment et ne respectent pas l'enfant et son besoin de contrôler ce qu'il peut supporter, en quantité et en temps.

Voici maintenant quelques-unes des causes pouvant entraîner des troubles du sommeil ou des frayeurs perturbatrices, causes que votre pédiatre devra peut-être vous aider à déceler :

1. Il faut éliminer les «terreurs nocturnes». Celles-ci surviennent dans le sommeil profond quand l'enfant s'assied soudain tout droit et se met à hurler. L'enfant étant toujours endormi, on ne peut communiquer avec lui pendant plusieurs minutes avant de pouvoir le calmer – c'est typique. (Voir *Points forts*.)

2. Quand un enfant paraît trop perturbé par ses frayeurs, assurez-vous qu'il n'a pas été traumatisé ou molesté. Si, brusquement, ces frayeurs semblent prendre une existence propre, qu'elles dominent la vie de l'enfant, qu'elles interfèrent avec l'ensemble de ses activités habituelles, il faut recourir à l'aide d'un professionnel de la santé mentale pour interpréter ces changements de comportement inquiétants. Le plus alarmant, c'est un enfant qui se met tout d'un coup à avoir peur de se déshabiller ou de changer de vêtements, au moment du bain, pour aller aux toilettes ou pour se coucher.

3. Un somnambulisme répétitif, ce qui est rare, peut devenir perturbant. Il est parfois nécessaire de bloquer la porte de l'enfant afin de le maintenir dans un environnement sûr, qu'il se promène la nuit en dormant ou non. S'il est somnambule, dites-le à votre pédiatre qui vous adressera le cas échéant à un spécialiste du sommeil.

Télévision

Nous sommes tous effrayés par le climat d'agressivité et de violence dans lequel nous vivons – nos jeunes enfants le sont aussi. De quelle façon sont-ils affectés par la violence qu'ils voient à la télévision plusieurs fois par jour ? Même sans violence, la télévision est un média irrésistible et accaparant, qui tient une place importante dans beaucoup de foyers et d'existences quotidiennes. Quand j'observe mes petits-enfants devant le téléviseur, ils sont littéralement en transe : ils perdent leurs couleurs, leurs battements de cœur s'accélèrent, leur respiration devient profonde et régulière, ils n'ont plus de contact avec quoi que ce soit dans la pièce. Si vous parlez à un enfant qui se trouve dans cet état ou si vous l'appelez, il ne répondra pas. Il est «captivé» : la télévision a plus de pouvoir que vous. Quand l'émission est terminée, l'enfant manifeste ce que cela lui a coûté sur le plan physique par un comportement nerveux et irritable ; il lui arrive de pleurer. Il est difficile d'entrer en contact avec lui en lui adressant des instructions ou en lui faisant un câlin. L'enfant doit éliminer les messages surstimulants, mais à quel prix ? Le prix variera en fonction du tempérament de l'enfant. En jouant de façon exubérante, un enfant actif peut se libérer des sentiments trop forts provoqués par une émission de télévision violente. Un enfant calme peut ne pas sembler surstimulé ; en lui-même, pourtant, un tel enfant risque d'être perturbé, écœuré par les images qu'il a vues. Cet enfant peut devenir encore plus calme et plus replié sur lui-même. Ses sentiments ne trouvent pas d'exutoire. Ce que lui coûte une émission violente est parfois plus difficile à discerner.

La télévision s'attaque sérieusement au cœur et à l'esprit de nos enfants. Un jeune enfant peut confondre les agressions qu'il voit sur l'écran et leurs effets sur sa personne. À trois ans, il n'a pas encore développé des défenses ou des contrôles vis-à-vis des frayeurs provoquées par des images qui proviennent non pas de son univers, mais de l'imagination d'un adulte. Les parents doivent limiter le temps passé devant le téléviseur, contrôler les émissions regardées et savoir ce qui est susceptible d'arriver dans ces émissions. Ils devraient se trouver aussi souvent que possible avec l'enfant quand celui-ci regarde la télévision. Un parent qui reste avec l'enfant va rapidement surmonter le sentiment de «priver» celui-ci en limitant son temps devant le téléviseur. Si l'enfant se sent dépassé, en écoutant ses réactions, ses peurs, on peut l'aider à surmonter les sentiments bruts qui sont exacerbés – même à trois ans. Ne pas se contrôler est toujours effrayant.

Quelle que soit la résistance opposée par les parents aux armes et aux comportements agressifs, armes et agressions sont une préoccupation majeure pour les enfants dont l'âge tourne autour de cinq ans. La télévision et les jeux sur ordinateur renforcent l'agressivité; leurs sons et images violents ne laissent aucune place pour l'imagination et les jeux spontanés. De nos jours, les enfants qui regardent la télévision voient tant de fusillades et de meurtres qu'ils ont tendance à penser que ce sont des comportements normaux pour les adultes. Étude après étude, on a démontré que les jeunes enfants sont plus enclins à l'agressivité et à la combativité après visionnage des émissions présentant des scènes d'agression et de guerre. Il est donc important de limiter le temps passé devant le téléviseur, bien que ce ne soit pas suffisant pour supprimer tout comportement agressif. À cet âge, jouer avec des armes ne signifie pas se préparer pour des conflits à venir; c'est une façon d'apprendre à gérer ses sentiments. La tâche des parents actuels est d'enseigner à leurs enfants comment exprimer en toute sécurité leur agressivité et quand s'arrêter. La plupart des émissions télévisées ne contiennent pas ce message. Regarder la télévision en famille peut créer des occasions de discussion sur les sentiments agressifs.

La télévision, par satellite ou par Internet, ne va pas disparaître. Il n'est pas réaliste de penser qu'on peut élever un enfant sans aucun contact avec ces médias, mais on peut assurément limiter les contacts à un minimum. De plus, certains programmes télévisés (en nombre insuffisant) ouvrent les enfants à de nouveaux univers. (Malheureusement, quelle que soit l'émission, les annonces publicitaires vont à l'encontre des besoins des enfants.) Quand ils sont un peu plus âgés, les enfants peuvent apprendre de façon plus active en réalisant leurs propres vidéos ; une activité aussi créative les aidera à discerner tout ce que la technique apporte d'illusions et à leur donner une meilleure compréhension de la façon dont ces illusions affectent les pensées et les sentiments de tout un chacun.

Les parents doivent encourager les enfants à se servir intelligemment des médias. Aidez votre enfant à développer une attitude critique quand il ou elle regarde la télévision. Un enfant même très jeune peut être encouragé à se demander si ce qu'il voit est « vrai », à se demander ce qui arrive à tous les gens qui sont blessés, et ainsi de suite. Votre enfant a besoin de votre aide pour décrypter d'emblée les annonces publicitaires : « Comment sais-tu que ces céréales sont meilleures que toutes les autres ? Pourquoi penses-tu que les gens qui ont réalisé cette publicité voudraient que tu le croies ? »

Les parents doivent avoir conscience des risques encourus par les enfants qui regardent trop la télévision. Parmi les recommandations de l'Academy of Pediatrics, on trouve les conseils suivants :

– Les enfants de moins de deux ans ne devraient pas regarder la télévision.

– La télévision devrait être limitée à une heure les jours de semaine, deux le week-end. (Cette durée ne représente, bien entendu, ni une obligation ni un droit ; et le choix des programmes reste essentiel.)

– Les enfants ne devraient jamais avoir de téléviseur dans leur chambre.

– Les parents devraient se rendre compte que les enfants qui passent beaucoup de temps devant le téléviseur ont tendance à prendre du poids ; l'obésité est un problème de santé majeur. (Le manque d'activité physique associé à la télévision et les mouvements répétitifs exigés par les jeux vidéo peuvent également entraîner d'autres problèmes de santé.)

Regarder la télévision avec vos enfants vous donne l'occasion de partager leur expérience et de prendre connaissance de leurs questions et de leurs inquiétudes. Certains parents ont du mal à suivre ce conseil. Ils se sont peut-être servis du téléviseur comme d'une «baby-sitter» depuis toujours et maintenant, ils ne se sentent pas le droit de l'enlever à leurs enfants. Dans un foyer où règne une grande activité, ils peuvent ne pas avoir suffisamment d'énergie pour tenir bon sur la qualité et la quantité des émissions autorisées. Ils ont parfois l'impression qu'il est impossible de résister à cette drogue nationale. Ils craignent que leur enfant ne se sente différent et ne soit rejeté s'il ne partage pas cette culture commune. Ce n'est pas forcément le cas. Un enfant qui prend exemple sur ses parents, qui s'intéresse à autre chose qu'à la télévision et qui a du temps pour se passionner pour d'autres activités – parce qu'il ne perd pas ses après-midi et ses soirées devant la télévision ou les jeux vidéo – sera certainement un compagnon de jeux compétent et recherché par ses pairs.

Votre enfant a besoin de routines, de structures et d'activités. Remplissez un tiroir avec des jeux à son intention – ils n'ont pas besoin d'être chers, et vous pouvez les sortir petit à petit pour créer la surprise lorsque l'enfant s'ennuie. Faites une liste de tout ce que votre enfant peut faire – seul, avec un ami ou avec vous ; à la maison, à l'extérieur, saison par saison. Examinez la liste avec lui. Votre enthousiasme pour des activités autres que la télévision sera contagieuse. Aidez-le à organiser sa journée avant que l'ennui ne le gagne et que la télévision n'apparaisse comme la seule solution. Bien sûr, c'est sans doute encore mieux quand c'est spontané ; mais là aussi, télévision et jeux vidéo se mettent en travers du chemin. Cependant, les enfants sont pleins de ressources et n'auront peut-être pas besoin de toute cette aide si vous placez téléviseur et console de jeu hors de portée.

La «bonne» télévision, les «bons» médias peuvent avoir une valeur positive dans la formation du comportement. Entre quatre et six ans, les enfants ont envie de s'identifier aux adultes. Nous pouvons certainement influencer leurs choix vers d'autres exemples en les aidant à faire preuve de discernement vis-à-vis des émissions de télévision ou des cassettes vidéo qu'ils regardent.

Travailler et s'occuper de ses enfants

Dans la plupart des familles, les deux parents exercent une profession; aux États-Unis, 63 pour cent des mères (d'enfants de moins de dix-huit ans) travaillent en dehors de leur foyer. On ne peut guère attendre de changements dans ce domaine et nous devons trouver des moyens d'adaptation qui prennent en compte les intérêts supérieurs des enfants. De nos jours, nous exigeons de chaque parent qu'ils se coupe en deux – une partie pour son lieu de travail, l'autre pour l'affection et l'éducation à la maison. Nous demandons aux enfants de s'adapter à cette coupure et de participer à nos efforts pour «y arriver» en conciliant vie de famille et vie professionnelle.

Une autre révolution se produit dans le domaine professionnel, qui va altérer un peu plus les relations des parents entre eux et avec leurs enfants. Les nouvelles technologies ont promis d'apporter plus de temps libre aux familles; or ces promesses sont compromises par leur capacité à amener le travail à la maison. Les beepers, les portables, les fax, le courrier électronique et l'Internet ont permis à un nombre toujours plus grand d'Américains de travailler chez eux, et à beaucoup d'autres de rapporter avec eux une partie de leur travail qui empiète sur le temps et la place réservés aux réunions familiales.

Pour certains parents, les changements que la technologie a apportés à notre façon de travailler ont signifié plus de flexibilité, moins de temps perdu qu'auparavant en trajets et plus de disponibilité pour la famille, si ce n'est plus de temps. Cependant, pour d'autres, ces changements ont apporté une intrusion nouvelle du travail dans leur foyer et les impératifs professionnels qui s'ensuivent ont réduit le temps consacré à la famille.

Fax et courrier électronique créent de nouvelles attentes de rentabilité et poussent le rythme de travail à des sommets de frénésie jamais atteints. Les enfants sentent le stress qui pèse sur leurs parents. Certains se détournent, comme pour s'empêcher de causer tout stress additionnel à leurs parents. Ils paraissent avoir renoncé aux moments où ils pourraient avoir leurs parents tout à eux. D'autres se démènent avec ardeur pour garder le contact avec leurs parents même si cela signifie recourir à des comportements qui gâchent le peu de temps qu'ils passent ensemble.

Les beepers et les téléphones portables signifient des interruptions imprévisibles n'importe quand et une intrusion supplémentaire dans la vie familiale; les routines – si essentielles pour les jeunes enfants – sont bousculées. Plus subtile et plus perturbatrice est la façon dont ces appareils gardent les parents «en ligne» avec leur travail, exigeant d'eux qu'ils partagent leur attention entre leur carrière et leurs enfants même lorsqu'ils sont à la maison. Les enfants savent quand quelqu'un n'est qu'à moitié là pour eux.

Bien que les pères qui travaillent passent de plus en plus de temps avec leurs enfants, jusqu'à présent personne n'a pris en compte l'intrusion des beepers, des appels téléphoniques, des mails, etc. Quel enfant n'éprouvera pas un sentiment de rejet et de perte si son père abandonne un jeu dans lequel ils sont tous deux absorbés pour répondre à son téléphone portable? La seule façon de protéger les interactions parent-enfant est peut-être de déclarer que certaines heures de la journée sont entièrement consacrées à l'enfant : les beepers sont éteints, les répondeurs branchés et les ordinateurs laissés à eux-mêmes.

Dans l'ensemble, les parents américains doivent travailler davantage chaque semaine pour maintenir le niveau de vie qui existait il y a plusieurs dizaines d'années. Ils sont de plus en plus nombreux à exercer deux professions à temps plein et il leur est impossible d'avoir autant de temps et d'énergie qu'ils le voudraient à consacrer à leurs enfants. Nous sommes à une époque où les parents ont besoin de s'asseoir ensemble pour évaluer leurs priorités et leurs options. Ils devraient se demander si les premières années de leurs enfants sont le meilleur moment pour avoir une activité aussi frénétique.

Le travail n'a pas seulement envahi les foyers, mais aussi dépassé les frontières des horaires professionnels pour envahir les soirées, les nuits et les fins de semaine. Les enfants ont dû s'adapter à l'absence de leurs parents après l'école, au dîner, au coucher et maintenant, hélas, même pendant la nuit. Dans beaucoup de familles avec deux parents, chaque adulte a des horaires différents pour qu'il y en ait toujours un qui soit disponible pour les enfants – mais les enfants ne voient jamais leurs parents ensemble. Cela peut faire peser un poids sur les relations conjugales et les enfants perdent l'occasion de prendre exemple sur la façon dont leurs parents se comportent entre eux.

Le pire de tout, peut-être, est que l'activité est devenue un signe de succès dans notre société – plus on s'agite, plus on est occupé et mieux c'est. Sommes-nous devenus si dépendants de ce besoin d'activité que nous n'arrivons plus à nous accorder du temps pour nous arrêter et réfléchir sur ce qui est arrivé à nos priorités. Si nous insistions sur le maintien de priorités fortes, nos enfants et nos familles seraient en mesure de bénéficier des changements survenus dans les communications et dans les compétences informatiques au lieu de se trouver à leur merci. Les nouvelles technologies redéfinissent notre manière d'utiliser le temps et l'espace; elles ont aussi le potentiel de modifier notre façon de communiquer entre nous, de changer la nature de nos relations. Nous devons décider si ces technologies serviront à renforcer les structures familiales ou à les briser.

Quand des parents qui ont tous deux une activité professionnelle recherchent des solutions pour leur famille, chacun doit participer aux décisions. Si leurs enfants sont assez grands, ils peuvent être inclus dans le processus de décision. Alors, quand surgit la question : «As-tu vu la superbe voiture neuve de Joey? Quand finirons-nous par nous débarrasser de notre tacot?» ou : «Elle a de l'argent de poche pour s'acheter elle-même ses jouets. Pourquoi est-ce que je ne peux pas en avoir? Vous ne m'achetez jamais rien», les parents ont l'occasion d'attirer l'attention sur les décisions familiales, sur les compromis et sur les valeurs qui les soutiennent. Ces décisions peuvent représenter un point d'appui pour les parents déterminés à se réserver du temps à passer en famille malgré les pressions professionnelles et financières. Cela vaut la peine d'envisager des emplois à mi-temps, afin qu'un parent soit à la maison quand les enfants rentrent de la crèche ou de l'école. Se partager les enfants est bénéfique pour eux.

La campagne «Emmenez votre enfant sur votre lieu de travail» met l'accent sur l'importance de faire comprendre à votre enfant la signification du travail, pour vous et pour la famille. Quand j'ai installé mon cabinet pédiatrique à mon domicile, je l'ai fait avec de sérieuses craintes. Je pensais que mes enfants seraient contrariés que j'examine leurs amis dans notre maison et que je leur fasse des piqûres. Au lieu de cela, ils descendaient pour leur tenir compagnie, pour voir comment ils se sentaient après mon examen. Ils étaient ravis de partager mon travail. Les parents qui permettent à un enfant de faire l'expérience de leur passion pour leur profession sont déjà en train de préparer l'avenir de cet enfant.

Les suggestions suivantes peuvent être utiles aux parents obligés de travailler tous deux hors du foyer :

– Parlez ouvertement de la nécessité de travailler et des arrangements indispensables pour mener de front deux activités – à la maison et sur le lieu de travail.

– Partagez les tâches domestiques. En grandissant, les enfants peuvent aider.

– Ayez conscience que les enfants souffrent de votre absence.

– Apprenez à séparer soucis professionnels et vie familiale. Laissez le travail au bureau et les problèmes domestiques mineurs à la maison.

– Gardez un contact régulier avec chaque enfant et la personne qui se charge de lui en votre absence.

– Préparez chaque enfant à la séparation le matin et préparez-vous aux retrouvailles le soir.

– Apprenez à «tricher» sur votre lieu de travail : conservez de l'énergie pour des moments d'intimité en famille à la fin de la journée.

– Acceptez le fait que tous les enfants seront fatigués et déchaînés à votre retour. Ils garderont leurs protestations pour vous. Soyez prêts et conservez de l'énergie pour eux.

– Occupez-vous *en premier* des enfants et de leurs besoins.

– Quand vous arrivez chez vous, rassemblez tout le monde dans un grand fauteuil à bascule pour prendre les nouvelles. «Comment s'est passée ta journée?» «Tu m'as tellement manqué.»

– Dès que vous avez retrouvé le contact, et *seulement* à ce moment, occupez-vous des tâches domestiques.

– Invitez les enfants à vous rejoindre à la cuisine pour vous aider. Même si le fait qu'ils aident vous ralentit, il est important de les faire participer. Félicitez-les de leur aide.

– Organisez des réunions familiales pour passer en revue les points positifs et négatifs de la semaine.

– Faites une liste des tâches domestiques à faire. Laissez un certain choix aux enfants et partagez ces tâches entre les membres de la famille. Indiquez les récompenses et les pénalités pour l'exécution correcte ou non de chaque tâche.

– Prévoyez de fêter régulièrement tous les membres de cette famille qui travaillent si bien ensemble !

– Rappelez-vous que vos enfants sont en train d'apprendre pour leur propre existence future comment des parents parviennent à mener chacun leur carrière.

Le besoin universel des parents qui travaillent est d'avoir plus de temps. « Je n'arrive jamais où que ce soit à l'heure ; quand j'y arrive, mon esprit ne m'a pas rattrapé. J'ai toujours un train de retard. Quand j'entre au bureau, je pense à l'enfant en pleurs que j'ai laissé chez sa nourrice. Quand je reviens à la maison le soir, j'ai les plus grandes difficultés à changer de rythme. Je n'arrive pas à me débarrasser l'esprit du travail que je n'ai pas terminé ni de celui qui m'attend. Changer les couches ou m'asseoir pour faire un câlin n'est pas difficile, mais en fait, je ne suis pas encore vraiment à la maison – je suis toujours au travail et mon enfant le sent. Je ne suis pas complètement avec lui. Je suis encore sur la brèche. »

Les parents qui sont absents ne manquent pas seulement de temps à passer avec leur enfant ; ils sont inquiets de rater toutes les étapes de son développement. « Comment a-t-il appris cela ? Sans moi ! Je passe à côté de son enfance. » Il n'y a tout simplement pas assez de temps pour la famille. Pas de temps pour ne faire rien d'autre que rêver ou réfléchir. Pas de temps pour soi. Pas de temps pour son conjoint. Pas de temps pour les enfants. « Pas de temps » est un cri de détresse universel. Nous élevons nos enfants dans un climat de pression.

Quand les parents essaient de trouver un équilibre raisonnable, les enfants en bénéficient. Ellen Galinsky, directrice du Work Family Directions à New York, a demandé à des enfants ce qu'ils pensaient de leurs mères qui toutes travaillaient en dehors de leur foyer. La plupart prirent immédiatement le parti de leur mère :

« Même si elle déteste son travail, elle sait que nous avons besoin d'argent. » Ces enfants avaient nettement l'impression que leur mère était « la personne la plus importante pour moi. Elle est toujours là quand je suis malade ou quand j'ai besoin d'elle ». Le fait que leur mère travaille ou non n'était pas le problème. Ils voulaient des « moments privilégiés » avec elle, des moments où ils occuperaient la première place dans ses pensées. Les enfants les plus satisfaits appréciaient les moments de « détente » avec leur mère. Plutôt que les prétendus « moments de qualité » programmés, passés ensemble ou en excursion, tous ces enfants préféraient passer de simples moments de flânerie avec leurs parents, sans rien faire de particulier. À partir de l'étude d'Ellen Galinsky, il était évident que ces enfants désiraient faire partie du labeur familial ; ils voulaient comprendre le travail de leurs parents, participer à leurs efforts de réussite. Quand la famille travaille de concert, les enfants ne se sentent pas « roulés ». « L'école est le lieu de travail des enfants. Ma maman et mon papa ont leur lieu de travail. Mais nous sommes là, les uns et les autres, pour nous aider. »

Les parents qui voyagent

De nos jours, de plus en plus de parents ont une profession qui les oblige à voyager régulièrement. Les parents qui ont dû conjuguer leurs responsabilités familiales avec une vie passée sur les routes savent sans doute déjà que, quoi qu'ils en disent, conjoint et enfants ont horreur qu'ils soient partis. Quand un parent revient à la maison après un voyage d'affaires, il s'attend à un accueil chaleureux. Il se peut qu'il l'ait. Mais après les embrassades spectaculaires et les questions sur les cadeaux, la famille ne manifeste parfois aucun intérêt – comme pour montrer qu'elle sait se débrouiller seule. Plus l'indifférence est grande, plus l'absence a été ressentie. Si le « revenant » respecte ce besoin de le tenir à distance, cela ne durera pas longtemps. Il ferait bien de ne pas s'occuper du courrier et des messages, afin d'être disponible au moment où la famille sera prête à se rapprocher. Il doit se laisser conduire par les enfants, au fur et à mesure que ceux-ci se dégèlent. C'est lui qui est parti. À présent, ils ont besoin de prendre le contrôle des retrouvailles.

Les enfants entre trois et six ans peuvent s'inquiéter, devenir «collants» et craindre les séparations à venir, même brèves. De tels comportements montrent combien ces enfants sont liés à leurs parents et ce sont des signes de santé. Les enfants de cet âge ont besoin d'explications claires sur l'endroit où leur parent se rend, la durée de son voyage et surtout pourquoi il doit partir. «Où» peut être localisé sur une carte ou illustré par des images ou des photographies; de cette façon, c'est moins inconnu, moins effrayant. «Combien de temps» peut être montré sur un calendrier ou une horloge, ou en comptant les nuits et les jours, les couchers et les petits déjeuners. Minimiser le voyage peut aider le parent à se sentir mieux sur le moment, mais à terme, cela ne fera qu'empêcher l'enfant de lui faire confiance. «Pourquoi» un parent doit partir est une question essentielle – une explication simple et claire sur le travail aide l'enfant à savoir que ce n'est pas parce qu'il a été «méchant». Bien que le parent puisse déclarer qu'il préférerait ne pas partir et voudrait bien rester avec ses enfants, il n'y a aucune raison d'être négatif à propos du travail. Il est nécessaire que les enfants s'identifient avec des parents qui éprouvent du plaisir et de la fierté dans leurs activités.

Comme les enfants, les parents ont besoin d'aide pour rester en contact quand ils sont partis et pour reprendre le contact à leur retour. Les conseils suivants ont été adaptés à partir du livre de James Levine, *Working Fathers* (*Les pères qui travaillent*), et sont bien sûr également valables pour les mères qui doivent voyager :

– Préparez-vous, vous et votre conjoint d'abord. Soyez sûrs de considérer tous deux que le voyage est nécessaire. Reconnaissez les sentiments de l'un et de l'autre et préparez-vous aux retrouvailles.

– Expliquez le voyage en des termes compréhensibles pour un enfant. À trois ans, un enfant peut penser que vous n'allez jamais revenir. À cinq ans, il peut même imaginer que votre voiture va avoir un accident. Prêtez attention à ses inquiétudes.

– Préparez un projet que vous finirez ensemble à votre retour. Expliquez votre emploi du temps dans son langage. Éventuellement laissez un calendrier avec des pastilles à coller chaque jour pendant votre absence.

– Ayez recours à des rituels d'adieux et dites toujours au revoir

– pourquoi ne pas aller tous ensemble à l'aéroport pour souhaiter un bon voyage à maman ou à papa ?

– Téléphonez chaque jour. Renseignez-vous sur ce que l'enfant a fait et posez-lui des questions à ce sujet.

– Enregistrez une cassette vidéo ou audio des histoires à lire au coucher qui pourra être diffusée chaque soir.

– Envoyez des cartes postales.

Évitez de partir à des moments symboliquement importants – anniversaires, fêtes religieuses, spectacles scolaires. Ce sont des occasions fortes pour dire – en restant disponible – que votre enfant et votre famille comptent. Un enfant sait que ces moments sont spéciaux et il vous saura gré d'en faire des priorités, surtout si vous devez vous battre pour cela.

Employez au mieux le temps que vous pouvez passer ensemble. Par exemple, quand vous vous trouvez avec votre enfant, dites-lui que ce moment est à «lui». Pas de beeper, pas de téléphone portable, pas de fax. Cherchez des façons originales de lui faire comprendre que vous êtes tout à lui. Suivez ses suggestions. Utilisez des jouets et des jeux adaptés à son âge. Le concept que le Dr Stanley Greenspan appelle «moment de tapis» vous rendra service. Quand vous vous asseyez par terre avec un enfant, celui-ci sait que vous êtes «tout à lui». Alors, vous lui laissez l'initiative, vous jouez à ses jeux et non pas aux vôtres. Vous pouvez avoir intérêt à vous contenter de l'observer au début, afin de prendre son rythme et d'entrer dans le jeu à son niveau. Il est difficile de ne pas conduire, de ne pas donner de leçons et de simplement suivre. Mais rappelez-vous que le jeu est à lui et que le message que vous désirez faire passer est : «Je suis tout à toi.»

Tristesse et dépression

La tristesse est inévitable et nécessaire. Elle accompagne beaucoup d'événements importants de notre vie; elle nous montre à sa façon combien une personne ou une chose que nous avons perdue a compté pour nous. Au cours de la croissance, chaque point fort apporte sa part de tristesse – pour le parent comme pour l'enfant; cela fait partie du cycle qui consiste à renoncer aux vieilles habitudes pour se préparer à un nouveau pas vers l'indépendance. Souvent chez les parents, la tristesse est causée par la perte de l'innocence de l'enfant et l'impossibilité de protéger cet enfant d'un monde qui est loin d'être parfait.

Tous les enfants font l'expérience de la tristesse. Dans ces circonstances, le corps se replie sur lui-même; toutes les exigences, toutes les émotions sont ou bien suspendues ou bien reléguées à un plan secondaire afin de laisser à l'enfant une chance de ralentir, de se retirer et de se réorganiser. La culpabilité et l'égocentrisme qui accompagnent souvent la tristesse doivent être analysés et évacués. Pendant les périodes de tristesse, les enfants apprennent à surmonter la déception ou le chagrin et se constituent des défenses et des techniques pour affronter ultérieurement leur vulnérabilité.

La tristesse apparaît après des pertes, des critiques et des incapacités ressenties comme telles. Un jouet cassé provoque des larmes et la pensée inévitable : « C'est moi qui ai fait ça ! Comment puis-je être aussi bête ? Vite, je vais le cacher ou maman va le voir et je me sentirai encore plus bête. » La perte d'un « doudou », d'une peluche ou d'une sucette, est ressentie comme la perte d'une partie de soi. « Qu'est-ce que je vais encore perdre ? » La perte d'une personne importante a le même effet et peut également susciter des reproches et de la culpabilité : «Qu'est-ce que j'ai fait de mal?» La tristesse manifestée par les parents peut aussi être ressentie comme une perte. La dépression d'un adulte ne va pas passer inaperçue chez de jeunes enfants. Ils auront tendance à croire que leur parent «est ailleurs» et à se sentir responsables; ce qui est effrayant si on ne le reconnaît pas ouvertement. Les critiques, les affronts, les moqueries, sont souvent destructeurs pour de jeunes enfants qui se sentent déjà plus petits et moins compétents que les adultes qui s'occupent d'eux. Leur estime de soi est moins fermement ancrée et ils sont plus vulnérables aux événements quotidiens.

Les enfants ayant des tempéraments différents manifestent leur tristesse de façons différentes. Les expressions les plus courantes sont l'irritabilité, les colères, les sautes d'humeur et les comportements agressifs. Tout cela est destiné au monde extérieur. Les enfants peuvent également tourner leur tristesse contre eux-mêmes – ils ne mangent pas, leur sommeil ou tout autre comportement habituel est perturbé. Ils ont l'air pâle, abattu – «plus du tout eux-mêmes». La frustration des parents, leur surprotection prolongent souvent la période de tristesse : d'un sentiment personnel, celle-ci se transforme en un comportement provocateur destiné à tester ces nouvelles réactions parentales.

Les parents veulent naturellement protéger leurs enfants de la tristesse, mais c'est impossible. Il est douloureux de voir un enfant triste. Bien que l'enfance soit supposée être amusante, joyeuse et gratifiante, tous les enfants vous diront que ce n'est pas toujours le cas. Les adultes se souviennent des moments tristes de leur enfance au moins aussi facilement que des occasions heureuses.

Voici, à l'intention des parents, quelques façons d'aider un enfant triste :

1. Observez, en tant que parent, votre tendance naturelle à souffrir quand votre enfant souffre. Est-ce que vous ressentez sa douleur comme un échec de votre part? Est-ce que vous sentez que vous devez le protéger contre ces sentiments? Espéreriez-vous pouvoir le protéger contre la tristesse que vous avez éprouvée pendant votre enfance? Essayez de comprendre vos réactions à sa tristesse; il a besoin de savoir que vous pouvez supporter d'entendre combien il se sent triste. Votre désir de le protéger de sa tristesse risque de rendre cela impossible.

2. Ne vous précipitez pas pour prendre les choses en main. Laissez à votre enfant du temps et de l'espace pour qu'il essaie de surmonter sa tristesse tout seul. Si vous vous en mêlez tout de suite, vous risquez de ne pas lui laisser l'occasion de sentir qu'on l'écoute et qu'on l'accepte. Il a besoin de temps pour lui. Il apprend à s'en sortir. Il faut un jour ou l'autre affronter la déception et la tristesse, et il n'est pas trop tôt pour commencer.

3. Aidez votre enfant à dire tout haut ce qu'il ressent : «Parfois ça aide de dire à quelqu'un ce qu'on sent.» Le soulagement qu'il éprouvera va renforcer votre communication à venir.

4. Écoutez. N'essayez pas de lire dans ses pensées. Vous pouvez avoir envie qu'il sache que vous savez exactement ce qu'il ressent. Mais personne ne le peut vraiment. Écouter et désirer comprendre, cela suffit.

5. Partagez la tristesse de votre enfant, parlez-en avec lui sans «essayer de régler le problème». C'est rarement possible et vous risquez de lui donner l'impression que vous êtes incapable d'affronter son désespoir. Les choses n'ont pas à demeurer désespérées, mais un enfant peut rester prisonnier de son état tant qu'il ne sait pas que vous voyez vraiment combien ses sentiments sont sérieux.

6. Les deux extrêmes – surprotéger l'enfant ou prendre sa tristesse à la légère – sont deux façons de dévaloriser ses sentiments et ses efforts pour les surmonter.

7. Avouez votre propre tristesse et faites-lui savoir que vous pouvez la surmonter. L'adversité vous donnera sans doute des occasions de montrer à votre enfant des façons de se comporter pour s'en sortir.

La tristesse est une émotion ; ce n'est pas la même chose que la dépression qui est une maladie. Tandis que les sentiments de tristesse vont et viennent comme des nuages passagers, la dépression s'installe comme un épais brouillard. La dépression empêche de voir ce qui se passe réellement. Tout paraît sans joie et sans objectif. L'enfant se considère comme «bon à rien», considère les adultes comme «incapables de l'aider», le monde comme «pas amusant» et sinistre. Cette distorsion dans la perception interfère avec la concentration, les amitiés, la tolérance devant les frustrations, même l'appétit et le sommeil. Plus pénétrante et persistante que la tristesse, la dépression apparaît comme un changement de personnalité chez l'enfant. Elle peut aussi ressembler plus à de la colère qu'à de la tristesse. Plus couramment que les adultes, les enfants déprimés donnent l'impression d'être tout le temps furieux.

Voici quelques façons de distinguer la dépression de la tristesse. Si vous avez le moindre doute, n'hésitez pas à contacter rapidement un professionnel de la santé mentale pour examiner l'enfant.

– La dépression a une longue durée par rapport à la tristesse qui se manifeste par des épisodes passagers, de courte durée.

– Elle atteint toute la personnalité par rapport à un contexte spécifique.

– Elle envahit de nombreux domaines de la vie de l'enfant, perturbant le sommeil, les relations entre amis et l'adaptation à l'école ; la tristesse est le résultat d'une cause identifiable.

– Quand les pairs se montrent hostiles ou évitent un enfant, cela peut signaler que celui-ci souffre de dépression. Souvent les autres enfants sont les meilleurs guides ; ils n'aiment pas un enfant qui leur met sous les yeux leurs propres conflits et qui est incapable de les surmonter.

Un enfant déprimé a besoin d'une évaluation rapide et d'un traitement par un pédopsychiatre ou un psychologue pour enfants. Une bonne croissance, de bonnes acquisitions sont des tâches si importantes pour un enfant qu'il ne peut se permettre de s'épuiser ou de se fourvoyer à cause d'un obstacle qu'il pourrait franchir aisément.

Trouble hyperactif avec déficit de l'attention (THADA)

Un enfant qui ne tient pas en place, qui est incapable de s'arrêter pour prêter une attention autre que fugitive à une tâche quelconque, qui paraît agité, nerveux ou trop facilement distrait par le moindre événement doit être examiné pour rechercher un éventuel trouble hyperactif avec déficit de l'attention. Il y a un signe indicateur – surtout si la condition a persisté sans être identifiée ni traitée : l'enfant ne se sent plus accepté, que ce soit par ses pairs à l'école ou même par sa famille à la maison. Cependant les faux diagnostics représentent, en ce qui concerne ce trouble, un problème majeur. Beaucoup d'enfants passent par des épisodes d'activité exagérée; les enfants angoissés ont tendance à être hyperactifs et à avoir des périodes d'attention limitées. Ceux qui sont devenus angoissés à la suite d'un traumatisme font parfois l'objet d'un diagnostic erroné.

Aux États-Unis, environ 5 pour cent des enfants sont atteints d'hyperactivité et de troubles de l'attention. Les garçons sont quatre fois plus touchés que les filles. Les problèmes d'attention sont le symptôme principal. Parfois le trouble se résume à une incapacité à prêter attention suffisamment longtemps pour accomplir une tâche que l'on pourrait raisonnablement attendre. Mais pour d'autres enfants, le problème se situe au niveau de la qualité de l'attention et du contrôle qu'ils en ont. Ils peuvent ne pas être capables de mobiliser et de maintenir leur attention ou, pour y parvenir, être obligés de se concentrer si intensément sur une tâche qu'ils ne peuvent plus recevoir aucune autre sensation simultanément. C'est pourquoi la capacité à se concentrer sur une émission télévisée ou sur un jeu vidéo ne peut en soi servir à révéler ou éliminer le trouble. Certains enfants atteints de THADA peuvent se fixer sur un jeu vidéo parce que cette activité fait naître le genre de «surconcentration» dont ils ont besoin pour faire attention. Mais cette surconcentration ne permet pas à l'enfant de recevoir d'autres informations en même temps; par exemple, la voix d'un parent lui disant qu'il est temps de s'arrêter.

L'hyperactivité peut représenter la réaction d'un système nerveux hypersensible et surchargé. L'activité devient une façon de décharger la tension d'un tel système nerveux. Beaucoup de ces enfants sont hypersensibles aux stimuli auditifs, visuels et même tactiles. Cette hypersensibilité non seulement interfère avec la capacité de l'enfant à faire attention et à se concentrer sur une tâche pendant un certain temps, mais elle a tendance à mener vers un mauvais contrôle des impulsions. Quand ces enfants sont surchargés par des stimuli qu'ils ne parviennent pas à éliminer, ils se mettent facilement hors d'eux. On comprend que de tels enfants aient une plus grande difficulté à surmonter la frustration parce qu'ils utilisent beaucoup de leur énergie pour gérer leur environnement.

Pour les mêmes raisons, les enfants atteints de THADA ont aussi des difficultés avec le changement, les transitions. Une fois qu'ils ont réussi – au prix de grands efforts – à se débrouiller avec un input sensoriel dans une situation donnée, ils ne se sentent généralement pas prêts à passer à quelque chose de complètement nouveau. Leurs rythmes diurnes et nocturnes sont facilement déréglés, avec pour conséquence des problèmes de sommeil, des problèmes d'alimentation et des problèmes de discipline. Ces enfants ne sont pas provocateurs intentionnellement; leur capacité à se concentrer sur une tâche, à prolonger le sommeil ou les cycles d'attention est facilement entravée au niveau du cerveau organique. Parce qu'ils paraissent se conduire «mal», il arrive qu'ils soient fréquemment punis; en retour, ils développent rapidement une mauvaise image d'eux-mêmes. Ils s'attendent à échouer, à avoir des problèmes. Étant donné que leur système nerveux est facilement surchargé dans les endroits bruyants ou agités, ils paraissent souvent sur le point de faire des bêtises dès qu'ils entrent dans une pièce encombrée ou sonore. On peut croire qu'ils abandonnent tout effort pour se contrôler et qu'ils se conduisent de manière désorganisée et irréfléchie.

À mon cabinet, j'ai utilisé un test de dépistage simple pour identifier un certain nombre de ces enfants. Un enfant qui est hypersensible et qui a un mauvais contrôle sur ses inputs sensoriels ne peut se fermer à un stimulus qui est répété plusieurs fois, même quand il est évident que ce stimulus ne lui offre aucune information nouvelle ni utile et qu'il interrompt d'autres tâches plus importantes. Si je tape dans mes mains (au moment où il ne fait pas attention), tout petit enfant sursaute et réagit les deux ou trois premières fois. Mais un enfant doté d'un système nerveux normal s'habitue rapidement aux sons dérangeants (ou il les exclut). Après que j'ai tapé trois ou quatre fois, il n'y fait plus attention. Un enfant atteint d'hypersensibilité, souvent constatée avec le THADA (bien que chaque condition puisse exister séparément), *doit* réagir chaque fois. Il peut essayer de diriger son attention vers une autre tâche, mais il continuera à réagir avec un sursaut ou une accélération du rythme cardiaque. Ses yeux peuvent être fixés sur sa nouvelle tâche, mais il clignera des paupières chaque fois que je frapperai dans mes mains. Finalement, un petit enfant (entre trois et six ans) atteint de THADA sera surstimulé et aura recours à l'activité pour pouvoir mieux gérer la détresse qui envahit son système nerveux si vulnérable. Un enfant normal aura depuis longtemps utilisé son aptitude à filtrer et à éliminer les messages sans importance. Apprendre à manier l'impulsivité provoquée par une surstimulation est sans doute un projet à long terme (voir chapitre 4), mais un projet essentiel pour les apprentissages futurs. L'enfant peut et devrait comprendre que c'est un but à sa portée ; sinon, il risque de perdre espoir et de se déprimer.

Étant donné que les enfants atteints de THADA agissent souvent avant de penser, ils ont du mal à attendre leur tour, à faire des compromis, à négocier et à résoudre les problèmes. Tout cela leur pose des problèmes pour s'entendre avec les autres enfants. Le comportement impulsif de l'enfant hyperactif l'isole des autres enfants qui font des efforts désespérés pour contrôler leurs propres impulsions. Leurs pairs ne peuvent ni ne veulent s'identifier avec le comportement dérangeant de ces enfants et ils ne veulent pas non plus avoir ce comportement sous les yeux.

Il est important pour les parents et pour les enseignants de se rendre compte que le comportement de l'enfant atteint résulte de son capital biologique : il ne le fait pas « exprès ». L'hyperactivité n'est pas sa faute, même s'il doit vivre avec les conséquences de ses actes, intentionnels ou non. Dans certains cas, les traitements sont bénéfiques – Ritaline, par exemple, entre autres. Cependant, trop nombreux sont les enfants traités médicalement qui ne reçoivent pas les autres formes de l'aide nécessaire pour prendre conscience de leurs difficultés et apprendre à les corriger. Certains enfants atteints de THADA ont des signes neurologiques mineurs qui ne se manifestent que lorsqu'ils sont soumis à un stress. Parmi ces signes on peut trouver la maladresse, l'inaptitude à distinguer la droite de la gauche, la difficulté à se tenir debout sur un pied, la répétition du mouvement en miroir (quand les doigts d'une main tapent rapidement sur le pouce, l'autre main imite ce geste). Les tests neurologiques et cognitifs prenant en considération l'hypersensibilité du système nerveux aident à repérer les difficultés de l'enfant (un trouble de l'apprentissage peut également se manifester) et à distinguer les domaines vers lesquels orienter l'intervention. Dans une situation de tête-à-tête, l'enfant peut souvent maintenir l'attention nécessaire pour réussir; mais s'il est testé dans une pièce bruyante, pleine d'activité, ses résultats auront tendance à être moins bons que son potentiel. Son inaptitude à se fermer aux interférences extérieures devient un autre symptôme de diagnostic.

Des séances de thérapie comportementale effectuées avec un professionnel compréhensif peuvent apporter une grande aide, spécialement si lui ou elle parvient à rallier le désir qu'éprouve l'enfant de surmonter ses difficultés de contrôle. Les parents ont eux aussi besoin de l'aide d'un tel thérapeute. Quand on conseille un traitement chimique comme la Ritaline, il faut faire comprendre son objectif à l'enfant et lui montrer ses effets sur ses symptômes. Si l'enfant est conscient des effets positifs du traitement, il aura l'espoir de pouvoir désormais maîtriser lui-même son mauvais contrôle sur ses impulsions et surmonter la sensation de surcharge. Mais il ne ressentira pas la même chose si on attribue tout le mérite de ses progrès au traitement médical. Un enfant de quatre ans peut apprendre à reconnaître la surstimulation lorsqu'il commence à en ressentir les effets, à se tourner vers un adulte compatissant pour trouver de l'aide, à se réorganiser et à poursuivre son travail. C'est un progrès majeur, un accomplissement qui doit lui valoir de grands compliments de la part de son entourage. Souvent, il est nécessaire d'adapter la salle de classe, surtout pour réduire les distractions hors de propos et pour respecter le besoin d'activité physique de l'enfant. Un environnement pédagogique spécial, même dans une salle de classe ordinaire, adapté aux enfants atteints de THADA, se révélera une intervention thérapeutique majeure.

Beaucoup d'enfants de deux, trois et quatre ans qui ne souffrent pas de THADA continuent à faire des efforts pour contrôler leur activité motrice, leurs impulsions et leur capacité à se concentrer et à éliminer les distractions extérieures répétitives et inutiles. C'est pourquoi le diagnostic n'est pas facile et doit être posé par un professionnel expérimenté. Les enfants qui échappent au diagnostic ou que l'on identifie plus tard (vers huit ou neuf ans) cèdent au découragement. Ils manquent les amitiés, les succès scolaires et l'acquisition de talents qui leur donneraient le sentiment d'être «bons à quelque chose». Les autres peuvent les considérer comme des fauteurs de troubles ou simplement comme des enfants «méchants». Ils vont finir, eux aussi, par se voir sous cet angle. Sans motivation, sans espoir, ils ont encore plus de mal à gérer leurs symptômes. Leur estime de soi s'effondre avec trop souvent pour résultat une dépression. Un diagnostic précoce (en classe de maternelle ou de CP), puis un environnement pédagogique encourageant et sensible peuvent sauver l'image que l'enfant a de lui-même ainsi que son espoir de succès futurs.

Bibliographie

Ames, Louise B., et F. L. Ilg. *Your Three Year Old.* New York: Gesell Institute, Delacorte Press, 1976.

—. *Your Four Year Old.* New York: Gesell Institute, Delacorte Press, 1976.

Barnet, Ann B., et R. J. Barnet. *The Youngest Minds.* New York: Simon & Schuster, 1998.

Baumrind, Diana. *Child Maltreatment and Optimal Caregiving in Social Contexts.* New York : Garland, 1995.

Benkov, Laura. *Reinventing the Family: The Emerging Story of Gay and Lesbian Families.* New York : Random House, 1997.

Bennett, Steve. *The Plugged-In Parent : What You Should Know About Kids and Computers.* New York : Times Books, 1998.

Bentz, Detective Rick, et C. Allen. *Start Smart for Kids.* New York: Ballantine, 1999.

Bernstein, Amy. *Flight of the Stork: What Children Think (and When) About Sex and Family Building.* Indianapolis, Ind.: Perspectives Press, 1994.

Beckart, T. S., D. T. Dodge, et J. R. Jablon. *What Every Parent Needs to Know About First, Second, and Third Grades.* Naperville, Ill. : Sourcebooks, 1997.

Bergson, Henri. *Le Rire: Essai sur la signification du comique.* Paris: Presses Universitaires de France, 1946.

Bettelheim, Bruno. *The Uses of Enchantment: The Meaning and Importance of Fairy Tales.* New York : Vintage, 1989. *Psychanalyse des contes de fées.* Paris : Réponses, 1967.

Bodnar, Janet. *Money-Smart Kids.* Washington, D.C.: Kiplinger, 1993.

Bok, Sissela. *Mayhem: Violence as Public Entertainment.* Cambridge, Mass. : Perseus Publishing/Merloyd Lawrence, 1998.

Brazelton, T. Berry. *Going to the Doctor.* Cambridge, Mass.: Perseus Publishing/Merloyd Lawrence, 1999. *L'enfant et son médecin*, Payot, 1986.

Brazelton, T. Berry. *Touchpoints: Your Child's Emotional and Behavioral Development.* Cambridge, Mass.: Perseus Publishing/Merloyd Lawrence, 1992. *Points Forts : Les moments essentiels du développement de votre enfant*, Stock/Laurence Pernoud, 1993.

Brazelton, T. Berry, et S. Greenspan. *The Irreducible Needs of Children.* Cambridge, Mass.: Perseus Publishing/Merloyd Lawrence, 2000. *Ce qu'un enfant doit avoir*, Stock/Laurence Pernoud, 2001.

Britton, Zachary. *Safety Net: Guiding and Guarding Your Children on the Internet.* Eugene, Ore.: Harvest House, 1998.

Calderone, M. S., et J. S. Ramsey. *Talking with Your Child About Sex.* New York: Random House, 1982.

Chess, Stella, et A. Thomas. *Know Your Child : An Authoritative Guide for Today's Parents.* New York : Basic Books, 1987.

Cantor, Joanne. *Mommy, I'm Scared : How T.V. and Movies Frighten Children and What We Can Do.* San Diego: Harcourt Brace, 1998.

Children's Hospital, Boston. *Children's Hospital Guide to Your Child's Health and Development.* Cambridge, Mass.: Perseus Publishing/Merloyd Lawrence, 2001.

Coll, Cynthia Garcia, J. L. Surrey, et K. Weingarten. *Mothering Against the Odds: Diverse Voices of Contemporary Mothers.* New York: Guilford, 1998.

Comer, James P., et A. Poussaint. *Raising Black Children: Two Leading Psychiatrists Confront the Educational, Social and Emotional Problems Facing Black Children.* New York: Penguin, 1992.

Cooney, Barbara. *Miss Rumphius.* New York: Puffin Books, 1982

DeGangi, Georgia. *Pediatric Disorders of Regulation in Affect and Behavior : A Therapist's Guide.* New York: Academic Press, 2000.

Deutsch, F. M. *Halving It All: How Equally Shared Parenting Works.* Cambridge, Mass.: Harvard University Press, 1999.

Diamond, M., et J. Hopson. *Magic Trees of the Mind : How to Nurture Your Child's Intelligence, Creativity, and Healthy Emotions.* New York: Penguin, 1988.

Dixon, Suzanne, et M. Stein. *Encounters with Children.* St. Louis: Mosby, 1999.

Doka, Ken. *Living with Life-Threatening Illness: A Guide for Patients, Their Families, and Caregivers.* San Francisco: Jossey-Bass, 1993.

—. *Living with Grief When Illness Is Prolonged.* Philadelphia : Taylor & Francis, 1997.

Dombro, Amy L., et P. Bryan. *Sharing and Caring: Childcare and Making It Work.* New York: Simon & Schuster, 1991.

Elkind, David. *The Hurried Child : Growing Up Too Fast Too Soon.* Reading, Mass.: Addison-Wesley, 1981.

—. *A Sympathetic Understanding of the Child : Birth to Sixteen.* Needham Heights, Mass.: Paramount Publications, 1994.

Erikson, Erik H. *Childhood and Society.* New York: Norton, 1963. *Enfance et société.* Neuchâtel/Paris : Delachaux et Niestlé, 1982.

Fawcett, Parry. *The Parents' Guide to Protecting Children in Cyberspace.* New York: McGraw-Hill, 2000.

Fraiberg, Selma. *The Magic Years.* New York : Scribner, 1959. *Les années magiques : comment comprendre et traiter les problèmes de la première enfance.* Paris : Presses Universitaires de France, 1967.

Galinsky, Ellen. *The Six Stages of Parenthood.* Cambridge, Mass.: Perseus Publishing/Merloyd Lawrence, 1987.

Galinsky, Ellen, et J. Davis. *The Preschool Years.* New York : Times Books, 1988.

Galinsky, Ellen, C. Howes, S. Kontos, et M. Shinn. *The Study of Children in Family Child Care and Relative Care: Highlights of Findings.* Boston: Families and Work Institute, 1994.

Gallin, Pamela. *The Savvy Mom's Guide to Medical Care.* New York: Golden Books/Babies' and Children's Hospital of New York, 1999.

Gardner, Howard. *Frames of Mind : The Theory of Multiple Intelligences.* New York: Basic Books, 1983.

Gesell, Arnold. *The First Five Years of Life: The Preschool Years.* New York: Harper Brothers, 1940.

Gilligan, Carol. *In a Different Voice: Psychological Theory and Women's Development.* Cambridge, Mass. : Harvard University Press, 1982. *Une si grande différence.* Paris : Flammarion, 1986.

Goleman, Daniel. *Emotional Intelligence.* New York: Bantam, 1997.

Golinkoff, Roberta. M., et K. Hersch-Pasck. *How Babies Talk: The Magic and Mystery of Language in the First Three Years.* New York: Dutton, 1999.

Gopnik, A., A. N. Meltzoff, et P. K. Kuhl. *The Scientist in the Crib: Minds, Brains, and How Children Learn.* New York: Morrow, 1994.

Gottlieb, Susan. *Keys to Parenting Your Three Year Old.* Hauppaug, N.Y.: Barron's Educational Services, 1995.

Greene, Ross W. *The Explosive Child: A New Approach for Understanding and Parenting Easily Frustrated, "Chronically Inflexible" Children.* New York: HarperCollins, 1998.

Greenspan, Stanley. *Floortime: Tuning in to Each Child.* New York: Scholastics, 1997.

Greenspan, Stanley I., with B. L. Benderly. *The Growth of the Mind.* Cambridge, Mass. : Perseus Publishing/Merloyd Lawrence, 1997. *L'esprit qui apprend. Paris* : O. Jacob, 1998.

Greenspan, Stanley, et S. Wieder, with R. Simons. *The Child with Special Needs: Encouraging Intellectual and Emotional Growth.* New York: Perseus Publishing/Merloyd Lawrence, 1998.

Haffner, D. W. *From Diapers to Dating: A Parents' Guide to Raising Sexually Healthy Children.* New York : Newmarket Press, 1998.

Hallowell, Edward M., et J. J. Ratey. *Driven to Distraction: Recognizing and Coping with Attention Deficit Disorder from Childhood Through Adulthood.* New York. : Pantheon, 1994.

Harris, Robie H. *It's So Amazing!: A Book About Eggs, Sperm, Birth, Babies, and Families.* Illustrated by Michael Emberley. Cambridge, Mass. : Candlewick Press, 1999.

Hobbs, N., et J. Perrin, eds. *Issues in the Care of Children with Chronic Illness.* San Francisco : Jossey-Bass, 1985.

Howes, Carolyn. "Continuity of Care." *Zero to Three 18* (June 1998).

Joslin, Karen R. *Positive Parenting from A to Z.* New York: Fawcett Books, 1994.

Kagan, Jerome. *Three Seductive Ideas.* Cambridge, Mass.: Harvard University Press, 2000.

Kantrowitz, Carol. *The Out of Sync Child.* New York: Skylight Press, 1998.

Kellogg, Steven. *Much Bigger Than Martin.* New York: Dial Books, 1978.

Kessler, Daniel, and P. Dawson. *Failure to Thrive and Pediatric Undernutrition.* Baltimore: Brookes, 1999.

Kindlon, Dan, et M. Thompson. *Raising Cain: Protecting the Emotional Life of boys.* New York: Ballantine, 1999.

Kohlberg, Lawrence. "The Child as Moral Philosopher." In *Vice and Virtue in Everyday Life.* Chicago: University of Chicago Press, 1971.

Lebato, D. *Brothers, Sisters, and Special Needs.* Baltimore: Brookes, 1990.

Lesser, Gerald S. *Children and Television: Lessons from Sesame Street.* New

York: Vintage, 1974.

Levine, James, et T. Pittinsky. *Working Fathers-Balancing Work and Family.* Cambridge, Mass.: Perseus Publishing, 1997.

Levine, R. A., S. Levine, S. Dixon, A. Richman, P. H. Liederman, C. H. Keefer, et T. B. Brazelton. *Child Care and Culture.* Cambridge, England: Cambridge University Press, 1996.

Lofas, Jeanette. *Helping Stepfamilies and Single Parents Build Happy Homes.* New York: Kensington Books, 1998.

Lofas, Jeanette, et D. B. Sova. *Stepparenting.* New York: Kensington Books, 1985.

Ludtke, Melissa. *On Our Own: Unmarried Motherhood in America.* New York: Random House, 1997.

Lynch, E. W., and M. J. Hanson. *Developing Cross-cultural Competence.* Baltimore: Brookes, 1992.

Masters, Kim J. *The Angry Child : Sleeping Giant or Paper Tiger.* Santa Monica, Calif.: National Medical Enterprises, 1992.

Mayer, Mercer. *There's a Monster in My Closet.* New York: Penguin Books, 1976.

Maynard, R. A. *Kids Having Kids: A Robin Hood Foundation Special.* New York: Robin Hood Foundation, 1996.

McIanahan, S., et G. Sandefur. *Growing Up with a Single Parent – What Hurts, What Helps.* Cambridge, Mass.: Harvard University Press, 1994.

Meltz, Barbara. *Put Yourself in Their Shoes.* New York: Dell, 1999.

Miranker, Cathy, et A. Elliott. *The Computer Museum Guide to the Best Software for Kids.* New York: HarperCollins, 1995.

Montagner, Hubert. *L'Attachement: Les Débuts de la tendresse. Paris* : Odile Jacob, 1988.

National Institute of Child Health Development Early Child Care Research Network. "Effects of Infant Care on Infant Mother Security." *Child Development* 68, no. 5 (October 1977).

Nelburn, S. W., et al. *Cost, Quality, and Child Outcomes in Child Care Centers.* Public Report. Denver. Department of Economics, Center for Research in Economic and Social Policy. Denver, Colo.: University of Colorado, 1995.

Osofsky, Joy. *Children in a Violent Society.* New York: Guilford Press, 1997.

Papert, Seymour. *The Children's Machine: Rethinking School in the Age of the Computer*. New York: Basic Books, 1993.

Piaget, Jean. *The Origins of Intelligence in Children.* New York: International Universities Press, 1952. *La naissance de l'intelligence chez l'enfant*. Lausanne/Paris : Delachaux et Niestlé, 1998.

Plaut, Thomas F. *Children with Asthma: A Manual for Parents.* Amherst, Mass. : Pedi Press, 1983.

Prend, Ashley. *Transcending Loss : Understanding the Lifelong Impact of Grief and How to Make It Meaningful.* New York : Berkley, 1997.

Prothrow-Stith, Deborah, et M. Weissman. *Deadly Consequences. New* York: HarperCollins, 1993.

Pruett, Kyle. *Me, Myself, and I : How Children Build Their Sense of Self.* New York: Goddard Press, 1999.

—. *Father Need : Why Father Care is as Essential as Mother Care for the Young Child.* New York: Free Press, 2000.

Rodriguez, Gloria G. *Raising Nuestros Ninos: Bringing Up Latino Children in a Bicultural World.* New York: Fireside, 1999.

Samalin, N. *Loving Each One Best : A Caring and Practical Approach to Raising Siblings.* New York : Bantam Books, 1997.

Schor, Juliet. *The Overworked American: The Unexpected Decline of Leisure.* New York: Basic Books, 1993.

Schore, Allan. *Affect Regulation and the Origin of the Setf : The Neurobio ogy of Emotional Development.* Hillsdale, N.J.: L. Erlbaum Associates, 1994.

Segal, M. *Your Child at Play: 3-5 Years.* New York: Newmarket Press, 1998.

Sendak, Maurice. *Where the Wild Things Are.* New York: HarperCollins, 1984.

Simons, R. *After the Tears: Parents Talk About Raising a Child with a Disability.* New York: Harcourt Brace, 1987.

Sluckin, Andy. *Growing Up in the Playgroun : The Social Development of Children.* London: Routledge & Kegan Paul, 1981.

Smith, B., J. L. Surrey, et M. Watkins. " 'Real' Mothers." in Cynthia Coll et al., eds.,. *Mothering Against the Odds: Diverse Voices of Contemporary Mothers.* New York: Guilford, 1998.

Sourkes, Barbara. *Armfuls of Time: The Psychological Experience of the Child with a Life-Threatening Illness.* Pittsburgh. University of Pittsburgh Press, 1982.

Steiner, Hans, ed. *Treating Preschool Children.* San Francisco : Jossey- Bass, 1997.

Stern, Daniel, et N. Bruschweiler-Stern. *The Birth of a Mother New* York: Basic Books, 1999. *La naissance d'une mère.* Paris : Odile Jacob, 1998.

Sulloway, Frank. *Born to Rebel: Birth Order, Family Dynamics, and Creative Lives.* New York: Random House, 1996. *Les enfants rebelles : ordre de naissance, dynamique familiale, vie créatrice.* Paris : Odile Jacob, 1999.

Trozzi, Maria. *Talking with Children About Loss.* New York: Perigee, 1999.

Turecki, Stanley, et L. Tonner. *The Difficult Child.* New York: Bantam Books, 2000. *Comprendre l'enfant difficile,* Paris : Marabout, 1990.

Unell, Barbara, and J. Wyckoff. *The Eight Seasons of Parenthood.* New York : Times Books, 2000.

Wallace, M. *Keys to Parenting Your Four-Year-Old.* Hauppauge, N.Y.: Barron's Educational Services, 1997.

—. *Birth Order Blues: How Parents Can Help Their Children Meet the Challenges of Birth Order.* New York: Henry Holt, 1999.

Wallerstein, Judith, et S. Blakeslee. *Second Chances: Men, Women, and Children a Decade After Divorce.* New York: Ticknor & Fields, 1989.

Wallerstein, Judith, J. Lewis, et M. S. Blakeslee. *The Unexpected Legacy of Divorce: A 25-Year Landmark Study.* New York: Hyperion, 1999.

Weissbluth, M. *Healthy Sleep Habits, Happy Child.* New York : Fawcett Books, 1999.

White, E. B. *Charlotte's Web.* New York: HarperCollins, 1974.

Winnicott, D. W. *Babies and Their Mothers.* Cambridge, Mass.: Perseus Publishing/Merloyd Lawrence, 1988. *Le bébé et sa mère.* Paris : Payot, 1997.

—. *The Child, the Family, and the Outside World.* Cambridge, Mass.: Perseus Publishing/Merloyd Lawrence, 1987. *L'enfant et le monde extérieur.* Paris : Payot, 1997.

—. *Talking to Parents.* Cambridge, Mass.: Perseus Publishing/ Merloyd Lawrence, 1993. *Conseils aux parents.* Paris : Payot et Rivages, 1995.

Wood, Chip. *Yardsticks : Children in the Classroom, Ages 4-12.* Greenfield, Mass.: Northeast Foundation for Children, 1995.

Zeitlin, Shirley, et G. Williamson. *Coping in Young Children: Early Intervention Practices to Enhance Adaptive Behavior and Resilience.* Baltimore: Brookes, 1994.

Ziegler, Robert. *Homemade Books to Help Kids Cope.* New York : Magination Press, 1992.

Zigler, Edward, et M. Lang. *Child Care Choices.* New York : Free Press, 1991.

Zill, Nicholas, et C. W. Nord. *Running in Place: How American Families Are Faring in a Changing Economy and an Individualistic Society.* Washington, D.C.: Child Trends, Inc., 1994.

Index

Q

T

Table des matières

Deuxième Partie
Affronter les défis en famille

Impression réalisée sur CAMERON par
BRODARD ET TAUPIN
La Flèche

pour le compte des Éditions Stock
en août 2002

Imprimé en France
Dépôt légal : octobre 2002
N° d'édition : 25495 - N° d'impression : 14327
ISBN : 2-234-05479-6
54-07-5479/8